# 노사관계법 실무

## 집단 노동관계법

◆ 이수영 임무송 양성필 권태성 부종식

박영사

# 머리말

노사관계는 시대의 초상(肖像)이다. 한 시대의 노사관계에는 그 시대를 살아가는 사람들의 일하는 모습과 상호작용이 각인되며, 노사관계법은 집단적인 노동기준의 설정과 노동과정에서의 갈등을 해소하는 방법을 규정한다. 결국, 노사관계법은 그 나라의 경제발전 정도와 시대적 과제, 그리고 민주주의의 수준을 보여준다.

우리나라의 노사관계법도 6·25 전쟁 중인 1953년 노동조합법과 노동쟁의조정법이 제정된 이후 70여 년이 흐르는 동안 양적으로나 질적으로나 많은 변화와 발전을 겪었다. 권위주의 정치와 성장 이데올로기가 지배하던 1980년대까지는 단결권, 단체교섭권, 단체행동권이 제한되었다. 그러나 1996년 OECD 가입이 상징하는 경제발전과 더불어 추진된 '세계화', '선진화', '노동 존중' 등의 국가정책 기조에 따라 노동기본권도 보편적인 국제기준에 맞추는 방향으로 확대되었다.

오랫동안 노동조합 활동이 금기시되던 교원은 1999년부터, 공무원은 2005년부터 노동조합을 결성해 단체교섭을 할 수 있게 되었다. 복수노조가 상급단체뿐만 아니라 기업 단위에서도 인정되고, 노동3권을 침해하는 사용자의 부당노동행위는 금지되었으며, 단체교섭권을 제약하던 직권중재는 필수유지업무제도로 대체되었다.

노사관계의 방식도 노동조합을 통한 단체교섭뿐만 아니라 근로자대표, 노사협의회 등으로 다양화되었다. 2021년에는 국제노동기구(ILO)의 '결사의 자유' 관련 협약 비준으로 해고자의 조합원 자격 등 해묵은 갈등을 해소할 수 있는 계기가 마련되기도 하였다.

노동조합 활동도 활발하게 이루어져 2020년 기준 조직률은 14.2%, 조합원은 280만 명을 넘어섰다. 대기업의 노조 조직률은 50%, 공공부문은 70% 수준에 달한다. 노사분규로 인한 근로손실일수는 2016년 204만일에서 2020년

55만일로 감소하여 안정적이다. 그러나 노사의 상호인식은 아직 부정적이고 일부에서는 적대적이기까지 하다. 세계경제포럼(World Economic Forum) 등 여러 국제기관이 매년 우리 노사관계의 경쟁력을 세계 최하위권으로 평가한다.

이런 관점에서 보면 오늘날 노사 갈등의 한복판에 서 있는 현행 노사관계법은 많은 개선 과제를 안고 있지만, 노사관계법은 민주국가의 보편적인 원칙에 토대를 두고 현장에서 규범력을 가지며, 노사자치를 보호하고 신장하는 역할을 수행한다. 따라서 합리적인 상생의 관계가 이루어지려면 우선 노사가 서로를 공존의 동반자로 인정하고, 법과 제도를 올바로 이해하여 성실하게 준수하여야 한다.

그간 노동관계법이 제·개정될 때마다 그 내용과 이론을 소개한 책은 많았으나, 실무적 관점에서 현장에 직접 적용할 수 있는 법원의 노사관계 판례와 정부의 행정해석, 업무 매뉴얼 등을 체계적으로 정리한 책은 드물었다. 이 책의 저자들은 약력에서 보듯이 오랜 기간 고용노동부와 노동위원회, 법조계 등에 종사하며 노사관계 행정과 분쟁조정 업무를 수행하였고, 일부는 개별적 노동관계에 관한 <노동법 실무> 책을 함께 저술하고 대학에서 노동법 강의도 하고 있다. 2021년 ILO 협약 비준을 둘러싼 논란과 갈등을 각자의 현장에서 체감하면서 저자들은 그간 쌓은 실무 지식과 현장 경험을 모아서 노사관계 지침서를 발간하자는 데 뜻을 모았다.

<노사관계법 실무>라는 제목에 걸맞게 책의 내용은 집단적 노사관계에 관련된 주제와 법률을 모두 포괄하도록 구성하였다. 노사관계의 기본법이라 할 수 있는 노동조합법을 중심으로 하면서 헌법의 노동조항, 노사관계의 기본원리와 역사적 발전과정, 그리고 노사협의회와 노동위원회도 소개하였다. 공공부문과 관련해서는 공무원, 교원, 공무직, 공공기관 노사관계를 모두 다루었다.

이 책은 기업과 사용자단체의 인사노무관리자, 노동조합 관계자, 정부와 공공기관의 노사정책·실무 담당자, 변호사·노무사·경영지도사 등 관련 전문가를 염두에 두고 저술되었다. 최신 판례와 행정해석을 망라하고 있어 노사관계를 학문적으로 공부하거나 전문자격시험을 준비하는 데도 유용할 것으로 판단된다.

이 책이 세상에 나오기까지 많은 분이 큰 도움을 주셨다. 고용노동부와 노동위원회의 김동욱 과장, 김범석 과장, 김재훈 변호사, 소병학 주무관 님의 검토와 보완이 없었다면 실무 지침서라는 이름은 감히 엄두도 내지 못했다.

그리고 권혁 교수, 손동희 교수, 정관영 변호사, 최준현 변호사, 권희창 노무사, 박소현 노무사, 박 준 노무사, 박현국 노무사 님은 노동법 및 노사관계 전문가로서의 식견을 아낌없이 나누어 주었다. 또한 문경아 교수님은 표지 디자인에 대해 자문을 해주셨다.

이수영 학장이 기획부터 편집까지 총괄하였고, 공저자들이 각각 전문 분야를 집필한 후 상호 검토와 전문가 자문을 거쳐 공동저작이라는 어려운 작업을 마무리할 수 있었다.

아울러 이 책의 출간을 지원해 주신 박영사의 안종만 회장님, 안상준 대표님, 이승현 차장님과 정연환 과장님을 비롯한 관계자분들에게도 감사드린다.

초고를 정리한 뒤 몇 달간 퇴고를 거듭해도 아쉬움이 남지만 일단 초판을 내놓고 부족한 점은 독자와 소통하며 보완해나가고자 한다.

노사가 갈등의 강을 건너 상생의 미래로 나아가려면 법과 제도를 개혁하는 것도 필요하지만 현행 노사관계법 실무를 제대로 알고 지키려는 노력도 중요하다. 이 책이 노사와 전문가들의 이해를 도와서 노사분쟁 예방과 합리적인 노사관계 정립에 기여하기를 소망한다.


글쓴이들

# 법령 약칭

| | |
|---|---|
| 경사노위법 | 경제사회노동위원회법 |
| 고령자고용법 | 고용상 연령차별 금지 및 고령자고용촉진에 관한 법률 |
| 공공기관운영법 | 공공기관의 운영에 관한 법률 |
| 공무원노조법 | 공무원의 노동조합 설립 및 운영 등에 관한 법률 |
| 공무원직협법 | 공무원직장협의회의 설립·운영에 관한 법률 |
| 교원노조법 | 교원의 노동조합 설립 및 운영 등에 관한 법률 |
| 근로자참여법 | 근로자참여 및 협력증진에 관한 법률 |
| 퇴직급여법 | 근로자퇴직급여 보장법 |
| 기간제법 | 기간제 및 단시간근로자 보호 등에 관한 법률 |
| 남녀고용평등법 | 남녀고용평등과 일·가정 양립 지원에 관한 법률 |
| 노동조합법 | 노동조합 및 노동관계조정법 |
| 산업안전법 | 산업안전보건법 |
| 산재보험법 | 산업재해보상보험법 |
| 외국인고용법 | 외국인근로자의 고용 등에 관한 법률 |
| 장애인고용법 | 장애인고용촉진 및 직업재활법 |
| 채용절차법 | 채용절차의 공정화에 관한 법률 |
| 파견법 | 파견근로자보호 등에 관한 법률 |
| 평생직업능력법 | 국민 평생 직업능력 개발법 |
| 헌법 | 대한민국헌법 |

# 집필 과정

　<노사관계법 실무>의 제1장~제3장은 임무송 교수, 제4장은 권태성 국장, 제5장은 부종식 대표변호사, 제6장~제8장은 양성필 국장, 제9장~제11장은 이수영 학장(기획 및 편집 총괄)이 주로 집필하고, 공저자 의견 수렴 및 전문가 자문을 거쳐 완성하였다.

# 목 차

제 1 장

# 노사관계법 총론

제 2 장

# 노동조합

제 3 장

# 단체교섭

제 4 장

# 복수노조와 교섭창구 단일화

제 5 장

# 단체협약

제 6 장

# 쟁의행위

제 7 장

# 노동쟁의의 조정(調整)

제 8 장

# 부당노동행위

제 9 장

# 공공부문의 노동관계

제 10 장

# 노동위원회

제 11 장

# 노사협의제도

# 제 1 장

# 노사관계법 총론

제 1 절 ## 노사관계법의 의의

## 1. 노동법의 구성 체계

노동법은 사용자에게 노무를 제공하고 그 대가로서 보수를 받아 생활하는 근로자를 보호하기 위한 법으로서 자본주의 사회에서 근로자가 인간다운 생활을 할 수 있도록 노동관계를 규율하는 법이다.[1]

이러한 노동법은 기본적으로 근로자 보호를 목적으로 하지만, 평화적인 사회질서의 유지와 안정을 도모하고, 창출된 재화의 경제적 분배를 촉진하는 기능도 가지고 있다.[2]

노동법의 규율 대상은 근로자 개인과 사용자 사이의 관계, 근로자들의 결사체인 노동조합과 그 상대방인 사용자(단체)와의 관계, 그리고 근로자가 노동시장에서 직업소개나 직업훈련을 받거나 실업급여를 받는 것처럼 아직 실현되지 않은 장래의 노동관계, 그 밖에 노동위원회 제도나 노사협의회 제도와 같은 제3의 영역이 포함된다.[3]

노동법의 체계는 그 규율대상을 기준으로 ① 집단적 노동관계법과 개별적 노동관계법으로 나누고, 둘 중 어느 하나에 포함되지 않는 것들을 '그밖의 부문'으로 나누거나, ② 개별적 근로관계법, 집단적 노사관계법, 협동적 노사관계법 및 노동시장법으로 구분할 수 있다.[4]

이를 종합하여 노동법을 분류하면 집단적 노사관계법(집단 노동관계법), 개별적 근로관계법(개별 노동관계법), 노동시장법 및 기타 노동관계법으로 구분할 수 있다<도표 1-1>.

---

1) 김형배·박지순, 노동법강의(제11판), 신조사, 2022, pp.3~9; 임종률, 노동법(제20판), 박영사, 2022, p.3.
2) 김형배·박지순, 노동법강의, pp.8~9.
3) 임종률, 노동법, p.4.
4) ① <임종률, 노동법> 노동위원회법은 절차법적 성격을 가지며, 집단적 노사관계뿐만 아니라 개별적 노동관계도 규율하고 있어 제3의 영역으로 분류, ② <김형배·박지순, 노동법강의> 근로자참여법을 협동적 노사관계법으로 분류하고, 노동위원회법을 해당 내용에 따라 집단적 노사관계법과 개별적 근로관계법으로 나누어 분류.

도표 1-1 노동법의 구성 체계와 주요 법률

| 구분 | 주요 법률 |
|---|---|
| 집단적 노사관계법 (집단 노동관계법) | 노동조합법, 공무원노조법, 교원노조법 등 |
| 개별적 근로관계법 (개별 노동관계법) | 근로기준법, 최저임금법, 남녀고용평등법, 산업안전법, 산재보험법, 기간제법, 파견법, 퇴직급여법, |
| 노동시장법 | 고용정책기본법, 직업안정법, 평생직업능력법, 고용보험법, 고령자고용법, 장애인고용법 |
| 기타 노동관계법 | 근로자참여법, 노동위원회법 |

주: 법령 약칭 사용

## 2. 노동법의 생성·발전과 노동조합

노동법은 산업혁명에 의한 공장제 생산과 산업 노동자들의 증가와 더불어 초기 자본주의 사회를 떠받치던 근대 시민법 원리의 모순이 누적되어 심각한 사회문제를 야기함에 따라 이를 해결하기 위해 생성·발전되었다.

근대 시민법은 사적 소유권의 보장, 계약의 자유 및 과실책임주의를 기본원리로 하여, 근로자와 사용자 사이의 노동관계도 독립적이고 대등한 당사자 사이의 자유로운 '고용계약 관계'로 본다.

그러나 이러한 시민법에서 상정했던 형식적 평등이 초래한 것은 아동과 여성 등 취약계층의 저임금·장시간 노동 등 열악한 노동조건과 작업환경에 따른 노동 착취와 건강 악화, 자의적인 해고에 따른 실업의 증가, 직업소개 과정에서의 중간착취와 강제노동, 자구책으로서의 근로자의 단결활동에 대한 억압 등 실질적인 불평등의 심화와 노사갈등에 따른 사회불안 고조 등 부정적인 모습이었다.

이와 같은 모순을 해결하기 위해 등장한 노동법이 시민법의 원리를 대폭 수정하는 것은 당연한 귀결이었다.5)

첫째, 1800년대 초 영국에서 제정된 일련의 공장법을 출발점으로 하여 근로

---

5) 상세한 내용은 임종률, 노동법, pp.4~7; 水町 勇一郎, "勞働法改革の基本理念", 「勞働法改革」, 日本 經濟新聞出版社, 2010, pp.21~27 참조.

조건의 최저기준을 정하고 준수를 강제하는 노동보호법이 도입·발전하였다.

둘째, 산업현장의 노동재해에 대해서는 무과실 책임주의에 기초한 산재보험 제도가 수립되었다.

셋째, 직업소개 사업과 직업훈련 서비스를 규율하고 실업수당이나 보험급여를 지급하는 제도가 도입되었고, 해고를 규율하는 입법도 이루어졌다.

넷째, 근로자의 단결 활동에 대해서는 처음에는 노동조합의 결성을 인정하는 수준에 그쳤으나, 쟁의행위에 대한 손해배상이나 공모죄 처벌의 책임을 면제하는 입법이 이루어졌고, 이어서 노동조합에 대한 적극적인 보호와 지원 제도가 도입되었다. 일부 국가에서는 노동조합의 권리남용을 규제하거나 근로자 대표의 경영참여를 촉진하는 입법이 이루어지기도 하였다.

## 3. 우리나라 노사관계법의 변천

노동관계법은 정치적·경제적 환경의 변화에 따른 영향을 직접적으로 받으며 변화·발전하여 왔다. 집단적 노사관계법의 변천 과정과 주요 내용을 시대별로 정리하면 아래 <도표 1-2>와 같다.[6]

도표 1-2  노사관계법의 변천 과정

| 시대 구분 | 주요 내용 |
|---|---|
| 정부 수립기 | • 1948.7.17. 제헌 헌법, 노동3권 규정(제18조①)<br>• 6·25 전쟁 중에도 노동쟁의 빈발에 따라 1953년에 임시수도 부산에서 노동조합법, 노동쟁의조정법, 노동위원회법, 근로기준법 제정<br>  * 대륙법에 기초한 일본 노동법(단체교섭·단체협약 법리 등)과 미국 제도 (부당노동행위, 냉각기간, 노동위원회 등)의 영향 |
| 제3공화국 | • 1961.12.17. 개정 헌법, 이익균점권 삭제, 공무원 노동3권 제한<br>• 경제개발을 뒷받침하기 위해 개별적 노동기준은 보호하되 집단적 노사관계 규제는 강화하는 방향으로 노동법 개정<br>  * 노사협의회 설치, 복수노조 금지, 산별교섭체제 지향, 부당노동행위 확충, 공익사업 확대, 노동위원회의 쟁의 적법성 심사, 중재기간 쟁의금지, 긴급조정제도 등 |

---

6) 1953~2014년의 집단적 노동관계법 제·개정 연혁에 대해서는 강희원, "우리 헌법언어로서「근로(勤勞)」와「근로자(勤勞者)」-「근로자(勤勞者)」의 새로운 의미를 찾아서", 한국노동법학회,「노동법학」78, 2021.6., pp.1~58; 노동법실무연구회, 노동조합 및 노동관계조정법 주해 I, 박영사, 2015, pp.22~53 참조.

| 시대 구분 | 주요 내용 |
|---|---|
| 제4공화국 | • 1972.12.27. 유신헌법, 노동3권은 법률이 정하는 범위 내에서 보장<br>• 단결활동 억제 강화, 개별적 노동기준은 보호 강화 방향으로 노동법 개정<br>　* 산별 노조체제 지향 규정 삭제(기업별 교섭 체제로 환원), 국가·지방자치단체·<br>　 국영기업·기간산업 직권중재, 쟁의 적법성 심사와 알선절차 행정관청으로 이관,<br>　 부당노동행위 구제명령 불이행 시 벌칙 강화 |
| 제5공화국 | • 1980.10.27. 개정 헌법, 노동3권 법률유보조항 삭제(공무원 제외), 방위산업체 단체행<br>　동권 제한<br>• 전반기: 노동기본권을 제약하는 방향으로 노동관계법 개정, 노사협의회법 제정(1980.<br>　12.31.), 노동청을 노동부로 승격(1981.4.8.)<br>　* 기업별 노조체제 강제 및 최소 인원 규정, 행정관청의 임원개선명령제 및 단체협약<br>　 변경 명령제, 유니온 숍 협정 금지, 단체협약 유효기간 연장(3년), 국가·지방자치단<br>　 체·국공영기업체·방위산업체 쟁의 금지, 사업장 밖 쟁의 금지, 제3자 개입금지,<br>　 직권중재 대상에 일반사업 포함 등<br>• 후반기: 1980년법의 환원으로 노동기본권 제약 완화<br>　* 행정관청의 노동조합 해산명령 제한, 제3자 개입금지에서 상급단체 제외, 공익사업<br>　 조정, 일반사업 직권중재 삭제, 직장폐쇄의 대항성(방어적 성격) 요건, 부당노동행<br>　 위 벌칙(반의사불벌죄) 규정 등 |
| 제6공화국 | • 1987.10.29. 개정 헌법, 공무원의 노동3권 법률유보, 주요방산업체 종사자 단체행동<br>　권 제한<br>• 1987년. 노동3권에 대한 제약을 개선하는 방향으로 노동법 개정<br>　* 해고자의 조합원 자격 잠정적 인정, 임원개선·노조해산 명령 삭제, 유니온 숍 협정<br>　 허용, 국공영기업체 쟁의행위 금지 삭제, 공익사업 축소, 쟁의알선 노동위원회 이<br>　 관, 사적 조정·중재 도입 등 |
| 문민정부<br>이후 | • 1997년. 노사관계개혁으로 노동조합 및 노동관계조정법으로 통합 등<br>　* 복수노조 금지 삭제(사업장 단위는 한시적 금지), 전임자 급여지원 금지(한시적 시<br>　 행유예), 국가·지방자치단체·국공영기업체 쟁의행위 금지 삭제, 사업장 밖 쟁의금<br>　 지 삭제, 제3자 개입금지 삭제, 파업기간 임금 목적의 쟁의 금지 등<br>• 2006.12.30. 복수노조와 전임자에 관한 노사합의를 반영하여 노동조합법 개정<br>　* 필수공익사업 직권중재 삭제 및 필수유지업무제도 도입, 제3자 지원 신고제도 폐<br>　 지, 복수노조 허용 및 전임자 금지 시행 3년간 유예<br>• 2010년. 노사관계선진화 입법<br>　* 복수노조 전면 허용 및 교섭창구 단일화 제도 도입, 전임자 급여지원 금지 시행,<br>　 근로시간 면제제도 도입 |

자료: 하갑래, 집단적 노동관계법(제7판), 중앙경제, 2021, pp.23~53; 임종률, 노동법(제20판), 박영사, 2022, pp.7~12 내용을 참고하여 재정리.

헌법의 노동조항과 노동기본권

## 1. 헌법의 노동조항

우리나라는 국가의 최고 규범인 헌법에서 노동법의 기본원칙과 권리를 명문으로 규정하고 있다.

첫째, 헌법에서 모든 국민은 '근로의 권리'를 가지는 동시에 '근로의 의무'를 진다고 선언하고 있다. 국가는 사회적·경제적 방법으로 근로자의 고용의 증진과 적정임금의 보장에 노력하고, 근로의 의무의 내용과 조건을 민주주의 원칙에 따라 법률로 정하도록 규정하고 있다(헌법 제32조제1항, 제2항).

둘째, 근로조건의 기준은 인간의 존엄성을 보장하도록 법률로 정하도록 하여 '근로조건 법정주의'를 채택하였다(헌법 제32조제3항). 헌법에 기초하여 적정임금의 보장 노력과 최저임금제 시행, 여성과 연소자 근로에 대한 특별한 보호, 고용·임금·근로조건에 있어서 여성의 차별금지를 포함하도록 명시하고 있다(헌법 제32조제1항, 제4항, 제5항).

셋째, 근로자의 단결권·단체교섭권·단체행동권 등 노동3권을 보장하고 있다(헌법 제33조제1항).

## 2. 기본권으로서의 노동3권

헌법(제33조제1항)에서 "근로자는 근로조건의 향상을 위하여 자주적인 단결권, 단체교섭권 및 단체행동권을 가진다."라고 규정하여 노동3권을 헌법적 권리로 보장하고 있다.

이는 집단적 노사관계의 법적 규율에 관한 기본원칙을 천명한 것으로, 실질적 불평등을 초래한 시민법의 모순과 획일적 기준에 의한 최저조건의 보장을 목적으로 하는 노동보호법의 한계를 보완하고 극복하는 역할과 법적 권능을 노사에 의한 집단적 노사자치에 부여하는 데에 그 의의가 있다.

노동3권은 단체교섭을 통한 근로조건의 대등한 결정을 기본 목적으로 하여 보장된 것으로서 생존권(사회권)과 자유권으로서의 성질을 함께 가지는 기본권

이므로 단체교섭을 중심으로 하는 집단적 노사자치에 법적 근거를 부여한다.[7]

## (1) 단결권

단결권은 근로자가 근로조건의 향상을 위하여 자주적으로 노동조합을 조직하거나 가입하여 활동할 수 있는 권리를 말한다. 단결권이 근로조건의 향상을 목적으로 한다는 점에서 단순히 근로자들 간의 친목 도모나 상호부조 또는 정치활동을 목적으로 하는 것은 단결권의 행사로 보지 않는다.

단결권은 그 주체가 근로자이고, 그 성격이 생존권적 기본권으로서 단지 국가로부터 간섭을 받지 않는데 그치지 않고 국가가 입법이나 행정적인 보호 조치를 강구해야 한다는 점에서 자유권적 기본권인 '결사의 자유'와 구분된다.

단결권은 권리행사 주체를 기준으로 ① 근로자가 자유로이 노동조합을 조직·가입할 수 있는 권리인 개인의 단결권과 ② 근로자단체가 조직을 유지·확대하고 상급단체에 가입·탈퇴할 수 있는 권리인 단결체의 단결권으로 나뉜다.

개인과 단결체의 단결권 행사와 관련하여 가장 문제가 되는 것은 결사의 자유와 같이 단결하지 않을 자유와 단결을 거부할 수 있는 권리를 의미하는 소극적 단결권이 인정되는지 여부이다.

이에 대하여 소수설은 소극적 단결권이 포함된다고 보나, 다수설은 헌법에 규정된 단결권은 단결할 수 있는 권리, 즉 적극적 단결권을 의미하며 소극적 단결권은 헌법상 단결권에 포함되지 않는다고 한다.[8]

다수설에 따르면 단결권은 역사적으로 근로자가 노동조합을 조직하거나 이에 가입하는 것을 법적으로 승인하려는 것이므로 적극적 단결권을 의미할 뿐이고,[9] 오히려 적극적 단결권의 적절한 행사를 위해서는 어느 정도의 단결 강제가 용인된다.[10]

물론 근로자도 헌법 제21조의 '결사의 자유'와 헌법 제10조의 '인간으로서의

---

7) 임종률, 노동법, p.23; 노동법실무연구회, 노동조합 및 노동관계조정법 주해 Ⅰ, 2015, pp.58~59 참조.
8) 소수설 입장은 허영, 이상윤 교수가, 다수설 입장은 권영성, 김유성, 김형배, 임종률 교수가 취하고 있다. 소극적 단결권 인정 여부에 대한 학설들은 <사법연수원, 노동조합 및 노동관계조정법, 2014, pp.16~17; 노동법실무연구회, 노동조합 및 노동관계조정법 주해 Ⅰ, pp.86~88> 참조.
9) 임종률, 노동법, p.27.
10) 김형배·박지순, 노동법강의, p.53; 헌법재판소 결정[헌법재판소 2005.11.24. 2002헌바95·96, 2003 헌바9(병합)]을 그 논거로 제시한다.

존엄과 가치'에 근거를 둔 일반행동의 자유에 따라 노동조합에 가입하지 않거
나 탈퇴할 권리를 갖는다[헌법재판소 2003.10.31. 99헌바76, 2000헌마505(병합)].

그러나 다수설은 이러한 자유권이 적극적 단결권의 본질과 내용을 침해하지
않는 범위 내에서만 인정되는 것으로 본다[헌법재판소 2005.11.24. 2002헌바95·
96, 2003헌바9(병합)]. 자유권이라는 소극적 성격을 넘어 생존권이라는 형성적
권리로 보장되는 적극적 단결권이 단결하지 않을 권리보다 특별하고 우월한
가치를 가지는 것으로서 더 중시되어야 하기 때문이라는 것이다.[11]

다만, 단결하지 않을 자유나 단결선택권 역시 헌법상 권리라는 점에서 헌법
제33조의 적극적 단결권을 실현하기 위한 단결 강제의 용인에도 일정한 한계
가 있다.

현행 '노동조합 및 노동관계조정법(노동조합법)'은 '특정한 노동조합의 조합
원이 될 것을 고용조건으로 하는 행위'(제한적 조직강제)를 원칙적으로 금지하
면서(제81조제1항제2호 본문), '다만, 노동조합이 당해 사업장에 종사하는 근로
자의 3분의 2 이상을 대표하고 있을 때에는' 예외적으로 유니온 숍(union shop)
을 인정한다.

한편, "이 경우 사용자는 근로자가 그 노동조합에서 제명된 것 또는 그 노
동조합을 탈퇴하여 새로 노동조합을 조직하거나 다른 노동조합에 가입한 것을
이유로 근로자에게 신분상 불이익한 행위를 할 수 없다."라고 하여 단결선택
권을 보완적으로 인정하고 있다(노동조합법 제81조제1항제2호 단서).[12]

## (2) 단체교섭권

단체교섭권은 근로자가 단결하여 근로조건의 유지·개선 기타 근로자의 경
제적·사회적 지위의 향상에 관한 사항과 당사자 사이의 권리·의무에 관한 사
항에 대하여 사용자와 자주적이고 집단적으로 교섭할 권리와 교섭의 결과 합
의된 사항을 단체협약으로 체결할 권리를 말한다(헌법재판소 1998.2.27. 94헌바
13·26, 95헌바44).

헌법상 단체교섭권의 주체는 노동조합이 되고, 그 권리의 행사는 노동조합
의 대표자를 통하여 이루어지게 된다(노동조합법 제29조). 복수노조가 있는 경

---

11) 하갑래, 집단적 노동관계법(제7판), 중앙경제, 2021, p.10.

12) 하갑래, 집단적 노동관계법, p.50.

우에는 교섭창구 단일화 절차를 통해 결정되는 교섭대표노동조합이 그 주체가
되며, 단체협약에서 다른 노동조합의 교섭권을 사전에 배제하는 '유일교섭단
체 조항'은 위헌으로서 효력이 없다.

노동조합은 단체교섭을 요구할 권한을 가지고 사용자는 이에 응할 의무가
있으며, 노동조합과 사용자는 정당한 이유 없이 단체교섭 또는 단체협약의 체
결을 거부하거나 해태하면 안되고, 성실하게 교섭할 의무를 부담한다(노동조합
법 제29조제1항, 제30조, 제81조제3항).

정당한 단체교섭은 민·형사상 책임이 면제되고(노동조합법 제3조, 제4조), 사
용자가 정당한 이유 없이 단체교섭을 거부하거나 해태하면 부당노동행위가 된
다(제81조).[13]

### (3) 단체행동권

단체행동권은 근로자가 근로조건의 유지·개선 등에 관한 자신의 주장을 관
철할 목적으로 집단행동을 할 수 있는 권리를 말한다.

단체행동권의 내용은 ① 단체협약을 체결할 목적으로 사용자의 정상적인 업
무를 저해하기 위하여 파업, 태업 등 쟁의행위(노동조합법 제2조제6항)를 할 수
있는 '노동쟁의권'과 ② 사용자의 업무를 저해하지 않는 범위 내에서 집회 개
최, 유인물 배포, 벽보 부착 등 노동조합의 운영과 선전에 필요한 활동을 할
수 있는 '노동조합 활동권'으로 나눌 수 있다.

정당한 단체행동권의 행사에 대해서는 민·형사상 책임이 면제되고(노동조합
법 제3조, 제4조), 사용자가 정당한 단체행동에 참가한 근로자에게 불이익을 주
면 부당노동행위가 된다(제81조).

다만, 단체행동권도 무한정 인정되는 것은 아니고 그 보장의 취지에 비추어 쟁
의행위의 주체나 목적, 수단, 양태 등에 있어서 일정한 내재적 한계가 있다.[14]

즉, 인신의 자유와 안전을 위협하는 폭행·협박·감금 등의 행위나 안전·보호
시설을 정지·폐지하는 행위, 평화적 설득의 한계를 넘는 과격행위, 사용자의

---

13) 특정 노동조합의 배타적 교섭권을 인정하는 실체적 요건으로서 대표성의 최소기준(예: 단체협약
  적용대상자의 일정 비율 이상 대표)이 부재한 상태에서 법적으로 교섭을 강제하고, 이를 위반한
  경우 형사처벌까지 과하는 것은 노사자치의 원리에 반한다고 본다.

14) 임종률, 노동법, p.31.

재산권(헌법 제23조제1항, 제119조제1항)을 침해하는 시설·설비 파괴행위, 원료나 기계를 손괴·은닉하는 행위, 전면적·배타적인 사업장 점거행위, 공익상 필수적인 업무를 일정 수준 유지하지 않고 긴급한 작업을 수행하지 않는 행위 등은 쟁의권 보장의 범위를 넘어서는 것으로서 위법행위가 된다.

또한 현행법상 순수한 경영사항이나 권리분쟁에 관한 사항을 목적으로 한 파업이나 정치파업, 다른 노동조합의 쟁의행위를 지원하기 위한 동정파업(sympathetic strike)은 '근로조건의 향상'을 목적으로 하는 것이 아니라는 점에서 정당성이 부인되고 있다.

### (4) 노동3권 보장의 효력과 제한

헌법상 노동3권 보장의 법적 효과와 그 제한에 대해 설명하면 아래와 같다.[15)]

#### 1) 헌법상 노동3권 보장의 법적 효과

첫째, 근로자의 단결·단체교섭·단체행동 등의 활동을 합리적인 이유 없이 억압하면 안 된다는 자유권적 효과와 정당한 활동에 대해서는 민·형사상 책임을 면제한다는 면책 부여의 효과가 있다.

둘째, 국가는 근로자단체의 조직, 단체교섭, 단체협약, 노동쟁의 등에 관한 노동조합 관련 법의 제정 등을 통하여 노사 간의 세력균형이 이루어지고 근로자의 노동3권이 실질적으로 기능할 수 있도록 하는데 필요한 법적 제도나 법규범을 마련할 의무를 부여하는 입법수권의 효과를 가진다(헌법재판소 1998.2.27. 94헌바13·26, 95헌바44).

셋째, 노사관계의 당사자인 사용자에 대한 효과로서 사용자는 노동3권을 존중할 의무를 진다. 사용자가 합리적이고 정당한 이유 없이 근로자의 노동3권 행사를 제한하거나 방해하는 법률행위(예: 부당노동행위)는 위법 무효가 되고, 그러한 사실행위(예: 조합원의 임금 차별)는 민법상 불법행위가 된다.

#### 2) 노동3권의 한계와 제한

그러나 노동3권도 절대적 권리는 아니고 내면적 한계를 가지며, 헌법의 유

---

15) 김형배·박지순, 노동법강의, pp.47~48; 임종률, 노동법, pp.24~26.

보조항과 권리의 주체나 근로·사업의 성질에 따라 일정한 제한을 받는다.

첫째, 단체행동권은 타인의 인신의 자유와 안전을 위협하거나 평화적 설득의 한계를 넘어서는 안 되며, 사용자의 재산권이나 공익을 침해하지 않는 선에서 인정된다.

둘째, 국민의 모든 자유와 권리는 국가안전보장·질서유지 또는 공공복리를 위하여 필요한 경우에 한해서는 법률로써 제한을 받을 수 있다. 다만, 이 경우에도 자유와 권리의 본질적인 내용은 침해할 수 없다(헌법 제37조제2항). 이에 근거하여 노동조합법은 쟁의행위 시 조합원 찬반투표, 폭력행위 금지, 긴급조정 시의 쟁의행위 금지 등의 규정을 두고 있다.[16]

셋째, 사업의 성질에 따른 제한으로서 방위산업체 종사자와 공익사업 종사자는 쟁의행위가 제한된다. 헌법은 남북 대치상황을 감안하여 "법률이 정하는 주요방위산업체에 종사하는 근로자의 단체행동권은 법률이 정하는 바에 의하여 이를 제한하거나 인정하지 아니할 수 있다."라고 규정하고 있다(헌법 제33조 제3항).

이에 근거하여 노동조합법은 방위산업법에 의하여 지정된 주요방위산업체에 종사하는 근로자 중에서 전력·용수 및 방위산업물자 생산에 종사하는 자에 대하여 쟁의행위를 금지하고 있다(노동조합법 제41조제2항).

또한 노동조합법상 공익사업에 대해서는 일반사업(10일)보다 긴 쟁의행위 조정기간(15일) 및 긴급조정제도 적용, 필수공익사업에 대한 필수유지업무제도 적용 등의 제한이 따른다.

넷째, 공무원과 교원은 그 근로의 특수성을 감안하여 일반 근로자와 다른 제한을 받고 있다. 헌법 제33조제2항에서 "공무원인 근로자는 법률이 정하는 자에 한하여 단결권·단체교섭권 및 단체행동권을 가진다."라고 규정하고 있다.

이에 근거하여 '사실상 노무에 종사하는 공무원'을 제외한 공무원에 대해서 '공무원의 노동조합 설립 및 운영 등에 관한 법률'(공무원노조법)이 따로 제정되어 공무원에 대하여 단결권과 단체협약 체결권은 인정하되, 단체행동권은 금지하고 있다. 교원에 대해서는 헌법에 별도의 제한 규정은 없으나 '교원의

---

16) 하갑래, 집단적 노동관계법, p.56.

노동조합 설립 및 운영 등에 관한 법률'(교원노조법)을 별도로 제정하여 단결권, 단체교섭권과 단체협약 체결권을 인정하면서, 단체행동권을 제한하고 있다.

한편, 경비업법에서 공항·항공기 등 국가중요시설의 경비 및 도난·화재 그 밖의 위험 발생을 방지하는 특수경비업무종사자는 "파업·태업 그 밖에 경비업무의 정상적인 운영을 저해하는 일체의 쟁의행위를 하여서는 아니 된다."라고 규정하고 있는데(제15조제3항), 헌법재판소는 이를 합헌으로 판단하였다(헌법재판소 2009.10.29. 2007헌마1359).[17]

청원경찰에 대해서도 쟁의행위만 금지된다. 과거에는 청원경찰의 복무에 대해 구 청원경찰법 제5조제4항에서 "공무원은 노동운동이나 그 밖에 공무 외의 일을 위한 집단 행위를 하여서는 아니 된다."라는 국가공무원법 제66조제1항의 규정을 준용하고 있었다.

그러나 헌법재판소는 2017년에 청원경찰은 일반 근로자일 뿐 공무원이 아니므로 원칙적으로 헌법 제33조제1항에 따라 근로3권(노동3권)이 보장되어야 한다면서, 청원경찰의 업무가 가지는 공공성이나 사회적 파급력은 군인이나 경찰의 그것과는 비교하여 견주기 어려운데도 불구하고 모든 청원경찰의 근로3권을 전면적으로 제한하는 것은 과잉금지원칙을 위반한다고 판단하여 헌법불합치결정을 내렸다(헌법재판소 2017.9.28. 2015헌마653).

이러한 헌법재판소의 결정에 따라 2018.9.18. 국가공무원법 준용 규정은 삭제되고, 국가공무원법의 복종 의무(제57조), 직장 이탈 금지(제58조제1항), 비밀엄수의무(제60조), 경찰공무원법의 거짓 보고·통보나 직무해태·유기 금지(제24조)만 준용하는 것으로 개정되었다.

동시에 청원경찰법(제9조의4)에 "청원경찰은 파업, 태업 또는 그 밖에 업무의 정상적인 운영을 방해하는 일체의 쟁의행위를 하여서는 아니 된다."라는 쟁의행위 금지 조항이 신설되었다.

---

17) 하갑래, 집단적 노동관계법, p.59.

**헌법재판소 결정**   청원경찰의 노동3권 제한에 대한 판단

청원경찰은 일반근로자일 뿐 공무원이 아니므로 원칙적으로 헌법 제33조제1항에 따라 근로3권(노동3권)이 보장되어야 한다. 청원경찰은 제한된 구역의 경비를 목적으로 필요한 범위에서 경찰관의 직무를 수행할 뿐이며, 그 신분보장은 공무원에 비해 취약하다. 청원경찰에 대하여 직접행동을 수반하지 않는 단결권과 단체교섭권을 인정하더라도 시설의 안전 유지에 지장이 된다고 단정할 수 없다.

청원경찰은 특정 경비구역에서 근무하며 그 구역의 경비에 필요한 한정된 권한만을 행사하므로, 청원경찰의 업무가 가지는 공공성이나 사회적 파급력은 군인이나 경찰의 그것과는 비교하여 견주기 어렵다. 그럼에도 심판대상조항은 군인이나 경찰과 마찬가지로 모든 청원경찰의 근로3권을 획일적으로 제한하고 있다.

이상을 종합하여 보면, 심판대상조항이 모든 청원경찰의 근로3권을 전면적으로 제한하는 것은 과잉금지원칙을 위반하여 청구인들의 근로3권을 침해하는 것이다.

만약 심판대상조항에 대해 단순위헌결정을 하여 즉시 효력을 상실시킨다면, 근로3권의 제한이 필요한 청원경찰까지 근로3권 모두를 행사하게 되는 혼란이 발생할 우려가 있다. 그러므로 심판대상조항에 대하여 잠정적용 헌법불합치결정을 선고하되, 입법자는 늦어도 2018.12.31.까지 개선입법을 하여야 한다(헌법재판소 2017.9.28. 2015헌마653).

---

**제3절**  **노사관계와 권리·의무의 주체**

## 1. 노동법상 근로자와 사용자의 개념

노동법은 근로자의 보호를 목적으로 하여 근로자와 사용자 사이의 노동관계를 규율하는 법으로서 노동법상 권리·의무의 주체는 기본적으로 근로자와 사용자이다.

그런데 노동관계법은 각 법률의 목적에 따라 근로자의 개념을 다르게 규정하고 있어 이를 유형화하면 ① 근로기준법상 근로자, ② 노동조합법상 근로자, ③ 고용관계법상 근로자 등으로 구분할 수 있다.

근로기준법(제2조제1항제1호)에서는 근로자를 '직업의 종류와 관계없이 임금을 목적으로 사업이나 사업장에 근로를 제공하는 자'로 정의하고 있다.

① 직업의 종류와 관계가 없으므로 사무직, 생산직, 농림어업종사자, 단순노무종사자 등을 모두 포함하고(한국표준직업분류), 계약기간의 정함이 있는지, 시간제로 일하는지 등도 문제 되지 않는다. ② 임금은 사용자가 근로의 대가로 근로자에게 임금, 봉급, 그밖에 어떠한 명칭으로든지 지급하는 일체의 금품(근로기준법 제2조제1항제5호)을 말한다. ③ '사업이나 사업장'에는 사기업뿐만 아니라 공공기관, 국가 및 지방자치단체도 모두 포함된다. '사업'은 경영상의 일체를 이루면서 유기적·계속적으로 운영되는 사업조직(사업체)을 말하고, '사업장'은 사업의 일부분으로 업무·회계·인사노무관리를 독자적으로 수행하거나 독자성이 없더라도 장소적으로 분리되어 있는 조직체를 말한다.[18] 그리고 ④ 근로에는 정신노동과 육체노동이 모두 포함된다.[19]

근로기준법상 근로자 해당 여부에 대하여는 '사용종속관계'가 가장 본질적이고 중요한 판단기준이 된다. 판례도 근로자란 임금을 목적으로 종속적인 관계에서 사용자에게 근로를 제공하는 자를 의미한다고 하고 있다(대법원 2006.12.7. 2004다29736).

한편, 근로기준법에서는 근로자를 '임금을 목적으로 사업(장)에서 근로를 제공하는 자'로 정의하여 취업 근로자를 상정하고 있는 것에 비해, 노동조합법은 근로자를 '임금, 급료, 그 밖에 이에 준하는 수입으로 생활하는 자'로 정의하여 실업자나 미취업자도 근로자에 해당할 수 있는 여지를 두고 있다.

남녀고용평등법은 한 걸음 더 나아가 '사업주에게 고용된 자와 취업할 의사를 가진 자'로 정의하고, 고용보험법도 취업에는 '영리를 목적으로 사업을 영위하는 경우'도 포함된다고 규정함으로써 노동조합법상 근로자에 더하여 자영업을 하려는 자도 근로자로 포섭하고 있다(고용보험법 제40조제1항제2호).[20]

산재보험법에는 근로기준법상 근로자 이외에 업무상 재해로부터 보호할 필요가 있는 자로 보험모집인(설계사), 콘크리트믹서 트럭운전자, 학습지 교사, 골프장 캐디, 택배기사, 퀵서비스 기사, 대출모집인, 신용카드회원 모집인, 대리운전기사 등 특수형태근로종사자를 규정하고 있다(산재보험법 시행령 제125조).

---

18) 임종률, 노동법, pp.34~35; 대법원 1993.10.12. 93다18395 참조.
19) 근로기준법상 근로자의 개념은 <이수영·임무송 외, 노동법 실무: 인사관리와 분쟁해결(개정판), 중앙경제, 2019, p.92>의 내용을 일부 수정한 것이다.
20) 임종률, 노동법, pp.33~37.

그리고 2020년에 개정된 산업안전보건법에서는 이른바 위험의 외주화 논란에 따른 보호 대상 확대를 반영하여 특수형태근로종사자와 물건의 수거·배달 등을 하는 사람을 사업주가 안전 및 건강을 유지·증진해야 할 근로자의 범위에 포함시키고 있다(산업안전보건법 제5조제1항).

한편, 노동조합법(제2조제2호)에서는 사용자를 근로기준법과 유사하게 '사업주, 사업의 경영 담당자 또는 그 사업의 근로자에 관한 사항에 대하여 사업주를 위하여 행동하는 자'로 정의하고 있다.

근로자에 대하여는 근로기준법과 노동조합법에서 달리 정의를 하고 있지만, 사용자에 대해서는 노동조합법 제2조에서 문구상 약간의 차이는 있지만 기본적으로 동일하게 규정하고 있다.

그러나 근로기준법상의 사용자는 동법의 준수 의무자로서 해석되지만, 노동조합법상의 사용자는 단체교섭과 단체협약 체결의 상대방, 쟁의행위의 상대방 및 부당노동행위의 책임주체가 되는 자를 말하므로 양자는 관점을 달리한다.[21]

이하에서는 노동조합법상 근로자와 사용자의 개념을 중심으로 그 내용과 쟁점을 살펴본다.[22]

## 2. 노동조합법상 근로자

### (1) 근로자의 정의

노동조합법 제2조제1항에서는 근로자를 '직업의 종류를 불문하고 임금·급료 기타 이에 준하는 수입에 의하여 생활하는 자'로 정의하고 있다.

우선 직업의 종류를 불문하므로 근로기준법상 근로자의 정의에서 '직업의 종류와 관계없이'와 마찬가지로 사무직과 생산직, 농림어업종사자, 단순노무종사자 등을 모두 포함하고, 고용형태가 기간제인지 시간제인지도 문제가 되지 않는다.

임금·급료 기타 이에 준하는 수입에는 사용자와 사용종속관계에서 지급받는 임금 이외에 종속적 근로는 아니지만 유사한 노무를 공급하는 대가로 얻는 수입도 포함한다. 그리고 이러한 수입에 의해 생활하는 자는 사용종속관계에

---

21) 김형배·박지순, 노동법강의, pp.40~41.
22) 이하의 내용은 <이수영·임무송 외, 노동법실무, pp.113~147>의 내용을 옮겨와 일부 수정한 것이다.

서 노무 제공을 하는 것이 아니므로 인적 종속성이 없더라도 경제적 종속성이 존재하면 노동조합법상 근로자로 볼 수 있다.[23]

법원은 노동조합법상 근로자에 대해 "타인과의 사용종속 관계하에서 노무에 종사하고 그 대가로 임금 등을 받아 생활하는 자를 말하고, 그 사용종속관계는 당해 노무공급계약의 형태가 고용, 도급, 위임, 무명계약 등 어느 형태이든 상관없이 사용자와 노무제공자 사이에 지휘·감독관계의 여부, 보수의 노무대가성 여부, 노무의 성질과 내용 등 그 노무의 실질관계에 의하여 결정되는 것이다."라고 판시하였다(대법원 2014.2.13. 2011다78804).

## (2) 노동조합법과 근로기준법의 근로자성 판단기준 비교

근로기준법에서는 근로자를 '직업의 종류와 관계없이 임금을 목적으로 사업이나 사업장에 근로를 제공하는 자'라고 규정하여 노동조합법상 근로자의 개념보다 한정적으로 근로자를 정의하고 있다.

노동조합법상 근로자를 근로기준법상 근로자와 비교하면 아래와 같다.

### 1) 보수와 수입

보수와 소득 측면에서 보면, 근로기준법에서는 임금을 목적으로 근로를 제공하는 자를 말하지만, 노동조합법에서는 임금·급료 이외에 '기타 이에 준하는 수입'도 포괄하고 있어 직접적인 사용종속관계는 아니라 하더라도 유사한 형태의 노무제공을 통해 얻는 소득이 모두 포함된다.

따라서 용역계약, 위임계약 등을 통해 얻는 수입도 포함되며, 기타 수입으로 생활할 수밖에 없는 자도 포괄하여 실업급여 수급자, 구직 중인 근로자와 실업자, 해고된 근로자도 포함된다.[24]

### 2) 특정 사업장과의 결합 관계

특정 사업장과의 결합 관계 측면에서 보면, 근로기준법은 '사업 또는 사업장'에 근로를 제공하는 자로 한정하고 있는데, 노동조합법에는 사업 또는 사업장을 정의에 포함하지 않고 있다.

---

23) 노동법실무연구회, 근로기준법주해 I(제2판), 박영사, 2020, p.152
24) 중앙노동위원회, 주제별 판례분석집: 집단적 노사관계, 2018, pp.4~13.

즉 근로기준법은 특정 사업장과 결합하여 근로를 제공하는 것을 중시하지만, 노동조합법은 특정 사업장에 종속된 근로를 요구하지 않으므로 사업장에 고용될 의사와 능력을 가진 자까지 포함될 수 있다(서울행정법원 2012.12.9. 2012구합20932). 따라서 실업 중이거나 구직 중인 근로자, 해고된 근로자도 노동조합법상 근로자로 인정되어 산업별·직종별·지역별 노동조합 등 초기업단위 노동조합에 가입할 수 있다(대법원 2004.2.27. 2001두8568).

다만, 해고자나 실업자의 기업별 노동조합 가입은 종래에는 사용자에의 종속관계 부재를 이유로 부정되었으나, 2021년 노동조합법 개정으로 '종사근로자'라는 개념이 도입되어 노동조합 가입의 길이 열렸다(2021.7.6. 시행).

개정 노동조합법에 따르면 사업 또는 사업장에 종사하는 근로자가 아닌 자, 즉 해고자 등도 사용자의 효율적인 사업 운영에 지장을 주지 아니하는 범위에서 사업 또는 사업장 내에서 노동조합 활동을 할 수 있다. 종사근로자인 조합원이 해고되어 노동위원회에 부당노동행위의 구제신청을 한 경우에는 중앙노동위원회의 재심판정이 있을 때까지만 종사근로자로 본다(노동조합법 제5조제2항, 제3항).

### 3) 근로자의 종속성

근로자의 종속성 측면에서 보면 근로기준법은 임금의 종속성 또는 인적 종속성을 요구하지만, 노동조합법은 업무의 종속성과 독립사업자성을 모두 고려한 경제적 종속성을 중시한다.

법원도 노동조합법상 근로자의 경우 "직접적인 근로계약의 존재가 요구되는 것은 아니므로 그 근로자성 판단기준의 징표를 임금의 종속성보다는 사용자의 지휘·감독의 정도 및 근로자가 독립하여 자신의 위험과 계산으로 사업을 영위할 수 있는지 등 주로 업무의 종속성과 독립사업자성을 평가요소로 삼아야 한다."라고 판시하였다(대법원 2014.2.13. 2011다78804).

### 4) 근로자 보호의 필요성

근로자에 대한 보호의 필요성 측면에서 보면, 근로기준법은 '국가의 관리·감독에 의한 직접적인 보호의 필요성이 있는가'라는 관점에서 개별적 노사관계를 규율하기 위해 제정되었으나, 노동조합법은 '노무공급자들 사이의 단결권 등을 보장해 줄 필요성이 있는가'라는 관점에서 집단적 노사관계를 규율하기 위해 제정되었다는 점에서 입법 목적을 달리하고 있다(대법원 2004.2.27. 2001두8568).

이상과 같은 네 가지 측면에서 근로기준법과 노동조합법상 근로자 개념의 다른 점을 비교하면 <도표 1-3>과 같다.

도표 1-3  근로자 개념 비교

| 구분 | 근로기준법 | 노동조합법 |
|---|---|---|
| 정의 | • 직업의 종류와 관계없이 임금을 목적으로 사업이나 사업장에 근로를 제공하는 자 | • 직업의 종류를 불문하고 임금·급료 기타 이에 준하는 수입에 의하여 생활하는 자 |
| 보수와 수입 | • 임금<br>• 종속적인 근로를 통한 보수 | • 종속적인 임금과 근로 불필요<br>• 기타 이에 준하는 수입<br>• 유사한 노무 제공을 통한 소득, 기타 수입으로 생활하는 자 |
| 사업자과 결합관계 | • 특정 사업장과 결합 | • 특정 사업장에 종속된 근로 제공 불필요<br>• 고용될 의사와 능력을 가진 자도 포함 |
| 종속성 성격 | • 인적 종속성(임금에의 종속성) | • 경제적 종속성<br>• 업무의 종속성 및 독립사업자성 고려 |
| 보호 필요성 | • 국가의 관리나 감독에 의한 직접적인 보호의 필요성 | • 노무공급자들 사이의 단결권 등 보장 필요성 |

## (3) 노동조합법상 근로자성을 인정한 사례

### 1) 골프장 캐디

골프장 캐디(경기보조원)는 근로기준법상의 근로자성은 부인되었지만, 노동조합법상 근로자로서 지위는 인정되었다

판례는 임금의 종속성이나 인적 종속성 요소보다 사용자의 지휘·감독의 정도와 근로자가 독립적으로 자신의 위험과 계산으로 사업을 운영할 수 있는지 등의 경제적 독립성, 즉 업무의 종속성과 독립사업자성을 주요 판단요소로 삼아 노동조합법상 근로자 지위를 인정하고 있다.

즉, 골프장 캐디는 근무내용, 근무시간과 장소에 대해 상당한 정도의 지휘·

감독을 받고 있으며 캐디 피는 임의로 결정할 수 있는 것이 아니므로 스스로 노무제공을 통해 이윤을 창출하고 손실위험을 부담하는 독립사업자로 보기 어렵고, 다른 골프장에서 경기보조업무를 하는 것이 곤란하며, 노사가 상대방을 노동조합법상 사용자와 노동조합으로 인정하고 단체협약과는 별도로 합의나 노동쟁의 조정절차 등을 거쳐 온 점 등을 종합할 때 노동조합법상 근로자성이 인정된다는 것이다(대법원 2014.2.13. 2011다78804).

## 2) 학습지 교사

종래에 위탁계약을 체결한 학습지 교사는 노동조합법상 근로자 지위가 부정되었다. 당시 판례에 따르면, '위탁업무의 수행과정에서 업무내용, 수행방법과 업무시간 등에 관하여 사용자로부터 구체적이고 직접적인 지휘·감독을 받지 않았고, 다른 곳에의 취업에도 제한이 없으며, 교사의 수수료는 신규회원의 증가나 수금실적 등 객관적인 이행실적에 따라 결정되어 임금으로 보기 어려운 점에 비추어 학습지 교사는 사용종속관계에서 임금을 목적으로 근로를 제공하는 근로자로 볼 수 없다'는 것이었다(대법원 2005.11.24. 2005다39136).

그러나 2018년에 대법원은 주식회사 재능교육을 상대로 한 전국학습지산업 노동조합 외 8인의 소송 사건에서 학습지교사의 노동조합법상 근로자성을 인정하는 것으로 입장을 바꾸었다.

법원은 학습지교사들이 겸업을 하는 것은 현실적으로 어려워 보여 회사로부터 받는 수수료가 교사들의 주된 소득원이었을 것으로 보이고, 보수등 위탁사업계약의 주요 내용이 회사에 의해 일방적으로 결정되었다고 볼 수 있으며, 교사들이 제공한 노무는 회사의 학습지 관련 사업 수행에 필수적인 것이었고, 교사들과 회사와의 위탁사업 계약관계는 지속적이었으며, 교사들이 회사에 상당한 정도로 전속되어 있었던 것으로 보이는 점 등에 비추어, 학습지교사들은 노동조합법상의 근로자에 해당한다고 판단하였다[대법원 2018.6.15. 2014두12598, 2014두12604(병합)].

이 판결을 계기로 방송연기자, 철도매점운영자, 자동차 카마스터 등을 노동조합법상 근로자로 인정하는 대법원 판례가 잇따르고 있다.

**핵심 판례** 학습지교사의 노동조합법상 근로자성 인정

　학습지 개발 및 교육 등의 사업을 하는 갑 주식회사가 전국학습지산업노동조합 소속 조합원이면서 학습지교사들인 을 등과 학습지회원에 대한 관리, 모집, 교육을 내용으로 하는 위탁사업계약을 체결하였다가 그 후 이를 해지하자 을 등이 부당해고 및 부당노동행위에 해당한다는 이유로 구제명령을 신청한 사안에서, 업무 내용, 업무 준비 및 업무 수행에 필요한 시간 등에 비추어 볼 때 학습지교사들이 겸업을 하는 것은 현실적으로 어려워 보여, 갑 회사로부터 받는 수수료가 학습지교사들의 주된 소득원이었을 것으로 보이는 점, 갑 회사는 불특정다수의 학습지교사들을 상대로 미리 마련한 정형화된 형식으로 위탁사업계약을 체결하였으므로, 보수를 비롯하여 위탁사업계약의 주요 내용이 갑 회사에 의하여 일방적으로 결정되었다고 볼 수 있는 점, 을 등이 제공한 노무는 갑 회사의 학습지 관련 사업 수행에 필수적인 것이었고, 을 등은 갑 회사의 사업을 통해 학습지 개발 및 학습지회원에 대한 관리·교육 등에 관한 시장에 접근한 점, 을 등은 갑 회사와 일반적으로 1년 단위로 위탁사업계약을 체결하고 계약기간을 자동연장하여 왔으므로 위탁사업계약관계는 지속적이었고, 갑 회사에 상당한 정도로 전속되어 있었던 것으로 보이는 점 등에 비추어, 을 등은 노동조합 및 노동관계조정법상의 근로자에 해당하고, 전국학습지산업노동조합은 노동조합법상 근로자인 학습지교사들이 주체가 되어 자주적으로 단결하여 근로조건의 유지·개선 기타 학습지교사들의 경제적·사회적 지위의 향상을 도모함을 목적으로 조직한 단체이므로 노동조합법 제2조제4호 본문에서 정한 노동조합에 해당한다[대법원 2018.6.15. 2014두12598, 2014두12604(병합)].

　3) 방송연기자

　공사(한국방송공사)가 보수를 비롯하여 방송연기자와 체결하는 계약 내용을 일방적으로 결정하고 있다고 평가할 수 있고, 방송연기자의 방송연기는 공사의 방송사업 수행을 위한 필수적 요소 중 하나이며, 방송연기자는 방송사업을 통해서만 방송연기시장에 접근할 수 있고, 공사는 방송연기자들의 업무 수행 과정에서 구체적이고 개별적인 지휘·감독을 하는 것으로 볼 수 있으며, 방송연기자가 받는 출연료는 방송연기라는 노무 제공의 대가에 해당하고, 방송연기자로 하여금 노동조합을 통해 방송사업자와 대등한 위치에서 노무제공조건 등을 교섭할 수 있도록 할 필요성이 크므로, 전속성과 소득 의존성이 강하지 아니한 측면이 있더라도 방송연기자가 노동조합법상 근로자임을 부정할 것은 아니다(대법원 2018.10.12. 2015두38092).

4) 철도매점운영자

특정 사업자에 대한 소속을 전제로 하지 않을 뿐만 아니라 '고용 이외의 계약 유형'에 의한 노무제공자까지도 포함할 수 있도록 규정한 노동조합법의 근로자 정의 규정과 대등한 교섭력의 확보를 통해 근로자를 보호하고자 하는 노동조합법의 입법 취지 등을 고려하면, 회사(코레일유통)의 사업에 필수적인 노무를 제공함으로써 회사와 경제적·조직적 종속관계를 이루고 있는 매점운영자들을 노동조합법상 근로자로 인정할 필요성이 있다. 그 판단 근거를 보면 아래와 같다(대법원 2019.2.14. 2016두4136).

① 회사는 미리 마련한 정형화된 형식의 표준 용역계약서에 의해 용역계약을 체결하면서 용역계약의 주요 내용을 대부분 일방적으로 결정한 것으로 보인다.

② 매점운영자들이 제공한 노무는 회사의 사업 수행에 필수적이었고, 매점운영자들은 회사의 사업을 통해 상품 판매 시장에 접근하였다.

③ 매점운영자들은 회사와 2년 이상의 기간 동안 용역계약을 체결하고 일정한 경우 재계약하는 등 용역계약관계가 지속적이었고, 회사에 상당한 정도로 전속되어 있었던 것으로 보인다.

④ 매점운영자들은 용역계약에 의해 업무내용과 업무시간이 결정되는 등 어느 정도는 회사의 지휘·감독을 받았던 것으로 평가할 수 있다.

⑤ 회사로부터 지급받은 용역비는 매점운영자들이 제공한 노무인 매점 관리와 물품 판매 등에 대한 대가로서 지급된 것으로 봄이 타당하다.

5) 자동차 카마스터

법원은 카마스터들이 다른 회사 자동차도 판매하는 등 독립사업자의 성격을 가지고 있더라도, 회사(자동차 판매대리점주)와 경제적·조직적 종속관계가 있는 이상, 카마스터들에게 대등한 지위에서 노무제공계약의 내용을 결정할 수 있도록 노동3권을 보장할 필요가 있는 점 등을 종합하면, 카마스터들은 노동조합상 근로자에 해당한다고 판시하였다. 그 판단 근거를 보면 다음과 같다(대법원 2019.6.13. 2019두33712).

① 카마스터들의 주된 소득원은 회사에게서 받은 판매수당과 인센티브 등이

고, ② 회사가 미리 마련한 정형화된 형식의 자동차 판매용역계약서를 이용하
여 카마스터들과 용역계약을 체결하였으며, ③ 카마스터들이 제공하는 노무는
회사를 운영하는 데 필수적인 것이고, ④ 카마스터들은 여러 해에 걸쳐서 회
사와 전속적 · 지속적으로 자동차 판매용역계약을 체결해 왔으며, ⑤ 카마스터
들에 대한 직급체계와 근태관리, 표준업무지침 하달, 판매목표 설정, 영업 관
련 지시나 교육 등이 이루어진 사정을 종합하면 회사가 카마스터들을 지휘 ·
감독해 왔다고 평가할 수 있고, ⑥ 카마스터들이 회사에게서 받은 판매수당이
나 인센티브는 카마스터들이 회사에게 제공한 노무인 차량 판매행위의 대가라
고 볼 수 있는 점 등이다.

### 6) 실업 상태 또는 구직 중인 자

실업 상태 또는 구직 중인 자도 노동조합법상 근로자로서의 자격이 인정된
다. 특정 사업장에서의 근로를 요건으로 하는 근로기준법과 달리 노동조합법
에서는 현재 특정 사업장에 근무하는 자 뿐만 아니라 향후 사업장에 고용될
의사나 능력을 가진 자까지 포함된다. 그리고 산업별 · 직종별 · 지역별 노동조
합은 본래 특정 사용자에의 종속관계를 자격요건으로 하지 않는다.

법원은 이를 근거로 초기업단위 노조에 대해서는 실업 상태에 있는 자 또는
구직 중인 자까지 노동조합법상 근로자로 인정하였다(대법원 2004.2.27. 2001두
8568; 서울행정법원 2012.2.29. 2011구합20932).

즉, 구 노동조합법 제2조제1호[25] 및 제4호 (라)목 본문[26]에서 말하는 근로자
에는 특정한 사용자에게 고용되어 현실적으로 취업하고 있는 자 뿐만 아니라,
일시적으로 실업 상태에 있는 자나 구직 중인 자도 노동3권을 보장할 필요성
이 있는 한 그 범위에 포함되므로 특정 사업장에서 해고된 자, 구직 중인 여성
노동자 역시 노동조합법상의 근로자에 해당한다고 보았다(대법원 2004.2.27.
2001두8568; 대법원 2016.11.10. 2015도7476).

다만, 기업별 노조에 대해서는 해고자 등의 가입이 인정되지 않았으나, 국제

---

25) '근로자'라 함은 직업의 종류를 불문하고 임금 · 급료 기타 이에 준하는 수입에 의하여 생활하는
자를 말한다.
26) 노동조합으로 보지 않는 경우 (라) 근로자가 아닌 자의 가입을 허용하는 경우(본문). 다만 해고된
자가 노동위원회에 부당노동행위의 구제신청을 한 경우에는 중앙노동위원회의 재심판정이 있을
때까지는 근로자가 아닌 자로 해석되어서는 아니 된다(단서).

노동기구(ILO) 결사의 자유 협약 비준을 위한 노동조합법 개정(2021.7.6. 시행)으로 기업 단위에서도 해고자나 실업자의 조합원 자격이 인정됨에 따라 노동조합법상 근로자성을 둘러싼 다툼이 입법적으로 해결되었다(노동조합법 제5조 제2항).

### 7) 취업자격 없는 외국인근로자

법원은 출입국관리법령에서 외국인고용제한규정을 두고 있는 것은 취업자격 없는 외국인의 고용이라는 사실적 행위 자체를 금지하고자 하는 것뿐이지, 나아가 취업자격 없는 외국인이 사실상 제공한 근로에 따른 권리나 이미 형성된 근로관계에 있어서 근로자로서의 신분에 따른 노동관계법상의 제반 권리 등의 법률효과까지 금지하려는 것으로 보기는 어렵다면서 불법체류 외국인근로자도 노동조합법상 근로자의 범위에 포함된다고 판시하였다(대법원 2015.6.25. 2007두4995).

### (4) 노동조합법상 근로자성을 부정한 사례

레미콘 지입차주 겸 운송기사는 노동조합법상 근로자 지위가 부정된다. 사업주와 레미콘운반 도급계약을 체결하였고, 업무내용이 사용자에 의해 일방적으로 정해졌다고 보기 어려우며, 복장이나 차량관리 통제는 제조회사 식별 등을 위해 상호 간에 양해된 사항으로 보이고, 운송차주들의 복귀시간이나 복귀 여부가 자유로우며, 차량의 소유권이 차주에게 있으면서 차주 스스로 차량관리를 해온 점 등 제반 사정을 종합하면 노동조합법상 또는 근로기준법상 근로자성이 인정되지 않는다(대법원 2006.10.13. 2005다64385).

## 3. 노동조합법상 사용자

### (1) 사용자의 정의

#### 1) 사용자 개념의 중요성

근로자가 노동위원회 등에 부당해고나 부당노동행위 등에 대하여 구제신청을 할 때는 적격이 있는 사용자를 대상으로 하여야 한다. 구제신청에서 근로자는 신청인이 되고 사용자가 피신청인이 된다.

이때 사용자 적격이 없으면 '기각'되고,[27] 사용자가 아닌 자는 노동위원회의 구제명령을 이행할 의무가 없으므로 원천적으로 근로자는 구제를 받지 못하게 된다.

그러므로 근로자가 노동위원회 등에 부당해고 등에 대해 구제신청을 할 경우, 본인이 근로자 적격이 있는지 이외에 피신청인이 사용자 적격이 있는지를 확인하여야 한다.

국가기관이나 지방자치단체, 공장과 지점 및 원하청 업체 등에서 사용자가 불명확하거나 모호한 경우가 적지 않은데, 사용자의 개념을 명확히 하는 것은 근로자의 권리구제와 법률분쟁의 원만한 해결을 위해서도 중요한 의미가 있다.

## 2) 사용자 개념의 정의

노동조합법상 '사용자'라 함은 사업주, 사업의 경영담당자 또는 그 사업의 근로자에 관한 사항에 대하여 사업주를 위하여 행동하는 자를 말한다. 근로자와 달리 사용자에 대한 개념 정의는 근로기준법(제2조제1항제2호)과 노동조합법(제2조제2호)의 규정이 거의 동일하다<도표 1-4>.

'사업주'는 법인사업체의 경우 법인 그 자체, 개인 사업체의 경우 그 대표자가 된다. 이때 법인은 설립등기를 한 법인뿐만 아니라 등기를 하지 않았더라도 정관·대표자 등 법인으로서의 실질을 갖추고 있는 단체도 포함된다. 따라서 권리능력이 없는 사단(예: 아파트입주자대표회의, 동창회, 종친회, 학회) 또는 법인이 아닌 재단(예: 대학교 장학회)도 사업주로 인정된다.

'사업경영담당자'는 사업경영의 일반에 관하여 책임을 지는 자로서 사업주로부터 사업경영의 전부나 일부에 대해 포괄적 위임을 받고 대외적으로 사업을 대표 또는 대리하는 자를 말한다(대법원 2006.5.11. 2005도8364).

'기타 근로자에 대한 사항에 대하여 사업주를 위하여 행동하는 자'는 근로자의 인사, 급여, 후생, 노무관리 등 근로조건의 결정 또는 업무상의 명령이나 지휘감독을 하는 등의 사항에 대하여 사업주로부터 일정한 권한과 책임을 부

---

27) 노동위원회규칙 제60조제1항제3호는 '당사자 적격이 없는 경우'를 각하하도록 규정하고 있었으나, 2021.10.7. 개정된 노동위원회규칙 제25호는 위 규정을 삭제하였기 때문에, 노동위원회는 당사자적격이 없는 사건에 대해 '기각'하여야 한다.

여받은 자를 말한다(대법원 2006.5.11. 2005도8364).

유의할 것은 부당해고나 부당노동행위에 관하여 노동위원회의 구제명령을 이행할 주체는 사업주인 사용자라는 점이다. 따라서 구제명령이 사업주인 사용자의 일부 조직, 업무집행기관 또는 업무담당자에 대해 이루어진 경우에는 사업주인 사용자에 대해 행하여진 것으로 본다(대법원 2006.2.24. 2005두5673).

원칙적으로 사업주는 근로자와 근로계약관계를 맺은 자를 의미하지만, 부당해고와 달리 부당노동행위 구제신청 사건에 대해서 판례는 근로계약관계가 아니더라도 원청업체가 하청업체 근로자의 노동조건에 실질적·구체적으로 지배력을 행사하고 있는 경우에도 사용자로 판시하였다(대법원 2010.3.25. 2007두8881).

근로기준법과 노동조합법에서 규정하고 있는 사용자의 법적인 개념 정의는 같으나, 해석이나 판례에서는 다소 차이가 있는데 이를 정리하면 <도표 1-4>와 같다.

도표 1-4 **사용자 개념 비교**

| 구분 | 근로기준법 | 노동조합법 |
|---|---|---|
| 정의 | '사용자'란 사업주 또는 사업 경영 담당자, 그 밖에 근로자에 관한 사항에 대하여 사업주를 위하여 행위하는 자를 말한다. (근로기준법 제2조제1항제2호) | '사용자'라 함은 사업주, 사업의 경영담당자 또는 그 사업의 근로자에 관한 사항에 대하여 사업주를 위하여 행동하는 자를 말한다. (노동조합법 제2조제2호) |
| 사업주 개념 | 근로계약의 당사자로서 고용주 | 근로계약의 당사자인 고용주에 한정되지 않고, 노동관계에 대하여 실질적인 지배력을 행사하는 자까지 포함 |
| 사용자 의무 | 근로기준법상 사용자 의무 부담 (근로계약의 체결과 이행 등) | 노동조합법상 사용자 의무 부담(근로자의 단결권 보장, 단체교섭, 부당노동행위 금지 등) * 단체교섭과 부당노동행위 의무 부담자는 다를 수 있음 |

## (2) 사용자성 판단기준

노동조합법 상 사용자 적격 판단은 근로자 적격을 판단할 때와 마찬가지로 계약의 형식이나 관련된 법규의 내용보다 실질적인 근로관계를 기준으로 판단하게 된다.

노동조합법상 사용자라 함은 ① 근로자와 명시적 또는 묵시적인 근로계약 관계를 체결하고, ② 근로자와 고용·종속관계가 있으며, ③ 근로의 대가로서 임금을 지급하고 ④ 실질적으로 근로자에 대해 영향력과 지배력을 행사하는 자를 말한다(대법원 2010.3.25. 2007두8881).

### 1) 근로계약 체결

사용자는 근로자와 명시적 또는 묵시적으로 근로관계 계약을 체결하여야 한다. 사용자가 근로자와 근로계약서를 작성했다 하더라도 최종적인 책임을 지는 사업주가 누구인가, 그리고 위장도급인지 불법파견인지에 따라 실제 사업주가 달라질 수 있다.

### 2) 사용종속관계

사용종속관계 존재 여부는 근로자성을 판단할 때와 마찬가지로 사용자가 업무의 내용을 결정하고, 근로자에 대해 취업규칙·복무규정·인사규정 등을 적용하며, 업무수행 과정에서 직접적인 지휘·감독을 하고, 근로자에 대해 근무시간과 장소를 지정하며, 비품·원자재·작업도구 등을 소유·제공하고, 근로관계의 계속성과 사용자에의 전속성을 요구하는지 등 여러 가지 경제적·사회적 조건을 종합적으로 고려하여 판단하여야 한다.

### 3) 임금 지급의 주체

근로계약관계가 성립되면 근로자는 근로를 제공하고 사용자는 그 대가로 임금을 지급하게 되는데, 일반적으로 사용자는 기본급, 수당, 성과급, 퇴직금 등 임금체계를 정하고, 4대 보험을 제공하며, 근로소득세도 원천징수한다.

현실적으로는 임금 지급의 주체가 문제 되기도 하는데 대표적인 예가 하도급이다. 즉, 하청업체가 원청업체에서 받은 도급대금에서 직접 임금을 지급하면 당연히 하청업체가 사업주가 되지만 원청업체가 하청업체의 근로자에게 상여금을 직접 지급하는 경우에는 원청업체가 사업주로 인정받을 가능성이 있다.

### 4) 실질적인 영향력과 지배력

부당노동행위의 경우 사용자가 근로자와 직접적인 근로계약을 체결하지 않

27

았다 하더라도 원청업체가 사내하청업체 근로자의 기본적인 근로조건에 대하여 실질적이고 구체적인 영향력을 갖고 있다면 구제명령을 이행해야 할 사용자에 해당한다고 본 사례가 있다(대법원 2010.3.25. 2007두8881).

### (3) 최종적인 권리·의무의 귀속 주체

최종적인 권리와 의무의 귀속, 원하청 도급 관계, 파견 관계, 영업양도, 부당노동행위 등과 관련하여 사용자 적격을 다투는 사례가 있다. 근로자가 부당해고 등에 대해 구제신청을 했을 때 사용자는 구제명령을 이행할 자격과 권한을 가지고 있어야 한다. 따라서 근로자가 근로계약을 체결할 경우 사업주는 법인이나 국가의 하부기관 등이 아니라 최종적으로 권리와 의무가 귀속되는 자가 된다.

#### 1) 공장, 지점 등 법인이 설치한 하부기관

원칙적으로 법인의 하부기관으로서의 공장, 지점 등은 사업주로서 법인이 아니므로 구제신청 시 피신청인 자격이 없다. 그러나 지점, 지부, 소속기관 등이라 하더라도 별도의 설립등기를 하였거나 별도의 정관을 가지고 있는 등 독립적인 단체로서 실질을 가지고 있는 경우에는 권리구제의 이행 당사자가 될 수 있다(대법원 2008.10.23. 2007다7973).

따라서 대학교 내에 산학협력단을 관련 법에 따라 별도 법인으로 설치하고 있는 경우에는 산학협력단이 사업주가 된다.

#### 2) 사업경영담당자 및 사업주를 위하여 행동하는 자

노동위원회의 부당해고 구제명령이나 부당노동행위 구제명령이 사업주인 사용자의 일부 조직, 업무집행기관 또는 업무담당자에 대하여 행하여졌다 하더라도 결국 사업주인 사용자에 대하여 이루어진 것으로 보아야 한다(대법원 2006.2.24. 2005두5673).

따라서 사업경영담당자나 근로자에 관한 사항에 대해 사업주를 위하여 행동하는 자는 사용자에는 해당되나 구제명령을 이행할 주체로서의 사용자 적격을 인정받지 못한다.

그러므로 의료법인 산하 병원의 병원장, 기업(법인)의 공장장, 건설회사 현장소장 등은 구제명령의 이행의무가 있는 사용자가 아니다. 기업의 노사관계를 담당하는 인사노무관리자가 부당노동행위에 해당하는 언행을 하여 문제가 되는 경우 구제신청의 대상자(피신청인) 및 구제명령 이행의무를 지는 사용자는 사업주가 된다.

### 3) 국가의 하부기관과 행정관청

국가의 행정관청이 공무원이 아닌 근로자와 사법상 근로계약을 체결한 경우 그 근로계약관계의 권리·의무는 행정주체인 국가에 귀속되므로, 국가가 근로계약관계에서 사업주인 사용자에 해당한다(대법원 2008.9.11. 2006다40935).

법원은 지방노동청이 공무원이 아닌 상담원과 근로계약을 체결한 경우 사용자는 국가의 행정관청인 지방노동청이 아니라 국가(대한민국)라고 판단하였다(대법원 2008.9.11. 2006다40935).

### 4) 지방자치단체의 하부기관

지방자치단체에 소속된 공립학교, 읍사무소 등은 지방자치단체의 하부기관 또는 시설에 불과하므로 사용자로서 당사자 적격이 없고, 지방자치단체가 사용자가 된다. 판례는 수원시에 소재하고 있는 각 초등학교에서 과학실험조교를 채용한 경우 사업주는 초등학교가 아니라 수원시라고 판시하였다(대법원 1992.4.14. 91다45653).

### (4) 노동조합법상 부당노동행위와 사용자

노동조합법에서 부당노동행위의 주체로서 사용자는 근로계약의 당사자로서 고용주에 한정되지 않고 해당 근로자의 근로조건에 대해 실질적이고 구체적인 영향력과 지배력을 행사하는 자도 포함된다.[28]

사업주의 지배·개입에 의한 부당노동행위를 다툰 사건에서 대법원은 근로자와 직접적인 근로관계에 있지 않은 원청업체의 사용자 적격을 인정하였는데, 그 첫 번째 사례가 현대중공업 사건이다.

이 사건에서 부당노동행위의 시정을 명하는 구제명령을 이행할 주체로서 '사용자'로 노동관계에서 실질적이고 구체적인 영향력과 지배력을 행사하는

---

28) 임종률, 노동법, p.286.

자도 해당된다고 하였다(대법원 2010.3.25. 2007두8881).

그러나 이 판례는 노동조합법상 사업주의 범위를 확장했다는 점에서는 중요한 의의가 있으나, 지배·개입의 부당노동행위 주체로서의 사업주에 대해서만 판단을 하고 단체교섭의 주체에 대하여는 다루지 않았다는 한계가 있다.

단체교섭에서는 노사가 근로계약 관계에 있어야 하지만 부당노동행위에서는 근로계약 관계가 없더라도 실질적인 지배·개입의 주체가 누구인가를 판단할 수 있고, 따라서 '사용자의 이원적 개념'에 따라 단체교섭에서의 사용자와 부당노동행위에서의 사용자를 다르게 볼 수 있을 것이다.[29]

---

29) 류문호, "노동조합법상 사용자 개념의 이원성", 「노동정책연구」 제14권 제2호, 한국노동연구원, 2014, p.25 참조.

# 노동조합

제1절 **노동조합의 설립**

## 1. 노동조합의 법적 요건

노동조합법 제5조에서 근로자는 자유로이 노동조합을 조직하거나 이에 가입할 수 있다고 규정하여 자유설립주의를 기본원칙으로 선언하고 있다. 그러나 노동조합법 제7조에서는 노동조합법에 의해 설립된 노동조합이 아니면 노동위원회에 노동쟁의의 조정 및 부당노동행위의 구제를 신청할 수 없고, 노동조합이라는 명칭을 사용할 수 없도록 하는 한편, 같은 법 제2조제4호에서는 법적 보호와 지원을 받을 수 있는 노동조합으로 인정받기 위한 요건을 열거하고 있다.

노동조합법상 노동조합의 요건은 실체적(실질적) 요건과 절차적(형식적) 요건으로 나뉘고, 실체적 요건은 다시 적극적 요건과 소극적 요건으로 구분된다.

도표 2-1 **노동조합의 요건**

| 구분 | | 내용 |
|---|---|---|
| 실체적 (실질적) 요건 | 적극적 요건 (구비 사유) | • 주체성, 자주성, 목적성, 단체성 |
| | 소극적 요건 (결격 사유) | • 사용자 또는 사용자 이익대표자의 참가<br>• 사용자의 경비 원조<br>• 공제·수양, 기타 복리사업만 목적<br>• 근로자 아닌 자의 가입 허용<br>• 정치운동이 주된 목적 |
| 절차적(형식적) 요건 | | • 설립 신고 |

### (1) 실체적 요건

노동조합법은 제2조제4호에서 노동조합이라 함은 "근로자가 주체가 되어 자주적으로 단결하여 근로조건의 유지·개선 기타 근로자의 경제적·사회적 지위의 향상을 도모함을 목적으로 조직하는 단체 또는 그 연합단체를 말한다." 라고 하여 노동조합의 개념과 노동조합으로서의 법적 지위를 인정받으려면 갖추어야 할 요건(적극적 요건)을 규정하고 있다.

이어서 그 단서에서 '다만, 다음 각 목의 1에 해당하는 경우에는 노동조합으로 보지 아니한다'고 하여 노동조합으로 인정되지 않는 다섯 가지 사유(소극적 요건)를 규정하고 있다.

| 노동조합법 | 노동조합의 정의 |
|---|---|

제2조(정의) 이 법에서 사용하는 용어의 정의는 다음과 같다.
4. "노동조합"이라 함은 근로자가 주체가 되어 자주적으로 단결하여 근로조건의 유지·개선 기타 근로자의 경제적·사회적 지위의 향상을 도모함을 목적으로 조직하는 단체 또는 그 연합단체를 말한다. 다만, 다음 각목의 1에 해당하는 경우에는 노동조합으로 보지 아니한다.
가. 사용자 또는 항상 그의 이익을 대표하여 행동하는 자의 참가를 허용하는 경우
나. 경비의 주된 부분을 사용자로부터 원조받는 경우
다. 공제·수양 기타 복리사업만을 목적으로 하는 경우
라. 근로자가 아닌 자의 가입을 허용하는 경우.
마. 주로 정치운동을 목적으로 하는 경우

1) 적극적 요건

① 주체성

근로자는 자유로이 노동조합을 조직하거나 이에 가입할 수 있으며, 공무원과 교원에 대하여는 따로 법률로 정한다(노동조합법 제5조제1항). 노동조합은 '근로자가 주체가 되어' 단결하여 조직하는 단체 또는 그 연합단체이어야 한다. 여기서 '근로자'라 함은 직업의 종류를 불문하고 임금·급료, 그 밖에 이에 준하는 수입으로 생활하는 자를 말한다(제2조제1항).

노동조합법상 근로자에는 현재 사업주에게 고용된 내국인뿐만 아니라 퇴직자, 해고자, 실업자, 구직자, 불법체류 외국인근로자도 포함될 수 있다. 사업 또는 사업장에 종사하는 근로자가 아닌 노동조합의 조합원은 사용자의 효율적인 사업 운영에 지장을 주지 아니하는 범위에서 사업 또는 사업장 내에서 노동조합 활동을 할 수 있다(노동조합법 제5조제2항).

종사근로자인 조합원이 해고되어 노동위원회에 부당노동행위의 구제신청을 한 경우에는 중앙노동위원회의 재심판정이 있을 때까지는 종사근로자로 본다 (노동조합법 제5조제3항).

### ② 자주성

노동조합은 사용자나 정부, 사회단체 등 제3자의 지배를 받지 않고 구성원의 자유로운 의사에 의하여 조직되고 운영되어야 한다. 이러한 자주성(독립성)은 근로자가 강제적·타율적이 아니라 자유로이 노동조합을 설립·가입할 수 있는 것을 의미한다. 따라서 사용자의 지배·개입에 의해 설립·운영되는 이른바 '어용 노동조합'은 자주성을 결여한 것으로서 합법적인 노동조합으로 인정되지 않는다.

복수노조 중 어느 한 노동조합이 설립될 당시부터 주체성과 자주성 등의 실질적 요건을 흠결한 경우, 다른 노동조합은 해당 노동조합의 설립 무효 확인을 구하는 소의 제기가 가능하며, 노동조합이 주체성과 자주성 등을 흠결한 경우, 이러한 노동조합은 노동조합으로서의 지위를 가지지 않는다(대법원 2021.2.25. 2017다51610).

한편, 노동조합이 사용자의 이익대표자의 참가를 허용함으로써 조합원 중에 일부가 조합원으로서의 자격이 없는 경우 노동조합의 자주성이 현실적으로 침해되었거나 침해될 우려가 있는 경우에만 노동조합의 지위를 상실한다(서울고등법원 1997.10.28. 97라94).

### ③ 목적성

노동조합은 '근로조건의 유지·개선, 그 밖에 근로자의 경제적·사회적 지위 향상'을 주된 목적으로 하여야 한다. 이때 '근로조건'이라 함은 임금·근로시간 등 근로계약의 내용을 말하고, '그 밖에 근로자의 경제적·사회적 지위'라 함은 기업복지나 물가·조세·사회보장 등 근로조건 이외의 근로자의 생활이익 전반을 말한다.

### ④ 단체성

노동조합으로 인정되려면 근로자가 '단결하여 조직하는 단체'로서 단체성을 가져야 한다. 단체는 민법상 사단의 일종이므로, 2명 이상의 결사체로서 규약, 집행기관을 가져야 한다.[1]

일단 설립된 노동조합의 조합원이 1명만 남은 경우에도 장차 조합원이 증가할 일반적 가능성이 있으면 그 단체성을 상실하지 않는다고 본다(대법원 1998.3.13. 97누19830).

노동조합법에서 단체란 단위노동조합을, 연합단체는 연합노동조합을 말하며, 연합노동조합에는 산업별 연합단체와 전국 규모의 총연합단체가 있다. 실무에서 주로 문제가 되는 것은 기업별 지부나 분회 등 노동조합 산하조직이 단체교섭 등에 있어서 독자적인 노동조합의 지위를 가지는가 하는 것이다.

원칙적으로 지부·분회 등 산하조직은 노동조합의 관리를 위한 내부 기구에 불과하다. 그러나 종래부터 판례는 초기업 단위노조의 기업별 지부로서 독자적인 규약과 집행기관을 가지고 독립한 단체로서 활동하면서 독자적인 단체교섭 능력을 갖춘 경우에는 기업별 단위노조에 준하는 지위를 인정하여 왔다(대법원 2008.12.24. 2006두15400).

나아가 법원은 "기업별 지부가 단체교섭 능력이 없더라도 기업별 단위노조와 유사하게 단체성을 갖춘 경우에는 조직형태를 변경하여 기업별 단위노조로 전환할 수 있다."라고 판결하여 노조로서의 실체를 인정하였다(대법원 2016.2.19. 2012다96120).

노동조합법상 노동조합이 아님에도 불구하고 "근로조건의 결정권이 있는 독립된 사업 또는 사업장에 조직된 노동단체는 지부·분회 등 명칭 여하에 관계없이 노동조합 설립신고를 할 수 있다."라고 규정한 노동조합법 시행령 제7조도 위 판례와 같은 취지의 틀 안에서 해석되어야 할 것이다.

### 2) 소극적 요건

#### ① 사용자 또는 사용자 이익대표자의 참가

'사용자 또는 항상 그의 이익을 대표하여 행동하는 자의 참가를 허용하는 경우'에는 노동조합의 자주성을 상실할 우려가 있으므로 노동조합으로 인정되

---

[1] 1980년 구 노동조합법 제13조제1항은 30명 이상(또는 해당 사업장 근로자의 5분의 1 이상)이 설립총회를 해야 한다는 규정을 두고 있었으나, 1987년 개정법에서 삭제되었다.

지 않는다. 이들의 실제 참가 여부나 이들의 참가로 자주성을 상실했는가 여부와 관계없이 이들의 참여를 허용하는 것 자체만으로 노동조합으로 보지 않는다.

'사용자'에는 사업주, 사업의 경영담당자 및 그 사업의 근로자에 관한 사항에 대하여 사업주를 위하여 행동하는 관리자도 포함된다. 한편, '항상 사용자의 이익을 대표하여 행동하는 자'는 인사·노무·급여·징계·감사 등 그 직무상의 의무와 책임이 노동조합원으로서의 의무와 책임에 직접 저촉되는 위치에 있는 자를 말한다.[2]

판례는 "대학의 과장 바로 아래의 주임급 직원은 인사·노무·예산·경리 등의 업무를 담당한다거나 총장의 비서·전속 운전기사, 수위 등으로 근무한다고 하여 이익대표자로 단정할 수 없다."(대법원 2011.9.8. 2008두13873)라고 하여, 담당 직무의 외형만 가지고 판단하면 안 되고 노동관계 결정에 직접 참여할 권한이나 기밀을 취급할 권한 등을 고려해야 한다는 입장을 명확히 하고 있다

### ② 사용자의 경비원조

사무실 유지비, 비품비, 전임자 급여 등 노동조합의 유지·활동을 위하여 필요한 금품이나 경제적 이익(부담의 감면 포함) 등 '경비의 주된 부분을 사용자로부터 원조받는 경우'에는 자주성을 상실할 것이 우려되므로 노동조합으로 인정되지 않는다.

그러나 사무실, 비품 등을 사용자로부터 제공받는 예가 많은 것이 현실이므로, 노동조합으로 보지 아니할 정도로 경비의 '주된 부분'이 어느 정도인가 하는 것이 문제가 되며, 이는 사용자의 부당노동행위 문제와도 직결된다. 결국에는 사용자로부터 원조를 받음으로 인하여 노동조합의 자주성이 침해 또는 훼손되는가를 기준으로 판단하게 된다.

사용자로부터의 자주성은 노동조합의 존립 근거라는 점에서 근로시간 면제(노동조합법 제24조제4항), 근로자의 후생자금 또는 경제상의 불행 기타 재액의 방지와 구제 등을 위한 기금의 기부와 최소한의 사무소 제공(노동조합법 제81조

---

2) 임종률, 노동법, pp.57~58.

제1항제4호 단서) 등 법상 허용된 것 외에는 원조 액수와 관계없이 사용자로부터의 원조는 엄격히 제한되어야 한다.

### ③ 공제 · 수양 기타 복리사업만 목적

노동조합이 단순히 공제·수양 기타 복리사업만을 목적으로 하면 노동조합법상의 노동조합으로 인정되지 않는다. 다만, 근로조건의 유지·개선 등을 목적으로 하면서 부수적으로 조합원을 위한 복리후생 사업 등을 하는 것은 가능하다.

### ④ 근로자 아닌 자의 가입 허용

노동조합법에서는 원칙적으로 근로자가 아닌 자의 가입을 허용하는 경우에는 노동조합으로 보지 아니한다. 다만, 사업 또는 사업장에 종사하는 근로자(종사근로자)가 아닌 자도 노동조합에 가입하여 사용자의 효율적인 사업 운영에 지장을 주지 아니하는 범위에서 사업 또는 사업장 내에서 노동조합 활동을 할 수 있다.

종사근로자인 조합원이 해고되어 노동위원회에 부당노동행위의 구제신청을 한 경우에는 중앙노동위원회의 재심판정이 있을 때까지는 종사근로자로 본다(종사간주근로자).

노동조합에 근로자 아닌 자의 가입 허용과 관련하여 퇴직자(해고자 포함), 실업자(구직자) 등이 문제된다. 2004년 판례를 기점으로 산업별·직종별·지역별 노조 등 초기업 노조에 대해서는 퇴직자나 실업자도 가입이 허용되었다(대법원 2004.2.27. 2001두8568).

기업별 단위노조에서는 종래 해고자 중에서 중앙노동위원회에서 재심판정이 있을 때까지 근로자로 보도록 하는 규정(구 노동조합법 제2조제4호라목 단서)이 있어 그 이외의 자는 노동조합 가입이 금지되었다.

그러나 2021년 7월 시행된 개정 노동조합법에서 이 단서 규정을 삭제하면서 초기업단위 뿐만 아니라 기업단위에서도 해고자 또는 퇴직자도 조합원 자격을 가지고 일정한 노동조합 활동을 할 수 있게 되었다.

개정된 노동조합법에 따라 노동조합원의 지위와 권리를 종사조합원, 종사간주조합원, 비종사조합원, 비종사자비조합원 개념을 활용하여 설명하면 아래와 같다[3]).

첫째, 종사조합원은 사업에 종사하는 종사근로자인 조합원이다. 이들은 사용자에 대해 사용종속관계를 갖는다.

둘째, 종사근로자인 조합원이 해고되어 노동위원회에 부당노동행위 구제신청을 한 경우 중앙노동위원회의 재심판정이 있을 때까지 종사근로자로 본다(노동조합법 제5조제3항). 이들을 종사간주근로자라 하는데 노동조합법상 종사근로자와 같은 지위를 갖는다. 따라서 기업별 노동조합의 임원과 대의원으로 선출될 수 있다.

셋째, 기업별 노동조합에서 비종사조합원, 즉 종사근로자가 아닌 조합원은 규약에 의해 조합원의 지위와 권리를 갖는다. 이들은 사용자의 효율적인 사업운영에 지장을 주지 않는 범위 내에서 노동조합 활동을 할 수 있다(노동조합법 제5조제2항). 종사간주근로자가 아닌 해고자는 노동조합 규약에 이들의 가입이 허용된 경우 조합활동을 할 수 있다.

넷째, 비종사비조합원도 조합원이 아니지만 단체교섭의 위임을 받아 교섭담당자로 역할을 할 수 있고, 쟁의행위를 지원할 수도 있다.

⑤ 정치운동이 주된 목적

주로 정치운동을 목적으로 하는 경우에는 노동조합으로 인정되지 않으나, 근로조건의 유지·개선 등을 주된 목적으로 하면서 근로자의 경제적·사회적 지위의 개선 등을 위하여 정치자금법이나 공직선거법 등에 저촉되지 않는 범위 내에서 각 정당과의 정책협의, 정책 지지·비판, 공명선거 추진, 후보자 토론회 개최 등 부수적으로 정치운동을 하는 것은 가능하다.[4]

여기서 '정치운동'이란 정당이나 이에 준하는 정치단체의 조직·가입, 지원·제휴, 그 밖에 이들 정치단체의 목적을 달성하기 위한 조직적 활동을 말한다. 공무원의 정치운동은 국가공무원법 제65조에 의해 금지되고 있다.

---

3) 하갑래, 집단적 노동관계법(제7판), 중앙경제, 2021, pp.87~88
4) 노동법실무연구회, 노동조합 및 노동관계조정법 주해 I, 박영사, 2015, p.194.

**국가공무원법** 정치 운동의 금지

제65조(정치 운동의 금지) ① 공무원은 정당이나 그밖의 정치단체의 결성에 관여하거나 이에 가입할 수 없다.

② 공무원은 선거에서 특정 정당 또는 특정인을 지지 또는 반대하기 위한 다음의 행위를 하여서는 아니 된다.

1. 투표를 하거나 하지 아니하도록 권유 운동을 하는 것
2. 서명 운동을 기도(企圖) · 주재(主宰)하거나 권유하는 것
3. 문서나 도서를 공공시설 등에 게시하거나 게시하게 하는 것
4. 기부금을 모집 또는 모집하게 하거나, 공공자금을 이용 또는 이용하게 하는 것
5. 타인에게 정당이나 그밖의 정치단체에 가입하게 하거나 가입하지 아니하도록 권유 운동을 하는 것

③ 공무원은 다른 공무원에게 제1항과 제2항에 위배되는 행위를 하도록 요구하거나, 정치적 행위에 대한 보상 또는 보복으로서 이익 또는 불이익을 약속하여서는 아니 된다.

④ 제3항 외에 정치적 행위의 금지에 관한 한계는 대통령령등으로 정한다.

### (2) 절차적 요건

노동조합법은 자유설립주의를 기본원칙으로 선언하는 한편, 노동조합을 설립하려면 행정관청에 신고하여 설립신고증을 받도록 하여 설립신고제도를 채택하고 있다.

따라서 노동조합법에서 규정한 실체적 요건(제2조제4호)과 설립신고라는 절차적 요건(제10조)을 모두 갖춘 경우에 한하여 노동조합법상 노동조합으로서의 지위를 누릴 수 있다.[5]

## 2. 노동조합의 설립 절차

### (1) 의의

노동조합의 설립에 관한 입법례는 일정한 실체적 요건을 갖추어 설립총회를 하면 설립을 인정하는 제도(자유설립제)와 일정한 실체적 요건을 갖추어 설립

---

5) 고용노동부, 집단적 노사관계 업무 매뉴얼, 2022, p.3.

총회를 하고 행정관청에 신고·등록 등의 절차를 거쳐야 설립을 인정하는 제도(설립신고제)로 나눌 수 있다.6)

우리나라 노동조합법은 자유설립주의를 표방하면서도 설립신고제도를 채택하고 있으며, 일본 노동법에는 설립신고는 없으나 자격심사제도7)를 두고 있다.

노동조합법상 설립신고제도는 노동조합의 조직체계에 대한 효율적인 정비·관리를 통하여 노동조합이 자주성과 민주성을 갖춘 조직으로 존속할 수 있도록 보호·육성하고 그 지도·감독에 철저를 기하기 위한 노동정책적 고려에서 마련된 것이다(헌법재판소 2008.7.31. 2004헌바9; 대법원 2014.4.10. 2011두6998).

헌법재판소도 "노동조합 설립신고서를 제출하여 그 요건에 대한 실질적인 심사를 거쳐 신고증을 교부 또는 반려하도록 하는 것(노동조합법 제12조제3항제1호)은 노동조합의 본질적 요소인 자주성 등을 확보하도록 하기 위한 부득이한 조치로서, 단체의 설립 여부 자체를 사전에 심사하여 특정한 경우에 한해서만 그 설립을 허용하는 '허가'와는 다르며, 근로자의 단결권을 침해하는 것도 아니다."라고 하여 노동조합 설립신고제도에 대하여 합헌 결정을 하였다(헌법재판소 2012.3.29. 2011헌바53).

그러나 실무적으로는 사실상 허가제로 운영될 소지도 있으므로 행정관청은 설립신고제도를 운영함에 있어서 자신의 재량으로 노동조합의 존립을 허가하거나 근로자의 단결권 행사를 제약할 수 있도록 한 것이 아니라는 점에 유의하고, 노동조합의 자주성과 민주성이 확보될 수 있도록 운영하여야 할 것이다.8)

---

6) 임종률, 노동법, pp.60~61.

7) 일본의 노동조합은 노동조합법 제2조(노동조합의 요건) 및 제5조제2항(노동조합 규약)의 규정에 적합하다는 것을 노동위원회에서 입증받지 않으면 노동조합법에서 규정한 절차(법인등기를 위한 자격증명서 교부신청, 단체협약의 지역적 확장적용 신청, 노동위원회의 노동자위원 추천 절차)에 참여하지 못하고, 부당노동행위 구제를 받을 수 없다[노동법실무연구회, 노동조합 및 노동관계조정법 주해 I, p.319 참조].

8) 임종률, 노동법, p.65.

### (2) 설립신고 요건과 절차

#### 1) 설립신고서

노동조합을 설립하려면 설립신고서를 작성하고 노조 규약을 첨부하여 관할 행정관청에 제출하여야 한다. 설립신고서는 노동조합법 시행규칙 별지(제1호 서식)에 따라 작성한다.

설립신고서에 기재할 사항은 ① 노동조합의 명칭[9], ② 노조 규약에 기재된 주된 사무소의 소재지, ③ 전체 조합원 수, ④ 임원의 성명과 주소, ⑤ 소속된 연합단체가 있으면 그 명칭, ⑥ 연합단체인 경우에는 구성단체의 명칭·조합원 수·주된 사무소의 소재지 및 임원의 성명·주소이다(노동조합법 제10조제1항).[10]

노동조합이 특정한 상위연합단체에 가입하고서도 소속된 연합단체의 명칭을 설립신고서나 규약에 전혀 기재하지 아니하거나 허위로 기재한 경우는 물론이고 실제로는 어느 연합단체에도 가입하지 않았음에도 불구하고 사실과 다르게 설립신고서나 규약에 소속된 연합단체의 명칭을 임의로 허위기재한 경우에도 행정관청은 20일의 기간을 정하여 사실 확인을 위하여 소속 연합단체의 가입인준증의 제출 등 적절한 방법에 의한 보완을 요구하고, 만일 기간내에 이를 이행하지 아니할 때에는 설립신고서를 반려할 수 있다(대법원 1993.2.12. 91누12028).

---

9) 단위노조, 산업별 연합단체, 총연합단체를 구분할 수 있도록 기재하고, 단위노조는 기업(예: ○○회사 노동조합)·지역(예: ○○지역 ○○노동조합)·전국(예: 전국 ○○노동조합)을 구분하여 기재하며, 단위노조 지부는 ○○노동조합 ○○지부로 기재하고, 연합단체는 산업별 연합단체(예: ○○연맹)와 총연합단체(예: ○○총연맹 또는 ○○연합)를 구분할 수 있는 명칭을 기재한다.

10) 노동조합법시행규칙 제2조에서는 '2 이상의 사업 또는 사업장의 근로자로 구성된 단위노동조합의 경우에는 사업 또는 사업장별 명칭, 조합원 수, 대표자의 성명도 기재하도록 규정하고 있으나, 대법원은 이 규정은 상위법령 위임 없이 규정한 것이어서 구속력이 없다고 하였다(대법원 2015.6.25. 2007두4995).

도표 2-2  노동조합 설립신고 처리절차

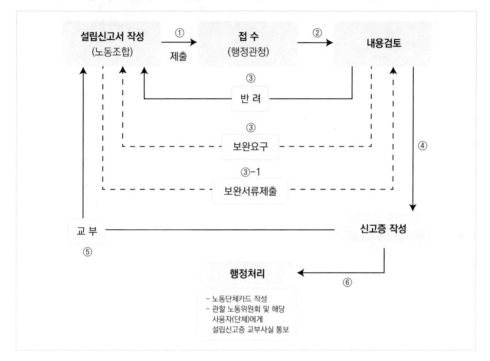

자료: 고용노동부, 집단적 노사관계 업무 매뉴얼, 2022, p.5

### 2) 노동조합 규약

노동조합은 그 조직의 자주적·민주적 운영을 보장하기 위하여 당해 노동조합의 규약에 ① 명칭, ② 목적과 사업, ③ 주된 사무소의 소재지, ④ 조합원에 관한 사항(연합단체인 경우 그 구성단체에 관한 사항), ⑤ 소속된 연합단체가 있는 경우에는 그 명칭, ⑥ 대의원회를 두는 경우에는 대의원회에 관한 사항, ⑦ 회의에 관한 사항, ⑧ 대표자와 임원에 관한 사항, ⑨ 조합비 기타 회계에 관한 사항, ⑩ 규약변경에 관한 사항, ⑪ 해산에 관한 사항, ⑫ 쟁의행위와 관련된 찬반투표 결과의 공개, 투표자 명부 및 투표용지 등의 보존·열람에 관한 사항, ⑬ 대표자와 임원의 규약위반에 대한 탄핵에 관한 사항, ⑭ 임원 및 대의원의 선거절차에 관한 사항, ⑮ 규율과 통제에 관한 사항을 기재하여야 한다(노동조합법 제11조).

이를 규약의 필요적 기재사항이라 한다. 필요적 기재사항은 조직의 자주적이고 민주적인 운영을 보장하는 내용이어야 하므로 해당 사항이 형식적으로 규약에 포함되어 있을 뿐만 아니라 그 내용도 노동조합법의 관련 규정에 부합되어야 한다.

### 3) 설립총회 회의록

노동조합법에 명문으로 규정되어 있지는 않으나, 규약의 제정 및 임원의 선거방법과 임원자격이 노동조합법의 관련 규정에 따라 이루어졌다는 사실을 입증하려면 설립총회 회의록을 설립신고서에 첨부하여 제출하여야 한다.

### 4) 관할 행정관청

노동조합을 설립하고자 하는 자는 설립신고서를 관할 행정관청에 제출하여야 한다. 노동조합법은 노동조합의 종류와 성격에 따라 관할 행정관청을 다르게 규정하고 있다<도표 2-3>.

연합단체인 노동조합과 2 이상의 특별시·광역시·도·특별자치시·특별자치도에 걸치는 단위노조는 고용노동부장관이, 2 이상의 시·군·자치구에 걸치는 단위노조는 특별시장·광역시장·도지사가, 그 외의 노동조합은 특별자치시장·특별자치도지사·시장·군수·자치구청장이 각각 관할한다(노동조합법 제10조제1항, 제12조제1항).

행정관청은 행정관청에 제출된 설립신고서와 규약을 기초로 설립신고서 기재사항과 노동조합 결격사유, 규약의 기재사항 누락 또는 허위여부 등을 심사하되, 노동조합 설립신고서와 관련하여 이해관계인의 진정, 이의신청 등이 있는 경우에는 사실조사를 병행한다.

### 5) 설립신고서의 심사 및 교부

#### ① 심사

설립신고서를 접수한 행정관청은 심사를 거쳐 보완요구나 반려사유가 있는 경우를 제외하고는 3일 이내에 노동조합법 시행규칙 별지(제12호 서식)에 따른 노동조합 설립신고증을 교부하여야 한다.

도표 2-3  노동조합 설립신고서 관할 행정관청

| 관할 행정관청 | 설립신고 노동조합 |
|---|---|
| 고용노동부 본부 | • 연합단체<br>• 전국 규모의 산업별 연합단체(조합원이 단위노조 등의 형태로 전국 6개 지방고용노동청 관내에 모두 분포)<br>• 전국 규모의 산업별 단위노동조합(총연합단체를 상급단체로 하는 조직으로서 조합원이 단위노조 등의 형태로 전국 6개 지방고용노동청 관내에 모두 분포되어 산업별 연합단체와 동등한 권한·대우 보유) |
| 지방고용노동관서(주된 사무소 소재지 관할) | • 본부 소관에 속하지 않는 전국 규모의 산업별 단위노조와 산업별 연합단체를 상급단체로 하는 전국단위노동조합<br>• 산업별 연합단체라 하더라도 조합원이 6개 지방고용노동청에 모두 분포되어 있지 않은 연합단체<br>• 규약상 2 이상 특별시·광역시·도·특별자치시·특별자치도(이하 '시·도'로 칭함)를 조직범위로 하는 지역별 노동조합<br>• 규약상 2 이상의 시·도에 거리는 수 개의 사업장을 조직대상으로 하고, 조합원도 2 이상의 시·도의 사업장에 분포되어 있는 기업별 노동조합 |
| 특별시·광역시·도·특별자치시·특별자치도 | • 규약상 1개 시·도만을 조직범위로 하는 지역별 노동조합<br>• 규약상 동일 시·도내의 2 이상 시·군·자치구(이하 '시·군·구'로 칭함)를 조직범위로 하는 지역별 노동조합<br>• 규약상 2 이상의 시·도에 걸치는 수 개의 사업장을 조직대상으로 노동조합이 조직되었으나, 조합원이 1개 시·도내의 2 이상의 시·군·구에 사업장이 분포되어 있는 기업별 노동조합<br>• 규약상 하나의 시·도내에 2 이상의 시·군·구에 걸치는 사업장을 조직대상으로 하는 노동조합의 조합원이 2 이상의 시·군·구의 사업장에 분포되어 있는 기업별 노동조합 |
| 시·군·구 | • 규약상 1개 시·군·구만을 조직범위로 하는 지역별 노동조합<br>• 1개 시·군·구내에 존재하는 사업장을 조직대상으로 하는 기업별 노동조합<br>• 2 이상의 시·도에 걸치는 수 개의 사업장을 규약상 조직범위로 정하였으나, 조합원이 하나의 시·군·구에만 분포되어 있는 기업별 노동조합<br>• 규약상 2 이상의 시·군·구에 거리는 사업장을 조직대상으로 하였으나, 조합원이 하나의 시·군·구에만 분포되어 있는 기업별 노동조합 |
| 초기업 단위 노동조합 산하 지부·분회 등의 관할 행정관청 | • 본조 관할 행정관청이 고용노동부 또는 지방고용노동관서인 경우 지부·분회 등 산하조직의 주된 사무소 소재지 관할 지방고용노동관서<br>• 본조 관할 행정관청이 지자체인 경우로서 지부·분회 등이 2 이상의 시·군·구를 범위로 하는 경우 광역자치단체, 그렇지 않을 경우 기초자치단체 |

자료: 고용노동부, 집단적 노사관계 업무 매뉴얼, 2022, pp.13~16 내용을 재정리.

보완요구 기간 내에 보완된 서류를 접수한 때에도 3일 이내에 설립신고증을 교부하여야 한다. 다만, 이 규정은 그 기간(3일) 내에 설립신고서의 반려 또는 보완지시가 없는 경우에는 설립신고증의 교부가 없어도 노동조합이 설립된 것으로 본다는 취지는 아니므로 행정관청은 그 기간 경과 후에도 설립신고서에 대하여 보완지시 또는 반려 처분을 할 수 있다(대법원 1990.10.23. 89누3243).

설립신고서 심사의 방법과 관련하여 학설은 제출된 서류를 대상으로 심사해야 한다는 견해(형식적 심사), 임원이 조합원인지 여부와 설립신고서 등의 기재사항 중 허위사실 여부는 설립당사자로 한정하여 사실조사 또는 적법하게 수집된 정보를 근거로 심사(실질적 심사)를 할 수밖에 없다는 견해,[11] 신고서의 누락, 임원의 선거, 규약의 제정·변경은 형식적 심사를 하고, 노동조합의 소극적 요건(결격사유)에 해당 여부는 적극적 심사를 해야 한다는 견해[12] 등 입장이 통일되지 않고 있다.

판례는 노동조합의 결격사유 해당 여부에 대한 심사는 일단 제출된 서류의 내용을 기준으로 하되, 설립신고서 접수 당시 문제가 된다고 볼만한 객관적인 사정이 있으면 설립신고서와 규약 내용 외의 사항에 대하여 실질적 심사를 할수 있다고 하였다(대법원 2014.4.10. 2011두6998).

**핵심 판례** 설립신고서 실질심사의 원칙과 한계

노동조합법이 행정관청으로 하여금 설립신고를 한 단체에 대하여 같은 법 제2조 4호 각 목에 해당하는지를 심사하도록 한 취지가 노동조합으로서의 실질적 요건을 갖추지 못한 노동조합의 난립을 방지함으로써 근로자의 자주적이고 민주적인 단결권 행사를 보장하려는 데 있는 점을 고려하면, 행정관청은 해당 단체가 노동조합법 제2조 4호 각 목에 해당하는지 여부를 실질적으로 심사할 수 있다...

행정관청은 일단 제출된 설립신고서와 규약의 내용을 기준으로 노동조합법 제2조 4호 각 목의 해당 여부를 심사하되, 설립신고서를 접수할 당시 그 해당 여부가 문제된다고 볼만한 객관적인 사정이 있는 경우에 한하여 설립신고서와 규약 내용 외의 사항에 대하여 실질적인 심사를 거쳐 반려 여부를 결정할 수 있다.

고용노동부(피고)가 구 전공노에 대하여 해직 공무원의 가입을 이유로 공무원노동조합

11) 임종률, 노동법, p.65~66.
12) 김형배 · 박지순, 노동법강의(제11판), 신조사, 2022, pp.475~476.

법상 노동조합으로 보지 아니한다는 통보를 한 상황에서 구 전공노를 합병한 전국공무원노동조합(원고)으로부터 이 사건 설립신고서를 제출받게 된 사정을 고려할 때, 피고로서는 구 전공노의 조합원이었던 해직 공무원이 합병의 효력으로 원고 조합원의 자격을 취득하여 여전히 조합원으로 남아 있는지에 대하여 심사를 할 수 있다고 볼 것이고, 이처럼 피고가 이 사건 설립신고 당시 이미 파악하고 있던 해직 공무원에 관한 정보를 기초로 해직 공무원의 가입 여부를 심사한 것은 조합원 전부를 대상으로 광범위하고 전면적인 심사를 한 것과는 달리 평가하여야 하므로, 피고가 설립신고서와 규약 내용 외에 실제 해직 공무원이 원고 조합원으로 가입되어 있어 노동조합법 제2조 4호 (라)목에 해당하는지를 실질적으로 심사한 것은 적법하다(대법원 2014.4.10. 2011두6998).

② 보완요구

행정관청은 설립신고서에 규약이 첨부되어 있지 않거나 설립신고서 또는 규약의 기재사항 중 누락이나 허위사실이 있는 경우, 또는 임원의 선거 방법과 자격(조합원 과반수 출석과 출석조합원 과반수 찬성, 조합원의 직접·비밀·무기명 투표, 조합원 중에서 선출) 및 규약의 제정 절차(조합원 과반수 출석, 출석조합원 3분의 2 이상의 찬성, 조합원의 직접·비밀·무기명 투표)가 노동조합법에 위반되는 경우에는 20일 이내의 기간을 정하여 보완을 요구하여야 한다. 보완요구를 할 때는 신고인이 그 사유를 명확히 알 수 있도록 관련 법 조항과 그 내용을 구체적으로 기술하여야 한다.

③ 반려

행정관청은 노동조합이 노동조합법 제2조제4호 각목(노동조합 결격사유)에 해당하거나 보완요구 기간 내에 보완하지 않는 경우에는 설립신고서를 반려하여야 한다. 설립신고서를 반려하는 경우 신고인에게 관계서류 일체를 반려하고, 신고인이 반려사유를 명확히 알 수 있도록 그 사유를 상세히 기재해야 한다.

④ 설립신고증 교부 후의 변동

노동조합은 신고된 사항 중 명칭, 주된 사무소의 소재지, 대표자의 성명, 소속된 연합단체의 명칭에 변경이 있는 때에는 30일 이내에 관할 행정관청에 변경신고를 하여야 하며, 변경신고를 하지 않으면 벌칙(300만원 이하의 과태료)이 적용된다.

노동조합이 설립신고증을 교부받은 후 설립신고서 반려사유가 발생한 경우에는 행정관청은 30일의 기간을 정하여 노동조합법 시행규칙 별지(제21호 서식)의 시정요구서를 작성하여 시정을 요구하여야 하며, 시정요구를 받은 노동조합의 대표자는 시정결과보고서를 작성하여 제출하여야 한다.

노동조합이 시정기간 내에 시정요구사항을 이행하지 않으면 '노동조합법에 의한 노동조합으로 보지 아니함'을 통보하여야 한다는 규정(노동조합법 시행령 제9조제2항)이 있었다.

그러나 이 규정은 전교조 사건에 대한 대법원 판결(대법원 2020.9.3. 2016두 32992)[13]을 계기로 '노동조합이 설립신고증을 교부받은 후 설립신고서의 반려사유가 발생한 경우에는 행정관청은 30일의 기간을 정하여 시정을 요구할 수 있다'는 내용으로 개정되어(2021.6.29.) 노조아님 통보 제도가 사라지게 되었다.

⑤ 관할 노동위원회 등에 대한 통보

행정관청은 노동조합에 신고증을 교부한 때에는 지체 없이 그 사실을 관할 노동위원회에 통보하여야 하며, 단체교섭 등에 대비할 수 있도록 해당 사업 또는 사업장의 사용자나 사용자단체에도 통보하여야 한다(노동조합법 시행령 제9조제3항).

### (3) 법외노동조합

#### 1) 개념과 지위

노동조합법의 규정에 따라 노동조합으로서의 실질적 요건을 갖추고 설립신고증을 받은 노동조합을 '법내노동조합'(노동조합법에 의하여 설립된 노동조합)이라 하고, 노동조합법상 실질적으로 본문의 자주성 요건(제2조제4호)을 갖추었으나 형식적으로 설립신고증을 교부받지 못한 근로자단체를 '법외노동조합'이라고 부른다.

---

13) 고용노동부는 2013년 10월 해직교원 9명이 가입돼 있다는 이유로 전교조에 법외노조 통보를 한 바 있다. 대법원은 전원합의체를 열고 공개변론을 거쳐 법외노조 통보 처분의 근거가 된 노동조합법 시행령이 헌법상 법률유보원칙을 위반했다며 무효라고 판단하였다(2020.9.3.).

원천적으로 자주성이 결여되거나 목적상의 요건을 갖추지 못한 단체는 노동조합으로서의 실질을 갖추지 못하였으므로 법내든 법외든 노동조합으로 볼 수 없다는 것이 판례의 입장이다(대법원 1996.6.28. 93도855).

### 2) 법외노동조합의 보호

#### ① 헌법상 노동조합

법외노동조합의 경우 노동조합법이 정한 보호와 지원을 받을 수 없으나, 노동조합 활동을 전혀 할 수 없는 것은 아니다. 사회적 실체로서의 근로자단체는 헌법상 노동기본권의 보호 대상(헌법상 노동조합)이 되기 때문이다(헌법재판소 2008.7.31. 2004헌바9; 대법원 2016.12.27. 2011두921).

따라서 근로자단체가 자주성과 사단으로서의 조직성을 갖추고 있다면 단체교섭 및 단체협약 체결뿐만 아니라 정당한 쟁의행위의 경우 민·형사상 면책보호를 누린다고 보며, 이러한 단체(법외노조)에 대한 사용자의 침해행위는 노동조합의 손해배상청구권 대상이 되고 사용자의 침해행위로서 해고는 무효라고 해석된다.[14]

법외노조가 외형적으로는 노동조합법 제2조제4호 본문의 적극적 요건을 갖추고 있으나 단서의 소극적 요건 중 어느 하나에 해당되는 경우에는 '노동조합으로 보지 아니한다'는 단서 규정에 의하여 본문이 정한 노동조합이 될 수 없다. 그런데 이 경우 헌법상 노동조합으로는 볼 수 있는지가 문제가 된다.

이에 대해 노동조합법 제2조제4호 단서 가목(사용자의 이익을 대표하는 자가 참가·가입) 또는 라목(근로자가 아닌 자가 참가·가입)에 해당하나 근로자단체로서의 자주성에 영향을 주지 않는다면 헌법상 노동조합으로 볼 수 있을 것이다.

#### ② 무자격단체

노동조합법 제2조제4호 나목·다목·마목과 같이 사용자로부터 주된 경비원조를 받아 근로자단체로서의 자주성에 정면으로 배치되는 경우, 또는 근로조건의 유지·개선을 목적으로 하지 않고 공제·수양 기타 복리사업만을 목적으

---

14) 김형배 · 박지순, 노동법강의, pp.482~483.

로 하거나 주로 정치운동을 목적으로 하는 무자격단체(무자격노조)인 경우에는 법외노조에 해당하지 않고 그에 따라 헌법상 노동3권의 보호를 받을 수 없다고 본다.[15]

**핵심 판례** 법외노동조합의 지위

노동조합법이 노동조합의 자유 설립을 원칙으로 하면서도 설립에 관하여 신고주의를 택한 취지는 노동조합의 조직체계에 대한 행정관청의 효율적인 정비·관리를 통하여 노동조합이 자주성과 민주성을 갖춘 조직으로 존속할 수 있도록 보호·육성하려는 데에 있으며, 신고증을 교부받은 노동조합에 한하여 노동기본권의 향유 주체로 인정하려는 것은 아니다.

그러므로 노동조합법 제2조제4호에서 정한 노동조합의 실질적 요건을 갖춘 근로자단체가 신고증을 교부받지 아니한 경우에도 노동조합법상 부당노동행위의 구제신청 등 일정한 보호의 대상에서 제외될 뿐, 노동기본권의 향유 주체에게 인정되어야 하는 일반적인 권리까지 보장받을 수 없게 되는 것은 아니다(대법원 2016.12.27. 2011두921).

### 3) 법외노동조합에 대한 보호 배제

법외노동조합은 법상 일정한 불이익을 받게 되는데 그 내용은 아래와 같다.

우선 노동조합법 제7조(노동조합의 보호요건) 규정에 따라 법내노동조합과 달리 ① 노동위원회에 노동쟁의 조정신청을 할 수 없고, ② 노동위원회에 부당노동행위 구제신청을 할 수 없다. 다만, 해당 근로자 개인은 자신에 대한 부당노동행위 또는 부당해고 구제신청을 할 수 있다고 본다. ③ 노동조합이라는 명칭을 사용할 수 없고, 위반시 500만원 이하의 벌금에 처한다.

또한 ④ 법인등기를 할 수 없고, ⑤ 조세 면제를 받지 못하며, ⑥ 그 외에도 노동조합법상 일반적 구속력(제35조), 지역적 구속력(제36조), 근로자의 구속제한(제39조) 등의 규정이 적용되지 않는다고 해석된다.[16]

---

15) 김형배·박지순, 노동법강의, pp.484~485.
16) 김형배·박지순, 노동법강의, pp.483~484.

**노동조합의 조직과 운영**

## 1. 노동조합의 조직

### (1) 조직 형태

헌법이 보장하는 단결권에는 일시적 단결체인 쟁의단을 조직·운영할 권리
도 포함되지만 주된 것은 노동조합을 조직·운영할 권리이다. 노동조합이라 함
은 근로자들이 헌법상 보장된 단결권을 행사하여 근로조건을 유지 또는 개선
할 목적으로 조직한 단체를 말한다.

노동조합의 형태는 기업 단위나 초기업 단위나 관계가 없으며, 구체적인 형
태는 국가별로 또는 한 국가 안에서도 업종별로 다양하다<도표 2-4>.

도표 2-4 **노동조합의 조직형태**

| 구분기준 | 노동조합 유형 | | |
|---|---|---|---|
| **구성원**<br>**(가입단위)** | • 단위노조: 근로자 개인<br>• 예: 기업별 단위노조, 산업별 단위노조 또는 지역별 단위노조 | • 연합노조: 노동조합<br>• 예: 산업별 노조연맹, 총연맹(한국노총, 민주노총) | • 혼합노조: 근로자 개인 + 노동조합<br>• 예: 화학업종 지역 노조 |
| **조직범위** | • 기업별 노조<br>(enterprise union) | • 직종별(직능별)<br>노조(craft union) | • 산업별 노조<br>(industrial union) | • 일반노조<br>(general union),<br>• 지역노조<br>(regional union) |

### (2) 조합원 지위

#### 1) 기본원칙

노동조합은 근로자의 단결권에 기초하는 자발적 결사체로서 그 운영은 단체
자치에 맡기는 것이 바람직하다. 그러나 노동조합은 단체교섭 및 단체협약 체
결을 통한 집단적 근로조건의 규율, 쟁의행위의 배타적 주도권, 일정한 조건

아래에서 조직강제권 등 강력한 권능을 부여받고 있어 근로자의 이익에 중대한 영향을 미친다. 따라서 그 조직과 운영에 있어서 다른 사적인 단체보다 강력한 민주성과 자주성을 확보하여야 한다.[17]

'근로조건 기타 근로자의 대우에 관한 기준'에 대한 단체협약은 노사 당사자를 구속하는 규범적 효력이 인정된다. 이러한 규범적 효력이 정당성을 가지려면 조합원인 근로자들의 수권적 동의가 있어야 하며, 이는 필연적으로 노동조합의 의사형성 과정에 전체 조합원의 직접적 참여가 보장되는 민주성을 전제로 한다.[18]

노동조합의 민주적 운영은 조합원의 평등에 기초하여 다수결 원리에 따라 운영하는 것을 의미하며, 노동조합법은 이를 위하여 차별대우 금지, 노조 운영에 관한 중요한 사항의 총회 의결, 조합원의 균등한 참여의 권리와 의무 등의 규정을 두고 있다(노동조합법 제9조, 제16조, 제22조).

### 2) 조합원 지위의 취득과 상실

#### ① 조합원 자격

노동조합은 근로자가 주체가 되어 자주적으로 단결하여 근로조건의 유지·개선 기타 근로자의 경제적·사회적 지위의 향상을 도모함을 목적으로 조직하는 단체로서 근로자가 아닌 자나 사용자의 이익을 대표하는 자는 노동조합의 조합원이 될 자격이 없다.

노동조합은 조합원이 될 수 있는 자격(조직대상)의 범위(예: 산업·사업장·지역·직종·고용형태·인종·국적·종교·신조·성별·연령·근속연수 등)를 자율적으로 결정할 수 있다. 노동조합에서 제명된 자에 대하여 일정 기간 조합원 자격을 부인하는 것도 가능하다.

'조합원에 관한 사항'은 규약의 필요적 기재사항으로서 조합원 자격의 제한은 반드시 규약으로 정해야 한다. 조합원 총회나 집행위원회 의결에 따른 제한은 허용되지 않으며, 조합원 자격의 기준은 노동조합 내부의 문제로서 자치에 의해 결정할 사항이므로 노동조합법상 유니온 숍을 제외하고는 단체협약으

17) 임종률, 노동법, p.71; 김형배·박지순, 노동법강의, p.485.
18) 임종률, 노동법, p.71.

로 제한하는 것도 허용되지 않는다.[19]

노동조합의 조합원은 균등하게 그 노동조합의 모든 문제에 참여할 권리와 의무를 가진다. 다만, 노동조합은 그 규약으로 조합비를 납부하지 아니하는 조합원의 권리를 제한할 수 있다(노동조합법 제22조).

### ② 조합원 지위의 취득

근로자는 자유로이 노동조합을 조직하거나 이에 가입할 수 있는데 조합원 지위를 가지려면 노동조합 가입이라는 자발적 행위가 있어야 한다. 노동조합은 규약상 조합원 자격을 가지는 자에 대하여 정당한 이유 없이 가입을 거부할 수 없다. 가입에는 일정한 절차를 둘 수 있으므로 가입원·서약서 제출을 가입 요건으로 규정할 수 있으며, 가입의 효력발생일을 합리적으로 정하는 것도 가능하다.

다만, 근로자의 가입 신청(가입원 제출)에 대한 대표자의 승인은 규약상 조합원 자격 보유 여부를 확인하는 권한에 불과하다. 노동조합의 조합원은 어떠한 경우에도 인종, 종교, 성별, 연령, 신체적 조건, 고용형태, 정당 또는 신분에 의하여 차별대우를 받지 아니한다(노동조합법 제9조).

따라서 노동조합이 규약상 조합원 지위를 가지는 자에 대하여 특정한 조건(예: 임원선거 불출마)을 달아 승인하거나 정당하지 않은 사유(예: 성별, 종교, 정당, 사용자와 친인척 관계, 노동조합 탈퇴 또는 노조 전력)를 내세워 승인을 거부하는 것은 위법이다. 임원 선거에서 패배한 조합원들이 노동조합을 탈퇴한 후 재가입 신청을 했으나 일부만 가입을 승인하는 것도 위법하다(대법원 1996.10.29. 96다28899).

### ③ 조합원 지위의 상실

조합원은 탈퇴나 제명, 사망, 조합규약에서 정한 자격상실 요건의 충족(예: 기업별 노조에서 조합원 자격을 종업원으로 한정한 경우 퇴직 또는 해고되어 근로관계 종료)에 의하여 조합원 지위를 상실한다.

조합원은 탈퇴의 자유를 가지며 규약으로 탈퇴의 자유를 제한하는 것(예: 대표자 승인요건, 쟁의기간 중 탈퇴금지 등)은 무효라고 해석된다.[20]

---

19) 임종률, 노동법, p.74.
20) 김형배·박지순, 노동법강의, p.504.

조합원이 조합비 납부의무를 이행하지 않으면 규약상 절차에 따라 제적될 수 있다. 조합원이 노동조합의 존립·활동을 위태롭게 하거나 대외적 신뢰와 명예 훼손 등 반조합적 행위를 하는 등 노조의 규율에 따르지 않으면 조합자치의 원칙에 따른 통제처분으로서 조합원 자격을 박탈할 수 있다.

## (3) 조직강제

### 1) 조직강제의 유형

근로자가 노동조합의 조합원이 될 것을 강제하는 단체협약을 체결하는 것을 '조직강제'라 한다. 노동조합의 가입과 탈퇴를 근로자의 자유에 맡기는 것은 오픈 숍(open shop)이라 하며, 이는 조직강제에 해당하지 않는다.

도표 2-5 숍 제도와 조직강제 수단의 종류

| 구분 | 내용 |
| --- | --- |
| 클로즈드 숍<br>(closed shop) | 채용 단계에서 노동조합원이 아니면 사용자가 고용할 수 없으며, 조합원 자격을 상실한 근로자를 해고 |
| 유니온 숍<br>(union shop) | 채용 단계에서는 조합원이 아니어도 되지만, 일단 채용되면 일정기간 내에 노동조합에 가입하여야 하며, 일정기간 내에 가입하지 않거나, 가입 노조로부터 제명·탈퇴한 경우에는 해고 등 불이익 |
| 조합원 자격유지 조항<br>(maintenance of membership) | 근로자는 임의로 노동조합에 가입할 수 있으나, 일단 조합원이 된 이후에 노동조합에서 탈퇴하거나 자격을 상실한 경우 해고 |
| 조합원 우대 조항<br>(preferential shop) | 근로조건, 배치전환·승진·해고 등 특정사항에 관해 조합원을 비조합원 보다 유리하게 대우 |
| 에이전시 숍(agency shop)<br>또는 연대금 지급조항 | 사용자는 노동조합비에 상응하는 연대금을 납부하는 비노조원만 채용하거나 단체협약상의 이익을 부여 |
| 협약 배제 조항 | 비조합원에 대해 단체협약상의 혜택 적용을 배제 |
| 오픈 숍<br>(open shop) | 사용자는 노동조합으로부터 구속을 받지 않으며, 노동조합 가입 여부는 근로자가 자유롭게 선택 |

자료: 임종률, 노동법, p.76; 하갑래, 집단적 노동관계법, p.11의 내용을 재정리.

조직강제의 유형으로는 클로즈드 숍(closed shop), 유니온 숍(unon shop), 조합원 자격유지 조항(maintenance of membership) 조항, 조합원 우대 조항(preferential shop), 에이전시 숍(agency shop), 협약배제 조항 등이 있다.

노동조합 조합원 조직강제의 정도를 유형별로 보면 조직강제의 정도가 가장 약한 제도는 오픈 숍이고, 가장 강한 제도는 클로즈드 숍이다. 오픈 숍은 근로자가 노동조합 가입 여부를 자유롭게 선택하므로 조직강제 제도는 아니다<도표 2-6>.

도표 2-6 **노동조합 조합원 조직강제의 정도와 유형**

| 자유 | ← | | | | | | 강제 |
|------|------|---------|----------|----------|---------|---------|---------|
| 오픈 숍 | 협약배제 조항 | 에이전시 숍 | 조합원 우대 조항 | 조합원 자격 유지 조항 | 유니온 숍 | 클로즈드 숍 |

근로기준법 제6조는 성별·국적·신앙·사회적 신분을 이유로 근로조건에 대한 차별적 처우를 하지 못한다고 규정하고 있다.

그러나 학설은 특정 수당을 조합원과 비조합원 간에 차등 지급하거나 조합원만 지급하는 협약을 체결하는 등 노동조합이 단체협약을 체결하여 그 조합원을 우대하는 것(조합원 우대 조항)이나 단체협약을 조합원에게만 적용하고 비조합원은 배제하는 것(협약배제 조항)은 노동조합과 단체협약의 성질상 당연한 조치로서 인정되며, 협약배제 조항이나 연대금 지급조항(에이전시 숍)은 단체협약의 일반적 구속력에 관계없이 유효하다고 본다.[21]

## 2) 소극적 단결권과 유니온 숍

### ① 유니온 숍 조항의 허용 조건

근로자는 노동조합 가입과 탈퇴의 자유를 가지며, 사용자가 '근로자가 어느 노동조합에 가입하지 아니할 것 또는 탈퇴할 것을 고용조건으로 하거나 특정

---

21) 임종률, 노동법, pp.82~83.

한 노동조합의 조합원이 될 것을 고용조건으로 하는 행위'는 부당노동행위로서 금지된다(노동조합법 제81조제1항제2호).

다만, 아래와 같은 두 가지 조건 아래에서 근로자가 그 노동조합의 조합원이 될 것을 채용 또는 계속고용의 조건으로 하는 유니온 숍(union shop) 협약의 체결은 예외적으로 허용하고 있다(노동조합법 제81조제1항제2호 단서).

첫째, 노동조합이 당해 사업장에 종사하는 근로자의 3분의 2 이상을 대표하고 있을 때에는 근로자가 그 노동조합의 조합원이 될 것을 고용조건으로 하는 단체협약(유니온 숍 조항)을 체결할 수 있다. 이때 '노동조합'에는 기업별 단위노조뿐만 아니라 산업별 단위노조도 포함된다.

유니온 숍 조항은 '하나의 사업장' 단위로 체결해야 하므로 여러 사업장에 걸쳐 하나의 유니온 숍 조항을 체결하려면 각 사업장마다 근로자의 3분의 2 이상을 대표하고 있어야 한다. 여기서 '근로자'라 함은 해당 사업장의 전체 근로자가 아니라 해당 노동조합의 조합원 자격을 가지는 자를 말하며, '대표'한다는 것은 근로자가 조합원으로 가입한 것을 말한다.

유니온 숍 협정 체결 당시에는 근로자의 3분의 2 이상이었으나, 이후 유니온 숍 협정 체결 요건인 조합원 수가 당해 사업장에 종사하는 근로자의 3분의 2에 미달하게 된 때에는 유니온 숍 협정의 효력은 상실된다. 아울러 이후 가입 조합원이 증가하여 노동조합의 조직이 근로자 3분의 2 이상으로 되었다 하더라도 별도로 유니온 숍 협정을 체결하지 않는 한, 기존의 무효로 된 유니온 숍 협정이 유효로 되는 것도 아니다(노사관계법제과-2612, 2018.11.13.).

둘째, 사용자는 근로자가 그 노동조합에서 제명된 것 또는 그 노동조합을 탈퇴하여 새로 노동조합을 조직하거나 다른 노동조합에 가입한 것을 이유로 근로자에게 신분상 불이익한 행위를 할 수 없다.

따라서 유니온 숍 조항이 있는 사업장에서 근로자가 해당 노동조합에 가입하지 않은 경우, 또는 해당 노동조합에서 탈퇴하여 다른 노동조합을 조직하거나 가입하지 않은 경우, 이를 이유로 불이익을 주는 것은 가능하며,[22] 이 범위 안에서 근로자는 노동조합 탈퇴의 자유가 제한된다. 신분상 불이익한 행위는 해고, 계약갱신 거절 등 고용조건과 관련하여 불이익을 주는 것을 말한다.

---

22) 임종률, 노동법, p.78.

이러한 유니온 숍 제도는 민주적이고 자주적으로 근로자의 지지를 받는 노동조합 설립을 적극적으로 권장하고 있는 복수노조 제도 원칙에 반한다는 비판이 있다.[23]

### ② 유니온 숍의 적용 대상

유니온 숍 협정은 소급적용되지 않으므로 유니온 숍 협정을 체결하기 이전에 취업한 근로자에 대해서는 노동조합 가입을 강제할 수 없다.[24]

즉, 유니온 숍 협정의 효력은 어느 노동조합에도 가입하지 아니한 근로자에게만 미치므로 신규로 입사한 근로자가 노동조합 선택의 자유를 행사하여 지배적 노동조합이 아닌 노동조합에 이미 가입한 경우에는 유니온 숍 협정의 효력이 해당 근로자에게까지 미친다고 볼 수 없다(대법원 2019.11.28. 2019두47377).

---

**핵심 판례** | **유니온 숍 조항의 적용 대상**

근로자의 노동조합 선택의 자유 및 지배적 노동조합이 아닌 노동조합의 단결권이 침해되는 경우에까지 지배적 노동조합이 사용자와 체결한 유니온 숍 협정의 효력을 그대로 인정할 수는 없고, 유니온 숍 협정의 효력은 근로자의 노동조합 선택의 자유 및 지배적 노동조합이 아닌 노동조합의 단결권이 영향을 받지 아니하는 근로자, 즉 어느 노동조합에도 가입하지 아니한 근로자에게만 미친다.

따라서 신규로 입사한 근로자가 노동조합 선택의 자유를 행사하여 지배적 노동조합이 아닌 노동조합에 이미 가입한 경우에는 유니온 숍 협정의 효력이 해당 근로자에게까지 미친다고 볼 수 없고, 비록 지배적 노동조합에 대한 가입 및 탈퇴 절차를 별도로 경유하지 아니하였더라도 사용자가 유니온 숍 협정을 들어 신규 입사 근로자를 해고하는 것은 정당한 이유가 없는 해고로서 무효로 보아야 한다(대법원 2019.11.28. 2019두47377).

### ③ 유니온 숍 조항과 해고

유니온 숍 협정은 통상적으로 "근로자는 특정 노동조합의 조합원이 되어야

---

23) 노조 미가입 또는 노조 탈퇴 후 다른 노조 미가입을 이유로 직장을 박탈하는 것은 근로자의 생존권을 확보하고 근로조건을 향상시키는 것을 목적으로 하는 헌법 제33조제1항의 취지에 반한다는 비판이 있다[김형배·박지순, 노동법강의, p.506].

24) 고용노동부, 집단적 노사관계 업무 매뉴얼, p.482.

하며 사용자는 그 노동조합에 가입하지 않거나 그 노동조합에서 탈퇴한 자를 해고하여야 한다."라는 조항으로 체결된다.

한편, "근로자는 입사와 동시에 자동적으로 노동조합의 조합원이 된다."라고 하면서 해고 의무를 명시하지 않은 이른바 불완전 유니온숍 조항의 경우에는 명시적인 규정이 없어도 사용자는 미가입자나 탈퇴자를 해고해야 하는 의무가 있다고 해석된다.[25]

이와 관련하여 판례에서는 '특정 직급 이하의 직원은 입사와 동시에 자동적으로 조합원이 된다'는 규정을 둔 경우 통상적인 유니온 숍 조항이 체결된 것으로 보고 사용자의 해고 의무를 인정하였다(대법원 1998.3.24. 96누16070).

단체협약에 노동조합 자동가입 조항이 있더라도 근로자 본인의 가입 행위가 있어야 조합원이 되는 것이며, 가입 전에 조합비를 임의로 공제하는 것은 위법한 조치가 된다.

한편, 법원은 유니온 숍 사업장에서 노동조합을 탈퇴한 근로자가 재가입 신청을 하였으나 노동조합이 정당한 이유없이 거부한 건에 대하여 "이는 사실상 제명과 같기 때문에 노동조합의 거부로 재가입을 하지 못한 근로자를 해고하는 것은 정당하지 않다."라고 판시하였다(대법원 1996.10.29. 96다28899).

## 2. 노동조합의 기관

노동조합법에서는 노동조합의 기관으로 단체의 의사를 결정하는 총회, 대의원회를 두고, 집행기관으로 대표자와 임원, 그리고 감사기관으로서 회계감사원을 두도록 규정하고, 그 밖에 어떤 기관을 둘 것인지는 자율에 맡기고 있다.

총회를 최고의결기관으로 하면서 대의원회나 중앙위원회, 대표자회의 등을 중간의결기구로 두고, 집행부는 위원장·(수석)부위원장·사무국장 등으로 상임 집행위원회를 두며, 집행부를 보조하여 사무처리를 담당하는 사무국을 두는 것이 일반적이다.

---

25) 임종률, 노동법, p.81.

## (1) 최고의결기관

### 1) 총회의 구성과 권한

노동조합은 최고 의사결정기관으로서 조합원 전원으로 구성되는 총회를 두어야 한다. 노동조합의 대표자는 총회의 의장이 되고, 총회 소집권을 가진다. 다만, 노조 규약으로 총회에 갈음하는 대의원회를 둘 수 있다.

노동조합은 ① 규약의 제정과 변경에 관한 사항, ② 임원의 선거와 해임에 관한 사항, ③ 단체협약에 관한 사항, ④ 예산·결산에 관한 사항, ⑤ 기금의 설치·관리 또는 처분에 관한 사항, ⑥ 연합단체의 설립·가입 또는 탈퇴에 관한 사항, ⑦ 합병·분할 또는 해산에 관한 사항, ⑧ 조직형태의 변경에 관한 사항, ⑨ 기타 중요한 사항에 관해 총회의 의결을 거쳐야 한다(노동조합법 제16조제1항).

이러한 사항을 집행부나 운영위원회, 중앙집행위원회, 상무집행위원회 등에서 의결하더라도 그 효력이 인정되지 않는다. 다만, 총회에서 요강만 정하고 세부적인 것은 중간 의결기관이나 집행기관에 위임하는 것은 가능하다.[26]

### 2) 총회의 개최 시기와 소집

총회는 단위노조나 연합단체에 관계없이 매년 1회 이상 규약으로 정한 바에 따라 개최해야 하는 정기총회(정기대의원회)와 임시총회(임시대의원회)로 구분된다.

임시총회는 노동조합의 대표자가 필요하다고 인정할 때 소집할 수 있으며, 조합원(또는 대의원)의 3분의 1 이상(연합단체인 경우 구성단체의 3분의 1 이상)이 회의에 부의할 사항을 제시하고 회의 소집을 요구하면 대표자는 지체없이 임시총회를 소집해야 한다(노동조합법 제18조제1항, 제2항).

총회(또는 대의원회)는 단체협약으로 사전에 정한 경우를 제외하고는 근무시간 외에 개최하는 것이 원칙이며, 부득이한 사유로 근무시간 중에 개최하고자 하는 경우에는 사용자의 사전승인을 얻어야 한다.

행정관청은 노동조합의 대표자가 회의의 소집을 고의로 기피하거나 이를 해

---

26) 임종률, 노동법, p.84.

태하여 조합원(또는 대의원)의 3분의 1 이상이 소집권자의 지명을 요구한 때에는 15일 이내에 노동위원회의 의결을 요청하고 노동위원회의 의결이 있는 때에는 지체없이 회의 소집권자를 지명하여야 한다(노동조합법 제18조제3항).

행정관청은 노동조합에 총회(또는 대의원회)의 소집권자가 없는 경우 조합원(또는 대의원)의 3분의 1 이상이 회의에 부의할 사항을 제시하고 소집권자의 지명을 요구한 때에는 15일 이내에 회의의 소집권자를 지명하여야 한다(노동조합법 제18조제4항).

따라서 총회(또는 대의원회)의 소집권자 순위는 ① 노동조합의 대표자, ② 노동조합 대표자의 유고(궐위 또는 직무를 수행할 수 없는 객관적인 사정이 있는 경우) 시에는 규약에서 정한 순서에 따른 직무대행자, ③ 행정관청으로부터 소집권자로 지명을 받은 자의 순서가 된다(대법원 1993.11.23. 92누18351 참조).

총회(또는 대의원회)는 적어도 회의 개최일 7일 전까지 그 회의에 부의할 사항을 공고하고 규약에 정한 방법에 따라 소집하여야 한다(노동조합법 제19조). 공고기간을 계산할 때 공고 당일은 불산입하고, 공고 후의 휴일은 산입한다.

노동조합이 동일한 사업장 내의 근로자로 구성된 경우에는 그 규약으로 공고 기간을 단축할 수 있으나, 같은 지역이라도 사업장이 서로 분리되어 있으면 7일 이상 공고하여야 한다. 이 때 공고문을 개별적으로 조합원에게 발송하거나 신문광고 또는 게시판 공고 등 규약에서 정한 방법에 따라야 한다.

판례는 소집 절차에 일부 흠이 있더라도 조합원 대다수가 출석하여 압도적 다수의 찬성으로 의결한 경우에는 그 결의가 유효하다고 한다(대법원 1992.3.31. 91다14413).

### 3) 회의 성립과 의사진행

회의는 회의개최일 현재 회의참석 자격을 가진 재적조합원(또는 대의원)의 과반수가 출석하고 적법한 소집권을 가진 자가 성원선포를 함으로써 성립되며, 재적조합원(또는 대의원)의 과반수 미만이 참석할 경우에는 자동 유회된다.

출석조합원(또는 대의원)은 일반적으로 특정 안건의 의결에 앞서 출석인원으로 확인된 조합원(또는 대의원)으로서, 기권한 자나 무효로 처리된 자 등을 포함하여 당해 안건의 의결에 참여한 조합원(또는 대의원) 전원을 의미하며, 회의 도중 스스로 회의장에서 퇴장한 자는 포함되지 않는다(대법원 1995.8.29. 95마

645; 대법원 2001.7.27. 2000다56037).

노동조합의 대표자가 회의진행 중 정당한 이유 없이 임의로 정회 등을 선포하고 퇴장하여 회의의 속행이 무산되는 경우, 이후의 회의진행은 규약이 정한 바에 따르고, 규약에 별도로 정한 바가 없다면 임시의장을 선출하여 회의를 진행하여 상정된 안건을 처리해도 그 효력이 인정된다(대법원 2001.5.15. 2001다12973).

노동조합의 대표자가 사전에 공고된 투표기간을 임의로 연장하는 것은 특별한 사정이 없는 한 인정되지 않는다.[27)

### 4) 의결방식

총회(또는 대의원회)는 재적조합원(또는 대의원) 과반수의 출석과 출석조합원(또는 대의원) 과반수의 찬성으로 의결한다. 다만, 이러한 일반 의결정족수의 예외로서 규약의 제정·변경, 임원의 해임, 합병·분할·해산 및 조직형태의 변경에 관한 사항은 재적조합원 과반수의 출석과 출석조합원 3분의 2 이상의 찬성이 있어야 한다(특별 의결정족수)(노동조합법 제16조제2항).

상급단체의 변경 등 '연합단체의 설립·가입·탈퇴에 관한 사항'도 소속된 연합단체 명칭이 규약 기재사항이고, 연합단체의 설립·가입·탈퇴는 규약 변경을 요한다는 점에서 특별 의결정족수가 적용되어야 한다고 본다.[28)

한편, 임원의 선거에 있어서 다수 후보 간 경쟁 등으로 출석조합원(또는 대의원) 과반수의 찬성을 얻은 자가 없는 경우에는 규약이 정하는 바에 따라 결선투표를 실시하여 다수의 찬성을 얻은 자를 임원으로 선출할 수 있다. 그러나 단독 입후보이거나 총회에서 선임한 추천위원회의 추천을 받은 후보인 경우에는 출석조합원(또는 대의원) 과반수의 찬성을 얻어야 한다.[29)

총회에서는 원칙적으로 소집 시 공고된 부의사항에 대해서만 심의·의결할 수 있으나, 규약에 특별 의결사항으로 '긴급동의' 규정을 둔 경우에는 긴급동의 발의를 통해 새로운 안건을 채택하여 심의·의결할 수 있다. 같은 회기에 가결된 안건은 재표결할 수 있으나, 부결된 안건은 재표결할 수 없고 회의를

---

27) 고용노동부, 집단적 노사관계 업무 매뉴얼, p.80.
28) 임종률, 노동법, p.86.
29) 임종률, 노동법, p.86.

다시 소집해야 한다(일사부재의 원칙).[30)]

의결방법은 원칙적으로 규약으로 정한 바에 따르되, 규약으로 정한 바가 없다면 무기명투표, 기립, 거수, 박수 등 상황에 따라 정할 수 있고, 타인에게 위임이나 대리에 의한 출석, 서면에 의한 표결권 행사 등 간접적으로 의결권을 행사하는 것도 가능하다.

다만, 총회와 달리 대의원회의 경우 대의원의 위임을 받은 대리인은 회의참석이 불가하다. 조합원의 직접·비밀·무기명투표에 의해 선출된 대의원이 대의원회의 참석 및 의결권을 일반 조합원에게 다시 위임하는 것은 원리에 맞지 않는다고 보기 때문이다(노사관계법제과-2334, 2011.11.21.).

규약의 제정·변경과 임원의 선거·해임에 관한 사항은 조합원의 직접·비밀·무기명투표에 의하여야 하며(노동조합법 제16조제4항), 이를 위반한 의결은 효력이 없다.

노동조합이 특정 조합원에 관한 사항(통제처분·탄핵·해임·표창 등)을 의결할 경우 그 조합원은 표결권이 없다. 다만, 임원, 대의원 등의 선거에 관한 사항은 이에 해당하지 아니하여 선거 입후보자가 자신을 지지하는 투표를 하는 것도 가능하다.

### 5) 대의원회

노동조합은 규약으로 총회에 갈음할 대의원회를 둘 수 있다. 대의원은 조합원의 직접·비밀·무기명투표에 의해 선출되어야 한다(노동조합법 제17조제1항, 제2항).

이 때 조합원의 의사가 최대한 반영될 수 있도록 조합원 수에 따라 적정한 대의원을 두는 것이 바람직하다. 대의원 선출 시 의결정족수는 규약이 정하는 바에 따르고, 규약에 별도로 정한 바가 없으면 출석조합원의 다수득표자를 당선자로 선출하는 것도 가능하다.

대의원의 선거절차에 관한 사항은 규약의 필요적 기재사항이므로 이를 정한 '선거관리규정'은 원칙적으로 총회(또는 대의원회)에서 제정·변경하여야 한다.

다만, 노동조합의 원활한 운영을 위하여 선거절차와 관련된 본질적이고 중

---

30) 임종률, 노동법, p.87.

요한 사항은 규약에서 정하고, 세부적인 사항은 규약의 위임에 따라 선거관리 규정 등으로 정할 수 있다. 이 경우 선거관리규정의 개정은 특별 의결정족수가 적용되는 규약의 변경에 해당되지 않는다(대법원 1998.3.24. 97다58446).

대의원은 노동조합 업무집행권을 갖고 있지 않으므로 임원과 달리 불신임 대상으로 할 수는 없으나, 노동조합 규약 위반 등에 대해서는 일반 조합원 징계규정에 따라 징계할 수 있다. 대의원의 임기는 규약으로 정하되 3년을 초과할 수 없다.

대의원회는 총회에 관한 규정을 준용하고 있으므로 대의원회 개최, 의결정족수 등 제반사항은 총회의 규정을 적용해야 한다(노동조합법 제17조제5항). 대의원회는 규약에 의하여 조합원 총회의 전권사항으로 정해진 사항을 제외하고는 무엇이든지 심의·의결할 수 있다.

### 6) 총회와 대의원회의 관계

노동조합의 규약으로 총회에 갈음할 대의원회를 둔 경우에는 대의원회 의결로 총회 의결사항을 결의할 수 있다. '총회에 갈음'한다는 것은 대의원회를 최고의결기관으로 한다는 것을 의미한다.

이때 총회 없이 대의원회만 두는 것뿐만 아니라 총회와 대의원회를 함께 두면서 일부 사항(예: 임원의 선거·해임 등)은 총회에서 의결하고 일부 사항(예: 규약의 변경 등)은 대의원회에서 의결하도록 하는 등 권한을 배분하는 것도 가능하다.

총회와 대의원회를 병립시키면서 총회의 의결사항과 대의원회의 의결사항을 명확히 구분하여 정하고 있는 경우, 특별한 사정이 없는 이상 총회가 대의원회의 의결사항으로 정해진 사항을 곧바로 의결하는 것은 규약에 반하지만, 규약으로 총회에 갈음할 대의원회를 두고 규약 개정 등을 대의원회의 의결사항으로 정하였다 하더라도 총회의 근원적·본질적인 권한에 관한 사항은 총회에서 의결할 수 있다(대법원 2014.8.26. 2012두6063).

그러나 원칙적으로 총회에서 부결된 사항에 대하여 다시 대의원회에 회부하거나, 대의원회에서 부결된 사항을 다시 총회에 회부하는 것은 허용되지 않는다.

총회와 대의원회의 기능이 구분되지 않은 경우에는 기존 관행, 규약상 권한 있는 기관이 결정·해석에 따르되, 이러한 방법으로도 의결기관을 정하지 못하는 경우에는 원칙적으로 총회에서 의결해야 할 것이다. 한편, 대의원회를 중간 의결기관으로 하는 경우는 총회에 갈음하는 대의원회로 볼 수 없어 제외된다.

## (2) 임원

### 1) 임원의 범위

노동조합법은 노동조합에 대표자와 임원을 둘 것을 예정하고 있다. '대표자' 란 대외적으로 노동조합을 대표하고 단체교섭 등의 권한을 가지며, 대내적으로는 의결기관이 결정한 사항과 일상적인 노동조합의 업무를 집행하는 자를 말한다.

'임원'은 협의로는 대표자를 보좌하여 노동조합의 업무를 집행하는 자를 말한다. 광의의 임원(이하에서 '임원'이라 한다)에는 대표자도 포함된다.

일반적으로 임원은 위원장, 부위원장, 사무국장, 회계감사 등을 의미하며, 대의원, 사무부서의 담당자 등은 임원이 아니다. 임원의 수와 범위, 임원의 직책과 임무, 대표자의 유고 시 권한 대행순서, 대표자와 임원의 집행위원회 등 참여 여부는 규약으로 정하여야 한다.

### 2) 임원의 선출

임원은 총회(또는 대의원회)에서 직접·비밀·무기명투표에 의해 출석조합원 (또는 대의원) 과반수의 찬성으로 선출하되, 출석조합원 과반수 득표자가 없는 때에는 규약에서 정한 바에 따라 결선투표를 실시하여 다수득표자를 임원으로 선출할 수 있다(노동조합법 제16조제3항).

노동조합이 지역적으로 분리되어 있거나 전체 조합원이 특정한 시간에 동일 한 장소에 모여 투표를 할 수 없는 경우에는 규약 또는 선거관리규정에 의하여 부서별, 근무반별, 지역별로 투표를 할 수 있다.

노동조합의 임원 자격은 규약으로 정하되, 기업별 단위노조의 임원은 그 사업 또는 사업장에 종사하는 조합원 중에서 선출하도록 규약에 정한다(노동조합법 제23조제1항).

따라서 노동조합이 고용한 직원은 해당 노조의 조합원이 될 수 없고 임원도 될 수 없다. 해당 사업에서 퇴직하거나 해고된 자도 비종사근로자로서 조합원은 될 수 있으나, 임원은 될 수 없다.

또한 조합원은 평등한 선거권과 피선거권을 가지나, 노동조합은 규약으로 조합비를 납부하지 않은 조합원의 임원 입후보 권리를 제한할 수 있다. 그리고 조합원 경력(사용자와 노동조합의 실정을 파악하여 노조 임원으로 직무를 수행하는 데 필요하다고 인정되는 합리적인 기간) 및 조합원 일정 수(전체 조합원의 숫자에 비추어 소수 조합원의 권리를 해할 우려가 있는 정도가 아닌 수) 이상의 추천 등을 입후보 요건으로 하는 것은 피선거권 평등의 원칙에 반하지 않아 유효하다(대법원 1992.3.31. 91다14413).

그러나 노동조합의 일정한 하위직 간부 경력, 직장위원회 추천 등을 요건으로 하는 것은 인정되지 않는다고 본다.[31]

### 3) 임원의 임기

임원의 임기는 규약으로 정하되 3년을 초과할 수 없다(노동조합법 제23조제2항). 다만, 연임에는 제한이 없다. 보궐선거로 선출된 임원의 임기는 규약 등으로 정하되 규약 등에 정한 바가 없으면 전임 임원의 잔여기간으로 한다. 임기 중에 규약을 변경하여 임기를 단축 또는 연장하더라도 해당 규약을 변경할 당시 임원의 임기는 선출 시 규약의 임기가 적용된다.

대표자의 임기가 만료된 경우 후임자 선출 여부와 관계없이 대표자의 자격은 상실되나, 임기 만료된 전임대표자는 민법상 '위임종료 시의 긴급처리'(제691조) 규정을 준용하여 노조의 정상적인 운영을 위한 불가피한 조치로서 후임대표자 선출을 위한 회의소집 및 그 의장으로 활동할 수 있다(대법원 2007.7.19. 2006두19297).

임원이 임기 중 정년에 도달하여 근로관계가 단절될 경우 조합원의 지위를 상실하므로 임원 자격도 상실된다. 그러나 정년연장 등으로 근로관계를 계속 유지하는 경우에는 규약에서 별도로 정하고 있지 않는 한 임원의 자격이 유지된다.

임원의 탄핵에 관해서는 규약에 그 사유와 절차를 명시해야 하며, 임원의 해임 의결기관은 규약에 따르되 별도로 정한 바가 없으면 원칙적으로 해당 임

---

31) 임종률, 노동법, pp.89~90.

원을 선출한 기관에서 결의하여야 한다. 임원의 해임 의결은 직접·비밀·무기명투표에 의하여야 하며, 특별정족수가 적용된다.

### (3) 회계감사

노동조합의 대표자는 회계연도마다 결산결과와 운영상황을 공표하여야 하며 조합원의 요구가 있을 때에는 이를 열람하게 하여야 한다(노동조합법 제26조). 노동조합의 대표자는 노동조합의 재정에 대하여 정기적으로 회계감사원의 회계감사를 받아야 하고, 회계감사원은 필요에 따라 회계감사를 할 수 있다.

노동조합법은 회계감사원의 선임 방법, 선임 요건, 임기 등에 대하여 따로 정한 바가 없어 노동조합의 규약으로 정하거나 총회 결의에 따르면 된다. 일반적으로 임원에 준하여 처리하고 있다. 회계감사에게 업무감사의 권한까지 부여할지 여부도 노동조합의 자치사항이 된다.

## 3. 노동조합의 재정

### (1) 재정 운영의 자주성과 투명성

노동조합은 근로자들의 자주적 결사체로서 대외적으로는 사용자로부터 자주성을 유지하고, 대내적으로는 조합원에 대한 민주성을 확보하여야 한다. 특히 노동조합의 운영에 대해서는 근로자들의 진정한 의사가 민주적인 절차에 따라 반영되어야 한다.

노동조합은 하나의 조직체로서 그 조직 운영에 필요한 경비를 조달해야 하고, 조합비를 주된 재원으로 하면서 여타 부수적인 사업을 통해 충당하게 되므로 노동조합 재정은 민주적이고 투명하게 관리·운영되어야 한다.

이에 노동조합법은 ①'경비의 주된 부분을 사용자로부터 원조받는 경우' 노동조합으로 인정하지 않고, ② 사용자에 대해선 부당노동행위로 금지하는 한편, ③ 회계감사 결과 및 운영상황에 대한 조합원의 열람권, ④ 행정관청의 자료제출 요구권 등을 명시하고 있다(노동조합법 제2조제4호나목, 제81조제1항제4호, 제26조, 제27조).

이는 노동조합의 기본원리인 자주성을 재정에서도 확보하여 투명하고 민주적인 노동조합 운영을 통해 노노 갈등의 예방과 근로자들의 연대 강화로 노동

조합의 본래 목적에 부응하도록 하고, 합리적인 노사관계 발전을 도모하려는 취지이다.[32]

노동조합의 대표자는 회계감사원으로 하여금 6월에 1회 이상 당해 노동조합의 모든 재원 및 용도, 주요한 기부자의 성명, 현재의 경리 상황 등에 대한 회계감사를 실시하게 하고 그 내용과 감사결과를 전체 조합원에게 공개하여야 한다. 노동조합의 회계감사원은 필요하다고 인정할 경우에는 당해 노동조합의 회계감사를 실시하고 그 결과를 공개할 수 있다(노동조합법 제25조).

노동조합의 대표자는 회계연도마다 결산결과와 운영상황을 공표하여야 하며 조합원의 요구가 있을 때에는 이를 열람하게 하여야 한다. 노동조합은 행정관청이 요구하는 경우에는 결산결과와 운영상황을 보고하여야 한다(노동조합법 제26조, 제27조).

노동조합은 조합설립일부터 30일 이내에 재정에 관한 장부와 서류를 작성하여 그 주된 사무소에 비치하여야 하며, 3년간 보존하여야 한다(노동조합법 제14조).

## (2) 조합비 징수와 재정 지출의 한계

### 1) 조합비 징수

조합원은 균등하게 그 노동조합의 모든 문제에 참여할 권리와 의무를 가진다. 따라서 조합원은 조합비를 납부할 의무가 있으며, 노동조합은 그 규약으로 조합비를 납부하지 아니하는 조합원의 권리를 제한할 수 있다.

조합비에 관한 사항은 규약으로 정해야 한다. 규약에서는 기본적인 사항(예: 조합비의 종류와 기준 등)만 정하고 조합비 액수와 납부방법 등 세부적인 사항은 총회(또는 대의원회)에서 의결할 수 있다.

통상적인 조합비와 별도로 쟁의기금, 조합원 지원기금, 사회공헌기금, 정치활동자금 등 임시조합비에 대해서도 납부의무를 부담하는지 여부는 임시조합비의 목적과 성격에 따라 달리 판단되어야 한다.[33]

---

32) 고용노동부, 집단적 노사관계 업무 매뉴얼, pp.65~66.

33) 예를 들어 공직 선거운동 등 정치활동기금의 경우 개인의 정치적 자유를 침해할 우려가 있으므로 조합원의 납부 의무를 발생하지 않는다고 보고, 근로자의 권익에 직접 관계되는 입법이나 행정조

조합비 징수제도로서 조합비 원천징수제도 또는 조합비 일괄공제제도(check-off system)는 사용자가 노동조합을 위해 조합원인 근로자의 임금에서 조합비 기타 조합의 징수금을 공제하여 직접 노동조합에 인도하는 제도를 말한다.[34]

조합비 원천징수제도는 노동조합과 사용자가 단체협약으로 합의하여 도입되며, 이는 근로기준법상 '임금전액지급의 원칙'에 위반되지 않는다(근로기준법 제43조제1항).

한편, 노동조합이 규약에 조합비 납부는 임금에서 공제하는 방법에 따른다는 규정을 두고 이에 근거하여 사용자와 조합비 공제 조항을 체결한 이상, 조합원의 동의가 없더라도 조합원을 구속하는 효력을 가지므로 개별적으로 조합비 위임관계를 철회할 수 없다고 본다.[35] 조합비 납부는 조합원의 의무이므로 일괄공제 방식의 조합비 납부에 반대하는 경우에는 노동조합을 탈퇴해야 한다는 의미이다.

### 2) 재정 지출의 한계

노동조합이 다른 노동조합을 지원하기 위하여 재정을 지출하는 것은 노동조합의 목적 범위에 포함되므로 가능하다. 다만, 시민사회단체 등의 사회운동을 지원하는 것은, 오늘날 노동조합의 목적과 활동을 탄력적으로 넓게 해석한다는 점에 비추어 지출이 허용된다고 보는 견해[36]에 기본적으로 찬성하나, 해당 사회운동의 실질적인 목적과 내용, 방법의 적법성 등에 따라 사안별로 판단해야 할 것이다.

구 노동조합법의 정치활동 금지조항은 1997년 노동조합법 개정으로 삭제되었으나, 정치자금 기부행위는 정치자금법이 노동조합을 포함한 모든 법인과 단체의 정치자금 기부를 금지하고 있다. 다만, 정치자금 기부에 해당하지 않는 범위에서 조합원의 권익에 직접 관계있는 입법 활동을 촉진 또는 반대하는 등의 정치적 목적의 활동을 위하여 지출하는 것은 허용된다고 본다.[37]

---

치에 관한 활동은 노조의 본래적 목적 달성을 위한 것이고 조합원의 정치적 견해와의 관련성도 희박하므로 납부의무를 인정해야 한다는 견해가 있다[일본 最高裁判所 昭50.11.28, 國勞広島地本 사건 참조, 임종률, 노동법, p.96 재인용].

34) 김형배·박지순, 노동법강의, pp.499~500.

35) 김형배, 노동법(제27판), 박영사, 2021, pp.1116~1117; 임종률, 노동법, p.100.

36) 임종률, 노동법, p.96.

## (3) 노동조합의 재산

노동조합은 법인격을 취득하지 않더라도 단체협약 체결 및 쟁의행위 등 노동조합으로서의 활동을 할 수 있고, 대표자의 이름을 병기하여 금융거래를 할 수 있으며, 소유 부동산에 대하여 노동조합 명의로 등기를 할 수 있고, 소송당사자로서의 지위도 인정된다.

그러나 노동조합이 재산거래를 할 때 권리·의무의 한계를 명확히 하여 다툼의 소지를 없애고 거래의 안정을 도모하려면 법인으로 할 필요가 있다. 노동조합이 법인격을 취득하려면 노동조합의 명칭, 주된 사무소의 소재지, 목적 및 사업, 대표자의 성명 및 주소, 그리고 해산사유를 정한 때에는 그 사유를 노동조합의 주된 사무소의 소재지를 관할하는 등기소에 등기해야 한다. 등기는 그 노동조합의 대표자가 신청하며, 등기 신청을 하려는 때에는 등기신청서에 해당 노동조합의 규약과 설립신고증의 사본을 첨부해야 한다(노동조합법 시행령 제2조 내지 제6조).

법인인 노동조합의 재산은 노동조합의 단독소유가 되고, 개별 조합원은 공유지분을 가지지 않는다. 반면, 법인이 아닌 노동조합의 재산은 권리능력 없는 사단의 재산귀속방식에 따라 전체 조합원의 총유(總有)(민법 제275조)가 된다.

따라서 민법상 조합원이 조합재산에 대하여 지분권을 가지는 합유(合有)(민법 제704조)와 달리 조합원은 노동조합 재산을 사용·수익할 수 있을 뿐 노동조합 재산에 대한 지분이나 분할청구권은 인정되지 않는다. 노동조합이 총유를 폐지하고 그 재산을 처분하려면 전체 조합원의 동의를 받아야 하는 것은 아니나, 조합원 총회의 결의에 따라야 한다.[38]

노동조합의 재산은 조합원의 근로조건 개선을 위한 목적재산으로서 조합원이 출연은 지분 보유를 기대한 출자행위가 아니라 노동조합 필요경비의 분담이라고 보아야 한다.

다만, 투쟁기금 적립금 등과 같이 규약으로 조합원의 지분이 인정되는 적립

---

37) 같은 취지의 입장은 임종률, 노동법, p.97 참조.

38) 민법은 공동소유의 유형으로 공유, 합유, 총유의 세 가지를 규정하고 있다. 공동소유의 유형은 물건을 공동소유하는 자들 사이의 인적 결합 관계의 형태(조합, 사단법인, 권리능력 없는 사단)에 따라 구별된다.

금을 설치할 수는 있으며, 이때의 적립금은 조합원 개인의 예탁금으로서 탈퇴 시 환불청구권이 인정된다.[39]

노동조합의 재산은 노동조합의 목적 활동에 맞게 운영되어야 하며, 기금의 설치·관리 또는 처분과 예산은 총회의 의결을 거쳐야 한다(노동조합법 제16조 제1항).

## 4. 노동조합의 관리와 통제

노동조합이 근로자들의 자주적 결사체로서 단결의 목적을 실현하려면 조직력과 단결력을 갖추어야 한다. 따라서 그 구성원인 조합원의 통일적·집단적 행동을 위하여 노동조합의 지시·명령에 위반하거나 단결의 유지·강화에 반하는 행위를 하는 조합원에 대하여 제재를 가할 수 있는 내부통제권을 가진다.

다만, 노동조합은 일반 단체와 달리 헌법과 노동조합법 등에 의해 규범력을 가지는 집단적 근로조건의 결정권과 노동조합 활동에 있어서 특별한 보호를 받고 있어 노동조합의 운영과 관리를 전적으로 단체자치에만 맡길 수는 없는 것이며(대법원 2005.1.28. 2004도227), 근로자의 단결권 보장을 위하여 민주적이고 공정하게 운영될 것이 요구된다.

### (1) 자율적 통제

노동조합의 운영과 관리를 노조 스스로 통제하는 것을 자율적 통제 또는 내부통제라 한다. 노동조합법은 예시적으로 대표자와 임원의 규약 위반(제11조제13호), 조합원의 조합비 납부 거부(제22조 단서) 등을 내부통제 대상으로 예정하고 있다.

조합원이 지켜야 할 기본적인 의무로는 강령·규약을 준수할 의무, 방침·결의·지시에 복종할 의무, 조합비를 납부할 의무 등이 있으며, 이러한 기본의무를 위반하면 자율적 통제처분의 대상이 된다.

---

39) 임종률, 노동법, p.98.

### 1) 통제처분의 대상

#### ① 언론의 자유와 비판행위

노동조합 집행부의 방침에 대한 조합원의 비판행위(예: 독자적 학습회 개최, 집행부 비판 유인물 배포, 쟁의기간 중 설문조사 등)는 조합원의 언론의 자유 보장과 노조의 민주적 운영을 위해 허용되어야 한다. 그러나 언론 활동이나 비판행위가 진실에 근거한 공정한 것이 아니고, 허위사실에 근거하거나 사실을 왜곡하여 악의적으로 중상·모략·비방하는 것은 통제처분의 대상이 된다.

#### ② 노조의 결의·지시에 위반하는 분파행위

정상적인 절차를 거쳐 합법적으로 결정된 노동조합의 방침이나 결의에 반대하여 일부 조합원들이 독자적인 행동을 한 경우 통제처분의 대상이 되는가에 대해서는 사안별로 그 행위가 노조의 단결을 중대하게 위협하는 분파행위였는지, 활동의 내용이나 방법이 불공정한 것이었는지 등을 살펴 판단해야 한다.

이에 대해 해고자를 지원하지 않는다는 대의원회 결의에 반하여 그 해고철회 투쟁을 지원한 경우에는 통제처분의 대상이 되지 않는다는 견해가 있다.[40]

#### ③ 단체교섭의 방해와 불법행위

조합원이 단체교섭의 성공적 타결을 위한 노동조합의 지시에 따르지 않거나 (예: 쟁의행위 불참), 단체교섭을 방해하는 행위(예: 들고양이 파업)를 한 경우에는 통제처분의 대상이 될 수 있다. 그러나 위법한 행위(예: 폭력·파괴행위를 수반하는 불법 쟁의행위)에의 참가 지시를 따르지 않은 것은 통제처분의 대상이 되지 않는다고 본다.

#### ④ 조합의 정치적 방침을 위반한 정치활동

현행 노동조합법은 노동조합에 대하여 일반 단체와 달리 공직선거에서의 선거운동을 허용하고 있다.[41] 그러나 노동조합은 정치활동을 주된 목적으로 하

---

40) 임종률, 노동법, pp.91~92.

41) 1963년 '노동조합법'에서는 노동조합의 공직선거에서의 선거운동을 금지하였으나(제12조제1항) 1997년에 삭제되었다. '공직선거법'도 법인·단체의 선거운동을 포괄적으로 금지하던 것을 1998

는 단체가 아니므로 노동조합의 정치적 방침에 반대하는 조합원을 제재하는 것은 인정되지 않는다.

그러므로 노동조합이 조합원 총회에서 공직선거 기간 중 그 명의로 특정 정당이나 후보자를 지지·반대한다는 방침을 결정한 경우 조합원에게 이를 따르도록 권고·설득할 수는 있지만, 조합의 정치적 방침 결정에 따르지 않는다는 것을 이유로 통제처분을 하는 것은 허용되지 않는다.

총회의 정치방침 결의내용을 따르지 않는 조합원에 대해 내부통제권에 기초하여 여러 가지 불이익을 가하는 등 강력하게 대처하겠다는 내용의 속보를 제작·배포한 행위는 조합원인 근로자 각자의 공직선거에 관한 의사결정을 방해하는 정도의 강요행위에 해당한다(대법원 2005.1.28. 2004도227).

### 2) 통제처분의 내용과 절차

노동조합법(제11조)은 '대표자와 임원의 규약 위반에 대한 탄핵에 관한 사항', '규율과 통제에 관한 사항'을 규약에 정하도록 규정하고 있다. 따라서 일반적으로 통제처분의 대상(제재 사유), 내용, 절차 등을 규약으로 정하게 된다.

노동조합 규약에 의해 통제처분 권한이 집행위원회나 중앙위원회 등에 위임되어 있는 경우에도 제명처분은 총회의 전권사항이라고 보며, 통제처분 내용이나 절차 등을 규약에 정한 바가 없는 경우에는 조합원 총회에서 논의·결정해야 할 것이다. 통제처분의 내용은 경고, 경제적 제재, 권리정지, 제명 등 다양하며, 제재 수준의 양정은 단체자치 사항에 해당한다.

통제처분의 절차는 노동조합의 민주적 운영이라는 원칙에 따라 공정한 절차에 따라 이루어져야 한다. 제재의 대상이 되는 조합원에게 제재사유의 통지, 변명의 기회 부여, 집행부의 제안과 징계위원회 등 규약상 의결기관의 의결, 의결방법은 거수나 기립이 아닌 직접·비밀·무기명투표, 처분대상자가 다수이면 일괄의결이 아닌 개인별 의결 등의 절차적 요건을 갖추어야 한다. 절차상 중대한 흠결이 있는 경우 그 제재는 무효가 된다.

위법한 통제처분은 처분의 무효를 구하는 민사소송의 대상이 되며, 노동관계법령 또는 규약에 위반한 경우에는 행정관청은 노동위원회 의결을 얻어 시정

---

년에 개정하여 노동조합을 예외로 인정하였고, 2004년에는 금지대상 단체를 열거방식으로 개정하면서 노동조합은 금지대상 단체에 포함하지 않았다.

명령을 할 수 있고, 노동조합은 정당한 이유가 없으면 30일 이내에 시정명령을 이행하여야 하며, 이를 위반하면 벌칙(500만원 이하의 벌금)이 적용된다.

### (2) 행정관청의 통제

노동조합은 규약과 총회(또는 대의원회)에서의 다수결 원칙 등에 따라 결의나 처분을 하는 등 민주적으로 운영해야 하며, 노동조합법은 법이 규정한 노동조합 운영에 관한 준칙의 준수 확보를 위하여 행정관청에 감독권한을 부여하고 있다.

행정관청은 노동조합의 규약이 노동관계법령에 위반한 경우에는 노동위원회의 의결을 얻어 그 시정을 명할 수 있다. 예를 들어 규약에 조합비 기타 회계에 관한 사항 등 필요적 기재사항을 기재하지 않은 경우 행정관청은 노동위원회의 의결을 받아 시정명령을 할 수 있다.

또한 행정관청은 회계·재정집행 등 노동조합의 결의 또는 작위·부작위 처분이 노동관계법령이나 규약에 위반되는 경우에는 노동위원회의 의결을 얻어 그 시정을 명할 수 있다. 다만, 노동조합의 결의·처분이 규약에 위반됨에 따라 시정명령을 하려면 이해관계인의 신청이 있어야 한다.

규약·결의·처분에 대한 행정관청의 시정명령을 받은 노동조합은 30일 이내에 이행하여야 하며, 이를 위반한 경우에는 벌칙(500만원 이하의 벌금)이 적용된다. 다만, 정당한 사유가 있는 경우에는 그 기간을 연장할 수 있다.

노동조합법은 행정관청이 행정감독을 원활히 수행할 수 있도록 일정한 제도적 장치를 마련해두고 있다. 노동조합은 조합설립일부터 30일 이내에 조합원 명부(연합단체는 구성단체의 명칭), 규약, 임원의 성명·주소록, 회의록, 재정에 관한 장부와 서류를 작성하여 그 주된 사무소에 비치하고, 회의록과 재정에 관한 장부·서류는 3년간 보존하여야 한다(노동조합법 제14조).

또한 노동조합은 매년 1월 31일까지 전년도에 규약의 변경이 있는 경우에는 변경된 규약 내용, 전년도에 임원의 변경이 있는 경우에는 변경된 임원의 성명(전년도에 변경신고한 사항은 제외), 전년도 12월 31일 현재의 조합원 수(연합단체는 구성단체별 조합원 수)를 행정관청에 통보하여야 한다(노동조합법 제13조 제2항). 또한 노동조합은 행정관청이 요구하는 경우에는 결산 결과와 운영상황을 보고하여야 한다(노동조합법 제27조).

# 노동조합의 조합 활동

## 1. 조합 활동의 의의

근로자의 '조합 활동'이라 함은 근로자가 노동조합의 목적을 달성하기 위하여 행하는 모든 행위 가운데서 노동조합의 조직·가입, 단체교섭 및 쟁의행위를 제외한 나머지 행위를 말한다. 노동조합법에서는 이를 '노동조합의 업무를 위한 행위'라고 한다(노동조합법 제81조제1항제1호).

조합 활동은 ① 조직운영에 필요한 일상적 활동(예: 각종 회의·집회의 개최, 연락 등), ② 근로자에 대한 정보제공·홍보 활동(예: 유인물 배포, 게시판 사용 등), ③ 단체교섭이나 단체행동을 준비하기 위한 행위(예: 기업 내외에서의 방송, 리본·머리띠 등의 착용, 플래카드 설치) 등으로 나눌 수 있다.[42]

조합원인 근로자가 조합 활동을 할 권리는 단결권과 단체행동권을 통해 보장됨에 따라 그 당연한 효과로서 조합 활동이 정당성을 가지는 한 해고나 그 밖의 불이익취급을 할 수 없고, 민·형사책임이 면제된다.[43]

근로자의 조합 활동 권리와 사용자의 노무지휘권 및 시설관리권이 충돌하는 경우 그 인정범위가 문제 될 수 있다. 이에 대해 대법원은 기업의 경영권을 헌법상 권리로 인정하면서, 근로자의 조합 활동 권리는 사용자의 노무지휘권과 시설관리권의 본질을 침해하지 않는 범위 내에서 보장되어야 한다는 입장이다.

기업 활동의 측면에서 헌법상 재산권 보장, 경제상 자유와 창의 존중, 직업선택의 자유(제23조제1항, 제119조제1항, 제15조) 규정들의 취지를 보면, 모든 기업은 그가 선택한 사업 또는 영업을 자유롭게 경영하고 이를 위한 의사결정의 자유를 가지며, 사업 또는 영업을 변경(확장 축소 전환)하거나 처분(폐지 양도)할 수 있는 자유를 가지고 있고, 이는 헌법에 의하여 보장되는 것이다.

경영권이 노동3권과 서로 충돌하여 이를 조화시키는 한계를 설정하는 경우 기업의 경제상의 창의와 투자의욕을 훼손시키지 않고 오히려 이를 증진시키며 기업의 경쟁력을 강화하는 방향으로 해결책을 찾아야 한다(대법원

---

42) 김형배·박지순, 노동법강의, p.511.
43) 임종률, 노동법, p.112.

2003.11.13. 2003도687).

## 2. 조합 활동의 요건과 정당성

근로자의 조합 활동은 그 주체, 목적 및 수단의 정당성을 갖춰야 법적 보호를 받을 수 있다.

### (1) 조합 활동 주체의 정당성

조합 활동은 조합원이 노동조합의 결의나 지시에 따라 한 조직적인 활동이어야 한다.[44] 노동조합의 구체적인 지시나 결의에 따라 행위를 한 것이 아닌 경우라도, 규약이나 노조의 기본방침에 따른 것이거나 그 성질상 노동조합의 활동으로 볼 수 있는 것이라면 노동조합의 묵시적 수권 또는 승인이 있는 것으로 보아야 한다(대법원 2011.2.24. 2008다29123).

### (2) 조합 활동 목적의 정당성

조합 활동이 정당성을 가지려면 근로조건의 유지·개선이나 단결의 유지·강화를 목적으로 하여야 한다(대법원 1992.4.10. 91도3044). 따라서 사용자의 경영에 간섭하는 등 근로조건의 유지·개선과 관계없는 것을 목적으로 하는 것(예: 교원노조 조합원인 교원들이 '족벌재단' 퇴진 리본·배지·조끼를 패용·착용한 행위)은 정당성이 인정되지 않는다(대법원 2006.5.26. 2004다62597).

**핵심 판례** **노동조합 활동의 정당성 요건**

조합 활동이 정당하다고 하기 위해서는 ① 행위의 성질상 노동조합의 활동으로 볼 수 있거나 노동조합의 묵시적인 수권·승인을 받았다고 볼 수 있는 것으로서 ② 근로조건의 유지·개선과 근로자의 경제적 지위의 향상을 도모하기 위하여 필요하고 근로자의 단결강화에 도움이 되는 행위이어야 하고, ③ 취업규칙 등에 별도의 허용규정이 있거나 관행 또는 사용자의 승낙이 있는 경우 외에는 취업시간 외에 해야 하고, 사업장 내의 조합활동에 있어서는 사용자의 시설관리권에 바탕을 둔 합리적인 규율이나 제약에 따라야 하며, 폭력과 파괴행위 등의 방법을 쓰지 않는 것이어야 한다(대법원 1994.2.22. 93도613).

44) 하갑래, 집단적 노동관계법, p.149.

### (3) 조합 활동 수단·방법의 정당성

#### 1) 사용자의 노무지휘권과 시설관리권

근로자가 부담해야 하는 근로계약상의 성실의무에는 사용자의 이익을 부당하게 침해하지 않을 의무가 포함되며, 이러한 의무는 근무시간 내 또는 사업장 내뿐만 아니라 근무시간 외 또는 사업장 밖에서의 조합 활동에도 적용된다.

따라서 근무시간 중이거나 사업장 내에서 조합 활동을 하는 것은 사용자의 노무지휘권이나 시설관리권(사용자가 사업의 물적 시설·설비를 사업 목적에 따라 이용하거나 이용할 수 있도록 적절히 보전·관리하는 등 필요한 조치를 할 권한)과 충돌될 수 있으므로 원칙적으로 사용자의 허가나 승인을 받아야 할 것이다. 근무시간이 아닌 휴식시간을 활용하여 사업장 내에서 조합 활동을 하는 경우 직장질서를 문란하게 한다면 정당성이 부인된다.[45]

즉, 조합 활동은 단체협약 등에서 허용됨을 정하였거나 관행 또는 사용자의 승인이 있는 경우를 제외하고는 원칙적으로 취업시간 외에 행해져야 하고, 사업장 내의 조합 활동은 시설관리권에 근거한 합리적인 규율이나 제약에 따라야 하며, 폭력과 파괴행위 등의 방법을 사용하지 않아야 한다(대법원 1992.4.10. 91도3044).

근무시간 외에 사업장 밖에서 하는 조합 활동은 사용자의 노무지휘권이나 시설관리권과 충돌하지 않는다 하더라도 사용자의 영업을 적극적으로 방해하거나 회사의 명예와 신용을 해치는 형태로 행해져서는 안 된다.[46]

즉, 다음과 같은 사례에서는 그 내용의 진실 여부 또는 쟁의 시 한 것인지 여부에 관계없이 성실의무에 반하여 정당성이 인정되지 않는다.[47]

① 사용자나 관리자에 대한 비판이 사실을 왜곡하여 명예를 훼손하고 사용자에 대한 근로자들의 적개심을 유발하여 직장질서를 문란케 할 위험성이 있는 경우(대법원 1994.5.27. 93다57551)

② 명예를 손상시키는 인신공격적이고 사생활에 관한 내용을 담고 있는 경

---

45) 김형배·박지순, 노동법강의, p.519.

46) 김형배·박지순, 노동법강의, pp.519~520.

47) 임종률, 노동법, pp.118~119.

우(대법원 1992.2.28. 91누9572)

③ 근로조건 개선 활동과 관련된 것이더라도 과격하고 불손한 문구를 사용하여 인신공격을 한 경우(서울고등법원 1993.1.29. 92구6411·17664)

### 2) 리본·배지·완장·머리띠·투쟁조끼 등의 착용

당해 사업의 업종, 직장의 모습, 근로자의 직무 내용, 노무의 내용과 태양 등 구체적 사정에 따라 정당성 여부를 판단하여야 한다.

예를 들어 병원 직원인 조합원들이 위생복 위에 구호가 적힌 주황색 셔츠를 근무 중에 착용한 것에 대하여 판례는 환자들에게 불안감을 주는 등 병원 내의 정숙과 안정을 해치는 행위로서 인사규정의 징계사유인 '직무상의 의무를 위반 및 태만히 하거나 직무상의 정당한 명령에 복종하지 아니하는 행위'에 해당하여 정당성이 부정된다고 판단하였다(대법원 1996.4.23. 95누6151).

그러나 성실의무를 이행하는 정신적·육체적 활동에 지장이 없고 사용자의 업무에 지장을 미칠 우려가 없는 경우에는 정당한 조합 활동으로 보아야 할 것이다.[48]

### 3) 노동조합 집회

근무시간 중에 사용자의 승낙을 받지 않고 규탄대회, 체육행사 등 노동조합 집회를 개최하거나 이에 참가하는 것은 사용자의 지휘명령권을 침해하는 것으로서 정당한 조합활동으로 인정되지 않는다. 다만, 사정에 따라선 예외가 인정될 수 있다.

예를 들어 쟁의행위 찬반투표를 위한 임시총회 소집을 2차례에 걸쳐 사용자에게 서면통보하여 사용자가 충분히 대비할 시간이 있었고, 교대근무 형태 때문에 전 조합원이 참가하기 위하여 근무시간 중에 소집할 필요가 있었다는 등의 사정이 있는 경우에는 총회가 근무시간 중에 열렸다는 이유만으로 위법하다고 볼 수 없다(대법원 1994.2.22. 93도613).

---

48) 하갑래, 집단적 노동관계법, p.158.

### 4) 유인물 배포

노동조합이 사용자의 승낙을 받지 않고 사업장 내에서 유인물을 배포했을 때 유인물의 내용, 배포 방법, 배포 시기 등 여러 사정에 비추어 그 필요성이 있고 그 활동으로 인해 사용자의 업무운영이나 시설관리에 실질적인 지장을 초래하지 않는 경우에 한하여 정당성이 인정된다(대법원 1991.11.12. 91누4164).

그리고 유인물의 내용에 의하여 타인의 인격 등이 훼손되고 일부 내용이 허위이거나 표현이 다소 과장되거나 왜곡된 것일지라도 그 목적이 근로자의 경제적·사회적 지위의 향상을 위한 것이고 내용이 전체적으로 보아 진실한 경우에는 노동조합의 정당한 활동 범위에 속하는 것으로서 정당성이 인정된다. 사용자의 허가없이 이루어진 선전방송에 대해서도 같은 법리가 적용된다(대법원 2011.2.24. 2008다29123; 대법원 2017.8.18. 2017다227325).

그러나 유인물의 내용이 사용자의 적법한 지시에 반대하는 것이거나, 무질서하게 유인물을 한꺼번에 장소를 가리지 않고 투척하거나, 작업에 지장을 줄 수 있는 근무시간에 유인물을 배포한 때에는 위법한 행위가 될 수 있다.

근로자들이 노조를 결성하고 원청회사에 노동조합 설립에 관한 벽보나 현수막을 부착하고 원청 직원들에게 유인물을 배포하여 원청회사가 하청계약의 해지를 통지할 정도에 이른 경우, 유인물 배포 행위 등은 사회적 상당성을 갖추었다고 볼 수 없어 조합 활동의 정당성을 부정한다(대법원 2000.6.23. 98다54960).

또한 노조 대의원 선거운동 기간에 유인물을 근로자들에게 직접 전달하지 않고 공장 구내에 은밀히 뿌린 것은 사용자의 시설관리권을 침해하고 직장질서를 문란케 할 위험성이 있다고 하여 그 정당성을 인정하지 않았다(대법원 1992.6.23. 92누4253).

### 5) 벽보·현수막 등의 부착

사용자의 승낙을 받지 않고 사업장 내에서 기업시설을 이용하여 벽보나 현수막을 부착하는 등의 조합 활동의 정당성을 인정할 것인가 하는 문제에 대하여 학설은 수인의무설, 권리남용설, 실질적 지장설 등으로 견해가 나뉜다.

① 수인의무설은 사용자는 기업별 단위노조의 기업 시설 이용을 수인할 의무가 있다고 보아 원칙적으로 정당성을 인정한다.

② 권리남용설은 기업시설을 이용해 조합 활동을 하려면 원칙적으로 사용자의 승낙을 받아야 하지만 사용자가 시설이용을 승낙하지 않는 것이 시설관리권 남용이라 인정되는 특별한 사정이 있는 경우에는 사용자의 승낙이 없더라도 조합 활동에 정당성이 인정된다고 본다.

③ 실질적 지장설은 사용자의 승낙 없이 기업시설을 이용한 조합 활동은 정당성을 인정할 수 없으나, 기업시설을 이용할 필요성이 있고 그 활동 때문에 업무운영이나 시설관리에 실질적 지장을 초래하지 않는 경우에는 승낙을 받지 않은 흠이 치유(위법성 조각)되어 정당성이 인정된다고 본다.

부착된 장소나 시설의 성질(미관상 문제 여부), 부착의 범위, 벽보의 형상(혐오감 야기 여부)·문언의 내용(인신공격, 비방 여부)·매수(과다 여부)·첨부방법(난잡·밀집 여부, 원상회복 곤란 여부) 등 여러 사정에 비추어 그 조합활동의 필요성이 있고, 또 그 활동 때문에 업무운영·시설관리에 실질적 지장이 초래되지 않는 경우에는 정당성을 인정해야 할 것이다.[49]

## 3. 조합 활동에 대한 사용자의 편의 제공

노동조합법 제81조제1항제4호는 '근로자가 노동조합을 조직 또는 운영하는 것을 지배하거나 이에 개입하는 행위와 근로시간 면제 한도를 초과하여 급여를 지급하거나 노동조합의 운영비를 원조하는 행위'를 부당노동행위로 금지하고 있다.

다만, 근로자가 근로시간 중에 노동조합법 제24조제2항에 따른 활동, 즉 근로시간 면제 한도를 초과하지 아니하는 범위에서 임금의 손실 없이 사용자와의 협의·교섭, 고충처리, 산업안전 활동 등 노동조합법 또는 다른 법률에서 정하는 업무와 건전한 노사관계 발전을 위한 노동조합의 유지·관리업무를 하는 것을 사용자가 허용하는 것은 무방하다.

또한 근로자의 후생자금 또는 경제상의 불행 그 밖에 재해의 방지와 구제 등을 위한 기금의 기부와 최소한의 규모의 노동조합사무소의 제공 및 그 밖에 이에 준하여 노동조합의 자주적인 운영 또는 활동을 침해할 위험이 없는 범위

---

49) 임종률, 노동법, pp.116~117.

에서의 운영비 원조행위는 예외로 한다.

'노동조합의 자주적 운영 또는 활동을 침해할 위험' 여부를 판단할 때에는 ① 운영비 원조의 목적과 경위, ② 원조된 운영비 횟수와 기간, ③ 원조된 운영비 금액과 원조방법, ④ 원조된 운영비가 노동조합의 총수입에서 차지하는 비율, ⑤ 원조된 운영비의 관리방법 및 사용처 등을 고려하여야 한다(노동조합법 제81조제2항).[50]

### (1) 노조 사무실과 운영비 지원

노동조합법에서 예외적으로 사용자가 최소한의 규모로 노동조합사무소를 제공하고 사무실 운영 등 최소한의 활동에 필요한 비용을 지원할 수 있도록 허용한 것은 노동조합의 다수가 기업별 단위노조로서 재정적 기반이 취약하고 노동조합의 활동이 주로 기업 내에서 이루어지고 있다는 점을 감안한 것이다.

사무소 제공은 일반적으로 사용자의 업무시설 일부를 무상대여하는 방식으로 이루어진다. 이는 민법상 사용대차계약(민법 제609~617조)[51] 또는 그 수정 형태의 계약이 성립한 것으로 본다.

반환 시기나 해약 사유를 정한 경우 사용자는 그 사유가 발생한 때 반환을 청구할 수 있으며, 그러한 정함이 없는 경우에는 정당한 사유가 있는지 여부에 따라 판단한다. 다만, 노동조합 활동을 위축시키기 위한 목적으로 행하는 것은 부당노동행위 소지가 있다.[52]

### (2) 조합비 원천징수

사용자가 조합비 원천징수 또는 일괄공제(check-off), 즉 조합원인 근로자의 임금에서 조합비를 공제하여 노동조합에 일괄 인도한다는 조항을 단체협약으로 합의하는 것은 가능하다.

---

50) 2018.5.31. 헌법재판소의 헌법불합치 결정에 따라 2020.6.9. 노동조합법 제81조제2항이 신설되었다.

51) 당사자의 일방(貸主)이 상대방(借主)에게 무상으로 사용·수익하게 하기 위하여 목적물을 인도할 것을 약정하고 상대방은 이것을 사용·수익한 후 그 물건을 반환할 것을 약정함으로써 성립되는 계약이다.

52) 임종률, 노동법, p.99.

## (3) 노조전임자와 근로시간 면제

### 1) 개념

단체협약으로 정하거나 사용자가 동의하여 사용자 또는 노동조합으로부터 급여를 지급받으면서 근로계약 소정의 근로를 제공하지 아니하고 노동조합의 업무에 종사하는 자를 근로시간면제자[53]라 하며, 근로시간면제자로서 전적으로 노동조합의 업무에만 종사하는 자를 노조전임자라 한다.

근로시간면제자는 사업 또는 사업장별로 종사근로자인 조합원 수 등을 고려하여 근로시간면제심의위원회에서 결정된 근로시간 면제 한도를 초과하지 않는 범위에서 임금의 손실 없이 사용자와의 협의·교섭, 고충처리, 산업안전 활동 등 노동조합법이나 다른 법률에서 정하는 업무와 건전한 노사관계 발전을 위한 노동조합의 유지·관리업무를 할 수 있다.

다만, 근로시간 면제 한도를 초과하는 내용을 정한 단체협약 또는 사용자의 동의는 그 부분에 한정하여 무효로 한다.

### 2) 법적 지위

근로시간면제자는 사용자와의 근로계약관계, 즉 종업원으로서의 지위를 유지하면서 노동조합의 업무에 종사한다. 이는 노동조합에 대한 사용자의 편의제공의 한 형태로서 사용자가 단체협약 등을 통하여 승인하는 경우에 인정되는 것이며, 사용자와 노동조합이 임의적으로 교섭할 수 있는 사항에 불과한 것이지 법적으로 당연히 보장되는 것은 아니다(대법원 1996.2.23. 94누9177).

사용자는 근로시간면제자의 정당한 노동조합 활동을 제한하여서는 안 된다. 근로시간면제자를 두기로 합의한 경우 근로시간면제자를 두기로 합의해놓고 사용자가 정당한 이유 없이 근로시간 면제 발령을 거부하거나 다른 사람으로 바꾸라고 요구하며 발령을 지연하는 것은 단체협약 위반이나 지배·개입의 부당노동행위가 될 수 있다.[54]

노동조합의 전임운용권이 노동조합에 있는 경우에도 노동조합의 전임자 통지가 사용자의 인사명령을 거부하기 위한 수단으로 이용되어 권리남용에 해당

---

53) 근로시간 면제제도는 2010.1.1. 개정 노동조합법에 의해 도입되고, 같은 해 7.1.부터 시행되었다.

54) 임종률, 노동법, p.101.

하는 등 특별한 사정이 있는 경우에는 그 내재적 제한을 위반한 것으로서 무효라고 보아야 한다(대법원 2010.7.22. 2010도3249).

전임자를 두기로 한 단체협약이 효력을 상실하면 사용자는 전임자에게 근무복귀를 명령할 수 있고, 전임자는 이에 따라야 한다(대법원 1977.6.13. 96누17738).

노동조합 전임자의 법적 지위에 대하여 판례는 휴직상태에 있는 근로자와 유사한 지위에 있다고 보면서도, 사용자와의 기본적 근로관계는 유지되며 전임자의 노조 활동은 정상적인 근로를 하는 것으로 인정하고, 이에 근거하여 노조 전임자에 대해서도 (노동조합 사무실로의) 출퇴근 등에 관한 취업규칙이나 사규가 적용된다고 하였다(대법원 1995.4.11. 94다58087).

다만, 사용자가 근로시간을 대체하여 실시하는 교육 참가는 근로를 제공하는 것과 같다고 할 수 있으며, 근로제공 의무가 면제된 전임자가 이에 불참한 것에 대해 불이익을 줄 수는 없다(대법원 1999.11.23. 99다45246).

사용자의 사업과는 무관한 상급단체 또는 연합단체와 관련된 활동이나 불법적인 노동조합 활동 또는 쟁의단계 돌입 이후의 활동 등이 아닌 한, 노조 전임자가 노동조합 업무를 수행하거나 이에 수반하는 통상적인 활동을 하는 과정에서 그 업무에 기인하여 발생한 재해는 업무상 재해로 인정한다(대법원 2007.3.29. 2005두11418).

2021년 노동조합법 개정 이전에 전임자는 그 전임기간 동안 사용자로부터 어떠한 급여도 지급받으면 안 되고, 사용자가 전임자에게 급여를 지원하는 것은 부당노동행위로서 금지되며, 노동조합이 전임자의 급여 지급을 요구하고 이를 관철할 목적으로 쟁의행위를 하여서는 아니 된다는 규정을 두고 있었다. 그러나 국제노동기구의 결사의 자유 협약 비준을 위한 노동관계법 개정의 일환으로 2021.1.5. 노동조합법이 대폭 개정되면서 위와 같은 내용은 삭제되었다(2021.7.6. 시행).

도표 2-7  **노동조합 전임자 및 근로시간 면제 규정 개정 내용**

| 개정 전: 제24조(노동조합의 전임자) | 개정 후: 제24조(근로시간 면제 등) |
|---|---|
| ① 근로자는 단체협약으로 정하거나 사용자의 동의가 있는 경우에는 근로계약 소정의 근로를 제공하지 아니하고 노동조합의 업무에만 종사할 수 있다. | ① 근로자는 단체협약으로 정하거나 사용자의 동의가 있는 경우에는 사용자 또는 노동조합으로부터 급여를 지급받으면서 근로계약 소정의 근로를 제공하지 아니하고 노동조합의 업무에 종사할 수 있다. |
| ② 제1항의 규정에 의하여 노동조합의 업무에만 종사하는 자(이하 "전임자"라 한다)는 그 전임기간 동안 사용자로부터 어떠한 급여도 지급받아서는 아니 된다. | ② 제1항에 따라 사용자로부터 급여를 지급받는 근로자(이하 "근로시간면제자"라 한다)는 사업 또는 사업장별로 종사근로자인 조합원 수 등을 고려하여 제24조의2에 따라 결정된 근로시간 면제 한도(이하 "근로시간 면제 한도"라 한다)를 초과하지 아니하는 범위에서 임금의 손실 없이 사용자와의 협의·교섭, 고충처리, 산업안전 활동 등 이 법 또는 다른 법률에서 정하는 업무와 건전한 노사관계 발전을 위한 노동조합의 유지·관리업무를 할 수 있다. |
| ③ 사용자는 전임자의 정당한 노동조합 활동을 제한하여서는 아니 된다. | ③ 사용자는 제1항에 따라 노동조합의 업무에 종사하는 근로자의 정당한 노동조합 활동을 제한해서는 아니 된다. |
| ④ 제2항에도 불구하고 단체협약으로 정하거나 사용자가 동의하는 경우에는 사업 또는 사업장별로 조합원 수 등을 고려하여 제24조의2에 따라 결정된 근로시간 면제 한도(이하 "근로시간 면제 한도"라 한다)를 초과하지 아니하는 범위에서 근로자는 임금의 손실 없이 사용자와의 협의·교섭, 고충처리, 산업안전 활동 등 이 법 또는 다른 법률에서 정하는 업무와 건전한 노사관계 발전을 위한 노동조합의 유지·관리업무를 할 수 있다. | ④ 제2항을 위반하여 근로시간 면제 한도를 초과하는 내용을 정한 단체협약 또는 사용자의 동의는 그 부분에 한정하여 무효로 한다. |
| ⑤ 노동조합은 제2항과 제4항을 위반하는 급여 지급을 요구하고 이를 관철할 목적으로 쟁의행위를 하여서는 아니 된다. | ⑤ 삭제 |

### 3) 대상업무

근로시간 면제의 대상업무는 '사용자와의 협의·교섭, 고충처리, 산업안전 활동 등 노동조합법 또는 다른 법률에서 정하는 업무와 건전한 노사관계 발전을 위한 노동조합의 유지·관리업무'이다. 따라서 '쟁의행위 관련 업무'와 해당 사업(장)에 대한 업무와 무관한 순수한 상급단체의 업무는 근로시간 면제 대상업무에서 제외되는 것으로 해석된다.[55]

'다른 법률에서 정하는 업무'에는 근로기준법, 근로자참여법, 산업안전보건법 등에서 노동조합이 담당할 것으로 예정된 업무를 말하며, '건전한 노사관계 발전을 위한 노동조합의 유지·관리 업무'에는 법률에서 정하지 않았으나 특정 목적을 수행하기 위한 노사공동위원회, 조합원 교육 등이 포함될 수 있다.[56]

행정해석은 상급단체 파견자의 경우 상급단체도 노동조합법상 노동조합에 포함되며, 상급단체 파견활동이 사업(장) 활동과 무관하지 않으므로 상급단체 파견 활동도 사업(장)별 근로시간 면제 한도 내에서 사용 가능하다고 인정한다.

그러나 쟁의행위, 공직선거 출마 등 사업장 내 노사공동의 이해관계에 속하는 업무로 볼 수 없는 경우에는 원칙적으로 근로시간 면제 대상업무에 포함되지 않는다.[57]

### 4) 면제 한도의 결정

근로시간 면제 한도는 근로시간면제심의위원회가 심의·의결하고, 고용노동부장관이 고시한다. 근로시간면제심의위원회는 '경제사회노동위원회법'에 따른 경제사회노동위원회에 두며, 위원회는 3년마다 그 적정성 여부를 재심의하여 의결할 수 있다.

위원회가 면제 한도를 의결하면 경제사회노동위원회 위원장은 의결사항을 고용노동부장관에게 즉시 통보하고, 고용노동부장관은 통보받은 면제 한도를 고시하여야 한다.

위원회는 근로자를 대표하는 위원과 사용자를 대표하는 위원 및 공익을 대

---

55) 고용노동부, 근로시간 면제 한도 적용 매뉴얼, 2010, pp.11~15.
56) 임종률, 노동법, pp.103~104.
57) 고용노동부, 근로시간 면제 한도 적용 매뉴얼, p.121.

도표 2-8  근로시간 면제 한도(고용노동부 고시 제2013.31호, 2013.6.25.)

| 조합원 규모별 근로시간 면제 한도 | | |
|---|---|---|
| 조합원 규모 | 연간 시간 한도 | 사용 가능 인원 |
| 99명 이하 | 최대 2,000시간 이내 | 조합원 수 300명 미만의 구간: 파트타임으로 사용할 경우 그 인원은 풀타임으로 사용할 수 있는 인원의 3배를 초과할 수 없다. 조합원 수 300명 이상의 구간: 파트타임으로 사용할 경우 그 인원은 풀타임으로 사용할 수 있는 인원의 2배를 초과할 수 없다. |
| 100명~199명 | 최대 3,000시간 이내 | |
| 200명~299명 | 최대 4,000시간 이내 | |
| 300명~499명 | 최대 5,000시간 이내 | |
| 500명~999명 | 최대 6,000시간 이내 | |
| 1,000명~2,999명 | 최대 10,000시간 이내 | |
| 3,000명~4,999명 | 최대 14,000시간 이내 | |
| 5,000명~9,999명 | 최대 22,000시간 이내 | |
| 10,000명~14,999명 | 최대 28,000시간 이내 | |
| 15,000명 이상 | 최대 36,000시간 이내 | |

'조합원 규모'는 노동조합법 제24조제4항의 '사업 또는 사업장'의 전체 조합원 수를 의미하며, 단체협약을 체결한 날 또는 사용자가 동의한 날을 기준으로 산정한다.

| 지역분포에 따른 근로시간 면제 한도 | | |
|---|---|---|
| 대상 | 추가 부여되는 근로시간 면제 한도 | |
| | 광역자치단체 개수 | 시간 |
| 전체 조합원 1,000명 이상인 사업 또는 사업장 | 2~5개 | (사업 또는 사업장 연간 근로시간 면제 한도)×10% |
| | 6~9개 | (사업 또는 사업장 연간 근로시간 면제 한도)×20% |
| | 10개 이상 | (사업 또는 사업장 연간 근로시간 면제 한도)×30% |

광역자치단체 개수 산정기준
① 광역자치단체는 지방자치법 제2조제1항제1호에 따른 특별시, 광역시, 특별자치시, 도, 특별자치도를 말한다.
② 광역자치단체의 개수는 해당 사업 또는 사업장의 전체 조합원 5% 이상이 근무하는 것을 기준으로 산정한다.

주1) 이 고시의 시행일: 2013.7.1.부터
  2) 적용특례: 2013.7.1. 당시 유효한 단체협약이 있는 경우(노동조합법 제24조제4항에 따라 사용자가 동의한 경우를 포함한다)에는 해당 단체협약의 유효기간이 끝나는 날부터 적용한다.
  3) 향후 근로시간 면제 한도는 특별한 상황이 발생한 때 한하여 재심의할 수 있다.


표하는 위원 각 5명씩 성별을 고려하여 구성한다. 근로자를 대표하는 위원은 전국적 규모의 노동단체가 추천하는 사람을 위촉하고, 사용자를 대표하는 위원은 전국적 규모의 경영자단체가 추천하는 사람을 위촉한다. 공익을 대표하는 위원은 경제사회노동위원회 위원장이 추천한 15명 중에서 전국적 규모의 노동단체와 전국적 규모의 경영자단체가 순차적으로 배제하고 남은 사람을 위촉한다. 위원회는 재적위원 과반수의 출석과 출석위원 과반수의 찬성으로 의결하며, 위원회의 위원장은 위원 중에서 위원회가 선출한다.

근로시간 면제 한도는 종사근로자인 조합원 수와 해당 업무의 범위 등을 고려하여 시간과 이를 사용할 수 있는 인원으로 정할 수 있다(노동조합법 시행령 제11조의2).

근로시간 면제 한도(고용노동부 고시)는 2010.7.1.부터 적용되었으며, 이후 조합원 100명 미만 면제 한도 구간 조정, 조합원 1천명 이상 사업장의 지역분포 정도에 따른 가중치(10~30%) 부여 등의 내용으로 개정되어 적용되고 있다.

---

**핵심 판례** 근로시간면제자 급여의 성격과 한계

근로시간 면제제도의 취지와 관련 규정 등을 고려하면, 근로시간면제자에 대한 급여는 근로시간면제자로 지정되지 아니하고 일반 근로자로 근로하였다면 해당 사업장에서 동종 혹은 유사 업무에 종사하는 동일 또는 유사 직급·호봉의 일반 근로자의 통상 근로시간과 근로조건 등을 기준으로 받을 수 있는 급여 수준이나 지급기준과 비교하여 사회통념상 수긍할 만한 합리적인 범위를 초과할 정도로 과다하지 않는 한 근로시간 면제에 따라 사용자에 대한 관계에서 제공한 것으로 간주되는 근로의 대가로서, 그 성질상 임금에 해당하는 것으로 봄이 타당하다.

따라서 근로시간면제자의 퇴직금과 관련한 평균임금을 산정할 때에는 특별한 사정이 없는 한 근로시간면제자가 단체협약 등에 따라 지급받는 급여를 기준으로 하되, 다만 과다하게 책정되어 임금으로서 성질을 가지고 있지 않은 초과 급여 부분은 제외하여야 한다(대법원 2018.4.26. 2012다8239).

---

### 5) 시간 한도와 인원 한도

사용자와 노동조합은 근로시간 면제 한도 내에서 면제시간과 적용대상 업무를 단체협약으로 정하거나 노동조합의 요구에 대하여 사용자가 동의하는 방식으로 정한다.

개별 사업장에서 노사 간 및 노노 간 갈등을 예방하고 근로시간 면제제도를 효율적으로 활용하기 위해서는 근로시간 면제 한도 고시 내에서 노사가 긴밀하게 협의하여 총 사용시간과 사용인원을 명확하게 확정하는 것이 바람직하다.

조합원 350명(법정한도 5,000시간) 사업(장)에서 노사가 여러 가지 여건을 고려하여 근로시간면제 총량을 4,000시간으로 합의한 경우, '총 사용시간 4,000시간, 사용인원 풀타임 2명(또는 풀타임 1명, 파트타임 3명)' 등 명확하게 정하여야 할 것이다.

또한 노사는 근로시간 면제 사용인원에 대한 선정기준과 절차 등을 정하고 노동조합은 사용자에게 확정된 대상자 명단을 사전에 통보하여야 한다.

근로시간면제자에 대한 유급 처리 인정범위는 회의 참석 등 법에 규정된 업무의 직접 수행 시간과 이와 직접 관련된 시간이므로, 사업장 내 노사공동의 이해관계에 속하는 업무가 아닌 활동은 근로시간 면제 한도 이내라도 유급처리를 받을 수 없다.[58]

근로시간 면제 '시간 한도'는 연간단위로 사용할 수 있는 최대시간이며, 1일 단위의 면제 근로시간은 법정 근로시간의 범위 내에서 당해 사업(장)의 근로자와 사용자 사이에 정한 '1일 소정근로시간(예: 8시간)' 이내로 이를 초과한 시간은 무급이 원칙이다.

다만, 교섭·협의 시간 등이 1일 소정근로시간을 초과하여 계속되는 경우(예: 10시간), 초과시간(2시간)을 유급으로 할 것인지 여부는 노사가 자율적으로 정할 수 있다. 유급으로 정할 경우에는 이러한 유급 면제시간을 총량에 포함하여 근로시간 면제 한도를 설정·운영하여야 한다.

근로시간 면제 한도를 파트타임으로 사용하는 경우 인원 한도는 조합원 규모에 따른 법정 면제 한도 시간을 당해 사업(장)의 연간 소정근로시간으로 나눈 숫자에 해당하는 인원(소숫점 이하는 1명으로 인정)의 2배(조합원 300명 이상) 또는 3배(조합원 300명 미만)의 인원이다.

연장 소정근로시간은 주휴일, 법정휴일(근로자의 날), 약정휴일 등 근로의무가 없는 날을 제외하고 법정 근로시간 범위 내에서 노사가 연간 근로하기로 한 시간을 말한다(예: 2,000시간). 따라서 예를 들어 조합원이 150명이고 최대 면제시간 한도가 3,000시간, 연간 소정근로시간이 2,000시간인 경우, 파트타임 사용가능 인원은 6명[(3,000시간÷2,000시간=1.5 → 2명으로 산정)×3배=6명]이 된다. 근로시간면제 사용인원은 법정 한도 내에서 사업(장) 특성에 따라 노사

---

58) 고용노동부, 집단적 노사관계 업무 매뉴얼, p.130.

가 자율적으로 정할 수 있으며, 한 사람 또는 일부 인원이 시간을 모아서 사용하는 것도 가능하다.

연간 소정근로시간이 2,000시간인 사업장(조합원 350명)에서 면제시간 한도를 4,500시간으로 정한 경우, 사용가능 인원 산정은 법정 면제 한도(5,000시간)를 기준으로 산정하게 된다.

즉, 사용가능 인원(파트타임)은 6명[(5,000÷2,000=2.5명→3명으로 산정)×2배=6명] 이내가 된다. 이 경우 ① 풀타임 인원 2명(2,000시간×2명), 파트타임 인원 1명(500시간), 또는 ② 풀타임 인원 1명(2,000시간×1명), 파트타임 인원 3명(1,000시간 2명, 500시간 1명), 또는 ③ 파트타임 인원 5명(1,000시간 4명, 500시간 1명) 등으로 사용할 수 있다.

<br>

## 제4절 노동조합의 조직변동

노동조합 활동 중에 조직의 변동이 있을 수 있다. 조직변동의 유형으로는 노동조합 간 합병, 분할 및 조직변경이 있다.

### 1. 합병

노동조합의 '합병'이라 함은 복수의 노동조합이 하나의 노동조합으로 통합되는 것을 말한다. 합병에는 ① 새로운 노동조합을 결성하는 '신설합병'과 ② 하나의 노동조합이 다른 노동조합을 흡수하는 '흡수합병'이 있다.

복수의 노동조합이 합병하려면 해당 노동조합 간 합병계약을 체결하고, 각 노동조합의 의결기관에서 이 계약에 따른 합병을 결의(특별정족수 요건 충족 필요)하고 규약을 변경해야 하며, 새로운 노동조합은 설립신고를 해야 한다.

신설합병의 경우에는 기존 노동조합 모두가, 흡수합병의 경우에는 흡수되는 노동조합이 소멸하게 되나, 합병 전후의 조직의 실질적 동일성은 인정되므로 소멸한 노동조합의 조합원은 합병노조의 조합원이 되고, 재산관계와 규약·단체협약상의 권리·의무도 포괄적으로 승계된다.

신설합병의 효력 발생 시기와 관련하여 판례는 신설 단체가 설립신고증을 교부받아야만 효력이 발생하는 것은 아니고, 노동조합법 제2조제4호에서 정한 노동조합의 실질적 요건을 갖추어 노동기본권의 향유 주체로 인정될 수 있는 때에 합병이 완료되고 기존 노동조합은 소멸하는 것이라고 한다.

다만, 공무원노조의 경우 공무원노조법에 따라 설립된 경우에만 노동기본권의 향유 주체가 될 수 있으므로 신설 단체가 설립신고를 마친 때에 합병의 효력이 발생하는 것이고, 합병결의 후 설립신고를 마치기 전까지 기존 노조는 기존 법률관계를 정리·청산하는데 필요한 범위 내에서 공무원노조로서 활동할 수 있다고 하여 그 특수성을 인정하고 있다(대법원 2016.12.27. 2011두921).

## 2. 분할

노동조합의 '분할'이라 함은 하나의 노동조합이 존속 중에 그 의사결정에 따라 복수의 노동조합으로 나누어지는 것을 말하며, 구 노동조합이 존속하면서 새로운 노동조합을 설립하는 형태와 구 노동조합은 소멸하고 2 이상의 새로운 노동조합을 설립하는 형태가 있을 수 있다.

노동조합을 분할하려면 해당 노동조합의 의결기관에서 분할을 의결(특별정족수 요건 충족 필요)하고, 규약을 변경하여야 하며, 새로운 노동조합은 설립신고를 하여야 한다.

노동조합이 분할되면 구 노동조합의 조합원은 잔존하는 노동조합과 새로운 노동조합의 조합원으로 나뉘게 되고, 구 노동조합의 재산관계와 규약상의 권리·의무는 새로운 노동조합에 분할·승계된다. 단체협약의 승계 여부에 대해서는 부정설이 다수설이다.[59]

한편, 기존 노동조합의 활동에 반대하여 조합원 일부가 집단적으로 탈퇴하여 새로운 노동조합을 설립하는 것은 노동조합의 분할이 아니라 '분열'에 해당하며, 새로운 노동조합은 기존 노동조합과는 별개의 존재로서 재산이나 단체협약 등의 분할·승계와는 무관하다고 본다.

---

59) 김형배, 이병태, 김유성, 이상윤 교수는 부정설의 입장이고, 임종률 교수는 긍정설의 입장이다.

## 3. 조직변경

조직변경이란 노동조합의 실질적 동일성은 유지되면서 조직의 외형을 바꾸는 것을 말한다. 노동조합이 존속 중에 그 조직을 변경하는 경우 변경 전후의 노조의 동일성이 유지되는 한 노조의 재산 관계 및 단체협약의 주체로서의 지위는 그대로 승계되며, 이러한 효력을 가지는 조직변경에는 조직대상(조합원 가입범위)의 변경, 연합단체 가입·탈퇴와 조직형태의 변경(협의의 조직변경)이 포함된다(대법원 1997.7.25. 95누4377).

'실질적 동일성'의 의미에 대하여 판례는 노동조합의 인적 구성원의 동일성 유지를 판단의 한 기준으로 삼고 있다(대법원 1997.7.25. 95누4377).

### (1) 조직대상의 변경

조직대상을 변경하는 것은 기존의 노조 조직형태를 유지하면서 노조에 가입할 수 있는 자의 범위를 변경하는 것이므로 특별 의결정족수 요건을 갖추어 규약의 '조합원에 관한 사항' 변경 절차를 거쳐야 한다.

그러나 조직대상의 변경이 무한정 허용되는 것은 아니고, 어느 사업장의 근로자로 구성된 노동조합이 다른 사업장의 노동조합을 결성하거나 그 조직형태 등을 결정할 수는 없다는 한계가 있다(대법원 1997.7.25. 95누4377).

즉, 기업별 단위노조나 산업별 단위노조의 기업별 지부가 그 조직대상을 특정 기업의 근로자로 한정하다가 일방적으로 다른 기업의 근로자들에게 확대하는 것은 조직적 동일성이 유지되지 않고 그 다른 기업 근로자들의 노동조합 조직·가입을 제한·방해하는 결과가 되어 허용되지 않는다(대법원 2002.7.26. 2001두5361).

### (2) 단위노조의 연합단체 가입과 탈퇴

단위노조가 연합단체에 가입하거나 연합단체로부터 탈퇴하는 경우에는 총회에서 의결하여 규약의 '소속된 연합단체의 명칭' 변경 절차를 거치고, 행정 관청에 '연합단체의 명칭' 변경 신고를 하여야 한다.

## (3) 조직형태의 변경

### 1) 의의와 유형

조직형태의 변경은 노동조합이 그 실체의 동일성을 그대로 유지하면서 노동조합의 종류를 변경하여 구성원의 자격과 그 결합방식을 바꾸는 것을 말한다. 노동조합은 인적구성 등에서 실질적 동일성이 유지되는 경우 조직형태 변경을 인정받을 수 있고, 실질적 동일성이 부정되는 경우 노동조합은 '해산-청산-설립' 절차를 거쳐야 한다.[60]

조직형태 변경의 유형으로는 ① 기업별 노동조합이 산업별·지역별 노동조합의 지부·분회 등으로 변경하는 경우, ② 산업별·지역별 노동조합의 지부·분회 등이 기업별 노동조합 또는 다른 산업별·지역별 노동조합의 지부·분회 등으로 변경하는 경우, ③ 산업별·지역별 노동조합이 기업별 노동조합으로 변경하는 경우 등이 있다.

### 2) 조직형태의 변경 절차

노동조합의 조직형태 변경은 노동조합법 제16조제2항에 의거 총회(또는 대의원회)에서 재적조합원(또는 대의원) 과반수의 출석과 출석조합원(또는 대의원) 3분의 2 이상의 찬성으로 결의하여야 한다.

노동조합 설립신고를 하지 않았으나 '근로조건의 결정권이 있는 독립된 사업(장)'에 조직되어 있는 지부·분회는 총회에서 재적조합원 과반수의 출석과 출석조합원 3분의 2 이상의 찬성으로 결의하여야 한다. 지부·분회의 소집권자가 아닌 자가 규약을 위반하여 임의로 임시총회 등을 개최하여 조직형태를 변경하는 경우 이는 중대한 하자가 있는 결의에 해당한다.

이 경우 행정관청은 조합원 3분의 1 이상의 소집요구를 통해 노동위원회 의결을 거쳐 소집권자를 지명받아 조직형태를 변경하도록 행정지도를 한다. 본조에서 정당한 이유 없이 지부·분회의 총회 개최를 승인하지 않는 경우 지부·분회는 권한 있는 자가 총회를 개최하여 효력 있는 집단적 결의를 할 수 있다.[61]

조직형태 변경 유형별로 구체적인 요건과 절차를 살펴보면 다음과 같다.

---

60) 고용노동부, 집단적 노사관계 업무 매뉴얼, p.49; 대법원 1997.7.25. 95누4377.
61) 고용노동부, 집단적 노사관계 업무 매뉴얼, pp.53~54.

첫째, 연합노조(예: 산업별 연합노조)에서 단위노조(예: 산업별 단위노조)로 개편하는 경우, 그 연합노조는 총회(또는 대의원회)에서 조직형태 변경을 의결하고 규약(명칭, 연합단체의 구성단체에 관한 사항, 조합원에 관한 사항) 변경 절차를 밟아 행정관청에 변경신고를 해야 하고, 연합단체의 구성단체인 기업별 단위노조도 새로운 산업별 단위노조의 기업별 지부로 조직형태를 변경하고 변경신고를 해야 한다.

둘째, 단위노조(예: 산업별 단위노조)에서 연합노조(산업별 연합노조)로 개편하는 경우, 해당 산업별 단위노조와 기업별 지부는 각각 총회에서 조직형태 변경을 결의하고 규약변경 절차를 밟아 변경신고를 해야 한다.

셋째, 단위노조(예: 기업별 단위노조)에서 기존 산업별 단위노조의 기업별 지부로 편입하는 경우에는 종전의 단위노조를 해산하고 해당 조합원들이 산업별 단위노조에 개별적으로 가입한 뒤 기업별 지부를 조직하는 것이 원칙이나, 노동조합법은 '조직형태의 변경에 관한 사항'을 총회 의결사항으로 규정하여 종전 노조 해산·탈퇴 및 신설 노조 가입 절차를 총회 의결로써 갈음할 수 있도록 하고 있다.

기업별 지부(예: 산업별 단위노조의 기업별 지부)가 산업별 단위노조에서 탈퇴하여 독자적인 단위노조(예: 기업별 단위노조)로 개편하고 종전 기업별 지부의 지위를 승계할 수 있는가 하는 문제에 대하여, 노동조합법은 조직형태 변경의 주체를 노동조합으로 규정하고 있으며 기업별 지부는 그 자체로서는 노동조합이 아니므로 주체가 될 수 없는 것이 원칙이다.

그러나 기업별 지부가 단체성과 단체교섭 및 단체협약 체결 능력을 갖추어 기업별 노동조합에 준하는 실질을 가지고 있는 경우에는 독립한 기업별 노동조합으로 조직형태를 변경할 수 있다(대법원 2016.2.19. 2012다96120).

또한 기업별 지부가 단체성만 갖추고 단체교섭 및 단체협약 체결 능력을 갖추지 못한 경우 기업별 지부가 단체교섭 능력이 없더라도 기업별 단위노조와 비슷한 정도의 단체성을 갖춘 경우에는 기업별 단위노조로 전환하는 조직형태 변경을 할 수 있다(대법원 2016.2.19. 2012다96120). 한편, 기업별 지부가 단체성조차 갖추지 못한 경우에는 조직형태 변경의 주체가 될 수 없다(대법원 2018. 1.24. 2014다203045).

**핵심 판례** 산별노조 지부의 기업별 단위노조로의 조직형태 변경

노동조합법 제16조제1항 및 제2항은 노동조합법에 의하여 설립된 노동조합을 대상으로 삼고 있어 노동조합의 단순한 내부적인 조직이나 기구에 대하여는 적용되지 아니하지만, 산별노조의 지회 등이라도 실질적으로 하나의 기업 소속 근로자를 조직대상으로 하여 구성되어 독자적인 규약과 집행기관을 가지고 독립한 단체로서 활동하면서 조직이나 조합원에 고유한 사항에 관하여 독자적인 단체교섭 및 단체협약체결 능력이 있어 기업별 노동조합에 준하는 실질을 가지고 있는 경우에는, 산업별 연합단체에 속한 기업별 노동조합의 경우와 실질적인 차이가 없으므로, 노동조합법 제16조제1항제8호 및 제2항에서 정한 결의 요건을 갖춘 소속 조합원의 의사결정을 통하여 산업별 노동조합에 속한 지회 등의 지위에서 벗어난 독립한 기업별 노동조합으로 전환함으로써 조직형태를 변경할 수 있다.

또한 산업별 노동조합의 지회 등이 독자적으로 단체교섭을 진행하고 단체협약을 체결하지는 못하더라도, 법인 아닌 사단의 실질을 가지고 있어 기업별 노동조합과 유사한 근로자단체로서 독립성이 인정되는 경우에, 지회 등은 스스로 고유한 사항에 관하여 산업별 노동조합과 독립하여 의사를 결정할 수 있는 능력을 가지고 있다. 의사 결정 능력을 갖춘 이상, 지회 등은 소속 근로자로 구성된 총회에 의한 자주적·민주적인 결의를 거쳐 지회 등의 목적 및 조직을 선택하고 변경할 수 있으며, 나아가 단결권의 행사 차원에서 정관이나 규약 개정 등을 통하여 단체의 목적에 근로조건의 유지·개선 기타 근로자의 경제적·사회적 지위의 향상을 추가함으로써 노동조합의 실체를 갖추고 활동할 수 있다.

그리고 지회 등이 기업별 노동조합과 유사한 독립한 근로자단체로서의 실체를 유지하면서 산업별 노동조합에 소속된 지회 등의 지위에서 이탈하여 기업별 노동조합으로 전환할 필요성이 있다는 측면에서는, 단체교섭 및 단체협약체결 능력을 갖추고 있어 기업별 노동조합에 준하는 실질을 가지고 있는 산업별 노동조합의 지회 등의 경우와 차이가 없다.

이와 같은 법리와 사정들에 비추어 보면, 기업별 노동조합과 유사한 근로자단체로서 법인 아닌 사단의 실질을 가지고 있는 지회 등의 경우에도 기업별 노동조합에 준하는 실질을 가지고 있는 경우와 마찬가지로 노동조합법 제16조제1항제8호 및 제2항에서 정한 결의 요건을 갖춘 소속 근로자의 의사 결정을 통하여 종전의 산업별 노동조합의 지회 등이라는 외형에서 벗어나 독립한 기업별 노동조합으로 전환할 수 있다(대법원 2016.2.19. 2012다96120).

## 4. 해산

노동조합의 해산은 노동조합으로서의 기능과 활동을 중단하고 소멸하게 되는 것을 말한다. 법인인 노동조합은 해산하더라도 민법상 청산 목적 범위 내

에서 권리와 의무가 존재한다(민법 제81조).[62]

노동조합의 해산 사유로는 ① 규약으로 정한 해산 사유의 발생, ② 합병 또는 분할로 인한 소멸, ③ 총회 또는 대의원회의 해산결의(특별의결정족수 적용), ④ 휴면노조(노동조합의 임원이 없고 노동조합으로서의 활동을 1년 이상 하지 않는 경우)로 인정되어 행정관청이 노동위원회의 의결을 얻은 경우가 있다. 휴면노조 해산사유로는 두 가지 요건이 모두 구비되어야 하며, 임원이 일시 유고된 것은 임원이 없는 경우에 해당되지 않는다.

'노동조합으로서의 활동을 1년 이상 하지 아니한 것으로 인정되는 경우'라 함은 계속하여 1년 이상 조합원으로부터 조합비를 징수한 사실이 없거나 총회 또는 대의원회를 개최한 사실이 없는 경우를 말한다. 휴면노조는 행정관청이 노동위원회의 의결을 받은 때에 해산된 것으로 본다.

노동조합법 시행령(제13조제3항)은 "노동위원회가 휴면노조 의결을 할 때 휴면노조 요건을 이미 갖춘 이후의 활동을 고려해서는 아니 된다."라고 규정하여 노동위원회 의결을 앞두고 해산을 면하기 위해 활동을 일시적으로 재개하는 것은 인정되지 않도록 하고 있다.

다만, 휴면노조 여부를 조사받고 있는 노조가 조합활동을 재개하거나 임시총회(또는 대의원회) 소집권자 지명을 요구하는 경우, 행정관청은 먼저 노동위원회에 해산 사유 존재에 관한 의결을 요청하고 판단을 구하며, 의결이 있을 때까지 소집권자 지명 등 처리를 유보하며, 노동위원회 의결 결과에 따라 소집권자 지명 여부를 결정하거나 해산처리를 하게 된다.[63]

규약에서 정한 해산 사유의 발생, 합병 또는 분할로 소멸, 총회 또는 대의원회의 해산결의 등의 사유로 노동조합이 해산한 때에는 노동조합 대표자는 해산일로부터 15일 이내에 행정관청에 신고해야 하며, 행정관청은 해산 신고를 받았거나 노동위원회 의결이 있으면 지체 없이 그 사실을 관할 노동위원회와 해당 사용자(단체)에 통보해야 한다.

노동조합이 해산되면 단체교섭, 단체협약의 체결, 쟁의행위 그밖의 노동조합 활동을 할 수 있는 지위는 소멸되고, 기존의 단체협약도 효력을 상실한다.

해산된 노동조합의 잔여재산 처리에 관해서는 노조 규약에 정한 바에 따르

---

62) 김형배 · 박지순, 노동법강의, p.527.
63) 고용노동부, 집단적 노사관계 업무 매뉴얼, p.63.

고, 규약에 아무런 규정이 없으면 해산 시 총회 의결에 따라 처리하면 된다. 학설은 법인이 아닌 노동조합을 해산하는 경우에는 노조의 잔여재산을 조합원에게 평등하게 분배할 수 있다고 한다.64)

---

64) 김형배 · 박지순, 노동법강의, p.529; 하갑래, 집단적 노동관계법, p.206.

# 제3장

# 단체교섭

**단체교섭의 의의**

## 1. 단체교섭의 개념과 기능

### 1) 단체교섭의 개념

단체교섭이란 근로조건의 유지·개선과 근로자의 경제적·사회적 지위 향상을 위하여 노동조합 기타 근로자단체와 사용자 또는 사용자단체 사이에서 이루어지는 집단적 교섭을 의미한다.

사용자와 대등한 관계에 있지 못한 근로자에게 민법상 계약자유의 원칙에 따라 근로계약을 체결하도록 한다면 근로자에게 불리한 근로조건을 강요하는 결과가 될 수 있다.

단체교섭권은 노동조합을 통하여 이러한 불평등을 집단적으로 시정하기 위해 등장한 것으로 이는 헌법상 근로자의 노동3권을 보장함과 아울러 교섭의 대등성을 통해 궁극적으로는 근로자의 인간다운 생활을 확보하기 위한 것이다.

단체교섭의 본질은 노동조합과 사용자가 합의하여 단체협약을 체결하고 이를 이행함으로써 근로조건을 유지·개선하고 근로자의 지위를 향상시키는 데 있다(헌법재판소 1998.2.27. 94헌바13·26, 95헌바44).

이러한 관점에서 볼 때 노동조합의 기본적인 활동은 단체교섭이며, 근로조건의 향상을 위한다는 생존권의 존재 목적에 비추어 볼 때 단체교섭권은 노동3권 가운데에서 중핵적 권리이다(대법원 1990.5.15. 90도357).

단체교섭권은 노동조합의 고유권한으로서 근로자 개인이나 노동조합법상 노동조합이 아닌 근로자집단(쟁의단) 또는 노사협의회 등은 단체교섭의 주체가 아니다.[1]

좁은 의미의 단체교섭은 사실행위인 교섭행위만을 가리키는 것이나 넓은 의미로는 법률행위인 단체협약의 체결까지를 포함한다.

---

1) 고용노동부, 집단적 노사관계 업무 매뉴얼, 2022, p.151.

2) 단체교섭의 기능

단체교섭의 주된 기능은 근로조건의 유지·개선에 있으며, 이러한 기능이 처음부터 배제된 노·사의 교섭은 노동조합법상 단체교섭이라고 할 수 없다.

단체교섭은 근로조건을 통일적으로 설정하고, 노사관계 운영준칙을 형성하며, 노사갈등을 해소하여 산업평화와 안정을 유지하는 기능을 갖는다. 이러한 기능을 고려하여 헌법은 단체교섭권을 보장하고, 이에 기반하여 노동조합법은 단체교섭을 아래와 같이 두텁게 보호하고 있다.

첫째, 노동조합의 정당한 단체교섭에 대해서 민사·형사상 책임을 면제한다(노동조합법 제3조, 제4조).

둘째, 사용자에게는 단체교섭에 대한 성실교섭의무와 단체교섭응낙의무를 부과하고(노동조합법 제30조, 제81조제1항제3호), 단체교섭과 관련된 노동조합의 정당한 업무활동에 대한 불이익취급의 부당노동행위를 금지하고 있다(노동조합법 제81조제1항제1호)

셋째, 소정의 한도 내에서 근로자가 유급으로 근무시간 중에 단체교섭 업무에 종사하는 것을 허용한다(노동조합법 제24조제2항, 제81조제1항제4호 단서).

넷째, 단체교섭의 결과물인 단체협약에 대하여 법규범적 효력을 부여하고 있다(노동조합법 제33조).

## 2. 단체교섭의 유형

노동조합법은 단체교섭 자체의 형태에 관하여 아무런 규정을 두고 있지 않으므로 노사 당사자는 그 형태를 자유로이 선택할 수 있다. 단체교섭의 유형은 산업의 특성과 노동조합의 조직형태 및 노동운동 노선과 밀접한 관계를 가지므로, 기업별 교섭, 대각선 교섭, 통일교섭, 집단교섭, 공동교섭 등으로 구분할 수 있다<도표 3-1>.

도표 3-1  단체교섭 방식의 유형과 특징

| 교섭방식 | 내 용 |
|---|---|
| 기업별 교섭 | • 특정 기업 또는 사업자의 노동조합과 그 상대방인 사용자 사이에 행하여지는 단체교섭<br>• 한국과 일본에서 일반적으로 행하여지는 교섭방식으로 교섭결과에 해당 기업의 특수성을 잘 반영할 수 있으나, 노동시장에 대한 지배력이 약하고, 기업의 벽을 넘기 어려움 |
| 대각선 교섭 | • 산업별·지역별 노조 등 초기업적 단위노조와 개별 사용자 사이에 행하여지는 교섭방식<br>• 대각선 교섭을 하는 경우에도 산별노조의 임원과 당해 기업별 조직임원이 함께 교섭위원으로 참여하는 경우가 많음<br>• 초기업적 단위노조에 대응하는 사용자단체가 없거나 이러한 사용자단체가 있더라도 각 기업에 특수한 사정이 있을 때 주로 활용하는 교섭방식 |
| 통일교섭 (산별교섭) | • 상급 노동단체 또는 산별노조와 이에 상응하는 사용자단체가 교섭하며, 사용자단체가 없는 경우 다수의 개별기업 사용자로부터 교섭권을 위임받은 자와 교섭도 가능<br>• 영국이나 독일에서 지배적인 교섭방식으로 해당 산업 전반에 걸쳐 근로조건을 통일하게 되지만, 기업별 특수성을 반영하기 어려움 |
| 집단교섭 (연합교섭) | • 상급 노동단체, 산별노조와 이에 상응하는 다수의 사용자들이 동시에 동일한 장소에서 교섭하는 방식(대각선 집단교섭)<br>• 또는 수 개의 기업별 단위노조가 그에 대응하는 다수의 사용자들과 동시에 집단적으로 동일한 장소에서 행하는 교섭형태 |
| 공동교섭 (연명교섭) | • 기업별 단위노조와 그 소속 산업별 연합노조가 공동으로 그 기업별 단위노조에 대응하는 사용자와 교섭하는 방식으로 기업별교섭과 대각선교섭의 절충 형태<br>• 주로 단위노조가 상급단체에 교섭을 위임하고 위임자인 단위노조가 함께 참여하는 방식을 취함 |

## 제 2 절  단체교섭의 주체

단체교섭의 주체는 당사자와 담당자로 구분된다. ① 당사자는 자기의 이름으로 단체교섭을 하고 법적 효과를 자기에게 귀속시키는 주체인 반면, ② 담당자는 당사자를 위하여 단체교섭을 하고 협약을 체결하는 사실행위의 주체이다.[2]

---

2) 하갑래, 집단적 노동관계법(제7판), 중앙경제, 2021, pp.220~221.

## 1. 단체교섭의 당사자

### (1) 의의

단체교섭의 당사자는 자기의 이름으로 단체교섭을 수행하고 그 결과인 단체 협약상의 권리와 의무를 부담하는 자를 의미한다. 근로자 측의 교섭당사자는 노동조합이 되며, 사용자 측은 근로자 측의 교섭에 응하여야 할 의무를 가진 사용자 또는 사용자단체가 된다(노동조합법 제29조제1항 참조).

단체교섭의 당사자 자격 인정 문제는 노동조합이 단체교섭을 요구할 권리가 있는지, 사용자가 단체교섭 요구에 응할 의무가 있는지 여부와 밀접하게 관련 된다.

### (2) 근로자 측 교섭 당사자

#### 1) 자주성과 민주성을 갖춘 노동조합

단체교섭의 당사자는 개별 근로자가 아닌 노동조합 자체이다. 이때 노동조 합은 노동조합법상의 설립신고 여부와 관계없이 적어도 노동조합으로서의 실 질적 요건을 갖추고 통일적인 의사형성이 가능해야 한다.

노동조합으로서의 실체성을 갖춘 단체이면 신고증을 교부받지 못했다 하더 라도 단체교섭의 당사자로서의 지위를 가진다. 그러나 노동조합으로서의 실질 적 요건을 갖추지 못하였다면 단체교섭권의 정당한 주체로 될 수 있는 노동조 합이라고 볼 수 없다(대법원 1997.2.11. 96누2125).

자주성, 목적성, 단체성 등 노동조합으로서 실질적 요건에 흠결이 있는 노조 를 무자격 노조라고 한다. 설립신고 요건을 흠결한 경우는 물론, 노동조합법에 따른 설립신고를 하였더라도 실질적 요건을 갖추지 못한 노조는 헌법상 보호 받지 못한다. 무자격 노조는 헌법상 노동3권의 향유 주체가 되지 못하므로 단 체교섭의 당사자가 될 수 없다.

#### 2) 단위노동조합

단위노동조합은 그 노동조합 또는 조합원을 위하여 사용자나 사용자단체와 교섭할 수 있는 당사자가 된다(노동조합법 제29조제1항). 따라서 기업의 단위노조는 그 조합원을 고용하고 있는 사용자와 기업별 교섭을 할 수 있고, 초기업적 단위노조는 그 조합원을 고용하고 있는 사용자와 대각선 교섭을 하거나 그 사용자가 소속된 사용자단체와 통일교섭을 할 수 있다.

### 3) 복수노조 사업장의 교섭대표노동조합

교섭창구 단일화 절차에 따라 결정된 교섭대표노동조합은 단체교섭의 당사자 지위를 가지며, 교섭대표노동조합의 대표자는 교섭을 요구한 모든 노동조합 또는 조합원을 위하여 사용자와 교섭하고 단체협약을 체결할 권한을 가진다(노동조합법 제29조제2항).

### 4) 단위노동조합의 지부·분회

지부·분회 등 단위노조의 하부조직이 단위노조의 위임이나 승인이 없는 경우에도 단체교섭의 당사자로서 독자적인 단체교섭권을 갖는지에 대하여 학설은 제한긍정설과 부정설로 나뉜다.

① 제한긍정설에 따르면 단위노조의 지부·분회도 독자적인 규약 및 집행기관을 가지고, 독립된 단체로서 활동을 하는 경우에는 당해 조직의 특유한 사항에 대하여 단체교섭의 당사자가 될 수 있다고 한다(대법원 2008.11.18. 2007도1557, 노사관계법제과-324, 2009.2.9.).

다만, 이 경우에도 단위노조의 지부·분회는 상부 단위노조의 통제를 거부할 수는 없다고 한다. 예를 들어, 상부 단위노조가 임금교섭을 하고 있을 때 지부·분회가 그것을 하회하는 임금교섭을 요구할 수 없고, 사용자가 이러한 교섭에 응하면 노동조합법 제81조제1항제4호의 부당노동행위가 성립할 소지가 있다고 한다.

② 부정설은 단위노조의 지부·분회는 단위노조의 산하조직에 불과하므로 독자적인 단체교섭권을 가질 수 없고, 지부·분회가 독립성을 갖추고 있는 경우에 독자적인 단체교섭권을 가진다고 한다면, 이는 상부 단위노조의 단체교섭권을 형해화하는 결과가 된다고 한다.[3]

판례는 노동조합의 하부단체인 분회나 지부가 독자적인 규약 및 집행기관을

---

3) 하갑래, 집단적 노동관계법, p.222 참조.

가지고 독립된 조직체로서 활동을 하는 경우 당해 조직이나 그 조합원에 고유한 사항에 대하여는 독자적으로 단체교섭하고 단체협약을 체결할 수 있고, 이는 그 분회나 지부가 노동조합법 시행령 제7조의 규정에 따라 그 설립신고를 하였는지 여부에 영향받지 아니한다고 하여 제한긍정설의 입장을 취하고 있다(대법원 2016.2.19. 2012다96120).[4]

### 5) 연합단체

연합단체(연합노조)는 '자주성'과 '단체성' 외에 소속 단위노조에 대하여 단체교섭에 관한 '통제권'이 있는 경우 단체교섭의 당사자가 될 수 있다. 연합단체가 이러한 요건을 갖추고 소속 단위노조로부터 교섭권을 위임받은 때에는 그 단위노조를 대신하여 교섭권을 가진다(노동조합법 제29조제3항).

단위노조의 위임이 없는 경우에도 연합단체가 자기 또는 소속 단위노조를 위하여 단체교섭을 할 수 있는지에 대해 학설은 긍정설과 부정설로 갈린다.

① 긍정설에 따르면, 연합단체는 '그 노동조합'인 연합단체의 문제나 소속 단위노조 공통의 사항에 관하여는 단위노조의 위임이 없더라도 당연히 단체교섭의 당사자가 된다고 하며 다수설이다.[5]

현행법상 연합단체도 노동조합이고, 노동조합의 목적은 근로조건의 유지·개선을 위한 단체교섭에 주력하는 것이며, 연합단체도 노동조합으로서 '그 노동조합 또는 조합원을 위하여 교섭할 권한'을 가진다는 점 등을 그 근거로 들고 있다.

② 부정설에 따르면 단체교섭의 주된 목적은 근로자에게 적용할 근로조건의 결정에 있고, 연합단체의 구성원은 노동조합이므로 개별 조합원에게 적용될 근로조건에 관하여 교섭하거나 결정할 권한이 없다는 것이다.[6]

연합단체의 구성원은 단위노조이지 그 단위노조의 조합원이 아니라는 점에서 이를 곧바로 인정하는 것은 타당하지 않다고 본다. 단체협약의 규범적 효력의 정당성을 인정하는 기초는 조합원들이 노동조합 내부의 의사형성 과정에

---

4) 같은 입장의 판례로는 대법원 2001.2.23. 2000도4299; 대법원 2002.7.26. 2001두5361; 대법원 2008.11.18. 2007두1557 참조.

5) 김유성, 이상윤, 임종률, 하갑래 교수가 긍정설의 입장이다. 긍정설의 세부 내용과 각각의 쟁점에 대한 논의는 <하갑래, 집단적 노동관계법, p.223>을 참조.

6) 김형배, 노동법(제27판), 박영사, 2021, p.1196.

직접적으로 참여할 수 있는 기회의 보장을 전제로 한다.

그러므로 단위노조가 총회에서 단체협약의 체결을 목적으로 하는 연합단체에의 가입을 의결하면서 그 가입을 통하여 자신의 단체협약 체결권한을 연합단체에 위임하는 경우에 한하여 규범적 부분에 대해서도 교섭당사자가 될 수 있다는 견해에 찬성한다. 노동조합법이 제16조제1항제6호에서 '연합단체의 가입'을 총회의 의결사항으로 규정한 것도 이러한 취지라고 볼 수 있다.

### 6) 법외노동조합

자주성, 목적성, 단체성 등 노동조합으로서의 실질적인 요건은 갖추었으나 노동조합법에 따른 설립신고라는 형식적인 요건을 갖추지 못한 근로자들의 단결체를 법외노동조합 또는 헌법상 노동조합이라 한다.

법외노동조합(법외노조)은 노동조합이라는 명칭을 사용할 수 없고 그 밖에 법에서 인정하는 여러 가지 보호를 받을 수 없으나, 그 단결체가 전혀 아무런 활동을 할 수 없는 것은 아니고 어느 정도의 단체교섭이나 협약체결 능력을 가진다(헌법재판소 2008.7.31. 2004헌바9).

행정해석[7]에 따르면 법외노조는 단체교섭의 당사자가 될 수 없다고 한다. 학설의 다수설은 법외노조도 헌법상 노동3권을 보장받는다는 입장이나, 이에 따르더라도 법외노조의 단체교섭 요구 행위에 대해서는 민사·형사책임이 면제되지만, 사용자의 교섭 거부·해태가 부당노동행위가 되지는 않는다. 또한 교섭창구 단일화 제도가 적용되는 경우에는 오히려 교섭에 임하는 것이 부당노동행위가 될 수도 있다는 지적이 있다.[8]

### 7) 일시적 단결체

학설의 다수설에 따르면 일시적으로 조직된 단결체(쟁의단)는 제기한 요구의 해결과 동시에 소멸하는 일시적인 존재이지만 그 목적 달성을 위하여 대표자를 선정하기 때문에 단체성을 부인할 수는 없다고 한다.

그리고 근로자의 노동3권 행사는 반드시 노동조합을 통해 할 수 있도록 제한된 것은 아니므로 일시적 단결체도 단체교섭의 당사자가 될 수 있으나, 일

---

7) 노동부, 단체교섭 및 단체협약 체결 관련 지도지침, 2008, p.1.
8) 하갑래, 집단적 노동관계법, p.223.

시적 단결체가 체결한 단체협약에 대해서는 채무적 효력(계약적 효력)이 인정될 뿐 규범적 효력은 인정되지 않는다고 한다.[9]

이에 대해 판례와 행정해석은 일시적 단결체(쟁의단)가 노동조합의 실체를 갖추지 못한 것을 근거로 교섭당사자가 될 수 없다는 입장이다.[10]

### 8) 단체교섭의 당사자와 유일교섭단체 조항

유일교섭단체 조항이란 사용자에게 특정 노동조합과의 단체교섭만을 허용하고, 다른 노동조합이나 단체와의 단체교섭을 금지할 것을 약정한 단체협약상의 조항을 말한다. 이러한 조항은 다른 노동조합이 가진 헌법상의 단체교섭권을 박탈하는 것으로서 무효라는 것이 통설이다.

따라서 사용자가 단체협약의 유일교섭단체조항을 이유로 다른 노동조합과 단체교섭을 거부하는 것은 정당하지 않으며 노동조합법(제81조제1항제3호)상 부당노동행위가 된다.

## (3) 사용자 측 교섭 당사자

### 1) 사용자

사용자는 헌법이 보장하는 단체교섭권의 주체가 될 수 있다. 여기서 사용자 측 당사자라 함은 노동조합 측의 단체교섭 요구에 대하여 응낙의무가 있는 자를 의미한다. 노동조합법상 사용자란 광의로는 사업주, 사업의 경영담당자 및 근로자에 관한 사항에 대하여 사업주를 위하여 행동하는 자를 말한다(노동조합법 제2조제2호).

그러나 교섭당사자로서의 사용자는 협의의 사용자, 즉 사업주만을 의미한다. 따라서 법인의 경우에는 법인 그 자체, 개인사업의 경우에는 사업주 개인이 교섭당사자가 된다(대법원 2002.8.27. 2001다79457).

그리고 국가의 행정관청이 사법상 근로계약을 체결한 경우 그 근로계약관계의 권리·의무는 행정주체인 국가에 귀속되므로, 국가가 교섭의 당사자의 지위에 있는 사용자에 해당한다(대법원 2008.9.11. 2006다40935).

---

9) 임종률, 노동법(제20판), 박영사, 2022, p.111.
10) 고용노동부, 집단적 노사관계 업무매뉴얼, p.152; 김형배, 노동법, p.824

한편, 단체교섭의 당사자로서의 사용자를 근로자와의 사용종속관계를 전제로 하는 근로계약상의 사용자로 한정하는 판례(대법원 1995.12.22. 95누3565)와 행정해석(노조 68107-624, 2001.5.29.)이 있으나, 단체교섭의 당사자로서의 사용자 개념과 개별적 근로계약상의 사용자 개념은 구별된다.[11]

단체교섭에서의 사용자의 개념은 근로계약법과 달리 노동조합법이 설정하는 여러 제도의 취지에 비추어 합목적적으로 해석되어야 하므로 근로계약 당사자는 물론이고, 근로계약의 사실적 존부와는 관계없이 계속적 취업관계에 있는 근로자들에 대하여 지배적 지위에 있으면서 그들의 근로조건을 결정하는 자도 포함된다.

즉, 계약 형식에 관계없이 해당 근로자들과의 관계에서 실질적으로 사용자 권한을 행사하는 자로서 근로조건의 전부 또는 일부에 대하여 구체적인 영향력 내지 지배력을 미치는 자는 단체교섭의 당사자로서의 사용자가 된다.[12]

한편, 경영담당자 또는 사용자의 이익을 대표하는 자가 사용자의 위임에 의해 단체교섭을 진행하고, 사용자가 단체협약서에 서명날인함으로써 단체협약이 체결된 경우에도 그 단체협약은 유효하게 성립한다(대법원 2002.8.27. 2001다79457).[13]

## 2) 단체교섭 당사자로서의 사용자 개념의 확장

판례는 근로자와 명시적 또는 묵시적인 근로계약관계가 있는 자만을 사용자로 보아 단체교섭의 상대방인 사용자를 좁게 해석하는 입장을 견지하고 있다(대법원 1995.12.22. 95누3565).

그러나 최근 원청업체의 사용자와 하청업체의 노조 사이에 단체교섭 당사자 여부를 둘러싼 분쟁이 증가하고 있는바, 이 경우 근로계약 당사자인 사업주 외의 자도 단체교섭의 당사자가 될 수 있는지가 문제가 된다.

원칙적으로 단체교섭의 당사자로서의 사용자 개념과 개별적 근로계약상의 사용자 개념은 구별된다고 보면, 단체교섭의 당사자로서의 사용자는 계약형식에 관계없이 해당 근로자들과의 관계를 고려하여 '실질적으로 사용자 권한을 행사

---

11) 하갑래, 집단적 노동관계법, p.225 참조.

12) 하갑래, 집단적 노동관계법, p.225.

13) 하갑래, 집단적 노동관계법, p.224 참조.

하는 자'로서 근로조건의 전부 또는 일부에 대하여 '구체적 영향력이나 지배력'을 미치는 자라고 해석하여 사용자 개념을 확장할 필요가 있다. 단체교섭은 노·사간 주장이 대립되는 사항에 관하여 합의를 형성하려는 사실행위이기 때문이다.

이에 대하여 하급심도 근로계약상 사용자가 아니더라도, 근로자의 기본적인 근로조건 등에 관하여 부분적이라도 현실적이고 구체적으로 지배·결정할 수 있는 지위에 있는 경우에는 그 한도 내에서 단체교섭 당사자로서의 사용자에 해당한다고 판시한 사례가 있다(서울남부지방법원 2007.12.10. 2007카합2731).

이러한 입장에 따르면 파견근로자로 구성된 노동조합의 단체교섭 요구에 대하여 파견사업주뿐만 아니라 사용사업주도 응낙 의무가 있다고 해석할 수 있다. 파견사업주는 파견근로자와 근로계약을 맺고 있으므로 당연히 단체교섭의 당사자가 된다. 이 경우 교섭대상은 파견사업주에게 권한이 있는 임금, 재해보상 등에 관한 사항에 국한될 것이다.

한편, 사용사업주도 파견근로자들의 일부 근로조건에 관하여 사용자로서의 지위가 인정된다면 사용사업주에게 권한이 있는 근로시간과 휴일, 휴가 등에 관한 사항에 대하여는 단체교섭 응낙 의무가 있다고 할 것이다.

### 3) 사용자단체

개별 사용자뿐만 아니라, 사용자단체도 단체교섭의 당사자가 될 수 있다(대법원 1999.6.22. 98두137). 여기서 사용자단체란 노동관계에 관하여 그 구성원인 사용자에 대하여 조정 또는 규제할 수 있는 권한을 가진 사용자의 단체를 말한다(노동조합법 제2조제3호).

사용자단체는 단순하게 사용자의 단체를 의미하는 것이 아니라 그 정관 등에서 ① 노동조합과 단체교섭 및 단체협약 체결을 할 수 있도록 규정하고 있어야 하고, ② 그 구성원인 사용자에 대해 규제·조정할 수 있는 권한과 통제력이 있어야 한다.[14]

사용자단체에 해당하는 이상, 그 구성원인 사용자로부터 교섭권한을 위임받지 않더라도 교섭의 당사자가 되므로 교섭권한의 위임을 받지 않았다고 하여 노동조합이 교섭을 거부할 수는 없다.

---

14) 고용노동부, 집단적 노사관계 업무 매뉴얼, p.155.

**핵심 판례** 사용자단체의 사용자성 인정 여부

① 수산업협동조합은 조합원들의 경제적 지위 향상을 위하여 설립된 경제단체로서 노동조합에 대응하는 단체가 아니라는 본질을 갖고 있으나 그 정관상 조합사업의 하나로 "조합원의 경제적 이익을 도모하기 위한 단체협약의 체결"을 정하고 있어 단체교섭 기타의 단체협약의 체결을 그 목적으로 하고 있으며 그 구성원에 대하여 다수결 원리를 통한 통제력을 가지고 있는데다가 조합원의 제명에 관하여 규정하고 있어 노동관계에 관하여도 그 조합원을 조정 또는 규제할 권한이 있으므로 단체교섭의 당사자인 사용자단체에 해당된다(대법원 1992.2.25. 90누909).

② 서울특별시 소재 상설극장의 경영자들로 구성된 서울특별시 극장협회는 사용자단체이기는 하나 그 구성원에 대한 관계에서 노동관계에 관하여 조정 또는 규제할 수 있는 권한과 통제력을 갖지 아니하므로 단체교섭의 당사자가 될 수 없다(대법원 1979.12.28. 79누116).

③ 일정 지역의 원예업자들로 구성된 원예협동조합이 조합원들의 권익향상과 소득증대 등 공동이익을 도모하기 위한 사업수행을 그 목적으로 하고 있음에 그치고 조합원들의 노동관계에 관여하거나 노동관계에 관하여 조합원들을 조정 또는 규제할 수 있는 권한을 갖고 있지 않다면 노동조합과 단체협약을 체결할 상대방이 될 사용자단체에 해당하지 않는다(대법원 1986.12.23. 85누856).

## 2. 단체교섭의 담당자

### (1) 의의

단체교섭의 담당자는 실제로 단체교섭을 담당하는 권한을 가진 자를 말한다. 노동조합 측 담당자는 노동조합 대표자와 노동조합의 규약 등에서 정한 바에 따라 선정된 단체교섭 위원을 말하고, 사용자 측 담당자는 기업조직에 따라 사업주 및 사업주를 대리하여 교섭행위를 하는 자를 의미한다.

노동조합과 사용자 또는 사용자단체로부터 교섭 또는 단체협약에 관한 위임을 받은 자는 그 위임받은 범위 안에서 그 권한을 행사할 수 있다(노동조합법 제29조제3항).

일반적으로 단체교섭을 담당할 수 있는 자는 ① 노동조합 측의 경우 그 대표자인 위원장은 당연히 권한이 있고, 그 이외에도 규약 등에 의해 교섭위원으로 선정된 자는 노·사간 협의에 의하여 결정된 적정한 인원이 포함될 수 있다.

② 사용자 측의 경우 기업의 대표이사는 당연히 권한이 있고, 그 이외에도 기업의 담당 임원, 기타 관리자 등 노·사간 협의에 의하여 결정된 적정인원이 포함될 수 있다.

단체교섭의 담당자는 현실적으로 교섭을 하는 자로서 단체협약이 체결된 경우에 협약상의 권리·의무의 주체가 되는 단체교섭의 당사자와는 구별된다.

단체교섭의 담당자가 반드시 단체협약을 체결할 수 있는 대리권을 가지고 있어야 할 필요는 없다. 사실행위인 단체교섭을 할 수 있는 자로서의 지위는 상대방과 교섭을 할 권한을 가진 자의 지위를 말하므로 단체협약의 체결과 같은 법률행위를 할 권한이 전제가 되는 것은 아니기 때문이다.

## (2) 근로자 측 담당자

### 1) 노동조합 대표자 및 인준투표제

노동조합의 대표자란 조합규약에 의하여 선출되어 노동조합의 업무를 집행하며 대외적으로 노동조합을 대표하는 자(위원장)를 말한다. 노동조합의 대표자는 그 노동조합 또는 조합원을 위하여 사용자나 사용자단체와 교섭하고 단체협약을 체결할 권한을 가지며, 교섭대표노동조합의 대표자도 교섭을 요구한 모든 노동조합 또는 조합원을 위하여 사용자와 교섭하고 단체협약을 체결할 권한을 가진다.

따라서 조합규약이나 총회의 의결로 조합원 인준투표를 거치도록 하는 등 대표자의 체결권한을 제한하더라도 그와 같은 제한은 대외적으로 효력이 없으며, 노동조합 대표자가 그러한 규약을 위반하여 단체협약을 체결하더라도 규약에 따른 제재를 받을 수는 있으나 단체협약은 그대로 유효하다는 것이 대법원의 입장이었다(대법원 2005.3.11. 2003다27429).

또한 노동조합 대표자가 조합규약에 정한 내부절차를 거치지 아니하고 교섭 과정에서 논의되지도 않은 근로조건에 관하여 종전보다 불리하게 단체협약을 체결하였다 하더라도 개별 조합원에게 선량한 관리자의 주의의무 위반에 따른 손해배상책임을 부담하지 않는다는 것이었다(대법원 2014.4.24. 2010다24534).

그러나 최근 들어서는 법원은 노동조합 대표자의 단체협약 체결권은 그 체결권한을 전면적·포괄적으로 제한하는 것이 아닌 이상 절차적으로 제한이 가능하다고 하면서, 조합원 찬반투표를 거치지 않고 단체협약을 체결한 노조 대표자에게 조합원에 대한 위자료 지급 책임까지 인정하고 있어 판례의 입장 변화가 나타나고 있다(대법원 2018.7.26. 2016다205908).

---

**핵심 판례** 노동조합 대표자의 단체협약 체결권 제한

단체협약은 노동조합의 개개 조합원의 근로조건 기타 근로자의 대우에 관한 기준을 직접 결정하는 규범적 효력을 가지는 것이므로 단체협약의 실질적인 귀속주체는 근로자이고, 따라서 단체협약은 조합원들이 관여하여 형성한 노동조합의 의사에 기초하여 체결되어야 하는 것이 단체교섭의 기본적 요청이다. 노동조합법 제16조제1항제3호는 단체협약에 관한 사항을 총회의 의결사항으로 정하여 노동조합 대표자가 단체교섭 개시 전에 총회를 통하여 교섭안을 마련하거나 단체교섭 과정에서 조합원의 총의를 계속 수렴할 수 있도록 규정하고 있기도 하다.

그리하여 노동조합이 조합원들의 의사를 반영하고 대표자의 단체교섭 및 단체협약 체결 업무 수행에 대한 적절한 통제를 위하여 규약 등에서 내부 절차를 거치도록 하는 등 대표자의 단체협약 체결권한의 행사를 절차적으로 제한하는 것은, 그것이 단체협약 체결권한을 전면적·포괄적으로 제한하는 것이 아닌 이상 허용된다.

이러한 헌법과 법률의 규정, 취지와 내용 및 법리에 비추어 보면, 노동조합의 대표자가 위와 같이 조합원들의 의사를 결집·반영하기 위하여 마련한 내부 절차를 전혀 거치지 아니한 채 조합원의 중요한 근로조건에 영향을 미치는 사항 등에 관하여 만연히 사용자와 단체협약을 체결하였고, 그 단체협약의 효력이 조합원들에게 미치게 되면, 이러한 행위는 특별한 사정이 없는 한 헌법과 법률에 의하여 보호되는 조합원의 단결권 또는 노동조합의 의사 형성 과정에 참여할 수 있는 권리를 침해하는 불법행위에 해당한다고 보아야 한다.

불법행위로 입은 비재산적 손해에 대한 위자료 액수는 사실심법원이 여러 사정을 참작하여 직권에 속하는 재량에 의하여 이를 확정할 수 있다(대법원 2018.7.26. 2016다205908).

---

2) 수임자

① 단체교섭권한과 단체협약 체결권한의 위임

수임자라 함은 노동조합으로부터 단체교섭 또는 단체협약의 체결에 관한 권한을 위임받은 자이다. 수임인은 자연인인 경우가 보통이지만 단체도 수임인이 될 수 있다. 이 경우에는 단체 자체는 교섭행위를 할 수 없으므로 통상 그 단체의 대표자가 교섭행위를 하게 된다(노동조합법 시행령 제14조제2항제1호).

수임인의 범위에 관하여는 노동조합법이 특별히 정한 바가 없으므로 조합원은 물론이고 외부의 제3자도 수임인이 될 수 있다.

노동조합은 교섭권한뿐만 아니라 협약체결권한까지 위임할 수 있으며, 수임자는 그 노동조합을 위하여 위임받은 범위 안에서 그 권한을 행사할 수 있다(노동조합법 제29조제3항).

협약체결권한에 관한 위임이 특별히 명시되지 아니한 경우에는 교섭권한만을 위임한 것으로 해석된다. 수임자는 위임의 내용에 따라 선량한 관리자의 주의로써 위임받은 사항을 수행해야 한다(민법 제681조).

노동조합이 교섭권 또는 협약체결권을 위임할 때에는 그 사실을 상대방인 사용자 또는 사용자단체에게 통보하여야 한다(노동조합법 제29조제4항). 위임사실을 통보할 때는 위임을 받은 자의 성명(위임을 받은 자가 단체인 경우에는 그 명칭 및 대표자의 성명), 교섭사항과 권한범위 등 위임의 내용을 함께 통보하여야 한다(노동조합법 시행령 제14조제2항).

### ② 제3자에 대한 교섭권의 위임

노동조합이 단체협약에 조합원 이외의 제3자에게 교섭권한을 위임하지 않겠다는 내용의 조항을 두는 경우, 위임금지조항은 노사가 교섭담당자를 자주적으로 제한하는 것으로서 채무적 효력을 가지는데 불과하기 때문에 이 조항 자체를 무효라고 볼 수는 없다.

그러나 이 조항이 언제나 유효하여 제3자와의 단체교섭을 거부할 수 있다고 하면, 노동조합법이 제29조제3항에서 제3자에 대한 교섭권 위임을 허용하고 있는 취지가 몰각될 수 있다.

따라서 위임금지조항 위반에 대한 손해배상책임은 별론으로 하더라도 노동조합이 이 조항에 관계없이 제3자에게 교섭을 위임할 필요성이 있고, 사용자가 제3자와의 단체교섭에 응하더라도 특별한 지장이 없는 경우에는 사용자가 제3자와의 단체교섭을 거부할 수 없다고 보아야 한다.

### ③ 연합단체에 대한 위임

연합단체는 제3자에 해당하지 않으므로 연합단체가 하부단체인 단위노동조합의 위임을 받아 단체교섭권한을 행사하는 것을 위임금지조항에 의하여 금지할 수는 없다.

노동조합법 제29조제3항에 의하여 교섭권한을 수임한 연합단체인 노동조합은 단위노동조합과의 관계에서 보면 상급단체에 해당하고, 연합단체와 단위노동조합 사이의 내부관계에 있어서는 조직상의 유대관계를 지니고 있으므로 그 노동조합을 제3자라고 할 수 없기 때문이다.

연합단체인 노동조합에게 단위노동조합의 교섭권을 위임하는 경우, 총회의 의결을 거쳐야 하는지, 집행위원회의 결의만으로도 교섭권을 위임할 수 있는지가 문제가 될 수 있다.

이에 대해 노동조합의 민주성은 규약자치를 통해 확보함이 원칙이고, 교섭국면에서 동적인 탄력성이 요구되며, 노동조합법상 연합단체에의 위임 절차(구 노동조합법 제33조제2항)가 삭제된 점 등을 고려하면 반드시 총회 또는 대의원회의 의결을 거칠 필요가 없다는 견해가 있을 수 있다.

그러나 현행 노동조합법이 '단체협약에 관한 사항'을 총회의 의결사항으로 규정하고 있고(노동조합법 제16조제1항제3호), 의사형성 과정에서 전체 조합원의 참여가 보장되지 않는 집행위원회 등에 의한 조직·운영은 단체협약의 규범적 효력의 귀속을 정당화하지 못한다는 점을 고려하면 연합단체에게 교섭권을 위임하는 경우에 총회의 의결을 거칠 필요가 있다고 판단된다.

판례는 교섭당사자가 단체교섭권을 위임한 경우 위임자의 단체교섭권이 소멸되는가 여부에 대해 수임자의 단체교섭권한과 함께 중복하여 경합적으로 남아있다고 한다(대법원 1998.11.13. 98다20790).

## (3) 사용자 측 담당자

### 1) 사용자 또는 사용자단체의 대표자

교섭당사자가 개인 기업이면 사업주 본인이 당연히 교섭담당자가 된다. 교섭당사자가 법인이면 주식회사의 대표이사 등 그 대표자가 교섭담당자가 되고, 사용자단체인 경우 그 대표자가 교섭담당자가 된다. 교섭담당자는 단체교섭 권한뿐만 아니라 단체협약 체결권한도 갖는다.[15)

---

15) 임종률, 노동법, p.134.

2) 수임자

수임자는 사용자 또는 사용자단체로부터 위임을 받은 범위 안에서 단체교섭 또는 단체협약 체결에 관한 권한을 행사할 수 있다(노동조합법 제29조제3항).

그러나 기업 규모가 크거나 단체교섭이 장기화되는 경우 사업주나 대표이사 등이 계속 교섭담당자로 나서는 것은 현실적으로 어려우므로 인사노무부서의 책임자에게 교섭을 위임하게 된다.

이 경우 교섭권한을 위임받은 자는 단체교섭에 있어서 상당한 결정권을 가지고 있어야 하며, 단순히 대표이사 등의 의사를 전달하는 정도의 권한만 있는 경우에는 노동조합법 제30조의 성실교섭의무 위반이 될 수 있다.

사용자 또는 사용자단체가 단체교섭권 또는 협약체결권을 위임할 때에는 상대방인 노동조합에게 그 사실을 통보하여야 한다(노동조합법 제29조제4항). 위임사실을 통보할 때는 위임을 받은 자의 성명(위임을 받은 자가 단체인 경우에는 그 명칭 및 대표자의 성명), 교섭사항과 권한범위 등 위임의 내용을 함께 통보하여야 한다(노동조합법 시행령 제14조제2항).

## 제3절 단체교섭의 대상

### 1. 단체교섭의 대상과 구분

#### (1) 의의

단체교섭 당사자가 교섭할 수 있는 사항을 단체교섭 대상이라고 한다. 노동조합법은 단체교섭 대상을 명시하지 않고 있으나, 사용자는 정당한 이유 없이 단체교섭을 거부할 수 없다고 규정하여(노동조합법 제81조제1항제3호), 단체교섭의 대상사항은 단체교섭 거부의 정당성, 나아가 노동조합의 단체행동의 정당성을 판단하는 요소가 된다.

원칙적으로 단체교섭의 대상사항은 노동관계의 당사자인 노동조합과 사용자가 자유롭게 결정할 수 있지만, 단체교섭의 질서를 확보하려면 근로자의 교섭요구를 사용자가 거부할 수 없는 대상사항의 범위를 정할 필요가 있다.

이를 통상 단체교섭의 고유한 대상사항 또는 의무적 교섭사항이라고 한다. 의무적 교섭사항에 대하여 사용자가 정당한 이유 없이 그 교섭을 거부하면 부당노동행위에 해당할 뿐만 아니라 노동조합은 쟁의행위를 통해 자신의 주장을 관철할 수 있다.

헌법 제33조제1항은 근로자에게 근로조건의 향상을 위하여 노동3권을 보장하고 있고, 노동조합법 제2조제4호 본문은 노동조합을 근로조건의 유지·개선 기타 근로자의 경제적·사회적 지위의 향상을 도모함을 목적으로 조직하는 단체라고 규정하고 있으며, 노동조합법 제29조제1항에서 노동조합의 대표자는 그 노동조합 또는 조합원을 위하여 사용자나 사용자단체와 교섭하고 단체협약을 체결할 권한을 가진다고 규정하고 있다.

한편, 노동조합법 제47조는 노동쟁의의 조정에 있어서 노동관계 당사자가 직접 노사협의 또는 단체교섭에 의하여 근로조건 기타 노동관계에 관한 사항을 정하는 자주적 교섭이 우선한다고 규정하고, 이를 위하여 같은 법 제48조에서는 노동관계 당사자는 그 책무로서 단체협약에 노동관계의 적정화를 위한 단체교섭의 절차와 방식을 조정하고 노동쟁의가 발생한 때에는 이를 자주적으로 해결하도록 노력할 의무를 규정하고 있다.

이와 같이 헌법과 노동조합법이 단체교섭권을 보장한 취지에 비추어 볼 때, '근로조건, 기타 근로자의 대우에 관한 사항'과 노동조합의 활동이나 단체교섭의 절차와 방식, 단체협약의 체결 등과 같은 '단체적 노사관계 운영에 관한 사항'이 단체교섭 사항에 해당한다(대법원 2003.12.26. 2003두8906).

## (2) 단체교섭 대상의 구분

### 1) 의의

미국의 전국노동관계법(National Labor Relations Act) 제158조(d)는 부당노동행위와 관련하여 '임금, 근로시간 기타 근로조건'을 교섭사항으로 규정하고 있다. 이에 따라 미국에서는 교섭사항을 의무적 교섭사항(mandatory subject),[16]

---

16) <예시> 승진·전근·징계·해고 등 인사의 기준이나 절차, 안전·위생, 작업량, 복지후생, 조합활

임의적 교섭사항(permissive subject), 위법적 교섭사항(illegal subject) 등 3가지 유형으로 나누는 이론이 판례를 통해 정립되었다.

이와 같은 분류체계의 수용 여부에 대하여 국내 학설은 입장이 나뉘지만 현행 노동조합법과 판례 등을 토대로 단체교섭 대상 사항을 분류하면 다음과 같다.

### 2) 단체교섭 사항의 3분 체계

#### ① 의무적 교섭사항(규범적 부분)

의무적 교섭사항은 사용자가 근로자 측의 단체교섭 요청에 응할 의무가 있는 사항이다. 임금, 근로시간, 휴일·휴가, 재해보상, 안전보건 등 근로조건의 결정에 관한 사항이 이에 해당한다. 사용자가 정당한 이유 없이 의무적 교섭사항에 대한 단체교섭을 거부하거나 해태하면 부당노동행위가 되며, 그 대상 사항에 대해 단체교섭 결렬시 쟁의 조정신청 및 쟁의행위의 대상이 된다.

#### ② 임의적 교섭사항(채무적 부분)

임의적 교섭사항은 사용자에게 교섭의무가 없으나 임의로 교섭에 응하여 단체협약의 내용으로 할 수 있는 사항을 말한다. 노동조합 활동에 관한 사항, 조합비 공제 및 노조전임자·근로시간면제자에 관한 사항 등 집단적 노사관계에 관한 사항이 이에 해당된다.

임의적 교섭사항에 대해서는 사용자가 교섭을 거부하거나 해태하더라도 부당노동행위가 되지 아니하며, 그 대상사항에 대하여 단체교섭이 결렬되더라도 노동조합은 노동쟁의 조정신청 및 쟁의행위를 할 수 없다.

#### ③ 위법적 교섭사항(교섭 금지 사항)

위법적 교섭사항은 법령이나 공서양속에 위반되어 교섭 자체가 금지되고, 당사자가 합의해도 무효가 되는 사항을 말한다. 클로즈드 숍, 특정 종교 강요, 노조에 대한 지배·개입, 구속자 석방 등이 이에 포함된다.[17]

---

동보장 등[하갑래, 집단적 노동관계법, p.233 참조].
17) 하갑래, 집단적 노동관계법, p.233 참조.

**임의적 교섭사항은 중재재정의 대상이 아님**

> 노조전임제는 노동조합에 대한 편의제공의 한 형태로서 사용자가 단체협약 등을 통하여 승인하는 경우에 인정되는 것일 뿐 사용자와 근로자 사이의 근로계약관계에 있어서 근로자의 대우에 관하여 정한 근로조건이라고 할 수 없으므로 특별한 사항이 없는 한 이것 또한 중재재정의 대상으로 할 수 없다(대법원 1996.2.23. 94누9177).

### 3) 단체교섭 대상과 조정, 중재의 대상

단체교섭 대상이란 원칙적으로 의무적 교섭사항을 의미하며, 사용자가 단체교섭을 거부하는 경우 부당노동행위가 성립한다. 그러나 의무적 교섭사항이 곧바로 조정이나 쟁의행위 대상이 되지는 않는다. 노동위원회 조정·중재의 대상은 특정 범위의 분쟁을 그 대상으로 정하는 입법정책의 문제이므로 단체교섭 대상과는 차원이 다르다.[18]

단체교섭 대상은 부당노동행위와 직결되지만 반드시 쟁의행위 대상과 동일한 것은 아니다. 예를 들어 사용자에게 처분권한이 없는 사항은 단체교섭 대상이 될 수는 없지만 일정한 경우 쟁의행위의 대상이 될 수 있다.

### (3) 단체교섭 대상 여부에 대한 판단기준

노동조합이나 그 대표자로부터 교섭 또는 단체협약 체결권한을 위임받은 자는 그 노동조합 또는 조합원을 위하여 사용자나 사용자단체와 교섭하고 단체협약을 체결할 권한을 가진다.

이에 따라 노동조합을 위한 사항과 조합원을 위한 사항이 단체교섭의 대상에 포함되나 구체적으로 어느 범위의 사항이 단체교섭의 대상이 되는지는 뚜렷하지 않다.

단체교섭 사항이 되기 위해서는 ① 사용자가 처리·처분할 수 있어야 하고, ② 집단적 성격을 가져야 하며, ③ 근로조건과 관련이 있어야 한다.[19] 따라서 일반적으로 구성원인 '근로자의 노동조건 기타 근로자의 대우' 또는 '당해 단체

---

18) 임종률, 노동법(제20판), 2022, p.143.
19) 고용노동부, 집단적 노사관계 업무 매뉴얼, p.164.

적 노사관계의 운영에 관한 사항'이 단체교섭 사항에 해당한다(대법원 2003.12.26. 2003두8906).

첫째, '근로자의 노동조건 기타 근로자의 대우'가 단체교섭 사항이 된다. 노동조건 또는 근로조건이란 사용자와 근로자가 개별 근로계약에서 결정할 수 있는 근로관계의 내용을 의미한다.

헌법 제32조제3항은 "근로조건의 기준은 인간의 존엄성을 보장하도록 법률로 정한다."라고 규정하고 있으며, 헌법 제33조제1항은 '근로조건의 향상을 위하여' 근로자에게 노동3권을 부여하고 있다.

근로기준법은 헌법 제32조제3항에 따라 근로조건의 기준을 정하고 이를 강행적 최저기준이라고 명시하고 있다(근로기준법 제3조, 제15조). 근로조건은 근로계약상 권리·의무로서 당사자의 합의에 의하여 근로계약의 내용이 될 수 있는 사항을 의미한다.

이러한 이유에서 노동조합법은 노사가 자율적으로 교섭하고 결정할 수 있는 근로조건을 '임금·근로시간·복지·해고 기타 대우 등'과 같은 넓은 의미의 근로조건으로 규정하고 있다(노동조합법 제2조제5호). 이러한 근로조건에는 임금, 근로시간, 휴일, 휴가 뿐만 아니라 재해보상, 인사사항, 복무규율, 교육훈련, 복리후생 등도 포함된다.

근로조건은 근로계약의 내용 또는 구체적인 업무의 내용에 따라 다양하게 존재할 수 있기 때문에 이를 적극적으로 정의하는 데는 한계가 있다. 그러므로 어떤 사항이 근로조건에 해당하는지는 계약의 구체적 내용이나 적용되는 법률의 취지를 고려하여 해석을 통해 판단할 수 밖에 없다.

또한 근로조건이란 근로계약이나 취업규칙에서 정할 수 있는 사항이어야 하는데, 헌법과 노동조합법은 이와 같은 사항을 협약당사자가 단체교섭을 통해 단체협약으로도 정할 수 있도록 보장하고 있다. 이는 협약당사자의 대등한 교섭력을 바탕으로 근로조건의 개선을 도모하기 위한 것이다.

둘째, '단체적 노사관계의 운영에 관한 사항'이 단체교섭 사항이 된다. 노동조합을 위한 사항으로서 노동조합 조직승인, 조직보호(shop), 근로시간면제, 조합비 공제(check-off), 평화조항, 단체교섭 절차와 방법에 관한 조항 등이 포함된다.[20]

---

20) 고용노동부, 집단적 노사관계 업무 매뉴얼, p.163.

## 2. 쟁점사항

### (1) 특정 근로자 개인에 관한 사항

단체협약제도의 집단적 성질에 비추어 볼 때 교섭의 대상이 될 수 있는 사항은 모든 조합원에게 적용될 수 있는 공통적 근로조건에 관한 것으로서 사용자가 처분할 수 있는 것이어야 한다. 그러므로 개별 근로자에게 국한되는 사항은 고충처리(근로자참여법 제26조 이하)나 노사협의(제19조)의 대상은 될 수 있어도 단체교섭의 대상은 될 수 없는 것이 원칙이다.[21]

개인의 근로조건을 교섭대상으로 할 수 있다면 개별적으로 정해져야 할 성질의 근로계약의 내용도 단체교섭의 대상이 될 수 있게 되어 개별계약과 단체협약의 한계가 무너지게 될 것이므로 이는 타당하지 않다. 다만, 순수한 개인의 문제와는 구별되는 근로자집단의 이해관계와 관련된 근로자 개인의 문제(예: 노조 간부의 전출·해고 등)는 교섭의 대상이 될 수 있다.

### (2) 권리분쟁 사항

단체교섭은 조합원들의 근로조건 그밖의 대우에 관한 집단적 결정을 위하여 행하여지는 것이 그 본래의 모습이다. 다시 말하면 장래에 적용될 근로조건의 내용을 교섭하여 권리와 의무를 정하려는 것이다. 그러므로 이미 결정된 권리·의무에 관한 사항은 교섭대상이 되지 않는다.

예를 들어 확정된 임금액의 인상을 위하여 협약유효기간 중 단체교섭을 요구하는 것은 평화의무에 위반하는 것으로서 일종의 권리분쟁이므로 교섭대상이 될 수 없다. 근로자 개인에 대한 해고의 정당성 여부도 단체교섭의 대상이 될 수 없다.

교섭과 계약의 자유의 원리상 권리분쟁 사항이 '임의적' 교섭사항이 될 수는 있다. 그러나 이러한 사항에 대한 교섭은 당사자의 자발적 의사에 맡겨져 있는 것이므로 사용자가 임의적 교섭사항에 대하여 교섭을 거부하거나 해태하더라도 부당노동행위가 되지 아니하며, 그 대상사항에 대하여 단체교섭이 결렬되더라도 노동조합은 노동쟁의 조정 신청 및 쟁의행위를 할 수 없다.

---

21) 이에 대해 단체교섭의 대상까지 집단적일 이유는 없고 특정 근로자의 근로조건도 단체교섭의 대상이 된다는 이견이 있다[임종률, 노동법, p.142 참조].

### (3) 경영·인사권에 관한 사항

#### 1) 경영권에 관한 사항

##### ① 경영권의 의미

경영권은 헌법상 실체적 권리로서 보장되어 있다(헌법 제119조제1항, 제23조제1항, 제15조). 이에 따라 사업주는 기업의 목적활동, 즉 영업활동을 위하여 경영상 의사결정권을 가지며, 구체적인 경영조치를 취할 수 있다.

경영권은 회사의 조직개편, 신사업 투자, 사업확장, 공장이전, 하도급·용역전환, 합병·분할·양도, 휴업·폐업, 신기술 도입, 작업방법의 변경, 생산계획의 결정 및 경영진의 임면 등에 관한 사용자의 제반 권한을 말한다.[22] 이와 같은 결정권과 경영조치가 인정되지 않는다면 경영권을 기초로 한 창의적 경제활동은 존재할 수 없다.

##### ② 단체교섭 대상 판단기준

그런데 기업주의 경영조치에 의하여 근로자의 근로조건이 영향을 받는 경우가 적지 않다. 하지만 경영권 보장의 취지상 근로조건에 관계되거나 영향을 준다는 이유에서 위의 경영조치들이 모두 의무적 단체교섭의 대상이 된다고 할 수는 없으며, 의무적 단체교섭의 대상 여부는 구체적 사항별로 판단해야 할 것이다.

기업투자, 회사의 폐업, 사업양도 등 경영주체의 고유한 경영권한에 속하는 사항은 이로 인하여 근로조건에 영향을 주더라도 의무적 단체교섭의 대상에 해당하지 않는다.

그리고 노동쟁의를 '근로조건의 결정에 관한 주장의 불일치로 인하여 발생한 분쟁상태'로 규정(노동조합법 제2조제5호)하고 있는 현행법상 구조조정에 따른 경영상의 해고에 관한 교섭은 근로기준법 제24조에 의하여 해결되어야 한다.

판례는 기본적으로 경영권의 본질적 내용을 이루는 사항은 단체교섭의 대상이 될 수 없다는 입장이다(대법원 2003.7.22. 2002도72525). 다만, 경영권의 조치가 비례성·형평성에 비추어 노동3권 보장에 크게 반하는 경우에는 교섭대상

---

22) 고용노동부, 집단적 노사관계 업무 매뉴얼, p.166.

이 될 수 있다고 보아야 한다. 이에 대해서는 해당 조치가 내려진 배경과 이유 및 필요성, 회사의 존립과의 관계, 노사 사이의 이해관계 등을 종합적으로 구체적 사안에 따라 판단해야 한다(대법원 2003.11.13. 2003도687).

경영권과 노동권이 충돌하는 경우에는 두 법익이 최대한 실현되도록 해야 할 것이나, 양립이 불가능한 때에는 일정한 한계를 설정할 필요가 있다.

이에 대하여 판례는 기업의 경제상의 창의와 투자의욕을 훼손시키지 않고 오히려 이를 증진시키며 기업의 경쟁력을 강화하는 방향으로 해결책을 찾아야 한다는 입장이다.

기업이 쇠퇴하고 투자가 줄어들면 근로의 기회가 감소되고 실업이 증가되는 반면, 기업이 잘 되고 새로운 투자가 일어나면 근로자의 지위도 향상되고 새로운 고용도 창출되어 결과적으로 기업과 근로자가 다 함께 승자가 될 수 있기 때문이다(대법원 2003.7.22. 2002도7225).

### ③ 단체교섭 대상 판단사례

일반적으로 법원은 아래와 같이 기업의 구조조정 실시, 특정 사업부의 폐지, 조직변경 및 업무분장에 관한 사항 등에 대해 단체교섭의 대상이 되지 않는다고 판단하고 있다.

첫째, 기업의 구조조정의 실시 여부는 경영주체에 의한 고도의 경영상 결단에 속하는 사항으로서 원칙적으로 단체교섭의 대상이 될 수 없고, 그것이 긴박한 경영상의 필요나 합리적인 이유 없이 불순한 의도로 추진되는 등의 특별한 사정이 없는 한 노동조합이 그 실시를 반대하기 위하여 벌이는 쟁의행위에는 목적의 정당성을 인정할 수 없다(대법원 2003.11.13. 2003도687 등).

둘째, 기업의 특정사업부의 폐지결정은 경영상 불가피하게 취해진 조치로서, 이는 경영상의 의사결정에 의한 경영조직의 변경에 해당되므로 단체교섭의 대상이 되지 않는다(대법원 1994.4.25. 93다30242).

셋째, 사용자의 재량적 판단이 존중되어야 할 기구의 통·폐합에 따른 조직변경 및 업무분장 등에 관한 결정권은 사용자의 경영권에 속하는 사항으로서 단체교섭사항이 될 수 없고, 단체교섭사항이 될 수 없는 사항을 달성하려는 쟁의행위는 그 목적의 정당성을 인정할 수 없다(대법원 2002.1.11. 2001도1687).

반면, 법원은 근로조건과 밀접한 관련이 있는 부분으로 경영권을 본질적으로 제약하지 않는 사항은 교섭대상이 된다고 판단한다.

즉 단체협약 중 조합원의 차량별 고정승무발령, 배차시간, 대기기사 배차순서 및 일당기사 배차 순서에 관하여 노조와 사전합의를 하도록 한 조항은 그 내용이 한편으로는 사용자의 경영권에 속하는 사항이지만 다른 한편으로는 근로자들의 근로조건과도 밀접한 관련이 있는 부분으로서 사용자의 경영권을 본질적으로 제약하는 것은 아니라고 보여지므로 단체협약의 대상이 될 수 있다 (대법원 1994.8.26. 93누8993).

### 2) 인사권에 관한 사항

사용자는 근로자의 채용, 배치, 인사이동, 인사고과, 승진, 교육, 휴직, 징계, 해고 등 개별 근로자에 대한 인사권을 가진다. 그러므로 개인의 채용, 승진발령, 전보 등 인사에 관한 구체적 조치는 의무적 교섭사항이 아니다.

다만, 조합원 전체에 적용되는 인사제도나 인사의 이유와 요건 등 기준 및 절차는 근로조건 기타 대우에 관한 사항으로서 사용자의 기본적 인사권을 침해하지 않는 한 의무적 교섭사항이 될 수 있다. 성과주의 인사제도의 도입이나 인사평가제도의 설정 또는 변경 등이 그 예이다.

한편, 경영상 이유에 의한 정리해고는 근로자에게 귀책사유가 없는데도 사용자의 필요에 의해 단행되는 것이므로 정리해고의 대상과 범위, 해고 회피방안 등에 관하여는 노동조합의 합리적 의사를 적절히 반영할 필요가 있으며, 그 협상의 결과를 단체협약에 정해 놓을 수 있다.

조합원 또는 조합 간부의 인사에 관하여 노조와 사전 '협의' 또는 '합의'를 거치도록 하는 협약을 체결할 수도 있다. 이와 같은 사항은 임의적 교섭사항에 해당한다.

사용자가 인사처분을 할 때 노동조합과 사전합의를 하도록 단체협약 등에 규정된 경우 그 절차를 거치지 아니한 인사처분은 원칙적으로 무효로 보아야 한다. 그러나 이처럼 사전합의조항을 두고 있더라도 노동조합이 사전합의권을 남용하거나 스스로 사전합의권 행사를 포기하였다고 인정되는 경우에는 사용자가 이러한 합의 없이 행한 인사처분도 유효하다(대법원 2012.6.28. 2010다 38007).

## (4) 강행법규나 공서양속에 위반되는 사항

강행법규나 공서양속에 위반되는 사항 등은 교섭사항이 될 수 없으며, 그 사항에 대하여 단체협약을 체결하였다 하더라도 그 부분은 무효가 된다.

이에는 조합원 자녀 우선·특별채용(고용세습), 유일교섭단체, 일반적 구속력의 적용 배제, 구속자 석방, 퇴직금 제도 폐지, 특정 종교 강제 등이 포함된다.

## 제 4 절  단체교섭의 방법

## 1. 성실교섭의무

### 1) 성실교섭의무 원칙

노동조합법(제30조제1항, 제2항)에서 노동조합과 사용자 또는 사용자단체는 신의에 따라 성실히 교섭하고 단체협약을 체결하여야 하고, 그 권한을 남용해서는 아니 되며, 정당한 이유 없이 교섭 또는 단체협약의 체결을 거부하거나 해태해서는 아니 된다는 것을 노사 모두 준수해야 할 원칙으로 명시하고 있다.

과거에는 사용자에 대해서만 성실교섭의무를 부과하고 이를 위반하면 부당노동행위로 처벌하였으나, 1997년 이후에는 사용자뿐만 아니라 노동조합에 대해서도 성실교섭의무를 부과함으로써 노사가 자율과 책임을 기초로 성실하게 교섭에 임하도록 하고 있다.

그러나 부당노동행위 제도에서는 사용자의 행위에 대해서만 규제하고 처벌함으로써 노사 공통의 성실교섭의무와 조화를 이루지 못하는 문제가 있다. 즉, 사용자가 성실교섭의무에 위반하는 행위를 하는 것은 부당노동행위에 해당할 수 있으나(노동조합법 제81조제3호), 노동조합의 성실교섭의무 위반행위는 부당노동행위로 인정되지 않는다.

성실교섭이라 함은 상대방과의 교섭에 있어서 합의에 도달할 수 있도록 자기 측의 요구와 주장을 명확히 하면서 상대방의 요구와 주장에 대한 성의 있는 청취와 그에 대한 회답을 구체적인 이유 및 자료와 함께 제시하는 것 등을 말한다. 따라서 충분한 설명 없이 상대방의 요구를 거부하고 다른 제안을 전혀 하지 않으면서 자신의 최초의 견해만을 고집하는 것은 성실한 교섭태도가 아니다.

### 2) 사용자의 성실교섭의무

단체교섭에 대한 사용자의 거부나 해태에 정당한 이유가 있는지 여부는 노동조합 측의 교섭권자, 노동조합 측이 요구하는 교섭시간, 교섭장소, 교섭사항 및 그의 교섭태도 등을 조합하여 사회통념상 사용자에게 단체교섭의무의 이행을 기대하는 것이 어렵다고 인정되는지 여부에 따라 판단하여야 한다(대법원 2006.2.24. 2005도8606).

한편, 사용자가 노동조합에 대해 쟁의행위 중단을 교섭의 전제조건으로 요구하며 교섭을 거부하는 경우가 있다. 판례에 따르면 쟁의행위기간 중이라는 사정이 무조건 교섭 거부의 정당한 사유로 인정되지는 않는다.

쟁의행위는 단체교섭을 촉진하기 위한 수단으로서의 성질을 가지는 것이므로, 노동조합으로부터 새로운 타협안이 제시되는 등 교섭 재개를 기대할 만한 사정변경이 생기면 사용자는 쟁의행위 기간 중이라도 마땅히 단체교섭에 응해야 한다(대법원 2006.2.24. 2005도8606).

따라서 사용자의 단체교섭 거부에 의한 부당노동행위의 성립 여부는 노동조합의 성실한 교섭태도와의 관련 하에서 상대적으로 판단하여야 한다.

### 3) 노동조합의 성실교섭의무

노동조합의 불성실한 교섭태도로 인하여 단체교섭이 원만하게 진행될 가능성이 없는 경우에는 사용자가 단체교섭을 거부하더라도 정당한 이유가 있다고 인정되어 부당노동행위가 성립하지 않는다.

법원은 노동조합이 그 조합원인 근로자가 회사에 채용된 지 7일 만에 회사와의 사전 협의 없이 일방적으로 단체교섭을 요구하는 교섭요구서를 팩스로 보내었고, 교섭요구서에 구체적인 단체교섭의 사항을 기재하지도 않았으며, 교섭일시를 문서전송일로부터 2일 후로, 교섭장소도 자신의 조합사무실로 정하였던 사안에서, 사회통념상 합리적이고 정상적인 교섭요구라고 보기 어려워 사업주가 교섭요구서에 정해진 일시·장소에 출석하지 않았다는 것만으로 '정당한 이유' 없이 단체교섭을 거부하거나 해태한 것이라고 단정하기는 어렵다고 판시하였다(대법원 2009.2.10. 2009도8239).

## 2. 단체교섭의 절차와 양태에 관한 문제

노사가 단체교섭의 방법 및 이에 임하는 태도에 관한 분쟁을 방지하기 위하여 사전에 교섭담당자·출석인원·일시·장소 등을 미리 합의해 두거나 그러한 관행이 이미 형성되어 있는 경우, 노동조합이 합의된 절차나 관행을 중대하게 위반하여 단체교섭을 요구하면 사용자는 정당하게 이를 거부할 수 있다.

다만, 그와 같은 절차나 관행이 없는 상황에서 노동조합이 일시를 특정하여 사용자에게 단체교섭을 요구한 경우, 사용자가 교섭사항의 검토와 준비 등을 위하여 필요하다면 합리적 범위에서 노동조합에 교섭일시의 변경을 구할 수 있다고 보아야 하고, 이 경우 노동조합이 요구한 일시에 단체교섭에 응하지 않더라도 사용자의 단체교섭 거부에는 정당한 이유가 있다고 보아야 한다.

그러나 당사자의 성의 있는 교섭에도 불구하고 교섭이 교착상태에 빠져 더이상 진전이 기대될 수 없는 상황이라면 사용자의 교섭 거부의 정당성이 인정되지만, 노동조합 측으로부터 새로운 타협안이 제시되는 등 교섭재개가 의미 있을 것으로 기대할 만한 사정변경이 생긴 경우에 사용자가 다시 단체교섭에 응하지 아니하면 부당노동행위에 해당하게 된다(대법원 2006.2.24. 2005도8606).

단체교섭에 있어서 폭력이나 파괴행위는 어떠한 경우에도 정당화될 수 없으며(노동조합법 제4조 단서), 정당한 이유 없이 교섭을 중단하는 것도 정당성이 인정되지 않는다.

## 제5절 단체교섭의 절차

## 1. 일반절차

노사관계의 기본원리인 노사 자치주의 원칙상 단체교섭의 절차는 노사 당사자가 자주적으로 정하는 것이 당연하다.

이에 노동조합법 제48조에서는 당사자의 책무로서 "노동관계 당사자는 단체협약에 노동관계의 적정화를 위한 노사협의 기타 단체교섭의 절차와 방식을 규정하고 노동쟁의가 발생한 때에는 이를 자주적으로 해결하도록 노력하여야 한다."라고 하여 노사자치원칙을 선언하고 있다. 그러나 단체교섭의 절차, 즉 그 시기, 장소, 참가인원 등에 대하여 아무런 규정을 두고 있지 않다.

다만, 단체교섭이 본래의 취지대로 원만하고 합리적으로 이루어지도록 하기 위해서는 단체교섭의 시기, 장소, 인원, 절차, 방법 등을 구체적으로 정하는 것이 바람직하다. 따라서 노사는 단체교섭의 절차에 관하여 단체협약에 규정해두거나 단체교섭의 예비교섭을 통해 미리 정하는 경우가 일반적이다.

단체협약이나 노동관행 등에 의하여 단체교섭의 절차가 정립되어 있고 노동조합이 그러한 절차에 의하여 사용자 측에게 단체교섭을 요구하는데 사용자 측이 정당한 이유없이 단체교섭을 거부한다면 이는 부당노동행위가 된다. 그러나 노동조합이 이러한 절차를 무시하고 단체교섭을 요구한 때에는 사용자가 이를 거부하여도 통상 부당노동행위라고 볼 수는 없다.

## 2. 복수노조와 교섭창구 단일화

노동조합법은 2010년에 복수노조를 인정하면서 교섭창구 단일화 제도와 함께 교섭 요구방법, 교섭대표기구 구성 의무, 교섭창구 단일화 방법, 교섭대표기구 구성 예외, 교섭단위분리와 공정대표의무제도 등 단체교섭 절차에 관한 규정을 마련하였다.[23]

이 가운데 교섭창구 단일화는 특히 기업단위에서 복수노조 허용으로 인한 교섭상의 혼란 등 부작용을 방지하기 위한 제도적 장치로 도입된 것이다. 일반적으로 복수노조의 교섭창구제도에 대한 입법례는 자율교섭제도, 배타적 교섭제도, 비례적 교섭제도 등으로 나뉜다.[24]

우리나라의 교섭창구 단일화 제도의 구체적인 내용에 대해서는 제4장에서 상세하게 설명한다.

---

23) 하갑래, 집단적 노동관계법, p.248 참조.
24) 하갑래, 집단적 노동관계법, pp.248~251 참조.

**제6절 단체교섭 거부에 대한 법적 구제**

## 1. 노동위원회에 의한 행정구제

사용자가 노동조합의 대표자 또는 노동조합으로부터 위임을 받은 자와의 단체협약체결 기타의 단체교섭을 정당한 이유없이 거부하거나 해태하면 노동조합은 노동위원회에 부당노동행위 구제신청을 할 수 있다(노동조합법 제81조제1항제3호, 제82조제1항).

노동위원회는 조사와 심문을 통해 부당노동행위에 해당한다고 판단하면 사용자에 대하여 단체교섭에 응할 것을 명령하는 구제명령을 발하여야 한다. 노동위원회의 구제명령은 서면으로 하되, 이를 당해 사용자와 신청인에게 각각 교부하여야 하며, 관계 당사자는 명령에 따라야 한다(노동조합법 제84조).

지방노동위원회의 구제명령은 중앙노동위원회에의 재심신청이나 행정소송의 제기에 의하여 그 효력이 정지되지 아니한다(노동조합법 제86조).

## 2. 사법심사

사용자의 단체교섭 거부행위는 노동조합의 단체교섭권 내지 단체교섭청구권에 대한 침해행위라고 할 수 있다. 노동조합의 단체교섭청구권은 헌법(제33조제1항)과 노동조합법(제29조, 제81조제1항제3호)에 근거한 권리로서 계약상의 권리와는 구별된다.

즉, 단체교섭 거부행위는 단순한 채무불이행이 아니라 건전한 사회통념이나 사회상규상 용인할 수 없는 행위로서 헌법이 보장하고 있는 노동조합의 단체교섭권을 침해하는 위법한 행위이므로 노동조합에 대하여 불법행위가 된다(대법원 2006.10.26. 2004다11070).

핵심 판례 | 단체교섭 거부와 불법행위

사용자가 노동조합과의 단체교섭을 정당한 이유 없이 거부하였다고 하여 그 단체교섭 거부행위가 바로 위법한 행위로 평가되어 불법행위의 요건을 충족하게 되는 것은 아니지만, 사용자의 단체교섭 거부행위가 원인과 목적, 과정과 행위태양, 그로 인한 결과 등에 비추어 건전한 사회통념이나 사회상규상 용인될 수 없다고 인정되는 경우에는 부당노동행위로서 단체교섭권을 침해하는 위법한 행위로 평가되어 불법행위의 요건을 충족하는 바, 사용자가 노동조합과의 단체교섭을 정당한 이유 없이 거부한다고 법원으로부터 노동조합과의 단체교섭을 거부하여서는 아니 된다는 취지의 집행력 있는 판결이나 가처분결정을 받고도 이를 위반하여 노동조합과의 단체교섭을 거부하였다면, 그 단체교섭 거부행위는 건전한 사회통념이나 사회상규상 용인할 수 없는 행위로서 헌법이 보장하고 있는 노동조합의 단체교섭권을 침해하는 위법한 행위이므로 노동조합에 대하여 불법행위가 된다(대법원 2006.10.26. 2004다11070).

사용자의 교섭 거부에 대하여 불법행위에 대한 손해배상 청구 이외에 교섭사항을 특정한 후에 사용자에게 교섭 응낙을 구하는 이행소송을 제기할 수 있는지가 문제될 수 있다.

이에 대해 하급심 판결에서는 단체교섭권이 근로자의 노동3권 중에서 중심이 되는 권리이므로 단체교섭권을 사법절차에 의하여 실현가능한 사법상의 권리로 인정하여야 하고, 행정규제 제도와는 별도로 간이·신속한 가처분을 이용할 현실적인 필요성이 있다는 점에서 노동조합이 사용자에 대하여 구체적인 사항에 관하여 단체교섭을 요구함에도 사용자가 정당한 이유 없이 교섭을 거부할 때에는 노동조합은 사용자에 대하여 그 사항에 관하여 교섭장소에 나와 성실하게 교섭을 진행할 것을 요구할 수 있는 구체적인 권리를 가지게 된다고 판시한 바 있다(부산지법 2000.2.11. 2000카합53).

그런데 노동조합에게 구체적인 교섭청구권을 인정할 것인가에 대해서는 사용자의 급부의무 내용을 특정하기 어렵고, 타협을 통한 이해관계의 조정과정에서 교섭을 강제한다는 것은 실효성을 가지기 곤란하며, 교섭 거부의 부당노동행위에 대해 이미 행정규제와 형벌을 적용하고 있는데 추가적으로 사법구제를 중복해서 인정하는 문제가 발생한다. 따라서 사법구제는 노동조합이 요구한 교섭사항에 대해 사용자가 교섭 응낙의무를 부담해야 한다는 지위 확

인에 그치고, 그 이외의 분쟁은 행정규제를 통해 해결하는 것이 타당하다고
본다.25)

---

25) 김형배·박지순, 노동법강의(제11판), 신조사, 2022, p.564.

# 복수노조와 교섭창구 단일화

# 교섭창구 단일화 절차

## 1. 복수노조 제도의 도입과 교섭창구 단일화

복수 노동조합은 하나의 사업 또는 사업장에서 조직형태와 관계없이 근로자가 설립하거나 가입한 노동조합이 2개 이상인 경우를 말한다.

2011.6.30.까지는 노동조합 조직대상이 중복되지 않는 경우, 회사의 합병에 따른 경우, 초기업단위 노동조합의 지부나 지회로서 법원의 판정을 받은 경우 등 예외적인 경우를 제외하고는 하나의 사업 또는 사업장 내 복수의 노동조합 설립이 금지되었다. 그러나 2011.7.1.부터는 노동조합법 개정에 의해 복수노조 제도가 도입되면서 복수 노동조합 설립이 가능하게 되었다.

이러한 복수노조 제도 도입에 따라 근로자 간의 갈등과 선명성 경쟁 등 여러 가지 문제가 예상되었고, 이를 방지하기 위해 하나의 사업 또는 사업장 내 근로자가 설립하거나 가입한 노동조합이 복수인 경우에는 대표 노동조합(교섭대표노동조합)을 정하여 교섭을 요구하도록 하는 교섭창구 단일화 절차가 함께 도입되었다.

일반적으로 복수노조를 인정하고 있는 국가에서 채택하고 있는 교섭창구 단일화 방식은 대체로 다음 3가지로 분류할 수 있다. 즉, ① 국가가 단체교섭 방식에 관여하지 않고 어느 노동조합이나 자율적으로 사용자와 단체교섭하도록 하는 자율적 교섭대표제, ② 교섭단위 내 가장 많은 근로자의 지지를 받는 노동조합이 단체교섭권을 행사하도록 하는 과반수 교섭대표제 또는 배타적 교섭대표제, ③ 노동조합의 조합원 수에 비례하여 교섭대표단을 구성하여 교섭하도록 하는 비례적 교섭대표제이다.

2011.7.1.부터 시행된 개정 노동조합법에서는 3가지 유형을 모두 도입하였다. 다만, 이들 유형은 시간적 연속성을 가지고 전자가 성공하지 못한 경우 자동적으로 후자를 선택하도록 하였다. 이와 함께 사용자가 동의하는 경우 교섭창구 단일화 절차를 거치지 않고 노동조합이 사용자와 개별교섭도 가능하도록 하였다.

교섭창구 단일화 절차를 통해 교섭단위 내 교섭대표노동조합이 결정되면, 교섭대표노동조합 지위 유지기간 동안에는 그 교섭대표노동조합만이 사용자와 교섭하고 단체협약을 체결할 수 있는 권한을 가지게 된다.

이러한 단일화 절차는 복수의 노동조합이 각각 독자적인 교섭권을 행사할 수 있도록 할 경우 발생할 수 있는 노동조합과 노동조합 상호 간의 반목, 노동조합과 사용자 사이의 갈등, 동일한 사항에 대해 같은 내용의 교섭을 반복하는 데서 비롯되는 교섭 효율성의 저하와 교섭비용의 증가, 복수의 단체협약이 체결되는 경우 발생할 수 있는 노무관리상의 어려움, 동일하거나 유사한 내용의 근로를 제공함에도 불구하고 노동조합 소속에 따라 상이한 근로조건의 적용을 받는 데서 발생하는 불합리성 등의 문제를 효과적으로 해결하기 위한 것이다(헌법재판소 2012.4.24. 2011헌마338).

그러나 이러한 제도 도입 취지에도 불구하고 노동3권이 헌법상 기본권으로 인정되고 있는 현행 법 체계에서 법률로 교섭창구 단일화를 강제하는 것이 위헌이 아닌가 논란이 되었다.

이에 대해 헌법재판소는 복수노조 제도는 소수노동조합도 교섭대표노동조합을 정하는 절차에 참여하게 하여 교섭대표노동조합이 사용자와 대등한 입장에 설 수 있는 기반이 되도록 하고 있으며, 그러한 실질적 대응성의 토대 위에서 이뤄낸 결과를 함께 향유하는 주체가 될 수 있도록 하고 있으므로 노사대등의 원리 하에 적정한 근로조건의 구현이라는 단체교섭권의 실질적인 보장을 위한 불가피한 제도로서 과잉금지원칙을 위반하여 소수노동조합의 단체교섭권을 침해한다고 볼 수 없다고 결정하였다(헌법재판소 2012.4.24. 2011헌마338).

## 2. 교섭창구 단일화 절차 개관

교섭창구 단일화 절차는 일련의 과정을 거쳐 하나의 교섭단위에서 사용자와 단체교섭을 할 교섭대표노동조합을 정하는 절차이다<도표 4-1>.

이 절차는 다시 교섭단위 내 단체교섭에 참여하려는 노동조합을 특정하는 예비적 절차로서 교섭요구노동조합 확정 절차(①~④)와 본격적 절차로서 확정된 교섭요구 노동조합 중에서 교섭 대표를 정하는 교섭대표노동조합 확정 절차(⑤~⑦)로 구성된다(대법원 2017.10.31. 2016두36956).

교섭요구노동조합 확정 절차

① 교섭요구: 단체협약 등의 체결을 위해 교섭단위 내 노동조합이 사용자에게 교
섭을 요구함으로써 교섭창구 단일화 절차를 시작하는 단계
② 교섭요구 사실 공고: 사용자가 교섭을 요구받은 사실을 사업장 내 공고함으로
써 다른 노동조합과 근로자가 알 수 있도록 하는 단계
③ 다른 노동조합의 교섭참여 신청: 교섭을 원하는 다른 노동조합이 사용자에게
교섭을 요구하여 교섭참여를 신청하는 단계
④ 참여 노동조합 확정 공고: 사용자는 교섭요구 사실 공고기간이 끝난 후 교섭
을 요구한 노동조합을 확정하여 통지 및 공고하는 단계

교섭대표노동조합 확정 절차

⑤ 자율적 단일화: 교섭창구 단일화 절차에 참여한 노동조합 간 자율적으로 교섭
대표노동조합을 정하는 단계
⑥ 과반수 노동조합으로 단일화: 교섭창구 단일화에 참여한 노동조합 전체 조합
원의 과반수인 노동조합을 교섭대표노동조합으로 하는 단계
⑦ 공동교섭대표단 구성: 교섭창구 단일화에 참여한 노동조합이 공동으로 구성
한 교섭대표단을 교섭대표노동조합으로 하는 단계

## 3. 교섭창구 단일화의 적용 대상

노동조합법(제29조의2제1항)에서는 교섭창구 단일화의 대상을 '하나의 사업
또는 사업장에서 조직형태에 관계없이 근로자가 설립하거나 가입한 노동조합'
으로 규정하고 있다.

### (1) 하나의 사업 또는 사업장

하나의 사업 또는 사업장은 교섭창구 단일화 절차가 적용되는 물적·인적
범위로서 중요한 의미가 있다.

교섭창구 단일화 절차는 하나의 사업 또는 사업장을 대상으로 하는 것이지
복수의 사업 또는 사업장을 대상으로 하지 않으며(물적 대상), 교섭대표노동조합
을 결정하기 위한 조합원 수 산정은 해당 사업 또는 사업장의 조합원을 대상으
로 하지 다른 사업 또는 사업장의 조합원은 대상으로 하지 않는다(인적 대상).[1]

---

1) 노동법실무연구회, 노동조합 및 노동관계조정법 주해 Ⅰ, 2015, p.654.

도표 4-1 교섭대표노동조합 결정 절차도

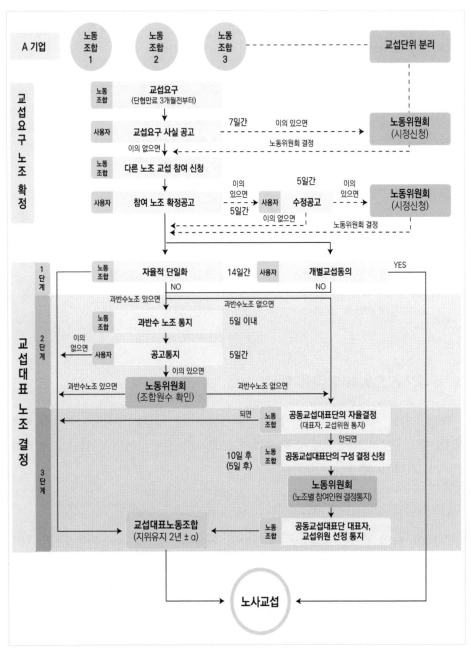

자료: 중앙노동위원회, 복수노조 업무 매뉴얼, 2019, p.6.

'사업'이란 일반적으로 경영상의 일체를 이루는 기업체 그 자체를 의미하는 것으로 장소적 관념을 기준으로 판단하는 것이 아니라 일관된 공정 하에 통일적으로 업무가 수행되는지 여부에 따라 판단한다. 따라서 경영상 일체를 이루면서 유기적으로 운영되는 기업조직은 하나의 사업이다(대법원 1993.10.12. 93다18365). 하나의 법인체는 원칙적으로 하나의 사업으로 본다.

'사업장'이란 사업에 준할 정도로 운영상의 독립성을 가지는 조직체를 의미하는 것으로 물적·인적·장소적 독립성을 인정할 수 있어야 한다. 재무 및 회계가 분리·운영되는 등 경영상 독립성이 인정되고, 근로조건도 별도로 결정되는 등 인사·노무관리상의 독립성도 인정되어야 한다.[2]

장소적으로 분리된 사업장이라도 그 자체로서 유기적인 일체를 이루면서 운영되고 있지 않다면 독립적으로 교섭창구 단일화 절차를 진행하여야 하는 사업장이 아니라 하나의 사업의 일부이다.

## (2) 교섭창구 단일화 대상인 노동조합

### 1) 초기업단위 노동조합

해당 교섭단위의 근로자가 설립하거나 가입한 노동조합이면, 기업별 노동조합 또는 산업별·직종별·지역별 노동조합 등 조직형태와 관계없이 교섭을 요구할 수 있고, 교섭창구 단일화 대상이 된다.

다만, 산업별·직종별·지역별 노동조합과 같이 초기업단위 노동조합이 해당 교섭단위의 사용자에게 교섭을 요구하려면 해당 교섭단위에 소속된 근로자가 조합원으로 가입한 것이 객관적으로 입증되어야 한다. 해당 교섭단위의 사용자와 직접적으로 사용종속관계에 있지 않은 근로자로 조직된 노동조합은 그 사용자에게 교섭을 요구할 수 없고, 교섭창구 단일화 대상이 아니다.

교섭창구 단일화의 대상은 '하나의 사업 또는 사업장에 조직형태에 관계없이 근로자가 설립하거나 가입한 노동조합'에 한정되므로 초기업단위 노동조합이 사업 또는 사업장의 단위를 넘어서 사용자단체에게 산업별 통일교섭을 요

---

2) 노동법실무연구회, 노동조합 및 노동관계조정법 주해 Ⅰ, pp.654~655.

구할 때에는 교섭창구 단일화의 대상에 포함되지 않는다.[3]

## 2) 초기업단위 노동조합의 지부·분회

초기업단위 노동조합의 지부·분회 등은 노동조합의 효율적인 관리를 위한 내부조직 내지 내부기구에 불과하므로 원칙적으로 자신의 명의로 교섭창구 단일화 절차에 참여할 수 없다.

다만, 독립한 근로조건의 결정권이 있는 하나의 사업 또는 사업장 소속 근로자를 조직대상으로 한, 초기업적인 산업별·직종별·지역별 단위노동조합의 지부 또는 분회로서 독자적인 규약 및 집행기관을 가지고 독립한 단체로서 활동을 하면서 당해 조직이나 그 조합원에 고유한 사항에 대하여는 독자적으로 단체교섭 및 단체협약 체결 능력을 가지고 있어 기업별 단위노동조합에 준하여 볼 수 있는 경우(대법원 2002.7.26. 2001두5361)에는 그 지부나 분회 등은 설립신고에 관계없이(대법원 2001.2.23. 2000도4299) 노동조합에 해당한다고 볼 수 있기 때문에 자신의 이름으로 교섭창구 단일화 절차에 참여할 수 있다.[4]

이러한 요건을 충족하지 못하는 초기업단위 노동조합의 지부나 분회 등이 교섭창구 단일화 절차에 참여하려면 해당 지부 또는 분회가 속한 초기업단위 노동조합의 명의로 참여하여야 한다.

## 3) 간접고용 근로자들로 구성된 노동조합

교섭창구 단일화 절차에 참여할 수 있는 노동조합은 원칙적으로 해당 사업 또는 사업장의 사용자와 직접적인 사용종속관계에 있는 근로자로 조직된 노동조합이다.

다만, 원청업체의 사용자가 근로조건 등에 관하여 실질적인 영향력과 지배력을 행사하여 단체교섭의 당사자로 인정되는 제한된 범위에서는 원청업체가 교섭창구 단일화 절차에 참가할 수 있는 것으로 보인다.[5]

---

3) 이승욱, "교섭창구 단일화 절차를 둘러싼 노동법상 쟁점", 「사법」 15호, 2011, p.18; 노동법실무연구회, 노동조합 및 노동관계조정법 주해 I, p.656.
4) 이승욱, "교섭창구 단일화 절차를 둘러싼 노동법상 쟁점", p.57; 조상균, "개정노동조합법상 '교섭창구 단일화 방안'을 둘러싼 문제", 「노동법논총」 18호, 2010, p.169.
5) 노동법실무연구회, 노동조합 및 노동관계조정법 주해 I, p.658.

**교섭요구 노동조합 확정 절차**

## 1. 교섭요구

사용자와의 교섭을 원하는 노동조합은 어느 노동조합이든지 해당 교섭단위 내 단체협약 만료일 이전 3개월이 되는 날부터 사용자에게 노동조합의 명칭, 그 교섭을 요구한 날 현재의 조합원 수 등을 기재한 서면으로 교섭을 요구할 수 있다(노동조합법 시행령 제14조의2). 이러한 교섭요구로 해당 교섭단위에서 교섭창구 단일화 절차가 시작된다.

### (1) 교섭요구 시기

교섭창구 단일화를 위한 교섭요구를 할 수 있는 시점은 해당 교섭단위에 적용되는 단체협약 만료일 이전 3개월이 되는 날부터이다(노동조합법 시행령 제14조의2제1항).

하나의 사업 또는 사업장이 복수의 교섭단위로 분리된 경우에는 각각의 교섭단위별로 단체협약 만료일 이전 3개월이 되는 날부터 교섭을 요구할 수 있다. 따라서 하나의 사업 또는 사업장이라도 복수의 교섭단위로 분리된 경우에는 교섭단위별로 교섭을 요구할 수 있는 시기가 다를 수 있다.

해당 교섭단위에 유효한 단체협약이 없거나 단체협약이 실효된 경우에는 시기에 제한 없이 언제라도 사용자에게 교섭을 요구할 수 있다. 여기서 단체협약이란 노동조합이 사용자 또는 사용자단체와 근로조건 기타 노사관계에서 발생하는 사항에 관한 협정을 문서로 작성하여 당사자 쌍방이 서명 날인한 것으로서 임금협약, 단체협약 등 그 명칭을 불문한다(대법원 2005.3.11. 2003다27429).

해당 교섭단위에 유효기간이 다른 2개 이상의 단체협약이 있는 경우에는 유효기간이 먼저 도래하는 단체협약을 기준으로 유효기간 만료일 이전 3개월이 되는 날부터 사용자에게 교섭을 요구할 수 있다.

노동조합법 시행령 제14조의2제1항에서 단체협약 유효기간 만료일 이전 3개월이 되는 날부터 교섭을 요구할 수 있도록 한 취지는 기존 교섭대표노동조합의 교섭대표노동조합으로서의 지위와 단체협약의 효력을 보장하고 교섭창구 단일화 절차의 진행에 필요한 시간을 확보하기 위한 것이다. 단체협약 유효기간 만료일 이전 3개월이 되는 날 이전에 노동조합이 교섭을 요구할 경우 사용자는 교섭요구 사실을 공고할 의무가 없다.

판례는 노동조합이 교섭요구 가능 시기 이전에 교섭요구를 한 경우에는 교섭창구 단일화가 개시될 수 없음에도 노동위원회가 사실상 교섭창구 단일화 절차가 유효하게 개시되었음을 전제로 과반수 여부를 조사하여 교섭대표노동조합을 결정하였다면 이는 위법한 결정에 해당한다고 판시하였다(대법원 2013.7.17. 2013두6978 심리불속행 확정).

따라서 사용자가 교섭요구 가능 시기 이전에 교섭단위 내 노동조합이 교섭요구를 하여 교섭요구 사실을 공고하였더라도 이는 적법한 교섭요구 사실 공고가 될 수 없고, 이에 따라 이루어진 후속 절차도 효력이 없기 때문에 이에 따른 교섭창구 단일화 절차를 통해 교섭대표노동조합이 결정되었더라도 그 지위를 인정받지 못한다.

**도표 4-2  교섭요구 가능 시점 산정 예시**

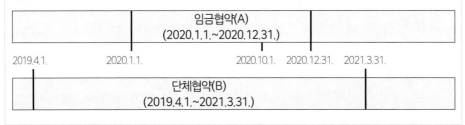

현재 교섭대표노동조합이 없는 사업장에 유효기간 2020.1.1.~2020.12.31.인 임금협약(A)과 유효기간 2019.4.1.~2021.3.31.인 단체협약(B)이 있는 경우 교섭단위 내 유효기간이 먼저 도래하는 단체협약인 임금협약(A)의 유효기간 만료일(2020.12.31.) 이전 3개월이 되는 날인 2020.10.1.부터 교섭요구 가능

| 임금협약(A) (2020.1.1.~2020.12.31.) | | |

2019.4.1.    2020.1.1.    2020.10.1.    2020.12.31.    2021.3.31.

| 단체협약(B) (2019.4.1.~2021.3.31.) | | |

### (2) 교섭요구 방법

노동조합이 사용자에게 교섭을 요구할 때에는 ① 노동조합의 명칭과 대표자의 성명, ② 사무소가 있는 경우에는 주된 사무소의 소재지, ③ 교섭을 요구한 날 현재의 종사근로자인 조합원의 수 등을 적은 서면으로 하여야 한다(노동조합법 시행령 제14조의2제2항, 노동조합법 시행규칙 제10조의2).

이는 교섭요구 노동조합에 관한 기본적인 정보를 교섭 상대방과 교섭단위 내의 다른 노동조합이 파악할 수 있도록 함으로써 교섭을 요구한 노동조합을 특정하고, 교섭을 요구한 시점을 명확히 하기 위한 것이다.

노동조합이 서면으로 교섭요구하면서 기재내용 중 일부를 누락한 경우 사용자는 노동조합에게 보완요구 할 수 있으며, 이에 노동조합이 누락된 기재사항 등을 보완하여 재차 교섭요구하였다면 그 재차 교섭요구한 날을 노동조합의 교섭요구일로 하여 교섭창구 단일화 절차를 진행하여야 한다(노사관계법제과-1498, 2011.8.11.).

노동조합의 교섭요구 방법과 관련한 쟁점사항을 보면 아래와 같다.

첫째, 팩스를 활용한 교섭요구가 서면교섭 요구에 해당하는지 여부이다. 법원은 노동조합이 팩스로 단체교섭을 요구하여 적법 여부가 문제된 사안에서 이를 긍정적으로 보고 있다.

즉, 팩스는 '서면'의 전달방법을 의미하므로 팩스의 방법으로 단체교섭을 요구하는 것은 적법하며, 교섭창구 단일화 절차에서 교섭요구서의 제출 여부는 노동조합의 교섭절차 참여권을 보장하기 위한 중요한 사항이고, 관련 법령에서 서면의 전달방법에 관하여 따로 제한하고 있지 않음에도 이를 서면의 직접 교부 및 증명이 가능한 우편 송달 방식만 허용되는 것으로 제한적으로 해석하는 것은 헌법상 보장된 단체교섭권을 침해할 우려가 있다(대법원 2016.10.27. 2016두45592 심리불속행 확정).

둘째, 수신자가 불분명하게 기재된 교섭요구가 적법한지 여부이다. 이에 대해 법원은 교섭요구서에 수신자가 '외주사'로 기재되어 있는 사안에서, 수신자는 단체교섭 요구서의 필수적 기재사항이 아니어서 수신자가 다소 불분명하게 기재되어 있다고 하더라도 그러한 사정만으로 단체교섭 요구가 부적법하다고 볼 수 없다고 판시하였다(대법원 2016.10.27. 2016두45592 심리불속행 확정).

## 2. 교섭요구 사실의 공고

### (1) 사용자의 공고

사용자는 노동조합으로부터 노동조합법 시행령 제14조의2에 따라 교섭요구를 받은 때에는 그 요구를 받은 날부터 7일간 ① 교섭을 요구한 노동조합의 명칭과 대표자 성명, ② 교섭을 요구한 일자, ③ 교섭을 하려는 다른 노동조합이 교섭을 요구할 수 있는 기한 등을 해당 교섭단위 내 게시판 등에 공고하여 다른 노동조합과 근로자가 알 수 있도록 하여야 한다(노동조합법 시행령 제14조의3제1항, 노동조합법 시행규칙 제10조의3제1항).

다만, 노동조합법상 해당 노동조합의 교섭상대방이 아닌 사용자가 교섭을 요구받은 경우 그 사용자는 교섭요구 사실을 공고하지 않을 수 있다.

이때 노동조합법상 사업주인 사용자에 해당하는지 여부는 실효성 있는 단체교섭이라는 측면에서 볼 때 형식적으로 근로계약을 체결한 명의자만을 기준으로 판단할 것이 아니라, 단체교섭의 대상이 되는 근로조건의 전부나 일부를 결정하는 데에 구체적·실질적인 영향력이나 지배력을 가진 자가 누구인지를 함께 고려하여 단체교섭 당사자로서의 사용자 지위를 부여하여야 한다(대법원 2014.2.18. 2013두22666).

### (2) 공고의 장소 및 방법

복수노조 제도의 취지를 감안하면 교섭요구 사실의 공고는 교섭단위 내 전체 사업장에 공고하여야 한다.

교섭요구 사실의 공고의 장소나 방법 등이 해당 교섭단위 내의 다른 노동조합과 근로자가 널리 알 수 있도록 하는 데 적합하지 않다면 노동조합법 시행령 제14조의3제1항이 정한 교섭요구 사실의 공고를 하지 않은 경우로 볼 수 있다(서울행정법원 2018.2.1. 2017구합66817 참조).

사업장의 게시판을 사용하거나 관행적으로 공지사항 등을 내부전산망을 통해 알려왔고 조합원들이 내부전산망에 쉽게 접근할 수 있다면 내부전산망을 통한 공지도 가능하다.

그러나 교섭요구 사실 공고가 일부 사업장에 이루어지지 않은 등 불완전 공고를 한 경우라도 이에 대해 이의를 신청한 노동조합이 해당 교섭창구 단일화 절차에 참여했다면 이러한 하자는 치유되었다고 보아야 할 것이다.

### (3) 공고 기간

공고 기간은 사용자가 노동조합으로부터 노동조합법 시행령 제14조의2에 따라 교섭을 요구받은 날부터 7일간이다. 기간 산정과 관련하여 노동조합법에 별도의 규정을 두고 있지 않으므로 민법의 규정에 따라 산정한다. 따라서 초일은 산입하지 않고, 말일이 토요일 또는 공휴일에 해당한 때에는 공고 기간은 그 익일로 만료한다.

---

**민법** 기간의 기산점과 만료점

제157조(기간의 기산점) 기간을 일, 주, 월 또는 연으로 정한 때에는 기간의 초일은 산입하지 아니한다. 그러나 그 기간이 오전 영시로부터 시작하는 때에는 그러하지 아니한다.

제159조(기간의 만료점) 기간을 일, 주, 월 또는 연으로 정한 때에는 기간 말일의 종료로 기간이 만료된다.

제161조(공휴일 등과 기간의 만료점) 기간의 말일이 토요일 또는 공휴일에 해당한 때에는 기간은 그 익일로 만료한다.

### (4) 단수노조 사업장에서의 교섭요구 사실 공고 의무

대법원은 교섭창구 단일화 제도에 대해 하나의 사업 또는 사업장 내에 복수의 노동조합이 있어 대표 노동조합을 선정할 필요가 있는 경우를 예정하여 설계된 체계라고 해석(대법원 2017.10.31. 2016두36956)하였는데, 이를 근거로 교섭단위 내 하나의 노동조합만 있는 것이 명백한 경우 교섭창구 단일화 절차를 거칠 필요는 없다는 견해가 있다.[6]

그러나 이 판례는 교섭단위 내 유일하게 존재하는 노동조합이 형식적으로 교섭창구 단일화 절차를 거쳤더라도 교섭대표노동조합의 지위를 취득할 수 없다는 취지이며, 이를 근거로 교섭창구 단일화 절차는 거칠 필요가 없다는 견해는 타당하지 않다.

따라서 사용자가 교섭요구를 받으면 해당 교섭단위 내 하나의 노동조합만 존재하거나 하나만 있는 것으로 알고 있더라도 교섭요구 사실을 공고하여야 한다.[7]

현실적으로 사용자가 해당 교섭단위 내 노동조합이 하나만 있는 것으로 알고 있더라도 산업별·지역별 노동조합에 가입된 근로자 등 사용자가 미처 인

---

6) 중앙노동위원회, 복수노조 업무 매뉴얼, 2019, p.12.
7) 중앙노동위원회, 판례와 판정례로 본 복수노조와 단체교섭, 2022, p.23.

지하지 못하고 있는 조합원이 있을 수 있으므로 교섭단위 내 다른 노동조합의 교섭참여를 위해서는 교섭요구 사실 공고를 의무화할 필요가 있다.

사용자가 해당 교섭단위 내 노동조합이 하나만 존재한다고 판단하고 교섭요구 사실 공고 절차를 거치지 않고 교섭을 요구한 노동조합과 단체협약을 체결한 경우에는 해당 단체협약의 효력이 문제가 될 수 있고 교섭요구 사실 공고를 하지 않음에 따라 부당노동행위가 성립할 수 있다.

### (5) 노동위원회에 시정요청

#### 1) 시정요청 사유

사용자가 교섭단위 내 노동조합으로부터 교섭요구를 받았음에도 불구하고 교섭요구 사실을 공고하지 않거나 교섭요구 할 때 요구받은 사실과 다르게 공고한 경우에는 교섭을 요구한 노동조합은 노동위원회에 그 시정을 요청할 수 있다(노동조합법 시행령 제14조의3제2항).

노동위원회에 시정을 요청할 수 있는 사유는 ① 사용자가 교섭을 요구받았음에도 공고를 하지 않은 경우, ② 사용자가 교섭을 요구받아 교섭요구 사실을 공고하기는 하였으나 법정기간(7일간) 동안 공고하지 않은 경우, ③ 사용자가 노동조합으로부터 교섭요구받은 사실과 다르게 공고한 경우 등이다.

여기서 '사실과 다르게 공고한 경우'란 노동조합의 명칭, 대표자의 성명 또는 교섭요구 일자 등을 노동조합이 교섭을 요구하면서 제출한 내용과 다르게 공고한 경우를 말한다.

#### 2) 시정신청인

노동위원회에 교섭요구 사실 시정신청을 할 수 있는 노동조합은 원칙적으로 교섭을 요구한 노동조합이며, 교섭을 요구한 노동조합이 아니더라도 교섭요구 사실을 정상적으로 공고하였다면 교섭창구 단일화 절차에 참여할 수 있었던 노동조합도 예외적으로 시정신청 당사자 적격을 인정한다.[8]

이때의 노동조합은 해당 교섭단위의 근로자가 조직하거나 가입한 노동조합

---

8) 중앙노동위원회, 복수노조 업무 매뉴얼, 2019, p.75.

법상 노동조합이어야 하며(노사관계법제과-1106, 2012.3.27.), 초기업단위 노동조합의 경우에는 해당 교섭단위 내 근로자가 해당 노동조합에 가입한 것이 객관적으로 입증되어야 한다.

초기업단위 노동조합 가입 여부에 대해 당사자 간 다툼이 있는 경우 노동위원회는 해당 근로자의 초기업단위 노동조합 가입원서, 조합비 납부영수증 등을 징구하는 등의 조사를 통해 가입 여부를 확인하게 된다.[9]

교섭요구 노동조합의 조합원이 모두 해고자인 경우에는 일반적으로 해당 교섭단위 내 근로자가 아닌 것으로 보는 것이 원칙이나, 노동위원회에 부당해고 구제신청 또는 법원에 해고무효확인소송 제기 등 해고의 정당성이 문제가 되는 경우에는 해고의 유무효에 따라 조합원 자격 여부를 판단한다.

종사근로자인 조합원이 해고되어 노동위원회에 부당노동행위에 대한 구제신청을 한 경우에도 중앙노동위원회의 재심판정이 있을 때까지는 조합원 수 산정에 포함하여야 한다(노동조합법 제5조제3항).

교섭요구 사실 공고에 대한 노동위원회의 시정권한이 있더라도 노동조합이 사용자에 대해 공고와 관련된 이의를 제기할 때 사용자가 이를 수용하여 수정 공고하는 것도 가능하다. 이 경우 노동위원회에 제기된 교섭요구 사실 공고에 대한 시정신청은 각하 처리된다.

### 3) 시정신청 기한

노동위원회에 교섭요구 사실의 공고에 대한 시정신청 기한에 대해서는 법령에 별도의 제한을 두고 있지 않으므로 기한의 제한 없이 시정신청할 수 있다. 다만, 일정한 경우에는 시정신청이 신의칙 위반으로 허용되지 않을 수 있다.

노동위원회는 사용자가 사업장 전체가 아닌 일부 사업장에 한해 교섭요구 사실을 공고하였음에도 불구하고 교섭창구 단일화 절차를 진행하였고, 그 사실을 알면서 절차에 참여한 노동조합이 절차가 완료될 때까지 아무런 이의를 제기하지 않다가 임·단협이 체결된 직후 교섭요구 사실의 공고에 대해 시정신청을 한 것은 신의칙상 허용될 수 없고 권리남용에 해당한다고 판단하였다(중앙2018교섭24 결정).

---

9) 중앙노동위원회, 복수노조 업무 매뉴얼, 2018, p.149.

4) 노동위원회의 결정

노동위원회가 교섭요구 사실의 공고에 대한 시정신청을 받으면 10일 이내에 시정신청에 대한 결정을 하여야 하며, 다른 종류의 복수노조 사건과 달리 처리기한을 연장할 수 없다(노동조합법 시행령 제14조의3제3항).

(6) 노동위원회 결정에 대한 불복

교섭요구 사실의 공고 시정신청에 대한 노동위원회의 결정에 대한 불복절차는 중재재정의 확정(노동조합법 제69조)에 관한 규정을 준용한다(노동조합법 제29조의2제8항).

따라서 당사자는 지방노동위원회의 결정이 위법하거나 월권에 의한 경우에 한해 그 결정서를 송달받은 날부터 10일 이내 중앙노동위원회에 재심을 신청할 수 있고, 중앙노동위원회의 재심결정이 위법하거나 월권에 의한 경우에 한해 그 재심결정서를 송달받은 날부터 15일 이내 행정소송을 제기할 수 있다.

또한, 노동위원회 결정의 효력은 중재재정의 효력(노동조합법 제70조제2항)에 관한 규정을 준용한다(노동조합법 제29조의2제8항). 따라서 교섭요구 사실의 공고에 대한 시정신청에 관한 지방노동위원회의 결정이나 중앙노동위원회의 재심결정은 재심신청 또는 행정소송의 제기에 의해 그 효력이 정지되지 않으며, 중앙노동위원회의 재심결정 또는 법원의 확정 판결에 의해 취소되기 전까지는 노동위원회가 결정한 대로 교섭창구 단일화 절차를 진행하여야 한다.

## 3. 다른 노동조합의 교섭참여 신청

노동조합의 교섭요구에 따라 사용자가 교섭요구 사실을 공고한 경우에 해당 교섭단위 내 사용자와 교섭하려는 다른 노동조합은 그 교섭요구 사실의 공고기간 내에 ① 노동조합의 명칭, ② 노동조합 대표자의 성명, ③ 사무소가 있는 경우에는 주된 사무소의 소재지, ④ 교섭을 요구한 날 현재의 해당 교섭단위에 소속된 종사근로자인 조합원의 수 등을 적은 서면으로 사용자에게 교섭을 요구하여야 한다(노동조합법 시행령 제14조의4, 노동조합법 시행규칙 제10조의2). 교섭요구 사실의 공고기간(공고일로부터 7일간) 내 교섭을 요구하지 않으면 교섭창구 단일화 절차에 참여할 수 없다.

만약 사용자의 공고기간이 법령에 정한 기간(7일)보다 짧아 교섭창구 단일화 절차에 참여할 수 없었던 노동조합이 있다면 교섭요구 사실에 대한 시정신청을 통해 참여할 수 있을 것이다.

교섭참여 신청이 가능한 다른 노동조합에는 교섭사실 공고 이전부터 해당 교섭단위 내 존재하고 있던 노동조합뿐만 아니라 교섭요구 사실 공고기간 중 새로이 설립된 노동조합도 포함된다.

## 4. 교섭요구 노동조합의 확정

### (1) 교섭요구 노동조합의 확정 절차

#### 1) 교섭요구 노동조합의 확정 통지 및 공고

사용자는 교섭요구 사실의 공고기간이 종료된 다음 날 처음 교섭을 요구한 노동조합과 교섭요구 사실의 공고기간 중에 교섭을 요구한 노동조합을 교섭요구 노동조합으로 확정하여 이들 노동조합에 통지하고 ① 교섭요구 노동조합의 명칭과 대표자 성명, ② 교섭을 요구한 일자, ③ 교섭을 요구한 날 현재의 종사근로자인 조합원의 수, ④ 공고 내용이 노동조합이 제출한 내용과 다르게 공고되거나 공고되지 아니한 경우에는 공고기간 중에 사용자에게 이의를 신청할 수 있다는 사실 등을 5일간 공고하여야 한다(노동조합법 시행령 제14조의5제1항, 노동조합법 시행규칙 제10조의4제1항).

법령상 사용자는 교섭을 요구하는 노동조합을 공고할 의무를 부담할 뿐, 그 진위를 확인해야 할 의무나 권한은 인정되지 않고, 특정 노동조합이 다른 노동조합의 조합원 수에 대해 이의를 제기한다는 이유로 확정공고를 거부하는 것은 정당화될 수 없다(중앙노동위원회 2019교섭4 결정).

공고 기간 산정에 대해서는 노동조합법에 별도의 규정을 두고 있지 않으므로 민법의 규정에 따른다(민법 제157조, 제159조, 제161조 참조).

#### 2) 사용자에게 이의신청

교섭을 요구한 노동조합은 사용자가 교섭을 요구한 노동조합을 확정하여 공고한 내용이 자신이 제출한 내용과 다르게 공고되거나 공고되지 않은 것으로 판단되는 경우에는 그 공고기간 중에 사용자에게 이의를 신청할 수 있다(노동조합법 시행령 제14조의5제2항). 이의신청은 자신이 제출한 내용과 관련해서만 허용되므로 다른 노동조합과 관련하여 공고 내용에 대해 이의신청하는 것은 허용되지 않는다.

교섭에 참여한 노동조합이 그 공고기간 중 사용자에게 이의를 신청하지 않은 경우에는 사용자가 공고한 대로 교섭참여 노동조합이 확정된다(대법원 2016. 2.18. 2014다11550).

사용자는 이의신청의 내용이 타당하다고 인정되는 경우에는 그 노동조합이 신청한 내용대로 교섭요구 노동조합 확정 공고기간이 끝난 날부터 5일간 공고하고 그 이의를 제기한 노동조합에 통지하여야 한다(노동조합법 시행령 제14조의5제3항).

공고기간 산정에 대해서는 노동조합법에 별도의 규정을 두고 있지 않으므로 민법의 규정에 따른다(민법 제157조, 제159조, 제161조 참조).

### 3) 노동위원회에 이의신청

교섭을 요구한 노동조합의 확정 공고에 대한 교섭요구 노동조합의 이의신청에도 사용자가 수정공고를 하지 않거나 사용자가 해당 노동조합이 신청한 내용과 다르게 수정공고한 경우에는 해당 노동조합은 노동위원회에 그 시정을 신청할 수 있다(노동조합법 시행령 제14조의5제4항).

노동위원회에 시정을 요청할 수 있는 사유와 각 사유별 시정신청 기간은 다음과 같으며(노동조합법 시행령 제14조의5제4항), 시정신청 기간의 산정방법은 노동조합법에 별도의 규정을 두고 있지 않으므로 민법의 규정에 따른다(민법 제157조, 제159조, 제161조 참조).

① 교섭요구사실 공고기간이 끝났음에도 불구하고 사용자가 교섭요구 노동조합 확정공고를 하지 아니하여 사용자에게 이의신청을 하였으나 사용자가 이를 공고하지 않은 경우: 사용자가 교섭을 요구한 노동조합을 확정 공고하여야 하는 기간(5일)이 끝난 다음 날부터 5일 이내
② 사용자가 교섭요구 노동조합을 확정공고함에 있어 노동조합이 요구한 내

용과 다르게 공고하여 사용자에게 이의신청을 하였으나 사용자가 이의신청한 내용을 수정 공고하지 않은 경우: 사용자가 교섭을 요구한 노동조합을 확정공고한 기간(5일)이 끝난 다음날부터 5일 이내
③ 사용자의 교섭요구노동조합 확정공고에 대해 이의신청을 하였으나 이의신청한 내용과 다르게 수정공고 한 경우: 사용자가 수정 공고한 기간(5일)이 끝난 날부터 5일 이내

교섭을 요구한 노동조합이 그 기한 내에 시정을 신청하지 않으면 사용자가 확정 공고 또는 수정 공고한 대로 교섭요구 노동조합이 확정된다(대법원 2016. 2.18. 2014다11550). 노동위원회가 시정요청을 받은 때에는 그 요청을 받은 날부터 10일 이내에 그에 대한 결정을 하여야 한다(노동조합법 시행령 제14조의5 제5항).

### 4) 노동위원회의 결정에 대한 불복

교섭요구 노동조합 확정 공고 이의신청에 대한 노동위원회 결정에 대한 불복절차는 중재재정의 확정(노동조합법 제69조)에 관한 규정을 준용한다(노동조합법 제29조의2제8항).

그러므로 당사자는 지방노동위원회의 결정이 위법하거나 월권에 의한 경우에 한해 그 결정서를 송달받은 날부터 10일 이내에 중앙노동위원회에 재심을 신청할 수 있고, 중앙노동위원회의 재심결정이 위법하거나 월권에 의한 경우에 한해 그 재심결정서를 송달받은 날부터 15일 이내에 행정소송을 제기할 수 있다.

또한 이에 대한 노동위원회 결정의 효력은 중재재정의 효력(노동조합법 제70조제2항)에 관한 규정을 준용한다(노동조합법 제29조의2제8항). 따라서 지방노동위원회의 결정이나 중앙노동위원회의 재심결정은 재심신청 또는 행정소송의 제기에 의해 그 효력이 정지되지 않으며, 중앙노동위원회의 재심결정 또는 법원의 확정 판결에 의해 취소되기 전까지는 노동위원회가 결정한 대로 교섭창구 단일화 절차를 진행하여야 한다.

## (2) 교섭요구 노동조합의 확정 시점

교섭을 요구한 노동조합으로 확정 또는 결정되는 시점은 교섭대표노동조합 자율결정기간의 기산점이 되는 등 이후 교섭창구 단일화 절차에서 중요한 기준이 되므로 그 시점이 문제가 된다.

### 1) 사용자의 공고 또는 수정공고에 의해 확정되는 경우

사용자가 교섭요구 노동조합을 확정 공고한 것에 대해 노동조합이 이의를 신청하지 않은 경우에는 그 공고기간이 만료된 날이, 사용자의 공고에 대해 노동조합이 이의를 신청하여 사용자가 수정공고 한 경우에는 그 수정공고기간이 만료된 날이 교섭대표노동조합 자율결정기간의 기산일이 되는 교섭요구 노동조합이 확정된 날이다(대법원 2016.2.18. 2014다11550).

**핵심 판례  교섭요구 노동조합으로 확정 또는 결정된 날**

교섭대표 자율결정기간은 교섭창구 단일화 절차에 참여한 모든 노동조합이 자율적으로 교섭대표노동조합을 정하는 기간이므로 그 결정절차 참여의 전제가 되는 교섭을 요구한 노동조합의 명칭과 대표자, 조합원 수, 교섭요구일 등이 그 기간 진행 전에 모두 특정될 필요가 있는 점, 교섭창구 단일화 절차를 규정하고 있는 노동조합법과 시행령의 각 규정에 비추어 볼 때 교섭대표 자율결정기간의 기산일이 되는 '시행령 제14조의5에 따라 확정 또는 결정된 날'은 시행령 제14조의5에서 정한 교섭요구 노동조합 확정절차가 종료된 날을 의미하는 것으로 해석되는 점 등을 종합하여 보면, 교섭대표 자율결정기간의 기산일이 되는 '시행령 제14조의5에 따라 확정된 날'은 시행령 제14조의5제1항에 따른 사용자의 공고에 대하여 노동조합이 이의를 신청하지 아니한 경우에는 그 공고기간이 만료된 날을, 노동조합이 이의를 신청하여 사용자가 수정공고를 한 경우에는 그 수정공고기간이 만료된 날을 의미한다고 보는 것이 타당하다(대법원 2016.2.18. 2014다11550).

### 2) 노동위원회의 결정으로 확정되는 경우

노동조합법 시행령 제14조의5에 따른 사용자의 공고에 대해 노동조합이 노동위원회에 시정을 요청하여 노동위원회가 결정한 경우에는 노동위원회의 결정서가 당사자에게 송달된 날이 교섭대표노동조합 자율결정기간의 기산일이 되는 교섭요구 노동조합으로 확정된 날이다.

노동위원회법 제17조의2에서 노동위원회는 처분 결과를 당사자에게 서면으로 송달하여야 하고, 처분의 효력은 결정서 등을 송달받은 날부터 발생한다고 규정하고 있는 점, 교섭대표노동조합 자율결정기간은 그 기간이 경과하면 더는 자율적으로 교섭대표노동조합을 결정하거나 사용자가 개별교섭 동의를 할 수 없는 효력이 발생하므로 그 기간의 기산일은 당사자 간에 다툼의 여지가 없을 정도로 명확하여야 하는 점 등에 비추어 보면, 교섭요구 노동조합이 확정된 날은 노동위원회의 결정서가 당사자에게 송달된 날이다(대법원 2016.1.14. 2013다84643, 84650).

### 3) 노동위원회의 결정에 각하 결정이 포함되는지 여부

교섭요구 노동조합이 다른 노동조합과 관련된 공고 내용에 대해 노동위원회에 시정신청을 하였는데 노동위원회가 교섭요구 노동조합은 자신과 관련된 공고 내용에 대해서만 이의신청을 할 수 있다는 취지로 각하 결정을 한 경우, 이러한 각하 결정도 이를 노동조합법 시행령 제14조의5제5항의 노동위원회의 결정에 포함되는 것으로 보아 교섭대표노동조합 자율결정기간도 노동위원회의 각하 결정서가 당사자에게 송달된 날부터 진행되는 것으로 볼 수 있는지가 문제가 된다.

노동조합법 시행령 제14조의6제1항에서 노동위원회가 한 결정의 종류에 따라 법적 효과를 달리 정하고 있지 않은데다가, 노동조합법 시행령 제14조의5 제2항은 공고 내용이 자신이 제출한 내용과 다르게 공고되거나 공고되지 아니한 것으로 판단하는 주체를 교섭요구 노동조합이라고만 규정하고 있다.

그러므로 교섭요구 노동조합이 다른 노동조합과 관련된 공고 내용에 관하여 사용자에게 이의를 신청하고, 노동위원회에 시정 요청을 하여 노동위원회가 그에 관하여 결정을 하였다 하더라도, 그 결정 절차를 노동조합법 시행령 제14조의5에 따른 절차가 아니라고 단정하기 어렵다.

또한 교섭요구 노동조합이 자신에 관한 사항이 아닌 다른 노동조합에 관한 사항에 대해 이의신청 내지 시정요청을 한 경우 교섭대표 자율결정기간이 노동위원회의 결정이 있은 날부터 진행하는 것이 아니라, 사용자가 교섭요구 노동조합으로 확정한 날 또는 그 확정공고기간 만료일부터 진행하는 것이라고 해석한다면, 사용자 및 교섭요구 노동조합으로서는 교섭요구 노동조합의 시정

요청 내용이 적법한 것인지 아닌지 및 노동위원회가 각하결정을 할 것인지 아닌지를 노동위원회의 결정이 나오기 전에 미리 판단하여 대처해야 한다는 결과가 된다.

이는 사용자 또는 교섭요구 노동조합으로 하여금 노동관계에 있어서의 판정기관인 노동위원회의 결정 전에 그에 관한 법률적 판단을 하고 그 결과 발생하는 위험을 부담하도록 요구하는 것이 되어 부당하다.

따라서 노동조합의 노동위원회에 대한 시정요청이 누가 보더라도 명백히 부당하다는 등의 특별한 사정이 없는 한, 적어도 노동위원회에 대한 시정요청이 노동조합에 의해 그 법정기간을 준수하여 제기된 경우에는, 그 시정요청에 대한 노동위원회의 결정이 있기 전에는 교섭대표 자율결정기간이 진행되지 않는다고 보는 것이 타당하다(대법원 2016.1.14. 2013다84643, 84650).

### (3) 교섭요구 노동조합 확정의 효력

교섭요구 노동조합이 확정되면 다양한 법률적 효과가 발생한다.

첫째, 교섭요구 노동조합으로 확정된 노동조합만이 이어서 진행되는 교섭대표노동조합 결정 절차에 참여할 수 있다(노동조합법 제29조의2). 따라서 기존의 교섭단위 내 노동조합으로서 노동조합법상 교섭요구 노동조합 확정 절차에 참여하지 않았거나 교섭요구 노동조합 확정 이후 신설된 노동조합은 해당 교섭대표노동조합 결정 절차에 참여할 수 없다.

개별교섭에 대해서는 이들 노동조합이라도 자율적으로 교섭대표노동조합을 결정하는 기한 내에 사용자가 동의하면 개별교섭이 가능하다는 견해[10]가 있으나 실무적으로는 이들 노동조합과 개별교섭이 허용되지 않는 것으로 본다.[11]

둘째, 교섭대표노동조합과 사용자가 체결한 단체협약은 교섭요구 노동조합으로 확정된 노동조합 전체에 적용되며(노동조합법 제29조제2항), 그밖의 노동조합의 조합원과 비조합원에게는 적용되지 않는 것이 원칙이다. 다만, 그밖의 노동조합의 조합원에게 노동조합법 제35조(일반적 구속력)에 따른 확장적용 여부에 대해서는 견해가 갈린다.

교섭대표노동조합이 사업 또는 사업장 근로자의 반수 이상을 대표하는 경우

---

10) 조상균, "개정노동조합법상 '교섭창구 단일화 방안'을 둘러싼 문제", p.170.
11) 고용노동부, 사업(사업장) 단위 복수노조 업무 매뉴얼, 2010, p.18.

에는 노동조합법 제35조에 따라 효력이 확장된다는 전면긍정설,[12] 교섭창구 단일화 절차에 참여하지 않은 노동조합에게 유리한 경우에만 확장효력을 인정하는 제한적 긍정설[13] 등이 있다.

교섭창구 단일화 절차에 참여하지 않은 노동조합에 단체협약이 존재하는 경우에는 유·불리를 불문하고 노사자율 원칙에 따라 그 협약의 유효기간까지 교섭대표노동조합이 체결한 단체협약이 적용되지 않으며 단체협약이 존재하지 않은 경우 일반적 구속력에 따라 효력이 확장되는 것으로 해석함이 타당한 것으로 보인다[14].

셋째, 쟁의행위를 하기 위해서는 확정된 교섭요구 노동조합 전체 조합원 과반수의 찬성이 있어야 하며(노동조합법 제41조제1항), 교섭요구 노동조합으로 확정된 노동조합만이 교섭대표노동조합의 공정대표의무 위반에 대해 노동위원회에 시정신청을 할 수 있다(노동조합법 제29조의4).

반면, 확정된 교섭요구 노동조합이 아닌 노동조합은 사용자와 교섭하여 단체협약을 체결할 수 없고, 노동위원회에 조정신청을 할 수 없으며, 쟁의행위를 할 경우에는 그 정당성을 인정받을 수 없다.

## 제3절 교섭대표노동조합의 결정 절차

교섭요구 노동조합이 확정되면 사용자가 자율적 교섭대표노동조합 결정기간(14일) 내 교섭창구 단일화 절차를 거치지 아니하기로 동의하여 개별교섭을 하는 경우를 제외하고는 교섭대표노동조합을 정하는 절차가 진행된다.

우선, 교섭요구 노동조합 간 협의하여 자율적으로 교섭대표노동조합을 결정하고, 이에 실패하면 교섭참여 노동조합의 전체 조합원 과반수로 조직된 노동

---

12) 권두섭, "복수노조 시대, 노조환경의 변화와 주요 쟁점", 복수노조시대, 노조환경변화와 주요쟁점 연구발표회, 전국민주노동조합총연맹(2011.1.21.), p.56

13) 조상균, "개정노동조합법상 '교섭창구 단일화 방안'을 둘러싼 문제", p.172.

14) 노동법실무연구회, 노동조합 및 노동관계조정법 주해 Ⅰ, pp.662~663.

조합이 교섭대표노동조합이 되며, 이에도 실패하면 공동교섭대표단을 구성하여 교섭하게 된다.

## 1. 개별교섭

### 1) 의의

하나의 교섭단위에 복수의 노동조합이 있는 경우 노동조합은 교섭창구 단일화 절차를 거쳐 교섭대표노동조합을 정하여 교섭하는 것이 원칙이다. 그러나 예외적으로 교섭대표노동조합을 자율적으로 결정하는 기한 내 사용자가 교섭창구 단일화 절차를 거치지 아니하기로 동의한 경우 사용자는 각각의 노동조합과 개별교섭을 할 수 있다(노동조합법 제29조의2제1항).

이 조항은 강행규정이며, 사용자의 개별교섭 동의가 교섭대표노동조합 자율결정기간 내 이루어지지 않는 경우 그 개별교섭 동의는 효력이 없다(대법원 2016.1.14. 2013다84643, 84650).

또한 교섭창구 단일화를 하지 않고 개별교섭을 하기로 단체협약에 규정하더라도 이는 강행규정인 노동조합법 제29조의2제1항 위반으로 효력이 없다(노사관계법제과-626, 2011.5.6.).

한편, 사용자가 교섭창구 단일화 절차를 거치지 아니하기로 동의한 경우 사용자는 교섭을 요구한 모든 노동조합과 성실히 교섭하여야 하고, 차별적으로 대우하여서는 아니 된다(노동조합법 제29조의2제2항).

### 2) 개별교섭에서 교섭의무 노동조합

개별교섭 동의에 의해 사용자가 교섭의무를 부담하는 노동조합은 교섭요구 노동조합으로 확정된 노동조합이다. 교섭요구 노동조합이 확정된 이후 설립 또는 가입한 노동조합에 대해서는 그 교섭요구일이 개별교섭 이후 최초로 도래하는 단체협약 만료일 3개월 이전이라면, 사용자는 그 교섭요구에 응할 의무가 없다(노사관계법제과-2837, 2012.10.14.).

교섭요구 노동조합이 확정되기 전에 설립 또는 가입한 노동조합이지만 교섭창구 단일화 절차에 참여하지 않은 노동조합에 대해서도 사용자는 교섭요구에 응할 의무가 없다.

사용자가 개별교섭에 동의할 당시의 노동조합의 인적 구성원이 바뀌는 등 상황이 달라진 경우에도 그 노동조합이 유지·운영되고 있다면 사용자는 해당 노동조합의 교섭요구에 응해야 한다(노사관계법제과-1652, 2019.6.7.).

### 3) 개별교섭 동의 기한과 방법

개별교섭을 하기 위해서는 교섭요구 노동조합이 확정 또는 결정된 날로부터 14일 이내 사용자가 개별교섭에 동의하여야 한다(노동조합법 제29조의2제1항, 제3항; 노동조합법 시행령 제14조의6제1항).

이때 '14일 이내'는 '14일이 되는 날까지'를 의미하며, '확정 또는 결정된 날'은 사용자의 교섭요구 노동조합 확정 공고에 대해 노동조합이 이의를 신청하지 않은 경우에는 '공고기간이 만료된 날'을, 노동조합이 이의를 신청하여 사용자가 수정공고를 한 경우에는 '그 수정공고기간이 만료된 날'을, 노동조합이 이의를 신청하여 노동위원회가 결정한 경우에는 '노동위원회의 결정서가 당사자에게 송달된 날'을 의미한다(대법원 2016.2.18. 2014다11550; 대법원 2016.1.14. 2013다84643, 2013다84650 참조).

자율적으로 교섭대표를 정하는 기한을 경과하여 사용자가 개별교섭에 동의한 경우에 그 동의의 효력이 유효한지에 대해서는 견해가 나뉜다.

첫째, 자율적 교섭창구 단일화 결정기간 외라도 노동조합과 사용자가 동의하여 개별교섭하는 것은 가능하다거나 또는 개별교섭 동의의 대상이 확정된 교섭요구 노동조합 전체가 되어야 한다는 입장에서 개별교섭 동의기간을 한정할 필요가 없다는 견해이다.[15]

둘째, 개별교섭 동의 기한은 강행규정에 해당하여 교섭요구 노동조합이 확정된 경우에만 사용자의 개별교섭 동의가 허용되며 해당기간 외에 노사가 개별교섭하기로 합의하였다고 하더라도 이는 강행규정을 위반한 것으로 효력이 없다는 견해[16]가 있다. 판례는 사용자의 개별교섭 동의가 교섭대표 자율결정 기간 내에 이루어지지 않은 경우 그 개별교섭 동의는 효력이 없다는 입장을 취하고 있다(대법원 2016.1.14. 2013다84643, 84650).

---

15) 권두섭, "복수노조 시대, 노조환경의 변화와 주요 쟁점", p.57; 이승욱, "교섭창구 단일화 절차를 둘러싼 노동법상 쟁점", p.62; 노동법실무연구회, 노동조합 및 노동관계조정법 주해 I, p.665.

16) 고용노동부, 사업(사업장) 단위 복수노조 업무매뉴얼, pp.19~20.

> **핵심 판례** 교섭대표 자율결정기간 및 개별교섭 동의기간은 강행규정
>
> 교섭대표 자율결정기간은 노동조합법 제29조의2제2항, 노동조합법 시행령 제14조의6 제1항에서 정하고 있는데, 위 조항의 취지는 교섭요구 노동조합들이 교섭대표노동조합을 자율적으로 정하거나 사용자가 개별교섭에 동의할 것인지 여부를 결정함에 필요한 충분한 기간을 보장하는 한편 단체교섭이 이루어지는 시기가 부당하게 늦춰지는 것을 막고자 하는 데 있다고 보이므로, 위 조항은 강행규정이다. 따라서 사용자의 개별교섭 동의가 교섭대표 자율결정기간 내에 이루어지지 않는 경우 그 개별교섭 동의는 효력이 없다(대법원 2016.1.14. 2013다84643, 84650).

개별교섭 동의는 교섭요구 노동조합 전체와 각각 합의하여야 한다는 일부 견해[17]가 있으나 일반적으로는 사용자가 어느 한 노동조합의 개별교섭 요구에 동의함으로써 성립되며 교섭요구 노동조합으로 확정 또는 결정된 모든 노동조합과 동의하여야 하는 것은 아닌 것으로 본다.[18]

동의의 방법에 대해서는 별도의 제한이 없으므로 반드시 서면으로 하여야 하는 것은 아니다. 다만, 향후 발생할 수 있는 분쟁을 방지하기 위해서는 서면으로 작성하는 것이 바람직하다.

해당 기간 내 사용자의 개별교섭 동의가 없거나 자율적 단일화가 이루어지지 않으면 과반수 노동조합이 교섭대표권을 갖는 단계로 진행된다.

### 4) 개별교섭 동의의 효과

사용자가 교섭요구 노동조합과 개별교섭에 동의한 경우에는 교섭요구 노동조합으로 확정 또는 결정된 모든 노동조합은 각각 사용자와 교섭하게 되며, 교섭창구 단일화가 진행되지 않는다.

개별교섭 동의의 효력은 해당 단체교섭에 한하여 유효하다. 이후 새롭게 시작되는 교섭창구 단일화 절차는 개별교섭에 의해 체결된 단체협약의 유효기간과 관계없이 해당 교섭단위 내 이후 먼저 도래하는 단체협약의 유효기간 만료

---

17) 이승욱, "교섭창구 단일화 절차를 둘러싼 노동법상 쟁점", p.61.
18) 고용노동부, 사업(사업장) 단위 복수노조 업무 매뉴얼, p.20; 노동법실무연구회, 노동조합 및 노동관계조정법 주해 Ⅰ, p.664.

일 이전 3개월이 되는 날부터 교섭을 요구함으로써 개시된다.

개별교섭 동의 후 노동조합이 신설된 경우와 기존의 노동조합으로서 교섭창구 단일화 절차에 참여하지 않은 경우에도 같다.

### 5) 개별교섭과 단체협약의 일반적 구속력

노동조합법 제35조에 의한 단체협약의 일반적 구속력이 개별교섭을 할 때 소수노동조합의 조합원에도 적용되는지가 문제가 된다.

이에 대해 사업 또는 사업장 근로자의 반수 이상을 대표하는 경우에는 ① 노동조합법 제35조에 따라 소수노동조합의 조합원에도 효력이 확장된다는 견해[19], ② 소수노동조합에 유리한 경우에만 효력 확정을 인정하는 견해[20] 등이 있으나 효력확장을 인정하면 소수노동조합의 독자적인 단체교섭권을 침해하는 결과를 초래하기 때문에 노사 간 집단적 자치에 공백이 존재하는 경우에 한해 보충적으로 적용된다고 해석하는 것이 타당해 보인다.[21]

따라서 사용자와 다수노동조합 사이의 단체협약 체결에 관여하지 않은 소수노동조합이 독자적으로 단체교섭권을 행사하여 이미 별도의 단체협약을 체결한 상태라면 해당 단체협약이 유효하게 존속하고 있는 한 일반적 구속력에 의해 다수노동조합의 단체협약의 효력이 소수노동조합 또는 그 조합원에 미치지 않는다(대전지방법원 2015.9.2. 2014가합102474).

또한 소수노동조합이 사용자와 개별교섭을 진행하고 있어 단체협약이 아직 체결 단계에 이르지는 못한 경우 다수노조와의 단체협약 효력, 즉 일반적 구속력이 소수노조의 조합원들에게 미치지 않는다고 본다.[22]

## 2. 자율적 교섭대표노동조합 결정

### 1) 의의

노동조합법 시행령 제14조의5에 따라 교섭을 요구한 노동조합으로 확정 또

---

19) 권두섭, "복수노조 시대, 노조환경의 변화와 주요 쟁점", p.56.
20) 조상균, "개정노동조합법상 '교섭창구 단일화 방안'을 둘러싼 문제", p.172.
21) 노동법실무연구회, 노동조합 및 노동관계조정법 주해 I, pp.662~663.
22) 중앙노동위원회, 판례와 판정례로 본 복수노조와 단체교섭, p.39.

는 결정된 노동조합이 자율적으로 교섭대표노동조합을 정하려는 경우에는 교섭요구 노동조합으로 확정 또는 결정된 날부터 14일이 되는 날까지 그 교섭대표노동조합의 대표자, 교섭위원 등을 연명으로 서명 또는 날인하여 사용자에게 통지하여야 하며(노동조합법 시행령 제14조의6제1항), 이로써 해당 교섭단위의 교섭대표노동조합으로 확정된다.

자율적으로 교섭대표노동조합을 결정하여 사용자에게 통지한 이후에는 그 교섭대표노동조합의 결정 절차에 참여한 노동조합 중 일부 노동조합이 그 이후의 절차에 참여하지 않더라도 교섭대표노동조합으로서의 지위는 그대로 유지된다(노동조합법 시행령 제14조의6제2항).

일부 노동조합이 교섭대표노동조합 결정 이후의 절차에 참여하지 않을 경우에도 교섭대표노동조합이 체결한 단체협약은 이들 노동조합과 그 조합원에게 그대로 적용되고, 쟁의행위 찬반투표를 할 경우에도 그 대상에 포함되며, 쟁의행위를 독자적으로 할 수 없다.

자율적으로 정하는 교섭대표노동조합의 형태에 관해서는 명문의 규정이 없으나 교섭요구 노동조합으로 확정 또는 결정된 노동조합 중에서 하나의 노동조합을 교섭대표노동조합으로 지정하거나 교섭대표기구를 구성하여 이를 교섭대표노동조합으로 정하거나 어느 경우든 관계없는 것으로 해석된다.[23]

## 2) 결정기한

교섭요구 노동조합으로 확정 또는 결정된 노동조합이 자율적 교섭창구 단일화 기간(14일)을 경과하여 교섭대표노동조합을 정한 경우 이를 교섭대표노동조합으로 인정할 수 있는지가 문제가 된다.

자율적 교섭창구 단일화 기간(14일)이 경과하면 자동적으로 과반수 노동조합을 교섭대표노동조합으로 정하는 절차로 이행되지만, 자율적 교섭창구 단일화 기간이 경과한 이후 교섭대표노동조합을 자율적으로 정하는 것을 인정하여도 그 효력을 부인할 이유가 없을 것으로 보인다.

왜냐하면 ① 교섭요구 노동조합의 교섭창구 단일화 절차 참여권을 배제할 염려도 없고, ② 집단자치의 원칙에도 부합하며, ③ 교섭대표노동조합의 조속

---

23) 노동법실무연구회, 노동조합 및 노동관계조정법 주해 Ⅰ, p.667.

한 확정을 통해 신속한 단체교섭도 가능하기 때문이다.[24]

### 3) 결정방식

노동조합 간 자율적 교섭대표노동조합 결정의 방식에는 특별한 제한이 없으므로 교섭창구 단일화에 참여한 노동조합들의 합치된 의사가 반영되는 방식이라면 자유롭게 정할 수 있다.

다만, 이후 교섭과정 등에서 분쟁을 방지하고 원활한 교섭 진행을 위해서는 의사결정방식 등 교섭대표노동조합의 필요한 역할 수행에 관한 주요 사항에 대해 서면으로 작성하여 서명 또는 날인하는 것이 바람직하다.

## 3. 과반수 노동조합에 의한 교섭대표노동조합 결정

### (1) 의의

자율적으로 교섭대표노동조합을 정하는 기한(14일) 내에 사용자의 개별교섭에 대한 동의가 없거나 교섭참여 노동조합 간에 자율적으로 교섭대표노동조합을 결정하지 못한 경우에는 과반수 노동조합이 교섭대표노동조합이 된다(노동조합법 제29조의2제4항).

여기서 '과반수 노동조합'이란 교섭창구 단일화 절차에 참여한 모든 노동조합의 전체 종사근로자인 조합원의 과반수로 조직된 노동조합을 의미하며, 2개 이상의 노동조합이 '위임' 또는 '연합' 등의 방법으로 과반수가 되는 경우를 포함한다. 과반수 여부는 교섭요구 노동조합의 확정공고일을 기준으로 산정한다(노동조합법 시행령 제14조의7제1항, 제6항).

해당 교섭단위 내에는 노동조합에 가입하지 않은 근로자나 노동조합에 가입하였으나 소속 노동조합이 교섭창구 단일화 절차에 참여하지 않은 경우도 있을 수 있으므로 전체 근로자의 과반수로 조직된 노동조합과는 다를 수 있다.

여기서 '위임'이란 노동조합법 제29조제3항에 따라 교섭대표권을 획득하기 위해 특정 노동조합에게 교섭권을 위임하는 것을 의미하며, '연합'이란 2개 이상의 노동조합이 교섭대표권 획득을 위해 하나의 노동조합인 것으로 의제하기

---

24) 이승욱, "교섭창구 단일화 절차를 둘러싼 노동법상 쟁점", p.69; 노동법실무연구회, 노동조합 및 노동관계조정법 주해 I, p.667.

위한 노동조합 간의 합의를 의미한다.

산별 노동조합으로부터 단체교섭권한을 위임받은 산별 노동조합의 분회장이 다른 노동조합에게 단체교섭권한을 재위임하여 과반수 노동조합을 구성한 경우, 이를 위하여 다시 위임인의 승낙이나 조합원 총회의 결의가 필요한 것은 아니다(서울행정법원 2016.3.25. 2015구합7234).

교섭대표노동조합의 대표자는 위임의 경우 위임받은 노동조합의 대표자가 되는 것이 일반적이나, 연합의 경우에는 노동조합 간 협의하여 결정하는 것이 일반적이다.

위임이나 연합을 통해 과반수 노동조합으로 인정되어 교섭대표노동조합이 된 이후에 위임이나 연합의 의사를 철회하거나 위임한 노동조합 또는 연합한 노동조합이 소멸하는 경우에 교섭대표노동조합의 지위가 유지되는지에 대해서는 명문의 규정이 없다.

그러나 과반수 노동조합의 과반수 여부에 대한 이의신청제도를 두면서 과반수 여부의 기준시점을 교섭요구 노동조합을 확정 공고한 날로 특정하고 있음을 감안할 때 교섭대표노동조합으로서의 지위는 그대로 유지된다고 보아야 할 것이다.[25]

### (2) 과반수 노동조합의 통지

과반수 노동조합이라고 주장하는 노동조합은 자율적 교섭창구 단일화 기간이 만료되는 날부터 5일 이내에 노동조합의 명칭, 대표자 및 과반수 노동조합이라는 사실을 사용자에게 통지해야 한다(노동조합법 시행령 제14조의7제1항).

'위임'에 의한 과반수 노동조합의 경우에는 위임에 참여하는 노동조합의 명칭, 대표자, 위임장 등을 포함하여 사용자에게 통지하여야 하고, '연합'에 의한 과반수 노동조합의 경우에는 각 노동조합이 연명으로 사용자에게 통지하여야 한다.

### (3) 사용자의 공고 및 교섭대표노동조합 확정

사용자가 과반수 노동조합임을 통지받은 때에는 그 통지를 받은 날부터 5일

---

25) 고용노동부, 사업(사업장) 단위 복수노조 업무 매뉴얼, p.22; 조상균, "개정노동조합법상 '교섭창구 단일화 방안'을 둘러싼 문제", p.175.

간 그 내용을 공고하여 다른 노동조합과 근로자가 알 수 있도록 하여야 한다. 공고기간 중 공고내용에 이의가 없는 때에는 공고된 노동조합이 교섭대표노동조합으로 확정된다(노동조합법 시행령 제14조의7제2항, 제4항).

교섭대표노동조합으로 확정된 이후 조합원 수가 감소하여 과반수가 되지 않게 되어도 교섭대표노동조합의 지위 유지기간에는 그 지위를 유지한다.

둘 이상의 노동조합이 날짜를 달리하여 과반수 노동조합임을 통지하고, 사용자가 각각 공고(선행공고, 후행공고)하였을 경우에도 각각의 공고가 유효하며 각각의 공고기간 내에 이의를 제기할 수 있다.

각각의 공고기간 중 이의가 없는 경우에는 논리적으로 과반수노동조합이 둘 이상 존재할 수는 없기 때문에 과반수 노동조합이 없는 것으로 보고 공동교섭대표단 구성 절차로 진행된다. 공동교섭대표단 구성과정에서 과반수 노동조합이 확인되면 그 노동조합을 교섭대표노동조합으로 결정한다.[26]

## (4) 과반수 노동조합에 대한 이의신청

### 1) 노동위원회에 이의신청

사용자가 공고한 과반수 노동조합 공고에 대해 사용자가 과반수 노동조합임을 통지받았음에도 이에 관한 공고를 하지 않거나 공고된 과반수 노동조합에 대해 그 과반수 여부에 이의가 있는 경우에 이의를 제기하려는 노동조합은 과반수 노동조합 공고기간 내에 노동위원회에 이의를 신청할 수 있다(노동조합법 시행령 제14조의7제3항).

노동위원회가 과반수 여부에 대해 이의신청을 받은 때에는 교섭창구 단일화 절차에 참여한 모든 노동조합과 사용자에게 통지하고, 조합원 수를 조사·확인하여야 한다(노동조합법 시행령 제14조의7제5항).

노동위원회는 이의신청을 받은 날로부터 10일 이내에 과반수 노동조합에 해당하는지 여부를 결정하여야 한다. 다만 조합원 수가 많거나 소속 노동조합을 확인하기 어려운 경우에는 한 차례에 한정하여 10일의 범위에서 그 기간을 연장할 수 있다(노동조합법 시행령 제14조의7제9항).

---

26) 중앙노동위원회, 복수노조 업무 매뉴얼, 2019, pp.23~24.

### 2) 이의신청인

노동위원회에 과반수 노동조합에 대한 이의 신청인은 교섭요구 노동조합으로 확정 또는 결정된 노동조합으로서 사용자의 과반수 노동조합 공고에 대해 이의를 제기하려는 노동조합이다.

초기업단위 노동조합의 경우에는 노동조합이 해당 교섭단위의 근로자를 포함하는 조합원 명부를 첨부하는 경우, 해당 교섭단위 내 근로자가 은행 등 공신력 있는 금융기관을 통해 조합비를 납부한 경우, 해당 노동조합과 사용자가 체결한 단체협약이 있는 경우 등 해당 교섭단위 내 근로자가 해당 노동조합에 가입한 것이 객관적으로 입증되어야 한다.[27]

### 3) 이의신청 기간

과반수 노동조합에 대한 이의신청 기간은 사용자가 과반수 노동조합을 공고한 날부터 5일 이내이다. 이 기간 내에 노동위원회에 이의신청이 없는 경우에는 사용자가 공고한 과반수 노동조합이 해당 교섭단위의 교섭대표노동조합으로 확정된다(노동조합법 시행령 제14조의7제3항, 제4항).

### 4) 과반수 노동조합 결정 및 통지

노동위원회는 조합원 수를 조사·확인한 결과 과반수 노동조합이 있다고 인정하는 경우에는 그 과반수 노동조합을 교섭대표노동조합으로 결정하고, 조합원 수를 조사·확인한 결과 과반수 노동조합이 없는 경우에는 해당 교섭단위에 과반수 노동조합이 존재하지 아니함을 결정하여 교섭창구 단일화 절차에 참여한 모든 노동조합과 사용자에게 통지하여야 한다(노동조합법 시행령 제14조의7제9항).

### 5) 노동위원회 결정에 대한 불복

노동위원회의 과반수 노동조합 이의신청에 대한 결정에 대한 불복절차는 중재재정의 확정(노동조합법 제69조)에 관한 규정을 준용한다(노동조합법 제29조의2제8항).

---

27) 중앙노동위원회, 복수노조 업무 매뉴얼, 2019, p.86.

그러므로 당사자는 지방노동위원회의 결정이 위법하거나 월권에 의한 경우에 한하여 중앙노동위원회에 재심을 신청할 수 있고, 중앙노동위원회의 재심결정이 위법하거나 월권에 의한 경우에 한하여 행정소송을 제기할 수 있다.

또한 이에 대한 노동위원회 결정의 효력은 중재재정의 효력(노동조합법 제70조제2항)에 관한 규정을 준용한다(노동조합법 제29조의2제8항). 따라서 지방노동위원회의 결정이나 중앙노동위원회의 재심결정은 재심신청 또는 행정소송의 제기에 의하여 그 효력이 정지되지 않는다.

## (5) 과반수 노동조합 결정 시 조합원 수 산정

### 1) 조합원 수 산정 기준시점

노동위원회가 과반수 노동조합을 결정하기 위해 그 조합원 수를 확인하는 기준일은 노동조합법 제14조의5제1항에 따라 교섭요구 노동조합을 확정공고한 날이다(노동조합법 시행령 제14조의7제6항).

실제 사용자가 교섭요구 노동조합을 확정공고한 날과 법에 따라 정상적으로 진행되었을 경우 교섭요구 노동조합 확정공고일이 되어야 하는 날이 다른 경우에는 후자를 기준으로 한다.

이와 같이 해석하지 않을 경우에는 사용자가 확정공고를 지연함에 따라 과반수 노동조합이 달라져 불합리한 결과가 초래될 수 있기 때문이다(대법원 2014.11.4. 2014두38750 심리불속행 확정).

확정공고일은 일반적으로 교섭요구일로부터 8일째 되는 날이며, 교섭요구 사실 공고의 종료일이 토요일 또는 공휴일인 경우에는 그 다음 날이다(민법 제161조 참조).

**과반수 노동조합 결정 기준일**

위와 같은 교섭창구 단일화 절차는 복수의 노동조합이 허용되는 현행 노동조합법 체계하에서 헌법상 보장된 단체교섭권을 합리적으로 조정·제한하기 위한 것으로서 그 성격상 교섭창구 단일화 절차에 관한 규정은 전반적으로 강행규정으로 해석되어야 한다.

그러한 연장선상에서 과반수 노동조합을 결정하는 기준일인 교섭요구 노동조합 확정공고일이라 함은 실제 사용자가 교섭요구 노동조합 확정공고를 한 날이 아니라 법에 따라 정상적으로 진행되었을 경우 교섭요구 노동조합 확정공고일이 되어야 하는 날로 보아야 한다. 이렇게 해석하지 않을 경우에는 사용자가 확정공고를 지연함에 따라 과반수 노동조합이 달라지게 되어 불합리한 결과가 초래되게 되기 때문이다(대법원 2014.11.4. 2014두38750 심리불속행 확정).

### 2) 이중가입 조합원 수 산정

과반수 노동조합 결정을 위해 조합원 수를 확인할 때 2개 이상의 노동조합에 가입한 조합원에 대해서는 기본적으로 조합비 납부 여부에 따라 소속 노동조합을 정하는 방법을 채택하고 있으며 구체적으로 아래와 같은 방식으로 조합원 수를 산정한다(노동조합법 시행령 제14조의7제7항).

① 조합비를 납부하는 노동조합이 1개인 경우: 조합비를 납부하는 노동조합의 조합원 수에 숫자 1을 더할 것
② 조합비를 납부하는 노동조합이 2개 이상인 경우: 숫자 1을 조합비를 납부하는 노동조합의 수로 나눈 후에 그 산출된 숫자를 그 조합비를 납부하는 노동조합의 조합원 수에 각각 더할 것
③ 조합비를 납부하는 노동조합이 하나도 없는 경우: 숫자 1을 조합원이 가입한 노동조합의 수로 나눈 후에 그 산출된 숫자를 그 가입한 노동조합의 조합원 수에 각각 더할 것

이상과 같이 2개 이상의 노동조합에 가입한 조합원에 대해서 조합비 납부 여부를 기준으로 조합원 수를 산정하도록 한 것은 일반적으로 조합원이 노동조합에 조합비를 충실하게 납부하는 경우에는 조합비를 납부하지 않는 노동조합보다 노동조합 활동에 더 적극적으로 참여하려는 의사가 있는 것으로 볼 수

있고, 조합원들로부터 조합비를 납부받아 운영하는 노동조합이 그렇지 않은 노동조합보다 자주적·민주적으로 운영되고 있는 것으로 볼 수 있다는 취지에 따른 것으로 보인다(서울행정법원 2014.4.24. 2013구합56669).

이러한 취지에서 판례는 사용자가 조합원들에게 지급한 급여에서 조합비를 공제하여 조합비를 노동조합에게 송금해 준 것이 아니라 지급기일이 도래하지 않은 급여에서 미리 조합비를 공제하여 노동조합에게 송금해 준 경우에는 그 후 미리 지급한 조합비를 조합원들로부터 반환받았다거나 조합원들의 급여에서 공제하였다고 하더라도 이러한 경우에 조합원들이 노동조합에 적극적으로 참여할 의사가 있었다거나 노동조합이 자주적·민주적으로 운영되고 있는 것으로 보기는 어렵다고 하면서 조합비를 납부한 것으로 볼 수 없다고 한다(서울행정법원 2014.4.24. 2013구합56669).

노동조합에 중복 가입한 조합원의 조합비 납부 여부에 대해서는 산정기준일 시점에서 최근 조합비 납부일을 기준으로 판단하고, 산정기준일 시점에서 최근 조합비 납부일 기준으로 조합비를 일부라도 미납한 경우에는 조합비를 납부하지 않은 것으로 산정한다.[28]

### 3) 조사에 따르지 않는 경우 조합원 수 산정

노동위원회의 조합원 수 조사과정에서 과반수 노동조합 여부에 대해 이의를 신청한 노동조합이 서류제출 등 필요한 조사에 따르고 그 노동조합 외에 교섭창구 단일화 절차에 참여한 다른 노동조합이 필요한 조사에 따르지 아니한 경우에는 노동위원회는 제출된 자료를 기준으로 조합원 수를 계산하여 확인하여야 한다(노동조합법 시행규칙 제10조의6제1항).

과반수 노동조합 여부에 대해 이의를 신청한 노동조합이 서류제출 요구 등 필요한 조사에 따르지 아니한 경우에는 노동위원회는 당초 사용자가 과반수 노동조합임을 통보한 노동조합을 교섭대표노동조합으로 결정하여야 한다(노동조합법 시행규칙 제10조의6제2항). 다만, 노동위원회가 다른 자료를 통해 조합원 수를 판단할 수 있는 경우에는 직권으로 그에 따라 결정할 수 있다.

---

28) 중앙노동위원회, 복수노조 업무 매뉴얼, 2019, p.89.

### 4) 해고의 효력을 다투는 근로자의 조합원 수 산정

종사근로자인 조합원이 해고되어 노동위원회에 부당노동행위에 대한 구제신청을 한 경우에는 중앙노동위원회의 재심판정이 있을 때까지는 조합원 수 산정에 포함하여야 한다(노동조합법 제5조제3항).

또한 노동위원회에 부당해고 구제신청을 하여 해고의 효력을 다투는 근로자에 대해서는 해고의 정당성을 기준으로 조합원 수 산정 여부를 판단하여야 한다. 따라서 노동위원회는 조합원 수에 대한 이의신청이 있으면 원칙적으로 해당 사업장에 종사하는 근로자에 해당하는 조합원 수를 실체적으로 판단하여 결정할 의무가 있으므로, 그 중에 해고된 근로자가 있을 경우 마땅히 해고가 정당한 이유가 있는지를 따져서 조합원 수에 포함할 것인지 판단해야 한다(서울고등법원 2015.4.3. 2014누42959).

이러한 입장에서 보면, 민사상 해고무효확인 소송 등을 제기한 경우에도 해고의 유무효에 따라 조합원 자격 여부를 판단하여야 할 것이다.

### 5) 조합원의 노동조합 탈퇴 시점

조합원은 그의 의사에 따라 자유로이 노동조합을 탈퇴할 수 있고, 노동조합에 탈퇴의사가 도달하기만 하면 유효하게 탈퇴의 효력이 발생한다(서울중앙지방법원 2012.3.28. 2011가단296464).

다만, 노동조합 규약에 조합에 탈퇴서를 제출하여 이를 수리하였을 때를 조합원 자격상실 사유로 규정하고 있을 경우에는 탈퇴 시점은 탈퇴서 제출일이 아닌 탈퇴서 수리일이다(서울행정법원 2019.12.24. 2018구합82106).

노동조합이 탈퇴서 수리를 거부하는 경우에는 탈퇴서가 탈퇴하고자 하는 노동조합에 도달한 때에 효력이 있다(중앙노동위원회 2018교섭34 결정).

## 4. 공동교섭대표단

### (1) 의의

교섭창구 단일화 절차에 참여한 노동조합들이 자율적으로 교섭대표노동조합을 결정하지 못하거나 과반수 노동조합으로 교섭대표노동조합을 결정하지 못한 경우 교섭창구 단일화 절차에 참여한 모든 노동조합은 공동으로 교섭대표단을 구성하여 사용자와 교섭하여야 한다(노동조합법 제29조의2제5항).

공동교섭대표단에 참여한 노동조합과 그 조합원뿐만 아니라 공동교섭대표단에 참여하지 않은 노동조합 및 그 조합원이라 하더라도 교섭요구 노동조합으로 확정 또는 결정된 노동조합 및 그 조합원이면 공동교섭대표단이 사용자와 체결한 단체협약이 적용되고 쟁의행위 찬반투표 대상인원에도 포함된다.

공동교섭대표단이 확정된 후 교섭을 시작하기 전 또는 교섭을 진행하는 중에 일부 노동조합이 공동교섭대표단에서 탈퇴하거나 참여하지 않더라도 교섭대표노동조합의 지위는 유지된다(노동조합법 시행령 제14조의8제2항).

일부 노동조합이 불참하여 대표자, 교섭위원 등의 변경이 필요한 경우에는 남은 노동조합이 이를 변경하고 연명으로 서명 또는 날인하여 사용자에게 통지할 수 있다.

복수의 노동조합의 대표자로 공동교섭단을 구성하였다면, 일부 노동조합이 다른 노동조합의 동의 없이 사용자에게 교섭을 요구하는 경우 사용자는 교섭에 응할 의무가 없다(노사관계법제과-1674, 2016.8.17.).

## (2) 자율적 공동교섭대표단 구성

공동교섭대표단의 구성은 노동조합 간 자율적으로 구성함이 원칙이다. 다만 공동교섭대표단에 참여할 수 있는 노동조합은 교섭요구 노동조합으로 확정 또는 결정된 노동조합으로서 조합원 수가 이들 노동조합 전체 조합원의 100분의 10 이상인 노동조합으로 제한된다(노동조합법 제29조의2제5항 후단).

이들 노동조합은 공동교섭대표단의 대표자, 교섭위원 등 공동교섭대표단을 구성하여 연명으로 서명 또는 날인하여 사용자에게 통지하여야 하고(노동조합법 시행령 제14조의8제1항), 이로써 교섭대표노동조합으로 확정된다. 이때 서명 또는 날인은 공동교섭대표단에 참여할 수 있는 모든 노동조합이 서명 또는 날인해야 효력이 있다.

사용자에게 통지해야 하는 기한은 과반수 노동조합에 대한 통지·공고가 없는 경우에는 자율적 단일화 결정기한으로부터 10일 이내이며, 노동위원회가 과반수 노동조합이 없다고 결정한 때에는 그 결정서를 수령한 날부터 5일 이내이다(노동조합법 시행령 제14조의8제1항).

자율적 공동교섭대표단을 결정하는 방식에 대해서는 제한이 없으므로 참여 노동조합들의 합치된 의사가 반영되는 방식이면 자유롭게 정할 수 있다.

### (3) 노동위원회 결정 신청을 통한 공동교섭대표단 구성

#### 1) 노동위원회에 결정 신청

노동조합 간 자율적으로 공동교섭대표단을 구성하지 못한 경우에는 노동위 원회에 공동교섭대표단 구성에 관한 결정 신청을 하여야 한다(노동조합법 시행 령 제14조의9제1항).

노동위원회에 결정 신청을 할 수 있는 노동조합은 교섭요구 노동조합으로 확정 또는 결정된 노동조합으로서 조합원 수가 교섭창구 단일화 절차에 참여 한 노동조합의 전체 조합원 100분의 10 이상인 노동조합의 일부 또는 전부 이다.

초기업단위 노동조합의 경우에는 노동조합이 해당 교섭단위의 근로자를 포 함하는 조합원 명부를 첨부하는 경우, 해당 교섭단위 내 근로자가 은행 등 공 신력 있는 금융기관을 통해 조합비를 납부한 경우, 해당 노동조합과 사용자가 체결한 단체협약이 있는 경우 등 해당 교섭단위 내 근로자가 해당 노동조합에 가입한 것이 객관적으로 입증되어야 한다.[29]

#### 2) 신청 및 처리 기간

노동위원회에 공동교섭대표단의 구성 결정 신청은 노동조합 간 자율적으로 공동교섭대표단을 결정하지 못한 경우에 신청하는 것이다.

따라서 신청기간은 과반수 노동조합이 없어서 사용자에게 과반수 노동조합 의 통지가 없고 이에 따라 사용자의 과반수 노동조합 공고가 없는 경우에는 자율적 교섭대표노동조합 결정기한으로부터 10일이 지난 후, 노동위원회가 과 반수 노동조합이 없다고 결정하는 경우에는 노동위원회 결정 통지서가 당사자 에게 통지된 날부터 5일이 지난 후이다(노동조합법 시행령 제14조의8제1항, 제14

---

29) 중앙노동위원회, 복수노조 업무 매뉴얼, 2019, p.93.

조의9제1항).

노동위원회는 공동교섭대표단 구성에 관한 결정 신청을 받은 때에는 그 신청을 받은 날부터 10일 이내에 처리하여야 한다. 다만, 그 기간 이내에 결정하기 어려운 경우에는 한 차례에 한정하여 10일의 범위에서 그 기간을 연장할 수 있다(노동조합법 시행령 제14조의9제2항).

### 3) 결정 및 통지

노동위원회가 공동교섭대표단 구성 결정을 할 때에는 공동교섭대표단에 참여할 수 있는 노동조합이 제출한 종사근로자인 조합원 수에 따른 비율을 고려하여 10명 이내로 노동조합별 공동교섭대표단에 참여하는 인원수를 결정하고 그 결과를 신청 노동조합과 사용자에게 통지하여야 한다(노동조합법 시행령 제14조의9제2항).

조합원 수 및 비율에 대해 그 노동조합 중 일부 또는 전부가 이의를 제기하는 경우에는 과반수 노동조합 결정에 대한 규정을 준용하여 조합원 수를 산정한다(노동조합법 시행령 제14조의9제4항).

조합원 수를 산정한 결과 과반수 노동조합이 확인될 경우에는 공동교섭대표단 구성을 중단하고, 과반수로 확인된 노동조합을 교섭대표노동조합으로 결정하여 당사자에게 통지한다.[30)]

노동조합별 공동교섭대표단에 참여할 인원수는 노동위원회 심판위원회가 결정할 사안이지만, 노동위원회에서 실무적으로는 <도표 4-3>의 예시와 같이 단계적으로 접근하여 교섭참여 노동조합 전체 조합원 규모, 공동교섭대표단 구성에 참여 가능한 노동조합별 조합원 수 비율 등을 고려하되 소수노동조합에 대한 일정한 참여가 보장되도록 결정한다.

---

30) 중앙노동위원회, 복수노조 업무 매뉴얼, 2019, p.27.

## 도표 4-3  공동교섭대표단 구성 결정 방법 예시

【구성 방법】

(1단계) 전체 조합원 규모별 공동교섭대표단 교섭위원 수 결정

| 조합원 규모 | 500명 미만 | 500~ 999명 | 1,000~ 2,999명 | 3,000~ 4,999명 | 5,000~ 9,999명 | 10,000명 이상 |
|---|---|---|---|---|---|---|
| 교섭위원 수 | 5명 이내 | 6명 | 7명 | 8명 | 9명 | 10명 |

(2단계) 교섭위원 수를 기준으로 각 노동조합별 조합원수 비율 산정 → 정수가 있는 노동조합 중 정수 해당 인원을 먼저 배정
(3단계) 정수가 없는 노동조합 중 소수점 이하가 큰 노동조합부터 1명씩 배정. 다만, 2~3단계를 거친 결과 1단계 교섭위원 수를 초과한 경우 최고 10명 한도 내에서 조정 가능
(4단계) 배정할 인원이 남을 경우 → 정수가 있는 노동조합 중 소수점 이하가 큰 노동조합 순으로 1명씩 추가 배정

【적용 사례】

전체 조합원 5,000명인 사업장에서 A노동조합 1,900명, B노동조합 1,800명, C노동조합 760명, D노동조합 540명인 경우

| 단계 | 구분 | 합계 | A노조 | B노조 | C노조 | D노조 |
|---|---|---|---|---|---|---|
| 1단계 | 5,000~9,000명 | 5,000 | 1,900 | 1,800 | 760 | 540 |
| | 당초 비율 | 1.00 | 0.38 | 0.36 | 0.152 | 0.108 |
| | 교섭위원수 | 9 | 3.42 | 3.24 | 1.368 | 0.972 |
| 2단계 | 정수배정(a) | 7 | 3 | 3 | 1 | |
| 3단계 | 소수배정(b) | 1 | | | | 1 |
| 합계 | 배정(a+b) | 8 | 3 | 3 | 1 | 1 |
| 4단계 | 잔여인원(c) | 1 | 1 | | | |
| 총계 | 최종배정 (a+b+c) | 9 | 4 | 3 | 1 | 1 |

자료: 중앙노동위원회, 복수노조 업무 매뉴얼, 2018. pp.209~212.

### 4) 사용자에게 교섭위원 통지

노동위원회가 노동조합별 공동교섭대표단 구성 인원을 결정·통지하면 공동교섭대표단에 참여하는 노동조합은 노동위원회가 결정한 인원수에 해당하는 교섭위원을 선정하여 사용자에게 통지해야 한다(노동조합법 시행령 제14조의9제5항).

공동교섭대표단의 대표자는 공동교섭대표단 참여 노동조합이 합의하여 정하되, 합의가 안 될 경우에는 종사근로자인 조합원 수가 가장 많은 노동조합의 대표자를 그 대표자로 한다(노동조합법 시행령 제14조의9제6항).

사후 분쟁을 방지하기 위해 공동교섭대표단의 대표자는 각 노동조합이 사용자에게 통보한 교섭위원 명단을 포함한 전체 교섭위원 명단과 대표자를 사용자에게 통지하는 것이 바람직하다.

## (4) 노동위원회 결정에 대한 불복

노동위원회의 공동교섭대표단 구성 결정에 대한 불복절차는 중재재정의 확정(노동조합법 제69조)에 관한 규정을 준용한다(노동조합법 제29조의2제8항).

그러므로 당사자는 지방노동위원회의 결정이 위법하거나 월권에 의한 경우에 한해 중앙노동위원회에 재심을 신청할 수 있고, 중앙노동위원회의 재심결정이 위법하거나 월권에 의한 경우에 한해 행정소송을 제기할 수 있다.

또한 노동위원회의 공동교섭대표단 구성 결정의 효력은 중재재정의 효력(노동조합법 제70조제2항)에 관한 규정을 준용한다(노동조합법 제29조의2제8항).

따라서 지방노동위원회의 결정이나 중앙노동위원회의 재심결정은 중앙노동위원회에 재심신청 또는 법원에 행정소송의 제기에 의해 그 효력이 정지되지 않는다.

교섭대표노동조합의 지위

## 1. 의의

교섭창구 단일화 제도는 하나의 교섭단위 내 복수의 노동조합이 있는 경우 대표 노동조합을 정하여 교섭하도록 하는 제도이므로 교섭대표노동조합이 결정된 때에는 그 교섭대표노동조합이 노동조합법상 단체교섭, 단체협약 체결, 쟁의행위 등의 주체인 노동조합이 된다.

이러한 입장에서 노동조합법은 단체교섭 및 단체협약 체결권한(제29조제2항) 이외에 제29조의5에서 제2조제5호(노동쟁의의 정의), 제29조제3항·제4항(교섭권 위임시 권한행사 및 위임사실 통보), 제30조(교섭 등의 원칙), 제37조제2항·제3항(쟁의행위 주도 및 조업 방해 쟁의행위 금지), 제38조제3항(쟁의행위 지도·관리·통제), 제42조의6제1항(필수유지업무 근무 근로자 통보), 제44조제2항(임금지급 목적 쟁의행위 금지), 제46조제1항(쟁의행위 개시 이후 직장폐쇄), 제55조제3항(조정위원회 구성 시 사용자위원 추천), 제72조제3항(특별조정위원회 구성 시 공익위원 순차배제) 및 제81조제1항제3호(교섭거부·해태의 부당노동행위) 중 '노동조합'은 '교섭대표노동조합'으로 본다고 규정하여 교섭대표노동조합의 권한과 의무를 규정하고 있다.

이와 관련하여 교섭대표노동조합이 단체협약 체결 및 전후 과정상 요구되는 부가적인 권한을 넘어 단체협약 이행과정에서 발생할 수 있는 문제 등 전반에 걸친 포괄적인 권한을 가지는지 여부가 문제가 된다.

판례는 교섭창구 단일화 절차에서 교섭대표노동조합이 가지는 대표권은 법령에서 특별히 권한으로 규정하지 아니한 이상 단체교섭 및 단체협약 체결(보충교섭이나 보충협약 체결을 포함한다)과 체결된 단체협약의 구체적인 이행과정에만 미치는 것이고, 이와 무관하게 노사관계 전반에까지 당연히 미친다고 볼 수는 없다고 한다(대법원 2019.10.31. 2017두37772).

## 2. 단수노조의 교섭대표노동조합 지위 인정 여부

교섭요구 노동조합 확정 절차를 통해 해당 교섭단위 내 노동조합이 하나인 것이 확인되었음에도 불구하고 교섭대표노동조합 결정 절차를 형식적으로 거친 경우에 이 노동조합에 대해서도 '노동조합법상 교섭대표노동조합의 지위를 인정할 것인가'가 쟁점이 된다.

노동조합법 시행령 제14조의10은 교섭대표노동조합의 지위 유지기간을 정하면서 지위 유지기간을 보장받는 교섭대표노동조합이 되는 경우를 다음과 같은 4가지로 한정하고 있다.

즉, ① 모든 교섭요구 노동조합이 자율적으로 교섭대표노동조합을 정한 경우(노동조합법 제29조의2제3항), ② 교섭요구 노동조합의 전체 조합원 중 과반수로 조직된 노동조합이거나 2개 이상의 노동조합이 위임·연합 등의 방법으로 그 전체 조합원의 과반수가 되는 경우(제29조의2제4항), ③ 교섭요구 노동조합이 자율적으로 공동교섭대표단을 구성하는 경우(제29조의2제5항), ④ 노동위원회가 노동조합의 신청에 따라 조합원 비율을 고려하여 공동교섭대표단을 결정하는 경우(제29조의2제6항)이다.

이에 비추어 보면, 교섭창구 단일화 제도는 특별한 사정이 없는 한 복수의 노동조합이 교섭요구 노동조합으로 확정되고 그중에서 다시 모든 교섭요구 노동조합을 대표할 노동조합이 선정될 필요가 있는 경우를 예정하여 설계된 체계라고 할 수 있다. 그러므로 하나의 교섭단위에 하나의 노동조합이 존재하는 경우에는 설령 그 노동조합이 노동조합법 및 그 시행령이 정한 교섭창구 단일화 절차를 형식적으로 거쳤다고 하더라도 교섭대표노동조합으로서의 지위를 취득할 수 없다(대법원 2017.10.31. 2016두36956).

따라서 단수노조가 교섭창구 단일화 절차를 거쳐 단체교섭 또는 쟁의행위를 하는 도중에 새로운 노동조합이 설립되어 교섭을 요구하게 되면 새로이 교섭창구 단일화 절차를 진행하여야 한다. 단수노조가 노동위원회 조정절차를 진행하는 중에 새로운 노동조합이 설립되어 단체교섭을 요구하는 경우에도 또한 같다.

단수노조가 법에 따라 정당한 쟁의행위를 하고 있는 경우라면, 새로운 노동조합이 설립되었다는 이유만으로 이를 중단시키는 것은 노동3권 보장 및 노사관계의 계속성 측면에서 합리적인 것으로 보기 어렵다.

다만, 노동조합법 제29조의2에 따라 교섭대표노동조합이 결정되면 그 노동조합만이 단체교섭과 쟁의행위를 할 수 있으므로 교섭대표노동조합이 결정된 이후에는 새로이 선출된 교섭대표노동조합 중심으로 쟁의행위가 이루어져야 하며 기존의 단수노조의 쟁의행위는 정당하다고 보기 어렵다.

복수의 노동조합이 존재함에도 불구하고 교섭창구 단일화 절차에 하나의 노동조합만 참여한 경우에는 복수노조라는 전제가 충족된 상황에서 교섭창구 단일화 절차를 거친 것이므로 해당 단수노조가 교섭대표노동조합으로 결정되었다면, 해당 노동조합은 교섭대표노동조합의 지위를 가진다.

노동조합 활동을 하지 않는 휴면노조라도 노동위원회의 의결을 거쳐 해산되기 전까지는 적법한 노동조합이므로 휴면노조를 포함하여 2개 이상 노동조합이 있는 상태에서 교섭창구 단일화 절차를 거친 경우에도 해당 노동조합은 교섭대표노동조합의 지위가 인정된다.

## 3. 교섭대표노동조합의 권한 및 의무

### 1) 단체교섭의 당사자

교섭대표노동조합은 교섭을 요구한 모든 노동조합 또는 조합원을 위해 사용자와 교섭하고 단체협약을 체결할 권한을 가진다(노동조합법 제29조제2항).

교섭대표노동조합의 지위 유지기간 중 만료되는 단체협약의 갱신을 위한 교섭을 하는 경우에도 별도의 교섭창구 단일화 절차를 거칠 필요가 없고 기존의 교섭대표노동조합이 교섭당사자가 된다. 이 경우 기존 단체협약의 만료일 이전 3개월이 되는 날 이전에 당사자간 합의로 교섭하는 것도 가능하다.

교섭창구 단일화 절차에 참여하지 않은 기존 노동조합이 있는 경우 교섭대표노동조합은 기존 노동조합의 단체협약을 변경할 권한은 없으며 기존 노동조합의 단체협약은 그 유효기간까지만 효력(자동갱신·연장 조항 및 노동조합법 제32조제3항에 따른 여후효 불인정)이 인정되고 기존 노동조합은 사용자에게 새로운 단체협약 체결을 위한 교섭을 요구할 권리는 없다(노사관계법제과-553, 2012.2.22.).

교섭대표노동조합이 결정된 이후 신설된 노동조합은 교섭대표노동조합의 지위 유지기간이 끝나는 날 이후 만료되는 단체협약의 갱신을 위한 교섭요구

시점부터 사용자에게 교섭요구가 가능하다(노사관계법제과-1567, 2011.8.22.).

보충협약은 본 협약을 보충하는 것으로 본 협약의 유효기간 범위 내에서 효력이 인정되는 것이 원칙이다. 따라서 보충협약을 체결하면서 본 협약과 유효기간을 달리 정한 경우 본 협약의 유효기간을 넘는 부분은 기존 교섭대표노동조합의 교섭대표권 범위를 넘어서 권한을 행사한 것으로 무효이다.

교섭대표노동조합은 신의에 따라 사용자와 성실하게 교섭하고 단체협약을 체결해야 하며 그 권한을 남용하여서는 아니 된다. 또한 정당한 이유 없이 사용자와의 교섭이나 단체협약의 체결을 거부하거나 해태하여서는 아니 된다(노동조합법 제30조제1항, 제2항).

노동조합 대표자의 단체협약 체결 권한을 전면적·포괄적으로 제한하는 것이 아닌 이상, 단체교섭 전에 또는 단체교섭 과정 중에 절차적 제한을 가하는 것은 허용된다.

그러나 교섭대표노동조합의 대표자가 사용자와 단체교섭을 한 결과 합의에 이른 사항에 대하여 교섭창구 단일화 절차에 참여한 노동조합의 조합원 총회 의결을 거치는 것과 이러한 인준투표를 규정한 규약은 교섭대표노동조합 및 사용자의 단체협약 체결권을 제한하는 것으로 법에 위반되어 효력이 없음이 원칙이다(노사관계법제과-900, 2011.6.3.).

교섭대표노동조합은 그 지위 유지기간 동안에 교섭창구 단일화 절차의 원인이 된 단체협약 외의 다른 단체협약에 대해서도 교섭 및 체결권을 행사할 수 있으며, 새로이 체결된 단체협약은 교섭창구 단일화 절차에 참여한 모든 노동조합에 적용되므로 동 절차에 참여한 기존 노동조합이 체결한 단체협약을 대체하게 된다.

다만, 기존의 단체협약의 유효기간 동안에는 평화의무가 있으므로 이를 대체하는 새로운 단체협약 체결을 위해서는 사용자의 동의가 있어야 한다(노사관계법제과-808, 2012.3.12.).

## 2) 단체교섭 및 단체협약 체결권한의 위임

교섭대표노동조합은 보다 효율적인 교섭을 위해 필요한 경우 제3자에게 단체교섭 권한을 위임할 수 있다(노동조합법 제29조제3항, 제29조의5).

노동조합법에서 피위임인에 대해 특별히 규정하고 있지 않으므로 교섭창구 단일화 절차에 참여한 다른 노동조합에게 위임하는 것도 가능하나 교섭창구 단일화 절차에 참여한 개별 노동조합에 대해 각각의 교섭권을 위임하는 것은 교섭창구 단일화 절차를 형해화하는 것으로 불가하다(노사관계법제과-1306, 2012.4.10.).

단체교섭 및 단체협약 체결권한을 제3자에게 위임한 때에는 위임을 받은 자의 성명(단체인 경우에는 그 명칭 및 대표자의 성명), 교섭사항과 권한범위 등 위임의 내용을 포함하여 위임 사실을 상대방에게 통보해야 한다(노동조합법 제29조제4항, 노동조합법 시행령 제14조제2항).

### 3) 조정 및 쟁의행위 지도·관리·통제

교섭대표노동조합은 사용자와 교섭하였음에도 불구하고 더 이상 당사자 간 자주적 교섭으로 합의될 여지가 없다고 판단되는 경우에는 노동위원회에 조정을 신청할 수 있다. 반면, 교섭대표노동조합이 아닌 개별 노동조합은 자신의 명의로 노동위원회에 조정신청을 할 수 없다.

교섭대표노동조합은 쟁의행위의 결정 주체이며, 쟁의행위가 적법하게 수행되도록 지도·관리·통제할 책임이 있다(노동조합법 제29조의5, 제38조제3항).

### 4) 쟁의행위 찬반투표 제도

쟁의행위 결정은 교섭창구 단일화 절차에 참여한 모든 노동조합의 전체 조합원의 직접·비밀·무기명 투표에 의한 과반수 찬성으로 의결하여야 한다(노동조합법 제41조제1항).

쟁의행위 찬반투표 대상은 교섭에 참여한 모든 노동조합의 조합원들이므로 교섭대표노동조합은 이들 조합원들의 찬반투표 절차가 정당하게 수행되도록 필요한 조치를 취하고 관리·통제해야 하며, 쟁의행위 찬반투표가 끝난 후 투표자명부, 투표용지 등을 상당기간 보존할 의무가 있다.

### 5) 필수유지업무협정 체결 및 대상자 통보

교섭대표노동조합은 쟁의행위기간 중 필수유지업무가 정당하게 유지·운영되도록 필수유지업무 협정을 체결하거나 노동위원회에 결정을 신청하여야 한다(노동조합법 제42조의3, 제42조의4제1항).

필수유지업무 협정이 체결되면 사용자에게 쟁의행위기간 동안 근무하여야 할 조합원을 통보하여야 한다. 이때 필수유지업무에 종사하는 근로자가 소속된 노동조합이 2개 이상인 경우에는 각 노동조합의 해당 필수유지업무에 종사하는 조합원 비율을 고려하여 필수유지업무에 근무할 근로자를 사용자에게 통지하여야 한다(노동조합법 제42조의6제1항, 제2항).

교섭대표노동조합이 필수유지업무에 근무할 근로자를 자의적으로 결정·통지하여 노동조합 간 차별하면 공정대표의무를 위반할 가능성이 있다.

## 4. 교섭대표노동조합의 지위 유지기간

### (1) 의의

교섭창구 단일화 절차를 통한 교섭대표노동조합의 결정에는 많은 시간과 비용이 소요되고, 관련 당사자 간 갈등이 초래될 가능성이 있으므로 교섭대표노동조합이 결정되면 일정한 기간 그 지위를 안정적으로 유지하도록 할 필요가 있다. 이에 따라 노동조합법 제29조의2제9항 및 노동조합법 시행령 제14조의10에서는 교섭대표노동조합의 지위 유지기간을 명시적으로 규정하고 있다.

교섭대표노동조합은 조합원 수가 변동되더라도 그 지위는 유지된다. 다만, 해당 사업장 소속 조합원이 모두 탈퇴하여 한 명도 없다는 것이 객관적으로 명확하다면, 모든 조합원이 탈퇴한 시점에 교섭대표노동조합으로서의 지위는 상실된다고 할 것이다(노사관계법제과-1231, 2016.6.27.).

교섭대표노동조합이 된 후에 그 실체의 동일성을 유지하면서 노동조합의 종류를 변경하여 구성원의 자격과 그 결합방식을 바꾸는 것으로 적법하게 조직형태를 변경하였을 경우에도 그 실체의 동일성은 유지되므로 노동조합법 시행령 제14조의10에서 규정하고 있는 기간까지 교섭대표노동조합의 지위를 유지한다(노사관계법제과-331, 2013.1.29.).

적법하게 교섭대표노동조합이 결정되면 그 지위 유지기간 동안에는 교섭대표노동조합으로서의 지위를 포기하는 것은 원칙적으로 허용되지 않는다. 다만, 교섭대표노동조합으로 결정된 노동조합을 비롯한 모든 노동조합이 기존의 교섭창구 단일화 절차에 의한 결정을 파기하는 것에 동의하고 사용자도 이에 동의하는 경우에는 다시 교섭창구 단일화 절차를 진행하여 자율적 단일화 기간에 사용자의 동의에 따라 개별교섭을 하거나 새로운 교섭대표노동조합을 정하여 단체교섭을 할 수 있을 것이다(노사관계법제과-54, 2016.1.8.).

교섭창구 단일화 절차를 규정한 노동조합법 제29조의2 및 그 시행령은 강행규정으로, 교섭대표노동조합의 지위 유지기간 중에 노동관계 당사자가 임의로 진행한 교섭창구 단일화 절차는 효력이 없다(중앙2019교섭86 결정).[31]

## (2) 교섭대표노동조합의 지위 유지기간 산정

### 1) 일반 원칙

교섭대표노동조합의 지위 유지기간은 교섭대표노동조합으로 결정이 있은 후 사용자와 체결한 첫 번째 단체협약의 효력이 발생한 날을 기준으로 2년이 되는 날까지 이다(노동조합법 시행령 제14조의10제1항).

사용자와 체결한 첫 번째 단체협약이 두 개 이상인 경우에는 노동조합법 시행령 제14조의10 규정의 취지가 문언상 교섭대표노동조합으로 결정된 노동조합으로 하여금 '2년간의 근로조건 및 노동관계'에 관하여 단체협약을 체결할 지위를 부여하려고 한 것으로 보아야 하기 때문에 유효기간의 시작일이 빠른 단체협약을 첫 번째 체결된 단체협약으로 보고 지위 유지기간을 산정하여야 한다(부산고등법원 2017.6.7. 2017라10013).

그리고 지위 유지기간을 첫 번째 단체협약의 효력발생한 날을 기준으로 2년이 되는 날까지로 정한 것은 유효기간 2년의 단체협약 1개(유효기간이 2년 미만일 경우 2개도 가능)와 유효기간 1년의 임금협약 2개를 체결할 수 있도록 정한 것으로 보인다(창원지방법원 2017.1.11. 2016카합10286).

한편, 단체협약의 유효기간 소급 여부는 당사자가 자율적으로 결정할 사안으로 교섭대표노동조합으로 결정된 노동조합이 단체협약을 체결하면서 그 유효기간을 소급하여 적용하는 것은 가능할 것이나, 교섭대표노동조합의 지위 유지기간은 노동조합법 시행령 제14조의10제1항에 따라 단체협약의 효력이 발생한 날을 기준으로 2년이므로 단체협약을 소급 적용하는 경우에는 소급 적용일로부터 2년이다(노사관계법제과-540, 2011.4.29.).

---

31) 중앙노동위원회, 판례와 판정례로 본 복수노조와 단체교섭, p.98.

| 핵심 판례 | 교대노조 지위 유지기간 중 단체협약 체결 |

교섭대표노동조합의 지위 유지기간은 소수 노동조합 소속 근로자들의 노동기본권 또한 보장될 수 있는 합리적인 기간 내로 제한되어야 함이 타당한 점, 단체협약과 임금협약의 유효기간에 관한 관행, 교섭창구 단일화 제도를 입법화 한 고용노동부의 해설, 과반수 노동조합이 변동되더라도 기존에 결정된 교섭대표노동조합의 지위는 일정 기간 유지되는 점 등을 종합하여 보면, 입법자는 쟁점 규정(노동조합법 시행령 제14조의10제1항)을 정함에 있어 교섭대표노동조합이 결정된 후 아직 체결되지 않은 임금협약을 포함한 단체협약 중 효력발생일이 가장 앞선 단체협약을 기준으로 하여 이를 포함한 유효기간 2년의 단체협약 1개(유효기간이 2년 미만일 경우 2개도 가능)와 유효기간 1년의 임금협약 2개를 체결할 수 있도록 그 지위 유지기간을 정할 의도였다고 봄이 타당하다(창원지방법원 2017.1.11. 2016카합10286).

## 2) 새로운 교섭대표노동조합이 결정된 경우

새로운 교섭대표노동조합을 정하기 위한 교섭창구 단일화 절차는 기존 교섭대표노동조합의 지위 유지기간 만료일 이후에 만료되는 단체협약에 관하여 그 단체협약의 만료일 이전 3개월이 되는 날부터 그 단체협약의 갱신 체결을 위한 노동조합의 교섭요구에 의해 개시될 수 있고, 사용자는 교섭요구 사실 공고 등 교섭창구 단일화 절차를 이행할 의무가 있다.

다만, 기존 교섭대표노동조합의 지위 유지기간 만료일 이전에 단체협약의 유효기간이 만료되나 그 지위 유지기간 동안 새로운 단체협약이 갱신 체결되지 못한 경우라면 기존 교섭대표노동조합의 지위 유지기간 만료일 다음 날부터 교섭창구 단일화 절차를 개시할 수 있을 것이다(노사관계법제과-3208, 2012.11.26.).

교섭창구 단일화 절차에 따라 새로운 교섭대표노동조합이 결정되면 기존 교섭대표노동조합의 교섭대표노동조합 지위는 새로운 교섭대표노동조합이 결정된 때까지만 유지한다(노동조합법 시행령 제14조의10제1항 후단).

이는 기존의 교섭대표노동조합과 새로운 교섭대표노동조합의 대표권 중복에 따른 혼란을 방지하기 위함이다. 예를 들어 단체협약 만료일 이전 3개월이 되는 날 교섭을 요구하여 1개월 만에 새로운 교섭대표노동조합이 결정된 경우 기존의 대표노동조합의 지위는 지위 유지기간 2년이 만료되지 않았음에도 불구하고 새로운 교섭대표노동조합이 결정된 때에 상실된다.

### 3) 지위 유지기간 만료 후 새로운 교섭대표노동조합이 결정되지 못한 경우

교섭대표노동조합의 지위 유지기간이 만료되었음에도 불구하고 새로운 교섭대표노동조합이 결정되지 못한 경우에는 기존 교섭대표노동조합은 새로운 교섭대표노동조합이 결정될 때까지 기존 단체협약의 '이행'과 관련하여서는 그 지위를 유지한다(노동조합법 시행령 제14조의10제2항).

새로운 교섭대표노동조합의 결정이 지연될 경우에 임시적으로 기존 단체협약의 이행과 관련하여 제한적으로 교섭대표노동조합의 역할을 수행할 수 있도록 함으로써 교섭대표노동조합의 공백상태를 메울 수 있도록 한 것이다.

### 4) 1년간 단체협약을 체결하지 못한 경우

교섭대표노동조합으로 결정된 후 교섭대표노동조합이 그 결정된 날부터 1년 동안 단체협약을 체결하지 못한 경우에는 어느 노동조합이든지 사용자에게 교섭을 요구함으로써 새로운 교섭대표노동조합을 정하기 위한 교섭창구 단일화 절차가 개시된다(노동조합법 시행령 제14조의10제3항).

이러한 절차에 따라 새로운 교섭대표노동조합이 결정되면 기존의 교섭대표노동조합은 그 지위를 상실한다. 이는 교섭대표노동조합이 사용자와 1년간 교섭하였음에도 단체협약을 체결하지 못한 것은 교섭대표권한을 행사할 의사가 없거나 해태 또는 그 권한을 남용한 것으로 보아야 하기 때문이다.[32]

다만, 교섭대표노동조합으로 결정된 후 1년 동안 단체협약을 체결하지 못하였음에도 불구하고 어느 노동조합도 사용자에게 교섭을 요구하지 않아 새로운 교섭대표노동조합을 정하기 위한 교섭창구 단일화 절차를 개시하지 않고 기존의 교섭대표노동조합이 교섭을 계속 진행하여 단체협약을 체결하였다면 그 단체협약의 효력발생일로부터 2년간 교섭대표노동조합의 지위를 유지한다(노사관계법제과-2344, 2013.9.5.).

---

32) 고용노동부, 사업(사업장) 단위 복수노조 업무 매뉴얼, p.41.

## 도표 4-4 교섭대표노동조합의 유지기간 산정 예시

〈사례1〉 2019.10.1.부터 가능한 교섭요구에 의해 2019.11.1. 교섭대표노동조합으로 결정된 후 사용자와 단체교섭을 통해 2020.2.1. 유효기간 1년(2020.1.1.~2020.12.31.)의 첫 번째 임금협약(B)을 체결한 경우

2019.11.1. 교섭대표노동조합이 결정되었고 이후 교섭을 통해 최초로 체결한 단체협약의 효력발생일이 2020.1.1.이므로 교섭대표노동조합의 지위 유지기간은 교섭대표노동조합으로 결정된 날부터 그 단체협약의 효력이 발생하는 날을 기준으로 2년이 되는 날까지인 2019.11.1.~2021.12.31.(2년 2개월)임

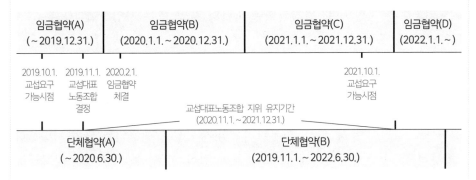

〈사례2〉 2019.10.1.부터 가능한 교섭요구에 의해 2019.11.1. 교섭대표노동조합으로 결정된 후 사용자와 단체교섭을 통해 2020.2.1. 유효기간 1년 6개월(2020.1.1.~2021.6.30.)의 첫 번째 단체협약(B)을 체결한 경우

2019.11.1. 교섭대표노동조합이 결정되었고 이후 교섭을 통해 최초로 체결한 단체협약의 효력발생일이 2020.1.1.이므로 교섭대표노동조합 지위 유지기간은 교섭대표노동조합으로 결정된 날부터 그 단체협약의 효력이 발생하는 날을 기준으로 2년이 되는 날까지인 2019.11.1.~2021.12.31.(2년 2개월)임

제5절 교섭단위의 분리와 통합

## 1. 의의

교섭단위란 교섭창구 단일화 절차를 통해 교섭대표노동조합을 결정하여야 하는 기본단위를 말하며, 원칙적으로 하나의 사업 또는 사업장이다(노동조합법 제29조의3제1항).

여기서 '사업'이란 일반적으로 경영상의 일체를 이루는 기업체 그 자체를 의미하며, '사업장'이란 사업에 준할 정도로 운영상의 독립성을 가지는 조직체로서 재무 및 회계가 분리·운영되는 등 경영상 독립성이 인정되고, 근로조건도 별도로 결정되는 등 인사·노무관리상의 독립성도 인정되는 단위를 말한다.

실무적으로 초·중등학교에서 '교육 등에 관한 사무' 등과 관련된 근로자(공무원 제외)의 근로조건 결정에 대한 교섭단위는 '시·도 교육청'이고(노사관계법제과-349, 2012.2.7.), 정부조직법에 따른 부·처·청에 근무하는 무기계약직 및 기간제 근로자의 근로조건 결정을 위한 교섭단위는 부·처·청으로 보고 있다(노사관계법제과-806, 2012.3.9. 참조).

이러한 원칙에도 불구하고, 현격한 근로조건의 차이, 고용형태, 교섭관행 등을 고려하여 교섭단위를 분리할 필요가 있다고 인정되는 경우에는 예외적으로 노동위원회의 결정으로 교섭단위를 분리할 수 있으며, 교섭단위가 분리된 이후에 그 분리 필요성이 사라진 경우 노동위원회의 결정으로 분리된 교섭단위를 통합할 수 있다(노동조합법 제29조의3제2항).

노동위원회의 결정으로 교섭단위가 분리되거나 분리된 교섭단위가 통합된 때에는 해당 교섭단위에 대한 노동위원회의 새로운 결정이 있을 때까지는 그 효력이 지속된다.

노동위원회가 교섭단위를 분리하는 결정을 하면 분리된 각각의 단위가 교섭단위가 되고, 분리된 교섭단위를 통합하는 결정을 하면 통합된 단위가 하나의 교섭단위가 되어서 그 교섭단위별로 교섭창구 단일화 절차를 진행하여야 한다(노동조합법 시행령 제14조의11제4항 참조).

노동조합법상 교섭단위 분리 또는 통합을 노동위원회 결정이 아닌 노사합의에 의하여 자율적으로 결정할 수 있는지에 대해 이를 긍정하는 견해[33]가 있으나, 실무적으로는 교섭단위 분리 또는 통합에 대한 결정은 노동위원회의 전속사항이므로 노사 당사자 간의 합의에 의한 임의적인 교섭단위 분리 또는 통합은 허용되지 않는 것으로 본다.[34]

교섭단위 분리는 교섭창구 단일화 제도의 예외적인 제도이므로 제한적·한정적으로 허용됨이 원칙이다. 노동조합법이 교섭창구 단일화 제도를 원칙으로 하면서도 그 예외로서 교섭단위 분리제도를 둔 취지는 하나의 사업 또는 사업장에서 근무하는 근로자들 사이에 현격한 근로조건의 차이, 고용형태, 교섭관행 등의 차이가 존재하는 경우 교섭창구를 단일화하도록 강제하는 것이 오히려 교섭을 지체시키거나 협약체결을 어렵게 만들 수 있기 때문이다(서울행정법원 2016.4.28. 2015구합67199 참조).

## 2. 노동위원회의 교섭단위 분리·통합 결정

### 1) 교섭단위의 분리·통합 결정 신청

교섭단위 분리 또는 통합 신청은 해당 사업 또는 사업장의 노동관계 당사자의 양쪽 또는 어느 한쪽이 신청할 수 있다(노동조합법 제29조의3제2항). 특정 노동조합 단독으로뿐만 아니라 사용자 단독으로, 노동조합과 사용자 공동으로, 둘 이상의 노동조합이 공동으로 신청하는 것도 가능하고, 분리 대상 교섭단위를 조직대상으로 하는 노동조합만 신청할 수 있는 것도 아니다.[35]

노동조합의 경우 교섭창구 단일화 절차에 참여했는지 여부와 관계가 없으며, 기업단위 노동조합뿐만 아니라 초기업단위 노동조합도 해당 사업 또는 사업장에 종사근로자인 조합원이 있는 경우에는 노동위원회에 교섭단위 분리 또는 통합 결정을 신청할 수 있다.

### 2) 교섭단위의 분리·통합 결정 신청기간

교섭단위 분리 또는 통합 결정 신청은 사용자가 교섭요구 사실을 공고하기

---

33) 김철희, "복수노조와 창구단일화의 법리적 문제점 및 노조환경의 변화", 긴급토론회, 전국민주노동조합총연맹(2010.1.15.). p.37.

34) 고용노동부, 사업(사업장) 단위 복수노조 업무 매뉴얼, p.34.

35) 중앙노동위원회, 판례 및 판정례로 본 복수노조 제도의 이해, 2019, p.19.

전 또는 사용자가 교섭요구 사실을 공고한 경우에는 교섭대표노동조합이 결정된 날 이후에 신청할 수 있다(노동조합법 시행령 제14조의11제1항).

이러한 신청기간 제한은 교섭창구 단일화 절차 진행기간에 교섭단위 분리 또는 통합 결정 신청을 허용할 경우 교섭단위 분리 또는 통합 결정 결과에 따라 교섭대표노동조합이 달라지는 등의 혼란을 방지하기 위한 것이다.[36]

도표 4-5  교섭단위 분리결정 신청 가능기간

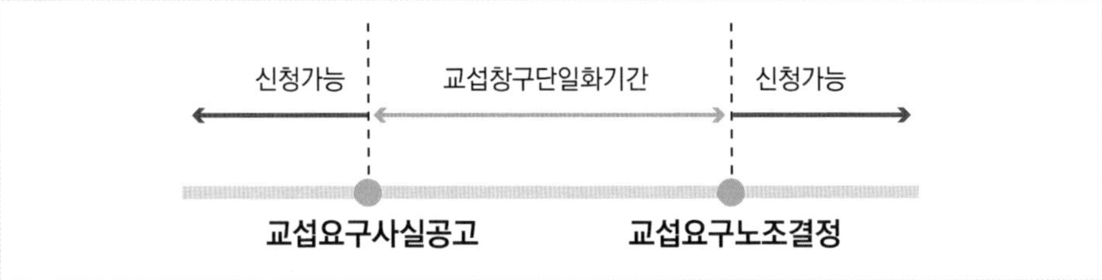

자료: 고용노동부, 집단적 노사관계 업무 매뉴얼, 2022, p.218

### 3) 교섭단위 분리·통합 결정 신청의 효과

노동위원회의 교섭단위 분리 또는 통합 결정이 있기 전에 교섭창구 단일화 절차에 따른 교섭요구가 있는 때에는 노동위원회의 결정이 있을 때까지 교섭창구 단일화 절차의 진행은 정지된다(노동조합법 시행령 제14조의11제5항).

따라서 노동조합과 사용자는 교섭단위 분리 또는 통합에 대한 노동위원회 결정이 있을 때까지 교섭창구 단일화를 위한 교섭요구 사실 공고 등의 절차를 진행해서는 안 되며, 노동위원회가 결정을 한 이후에 교섭창구 단일화를 위한 절차를 진행해야 한다.

여기서 '결정이 있을 때까지'란 사용자가 노동위원회의 교섭단위 분리 또는 통합 신청에 대한 결정서를 송달받은 날까지를 의미한다. 노동위원회의 결정이 있기 전에 교섭요구 사실 공고 등 교섭창구 단일화 절차를 진행한 경우에는 효력이 없다.

---

36) 고용노동부, 사업(사업장) 단위 복수노조 업무 매뉴얼, p.35.

4) 결정 및 통지

노동위원회는 교섭단위 분리 또는 통합 결정 신청을 받은 날부터 30일 이내에 분리 또는 통합 여부를 결정하고 해당 사업 또는 사업장의 모든 노동조합과 사용자에게 통지하여야 한다(노동조합법 시행령 제14조의11제3항). 처리기간 30일은 연장할 수 없다.

교섭대표노동조합이 결정된 이후 노동위원회에 교섭단위 분리신청을 하여 교섭대표노동조합이 단체협약을 체결하기 이전에 교섭단위 분리결정을 받았다면 당해 교섭부터 교섭단위 분리결정의 효력이 발생한다(노사관계법제과-2624, 2012.9.13. 참조).

## 3. 교섭단위의 분리·통합 결정 요건

그간 사례가 축적된 교섭단위 분리를 중심으로 살펴보면, 교섭단위 분리결정은 하나의 사업 또는 사업장을 교섭단위로 한다는 원칙의 예외를 인정하는 것으로서 다음의 4가지 요건을 모두 충족해야 한다.[37]

첫째, 분리하고자 하는 단위가 독립된 사업장이 아니어야 한다.

사업 내의 특정 사업장이 근로조건 결정권, 인사·노무관리 및 회계의 독립성이 인정되는 경우에는 교섭단위를 분리 결정할 필요 없이 이미 그 사업장 단위 자체가 하나의 교섭단위이다.

둘째, 하나의 사업 또는 사업장 내 노동조합이 2개 이상이어야 한다.

교섭단위 분리는 하나의 사업 또는 사업장에 복수의 노동조합이 있어서 교섭대표노동조합을 정해야 하는 경우 문제가 되기 때문이다. 다만, 해당 사업 또는 사업장이 입·퇴직이 빈번하게 이루어지는 근로자로 구성되어 있고 이들의 상당수가 초기업단위 노동조합에 가입되어 있어서 일시·간헐적으로 노동조합이 복수가 아닌 기간이 있는 경우에도 복수의 노동조합이 있는 것으로 간주하여야 할 것이다.

셋째, 분리 가능한 여러 개의 현장 또는 직종 등이 이미 존재하고 있어야 한다.

---

37) 중앙노동위원회, 판례 및 판정례로 본 복수노조 제도의 이해, pp.20~23.

교섭단위 분리는 하나의 사업 또는 사업장을 현장 또는 직종 등을 기준으로 분리하는 것이므로 사업 또는 사업장 내에 분리 가능한 수 개의 현장 또는 직종 등이 이미 존재하여야 한다. 단일 현장 또는 단일 직종 등임에도 향후 발생 가능성을 전제로 하는 교섭단위분리 신청은 허용되지 않는다(서울행정법원 2016.4.28. 2015구합67199 참조).

넷째, 예외적으로 인정할 만큼 교섭단위 분리 필요성이 있어야 한다.

하나의 사업 또는 사업장이 하나의 교섭단위라는 원칙을 벗어나 교섭단위를 분리할 만큼의 분리 필요성이 있어야 한다. 교섭단위를 분리하여 단체교섭을 진행하는 것을 정당화할 만한 현격한 근로조건의 차이, 고용형태, 교섭 관행 등의 사정이 있고, 하나의 교섭단위로 교섭하는 것이 오히려 근로조건의 통일적 형성을 통해 안정적인 교섭체계를 구축하고자 하는 교섭창구 단일화 제도의 취지에도 부합하지 않는 결과를 발생시킬 수 있는 예외적인 경우에 해당하여야 한다(대법원 2018.9.13. 2015두29261).

## 4. 노동위원회의 결정에 대한 불복

노동위원회의 교섭단위 분리 또는 통합 결정에 대한 불복 절차는 중재재정의 불복 절차에 관한 규정(노동조합법 제69조)를 준용한다(노동조합법 제29조의3 제3항). 따라서 지방노동위원회의 결정이 위법하거나 월권에 의한 경우에 한해 중앙노동위원회에 재심신청할 수 있고, 중앙노동위원회의 결정이 위법·월권에 의한 경우에 한해 행정소송을 제기할 수 있다.

여기에서 '위법' 또는 '월권'이라 함은 교섭단위 분리 또는 통합에 관한 결정 절차가 위법하거나 교섭단위 분리 또는 통합 결정의 요건에 관한 법리를 오해하여 교섭단위를 분리 또는 통합한 경우 또는 당사자 분쟁의 범위를 벗어난 결정을 한 경우 등을 말하고, 단순히 어느 일방에게 불리한 내용이라는 사유만으로는 불복이 허용되지 않는다(대법원 2018.9.13. 2015두39361).

특히, 교섭단위 분리 또는 통합 결정에서의 위법은 교섭단위 분리 또는 통합 필요성에 대한 심리 미진도 위법에 해당한다고 본다(대전지방법원 2014.11.5. 2014구합101049).

**핵심 판례** 교섭단위 분리신청 결정에 불복할 수 있는 경우

노동조합법 제29조의3제3항은 교섭단위 분리 신청에 대한 노동위원회의 결정에 불복할 경우 노동조합법 제69조를 준용하도록 하고 있고, 노동조합법 제69조제1항, 제2항은 노동위원회의 중재재정 등에 대한 불복의 사유를 '위법이거나 월권에 의한 것'인 경우로 한정하고 있다.

따라서 교섭단위 분리 신청에 대한 노동위원회의 결정에 관하여는 단순히 어느 일방에게 불리한 내용이라는 사유만으로는 불복이 허용되지 않고, 그 절차가 위법하거나, 노동조합법 제29조의3제2항이 정한 교섭단위 분리결정의 요건에 관한 법리를 오해하여 교섭단위를 분리할 필요가 있다고 인정되는 경우인데도 그 신청을 기각하는 등 내용이 위법한 경우, 그밖에 월권에 의한 것인 경우에 한하여 불복할 수 있다(대법원 2018.9.13. 2015두39361).

또한 노동위원회의 교섭단위 분리 또는 통합 결정에 대한 효력은 중재재정의 효력(노동조합법 제70조제2항)에 관한 규정을 준용한다. 따라서 중앙노동위원회에 재심신청 또는 법원에 행정소송을 제기하여도 그 효력이 정지되지 않으며, 중앙노동위원회 재심결정 또는 법원의 확정 판결로 취소되기 전까지는 노동위원회가 결정한 교섭단위별로 교섭창구 단일화 절차를 진행해야 한다.

지방노동위원회의 교섭단위 분리 또는 통합 결정에 대해 불복을 신청하거나

**핵심 판례** 교섭단위 분리결정에 대한 행정소송에서 원고적격

노동조합법 제2조제5호는 노동조합과 사용자 또는 사용자단체를 노동관계 당사자로 정의하고 있고, 교섭단위가 분리되면 소수노조에게는 단체교섭권이 배분되고 다수노조는 단체교섭권을 제한받으며 사용자로서도 교섭단위별로 교섭의무를 부담하게 된다는 면에서 노동위원회의 교섭단위 분리결정은 신청당사자뿐만 아니라 다른 노동조합과 사용자가 갖는 법률상 이익에 직접적으로 영향을 미치는 점, 이 점을 고려하여 법 시행령은 노동위원회로 하여금 교섭단위 분리결정 신청내용을 해당 사업 또는 사업장의 모든 노동조합과 사용자에게 통지하도록 하는 한편, 이들 노동조합과 사용자에게 의견을 제출할 기회를 부여하고 있으며(제14조의11제2항), 노동위원회가 교섭단위를 분리하는 결정을 한 경우에는 이를 해당 사업 또는 사업장의 모든 노동조합과 사용자에게 통지하도록 하고 있는 점(제14조의11제3항) 등을 종합하면, 노동조합법 제29조의3제3항, 제69조제2항에 따라 중앙노동위원회의 교섭단위 분리에 관한 재심결정에 대해 행정소송을 제기할 원고적격이 있는 노동관계 당사자에는 교섭단위 분리신청을 하지 아니한 노동조합 및 사용자도 포함된다고 봄이 타당하다(서울행정법원 2016.3.24. 2015구합64244).

중앙노동위원회의 교섭단위 분리 또는 통합에 관한 재심결정에 대해 행정소송
을 제기할 수 있는 당사자에는 교섭단위 분리 또는 통합 신청을 하지 아니한
노동조합 및 사용자도 포함된다(서울행정법원 2016.3.24. 2015구합64244).

## 5. 교섭단위의 분리 · 통합 판단기준 및 사례

### (1) 교섭단위 분리 · 통합의 필요성

교섭단위의 분리 또는 통합은 노사관계 안정, 근로조건 통일, 독자적으로 단
체교섭을 해야 할 정도의 노사관계 기초를 전제로 하여 판단되며,[38] 근로조건
등 객관적인 요소를 기준으로 한다.

행정해석[39]은 당사자의 입장이나 합의 등 주관적인 요소는 고려되지 않을
수 있다는 입장이나, 노사자치의 원칙이라는 관점에서는 당사자의 의사를 존
중하는 것이 바람직할 것이다.

노동위원회가 교섭단위 분리 필요성 여부를 판단할 때에는 상당한 재량이
인정되나 노동조합법이 하나의 사업 또는 사업장을 원칙적인 교섭단위로 규정
하고 있으므로 이러한 원칙을 벗어나 예외를 인정할 정도로 분리 필요성이 인
정되어야 한다.

따라서 노동위원회는 그 재량을 행사함에 있어서 객관적인 자료를 바탕으로
인정된 사실을 기초로 하나의 사업 또는 사업장에서 별도로 분리된 교섭단위에
의하여 단체교섭을 진행하는 것을 정당화할 만한 현격한 근로조건의 차이, 고
용형태 및 교섭 관행 등의 사정이 인정되는지 여부, 교섭대표노동조합에 의하
여 교섭 및 단체협약을 체결하는 것이 불합리하여 교섭단위를 분리할 필요성이
있는지 여부 등을 엄격하게 심사하여야 한다(서울고등법원 2016.9.20. 2016누
33782 등).

또한 교섭단위는 교섭창구 단일화 절차를 이행하는 기본단위이므로 근로조
건의 통일성 형성, 노동관계의 안정성 도모 등 교섭창구 단일화 제도의 취지
를 감안해야 한다.

노동조합법 제29조의3제2항은 교섭단위의 분리 필요성을 판단하는 기준으

---

38) 하갑래, 집단적 노동관계법(제7판), 중앙경제, 2021, p.279.
39) 고용노동부, 사업(사업장)단위 복수노조 업무 매뉴얼, p.36.

로 현격한 근로조건의 차이, 고용형태, 교섭 관행 등을 예시하고 있으나. 이것 외에도 인사교류 여부, 취업규칙 적용상 차이 등 교섭단위 분리 필요성을 판단할 수 있는 사항이면 모두 고려할 수 있다.

그러나 숙련, 경력, 학력, 근속년수 등 근로자의 개인적 속성에 따른 근로조건의 차이는 현저한 근로조건의 차이에 해당하지 않는다.

## (2) 현격한 근로조건의 차이

교섭단위 분리를 정당화할 수 있는 근로조건의 차이는 근로조건의 주관적인 차이가 아닌 객관적인 차이로서 단체교섭을 별도로 진행하는 것이 합리적이라고 볼 수 있을 정도로 현격한 차이가 있어야 한다.

임금(대상직종별·사업장별 임금수준, 임금구성항목, 임금체계), 근무형태, 근로시간·휴게, 휴일·휴가, 복리후생 등 적용되는 기준과 근로조건의 차이가 담당업무의 성질, 내용, 난이도, 업무에 대한 권한과 책임, 요구되는 기술, 숙련도, 노력 정도, 노동시장의 상황 등 본질적인 기초와 차이에서 기인하는 것인지 여부가 종합적으로 고려되어야 한다.[40]

판례는 임금의 구성항목, 임금액 산정기준 등 근로조건을 구성하는 중요한 요소들이 동일하거나 유사한지 여부와 동일한 보수규정을 적용받는지 여부를 주된 판단 근거로 삼고 있고, 동일한 근로조건 결정 규범을 적용받고 상여금 지급 여부 등이 동일한 경우에는 현격한 근로조건의 차이를 인정하지 않고 있다. 현격한 근로조건의 차이는 불리한 격차뿐만 아니라 유리한 격차도 기준으로 인정된다.

현격한 근로조건의 차이를 인정한 판례로는 호봉제근로자와 비호봉제근로자로서 서로 다른 보수규정을 적용받는 경우(서울행정법원 2016.3.24. 2015구합64244), 상용직과 그 외 직종이 서로 다른 보수규정을 적용 받는 경우(서울고등법원 2016.9.30. 2016누33782) 등이 있다.

반면에 공영버스 운전원과 다른 직종의 공무직 근로자(서울고등법원 2016.9.30. 2016누33782), 환경미화원과 소속이 다른 직종의 공무직 근로자(서울고등법원 2016.10.19. 2016누48234), 판매직군 근로자와 다른 직군 근로자(서울행정법원 2017.8.11. 2017구합65074)에 대해서는 현격한 근로조건의 차이를 인정하지 않았다.

---

40) 하갑래, 집단적 노동관계법, p.279.

### (3) 고용형태의 차이

판례는 노동조합법 제29조의3제2항에서 교섭단위 분리의 필요성을 판단함에 있어 고용형태의 차이를 고려하도록 한 것은 근로계약기간의 정함이 있는지 여부에서 비롯되는 근로조건의 차이를 판단에 반영하기 위함에 있다고 하며, 비교대상 직군 간에 빈번한 인사교류 여부나 채용방식의 차이 등은 교섭단위 분리의 필요성을 판단함에 있어 유의미하게 고려해야 할 요소에 해당하지 않는다고 한다(서울행정법원 2017.8.11. 2017구합65074).

고용형태의 차이를 인정한 판례로는 다음과 같은 사례가 있다.

① 호봉제근로자는 기간의 정함이 없는 근로자로만 구성되어 있지만 비호봉제근로자는 기간의 정함이 없는 근로자 외에 기간제근로자, 단시간근로자 등이 직종별로 혼재되어 있고, 호봉제근로자는 특별한 자격이나 면허가 요구되지 않지만 비호봉제근로자에 속한 일부 직종의 경우에는 일정한 자격이나 면허를 필수적으로 요구하고 있으며, 호봉제근로자의 정원은 시교육청 행정기구설치조례에 의해 관리되고 있는 반면, 비호봉제근로자의 정원은 학교회계직원정원책정기준에 따라 관리되고 있는 경우 고용형태의 차이를 인정한다(서울행정법원 2016.3.24. 2015구합64244).

② 상용직은 직제 규정상 정원에 포함되지 않고, 상용직은 시설물관리원, 주차원, 상담원 등의 직역으로 구성되어 그 외 직종과 업무내용이 명확히 구분되고 다른 직종 사이에 이동(인사교류)이 허용되지 않는 경우에도 고용형태의 차이를 인정한다(대전고등법원 2015.2.5. 2014누12374).

반면에 고용형태의 차이를 인정하지 않은 사례로는 ① 판매직군 근로자와 다른 직군 근로자가 근로계약기간의 정함이 없는 정규직으로 채용되는 경우(서울행정법원 2017.8.11. 2017구합65074), ② 공영버스 운전원의 고용형태가 일반사무직, 도로보수직, 청소차량운전직, 환경미화원 등 다른 직종의 공무직 근로자들과 동일하게 근로계약기간의 정함이 없는 무기계약직인 경우 등이 있다(서울고등법원 2016.9.30. 2016누33782).

### (4) 교섭 관행의 존재

교섭 관행이 있는지 여부를 판단함에 있어서는 특정 직종별로 조직된 노동조합에서 비조합원이나 다른 직종들을 대변해 왔는지를 고려하여야 한다.

판례는 상용직 근로자들이 그 외 직종의 근로자들과 별도의 협의체 또는 노동조합을 조직·구성해 왔던 점이나 그 외 직종과 별도로 임금협약을 체결하여 온 점 등을 교섭관행의 차이로 인정한 사례도 있으나, 교섭창구 단일화 제도 시행 전 개별 노동조합 단위로 교섭한 교섭관행은 교섭단위 분리 결정에 있어 고려할 사정이 아니라고 본 사례도 있다.

상용직 근로자들이 그 외 직종 근로자들과 별도의 협의체 또는 노동조합을 조직·구성해 왔던 점이나 그 외 직종과 별도로 임금협약을 체결하여 온 점, 조합별로 소속 직종이 명확히 구분되어 있는 점 등을 종합하여 교섭 관행의 차이를 인정하였다(대전고등법원 2015.2.5. 2014누12374).

그러나 플랜트 건설 관련 노동조합이 2007년부터 2015년까지 지역별 사용자들 또는 사용자단체와의 사이에 지역별로 교섭을 하고, 단체협약 및 임금협약을 체결해 온 사실을 인정하면서도 플랜트 건설산업의 지역별 교섭 관행만으로 단체교섭을 별도로 진행하는 것을 정당화할 만한 교섭 관행이라고 보기 어렵다고 보았다(서울고등법원 2016.11.17. 2016누50060).


# 공정대표의무

## 1. 의의

공정대표의무란 교섭대표노동조합과 사용자가 교섭창구 단일화 절차에 참여한 노동조합 또는 그 조합원 간에 합리적 이유없이 차별하지 말고 공정하게 대우하여야 할 의무를 말한다(노동조합법 제29조의4제1항).

노동3권을 근로자의 기본권으로 보장하고 있는 헌법 체계에서 공정대표의무는 교섭창구 단일화를 강제하여 교섭대표노동조합에 사용자와 교섭하고 단체협약을 체결할 배타적 권한을 부여함에 따른 소수노동조합의 단체교섭권 침해를 최소화하는 제도적 장치로서 의의가 있다.

또한 공정대표의무는 교섭대표노동조합과 사용자가 체결한 단체협약의 효력이 교섭창구 단일화 절차에 참여한 다른 노동조합에도 미치는 것을 정당화하는 근거가 된다(대법원 2018.12.27. 2016두41224).

## 2. 공정대표의무의 부담 주체

공정대표의무의 부담 주체는 교섭대표노동조합과 사용자이다(노동조합법 제29조의4제1항). 교섭대표노동조합에게 배타적인 교섭권을 부여하면서 이에 수반하여 인정된 것이 공정대표의무라면 공정대표의무의 본래적 주체는 교섭대표노동조합이라고 할 수 있다.

그러나 사안에 따라서는 사용자도 단체교섭 과정이나 단체협약 이행과정에서 교섭참여 노동조합 또는 그 조합원 간에 합리적인 이유 없이 차별하는 주체가 될 수 있기 때문에 노동조합법은 사용자도 공정대표의무를 부담하도록 하고 있다.[41]

## 3. 공정대표의무의 범위

공정대표의무의 취지와 기능 등에 비추어 보면, 공정대표의무는 단체교섭의 과정이나 그 결과물인 단체협약의 내용뿐만 아니라 단체협약의 이행과정에서도 준수되어야 한다(대법원 2018.8.30. 2017다218642).

교섭대표노동조합의 공정대표의무는 교섭대표행위를 함에 있어서 불합리한 차별을 하여서는 안 된다는 소극적 의미에 그치는 것이 아니라 경우에 따라서는 소수노동조합이 받는 불합리한 차별을 제거하기 위해 노력해야 하는 적극적 의무까지 포함한다(서울고등법원 2017.3.30. 2016누70088).

사용자는 교섭대표노동조합과 동일한 내용의 공정대표의무를 독립적으로 부담하고, 사용자라고 하여 교섭대표노동조합과 달리 교섭대표노동조합과 소수노동조합 사이의 중립을 지켜야 할 소극적인 의무만을 부담한다고 할 수 없다(서울고등법원 2018.5.16. 2017누86233).

---

41) 고용노동부, 사업(사업장) 단위 복수노조 업무 매뉴얼, 2010, p.46.

## 4. 공정대표의무 위반시 시정절차

교섭대표노동조합과 사용자가 공정대표의무를 위반하여 특정의 교섭참여 노동조합 또는 그 조합원을 차별한 경우에는 해당 노동조합은 노동위원회에 그 시정을 신청할 수 있다(노동조합법 제29조의4제2항).

### 1) 시정신청 주체 및 시정신청 기간

공정대표의무 위반에 대한 노동위원회에 시정신청할 수 있는 주체는 교섭창구 단일화 절차에 참여한 노동조합 중 교섭대표노동조합 이외의 노동조합이다. 따라서 교섭대표노동조합, 교섭창구 단일화 절차에 참여하지 않은 노동조합 또는 개별 조합원은 노동위원회에 시정신청할 수 없다.

시정신청 기간은 공정대표의무 위반인 차별행위가 단체협약의 내용인 경우에는 단체협약 체결일부터 3개월 이내이고, 단체협약의 내용 이외의 경우에는 그 차별행위가 있은 날로부터 3개월 이내이다(노동조합법 제29조의4제2항). 이 기간은 제척기간에 해당하고, 위반 행위가 있었음을 안 날을 기산점으로 하지 않는다.

근로시간 면제에 대한 차별로 공정대표의무 위반이 문제되는 경우, 그 차별행위가 있은 날은 최종적으로 근로시간 면제를 차별적으로 부여해 달라는 교섭대표노동조합의 요청에 따라 사용자와 교섭대표노동조합이 단체협약을 체결하거나 사용자가 그러한 요청에 동의함으로써 그 차별행위가 완성된 날을 뜻한다(서울고등법원 2017.2.8. 2016누64588).

다만, 교섭대표노동조합과 사용자가 소수노동조합을 차별하는 내용이 있는 단체협약을 체결하고 상당기간 경과 후 소수노동조합에게 단체협약을 교부한 경우에는 단체협약 교부일을 제척기간 기준일로 본 사례가 있다(중앙노동위원회 2016공정40, 41).

또한, 교섭대표노동조합과 사용자가 임금인상 등 4개 사항에 대해 노동위원회 조정서에 서명한 이후 그 외 사항을 포함하여 전체 내용을 담은 단체협약에 대해 조인서에 서명한 경우 소수노동조합이 차별을 주장하는 내용이 조정서에는 없고 조인서에 있을 경우에 단체협약 체결일은 단체협약 조인서에 서명한 날로 본 사례가 있다(중앙노동위원회 2020공정5).

## 2) 처리기간

노동조합법에서 공정대표의무 위반 여부에 대한 판정 권한을 노동위원회에 부여하면서도 별도의 처리기간을 명시하지 않고 있다. 따라서 노동위원회규칙에 의한 심판위원회 처리기간(사건접수일부터 60일 이내 심문회의 상정 및 판정일부터 30일 이내 당사자에게 판정서 통지)을 준용하여 처리된다.

## 3) 입증책임

사용자나 교섭대표노동조합이 교섭창구 단일화 절차에 참여한 다른 노동조합을 교섭대표노동조합과 다르게 대우하는 경우, 차별의 존재 여부에 관한 입증책임은 이를 주장하는 소수노동조합이 부담하고, 차별한 것으로 인정되는 경우 그와 같은 차별에 합리적 이유가 있다는 점은 이를 주장하는 교섭대표노동조합이나 사용자에게 입증책임이 있다(대법원 2018.9.13. 2017두40655; 대법원 2018.8.30. 2017다218642).

## 4) 노동위원회의 결정 및 명령

노동위원회는 공정대표의무를 위반하였다고 인정하는 경우 관계 당사자에게 불합리한 차별의 시정에 필요한 조치를 명하고, 공정대표의무를 위반하지 않았다고 인정하는 경우에는 시정신청을 기각하는 결정을 해야 한다.

그러나 노동위원회가 공정대표의무 위반으로 불합리한 차별에 대한 시정명령을 내릴 경우에도 그것이 곧바로 법률관계를 발생시키거나 변경시키는 것은 아니어서 단체협약의 해당 내용을 무효로 하는 것은 아니며, 교섭대표노동조합 또는 사용자의 이행조치가 필요하다.

공정대표의무 위반에 대한 노동위원회의 확정된 시정명령을 위반한 자에 대해서는 3년 이하의 징역 또는 3천만 원 이하의 벌금에 처함으로써 시정명령의 이행을 담보하고 있다(노동조합법 제89조).

공정대표의무에 위반하여 합리적 이유 없이 소수노동조합을 차별하였다면 불법행위에 의한 손해배상책임도 발생할 수 있다(대법원 2020.10.29. 2019다262582).

5) 노동위원회 결정·명령에 대한 불복

노동위원회의 명령 또는 결정에 대한 불복절차 등에 관해서는 부당노동행위 구제명령에 대한 불복절차(노동조합법 제85조) 및 효력(노동조합법 제86조)에 관한 규정을 준용한다(노동조합법 제29조의4제4항).

따라서 공정대표의무 위반에 대한 지방노동위원회의 시정명령 또는 기각결정에 대해 이의가 있는 때에는 그 명령서 또는 결정서를 송달받은 날부터 10일 이내에 중앙노동위원회에 재심을 신청할 수 있고, 중앙노동위원회의 재심판정에 대해 이의가 있는 때에는 그 재심 판정서를 송달받은 날부터 15일 이내에 행정소송을 제기할 수 있다(노동조합법 제85조제1항, 제2항).

노동위원회의 공정대표의무 위반에 대한 명령·결정에 대한 불복 사유는 노동위원회 명령·결정이 위법·월권에 의한 경우로 한정되지 않는다.

기간내 재심신청 또는 행정소송을 제기하지 않으면 노동위원회의 시정명령·기각결정은 확정된다(노동조합법 제85조제3항). 또한 사용자가 중앙노동위원회의 구제명령에 불복하여 행정소송을 제기하면, 법원은 중앙노동위원회의 신청에 의해 결정으로써, 판결이 확정될 때까지 중앙노동위원회 구제명령의 전부 또는 일부의 이행을 명할 수 있다(노동조합법 제85조제5항).

지방노동위원회의 시정명령·기각결정에 불복하여 중앙노동위원회에 재심신청하거나 중앙노동위원회의 재심판정에 불복하여 행정소송을 제기하여도 그 효력이 정지되지 않는다(노동조합법 제86조).


# 5. 공정대표의무 판단기준 및 사례

## (1) 절차적 공정대표의무

### 1) 교섭요구안 마련 과정에서 의견수렴 및 협의

교섭대표노동조합은 교섭요구안에 대한 의견을 수렴하고 이를 확정하는 과정에서 신의성실의 원칙에 입각하여 교섭창구 단일화 절차에 참여한 노동조합 등에게 의견을 제출할 기회를 충분히 부여하고 협의하여야 할 뿐만 아니라 교섭요구안 결정 이유 등에 대해 설명할 의무가 있다(서울행정법원 2013.11.29.

2013구합16609).

다만, 교섭요구안 의제를 선택하고 구체적인 협상을 함에 있어 각 의제의 중요성 판단, 교섭력 집중과 목표달성을 위한 전략 선택 등에 관하여는 교섭대표노동조합의 재량권이 인정된다(서울고등법원 2017.8.18. 2016나2057671).

단체협약 내용이 전년도와 대동소이하고, 소수노동조합의 요구사항이 특별한 내용이 없는 경우 교섭 과정이나 내용을 통지하거나 설명하지 않았더라도 공정대표의무 위반은 아니다(서울고등법원 2014.4.24. 2013누53105).

교섭대표노동조합이 소수노동조합에게 확정요구안을 통지하여 요구안과 확정요구안을 비교하여 요구안이 반영되었는지 여부를 알 수 있었을 경우에는 별도로 소수노동조합의 요구안이 확정요구안에서 배제되었다는 사실을 통지할 의무는 없다(서울행정법원 2013.7.11. 2012구합39292).

또한 교섭대표노동조합이 소수노동조합에 단체협약 또는 근로시간 면제 한도 배분에 관한 의견을 묻는 공문을 두어 차례 보낸 사실만으로는 의견수렴 절차나 협의하는 절차를 충실하게 이행하였다고 인정하기는 부족하다(서울행정법원 2016.1.21. 2015구합4051).

## 2) 교섭 과정에서 정보제공 및 의견수렴

교섭대표노동조합이 단체교섭 과정에서 소수노동조합을 동등하게 취급하고 공정대표의무를 절차적으로 적정하게 이행하기 위해서는 기본적으로 단체교섭 및 단체협약 체결에 관한 정보를 소수노동조합에 적절히 제공하고 그 의견을 수렴하여야 한다.

다만, 단체교섭 과정의 동적인 성격 및 실제 현실 속에서 구현되는 모습, 노동조합법에 따라 인정되는 대표권에 기초하여 교섭대표노동조합 대표자가 단체교섭 과정에서 어느 정도의 재량권 등을 가지는 점 등을 고려하면, 교섭대표노동조합의 소수노동조합에 대한 이러한 정보제공 및 의견수렴의무는 일정한 한계가 있을 수밖에 없다.

그러므로 교섭대표노동조합이 단체교섭 과정의 모든 단계에서 소수노동조합에 일체의 정보를 제공하거나 의견을 수렴하는 절차를 완벽하게 거치지 않았다고 하여 곧바로 공정대표의무 위반이라고 단정할 것은 아니다(대법원 2020.10.29. 2017다263192).

**핵심 판례** 교섭 과정에서 정보제공과 의견수렴 의무

교섭대표노동조합이 단체교섭 과정의 모든 단계에 있어서 소수노동조합에 일체의 정보를 제공하거나 그 의견을 수렴하는 절차를 완벽하게 거치지 아니하였다고 하여 곧바로 공정대표의무를 위반하였다고 단정할 것은 아니고, 이때 절차적 공정대표의무를 위반한 것으로 보기 위해서는 단체교섭의 전 과정을 전체적·종합적으로 고찰하여 기본적이고 중요한 사항에 관한 정보제공 및 의견수렴 절차를 누락하거나 충분히 거치지 아니한 경우 등과 같이 교섭대표노동조합이 가지는 재량권을 일탈·남용함으로써 소수노동조합을 합리적 이유 없이 차별하였다고 평가할 수 있는 정도에 이르러야 한다(대법원 2020.10.29. 2017다263192).

### 3) 잠정합의안 승인 절차

교섭대표노동조합이 사용자와 단체교섭 과정에서 마련한 단체협약 잠정합의안에 대해 자신의 조합원 총회 또는 총회에 갈음할 대의원회의 찬반투표 절차를 거치는 경우, 소수노동조합의 조합원들에게 동등하게 그 절차에 참여할 기회를 부여하지 않거나 잠정합의안에 대한 가결 여부를 정하는 과정에서 그들의 찬반의사를 고려 또는 채택하지 않더라도 그것만으로는 절차적 공정대표의무를 위반하였다고 단정할 수 없다(대법원 2020.10.29. 2017다263192; 대법원 2020.10.29. 2019다262582).

### 4) 소수노동조합의 요구사항을 관철하지 못한 경우

일반적으로는 교섭대표노동조합이 소수노동조합의 요구사항을 단체교섭에서 관철하지 못했다 하더라도 교섭대표노동조합 스스로도 그와 동일한 사항을 자신의 단체협약에 포함시키지 못했다면, 소수노동조합을 차별한 것은 아니어서 공정대표의무를 위반하였다고 볼 수 없다.

다만, 산별 노동조합인 교섭대표노동조합이 사업장 단위의 단체교섭 없이도 산별협약에 따라 일정한 사항을 사용자로부터 보장받고 있는 상황에서 내용이 동일한 소수노동조합 요구사항에 대해서는 적극적 교섭을 하지 않음으로써 단체협약에 반영하지 못한 경우에는 공정대표의무 위반에 해당된다(서울행정법원 2013.6.12. 2012구합35375).

### (2) 실체적 공정대표의무

#### 1) 복지기금, 해외연수경비 및 학자보조금 차별

소수노동조합의 조합원들에게 복지기금, 해외연수경비 및 학자보조금이 지급되지 않음으로 인하여 소수노동조합 탈퇴 여부를 심각하게 고민하게 될 개연성은 충분히 있고, 그러한 사정은 소수노동조합의 존립과 직결되는 문제이므로 차별 취급에 합리적인 이유가 있는지에 관한 판단은 엄격하게 이루어져야 한다(대전고등법원 2016.6.16. 2016누10242).

#### 2) 격려금 및 성과금 차별

생산장려금에 관한 노사협의를 하면서 소수노동조합 간부 조합원들의 상당수가 징계처분을 받은 상황에서 유예기간도 두지 않은 채 단체협약에 징계처분자의 지급대상자 제외 조항을 신설하기로 합의한 것은 소수노동조합의 간부 조합원들에게 격려금을 지급하지 않으려 한 의도에서 비롯된 것으로서 공정대표의무 위반이다(서울고등법원 2017.5.12. 2016누68191).

#### 3) 단체협약의 채무적 부분에서 차별

소수노동조합은 노동조합 활동에 관한 부분이 규범적 부분과 함께 단체협약의 내용이 되어서 규범적 부분뿐만 아니라 노동조합 활동에 관한 부분에 대하여도 단체교섭권을 행사하지 못하고 단지 교섭창구 단일화 절차에서 경쟁관계에 놓여있던 교섭대표노동조합이 사용자와 협상을 통해 얻어내는 결과물을 기다릴 수밖에 없는 처지이므로 소수노동조합을 보호할 필요가 있으며, 그 내용이 노동조합의 기본적 활동에 관한 것일 때에는 그 필요성이 더욱 크다(서울고등법원 2014.6.12. 2013누52492).

#### 4) 교섭대표노동조합에게만 노동조합 사무실 제공

노동조합 사무실은 노동조합의 존립과 발전에 필요한 일상적인 업무가 이루어지는 공간으로서 중요성을 가진다. 따라서 교섭대표노동조합에게는 노동조합 사무실을 제공하면서 교섭창구 단일화 절차에 참여한 다른 노동조합에게는 물리적 한계나 비용 부담 등을 이유로 노동조합 사무실을 전혀 제공하지 않거나 일시적으로 회사 시설을 사용할 수 있는 기회만을 부여하였다면, 이는 차별에 합리적인 이유가 있다고 볼 수 없다(대법원 2018.9.13. 2017두40655).

교섭대표노동조합의 조합원수가 165명인데 비해 소수노동조합의 조합원은 10명 미만인 사안에서, 사업장 내 빈 공간이 있거나 기존 공간의 재배치로 가용한 공간이 있다고 보이며 사정이 여의치 않은 경우에는 교섭대표노동조합과 사무실을 공유할 수 있도록 하는 등 공간 제공을 위한 협의가 가능한 경우 소수노동조합에 노동조합 사무실을 제공하지 않은 것은 합리적 이유가 없다(서울고등법원 2016.6.17. 2015누57064).

반면, 교섭대표노동조합 조합원수가 219명인데 비해 소수노동조합의 조합원이 6명으로 절대적으로 숫자가 적고 사무실로 제공할 여유 공간이 없는 데다 사무실이 기본적으로 제공되어야만 노동조합 활동이 가능해진다고 보기 어려운 경우에는 공정대표의무 위반으로 보기 어렵다(서울고등법원 2017.1.20. 2016누52905).

### 5) 근로시간 면제 한도에서 차별

노동조합의 활동 시간은 노동조합 사무실 등 노동조합 존립에 필요한 다른 요소와는 달리 그것이 전제되지 않으면 노동조합의 존재 자체가 불가능하다는 점에서 다른 어떤 요소보다도 노동조합 존립의 본질적·핵심적 요소라고 할 것이다(서울행정법원 2015.9.17. 2015구합65636).

이에 따라 노동조합 활동은 조합원의 많고 적음에 상관없이 최소한의 범위에서나마 모든 노동조합에게 필수적으로 보장될 필요가 있으며, 특정 노동조합에게 근로시간 면제를 전혀 인정하지 않는 것은 특별한 사정이 없는 한 합리적인 이유가 없다(서울행정법원 2015.9.17. 2015구합65636).

교섭대표노동조합의 조합원 수가 631명으로 소수노동조합 조합원 32명의 약 20배인데 근로시간면제 시간은 교섭대표노동조합에 5,900시간, 소수노동조합에 100시간을 배정하여 59배에 달하는 경우 그 차별에 합리적 이유가 없다(서울행정법원 2013.4.25. 2012구합35498).

또한 조합원 점유율이 24% 이상인 노동조합에만 근로시간 면제 한도를 배정한 단체협약도 공정대표의무를 위반한 것이다(대전지방법원 2016.1.20. 2015구합101695).

반면, 교섭대표노동조합이 단체교섭을 준비과정에서 들이는 노력이나 시간을 적절히 고려할 필요가 있으므로 전체 근로시간면제 시간의 20%를 교섭대표노동조합에 우선 배분하도록 한 것은 합리적 이유가 있다(서울고등법원 2019.11.2. 2019누47362).

### 6) 노조전임자 인정에서 차별

노조전임제 인정 여부는 물론 노동조합 전임자의 선임과 해임절차, 전임기간, 전임자 수, 전임자에 대한 대우 등 제도 운용에 관하여도 기본적으로 사용자의 동의에 기초한 노사협의에 의해 유지된다(대법원 2011.8.18. 2010다106054 참조).

따라서 모든 노동조합에 대해 반드시 노조전임자를 인정하여야 하는 것은 아니고, 합리적 이유가 있다면 사용자는 노동조합별로 노조전임자의 임명 여부, 전임자 수 등을 달리 인정할 수 있음이 원칙이다.

다만, 교섭대표노동조합은 공정대표의무의 취지를 고려하여 소수노동조합이 노조전임자에 관하여 적극적으로 요청한 바가 없어도 노조전임자를 독점할 것이 아니라 소수노동조합에게도 노조전임자가 인정되도록 노력해야 하며, 노조전임자를 조합원 수에 비례하여 할당해야 하는 것은 아니더라도 특별한 사정이 없는 한 소수노동조합에 노조전임자를 전혀 인정하지 않는 것은 합리성을 인정받기 어렵다(서울행정법원 2016.5.12. 2015구합9513).

### 7) 근로시간 중 조합활동에 대한 차별

근무시간 중 노동조합 활동과 같이 노동조합의 설립·존속에 관한 사항에 대해서는 소수노동조합을 보호할 필요성이 더욱 크고, 신입사원의 교육시간에 노동조합 설명회 시간은 소속 조합원 수에 따라 크게 달라질 것으로 보이지 않음에도 조합원 수에 따라 교육시간을 배분하는 것은 합리적 이유 없는 차별이다(서울행정법원 2014.4.4. 2013구합4590).

반면, 근로자참여법에 따른 노사협의회 참여 여부는 노동조합 자체로서의 존속, 유지에 관련한 기본적 활동에 해당하는 것으로 보기 어려우며, 교섭대표노동조합 대비 소수노동조합의 조합원 수가 적은 점 등을 종합하여 근로자참여법상의 노사협의회로 운영되고 있는 단체협약상의 소노사협의회 구성에 소수노동조합을 배제하여 차별한 것은 합리적 이유가 있다(대법원 2018.12.27. 2016두41224).

### 8) 노동조합 게시판의 차별적 제공

사용자가 교섭대표노동조합에게만 게시판을 제공하고 소수노동조합에게는 게시판을 제공하지 않는 경우 특별한 사정이 없는 한 차별에 합리적인 이유가 있는 것으로 볼 수 없다. 다만, 노동조합의 조합원 수, 게시판에 게시할 게시물의 양 등에 비추어 노동조합 업무 수행에 필요한 기능을 수행할 수 있는 크기에 해당하고 합리적인 이유가 있다면 사용자가 각 노동조합에 제공하는 노동조합 게시판의 규모나 내용에 적절히 차이를 둘 수 있다(대법원 2019.2.1. 2018두61222).

### 9) 조합비 공제에서 차별

사용자의 일률적인 조합비 공제는 노동조합의 유지·활용에 필수적인 사항으로서 조합원 수에 따라 그 필요성이 달라진다고 볼 수 없고, 소수노동조합에게도 이를 인정한다고 하여 회사의 업무 가중을 초래하는 것이 아닌 점에 비추어 볼 때 교섭대표노동조합에 대해서만 조합비 공제규정을 적용하게 한 것은 공정대표의무 위반이다(서울고등법원 2014.8.28. 2014누49578).

### 10) 노동조합 창립기념일의 휴일 지정 차별

교섭대표노동조합의 창립기념일만을 유급휴일로 정하여 소수노동조합과 다르게 취급한 것은 공정대표의무 위반에 해당한다(대법원 2019.10.31. 2017두37772).

# 제 5 장

# 단체협약

**단체협약의 의의와 성립**

## 1. 단체협약의 의의

### (1) 단체협약의 개념과 기능

단체협약은 노동조합과 사용자 또는 사용자단체가 임금, 근로시간 기타의 사항에 대하여 단체교섭 과정을 거쳐 합의한 사항을 서면으로 작성하여 체결한 협정을 말한다.[1]

헌법 제33조제1항에서 "근로자는 근로조건의 향상을 위하여 자주적인 단결권·단체교섭권·단체행동권을 가진다."라고 규정하여 근로자에게 단결권·단체교섭권·단체행동권을 기본권으로 보장하고 있다. 이 조항에서 '단체협약 체결권'을 명시하여 규정하고 있지 않으나 근로조건의 향상을 위한 근로자와 그 단체의 본질적인 활동의 자유인 '단체교섭권'에는 단체협약 체결권이 포함되어 있다고 보아야 한다(헌법재판소 1998.2.27. 94헌바13).

이러한 단체협약은 근로조건을 규율하는 동시에 노사관계를 안정시키는 기능을 한다.[2]

첫째, 단체협약은 일반적으로 취업규칙 또는 근로계약보다 유리하게 체결되는 경우가 많고, 취업규칙이나 근로계약 중에서 단체협약과 상충되는 부분은 단체협약이 우선하는 등 근로자의 근로조건을 향상시키고, 근로자 사이의 근로조건을 평준화시키는 '근로조건 규제의 기능'이 있다.

둘째, 단체협약 체결 과정에서 노사 당사자 간에 분쟁이 발생할 수 있으나 체결 이후에는 일정한 기간 동안 노사관계를 안정시키고 산업평화를 유지하게 하는 '평화 유지의 기능'이 있다.

이외에도 노사 간의 제반 관계를 규율하는 '노사관계 질서 형성의 기능'과 사용자의 경영권 행사 시 노동조합 참여를 제도화하는 '경영 민주화의 기능'도 가지고 있다.

---

1) 고용노동부, 집단적 노사관계 업무 매뉴얼, 2022, p.229.
2) 임종률, 노동법(제20판), 박영사, 2022, p.152; 하갑래, 집단적 노동관계법(제7판), 2021, pp.311~312; 고용노동부, 집단적 노사관계 업무 매뉴얼, pp.229~230.

## (2) 단체협약의 법적 성질

단체협약은 노동조합과 사용자 간의 계약으로서의 효력뿐만 아니라 사용자와 개별 근로자 간에 근로계약을 이행할 것을 규율하는 규범적 효력을 가진다. 이와 같이 노동조합의 조합원과 사용자 측까지도 규율하는 규범적 효력의 근거는 법규범설과 계약설로 구분할 수 있다.[3]

① 법규범설은 단체협약을 법률과 같은 법규범으로 보는 견해로서 노동조합과 사용자 간의 합의에 의해 개별 근로조건을 규율하는 단체협약에 법적 지위를 인정한다는 의미가 있으나, 사인(私人)인 협약당사자 간의 합의를 직접적으로 법규범으로 보기는 어렵다는 점이 한계로 지적된다.

② 계약설은 단체협약을 노사 당사자 간의 계약으로 보는 견해로서, 사법(私法)인 계약이 어떻게 규범적 효력을 갖는가에 대해서는 다시 수권설,[4] 집단적 규범계약설[5] 등으로 나뉜다.

이 중에서 다수설인 계약설의 수권설에 따르면 노사 당사자 간의 계약에 불과한 단체협약에 대해 국가가 근로자 보호와 노사관계 안정을 위해 특별히 협약당사자에게 규범 설정 권한을 수권한 것으로 본다. 이에 따르면 노동조합법 제33조를 단체협약의 규범적 효력을 협약 당사자에게 부여하는 근거 규정으로 볼 수 있다.[6]

이에 대해 헌법재판소는 근로자의 보호와 노사관계의 안정이라는 노동정책상의 이유에서 법률로 단체협약에 특별한 법적 효력을 부여하고 있다고 판단하고 있다(헌법재판소 1998.3.26. 96헌가20).

---

3) 단체협약의 법적성질에 관한 학설 소개는 하갑래, 집단적 노동관계법, pp.312~313 참조.

4) 임종률, 노동법, pp.154~155.

5) 김형배, 노동법(제27판), 박영사, 2021, pp.1237~1238.

6) 하갑래, 집단적 노동관계법, pp.312~313; 임종률, 노동법, p.155; 집단적 규범계약설은 노사 당사자가 각 구성원의 의사를 기초로 단체협약을 체결하고 준수하기 때문에 규범적 효력이 발생한다고 본다.

## 2. 단체협약의 성립

### (1) 단체협약의 주체와 내용

단체협약의 주체는 자신의 이름으로 단체협약을 체결할 수 있는 법률상의 능력을 가진 자를 말한다. 단체협약은 단체교섭의 산물이므로 단체교섭의 당사자가 단체협약 체결의 주체가 된다. 즉, 근로자 측은 노동조합이, 사용자 측은 사용자와 사용자단체가 당사자가 된다.

근로자 측의 당사자인 노동조합의 대표자는 단체교섭권과 단체협약 체결권을 가진다(노동조합법 제29조제1항). 산업별 노동조합의 지부·지회는 독자적인 규약 및 집행기관을 갖고 독립된 조직체로서 활동을 하는 경우가 아니라면 단체협약 체결 당사자가 될 수 없다.

노동조합과 체결한 단체협약이 유효하게 성립하려면 단체협약을 체결할 능력이 있는 사용자나 사용자단체가 그 상대방 당사자로서 체결하여야 하고, 나아가 서면으로 작성하여 당사자 쌍방이 서명날인 함으로써 노동조합법상 소정의 요건을 갖추어야 한다(대법원 1996.6.28. 94다49847).

사용자는 협의의 사용자(사업주)로서 개인사업의 개인, 법인사업의 법인 그 자체를 의미한다. 사용자단체는 노동관계에 관하여 그 구성원인 사용자에 대하여 조정 또는 규제할 수 있는 권한을 가진 사용자의 단체를 말한다.

사용자 측의 단체교섭 및 단체협약 체결 당사자는 원칙적으로 사업주이나, 사업주는 단체교섭 또는 단체협약의 체결에 관한 권한을 제3자에게 위임할 수 있다.

과거에는 단체교섭이나 쟁의행위에 제3자가 관여하거나 조종·선동하는 것을 금지하는 제3자 개입금지조항이 있었으나, 1997년 제정 노동조합법에서 노동관계의 지원제도로 변경을 거쳐, 2006년말 개정 노동조합법에서는 그마저 삭제되었다.

따라서 현재는 단체교섭권과 단체협약 체결권의 수임자의 자격 등에 대하여 아무런 법적 제한이 없다. 자연인이나 단체도 수임이 가능하며, 상급단체, 해고자 또는 여러 명에게 위임하는 것도 가능하다.

그러나 사회통념에 비추어 볼 때 정상적인 교섭을 기대하기 어려운 자에게 위임하는 것은 위임의 남용에 해당되어 사용자가 교섭을 거부하더라도 부당노

동행위가 성립되지 않는다고 본다.[7]

수임자는 위임받은 범위 내에서 권한을 행사할 수 있는바, 사업주로부터 위임을 받은 경영담당자 등이 서명·날인한 단체협약도 법적으로 유효하며, 그 효력은 사업주에게 귀속된다(대법원 2008.9.1. 2006다40935).

노동관계 당사자가 교섭 또는 단체협약의 체결에 관한 권한을 위임하는 경우에는 교섭사항과 권한범위를 정하여 위임하여야 하며, 상대방에게 위임을 받은 자의 성명(위임을 받은 자가 단체인 경우에는 그 명칭 및 대표자의 성명), 교섭사항과 권한범위 등 위임의 내용을 포함하여 위임사실을 통보하여야 한다(노동조합법 시행령 제14조).

회사정리개시 결정이 있는 경우에는 회사사업의 경영과 재산관리 및 처분을 하는 권한이 관리인에게 전속되므로 기존의 대표이사가 아니라 관리인이 근로관계상 사용자의 지위에 있게 되어 사용자 측의 단체협약 체결권자가 된다(대법원 2001.1.19. 99다72422).

단체협약의 내용은 단체교섭 당사자가 합의한 내용으로서 의무적 교섭사항과 임의적 교섭사항이 모두 포함된다. 다만, 의무적 교섭사항이 전혀 포함되지 않은 단체협약은 노동조합법상의 단체협약으로 인정되지 않는다고 본다.[8]

임의적 교섭사항은 여후효(餘後效)가 적용되지 않으므로 단체협약의 효력이 상실되면 사용자가 임의로 그 내용을 변경할 수 있으며, 위법적 교섭사항은 당연히 단체협약의 내용이 될 수 없다.

### (2) 단체협약의 절차와 형식

단체협약은 서면으로 작성하여 당사자 쌍방이 서명 또는 날인하여야 한다(노동조합법 제31조제1항).

단체협약이 유효하게 성립하기 위해서는 원칙적으로 단체교섭을 통한 당사자의 합의가 있어야 하며, 당사자 쌍방이 이를 단체협약으로 할 의사로 문서로 작성하여 쌍방의 대표자가 각 노동조합과 사용자를 대표하여 서명·날인하는 등으로 단체협약의 실질적·형식적 요건을 갖추어야 한다(대법원 2005.3.11. 2003다27429).

---

7) 하갑래, 집단적 노동관계법, pp.230~231.
8) 하갑래, 집단적 노동관계법, p.315 참조.

따라서 서면작성, 당사자 쌍방의 서명 또는 날인 등 형식적 요건을 갖추지 못한 단체협약은 무효이다(대법원 2001.1.19. 99다72422). 협약을 서면으로 작성하도록 하는 것은 단체협약의 성립을 명확하게 하여 분쟁을 예방하기 위한 것이고, 서명 또는 날인을 요구하는 것 역시 당사자의 의사를 확정적으로 표시하도록 하여 합의의 진정성과 명확성을 확보하기 위한 것이다(대법원 2001.5.29. 2001다15422·15439).

단체협약으로서의 실질적·형식적 요건을 갖추었다면 표제를 단체협약이라 하지 않거나, 노사협의회 등 통상적인 단체교섭 절차를 거치지 않은 경우에도 단체협약으로 유효하게 성립한다. 노동조합법은 서명 또는 날인을 요구하고 있으므로 기명날인이나 서명무인도 가능하다(대법원 2005.3.11. 2003다27429; 대법원 1995.3.10. 94마605).

한편, 대법원은 당사자 쌍방의 서명 또는 날인이 없는 단체협약에 대하여 그 규정의 내용이 조합원이 아닌 전체 직원에 관한 내용을 규율하고, 유효기간에 관한 규정이 없는 등 제반 사정을 고려하여 취업규칙으로 보고, 그러한 취업규칙의 규범력을 인정한 사례가 있다(대법원 1997.4.25. 96누5421).

실무적으로 노동조합과 사용자 사이에 근로조건 등에 관한 합의가 정식의 단체교섭 절차가 아닌 노사협의회의 협의를 거쳐서 성립되었더라도 단체협약으로 보아야 하는지가 쟁점이 된다.

이에 대해 법원은 노동조합과 사용자 사이에 근로조건 기타 노사관계에 관한 합의가 노사협의회의 협의를 거쳐서 성립되었더라도, 당사자 쌍방이 이를 단체협약으로 할 의사로 문서로 작성하고 당사자 쌍방의 대표자가 각 노동조합과 사용자를 대표하여 서명날인하는 등으로 단체협약의 실질적·형식적 요건을 갖추었다면 이는 단체협약이라고 보아야 한다고 판시하였다(대법원 2018. 7.26. 2016다205908).

## (3) 단체협약의 신고와 심사

단체협약의 당사자는 단체협약의 체결일로부터 15일 이내에 이를 관할 행정관청에 신고하여야 하며(노동조합법 제31조제2항), 이를 위반하면 과태료 처분을 받는다(노동조합법 제96조). 단체협약을 신고할 때에는 당사자 쌍방의 연명으로 단체협약신고서에 단체협약서를 첨부하여 제출한다(노동조합법 시행령 제15조).

다만, 이는 단체협약의 효력에는 영향을 미치지 않는 단속규정이며, 행정관청은 단체협약 중 위법한 내용이 있는 경우에는 노동위원회의 의결을 받아 시정을 명할 수 있다(노동조합법 제31조제3항). 행정관청의 시정명령을 2개월 이내에 이행하지 아니하면 500만원 이하의 벌금에 처한다(노동조합법 제93조제2호).

### (4) 단체협약 체결권의 제한

노동조합 대표자는 그 노동조합 또는 조합원을 위하여 사용자나 사용자단체와 단체교섭뿐만 아니라 단체협약 체결권한을 함께 갖는다(노동조합법 제29조제1항).

또한 노동조합의 대표자가 조합원들의 의사를 결집·반영하기 위하여 마련한 내부 절차가 있음에도 이를 전혀 거치지 아니한 채 조합원의 중요한 근로조건에 영향을 미치는 사항 등에 관하여 사용자와 단체협약을 체결하는 것은 불법행위에 해당한다(대법원 2018.7.26. 2016다205908).

한편, 노동조합 규약 또는 단체협약에서 단체협약안의 가부에 관하여 반드시 조합원 총회의 의결을 거치도록 하는 것은 노조 대표자의 협약체결권한을 전면적·포괄적으로 제한하는 것으로 무효이다(대법원 1993.4.27. 91누12257).

그러나 노동조합 대표자의 협약체결권한을 전면적·포괄적으로 제한하는 것이 아니라면 노동조합이 조합원 의사를 반영하기 위해 규약 등으로 협약 체결 시 총회 의결 등 내부적인 절차를 거치도록 하는 등 노조 대표자의 협약체결권을 절차적으로 제한하는 것은 허용된다(대법원 2014.4.24. 2010다24534).

제2절 단체협약의 효력

단체협약의 효력은 그 구성 내용에 따라 효력이 다르다. 단체협약의 규범적 부분은 사용자와 조합원의 관계를 규율하고, 채무적 부분은 사용자와 노동조합의 관계를 규율한다. 단체협약의 규범적 부분은 당사자를 강제적으로 구속하는 규범적 효력과 계약에 따른 채무이행 의무가 발생하는 채무적 효력을 가지며, 채무적 부분은 채무적 효력을 가진다.

도표 5-1  단체협약의 구성 내용과 효력

| 구분 | 구성 내용 | 효력 |
|------|-----------|------|
| 규범적 부분 | • 근로조건 기타 근로자의 대우에 관한 기준<br>• 임금, 근로시간, 휴일·휴가, 복리후생, 작업환경, 재해보상, 인사, 복무규율, 근로관계의 종료에 관한 규정 등 | • 규범적 효력<br>　- 강행적 효력<br>　- 보충적 효력<br>• 채무적 효력 |
| 채무적 부분 | • 단체교섭, 쟁의행위에 관한 사항 등<br>• 민법상 계약에 따른 채무이행의 의무, 평화의무, 조합원의 범위와 숍 조항, 조합 활동과 편의 제공 | • 채무적 효력<br>　- 협약준수 의무<br>　- 영향 의무<br>　- 평화 의무 |

## 1. 규범적 효력

### (1) 규범적 부분

단체협약의 내용 중 '근로조건 기타 근로자의 대우에 관한 기준'(노동조합법 제33조제1항)에 관하여 정한 사항을 규범적 부분이라고 한다. 규범적 부분에 해당하는 근로조건 기타 근로자의 대우에 관한 기준의 예로는 임금액, 임금지급 방법, 근로시간, 휴게, 휴일·휴가, 퇴직급여, 복리후생, 작업환경, 안전보건, 재해보상, 배치·전직·교육훈련 등 인사, 복무규율, 근로관계 종료 등에 관한 규정이 포함된다.

그러나 채용은 근로조건에 관한 계약 체결 이전 사항이므로 규범적 부분에 포함되지 않는다.

## (2) 규범적 효력의 내용

### 1) 의의

단체협약의 규범적 효력이란 단체협약의 내용이 법규범과 같이 당사자를 강제적으로 구속하는 효력을 말한다.[9]

이에 대하여 노동조합법 제33조제1항에서는 단체협약에 정한 근로조건 기타 근로자의 대우에 관한 기준(규범적 부분)에 위반하는 취업규칙 또는 근로계약의 부분은 무효가 됨을 규정하고(강행적 효력), 제2항에서는 근로계약에 규정되지 아니한 사항과 무효로 된 부분은 단체협약에서 정한 기준이 당해 근로관계를 규율한다고(보충적 효력) 규정하고 있다.

이는 단체협약에서 정한 기준에 미달하는 근로계약의 근로조건을 단체협약에서 정한 수준으로 개선하려는 데 그 취지가 있는 것으로서 헌법재판소도 규범적 효력을 인정하고 있다(헌법재판소 2004.8.26. 2003헌바28).

단체협약의 규범적 효력은 기본적으로 강행적 효력과 보충적 효력의 두 단계로 이루어지나, 모든 규범적 부분에서 두 단계의 효력이 다 같이 발생하지는 않는다.

예를 들어 해고의 기준에 대한 규정은 성질상 강행적 효력만 인정되고 보충적 효력이 인정될 여지가 없다. 또한 근로계약에 정함이 없는 부분에 대하여는 강행적 효력은 인정되지 않는다.

### 2) 강행적 효력

단체협약에 정한 근로조건 기타 근로자의 대우에 관한 기준에 위반하는 취업규칙이나 근로계약의 부분은 무효이다(노동조합법 제33조제1항). 이 때 취업규칙이나 근로계약 전체가 무효가 되는 것이 아니라 단체협약에 미달하는 부분에 한해 무효가 된다.

### 3) 보충적 효력

단체협약의 강행적 효력에 의해 무효로 된 근로계약이나 취업규칙의 내용

---

9) 중앙경제, 실무노동용어사전, 2014.

또는 근로계약에 규정되지 않은 내용은 단체협약에서 정한 기준이 적용된다 (노동조합법 제33조제2항).

단체협약의 보충적 효력이 어떻게 적용되는지에 관해서는 단체협약의 내용이 직접적으로 근로계약의 내용이 되는 자동적 효력이 인정된다는 근로계약 화체설이 다수 견해이다.[10] 이러한 견해에 따르면 단체협약의 보충적 효력은 개별 근로자와의 합의나 동의를 요하지 않는다.

### (3) 규범적 효력의 한계와 유리 조건 우선 원칙

유리 조건 우선 적용의 원칙(유리 원칙)이란 노동법의 여러 법원(法源) 가운데 근로자에게 가장 유리한 조건을 정한 법원을 먼저 적용하여야 한다는 원칙을 말한다.

즉, 노동관계를 규율하는 규범에는 헌법, 법률 및 시행령, 단체협약, 취업규칙, 근로계약, 관행 등이 있는데 이 중 근로자에게 가장 유리한 조건을 정한 법규범이 우선적으로 적용되어야 한다는 원칙이다.

근로기준법 제3조에서 "이 법에서 정하는 근로조건은 최저기준이므로 근로관계 당사자는 이 기준을 이유로 근로조건을 낮출 수 없다."라고 하여 근로자에게 유리한 근로조건이 우선적으로 적용됨을 구체적으로 명시하고 있다.

한편, 노동조합법은 제33조에서 근로조건에 관한 기준의 효력과 위계에 대하여 다음과 같은 명문 규정을 두고 있다. 즉, ① 단체협약에 정한 근로조건 기타 근로자의 대우에 관한 기준에 위반하는 취업규칙 또는 근로계약의 부분은 무효로 한다(제1항). ② 무효로 된 부분 또는 근로계약에 규정되지 아니한 사항은 단체협약에 정한 기준에 의한다(제2항).

그런데 취업규칙 또는 근로계약이 단체협약보다 근로자에게 유리한 경우 단체협약의 규범적 효력이 우선하는가에 대해 논란이 있다.[11]

독일의 경우 단체협약법에서 "단체협약은 최저기준을 정한 것이므로 근로자에게 유리한 사업장 협정이나 근로계약이 단체협약보다 우선 적용된다."라고 규정하고 있다. 그러나 우리나라에서는 이와 관련한 명문 규정이 존재하지 않

---

10) 임종률, 노동법, p.161; 김형배·박지순, 노동법강의(제11판), 2022, p.572

11) 기업별 교섭구조에서 단체협약과 근로계약 사이에 유리 조건 우선의 원칙을 그대로 적용할 경우 사용자가 악용하여 노동조합의 분열을 조장하는데 이용할 우려가 있다.

아 유리 원칙의 적용을 둘러싸고 견해가 갈리고 있다.

첫째, 유리 원칙 부정설[12)은 노동조합법 제33조제1항은 근로기준법 제15조 및 제97조와 달리 '하회', '미달'이 아니라 '위반'으로 규정하여 근로계약이나 취업규칙이 단체협약보다 근로자에게 유리하더라도 단체협약의 규범적 효력에 따라 단체협약이 우선 적용된다고 본다는 견해이다.

사용자가 취업규칙이나 근로계약으로 단체협약보다 유리한 근로조건을 체결하는 것은 노동조합의 지지기반을 약화시킬 우려가 있으므로 부당노동행위가 성립될 가능성이 있다는 점을 논거로 한다(대법원 2002.12.27. 2002두9063).

둘째, 유리 원칙 긍정설[13)은 근로조건의 기준은 근로자 보호를 위한 것이라는 측면과 노동조합의 근로조건의 개선기능에 근거할 때 노동조합법 제33조제1항에서 '위반'의 의미는 '하회'로 보아야 한다는 견해이다. 즉, 단체협약은 근로조건의 최저기준이 되므로 취업규칙이나 근로계약이 단체협약보다 근로자에게 유리한 경우 취업규칙 등이 우선한다는 견해이다.

즉, 인사노무관리 상의 필요에 따라 개별 근로자에게 단체협약보다 유리한 조건으로 약정할 수 있는 계약의 자유를 막는 것은 사적 자치에 위배되고, 유리한 조건으로 약정하는 것이 반드시 부당노동행위라고 볼 수도 없으며, 부당노동행위 성립 시에는 부당노동행위 구제절차를 따르면 된다는 것이다.

이에 대해 법원은 단체협약보다 근로자에게 유리한 취업규칙을 적용하는 것을 배제하여 유리 원칙 부정설과 같은 취지로 판시하였다.

판례에 따르면 단체협약에는 당연히 취업규칙상의 유리한 조건의 적용을 배제하고 개정된 단체협약이 우선적으로 적용된다는 내용의 합의가 포함된 것이라고 봄이 당사자의 의사에 합치한다고 할 것이므로 개정된 단체협약에 의하여 취업규칙상의 기준에 관한 규정의 적용은 배제된다(대법원 2002.12.27. 2002두9063).

---

12) 임종률, 노동법, p.163.
13) 김형배, 노동법, pp.1249~1260.

**핵심 판례** 단체협약의 규범적 효력과 유리한 조건 우선의 원칙

단체협약의 불이익 변경에 대하여, 협약자치의 원칙상 노동조합은 사용자와 사이에 근로조건을 유리하게 변경하는 내용의 단체협약뿐만 아니라 근로조건을 불리하게 변경하는 내용의 단체협약도 체결할 수 있으므로, 근로조건을 불리하게 변경하는 내용의 단체협약이 현저히 합리성을 결하여 노동조합의 목적을 벗어난 것으로 볼 수 있는 것과 같은 특별한 사정이 없는 한 그러한 노사간의 합의를 무효라고 볼 수는 없고(대법원 1999.11.23. 99다 7572: 대법원 2000.9.29. 99다67536 등 참조), 한편 위와 같은 단체협약의 개정 경위와 그 취지에 비추어 볼 때, 단체협약의 개정에도 불구하고 종전의 단체협약과 동일한 내용의 취업규칙이 그대로 적용된다면 단체협약의 개정은 그 목적을 달성할 수 없으므로 개정된 단체협약에는 당연히 취업규칙상의 유리한 조건의 적용을 배제하고 개정된 단체협약이 우선적으로 적용된다는 내용의 합의가 포함된 것이라고 봄이 당사자의 의사에 합치한다고 할 것이고, 따라서 개정된 후의 단체협약에 의하여 취업규칙상의 면직기준에 관한 규정의 적용은 배제된다고 보아야 할 것이다(대법원 2002.12.27. 2002두9063).

## (4) 규범적 효력과 협약자치의 한계

### 1) 협약자치의 한계

단체협약의 당사자는 기존의 근로조건을 유리하게 또는 불리하게 변경하는 단체협약을 체결할 수 있으며, 이를 '협약자치의 원칙'이라고 한다. 그러나 당사자의 이러한 자유도 강행법규나 공익상의 이유, 근로자 개인에 대한 권익 보호 차원에서 일정한 한계를 갖고 있다.

실무상 제기되는 쟁점으로는 ① 단체협약이 법률과 상충되는 경우의 효력, ② 근로조건 불이익 변경 시 단체협약의 효력, ③ 기득권을 침해하는 단체협약의 효력 등이 있다.

### 2) 단체협약의 규범적 효력과 법률과의 관계

단체협약 자치의 원칙이 존중된다고 하더라도 단체협약이 강행법률 등과 배치되는 경우에는 규범적 효력이 미치지 않는 한계가 있다.

노동조합법(제31조제3항)에서 행정관청은 단체협약 중 위법한 내용이 있는 경우에는 노동위원회의 의결을 얻어 그 시정을 명할 수 있다고 규정하고 있으므로 단체협약의 내용이 강행법규나 선량한 풍속 기타 사회질서에 반하는 경

우에는 규범적 효력이 미치지 않는다(대법원 1990.12.21. 90다카24496).

헌법 제33조제1항이 보장하는 단체교섭권은 어떠한 제약도 허용되지 아니하는 절대적인 권리가 아니라 헌법 제37조제2항에 의하여 국가안전보장·질서유지 또는 공공복리 등의 공익상의 이유로 제한이 가능하며, 그 제한은 노동기본권의 보장과 공익상의 필요를 구체적인 경우마다 비교형량하여 양자가 서로 적절한 균형을 유지하는 선에서 결정된다(헌법재판소 2004.8.26. 2003헌바58).

한편, 타법과의 관계에 있어서도 한계가 있다. 이와 관련하여 법원은 '노사합의에 따라 임금에 관한 단체협약을 체결하였더라도, 한국노동교육원법에 규정된 한국기술교육대학교 법인 이사회의 의결을 받지 않은 단체협약은 무효'라고 하며, 노사 공존공영 이념을 구현하고 국민경제발전에 기여함을 목적으로 하는 한국노동교육원법의 취지 등에 비추어 그러한 제한에 정당한 이유가 있다고 판시하였다(대법원 2016.1.14. 2012다96885).

### 3) 근로조건을 불리하게 변경하는 단체협약의 효력

협약자치의 원칙상 노동조합은 사용자와 사이에 근로조건을 유리하게 변경하는 내용의 단체협약뿐만 아니라 근로조건을 불리하게 변경하는 내용의 단체협약도 체결할 수 있으므로, 근로조건을 불리하게 변경하는 내용의 단체협약이 현저히 합리성을 결하여 노동조합의 목적을 벗어난 것으로 볼 수 있는 것과 같은 특별한 사정이 없는 한 그러한 노사 간의 합의를 무효라고 볼 수는 없다(대법원 2002.12.27. 2002두9063).[14]

### 4) 개별 조합원의 기득권을 침해하는 단체협약의 효력

이미 구체적으로 그 지급청구권이 발생한 임금(상여금 포함)이나 퇴직금은 근로자의 사적 재산영역으로 옮겨져 근로자의 처분에 맡겨진 것이기 때문에 노동조합이 근로자들로부터 개별적인 동의나 수권을 받지 않는 이상, 사용자와 사이의 단체협약만으로 이에 대한 포기나 지급유예와 같은 처분행위를 할 수는 없다(대법원 2000.9.29. 99다67536).

---

14) 그러나 취업규칙 불이익 변경 시 근로자 과반수의 동의를 받았더라도 기존의 근로계약이 근로자에게 더 유리하다면 취업규칙보다 유리한 개별 근로계약이 우선한다(대법원 2019.11.14. 2018다200709).

## 2. 채무적 효력

### (1) 채무적 부분

단체협약의 채무적 부분이라 함은 단체협약의 내용 가운데 민법상 계약에 따른 채무이행의 의무가 발생하는 부분으로서 협약당사자 상호 간의 권리와 의무를 규정한 것이다. 단체협약은 사용자와 노동조합 사이의 합의이므로 협약당사자인 사용자와 노동조합은 협약을 이행할 계약상의 채무를 부담한다.

노동조합법(제33조)은 규범적 부분과는 달리 채무적 부분에 대해선 구체적인 규정을 두고 있지 않으나, 협약당사자인 노동조합과 사용자가 권리와 의무의 주체가 되는 집단적 노사관계에 관한 규정이 전형적인 유형이다.

조합원의 범위와 숍(shop) 조항, 조합비 공제·근로시간면제 등 조합활동과 편의제공, 신분보장, 면책특약, 산재유족 특별채용, 단체교섭, 평화의무, 이행의무, 쟁의행위에 관한 사항 등이 이에 해당한다.

노동조합은 채무적 부분과 관련된 제반 의무를 준수해야 하고 조합원 등은 단체협약에 규정된 준수사항을 지킬 수 있도록 노력해야 한다. 다만, 조합원 개인은 규범적 부분과는 달리 채무적 부분에 대하여 직접 의무를 지지 않는다.

### (2) 채무적 효력의 내용

단체협약의 채무적 효력이라 함은 협약당사자 간에 단체협약에서 정한 사항을 성실하게 준수할 의무를 말하며, 이는 당사자 간 협약에 따른 계약적 효력이다. 채무적 효력은 협약당사자 간에 인정되는 권리·의무관계로서 개별 조합원에 대해서는 영향을 미치지 않는다.

주요 내용으로는 ① 협약당사자가 단체협약의 규정을 성실하게 이행할 의무(협약준수의무), ② 협약당사자의 구성원이 협약위반행위를 하지 않도록 적절한 수단으로 통제하고 영향을 미칠 의무(영향의무), ③ 협약당사자가 단체협약 유효기간 중에 근로조건 등의 변경·폐지를 요구하는 쟁의행위를 하지 않을 의무(평화의무)가 있다.

협약당사자가 채무적 부분의 이행을 위반한 경우 일방은 민사상 강제이행의 청구(민법 제389조, 민사집행법 제261조), 단체채무불이행으로 인한 손해배상 청구(민법 제390조), 단체협약의 해지·해제(민법 제543조), 동시이행의 항변권(민법 제536조), 그 밖에 협약이행을 목적으로 한 작위·부작위의 청구 등의 권리를 행사할 수 있다.

### (3) 평화의무

#### 1) 평화의무의 의의

평화의무는 협약의 당사자가 기존의 단체협약 유효기간 중에 협약에서 정한 근로조건 또는 기타사항의 변경·폐지를 요구하는 쟁의행위를 하지 않을 의무를 말한다. 사용자가 주로 단체협약 이행의무를 갖는데 비해 노동조합은 평화의무를 준수하도록 하여 서로 균형을 이루고 있다.[15]

특히, 단체협약의 당사자인 노동조합은 단체협약의 유효기간 중에 단체협약에서 정한 근로조건 등에 관한 내용의 변경이나 폐지를 요구하는 쟁의행위를 행하지 아니하여야 함은 물론, 조합원들에 대하여도 통제력을 행사하여 그와 같은 쟁의행위를 행하지 못하게 방지하여야 할 이른바 평화의무를 지고 있다(대법원 1992.9.1. 92누7733).

#### 2) 평화의무의 주체와 영향의무

평화의무의 주체는 단체협약 당사자이며, 단체협약 담당자는 평화의무의 주체가 아니다.[16]

노동조합은 단체협약 이행의무와 같이 자기의무에 더해 조합원들에게 평화의무를 위반하여 쟁의행위를 하지 않도록 통제할 영향의무를 가진다. 그러므로 일부 조합원이 이에 따르지 않고 단체협약을 위반하여 쟁의행위를 하면 평화의무 위반이라고 본 사례가 있다(대법원 1992.9.1. 92누7733; 대법원 2007.5.11. 2005도8005).

그러나 일부 조합원이 노동조합의 설득이나 만류 등 통제에도 불구하고 쟁의행위를 하는 경우 협약당사자인 노동조합이 평화의무를 위반한 것이라기보다는 일부 구성원이 공인되지 않은 비공인 파업 또는 살쾡이 파업(wildcat strike)을 한 것으로 보아야 할 것이고, 이때의 집단행동은 쟁위행위 주체의 정당성

---

15) 임종률, 노동법, p.170.
16) 하갑래, 집단적 노동관계법, p.332.

법리에 따라 처리하면 될 것으로 판단된다. 한편, 일부 노조원이 비공인 파업을 한 경우 노동조합은 내부적으로 징계권을 행사할 수 있다.[17]

### 3) 평화의무의 법적 근거

단체협약에 평화의무에 관한 명시적인 규정이 없는 경우에도 당연히 평화의무가 발생하는가에 대해서는 견해가 나뉜다. 평화의무의 법적 근거에 대한 학설에는 ① 평화의무가 단체협약의 평화유지기능 또는 질서형성기능이라는 내재적 성질에 근거하였다고 보는 견해(내재설), ② 당사자 간 명시적 또는 묵시적 합의가 있는 경우 발생하는 의무로 보는 견해(합의설), ③ 계약법상 당사자가 일정 사항에 관하여 약정한 이상 그 유효기간 중에 이를 존중하는 것이 당연한 의무이므로 계약상 신의칙에 근거한다는 견해(신의칙설)가 있다.[18]

이에 대하여 대법원은 '평화의무가 노사관계의 안정과 단체협약의 질서형성적 기능을 담보하는 것인 점에 비추어 보면, 단체협약이 새로 체결된 직후부터 뚜렷한 무효사유를 내세우지도 아니한 채 단체협약의 전면무효화를 주장하면서 평화의무에 위반되는 쟁의행위를 행하는 것은 이미 노동조합활동으로서의 정당성을 결여한 것'이라고 판시하여 내재설과 같은 취지의 입장을 보였다(대법원 1992.9.1. 92누7733; 대법원 1994.9.30. 94다4042).

그러나 내재설은 단체협약이 당사자 의사와 관계없이 평화유지기능을 가져야 한다고 주장하지만 단체협약의 사실상의 기능을 법적인 의무의 근거로 삼는 것은 무리로 보인다.

평화의무는 협약유효기간 중 성실히 이행할 의무로서 이미 체결한 협약 내용을 유효기간 도중에 변경하기 위하여 쟁의행위를 하는 것은 신의칙상 허용되지 않는다고 할 것이다. 따라서 평화의무는 이행의무로부터 당연히 파생되는 신의칙상 의무로 보아야 한다는 견해[19]가 타당하다고 본다.

### 4) 평화의무의 범위와 내용

평화의무의 범위는 단체협약의 유효기간 중에는 어떠한 경우에도 쟁의행위

---

17) 하갑래, 집단적 노동관계법, p.336.
18) 임종률, 노동법, p.170.
19) 임종률, 노동법, p.170.

를 하여서는 안 된다는 '절대적 평화의무'와 특별한 사정이 없는 한, 단체협약 유효기간 중에 이미 합의한 내용을 변경 또는 폐지할 목적으로 쟁의행위를 할 수 없는 의무인 '상대적 평화의무'로 나눌 수 있다.[20]

판례에 따르면 절대적 평화의무는 헌법상 단체행동권을 배제시키는 것으로서 특약이 있더라도 무효이다(대법원 2003.2.11. 2002두9919). 그러나 노동조합은 단체협약으로 기존에 합의된 사항의 변경이나 개폐를 요구하는 쟁의행위를 하지 않아야 할 상대적 평화의무를 부담한다.

따라서 단체협약 유효기간 중에도 노동조합은 차기의 협약체결을 위하거나 기존의 단체협약에 규정되지 아니한 사항에 관하여 사용자에게 단체교섭을 요구할 수 있고, 단체협약이 형식적으로는 유효한 것으로 보이지만 단체협약을 무효라고 주장할 만한 특별한 사정이 인정되는 경우에도 기존의 단체협약의 개폐를 위한 단체교섭을 요구할 수 있으므로 이러한 요구를 하는 쟁의행위는 평화의무에 반하는 것으로 볼 수 없다(대법원 2003.2.11. 2002두9919).

### 5) 평화의무 위반의 효과

평화의무를 위반한 쟁의행위는 노사관계를 평화적·자주적으로 규율하기 위한 단체협약의 본질적 기능을 해치는 것일 뿐 아니라 노사관계에서 요구되는 신의성실의 원칙에도 반하는 것이므로 정당성이 부정된다(대법원 1994.9.30. 94다4042).

평화의무를 위반한 쟁위행위에 대해서는 채무불이행에 따른 손해배상 책임이 부과되고, 이때의 배상 책임은 평화의무를 위반한 쟁의행위와 상당인과관계가 있는 모든 손해에 대해 적용된다.[21]

---

20) 하갑래, 집단적 노동관계법, p.333.
21) 임종률, 노동법, p.172.

**단체협약의 적용과 효력 확장**

## 1. 단체협약의 효력 적용범위

### 1) 인적 범위

단체협약의 효력은 사용자와 협약당사자인 노동조합의 조합원에게만 적용됨이 원칙이다. 다만, 교섭창구 단일화 절차에 따라 단체협약이 체결된 경우에는 그 교섭창구 단일화 절차에 참여한 모든 노동조합의 조합원과 사용자에 대하여 효력이 미친다.

협약당사자가 단체협약에 대하여 협약규정의 일부 또는 전부의 적용범위를 일부 조합원으로 축소 적용하는 것은 가능하다. 그러나 조합원이 아닌 근로자에 대해서까지 적용을 강제할 수는 없는 것이 원칙이다.

### 2) 시간적 범위

단체협약의 적용시기와 관련하여 노동조합의 조합원은 체결된 단체협약의 시행일부터, 비조합원은 조합에 가입한 때부터 적용을 받게 된다.

그러므로 단체협약 체결 이전에 퇴직한 근로자에게는 단체협약의 효력이 미치지 않는다. 노동조합이 기존의 임금 등 근로조건 결정기준에 대해 소급 적용하기로 사용자와 단체협약을 체결한 경우도 동일하다(대법원 2017.2.15. 2016다32193).

탈퇴·제명 등의 사유로 노동조합을 이탈한 경우에는 탈퇴·제명 등의 효력이 발생한 때부터 단체협약은 적용되지 않는다. 다만, 단체협약 중 근로조건에 관한 내용은 근로계약의 내용으로 화체되어 계속 효력을 가진다.

### 3) 단체협약의 효력 확장

노사자치의 산물인 단체협약의 효력은 그 당사자인 사용자와 노동조합의 조합원에 한정되어 미치는 것이 원칙이다.

그러나 사용자가 비조합원을 선호하여 노동조합을 약화시키거나 싼 인건비로 경쟁력을 확보하기 위하여 근로조건을 하향조정(social dumping)하는 것을

방지하고, 같은 사업장 또는 지역 내 근로조건을 평준화해서 미숙련·취약근로
자의 근로조건을 보호하기 위하여 일정한 경우 단체협약의 효력 범위를 확장
시키는 제도를 노동조합법에서 인정하고 있다.[22]

즉, 단체협약의 규범적 부분은 일정한 요건을 충족하는 경우 미조직 근로자
또는 다른 사용자에게까지 적용될 수 있으며, 이를 '단체협약의 효력 확장'이
라고 한다.

노동조합법은 사업장 단위의 효력 확장(제35조)과 지역 단위의 효력 확장(제
36조)에 대해 규정하고 있다.

## 2. 사업장 단위의 효력 확장

### 1) 의의

사업장 단위에서 단체협약의 효력을 확장시키는 것을 '일반적 구속력'이라
말한다. 하나의 사업 또는 사업장에 상시 사용되는 동종의 근로자 반수 이상
이 하나의 단체협약의 적용을 받게 된 때에는 해당 사업 또는 사업장에 사용
되는 다른 동종의 근로자에 대하여도 당해 단체협약의 규범적 부분이 적용된
다(노동조합법 제35조).

이러한 사업장 단위 효력 확장 제도는 미조직 근로자들이 낮은 근로조건으
로 노동력을 공급하는 것을 저지하여 이와 같은 근로자들을 보호함과 동시에
노동조합을 보호하기 위한 것이다.

### 2) 요건

단체협약의 사업장 단위 효력 확장의 요건은 다음과 같다.

첫째, '하나의 사업 또는 사업장'을 기준으로 한다. 이때 '사업'이란 하나의
활동주체가 유기적 관련 아래 업으로서 계속적으로 하는 모든 활동을 의미하
고, '사업장'이란 동일한 장소에서 유기적인 조직으로 결합되어 작업이 계속적
으로 행하여지는 곳을 의미한다.

둘째, '상시 사용되는 근로자' 반수 이상일 것을 요건으로 한다. 상시 사용

---

22) 고용노동부, 집단적 노사관계 업무 매뉴얼, p.249.

되는 근로자란 하나의 단체협약의 적용을 받는 근로자가 반수 이상이라는 비율을 계산하기 위한 기준이 되는 근로자의 총수로서 근로자의 지위나 종류·고용기간 정함의 유무 또는 근로계약상의 명칭에 구애됨이 없이 사업장에서 사실상 계속적으로 사용되고 있는 동종의 근로자 전부를 의미한다. 단기의 계약기간을 정하여 고용된 근로자라도 기간만료 시마다 반복·갱신되어 사실상 계속 고용되어 왔다면 여기에 포함된다(대법원 1992.12.22. 92누13189).

셋째, '동종의 근로자'의 반수 이상이 하나의 단체협약을 적용받아야 한다. '동종의 근로자'란 해당 단체협약에 의하여 그 협약의 적용이 예상되는 자를 가리키며, 단체협약에서 일정한 범위의 근로자에게만 적용한다는 등의 특별한 규정이 없는 한 조합규약에 의해 해당 노동조합에 가입하여 협약의 적용을 받을 수 있는 근로자는 원칙적으로 모두 동종의 근로자로 보아야 한다.

단체협약 규정상 사용자에 해당하지 않는 한 기능직·일반직 등 직종의 구분 없이 사업장 내의 모든 근로자가 노동조합의 조합원으로 가입하여 단체협약의 적용을 받을 수 있도록 되어 있다면 일반직 근로자도 기능직 근로자와 함께 노동조합법 제35조에서 말하는 '동종의 근로자'에 해당한다고 할 것이고, 조합원 수가 상시 사용되는 근로자 과반수에 해당하였던 이상, 실제로 노동조합에 가입한 여부에 관계없이 일반직 근로자에 대하여도 단체협약이 적용된다(대법원 1999.12.10. 99두6927).

넷째, '반수 이상'이 하나의 단체협약을 적용받게 된 때를 요건으로 한다. '하나의 단체협약의 적용을 받는 근로자'란 단체협약의 본래적 적용대상자로서 당해 단체협약의 당사자인 노동조합의 조합원을 말하며, 단체협약은 노동조합법 제31조 요건을 갖춘 단체협약을 의미한다(대법원 2005.5.12. 2003다52456).

3) 효과

일반적 구속력의 효과로서 확장 적용되는 내용은 단체협약 중 규범적 부분에 한정되며 채무적 부분은 협약당사자 간의 규율을 목적으로 하는 것이기 때문에 성질상 비조합원에게 확장 적용될 수 없다.

단체협약의 효력이 확장 적용되는 경우 미조직 근로자는 해당 단체협약의 체결에 관여할 수 없으므로 비조합원에게는 유리조건 우선의 원칙이 적용되어야 한다는 견해도 있을 수 있으나, 단체협약은 최저기준이면서 최고기준으로

서 역할을 하므로 협약당사자 간의 별도 특약이 없는 한 유리 조건 우선 원칙
이 적용되기 어렵다고 본다.[23]

한편, 확장 적용의 요건은 개시요건이면서 존속요건이다. 따라서 확장 적용
된 단체협약의 유효기간 만료 등 확장 적용의 요건이 상실되는 사유가 발생하
는 경우 효력 확장은 종료된다.

---

**핵심 판례** **단체협약의 일반적 구속력**

노동조합및노동관계조정법 제35조의 규정에 따라 단체협약의 적용을 받게 되는 '동종의
근로자'라 함은 당해 단체협약의 규정에 의하여 그 협약의 적용이 예상되는 자를 가리키는
바, 사업장 단위로 체결되는 단체협약의 적용 범위가 특정되지 않았거나 협약 조항이 모든
직종에 걸쳐서 공통적으로 적용되는 경우에는 직종의 구분 없이 사업장 내의 모든 근로자
가 동종의 근로자에 해당된다.

단체협약 규정상 사용자에 해당하지 않는 한 기능직·일반직 등 직종의 구분 없이 사업
장 내의 모든 근로자가 노동조합의 조합원으로 가입하여 단체협약의 적용을 받을 수 있도
록 되어 있다면 일반직 근로자도 기능직 근로자와 함께 노동조합및노동관계조정법 제35조
에서 말하는 '동종의 근로자'에 해당한다고 할 것이고, 조합원 수가 상시 사용되는 근로자
과반수에 해당하였던 이상, 실제로 노동조합에 가입한 여부에 관계없이 일반직 근로자에
대하여도 단체협약이 적용된다(대법원 1999.12.10. 99두6927).

---

## 3. 지역 단위의 효력 확장

### 1) 의의

지역 단위에서 단체협약의 효력이 확장되는 것을 '지역적 구속력'이라 한다.
노동조합법은 일정한 지역 내의 지배적인 단체협약에 대해서 협약당사자가 아
닌 그 지역 내의 동종의 근로자와 사용자에게도 효력이 미치게 하는 지역적
구속력을 규정하고 있다(노동조합법 제36조).

즉, 하나의 지역에서 종업하는 동종의 근로자 3분의 2 이상이 하나의 단체
협약의 적용을 받게 된 때에는 행정관청은 당해 단체협약의 당사자 쌍방 또는

---

23) 임종률, 노동법, p.185.

일방의 신청에 의하거나 그 직권으로 노동위원회의 의결을 얻어 당해 지역에서 종업하는 다른 동종의 근로자와 그 사용자에 대하여도 당해 단체협약을 적용한다는 결정을 할 수 있다(노동조합법 제36조제1항).

행정관청이 지역적 확장 적용을 결정한 때에는 지체 없이 이를 공고하여야 한다(노동조합법 제36조제2항). 지역 단위 효력 확장은 소수 근로자 보호, 단체협약의 실효성과 노동조합의 조직력 확보, 사용자 간 부당경쟁 방지 및 공공의 입장에서 불필요한 사회적 분쟁의 방지에 그 취지가 있다.

## 2) 요건

단체협약의 효력이 지역 단위에서 확장되려면 하나의 지역에서 종업하는 동종의 근로자 3분의 2 이상이 하나의 단체협약의 적용을 받아야 한다(실체적 요건).

첫째, '하나의 지역'은 근로조건·노사관계·기업경영환경 등 경제적 기초의 유사성 또는 산업의 동질성과 경제적·지리적·사회적 입지조건 등을 고려하여 결정하며, 이에 대한 판단은 행정관청의 합리적 재량에 맡겨진다.

둘째, '동종의 근로자 3분의 2 이상의 근로자'를 요건으로 하며, 일반적 구속력과 달리 상시성을 요건으로 하지 않는다. 동종의 근로자 여부의 판단은 기본적으로 일반적 구속력과 동일하다. 다만, 근로의 내용·형태뿐 아니라 단체협약의 원래 적용대상과의 동일성 여부도 함께 고려되어야 한다. 동종성 여부는 그 단체협약이 직종별로 적용될 때에는 직종에 따라서, 산업별로 적용될 경우에는 산업에 따라서 결정해야 할 것이다.

셋째, '하나의 단체협약'이 있을 것을 요건으로 하며, 하나의 단체협약은 일반적으로 해당 지역에서 집단교섭 또는 산업별 통일교섭을 통하여 체결된 단체협약이 될 것이다. 확장 적용된 단체협약이 지역적 구속력을 가지려면 노동위원회의 의결 등 소정의 절차를 거쳐야 한다(절차적 요건).

## 3) 효과

지역적 구속력의 효과로서 확장 적용되는 것은 단체협약의 규범적 부분으로 제한된다. 효력 확장의 구속력 범위에 있어 해당 지역에서 종업하는 다른 동종의 근로자뿐만 아니라 '그 사용자', 즉 단체협약 체결 당사자가 아닌 해당 지역 내의 다수의 사용자에 대해서도 하여도 그 효력이 미친다.

    지역적 효력 확장에 있어서는 '유리 조건 우선 원칙'이 적용된다. 단체협약은 당해 지역에서의 최저기준을 설정하여 기업 간의 근로조건 저하를 방지한다는 의미를 갖기 때문이다.

    한편, 협약의 효력 확장이 결정되는 경우 소수노조에 대해서도 효력이 확장되는가에 대하여 대법원은 소수노조가 이미 독자적으로 단체교섭권을 행사하여 별도의 단체협약을 체결한 경우에는 그 협약이 유효하게 존속하고 있는 한 지역적 구속력 결정의 효력은 그 노동조합이나 그 구성원인 근로자에게는 미치지 않는다고 판시한 바 있다(대법원 1993.12.21. 92도2247).

---

**핵심 판례**   **단체협약의 지역적 구속력**

---

    헌법 제33조제1항은 근로자는 근로조건의 향상을 위하여 자주적인 단결권, 단체교섭권 및 단체행동권을 가진다고 규정하여 근로자의 자주적인 단결권뿐 아니라 단체교섭권과 단체행동권을 보장하고 있으므로, 노동조합법 제38조가 규정하는 지역적 구속력 제도의 목적을 어떠한 것으로 파악하건 적어도 교섭권한을 위임하거나 협약체결에 관여하지 아니한 협약 외의 노동조합이 독자적으로 단체교섭권을 행사하여 이미 별도의 단체협약을 체결한 경우에는 그 협약이 유효하게 존속하고 있는 한 지역적 구속력 결정의 효력은 그 노동조합이나 그 구성원인 근로자에게는 미치지 않는다고 해석하여야 할 것이고, 또 협약 외의 노동조합이 위와 같이 별도로 체결하여 적용받고 있는 단체협약의 갱신체결이나 보다 나은 근로조건을 얻기 위한 단체교섭이나 단체행동을 하는 것 자체를 금지하거나 제한할 수는 없다고 보아야 할 것이다(대법원 1993.12.21. 92도2247).

제4절 **단체협약의 해석과 시정명령**

## 1. 의의

단체협약을 체결한 뒤에 그 해석과 적용을 둘러싸고 이견과 다툼이 생길 수 있다. 단체협약의 해석에 관한 분쟁을 신속하고 효율적으로 해결하기 위한 제도가 노동위원회의 단체협약 해석과 행정관청의 위법한 단체협약 시정명령 제도이다.

단체협약의 해석 또는 이행방법에 관하여 관계 당사자 간에 의견의 불일치가 있는 때에는 당사자 쌍방 또는 단체협약에 정하는 바에 의하여 어느 일방이 노동위원회에 그 해석 또는 이행방법에 관한 견해의 제시를 요청할 수 있다(노동조합법 제34조제1항).

노동위원회가 해석 요청을 받은 때에는 그날부터 30일 이내에 명확한 견해를 제시하여야 하며, 노동위원회가 제시한 해석 또는 이행방법에 관한 견해는 중재재정과 동일한 효력을 가진다(노동조합법 제34조제2항, 제3항).

## 2. 단체협약의 해석

### 1) 단체협약 내용에 따른 해석

처분문서는 진정성립이 인정되면 특별한 사정이 없는 한 처분문서에 기재되어 있는 문언의 내용에 따라 당사자의 의사표시가 있었던 것으로 해석하여야 한다.

따라서 단체협약서와 같은 처분문서는 성립의 진정함이 인정되는 이상 그 기재내용을 부정할만한 분명하고 수긍할 수 있는 반증이 없는 한, 기재내용에 의하여 그 문서에 표시된 의사표시의 존재 및 내용을 파악하는 것이 원칙이다 (대법원 1996.9.20. 95다20454; 대법원 2020.11.26. 2019다262193).

### 2) 당사자 의사에 따른 해석

당사자 사이에 계약의 해석을 둘러싸고 이견이 있어 처분문서에 나타난 당사자의 의사해석이 문제가 되는 경우에는 문언의 내용, 그와 같은 약정이 이루어진 동기와 경위, 약정으로 달성하려는 목적, 당사자의 진정한 의사 등을 종합적으로 고찰하여 논리와 경험의 법칙에 따라 합리적으로 해석하여야 한다 (대법원 2011.10.13. 2009다102452; 대법원 2020.11.26. 2019다262193).

당사자 의사의 해석과 관련하여 법원은 단체협약에서 표현된 '반납'을 장래 워크아웃 기간 동안 임금 및 상여금을 '감액'한다는 것으로 해석함이 타당하다고 한 사례가 있다(대법원 2014.12.24. 2012다107334).

### 3) 근로자에게 불리한 변형 해석 금지 원칙

단체협약과 같은 처분문서를 해석할 때에는 단체협약이 근로자의 근로조건을 유지·개선하고 복지를 증진하여 경제적·사회적 지위를 향상시킬 목적으로 근로자의 자주적 단체인 노동조합과 사용자 사이에 단체교섭을 통하여 이루어지는 것이므로, 명문의 규정을 근로자에게 불리하게 변형 해석해서는 안 된다 (대법원 2011.10.13. 2009다102452; 대법원 2020.11.26. 2019다262193).

그러나 단체협약상의 '합의'의 의미를 '협의'로 해석할 수 있는 경우가 있다. 예를 들어 회사가 노동조합과 "회사는 협약의 유효기간 중 근로자의 고용을 보장하기 위해 정리해고 등 구조조정을 실시하지 않으며, 만일 실시하는 경우에 노동조합과 합의한다."라는 내용의 특별단체협약을 체결하였는데, 위 조항에 기재된 '합의'의 의미가 '협의'로 해석될 수 있는지가 쟁점이 되는 경우이다.

이에 대하여 '협의'로 해석한 판례를 보면, 회사와 노동조합이 체결한 단체협약서의 전체 내용, 단체협약 체결 당시의 상황 등 여러 사정에 비추어, '노동조합과의 합의에 의하여 정리해고를 실시할 수 있다'는 취지의 단체협약 조항의 진정한 의미는 '회사가 정리해고 등 경영상 결단을 하기 위해서는 반드시 노동조합과 사전에 합의하여야 한다는 취지가 아니라 사전에 노동조합에 해고 기준 등에 관하여 필요한 의견을 제시할 기회를 주고 그 의견을 성실히 참고하게 함으로써 구조조정의 합리성과 공정성을 담보하고자 하는 협의의 취지'로 해석하여야 한다고 판시하였다(대법원 2011.1.27. 2010도11030).

반면, '합의'로 해석한 판례를 보면, 정리해고는 근로자에게 귀책사유가 없는데도 사용자의 경영상 필요에 의하여 단행되는 것으로서, 정리해고 대상과 범위, 해고 회피 방안 등에 관하여 노동조합의 합리적인 의사를 적절히 반영할 필요가 있고, 노사 쌍방 간 협상에 의한 최종 합의 결과 단체협약에 정리해고에 관하여 사전 '협의'와 의도적으로 구분되는 용어를 사용하여 노사 간 사전 '합의'를 요하도록 규정하였다면, 이는 노사 간에 사전 '합의'를 하도록 규정한 것이라고 해석하여야 하고, 다른 특별한 사정 없이 단지 정리해고 실시 여부가 경영주체에 의한 고도의 경영상 결단에 속하는 사항이라는 사정을 들어 이를 사전 '협의'를 하도록 규정한 것이라고 해석할 수는 없다고 판시하였다(대법원 2012.6.28. 2010다38007).

처분문서의 증명력 및 단체협약 규정의 해석 방법과 관련하여, 처분문서는 진정성립이 인정되면 특별한 사정이 없는 한 처분문서에 기재되어 있는 문언의 내용에 따라 당사자의 의사표시가 있었던 것으로 객관적으로 해석하여야 하고, 당사자의 의사표시가 문제되는 경우 당사자의 진정한 의사 등을 종합적으로 고찰하여 합리적으로 해석하여야 하며, 단체협약과 같은 처분문서를 해석할 때에는 명문의 규정을 근로자에게 불리하게 변형 해석할 수 없다.

따라서 특별단체협약에 따라 정리해고 등 구조조정을 실시하는 경우에 노동조합과 합의한다고 규정하고 있으면 정리해고에 관하여 사전 '협의'와 의도적으로 구분되는 노사 간 사전 '합의'라는 명시적인 용어를 사용하고 있으므로 이는 노사 간에 사전 '합의'를 하도록 규정한 것이라고 해석하여야 한다.

### 4) 노동위원회가 제시한 견해의 효력

노동위원회가 제시한 해석 또는 이행방법에 관한 견해는 중재재정과 동일한 효력을 가지므로 위법·월권이 아닌 한 효력이 확정된다.

지방노동위원회의 견해가 위법·월권에 의한 경우 의견서의 송달을 받은 날로부터 10일 이내에 중앙노동위원회에 그 재심을 신청할 수 있으며, 중앙노동위원회의 재심의결이 위법이거나 월권이라고 인정되는 경우 그 의견서를 송달 받은 날로부터 15일 이내에 행정소송을 제기할 수 있다(노동조합법 제69조).

## 3. 단체협약 시정명령

### 1) 위법한 내용의 요건

행정관청은 단체협약 중 위법한 내용이 있는 경우에는 노동위원회의 의결을 얻어 그 시정을 명할 수 있다(노동조합법 제31조제3항).

단체협약의 해석 또는 적용과 관련된 분쟁이 발생할 경우 원칙적으로 법원이 심사권한을 갖지만, 법원의 절차가 시간과 비용이 많이 소요되어 갈등이 장기화 될 수 있다. 따라서 노동조합법은 노동위원회에 단체협약에 대한 해석권을 주고, 행정관청에 위법한 단체협약에 대한 시정명령권을 주고 있다.[24]

단체협약 중에 '위법'한 내용은 노동관계법령 이외에도 단체협약의 성격이나 내용과 관련이 있는 모든 법을 말한다.

행정관청은 노동관계당사자가 단체협약을 새로이 체결한 경우 또는 단체협약 시정명령 요청 등에 대한 민원이 제기되었거나 사업장을 지도점검하여 검토한 결과 단체협약에 위법한 내용이 있는 경우 시정명령 절차에 따라 시정조치한다.[25]

도표 5-2 위법한 단체협약 사례

| 구분 | 세부 내용 |
|---|---|
| 근로시간 면제 | • 근로시간 면제 한도를 초과하는 내용 |
| 근로자 우선·특별 채용 | • 정년퇴직자, 장기근속자의 자녀 또는 피부양가족 우선·특별 채용<br>• 노조가 추천하는 사람 우선·특별 채용 |
| 단체협약 해지권 제한 | • 합의 없는 일방적 단체협약 해지 금지<br>• 유효기간 만료를 이유로 어느 일방의 단협 해지 금지 |
| 유일교섭단체 | • 특정 노조를 유일 교섭 노동단체로 인정하거나 타 노조의 교섭권 불인정 |
| 개정된 법령 미반영 | • 육아휴직 연령, 산전후 휴가기간, 연차휴가, 퇴직금 중간정산, 근로시간 등 |

자료: 고용노동부, 집단적 노사관계 업무 매뉴얼, 2022, p.239 참조.

## 2) 시정명령 절차

협약당사자는 단체협약을 새로이 체결한 경우 체결일로부터 15일 이내에 행정관청에 신고하여야 하며, 행정관청은 위법한 사항에 대해서는 노동위원회

---

24) 하갑래, 집단적 노동관계법, p.337.
25) 고용노동부, 집단적 노사관계 업무 매뉴얼, pp.239.

의결을 거쳐 시정명령을 하고, 위법 사항이 없는 경우에는 행정종결 처리한다.

행정관청은 단체협약 중에 위법한 내용이 있다고 판단한 경우 그 위법 내용을 구체적으로 명시하여 관할 지방노동위원회에 의결을 요청한다. 관할 지방노동위원회에서 단체협약 내용이 위법하다고 의결하면 행정관청은 단체협약 시정명령서를 작성하여 단체협약 당사자에게 송부한다. 행정관청은 2월 이내에서 시정에 필요하다고 인정하는 상당기간을 부여하고 기간 내에 보고하도록 시정명령서에 명시한다.

행정관청은 시정명령 이행결과 및 증빙자료를 받고 이행여부를 확인하며, 시정명령 불이행 사업장(지방자치단체 통보사항 포함)에 대하여는 노동조합법 제93조제2호(위반시 500만원 이하의 벌금)에 따라 사법조치한다.26)

## 4. 단체협약 위반에 대한 제재

사용자나 노동조합 및 조합원이 단체협약의 내용 가운데 ① 임금·복리후생비, 퇴직금에 관한 사항, ② 근로 및 휴게시간, 휴일, 휴가에 관한 사항, ③ 징계 및 해고의 사유와 중요한 절차에 관한 사항, ④ 안전보건 및 재해부조에 관한 사항, ⑤ 시설·편의제공 및 근무시간 중 회의참석에 관한 사항, ⑥ 쟁의행위에 관한 사항을 위반하면 형사처벌(1천만원 이하의 벌금)에 처한다(노동조합법 제92조제2호).

노동조합법 제61조제1항의 규정에 의한 조정서의 내용 또는 같은 법 제68조제1항의 규정에 의한 중재재정서의 내용을 준수하지 아니한 자도 동일한 형사처벌에 처한다(노동조합법 제92조제3호).

---

26) 고용노동부, 집단적 노사관계 업무 매뉴얼, p.243.

**단체협약상 쟁점 조항**

협약당사자가 체결한 단체협약 규정 중에 인사권에 관한 조항, 해고 합의조항, 그리고 산업재해 유족 특별채용 조항 등을 두는 경우 그 의미와 효력에 관해 쟁점이 발생한다.

## 1. 인사권에 관한 조항

단체협약에 기업의 인사권에 해당하는 배치, 인사이동, 승진, 징계, 해고 등에 관하여 노동조합과의 협의나 합의, 또는 소정 위원회의 의결 등을 필요로 한다는 규정을 두는 경우가 있다.

이 경우 사용자가 협약에 위반하여 노동조합과의 합의나 협의 없이 징계처분을 하였다면 협약불이행의 책임과 별개로 인사절차 조항을 위반한 인사조치가 유효인지 무효인지에 대해서는 의견이 나뉘고 있다.[27]

유효설은 인사절차는 징계 등의 절차에 대한 것이고 사유의 실체적 기준에 대한 규정이 아니므로 단체협약 위반에 따른 책임은 발생하지만 인사처분의 효력은 유효하다는 견해이다.

반면에 무효설에 의하면 인사절차 조항은 규범적 부분에 해당하므로 규범적 효력을 가지며, 인사절차 조항은 근로계약의 내용이 되어 협약당사자 사이에 적용되기 때문에 인사절차 조항을 위반한 인사처분은 근로계약을 위반하여 무효가 된다는 것이다.

인사절차의 목적은 사용자의 징계 등 인사처분을 제한하여 근로조건을 규제하기 위한 것으로서 인사절차 규정은 규범적 부분으로 보는 것이 타당하므로 인사절차 조항을 위반한 인사처분은 무효가 된다고 할 것이다.[28]

판례도 단체협약상 인사절차를 절차상의 정의 또는 공정성과 객관성을 확보하기 위한 것으로 보고 있다. 즉 인사절차 조항을 위반한 인사처분에 대해서는 징계사유 등과 관계없이 그 처분 자체가 절차적으로 오염되어 있다고 보아

---

27) 임종률, 노동법, p.171.
28) 임종률, 노동법, p.172.

엄격하게 무효로 판단하고 있다.

다만, 사용자가 노동조합과 합의를 위해 충분히 노력했는데도 노동조합이 합리적 이유의 제시 없이 무작정 반대만 하는 경우에는 노동조합의 합의가 없더라도 사용자의 인사처분은 유효하다(대법원 2010.7.15. 2007두15797).

## 2. 징계해고 합의조항

### 1) 징계해고 합의조항의 법적 성질

단체협약상 규정된 해고 합의조항의 법적 성질에 대해서는 학설상 견해가 나뉘고 있다. ① 채무적 부분설은 해고 합의조항은 해고사유의 절차규정에 불과하므로 이를 위반하더라도 해고의 효력에는 영향이 없다고 한다. 반면, ② 규범적 부분설은 해고 합의조항은 근로조건의 기준으로 규범적 효력을 가지므로 이에 위반한 해고는 무효라고 한다.

근로기준법 제23조제1항은 정당한 이유 없는 해고를 제한하고 있는바, 이는 정당한 이유에는 절차적 정당성뿐만 아니라 실체적 정당성도 포함된다고 할 때, 해고절차로서의 해고 합의조항은 규범적 효력을 가진다고 보아야 한다.

판례도 단체협약이 실효되었다고 하더라도 단체협약 중 해고의 사유와 절차에 관한 부분은 여전히 사용자와 근로자를 규율한다는 입장이다.

즉 임금, 퇴직금이나 노동시간, 그 밖에 개별적인 노동조건에 관한 부분은 그 단체협약의 적용을 받고 있던 근로자의 근로계약의 내용이 되어 그것을 변경하는 새로운 단체협약, 취업규칙이 체결·작성되거나 개별적인 근로자의 동의를 얻지 아니하는 한 개별적인 근로자의 근로계약의 내용으로서 여전히 남아 있어 사용자와 근로자를 규율하게 된다(대법원 2000.6.9. 98다13747). 단체협약 중 해고사유 및 해고의 절차에 관한 부분에 대하여도 이와 같은 법리가 그대로 적용된다(대법원 2007.12.27. 2007다51758).

### 2) 징계해고 합의조항을 위반한 해고의 효력

#### ① 원칙적 무효

인사처분에는 인사명령, 징계, 징계해고, 정리해고 등이 포함되는데 해고 합의조항을 위반한 인사처분은 원칙적으로 무효가 된다. 판례에 따르면, 사용자가 인사처분을 함에 있어 노동조합의 사전 동의나 승낙을 얻어야 한다거나 노동조합과 인사처분에 관한 논의를 하여 의견의 합치를 보아 인사처분을 하도록 규정된 경우에는 그 절차를 거치지 아니한 인사처분은 원칙적으로 무효이다(대법원 1993.7.13. 92다45735).

### ② 합의권 남용 시 예외적 유효

해고합의 조항을 위반한 해고라 할지라도 노동조합이 합의거부권을 포기하거나 남용하였다고 인정되는 경우에는 예외적으로 해고가 유효하다.

노동조합의 사전합의권 행사는 어디까지나 신의성실의 원칙에 입각하여 합리적으로 행사되어야 할 것이므로 피징계자가 노동조합 간부라는 이유만으로 무작정 징계를 거부하는 등의 행위를 한다면 이는 합의거부권의 포기나 남용에 해당되어 사전 합의를 받지 아니하였다 하여 그 징계처분을 무효로 볼 수는 없다(대법원 1993.7.13. 92다45735).

### ③ 노동조합의 해고 사전동의권 남용법리에 대한 제한

단순히 해고사유에 해당한다거나 실체적으로 정당성 있는 해고로 보인다는 이유만으로는 노동조합이 사전동의권을 남용하여 해고를 반대하고 있다고 단정하여서는 아니 된다.

동의권 남용과 관련하여 법원은 파업을 주도한 노동조합 위원장에 대한 해고사유가 해고하여야 함이 명백한 때에 해당한다고 보기 어렵고, 노동조합 또한 사전합의 조항만을 내세워 해고를 무작정 반대하였다고도 볼 수도 없어, 노동조합이 사전동의권을 남용하였다고 단정할 수 없다고 판시하고 있다(대법원 2007.9.6. 2005두8788).

## 3. 고용안정협약과 경영상 해고

경영이 악화되거나 제3자 인수, 분할·매각·합병 등이 추진되는 과정에서 사용자와 노동조합이 단체협약이나 부속합의 또는 별도합의 등의 방식으로 '고용승계 및 단체협약승계를 보장한다', '일정 기간 고용을 보장한다', '경영상 해고를 하지 않는다', '인위적인 인원 감축을 일방적으로 실시하지 않는다' 는 등의 협약을 맺는 경우가 있다.

이와 같은 고용안정협약을 체결한 상태에서 불가피하게 경영상 해고가 행해 지는 경우, 해고의 효력에 대하여 학설은 ① 경영상 해고 자체의 법적 요건에 만 합치되면 가능하다는 긍정설, ② 고용안정협약에 반하는 경영상 해고는 불 가하다는 부정설, ③ 긴박한 경영상 사유가 존재하고 법적 요건을 충족하기 위해 노력하면 경영상 해고는 가능하다는 신의칙설, ④ 고용안정협약 체결 당 시 예상하지 못한 사정변경이 있고, 그것이 긴박한 경영상 이유로 인정된다면 경영상 해고도 가능하다는 제한적 신의칙설 등으로 나뉜다.[29]

판례는 제한적 신의칙설에 가까운 것으로 해석된다. 즉, 원칙적으로 정리해고 를 제한하기로 하는 내용의 단체협약을 체결한 경우, 사용자가 그에 반하여 행하 는 정리해고는 정당한 해고라고 볼 수 없고, 다만, 단체협약을 체결할 당시의 사 정이 현저하게 변경되어 사용자에게 단체협약의 이행을 강요한다면 객관적으로 명백하게 부당한 결과에 이르는 경우에는 사용자가 단체협약에 의한 제한에서 벗어나 정리해고를 할 수 있다고 판시하고 있다(대법원 2014.3.27. 2011두20406).

**핵심 판례** | 정리해고를 제한하는 단체협약을 위반한 해고의 효력

> 정리해고나 사업조직의 통폐합 등 기업의 구조조정의 실시 여부는 경영주체에 의한 고 도의 경영상 결단에 속하는 사항으로서 원칙적으로 단체교섭의 대상이 될 수 없으나, 사용 자의 경영권에 속하는 사항이라 하더라도 노사는 임의로 단체교섭을 진행하여 단체협약을 체결할 수 있고, 그 내용이 강행법규나 사회질서에 위배되지 않는 이상 단체협약으로서의 효력이 인정된다.
>
> 따라서 사용자가 노동조합과의 협상에 따라 정리해고를 제한하기로 하는 내용의 단체협 약을 체결하였다면 특별한 사정이 없는 한 단체협약이 강행법규나 사회질서에 위배된다고 볼 수 없고, 나아가 이는 근로조건 기타 근로자에 대한 대우에 관하여 정한 것으로서 그에 반하여 이루어지는 정리해고는 원칙적으로 정당한 해고라고 볼 수 없다.
>
> 다만 정리해고의 실시를 제한하는 단체협약을 두고 있더라도, 단체협약을 체결할 당시 의 사정이 현저하게 변경되어 사용자에게 단체협약의 이행을 강요한다면 객관적으로 명백 하게 부당한 결과에 이르는 경우에는 사용자가 단체협약에 의한 제한에서 벗어나 정리해 고를 할 수 있다(대법원 2014.3.27. 2011두20406).

---

29) 하갑래, 집단적 노동관계법, p.321 참조.

## 4. 산업재해 유족 특별채용 조항

### 1) 판단 법리

단체협약에 사용자가 근로자를 채용할 때 장기근속자나 정년퇴직자, 업무상 재해로 인한 사망자의 자녀 또는 피부양자 등을 특별채용하도록 하는 조항을 포함시키는 경우가 있다.

업무상 재해로 인해 조합원이 사망한 경우에 직계가족 등을 특별채용하도록 규정한 '산재 유족 특별채용 조항'이 민법 제103조(반사회적 질서의 법률행위)에 의하여 무효인지를 다툰 사례를 중심으로 판단 법리를 살펴본다.

단체협약도 민법 제103조의 적용대상에서 제외될 수는 없으므로 단체협약의 내용이 선량한 풍속 기타 사회질서에 위배된다면 그 법률적 효력은 배제되어야 한다.

다만, 법적 분쟁이 제기되어 법원이 개입하게 된 때에는 단체협약이 선량한 풍속 기타 사회질서에 위배되는지 여부를 판단할 때 단체협약이 헌법이 보장하는 단체교섭권의 행사에 따른 것이자 노사의 협약자치의 결과물이라는 점, 노동조합법에 의해 이행이 특별히 강제되는 점 등을 고려하여 신중할 필요가 있다.

이러한 단체협약이 사용자의 채용의 자유를 과도하게 제한하는 정도에 이르거나 채용 기회의 공정성을 현저히 해하는 결과를 초래하는지는 단체협약을 체결한 이유나 경위, 그와 같은 단체협약을 통해 달성하고자 하는 목적과 수단의 적합성, 채용대상자가 갖추어야 할 요건의 유무와 내용, 사업장 내 동종 취업규칙 유무, 단체협약의 유지 기간과 준수 여부, 단체협약이 규정한 채용의 형태와 단체협약에 따라 채용되는 근로자의 수 등을 통해 알 수 있는 사용자의 일반 채용에 미치는 영향과 구직희망자들에 미치는 불이익 정도 등 여러 사정을 종합하여 판단하여야 한다(대법원 2020.8.27. 2016다248998).

### 2) 산재유족 특별채용 조항에 대한 법적 판단

산재 유족 특별채용 조항에 대해 고등법원은 선량한 풍속 기타 사회질서에 위반하여 무효라고 판단하였다. 그러나 대법원은 산재 유족 특별채용 조항이 회사 등의 채용의 자유를 과도하게 제한하는 정도에 이르거나 채용 기회의 공정성을 현저히 해하는 결과를 초래하였다고 볼 특별한 사정을 인정하기 어려우므로, 선량한 풍속 기타 사회질서에 위반되어 무효라고 볼 수 없다고 판시하였다(대법원 2020.8.27. 2016다248998).

이 판결에 대해 이 사건 산재 유족 특별채용 조항은 기업의 필요성이나 업무능력과 무관한 채용기준을 설정하여 일자리를 대물림함으로써 구직희망자들을 차별하는 합의로, 공정한 채용에 관한 정의 관념과 법질서에 위반되어 무효라고 보아야 한다는 반대의견도 있었다.

그러나 산재유족 특별채용 조항은 산업재해로 사망한 근로자의 특별한 희생에 상응하는 보상을 하고, 가족 생계 곤란을 해결할 수 있도록 사회적 약자를 보호하기 위한 규정으로 정년퇴직자 및 장기근속자의 자녀를 특별채용하거나 우선 채용하는 합의와는 다르므로 선량한 풍속 기타 사회질서에 위반(민법 제103조)되어 무효라고 볼 수 없다고 판단한 것이다.[30]

---

**핵심 판례** 산업재해 유족 특별채용 조항의 효력

갑 주식회사 등이 노동조합과 체결한 각 단체협약에서 업무상 재해로 인해 조합원이 사망한 경우에 직계가족 등 1인을 특별채용하도록 규정한 이른바 '산재 유족 특별채용 조항'이 민법 제103조에 의하여 무효인지 문제 된 사안에서, ① 업무상 재해에 대한 보상 문제는 중요한 근로조건에 해당하고, 노사가 이해관계에 따라 산재 유족 특별채용 조항이 포함된 단체협약을 체결한 것으로 보이고, ② 산재 유족 특별채용 조항은 사회적 약자를 배려하여 실질적 공정을 달성하는 데 기여하는 유효적절한 수단이라고 할 수 있으며, ③ 회사가 산재 유족 특별채용 조항에 합의한 것은 채용의 자유를 적극적으로 행사한 결과이고, 노사가 오랜 기간 이 조항의 유효성과 효용성에 대해 의견을 같이하여 이행해 왔다고 보이므로 채용의 자유가 과도하게 제한된다고 평가하기 더욱 어려우며, ④ 이 특별채용 조항으로 인해 회사가 다른 근로자를 채용할 자유가 크게 제한된다고 단정하기 어렵고, 구직희망자들의 현실적인 불이익이 크다고 볼 수도 없으며, ⑤ 협약자치의 관점에서도 산재 유족 특별채용 조항을 유효하게 보아야 함이 분명한 점을 종합하면, 산재 유족 특별채용 조항이 회사의 채용의 자유를 과도하게 제한하는 정도에 이르거나 채용 기회의 공정성을 현저히 해하는 결과를 초래하였다고 볼 특별한 사정을 인정하기 어려우므로, 선량한 풍속 기타 사회질서에 위반되어 무효라고 볼 수 없다(대법원 2020.8.27. 2016다248998 전원합의체).

---

30) 대법원 공보연구관실, 대법원 2016다248998 손해배상 등 보도자료, 2020.8.27.

<table>
<tr><td>제 6 절</td><td>단체협약의 종료</td></tr>
</table>

단체협약이 유효기간의 만료, 취소·해지·해제, 당사자의 변동(소멸·변경), 새로운 협약의 체결 등에 의해 효력을 상실하는 것을 단체협약의 종료 또는 실효라고 한다. 단체협약이 실효되면 무협약상태가 된다.

## 1. 단체협약의 종료사유

### 1) 유효기간의 만료

협약자치의 취지에 비추어 보면 단체협약의 유효기간은 협약당사자가 자유로이 정하는 것이 바람직하나, 그 기간이 과도하게 길면 내외부의 환경변화를 적시에 반영하지 못하고 협약당사자를 부당하게 오랜기간 구속하는 결과를 초래할 수 있다.[31]

이러한 문제점을 방지하기 위하여 단체협약의 유효기간은 3년을 초과하지 않는 범위에서 노사가 합의하여 정하도록 하고 있다(노동조합법 제32조제1항). 단체협약에 그 유효기간을 정하지 아니한 경우 또는 3년의 기간을 초과하는 유효기간을 정한 경우 그 유효기간은 3년으로 한다(노동조합법 제32조제2항).[32]

단체협약 유효기간의 상한 규정은 성질상 강행규정으로 당사자 사이의 합의에 의하더라도 단체협약의 해지권을 행사하지 못하도록 하는 등 그 적용을 배제하는 것은 허용되지 않는다(대법원 2016.3.10. 2013두3160).

단체협약의 유효기간을 정한 경우, 그 기간이 만료되는 때를 전후하여 당사자 쌍방이 새로운 단체협약을 체결하고자 단체교섭을 계속하였음에도 불구하고 새로운 단체협약이 체결되지 아니하였다면, 종전 단체협약은 별도의 연장기간 약정이 있는 경우에는 그 기간까지, 별도의 약정이 없는 경우에는 효력 만료일로부터 3월까지 계속 효력을 갖는다(노동조합법 제32조제3항 본문).

---

31) 하갑래, 집단적 노동관계법, p.350.
32) 단체협약 유효기간 상한은 2년이었으나 2021.1.5. 노동조합법 개정에 따라 3년으로 변경되었다 (2021.7.6. 시행).

## 2) 단체협약 당사자의 변경과 소멸

사용자 측 변동으로서, 단체협약은 회사가 해산하면 청산이 완료되는 시점에서 모든 근로자를 해고함으로써 그 효력을 상실한다. 기업변동의 경우 회사의 동일성이 인정되는 한 단체협약은 존속하고, 회사 합병이나 영업양도의 경우에는 새로운 사용자에게 단체협약이 승계된다.

노동조합 측 변동으로서, 노조가 해산한 경우 단체협약 당사자의 실체가 없어지므로 단체협약은 당연히 실효된다. 노동조합의 조직형태를 변경하는 경우 실질적 동일성이 인정되는 한 단체협약은 존속된다.

## 3) 단체협약의 해지

당사자 중 일방은 단체협약의 유효기간 중에 상대방의 채무불이행을 이유로 단체협약을 해지할 수 있다(노사관계법제과-1985, 2011.10.6.).

단체협약에 그 유효기간이 경과한 뒤에도 새로운 단체협약이 체결되지 아니한 때에는 새로운 단체협약이 체결될 때까지 종전 단체협약의 효력을 존속시킨다는 취지의 별도의 약정(자동연장조항)이 있는 경우에는 그에 따르되, 당사자 일방은 해지하고자 하는 날의 6월 전까지 상대방에게 통고함으로써 종전의 단체협약을 해지할 수 있다(노동조합법 제32조제2항).

노동조합법의 규정은 무협약상태를 방지하기 위하여 자동연장조항을 허용하지만 유효기간 상한을 둔 취지가 손상될 수 있고, 당사자가 부당하게 장기간 종전의 단체협약에 구속될 수 있으므로 당사자에게 새로운 단체협약 체결을 촉구하기 위해 단체협약 해지권을 인정한 것이다.

이 단체협약 해지 조항은 강행규정이므로 협약당사자의 합의에 의해 해지권 행사를 제한할 수 없다(대법원 2016.3.10. 2013두3160). 단체협약에서 노사 합의 없이 당사자 일방의 단체협약 해지를 금지하거나 단체협약을 해지하는 경우에도 노동조합과 관련된 규정은 해지된 단체협약을 적용하도록 하는 것과 같이 단체협약 해지권을 제한하는 조항은 강행규정을 위반하는 것이다.[33]

---

33) 고용노동부, 집단적 노사관계 업무 매뉴얼, p.268.

### 4) 단체협약의 취소

단체협약 당사자 중 일방은 단체협약의 중요한 부분에 착오가 있었거나 사기·강박에 의한 것처럼 의사표시의 취소사유가 있는 경우에는 단체협약을 취소할 수 있다(민법 제109조 및 제110조). 단체협약의 유효한 성립은 당사자 합의를 전제로 하므로 원칙적으로 민법상 의사표시에 관한 규정이 적용된다.

따라서 표시상의 효과의사와 내심의 효과의사가 일치하지 않는 의사의 흠결 가운데 '진의 아닌 의사표시'나 '통정한 허위의 의사표시'에 의해 성립한 협약은 무효이고, 협약의 중요 부분에 착오가 있거나 사기·강박에 의한 협약은 취소할 수 있다. 협약이 취소되면 장래에 대하여 효력을 상실한다.

## 2. 단체협약 유효기간의 연장

단체협약의 유효기간을 정한 경우, 그 기간이 만료되면 효력을 상실하고 새로운 단체협약이 체결되지 않으면 무협약상태가 되는데 이러한 상황을 방지하고자 자동연장조항과 자동갱신조항을 둘 수 있다.

### 1) 자동연장조항

단체협약 기간만료에도 불구하고 약정으로 기한을 정하고 있는 경우에는 그 기간까지 효력이 연장된다.

단체협약 유효기간을 약정하지 않은 경우, 단체협약에 그 유효기간이 경과한 후에도 새로운 단체협약이 체결되지 아니한 때에는 새로운 단체협약이 체결될 때까지 종전 단체협약의 효력을 존속시킨다는 취지의 별도의 약정이 있으면 그에 따르되, 당사자 일방은 해지하고자 하는 날의 6월 전까지 상대방에게 통고함으로써 종전의 단체협약을 해지할 수 있다(노동조합법 제32조제3항 단서).

언제까지 유효기간이 연장되는가에 대하여는 구체적인 규정이 없는데, 판례는 단체협약의 유효기간이 경과한 뒤에 불확정기한부 자동연장조항에 따라 계속 효력을 유지하게 된 경우에, 그 효력이 유지된 단체협약의 유효기간은 일률적으로 2년(현재는 3년)으로 제한되지 아니한다는 입장이다(대법원 2015.10.29. 2012다71138).

### 2) 자동갱신조항

자동갱신조항은 협약당사자가 '단체협약 유효기간 만료일 이전의 일정기간 내에 협약의 개정이나 폐기의 통고의 의사표시를 하지 않을 경우 기존협약과 동일한 내용의 새로운 협약이 체결된 것으로 본다'는 조항을 두는 경우가 있는데 이러한 규정을 자동갱신조항이라고 한다.

이러한 조항을 미리 규정하는 것은 당사자의 유효기간 만료 후의 단체협약 체결권을 미리 제한하거나 박탈하는 것이 아니므로 유효하나, 다만 그 새로운 유효기간은 노동조합법의 제한을 받는다(대법원 1993.2.9. 92다27102). 따라서 자동갱신조항에 따른 새로운 단체협약의 유효기간은 3년으로 보아야 한다.

## 3. 단체협약 종료 후의 근로관계

자동갱신협정이나 자동연장협정이 없는 상태에서 단체협약의 유효기간이 만료되면 다른 협약이 체결되기까지 기존 협약의 권리·의무는 소멸한다. 이처럼 단체협약이 종료된 경우 개별 조합원의 근로조건이나 협약당사자 간의 관계는 단체협약의 규범적 부분과 채무적 부분이 상이하다.

### 1) 규범적 부분

근로조건 규율과 관련하여 단체협약 실효 후에 그 규범이 유효하게 존속되는 여후효(餘後效)가 인정되는지 여부가 쟁점이 된다.

독일의 단체협약법에서는 "단체협약 종료 후에도 그 규범은 다른 합의에 의해 대체되지 않는 한 유효하게 존속한다."라고 여후효에 대해 명시적으로 규정하고 있다. 따라서 단체협약상의 근로조건은 단체협약이 실효된 이후에도 새로운 단체협약이나 근로계약이 체결되는 시점까지 그 효력을 유지하게 된다.

그러나 우리나라의 노동조합법은 여후효에 대해 명문으로 규정하고 있지 않고, 협약 실효 후의 근로조건 규율에 대해서는 별도의 해석에 맡겨져 있어 견해가 대립되고 있다.

계속적 법률관계를 규율하는 근로계약의 본질에서 협약의 근로조건 기준이 근로계약의 내용으로서 효력을 계속 가진다는 견해와 단체협약의 내용이 근로

계약의 구성요소로 전환되거나 화체된다는 견해로 나뉜다.[34]

어떠한 견해에 의하더라도 단체협약 실효 후에 협약상 근로조건은 그대로 근로관계에 존속한다는 점에서 일치하나, 단체협약의 근로조건에 관한 규범적 부분은 단체협약이 실효되더라도 근로계약으로 화체되어 효력이 유지된다는 것이 통설[35]이다(대법원 2009.2.12. 2008다70336 등).

법원도 단체협약이 실효되었다고 하더라도 임금, 퇴직금이나 노동시간, 그밖에 개별적인 노동조건에 관한 부분은 그 단체협약의 적용을 받고 있던 근로자의 근로계약의 내용이 되어 그것을 변경하는 새로운 단체협약, 취업규칙이 체결·작성되거나 또는 개별적인 근로자의 동의를 얻지 아니하는 한 개별적인 근로자의 근로계약의 내용으로서 여전히 남아 있어 사용자와 근로자를 규율하게 된다고 판시하였다(대법원 2009.2.12. 2008다70336).

### 2) 채무적 부분

단체협약이 실효된 경우 규범적 부분은 종전 단체협약의 효력이 유지되지만 채무적 부분은 강행적 효력이나 보충적 효력을 갖지 아니하므로 원칙적으로 효력을 상실하게 된다. 이 경우에도 모두 일률적으로 실효된다고 볼 것은 아니고 해당 조항의 성질과 내용에 따라 개별적·구체적으로 판단해야 한다.

실무적으로는 단체협약 만료 후에 노동조합전임자 원직복귀, 노동조합 사무실 등이 쟁점이 된다.

단체협약상 노조 대표의 전임규정은 새로운 단체협약 체결 시까지 효력을 지속시키기로 약정한 규범적 부분이 아니라 채무적 부분이므로 노조전임자는 단체협약의 유효기간 만료 후에 사용자의 원직복귀 명령에 응하여야 한다(대법원 1997.6.13. 96누17738).

무상으로 제공해 온 노동조합 사무실과 관련해서는 단체협약 전체가 해지된 지 6월이 경과되어 소멸하였다 하더라도 기존 사무실을 다른 공간으로 대체할 필요가 있다든지 사용자가 이를 다른 용도로 사용할 합리적인 사유가 발생하였다는 등 그 반환을 허용할 특별한 사정이 있어야만 그 사무실의 반환을 요구할 수 있다(대법원 2002.3.26. 2000다3347).

---

34) 김형배, 노동법, p.1321; 임종률, 노동법, p.174,
35) 임종률, 노동법, p.192; 하갑래, 집단적 노동관계법, pp.355~356..

# 제 6 장

# 쟁의행위

**쟁의행위의 의의**

## 1. 쟁의행위의 전제

헌법 제33조제1항에서 "근로자는 근로조건의 향상을 위하여 자주적인 단결권·단체교섭권 및 단체행동권을 가진다."라고 규정하여 근로자의 단체행동권을 보장하고 있다.

이를 근거로 노동조합법은 헌법상 단체행동권을 쟁의행위로 개념화하면서, 근로자에게 임금 손실, 사용자에게 경영 손실을 초래하고, 더 나아가 국민경제에도 상당한 영향을 미칠 수 있다는 점을 감안하여 단체행동권에 대해 단결권, 단체교섭권에 비해 상대적으로 엄격한 제한을 하고 있다.[1]

우선 노동조합법에 따른 쟁의행위를 하기 위해서는 노동쟁의가 전제되어야 한다. 노동쟁의는 '노동조합과 사용자 또는 사용자단체 간에 임금·근로시간·복지·해고 기타 대우 등 근로조건의 결정에 관한 주장의 불일치로 인하여 발생한 분쟁상태'를 말한다(노동조합법 제2조제5호).

노동쟁의의 본질은 '분쟁상태'라는 점에서 노동쟁의가 발생한 이후 당사자가 그 주장을 관철할 목적으로 업무의 정상적인 운영을 저해하는 '실력행사'로서의 쟁의행위와 구별된다.

또한 노동관계 당사자 사이에 단체교섭이 결렬되어 노동쟁의가 발생하여도 노동조합이 쟁의행위를 하기 위해서는 노동조합법에 따른 조정절차를 거쳐야 한다(노동조합법 제45조제2항).

따라서 쟁의행위는 단체교섭이 결렬되어 노동쟁의가 발생한 이후 조정절차를 거쳐야 행해질 수 있으므로 쟁의행위의 정당성 판단에 있어서 노동쟁의 발생 여부 및 조정절차 이행 여부는 중요한 의미를 갖는다.

---

1) 고용노동부, 집단적 노사관계 업무 매뉴얼, 2022, p.283.

## 2. 쟁의행위의 개념과 구성요건

노동조합법은 쟁의행위에 대해 "파업·태업·직장폐쇄 기타 노동관계 당사자가 그 주장을 관철할 목적으로 행하는 행위와 이에 대항하는 행위로서 업무의 정상적인 운영을 저해하는 행위를 말한다."라고 규정하고 있다(제2조제6호).

쟁의행위의 구성요건을 보면 첫째, '쟁의행위의 주체'는 노동조합법에 의해 설립된 노동조합과 사용자 또는 사용자단체가 된다. 통상 쟁의행위는 노동조합이 행하는 것으로 알려져 있으나, 노동조합법은 쟁의행위의 정의에 직장폐쇄도 규정함으로써 사용자도 쟁의행위의 주체가 될 수 있다.

그러나 노동조합의 쟁의행위는 헌법 제33조제1항의 단체행동권을 구체화하기 위한 것인데 반해, 사용자의 쟁의행위는 노동조합법에 의해 비로소 창설된 것으로서 노동조합의 쟁의행위와는 그 법적 기초가 다르다.[2]

둘째, '쟁의행위의 목적'은 '근로조건의 유지 및 개선'을 위한 것이어야 한다. 즉 노동조합법 제2조제6호의 '그 주장'은 '노동조합법 제2조제5호에 규정된 임금·근로시간·복지·해고 기타 대우 등 근로조건의 결정에 관한 노동관계 당사자 간의 주장'을 의미하므로 근로조건의 유지 또는 향상을 주된 목적으로 하지 않는 쟁의행위는 노동조합법의 규제대상인 쟁의행위에 해당하지 않는다(헌법재판소 2004.7.15. 2003헌마878).

셋째, '업무의 정상적인 운영을 저해하는 행위'로서 노동조합의 파업과 같이 집단적으로 노무제공을 거부하거나 사용자의 직장폐쇄와 같이 근로자들의 노무수령을 거부하는 것을 말한다.

이러한 쟁의행위와 단체행동과의 차이점을 보면, 단체행동은 집단적 행위를 말하며 근로자 측의 경우 파업·태업은 물론 가두시위·집회 등 쟁의행위와 연계하거나 부수되어 행하여지는 집단적 행동이 이에 속한다. 단체행동은 반드시 업무의 정상적 운영의 저해를 수반하지 않는다는 점에서 쟁의행위보다 넓은 개념이다. 예를 들어 회사가 폐업신고를 한 경우 업무의 정상적 운영이 저해될 우려가 없으므로 이러한 경우의 근로자들의 농성행위는 쟁의행위가 아니다(대법원 1991.6.11. 91도204).

---

2) 하갑래, 집단적 노동관계법(제7판), 중앙경제, 2021, p.412.

## 3. 노동조합의 쟁의행위 유형

노동조합의 쟁의행위 유형으로는 파업(strike), 태업(soldiering), 준법투쟁, 직장점거(sit-in), 불매운동(boycott), 피케팅(picketing) 등이 있다.[3]

### 1) 파업

파업은 다수의 근로자가 근로조건의 유지 또는 개선이라는 목적을 쟁취하기 위하여 조직적인 방법으로 노무제공을 거부하는 행위로서 가장 전형적인 쟁의행위이다.

파업은 참가 근로자의 범위와 수에 따라 총파업, 전면파업, 부분파업, 지명파업으로 구분한다. 쟁의행위의 목적이나 상대방에 따라 통상파업, 정치파업, 연대파업 등으로 분류하기도 한다.

### 2) 태업

태업은 업무에 종사하는 근로자들이 단결해서 고의적으로 작업능률을 저하시키거나 근로를 불완전하게 제공하는 것을 말한다. 형식상으로는 노동을 제공하지만 실제로는 작업을 하지 않거나 필요 이상으로 완만한 작업 또는 조잡한 작업을 하는 형태를 취한다.

한편, 단순한 태업에서 더 나아가 의도적으로 생산설비를 훼손하거나 작업을 거칠게 하여 불량품을 만드는 행위를 사보타지(sabotage)라고 한다.

### 3) 준법투쟁

준법투쟁은 노동조합이 주장 관철을 위해 법령, 단체협약, 취업규칙 등을 엄격히 준수하거나, 법률에 정한 근로자의 권리를 동시에 집단적으로 행사함으로써 업무의 정상적인 운영을 저해하는 집단행동을 말한다.

### 4) 쟁의행위 보조수단

아래와 같은 직장점거, 피케팅 및 불매운동은 그 자체로 독립된 투쟁행위라

---

[3] 고용노동부, 집단적 노사관계 업무 매뉴얼, pp.296~297; 김형배ㆍ박지순, 노동법강의(제11판), 신조사, 2022, pp.611~615 등 참조하여 작성.

기 보기 어렵고, 파업의 실효성 확보를 위한 보조수단으로 사용된다.

① 직장점거는 노동조합이 그 주장을 관철하기 위한 압력수단으로 사용자의 의사에 반해서 사업장 시설을 점거하는 행위이다.

② 피케팅은 파업감시 행위로서 노동조합이 파업이나 태업의 효과를 제고하기 위해 사업장 입구 등 필요한 장소에 파업 감시원을 배치하여 조합원의 이탈이나 사용자의 방해를 막는 행위를 말한다.[4]

③ 불매운동(보이콧)은 사용자 또는 그와 거래관계에 있는 제3자의 상품 구입 또는 시설 이용을 거절하거나 그들과의 근로계약 체결을 거절할 것을 호소하는 투쟁행위이다.

# 쟁의행위에 대한 법적 규율

## 1. 쟁의행위 보호 규정

### 1) 민사면책

노동조합법 제3조에서 "사용자는 이 법에 의한 단체교섭 또는 쟁의행위로 인하여 손해를 입은 경우에 노동조합 또는 근로자에 대하여 그 배상을 청구할 수 없다."라고 규정하여 쟁의행위에 대한 민사면책을 천명하고 있다.

여기서 '이 법에 의한 쟁의행위'는 정당한 쟁의행위를 의미하는데, 그 이유는 노동조합법의 일부 규정을 위반하는 쟁의행위라 하더라도 정당성을 가지면 민사면책을 인정해야 하기 때문이다.[5]

쟁의행위가 정당한 경우 민사책임이 면제된다는 것은 헌법에서 단체행동권을 보장함에 따른 당연한 효과이고, 노동조합법 제3조의 민사면책 규정은 이를 확인하는 의미의 규정이다.

---

4) 임종률, 노동법(제20판), 박영사, 2022, p.231.
5) 임종률, 노동법, p.222.

**핵심 판례** | 노동조합법상 민사·형사 면책 규정의 의의

쟁의행위는 업무의 저해라는 속성상 그 자체 시민형법상의 여러 가지 범죄의 구성요건에 해당될 수 있음에도 불구하고 그것이 정당성을 가지는 경우에는 형사책임이 면제되며, 민사상 손해배상 책임도 발생하지 않는다.

이는 헌법 제33조에 당연히 포함된 내용이라 할 것이며, 정당한 쟁의행위의 효과로서 민사 및 형사면책을 규정하고 있는 현행 노동조합법 제3조와 제4조 및 구 노동쟁의조정법 제8조, 구 노동조합법 제2조 등은 이를 명문으로 확인한 것이라 하겠다(헌법재판소 1998.7.16. 97헌바23).

한편, 형사면책을 규정한 노동조합법 제4조에서 '정당한'이라는 법문을 사용하고 있다는 점과 균형을 맞추기 위해 민사면책 관련 규정을 '이 법에 따른 단체교섭 또는 쟁의행위'를 '정당한 단체교섭 또는 쟁의행위'로 개정하는 것이 바람직하다는 견해가 있는데,[6] 이에 동의한다.

2) 형사면책

노동조합법 제4조에서 "형법 제20조[7]의 규정은 노동조합이 단체교섭·쟁의행위 기타의 행위로서 제1조의 목적을 달성하기 위하여 한 정당한 행위에 대하여 적용된다. 다만, 어떠한 경우에도 폭력이나 파괴행위는 정당한 행위로 해석되어서는 아니 된다."라고 하여 노동조합 쟁의행위에 대한 형사면책 규정을 두고 있다.

쟁의행위는 방법·태양에 따라 형법상 업무방해죄(제314조), 주거침입죄(제319조), 강요죄(제324조), 협박죄(제283조) 등의 구성요건에 해당하는 경우가 있지만, 쟁의행위가 정당성을 갖추면 형법 제20조의 '정당행위'로서 위법성이 조각되어 범죄가 성립하지 않게 되는 것이다.

이 규정 역시 쟁의행위의 민사면책 규정과 마찬가지로 헌법상 단체행동권 보장의 당연한 효과이고, 이를 확인하는 의미의 규정이다.

---

6) 임종률, 노동법, p.222.

7) 형법 제20조(정당행위) 법령에 의한 행위 또는 업무로 인한 행위 기타 사회상규에 위배되지 아니하는 행위는 벌하지 아니한다.

종래 쟁의행위의 목적이 정당하지 않은 경우 정부는 업무방해죄로 기소하여 왔고, 법원도 오랫동안 업무방해죄가 성립한다는 입장을 취하였다(대법원 1991. 4.23. 90도2771; 대법원 2006.5.25. 2002도5577).

그러나 대법원은 전원합의체 판결을 통하여 쟁의행위가 업무방해죄에 해당하는 요건을 보다 엄격히 함으로써 기존의 입장을 변경하였다(대법원 2011.3.17. 2007도482). 이에 대해서는 '쟁의행위의 정당성' 부분에서 상세하게 설명하기로 한다.

### 3) 사용자의 불이익 취급 금지

사용자는 근로자가 정당한 단체행위에 참가한 것을 이유로 해고하거나 불이익을 주는 행위를 할 수 없다(노동조합법 제81조제1항제5호). 이는 헌법상 노동기본권이 구체적으로 실현되도록 하는 부당노동행위 제도의 취지상 당연한 규정이라고 할 수 있다.

### 4) 쟁의행위 기간 중 구속 금지

근로자는 쟁의행위 기간 중에는 현행범 외에는 노동조합법 위반을 이유로 구속되지 아니한다(노동조합법 제39조).

이는 정당한 쟁의행위에 참가한 자를 구속하게 되면 쟁의행위가 약화되거나 와해되어 노사 간 교섭력의 불균형이 초래될 우려가 있다는 점을 감안하여 일시적으로 쟁의행위를 보호하려는 목적에서 규정된 것이다.

그러나 정당하지 않은 쟁의행위에 참가한 자는 이 규정에 따른 보호를 받을 수 없으며, 형법상의 범죄를 범한 경우나 노동조합법을 위반한 현행범의 경우에는 구속될 수 있다.

## 2. 쟁의행위 제한 법규

### (1) 쟁의행위 제한의 원칙

쟁의행위는 그 목적·방법 및 절차에 있어서 법령 기타 사회질서에 위반되어서는 아니 된다(노동조합법 제37조제1항).

이는 쟁의행위가 법령을 준수하고 정당하게 수행되어야 한다는 당연한 이치를 확인하기 위한 주의 규정이다. 또한 쟁의행위의 정당성 판단의 기준을 입법화한 것이라고 볼 수 있다(헌법재판소 1998.7.16. 97헌바23).

여기서 '사회질서'는 민법 제103조의 '사회질서', 형법 제20조의 '사회상규'와 같은 의미를 가진 것으로 보아야 하고, 사회질서에 위반되어서는 안 된다는 것은 쟁의행위가 '정당'하거나(노동조합법 제4조) 또는 '적법'하여야(노동조합법 제38조제3항) 한다는 것을 의미한다.[8]

또한 노동조합은 쟁의행위가 적법하게 수행될 수 있도록 지도·관리·통제할 책임이 있다(노동조합법 제38조제3항).

## (2) 주체에 대한 제한

### 1) 노동조합에 의해 주도되지 아니한 쟁의행위의 금지

조합원은 노동조합에 의하여 주도되지 아니한 쟁의행위를 하여서는 아니 된다(노동조합법 제37조제2항).

조합원이 노동조합의 의사에 반하여 독자적으로 행하는 쟁의행위를 비공인 파업(wildcat strike)이라고 하는데 쟁의행위가 노동조합에 의해 주도되지 않거나 노동조합의 승인 또는 지시에 반해서 소수 조합원에 의해 행해지는 경우이다. 비공인 파업은 살쾡이 파업, 비공식 파업(unofficial strike), 비노조(非勞組) 파업으로 불리기도 한다.[9]

노동조합의 '주도'에는 노동조합의 사전 기획·결정·지시뿐만 아니라 사후 승인도 포함되지만, 비공인 파업을 노동조합이 만류하지 않고 묵시적으로 승인한 경우에는 이 규정에 위반된다고 보기 어렵다.

단위노동조합의 지부·분회 등 기업별 산하조직이 독자적으로 행한 쟁의행위가 비공인 파업에 해당하는 여부가 문제되는데, 이는 당해 산하조직이 단체교섭의 당사자 또는 쟁의행위의 주체가 되는지의 문제와 직결된다.

당해 산하조직이 독자적인 규약과 집행기구를 가지고 독립된 조직체로서의 활동을 하는 경우, 즉 단체성이 인정된다면 단체교섭 당사자이자 쟁의행위의

---

8) 임종률, 노동법, p.227.

9) 고용노동부, 집단적 노사관계 업무 매뉴얼, p.296; 비공인 파업은 노동조합의 승인을 받지 않은 조합원의 파업을 의미하고, 비노조 파업은 비조합원에 의한 파업을 의미한다.

주체가 되고 노동조합 설립신고 여부에 영향을 받지 않으므로(대법원 2001. 2.23. 2000도4299; 대법원 2008.1.18. 2007도1557 등) 쟁의행위를 하더라도 비공인 파업과 무관하다.

반면, 단체성을 갖추지 못한 단위노동조합의 산하조직이 본조의 명시적인 승인 또는 묵인 없이 쟁의행위를 한 경우 비공인 파업을 금지하는 규정 위반 문제가 대두될 수 있다.

---

**핵심 판례**  일부 부서의 의사로 이루어진 작업거부의 정당성

조합원은 노동조합에 의하여 주도되지 아니한 쟁의행위는 하여서는 아니되는 것이므로, 조합원 전체가 아닌 소속 부서 조합원만의 의사로 이루어진 작업거부 결의에 따라 다른 근로자의 작업거부를 선동하여 회사의 업무를 방해한 행위는 노동조합의 결의나 구체적인 지시에 따른 노동조합의 조직적인 활동 그 자체가 될 수 없음은 물론 그 행위의 성질상 노동조합의 활동으로 볼 수 있다거나 노동조합의 묵시적인 수권 혹은 승인을 받았다고 볼 수도 없고, 단지 조합원으로서의 자발적인 행동에 불과할 뿐이어서 정당한 노동조합 활동이라고 볼 수 없다(대법원 1999.9.17. 99두5740).

### 2) 방산물자 생산 종사자 등의 쟁의행위 금지

방위사업법에 의하여 지정된 주요방위산업체에 종사하는 근로자 중 전력, 용수 업무에 종사하는 자와 시행령으로 정한 주로 방산물자를 생산하는 업무에 종사하는 자는 쟁의행위를 할 수 없다(노동조합법 제41조제2항).

여기서 '주로 방산물자를 생산하는 업무에 종사하는 자'는 '방산물자의 완성에 필요한 제조·가공·조립·정비·재생·개량·성능검사·열처리·도장·가스취급 등의 업무에 종사하는 자를 말한다(노동조합법 시행령 제20조).

이 규정은 법률로 정하는 주요방위산업체에 종사하는 근로자에 대하여 쟁의행위를 제한 또는 금지할 수 있다는 헌법 제33조제3항에 근거한 것으로 국방의 특수성을 고려하여 방산물자의 원활한 조달을 위한 것일 뿐 방위산업체의 기업 이익을 옹호하려는 것은 아니다.[10]

---

10) 임종률, 노동법, p.228.

한편, 주요방위산업체로 지정된 회사가 사업의 일부를 사내하도급 방식으로 다른 업체에 맡겨 방산물자를 생산하는 경우 하수급업체에 소속된 근로자는 노동조합법 제41조제2항이 쟁의행위를 금지하는 '주요방위산업체에 종사하는 근로자'에 해당한다고 볼 수 없다(대법원 2017.7.18. 2016도3185).

### (3) 목적에 따른 제한

노동조합은 쟁의행위 기간에 대한 임금의 지급을 요구하여 이를 관철할 목적으로 쟁의행위를 하여서는 아니 된다(노동조합법 제44조제2항).

이 규정은 쟁의행위에 참가하여 근로를 제공하지 아니한 근로자에 대하여 사용자가 그 쟁의행위 기간 중의 임금을 지급할 의무가 없다는 '무노동무임금 원칙'과 연계하여 그 실효성을 담보하기 위하여 둔 규정이다. 이 조항을 위반한 자는 2년 이하의 징역 또는 2천만 원 이하의 벌금에 처해진다(노동조합법 제90조).

이 규정은 쟁의행위 기간에 대한 임금의 지급을 요구하는 단체교섭까지 금지하는 것은 아니므로 사용자가 이러한 단체교섭에 응하여 단체협약을 체결할 수는 있을 것이다.[11]

그러나 노동조합의 이러한 요구에 대해 사용자가 교섭의무를 지는 것은 아니므로(임의적 교섭사항) 노동조합의 요구에 응할 사용자가 있을지가 의문이나, 파업 종료와 연계하여 어떤 명목의 금품을 지급하는 것으로 합의하는 경우는 있을 것으로 보인다.

한편, ILO 결사의 자유 관련 핵심 협약 비준과 관련하여 2021.7.6.부터 시행되고 있는 개정 노동조합법에서는 전임자 급여 지급과 근로시간 면제 한도를 위반하는 급여 지급을 요구하고 이를 관철할 목적으로 하는 노동조합의 쟁의행위 금지 규정(노동조합법 제24조제5항)을 삭제하였다.

### (4) 방법상 제한

노동조합법은 쟁의행위의 방법과 관련하여 폭력·파괴행위 금지 및 생산 기타 주요업무에 관련되는 시설과 이에 준하는 시설의 점거 금지(제42조제1항), 안전보호시설에 대하여 정상적인 유지·운영을 정지·폐지 또는 방해 금지(제

---

11) 임종률, 노동법, p.229.

참 고　ILO 핵심협약 비준을 위한 법령 정비

정부는 ILO 핵심 협약 비준에 장애가 되지 않도록 다음과 같이 노조전임자 급여지급 금지 및 근로시간 면제제도 등 관련 제도를 노동조합법 개정을 통해 정비하였다.
① 노조전임자에 대한 입법적 관여를 최소화한다(노조전임자 급여지급 금지 규정, 노조전임자를 부당노동행위로 간주하는 규정 및 노조전임자 급여지급을 관철할 목적의 쟁의행위 금지 조항 삭제).
② 노조전임자라는 용어를 법문에서 없애고 근로시간면제자로 통일하였다.
③ 근로시간 면제 한도를 초과하는 단체협약과 사용자의 동의는 그 부분에 한하여 무효로 본다.
④ 근로시간 면제 한도를 초과하는 사용자의 급여지급은 부당노동행위로 본다.
⑤ 근로시간면제심의위원회를 경제사회노동위원회로 이관한다.

자료: 고용노동부, 개정 노동조합 및 노동관계조정법 설명자료, 2021.3., pp.35~40.

42조제2항), 작업시설의 손상이나 원료·제품의 변질 또는 부패를 방지하기 위한 작업에서의 쟁의행위 금지(제38조제2항) 등의 법적 규제를 하고 있다.

또한 피케팅의 제한(제38조제1항), 필수유지업무 정지 등의 금지(제42조의2제2항) 등을 통해 법적 규제를 하고 있으나 이에 대해서는 해당 부분에서 상세히 설명하기로 한다.

### 1) 폭력·파괴행위의 금지

쟁의행위는 어떠한 경우에도 폭력이나 파괴행위로 하여서는 아니된다(노동조합법 제42조제1항 전단). 정당한 쟁의행위에 대해 형사면책을 규정하고 있는 노동조합법 제4조에서도 어떠한 경우라도 폭력이나 파괴행위는 정당한 행위로 해석되어서는 아니된다고 규정하고 있다.

### 2) 생산 기타 주요업무에 관련되는 시설 등의 점거 금지

쟁의행위는 생산 기타 주요업무에 관련되는 시설과 이에 준하는 시설로서 대통령령(노동조합법 시행령 제21조)이 정하는 시설을 점거하는 형태로 이를 행할 수 없다(노동조합법 제42조제1항 후단).

이 규정은 사용자의 시설관리권이 현저히 침해되는 것을 방지하고, 간접적으로 파업 중에도 생산이나 그밖의 주요 업무를 계속할 수 있는 가능성을 확보하기 위한 것이다.[12)]

점거가 금지되는 대상은 '생산 기타 주요업무에 관련되는 시설'과 '이에 준하는 시설로서 대통령령이 정하는 시설'에 한정된다. 그러므로 이와 관련 없는 시설, 예를 들어 운동장, 강당, 식당, 휴게실 등은 이 조항에서 금지되는 점거 금지 대상 시설이라고 보기 어렵다.

### 3) 안전보호시설 정지 등의 금지

사업장의 안전보호시설에 대하여 정상적인 유지·운영을 정지·폐지 또는 방해하는 행위는 쟁의행위로서 이를 행할 수 없다(노동조합법 제42조제2항).

이는 쟁의행위에도 불구하고 안전보호시설이 정상적으로 가동되도록 함으로써 사람의 생명이나 신체의 안전을 보호하려는 취지의 규정이다. 이 규정을 위반하면 1년 이하의 징역 또는 1천만 원 이하의 벌금에 처해진다(노동조합법 제91조).

안전보호시설은 '사람의 생명이나 신체의 위험을 예방하기 위해서나 위생상 필요한 시설'을 말하고, 이에 해당하는지 여부는 당해 사업장의 성질, 당해 시설의 기능, 당해 시설의 정상적인 유지·운영이 되지 아니할 경우에 일어날 수 있는 위험 등 제반 사정을 구체적·종합적으로 고려하여 판단하여야 한다(대법원 2006.5.12. 2002도3450).

쟁의행위가 종료되면 노조원들은 사업장에 복귀하여 다시 노동을 제공해야 하는데, 보안·보존 작업의 거부는 사업장의 파괴를 야기할 수 있으므로 근로계약상의 신의칙에 어긋난다. 안전보호시설에는 통기·배수 시설, 가스폭발방지 시설, 용광로, 항공관제, 환자치료시설 등이 이에 포함된다.[13)]

법원은 가연성·폭발성·유독성이 강한 석유화학제품의 생산·유지를 위하여 동력을 생산·공급하는 동력부문도 안전보호시설에 해당한다고 보았다(대법원 2005.9.30. 2002두7425).

그런데 노동조합법 제42조제2항의 입법 목적이 '사람의 생명·신체의 안전

---

12) 임종률, 노동법, p.229.
13) 김형배, 노동법(제27판), 박영사, 2021, pp.1365~1366; 하갑래, 집단적 노동관계법, p.423.

보호'라는 점과 노동조합법 제42조제2항이 범죄의 구성요건이라는 점 등을 종합적으로 고려하면, 성질상 안전보호시설에 해당하고 그 안전보호시설의 유지·운영을 정지·폐지 또는 방해하는 행위가 있었다 하더라도 사전에 필요한 안전조치를 취하는 등으로 인하여 사람의 생명이나 신체에 대한 위험이 전혀 발생하지 않는 경우에는 노동조합법 제42조제2항 위반죄가 성립하지 않는다(대법원 2006.5.12. 2002도3450).

행정관청은 쟁의행위가 안전보호시설의 정지·폐지·방해하는 행위에 해당한다고 인정하는 경우에는 노동위원회의 의결을 얻어 그 행위를 중지할 것을 통보하여야 하고, 사태가 급박하여 노동위원회의 의결을 얻을 시간적 여유가 없을 때에는 그 의결을 얻지 아니하고 즉시 그 행위를 중지할 것을 통보할 수 있다. 이 경우 행정관청은 지체 없이 노동위원회의 사후승인을 얻어야 하며 그 승인을 얻지 못한 때에는 그 통보는 그때부터 효력을 상실한다(노동조합법 제42조제3항, 제4항).

행정관청의 쟁의행위 중지 통보 대상은 쟁의행위 전체가 아니라 문제가 되는 안전보호시설에 대한 쟁의행위로 한정된다.[14]

### 4) 긴급작업의 수행 의무

작업시설의 손상이나 원료·제품의 변질 또는 부패를 방지하기 위한 작업은 쟁의행위 기간 중에도 정상적으로 수행되어야 한다(노동조합법 제38조제2항).

이 규정은 쟁의행위로 인한 사회·경제적 손실을 최소화하고 쟁의행위가 종료되면 바로 업무에 복귀할 수 있도록 하기 위한 취지에서 마련된 것이다.[15] 이 조항을 위반한 자는 1년 이하의 징역이나 1천만원 이하의 벌금에 처해진다(노동조합법 제91조).

## (5) 절차상 제한

### 1) 조정전치제도

쟁의행위는 노동조합법 제5장 제2절 내지 제4절의 규정에 의한 조정절차를

---

14) 임종률, 노동법, p.231.
15) 하갑래, 집단적 노동관계법, p.425.

거치지 아니하면 이를 행할 수 없으며, 다만 조정 기간 내에 조정이 종료되지 아니하거나 중재 기간 내에 중재재정이 이루어지지 아니한 경우에는 그러하지 아니하다(노동조합법 제45조제2항).

이는 노동조합이 쟁의행위에 돌입하기 전에 노동위원회 등 제3자의 조정을 통해 분쟁이 해결되도록 하기 위한 정책적 고려에서 마련된 규정이다.

노동조합법은 노동위원회에 의한 공적 조정절차를 원칙으로 하면서도 제52조에서 노동관계 당사자가 쌍방의 합의 또는 단체협약이 정하는 바에 따라 사적 조정절차를 활용할 수 있도록 하고 있으므로 제3자에 의한 사적 조정도 가능하다.

### 2) 중재 시의 쟁의행위 금지

노동쟁의가 중재에 회부된 경우에는 그 날부터 15일 동안 쟁의행위를 할 수 없다(노동조합법 제63조).

노동조합법 제62조에 따르면 ① 관계 당사자의 쌍방이 함께 중재를 신청한 때와 ② 관계 당사자의 일방이 단체협약에 의하여 중재를 신청한 때에만 노동위원회가 중재를 할 수 있으므로 쟁의행위 금지기간은 당사자가 중재를 신청한 날부터 기산한다.

### 3) 긴급조정 시의 쟁의행위 금지

쟁의행위가 공익사업에 관한 것이거나 그 규모가 크거나 그 성질이 특별한 것으로서 현저히 국민경제를 해하거나 국민의 일상생활을 위태롭게 할 위험이 현존하여 고용노동부장관이 긴급조정을 결정하고 그 결정이 공표된 경우(노동조합법 제76조) 관계 당사자는 즉시 쟁의행위를 중지하여야 하며, 공표일부터 30일이 경과하지 아니하면 쟁의행위를 재개할 수 없다(제77조).

### 4) 조정서 해석기간 중의 쟁의행위 금지

노동위원회가 제시한 조정안이 관계 당사자의 쌍방에 의하여 수락된 후 그 해석 또는 이행방법에 관하여 관계 당사자 간에 의견의 불일치가 있는 때에는 관계 당사자는 당해 조정위원회 또는 단독조정인에게 그 해석 또는 이행방법에 관한 명확한 견해의 제시를 요청하여야 한다. 조정위원회 또는 단독조정인은 그 요청을 받은 날부터 7일 이내에 명확한 견해를 제시하여야 한다(노동조합법 제60조제3항, 제4항).

이 경우 조정안의 해석 또는 이행방법에 관한 견해가 제시될 때까지는 관계 당사자는 당해 조정안의 해석 또는 이행에 관하여 쟁의행위를 할 수 없다(노동조합법 제60조제5항).

### 5) 쟁의행위 찬반투표

노동조합의 쟁의행위는 그 조합원(제29조의2에 따라 교섭대표노동조합이 결정된 경우에는 그 절차에 참여한 노동조합의 전체 조합원)의 직접·비밀·무기명투표에 의한 조합원 과반수의 찬성으로 결정하지 아니하면 이를 행할 수 없고, 이 경우 조합원 수 산정은 종사 근로자인 조합원을 기준으로 한다(노동조합법 제41조제1항).[16]

이는 쟁의행위가 참가자의 임금 삭감을 초래하고 경우에 따라서는 민·형사 책임도 지게 되는 등 조합원 전체에 미치는 영향이 크므로 그 시작 여부를 자주적·민주적으로 신중하게 결정하도록 하려는 취지에서 마련된 규정이다(대법원 2020.10.15. 2019두40345).

### 6) 쟁의행위의 신고

노동조합은 쟁의행위를 하고자 할 경우 고용노동부령이 정하는 바에 따라 행정관청과 관할노동위원회에 쟁의행위의 일시·장소·참가인원 및 그 방법을 미리 서면으로 신고하여야 한다(노동조합법 시행령 제17조).

## 3. 필수유지업무

### (1) 의의

2006년 노동조합법 개정 이전에는 필수공익사업의 노동쟁의에 대하여 노동위원회가 직권으로 중재를 할 수 있었다.[17] 이러한 직권중재제도에 대해 노동

---

16) 2021.1.5. 법률 제17864호로 개정되고 2021.7.16.부터 시행된 노동조합법은 해고된 자의 조합원자격을 규정한 제2조제4호라목 단서를 삭제하면서 '사업 또는 사업장에 종사하는 근로자(종사근로자)' 개념을 도입함에 따라(제5조제2항), 이 조항의 법문이 약간 수정되었다.

조합의 쟁의행위권을 제약한다는 비판이 지속적으로 제기되었고, 그 결과 직권중재제도를 폐지하는 대신 필수공익사업에 있어서 쟁의행위권 행사와 공익보호의 조화를 위해 필수유지업무 제도가 도입되었다.

이에 따라 종전에는 노동위원회가 필수공익사업의 노동쟁의를 직권중재에 회부하면 필수공익사업의 근로자는 모두 15일간 쟁의행위가 금지되었으나, 필수유지업무 제도의 도입에 따라 필수공익사업의 필수유지업무에 종사하는 자 중 협정근로자를 제외하고는 쟁의행위를 할 수 있게 되었다.

이러한 '필수유지업무'란 노동조합법 제71조제2항의 규정에 따른 필수공익사업의 업무 중 그 업무가 정지되거나 폐지되는 경우 공중의 생명·건강 또는 신체의 안전이나 공중의 일상생활을 현저히 위태롭게 하는 업무로서 대통령령이 정하는 업무를 말한다(노동조합법 제42조의2제1항).

노동조합법 시행령 제22조의2 및 별표 1에서는 필수공익사업별로 필수유지업무의 내용을 구체적으로 규정하고 있다.

이러한 필수유지업무의 정당한 유지·운영을 정지·폐지 또는 방해하는 행위는 쟁의행위로서 이를 행할 수 없다(노동조합법 제42조의2제2항). 따라서 노동조합이 필수유지업무를 수행할 의무가 있는 조합원에게 쟁의행위에 참가하게 하거나 조합원 또는 비조합원이 필수유지업무를 유지·운영하지 못하도록 하는 것은 필수유지업무 유지·운영 방해 등의 금지 규정에 위반된다.

필수유지업무의 유지·운영 방해 등의 금지 규정에 위반하면 3년 이하의 징역 또는 3천만 원 이하의 벌금에 처해진다(노동조합법 제89조제1호).

그러나 필수유지업무 유지 수준을 위반하였다고 하여 곧바로 벌칙이 적용되는 것은 아니고 공중의 생명·건강·신체안전이나 일상생활에 현저한 위험이 발생하여야 비로소 벌칙이 적용된다(대법원 2016.4.12. 2015도17326).

한편, 필수유지업무 제도에 대해 위헌성이 문제가 되었으나, 헌법재판소는 ① 필수유지업무의 내용을 대통령령에 위임하고 있는 노동조합법 제42조의2 제1항이 포괄위임금지 원칙에 위배되지 아니하고, ② 필수유지업무 제도가 필수유지업무 종사자들의 쟁의권을 과도하게 제한하여 과잉금지 원칙을 위반하

---

17) 2006.12.30. 법률 제8158호로 개정되기 이전의 노동조합법 제62조제3호는 중재 개시 요건의 하나로 '제71조제2항의 규정에 의한 필수공익사업에 있어서 노동위원회 위원장이 특별조정위원회의 권고에 의하여 중재에 회부한다는 결정을 한 때'를 규정하고 있었다.

지 않으며, ③ 필수유지업무에 종사하는 근로자들의 쟁의권을 다른 업무에 종사하는 근로자들에 비해 합리적 이유 없이 차별하여 평등원칙을 위반하지 않는다고 보아 합헌으로 결정하였다(헌법재판소 2011.12.29. 2010헌바385).

### (2) 노사자율에 의한 필수유지업무 유지 수준의 결정

필수유지업무가 너무 넓게 운영된다면 공중의 이익에 대한 보호 정도는 높아질 것이나 노동조합의 쟁의행위의 영향력과 교섭력은 약해질 것이다. 반대로 너무 낮은 수준으로 운영되면 그 반대의 결과가 될 것이므로 노동조합법은 양자의 이익이 균형 있게 보호될 수 있도록 필수유지업무의 유지 수준을 원칙적으로 당사자 간 합의에 의해 결정하도록 하고 있다.

즉, 노동관계 당사자는 쟁의행위기간 동안 필수유지업무의 정당한 유지·운영을 위하여 필수유지업무의 필요 최소한의 유지·운영 수준, 대상 직무 및 필요인원 등을 정한 협정(필수유지업무협정)을 서면으로 체결하고, 당사자 쌍방이 서명 또는 날인하여야 한다(노동조합법 제42조의3).

필수유지업무협정은 법률상 그 체결이 강제되어 있다는 점에서 단체협약으로 볼 수 없고, 이 협정을 유리하게 체결하기 위한 쟁의행위는 정당성이 인정되지 않는다.[18)

### (3) 노동위원회에 의한 필수유지업무 수준의 결정

노동관계 당사자 쌍방 또는 일방은 필수유지업무협정이 체결되지 아니하는 때에는 노동위원회에 필수유지업무의 필요 최소한의 유지·운영 수준, 대상직무 및 필요인원 등의 결정을 신청하여야 한다(노동조합법 제42조의4제1항).

이 경우 ① 사업장 개요, ② 필수유지업무 협정 미체결 경위, ③ 노동관계 당사자 간 필수유지업무의 필요 최소한의 유지·운영수준, 대상직무 및 필요인원에 대한 의견의 불일치 사항 및 이에 대한 당사자의 주장, ④ 그밖의 참고사항을 제출하여야 한다(노동조합법 시행규칙 제12조의2).

노동위원회는 사업 또는 사업장별 필수유지업무의 특성 및 내용 등을 고려하여 필수유지업무의 필요 최소한의 유지·운영 수준, 대상직무 및 필요인원 등을 결정할 수 있다(노동조합법 제42조의4제2항).

---

18) 하갑래, 집단적 노동관계법, p.442.

노동위원회의 필수유지업무 수준 결정은 특별조정위원회가 담당한다(노동조합법 제42조의4제3항). 노동위원회의 결정에 대한 해석 또는 이행방법에 관하여 관계당사자간에 의견이 일치하지 아니하는 경우에는 특별조정위원회의 해석에 따르며, 이 경우 특별조정위원회의 해석은 노동위원회의 필수유지업무 결정과 동일한 효력이 있다(제42조의4제4항).

노동위원회 결정에 대한 불복절차 및 효력에 관하여는 중재재정에 대한 불복절차에 관한 제69조와 제70조제2항의 규정이 준용된다(노동조합법 제42조의4제5항).

그러므로 관계 당사자가 지방노동위원회의 결정이 위법 또는 월권에 의한 것이라고 인정되는 경우 결정서 송달받은 날로부터 10일 이내에 중앙노동위원회에 재심을 신청할 수 있고, 중앙노동위원회의 결정에 대해서는 15일 이내에 행정소송을 제기할 수 있다.

한편, 노동조합이 노동위원회의 필수유지업무 유지 수준 등의 결정에 따라 쟁의행위를 한 때에는 필수유지업무를 정당하게 유지·운영하면서 쟁의행위를 한 것으로 본다(노동조합법 제42조의5).

도표 6-1 필수유지업무의 대상직무 및 유지·운영수준(병원 사례)

| 필수유지업무 | 필요 최소한의 유지·운영 수준 | 대상직무 | 대상인원(명) | 필요인원(명) |
|---|---|---|---|---|
| 응급의료 업무 | 100% | | 102 | 102 |
| 수술 업무 | 70% | | 71 | 50 |
| 마취 업무 | 70% | | 17 | 12 |
| 진단검사 업무 | 60% | | 65 | 39 |
| 응급약제 업무 | 80% | | 33 | 27 |

자료: 중앙노동위원회, 조정 및 필수유지업무 매뉴얼, 2018, pp.265~266 참조.[19]

## (4) 필수유지업무 근무자의 특정

필수유지업무의 유지·운영 수준 등이 필수유지업무협정 또는 노동위원회의

---

19) 세분화된 대상직무 별로 필요인원을 결정한다. 예를 들어 응급의료 업무의 대상직무를 응급 간호사, 임상병리사, 방사선사 등으로 세분화하여 각각 대상인원과 필요인원을 결정한다.

결정에 의해 정해지면 구체적으로 쟁의행위기간 동안 필수유지업무에 근무하여야 할 조합원을 특정하고 그 근무자가 실제 그 의무를 수행하는 절차로 이행하게 된다.

노동조합은 사용자에게 필수유지업무에 근무하는 조합원 중 쟁의행위기간 동안 근무하여야 할 조합원을 통보하여야 하며, 사용자는 이에 따라 근로자를 지명하고 이를 노동조합과 그 근로자에게 통보하여야 한다. 다만, 노동조합이 쟁의행위 개시 전까지 이를 통보하지 아니한 경우에는 사용자가 필수유지업무에 근무하여야 할 근로자를 지명하고 이를 노동조합과 그 근로자에게 통보하여야 한다(노동조합법 제42조의6제1항).

통보·지명시 노동조합과 사용자는 필수유지업무에 종사하는 근로자가 소속된 노동조합이 2개 이상인 경우에는 각 노동조합의 해당 필수유지업무에 종사하는 조합원 비율을 고려하여야 한다(노동조합법 제42조의6제2항).

## 제3절 쟁의행위의 정당성

### 1. 쟁의행위 정당성의 의미와 판단기준

쟁의행위가 정당성을 가지면 형사면책, 민사면책 및 불이익 취급 금지의 보호를 받으므로 노사관계에서 쟁의행위가 정당한지 여부는 중요한 의미를 갖는다. 쟁의행위가 쟁의행위를 제한하는 법 조항에 위반된 경우 벌칙이 적용되는 경우가 일반적이므로 쟁의행위가 제한 법규에 위반한 경우 그 정당성이 문제가 된다.

쟁의행위의 정당성은 쟁의행위가 개별 법 조항에 위반되는지 여부가 아니라 법질서 전체의 견지에서 문제가 되는 행위가 허용되는지 여부의 문제이므로 쟁의행위 제한 법규를 위반하는 쟁의행위가 언제나 정당성이 부정된다고 볼 수는 없다.[20]

---

20) 임종률, 노동법, p.242.

쟁의행위의 정당성 판단 대상은 집단적 행위로서의 쟁의행위 그 자체로 한정되며 근로자 개인의 위법한 탈선행위 또는 통제 위반행위는 그 판단의 대상에서 제외된다. 즉 쟁의행위가 그 자체로 정당한 경우에도 탈선행위를 행한 근로자 개인에 대하여 민·형사 책임이나 징계책임을 묻는 것은 별개의 문제이다.

일반적으로 쟁의행위의 정당성은 ① 주체, ② 목적, ③ 시기·절차, ④ 수단·방법의 네 가지 측면으로 나누어 검토한다.

---

**핵심 판례** | **쟁의행위의 정당성 판단기준**

쟁의행위가 형법상 정당행위가 되기 위해서는 첫째 그 주체가 단체교섭의 주체로 될 수 있는 자이어야 하고, 둘째 그 목적이 근로조건의 향상을 위한 노사 간의 자치적 교섭을 조성하는 데에 있어야 하며, 셋째 사용자가 근로자의 근로조건 개선에 관한 구체적인 요구에 대하여 단체교섭을 거부하였을 때 개시하되 특별한 사정이 없는 한 조합원의 찬성결정 등 법령이 규정한 절차를 거쳐야 하고, 넷째 그 수단과 방법이 사용자의 재산권과 조화를 이루어야 함은 물론 폭력의 행사에 해당되지 아니하여야 한다는 여러 조건을 모두 구비하여야 한다(대법원 2001.10.25. 99도4837 전원합의체).

## 2. 쟁의행위의 주체

### (1) 의의

헌법 제33조제1항에서 "근로자는 근로조건의 향상을 위하여 자주적인 단결권·단체교섭권 및 단체행동권을 가진다."라고 규정하여 근로자가 단체행동권의 주체로 표현되어 있으나, 개별 근로자들은 노동조합법의 규정에 따라 노동조합을 통하여 단체행동권을 행사한다.[21]

쟁의행위가 정당성을 갖기 위해서는 그 주체가 단체교섭 및 단체협약을 체결할 능력이 있어야 한다(대법원 1994.9.30. 94다4042; 헌법재판소 1990.1.15. 89헌가103).

종전에는 노동조합법 제2조제4호 규정에 의한 노동조합의 실질적 요건을

---

21) 사법연수원, 노동조합 및 노동관계조정법, 2016, p.254.

갖추고, 제12조제4항에 따라 노동조합 설립신고증을 교부받은 노동조합, 이른바 법내노조의 경우 쟁의행위의 주체로서의 지위가 인정된다는 점에 대해 이론이 없었고, 노동조합법상 노동조합(법내노조)이 아닌 근로자단체의 경우 쟁의행위의 주체와 관련하여 논란이 되었다.

법외노조는 노동조합법 제2조제4호의 규정에 의한 노동조합의 실질적 요건을 갖추고 있으나, 노동조합 설립신고를 하지 않은 단체를 말한다. 법외노조는 어느 정도의 단체교섭이나 단체협약 체결 능력을 보유하므로 쟁의행위의 정당한 주체로 인정될 수도 있다(헌법재판소 2008.7.31. 2004헌바9).

**헌법재판소 결정** 법외노조의 법적 지위

노동조합의 실질적인 요건은 갖추었으나 형식적인 요건을 갖추지 못한 근로자들의 단결체는 노동조합이라는 명칭을 사용할 수 없음은 물론 그 외 법에서 인정하는 여러 가지 보호를 받을 수 없는 것은 사실이나, 명칭의 사용을 금지하는 것은 이미 형성된 단결체에 대한 보호정도의 문제에 지나지 아니하고 단결체의 형성에 직접적인 제약을 가하는 것도 아니며, 또한 위와 같은 단결체의 지위를 '법외의 노동조합'으로 보는 한 그 단결체가 전혀 아무런 활동을 할 수 없는 것은 아니고 어느 정도의 단체교섭이나 협약체결 능력을 보유한다(헌법재판소 2008.7.31. 2004헌바9).

한편, 2011년 7월부터 사업장 단위에 복수노조가 전면 허용된 이후 노동조합법 제29조제2항에 따라 교섭단위 내에서 교섭을 요구한 모든 노동조합과 그 조합원을 위하여 단체협약을 체결할 권한을 배타적으로 행사하는 교섭대표노동조합이 쟁의행위의 정당한 주체가 되었다.

그러나 복수노조의 허용으로 하나의 사업장 내에 교섭대표노동조합 외에도 노동조합법 상 노동조합, 즉 법내 노조가 다수 존재하게 됨에 따라 이들의 쟁의행위 주체성에 대해서도 검토할 필요성이 제기되었다. 아래에서는 이에 대하여 구체적으로 살펴보기로 한다.

## (2) 쟁의행위의 정당한 주체가 아닌 근로자단체

### 1) 교섭창구 단일화 절차에 참가한 소수 노동조합

하나의 사업장에 복수노조가 존재하는 경우 조합원은 교섭대표노동조합이 주도하지 아니하는 쟁의행위를 하여서는 아니 되고(노동조합법 제29조의5, 제37조제2항), 교섭대표노동조합은 쟁의행위가 적법하게 수행될 수 있도록 지도·관리·통제할 책임이 있다(제29조의5, 제38조제3항).

소수 노동조합은 교섭대표노동조합을 통하여 단체교섭 및 쟁의행위에 참가할 수밖에 없어서 독자적인 단체협약 체결권과 쟁의행위권이 제한되므로 소수 노동조합은 독자적인 쟁의행위의 주체가 될 수 없다.

### 2) 교섭창구 단일화 절차에 불참한 노동조합

노동조합법상 노동조합이면서도 교섭창구 단일화 절차에 참가하지 않은 이른바 '불참 노동조합'의 경우 단체협약을 체결할 의사가 없다고 볼 수 있고, 사용자가 불참 노동조합과 단체교섭을 진행하여 노동쟁의가 발생하는 경우를 예상하기도 어려우므로 불참 노동조합은 정당한 쟁의행위의 주체로 인정될 수 없다.

### 3) 일시적인 쟁의단

일시적인 쟁의단의 쟁의행위 주체성과 관련하여 ① 법내노조 또는 법외 노조가 설립되어 있지 아니한 사업장에서 비조직 근로자가 일정한 사항에 관한 주장을 관철하기 위하여 일시적으로 결성한 조직체에 해당하는 경우, ② 법내노조 또는 법외노조가 설립되어 있는 사업장에서 비조합원이 일정한 사항에 관한 주장을 관철하기 위한 쟁의행위를 목적으로 일시적으로 결성한 조직체에 해당하는 경우, 즉 이른바 비노조(非勞組) 파업의 정당성 여부가 문제되는 경우, ③ 법내노조 또는 법외노조가 설립되어 있는 사업장에서 조합원 중의 일부가 일정한 사항에 관한 주장을 관철하기 위한 쟁의행위를 목적으로 일시적으로 결성한 조직체에 해당하는 경우, 즉 이른바 비공인 파업의 정당성 여부가 문제되는 경우 등으로 나누어 그 정당성 여부를 설명하는 견해가 있다.[22]

---

22) 사법연수원, 노동조합 및 노동관계조정법, pp.256~259.

위 견해에 따르면 주체적 측면에서 쟁의행위의 정당성이 인정되기 위해서는 단체협약을 체결할 능력이 있어야 하므로 위 세 가지 유형의 일시적인 쟁의단의 경우에도 이러한 관점에서 쟁의행위의 정당한 주체로서의 지위를 갖는지 여부를 판단하면 된다고 하나, 현실적으로 일시적인 쟁의단이 노동조합의 실질적 요건을 인정받고 쟁의행위의 주체로 인정되기는 쉽지 않을 것이다.

특히, 세 번째 유형의 일시적인 쟁의단의 경우 노동조합법 제37조제2항에서 '조합원 중의 일부가 노동조합에 의해 주도되지 아니하는 쟁의행위를 하는 것을 금지'함으로써 입법적으로 해결하고 있다는 점을 감안할 때 더욱 그러하다.

### (3) 쟁의행위의 정당한 주체가 될 수 없는 근로자

#### 1) 공무원과 교원

공무원인 근로자는 법률이 정하는 근로자에 한하여 노동3권의 주체가 될 수 있다(헌법 제33조제2항). 이에 따라 사실상 노무에 종사하는 공무원을 제외하고는 노동운동 기타 공무 이외의 일을 위한 집단적 행위를 하여서는 아니 된다(국가공무원법 제66조제1항, 지방공무원법 제58조제1항).

그리고 공무원노조법 제11조에서는 "노동조합과 그 조합원은 파업, 태업 또는 그 밖에 업무의 정상적인 운영을 방해하는 일체의 행위를 하여서는 아니 된다."라고 규정하고 있으므로 사실상 노무에 종사하는 공무원을 제외한 공무원은 쟁의행위의 주체가 될 수 없다.

또한 초·중등교원의 노동조합 설립, 단체교섭 및 단체협약 등에 대해 규율하고 있는 교원노조법 제8조에서도 '파업, 태업 또는 그 밖에 업무의 정상적인 운영을 방해하는 일체의 쟁의행위'를 금지하고 있으므로 교원도 쟁의행위의 주체가 될 수 없다.

#### 2) 특수경비원

경비업법 제2조제3호나목에 의한 특수경비원은 공항(항공기를 포함) 등 대통령령이 정하는 국가중요시설의 경비 및 도난·화재 그밖의 위험발생을 방지하는 업무에 종사하는 자이다. 특수경비원은 파업·태업 그 밖에 경비업무의 정상적인 운영을 저해하는 일체의 쟁의행위를 하여서는 아니 된다(경비업법 제15조제3항).

이 조항에 대해 위헌성 여부가 다투어졌으나, 특수경비원에 대해서는 헌법에 단체행동권 등 근로3권(노동3권)의 제한에 관한 개별적 제한규정을 두고 있지 않다고 하더라도, 헌법 제37조제2항의 일반유보조항에 따른 기본권제한의 원칙에 의하여 특수경비원의 근로3권 중 하나인 단체행동권을 제한할 수 있다는 이유로 합헌으로 결정되었다(헌법재판소 2009.10.29. 2007헌마1359).

### 3) 청원경찰

청원경찰법 제9조의4에서 "청원경찰은 파업, 태업 또는 그 밖에 업무의 정상적인 운영을 방해하는 일체의 쟁의행위를 하여서는 아니 된다."라고 규정하고 있으므로 청원경찰법에 의한 청원경찰은 쟁의행위의 주체가 될 수 없다.

이 조항은 '청원경찰의 복무에 관하여는 국가공무원법 제66조제1항을 준용한다'고 규정하고 있었던 구청원경찰법 제5조제4항에 대한 헌법불합치 결정(헌법재판소 2017.9.28. 2015헌마653)에 따라 청원경찰법을 개정(2018.9.18.)하면서 국가공무원법 제66조제1항을 준용하는 부분을 삭제하는 대신에 신설한 것이다.

## 3. 쟁의행위의 목적

### (1) 의의

노동3권을 규정하고 있는 헌법 제33조제1항은 노사의 협약자치를 위한 법적 기초를 제공해 준 것이므로[23] 쟁의행위의 목적은 근로조건의 향상을 위한 노사 간의 자치적 교섭을 조성하기 위한 것이어야 한다(대법원 1994.9.30. 94다4042).

즉, 쟁의행위에 의해 달성하려는 요구사항은 단체교섭 사항이 될 수 있는 것이어야 하는데, 여기서 단체교섭 사항이 될 수 있는 것이라 함은 의무적 교섭사항에 해당하여야 한다는 것을 의미한다.[24]

---

23) 김형배 · 박지순, 노동법강의, p.621.
24) 사법연수원, 노동조합 및 노동관계조정법, p.253.

그런데 현실적으로 쟁의행위의 목적은 여러 가지가 혼재되어 있는 것이 일반적이다. 쟁의행위에서 추구되는 목적이 여러 가지이고 그 중 일부가 정당하지 못한 경우에는 주된 목적 내지 진정한 목적의 당부에 의하여 그 쟁의목적의 당부를 판단하여야 한다.

부당한 요구사항을 제외하였다면 쟁의행위를 하지 않았을 것이라고 인정되는 경우에는 그 쟁의행위 전체가 정당성을 갖지 못한다고 보아야 한다(대법원 2011.1.27. 2010도11030).

쟁의행위 목적과 관련하여서는 사용자의 처분 가능성(정치파업과 동정파업), 단체협약에 의한 규율 가능성, 권리분쟁 등이 문제가 되는데, 아래에서는 이에 대해 구체적으로 살펴보기로 한다.

## (2) 사용자의 처분 가능성

쟁의행위는 업무의 정상적 운영을 저해 받으면서까지 사용자가 당해 쟁의행위의 필연적 결과를 감수하는 결과가 초래되는 것이다. 따라서 사용자가 직접 법률적 또는 사실적으로 처리할 수 없는 것, 즉 사용자가 처분권한을 갖고 있지 않은 것을 요구하는 쟁의행위는 정당성이 인정되기 어렵다. 이러한 쟁의행위의 정당성과 관련하여 정치파업과 동정파업이 쟁점이 된다.

### 1) 정치파업

정치파업은 국회, 중앙정부나 지방자치단체 등을 상대로 특정한 입법정책이나 정치적 주장을 관철하기 위한 쟁의행위로서 그 정당성에 대해 다음과 같이 견해가 나뉜다.[25)]

즉, ① 부정설은 정치파업이 노동조합이 단체협약 대상을 넘어 사용자가 법률적·사실적으로 처분할 수 없는 사항을 요구하는 것이므로 정당하지 않다는 견해이다.

② 긍정설은 헌법상의 단체행동권을 보장하는 이유가 근로자 참여를 통해 사회 전체에 민주주의를 확대하는데 있으므로 정당하다는 입장이다.

③ 이분설은 정치파업 중에서 근로자의 사회적·경제적 지위와 관련된 '경제

---

25) 하갑래, 집단적 노동관계법, pp.418~419.

적 정치파업'은 정당하나 '순수한 정치파업'은 정당하지 않다는 견해이다.

판례는 노동관계법 철폐 폐지를 목적으로 하는 쟁의행위는 정당성이 없다고 판시하여 기본적으로 부정설의 입장에 서 있는 것으로 보인다(대법원 2000. 11.24. 99두4280). 법령의 제·개정 반대 등을 목적으로 하는 등의 정치파업은 사용자의 처분권한을 넘고 단체협약 대상이 되지 않는 주장을 관철할 목적으로 하는 쟁의행위이므로 정당하지 않다고 판단된다.

---

**헌법재판소 결정** 교육행정정보시스템의 시행 저지 목적의 쟁의행위의 정당성

전교조 조합원들이 다수 조합원들과 함께 집단 연가서를 제출한 후 수업을 하지 않고 무단 결근 내지 무단 조퇴를 한 채 교육인적자원부가 추진하고 있는 교육행정정보시스템 (NEIS) 반대집회에 참석하는 등의 쟁의행위는 NEIS의 시행을 저지하기 위한 목적으로 이루어진 것인바, 청구인들의 행위는 직접적으로는 물론 간접적으로도 근로조건의 결정에 관한 주장을 관철할 목적으로 한 쟁의행위라고 볼 수 없다(헌법재판소 2004.7.15. 2003헌마878).

---

### 2) 동정파업

동정파업은 다른 노동조합이 행하는 쟁의행위를 지원하고 영향을 미칠 목적으로 행하는 쟁의행위로서 연대파업이라고도 한다. 그 정당성에 관해서는 아래와 같이 견해가 나뉜다.

① 부정설은 파업의 목적이 사용자와 단체교섭을 유리하게 체결하려는 것이 아니고 당해 사용자는 다른 기업 문제에 처분권한이 없으므로 그 정당성을 부정하는 견해이다.

② 이분설은 당해 사업장의 노동조합과 근로조건 등에 관한 이해관계를 같이 하거나 조직적 결합관계에 있는 경우에는 정당성이 있고, 단지 근로자로서의 연대의식에 기반해 참여하는 순수한 동정파업은 정당성이 부정된다는 입장이다.

동정파업의 경우 그 상대방이 되는 사용자는 노동조합의 요구에 대해 처분권한이나 의무가 없으므로 그 정당성을 인정하기 어렵다. 이해관계를 함께 하거나 조직적 결합관계에 있으면 집단교섭 또는 산업별 통일교섭을 할 수 있다.[26]

### (3) 권리분쟁에 관한 사항

쟁의행위는 노동쟁의를 전제로 하여 개시되는 것이므로 노동쟁의의 개념이 중요한 의미를 갖는다. 구 노동쟁의조정법 제2조는 노동쟁의에 대해 '근로조건에 관한 노동관계 당사자 간의 주장의 불일치로 인하여 발생한 분쟁상태'라고 규정하고 있었다.

그리고 판례도 이러한 문언에 충실하게 해석하여 근로조건에 관한 분쟁인 이상 그 분쟁이 개별적인 것이든 집단적인 것이든, 그리고 이익분쟁이든 권리분쟁이든 모두 포함된다고 보았다(대법원 1990.5.15. 90도357).

이러한 점을 감안하여 1997년 노동조합법 제정 시 노동쟁의의 개념을 현재와 같이 개정하여 노동쟁의는 이익분쟁에 국한된다는 점을 명확히 하였다.[27]

즉, 현재의 노동조합법 제2조제5호는 노동쟁의를 '임금·복지·해고 기타 대우 등 근로조건의 결정에 관한 주장의 불일치로 인하여 발생한 분쟁상태'로 규정하고 있어서 권리분쟁은 노동쟁의의 개념에서 분리되었고, 이에 따라 권리분쟁에 해당하는 사항을 관철할 목적의 쟁의행위는 정당성이 없다고 해석된다.[28]

### (4) 경영사항에 대한 주장

경영자의 경영 의사결정 자체는 원칙적으로 단체교섭 대상이 될 수 없으므로 경영사항에 관한 주장을 관철하려는 쟁의행위는 목적상 정당성을 인정받기 어렵다.

즉, 구조조정이나 합병 등 기업의 경쟁력을 강화하기 위한 경영주체의 경영상 조치는 원칙적으로 노동쟁의의 대상이 될 수 없고, 그것이 긴박한 경영상의 필요나 합리적인 이유 없이 불순한 의도로 추진되는 등의 특별한 사정이 없는 한 노동조합이 그 실시를 반대하기 위하여 벌이는 쟁의행위에는 목적의 정당성을 인정할 수 없다(대법원 2003.11.13. 2003도687).

그러나 앞서 살펴본 것처럼 쟁의행위는 그 목적이 여러 가지인 경우가 많고, 노동조합이 경영사항과 근로조건의 개선에 관한 사항을 묶어서 쟁의행위의 목적으로 삼았다면 결국 주된 목적이 무엇인지 여부에 따라 쟁의행위의 목

---

26) 하갑래, 집단적 노동관계법, pp.463.
27) 김형배 · 박지순, 노동법강의, p.624.
28) 김형배 · 박지순, 노동법강의, p.624; 하갑래, 집단적 노동관계법, pp.362~363.

적상 정당성을 따져야 할 것이다.

판례를 살펴보면 쟁의행위 과정에서 연구소장의 퇴진을 요구하였더라도 그 진정한 목적이 일부 근로자들에 대한 파면처분의 철회를 구하고 조합원의 근로조건의 개선요구에 있다고 볼 수 있다고 하여 쟁의행위의 목적의 정당성을 인정한 사례(대법원 1992.5.12. 91다34523)가 있기는 하나, 경영사항이 쟁의행위의 목적과 관련된 경우 정당성을 부인하는 경우가 많다.

---

**참 고**  경영사항 관련 쟁의행위의 목적상 정당성을 부정한 판례

---

① 사업부 폐지에 따른 근로조건의 변경에 대해 교섭하지 않고 사업부 폐지 자체를 저지하려는 쟁의행위(대법원 1994.3.25. 93다30242)
② 대표이사의 연임을 방해하기 위한 파업(대법원 1999.3.26. 97도3139)
③ 기구의 통·폐합과 이에 따른 업무 부담의 증가를 저지하려는 쟁의행위(대법원 2002.1.11. 2001도1687)

---

### (5) 경영상 해고에 관한 주장

경영상 해고에 관한 주장을 관철하려는 쟁의행위의 정당성은 노동조합의 요구내용이 어떤 것인지에 따라 그 정당성 여부가 달라진다.

경영상 해고의 기준에 관하여 노동조합이 대안을 제시하고 이를 관철하기 위하여 쟁의행위를 하는 경우 그 목적상 정당성을 부정하기 어렵다.[29] 그러나 이미 실시한 경영상 해고가 무효라고 하여 그 철회를 요구하는 것은 권리분쟁에 해당하므로 그 정당성을 인정할 수 없다.

또한 단체협약에 경영상 해고를 실시할 수 있는 근거가 있는데 그 유효기간 중에 경영상 해고를 실시하지 않도록 요구하는 것은 단체협약에 의해 이미 형성된 근로관계의 변경을 요구하는 것으로서, 이른바 평화의무에 위반하는 것이므로 정당성이 없다고 보아야 한다.

한편, 경영상 해고를 실시하지 말 것을 단체협약에 정하도록 요구하는 것은 이익분쟁의 한 형태이므로 쟁의행위의 정당한 목적이 될 수 있다는 견해[30]가

---

29) 임종률, 노동법, p.250.
30) 사법연수원, 노동조합 및 노동관계조정법, p.256.

있으나, 판례는 경영상 해고를 반대하는 쟁의행위에 대해 목적상 정당성을 인정하지 않고 있다.

---

**핵심 판례** **정리해고 저지를 위한 쟁의행위의 목적상 정당성**

긴박한 경영상의 필요에 의하여 하는 이른바 정리해고의 실시는 사용자의 경영상의 조치라고 할 것이므로, 정리해고에 관한 노동조합의 요구내용이 사용자는 정리해고를 하여서는 아니된다는 취지라면 이는 사용자의 경영권을 근본적으로 제약하는 것이 되어 원칙적으로 단체교섭의 대상이 될 수 없고, 단체교섭사항이 될 수 없는 사항을 달성하려는 쟁의행위는 그 목적의 정당성을 인정할 수 없다(대법원 2001.4.24. 99도4893).

---

### (6) 쟁의행위 당시 유효한 단체협약의 규율을 받고 있는 사항

단체협약에서 이미 정한 근로조건이나 기타 사항의 변경·개폐를 요구하는 쟁의행위를 단체협약의 유효기간 중에 하여서는 아니 된다는 평화의무를 위반해 이루어진 쟁의행위는 노사관계를 평화적·자주적으로 규율하기 위한 단체협약의 본질적 기능을 해치는 것일 뿐 아니라 노사관계에서 요구되는 신의성실의 원칙에도 반하는 것이므로 정당성이 없다(대법원 1994.9.30. 94다4042).

이와 관련하여 산업별 노조와 사용자대표들 간에 단체협약이 체결된 이후 단체협약의 내용에 반대하며 특정 사업장 지부의 조합원들이 조정절차를 거치지 아니하고 쟁의행위 찬반투표도 행하지 않은 상태에서 쟁의행위를 한 것은 평화의무에 위반되어 정당성이 없으며, 업무방해죄에 해당한다고 판단한 사례가 있다(대법원 2007.5.11. 2005도8005).

## 4. 쟁의행위의 시기와 절차

### (1) 의의

쟁의행위는 단체교섭을 충분히 진행한 후 더 이상 주장의 불일치를 좁히지 못하는 경우 행하는 최후의 투쟁방법이다.

따라서 단체교섭을 충분히 거치지 않은 단계에서 행하는 쟁의행위는 최후 수단성이 결여되어 정당성이 없다는 견해도 있으나,[31] 단체교섭의 어느 단계에서 쟁의행위를 시작할 것인가는 노동조합이 결정할 수 있다고 보아야 한다.[32]

노동조합법은 조정전치주의(제45조제2항), 조합원의 찬반투표에 의한 결정(제41조제1항) 등 쟁의행위의 시기·절차와 관련한 규정을 두고 있다.

## (2) 조정의 전치

### 1) 의의

쟁의행위는 노동조합법에 따른 조정(調整)절차를 거친 후에 행해져야 한다(노동조합법 제45조제2항). 이는 쟁의행위에 앞서 반드시 일정기간 제3자의 조정을 통해 평화적인 방법으로 분쟁을 해결하도록 촉구하는 정책적 고려에서 만들어진 규정이다.

### 2) 조정전치주의 위반의 효과

노동쟁의가 발생한 경우 노동관계 당사자는 조정절차를 이행하는 것이 당연하다. 그러나 조정전치주의는 쟁의행위의 제한을 목적으로 하는 제도가 아니므로 노동조합법 제45조제2항에 반하여 조정절차를 거치지 아니하고 쟁의행위를 하였다 하더라도 당연히 정당성을 상실하는 것은 아니다.

따라서 조정절차를 거치지 않은 쟁의행위라고 하더라도 무조건 정당성이 결여된 것으로 볼 것이 아니라, 그 위반행위로 말미암아 사회·경제적 안정이나 사용자의 사업운영에 예기치 않는 혼란이나 손해를 끼치는 등 부당한 결과를 초래할 우려가 있는지 등에 따라 정당성 유무를 판단해야 한다(대법원 2000.10.13. 99도4812).

### 3) 노동위원회의 조정결정과 쟁의행위 정당성의 관계

노동조합이 노동위원회에 노동쟁의 조정신청을 하여 조정절차가 마쳐지거나 조정이 종료되지 아니한 채 조정기간이 끝나면 노동조합은 쟁의행위를 할 수 있는 것으로 노동위원회가 반드시 조정결정을 한 뒤에 쟁의행위를 하여야 그 절차가 정당한 것은 아니다(대법원 2001.6.26. 2000도2871).

---

31) 김형배, 노동법, p.1162~1163.
32) 임종률, 노동법, p.252.

여기서 조정절차를 거친다는 것은 노동위원회에 조정을 신청한 후 조정이 종료되기까지의 과정을 거친다는 것을 의미한다. 따라서 조정기간이 종료되지 아니하여도 조정이 종료되면 조정절차를 거친 것이다.

즉, 당사자가 노동위원회의 조정안을 거부하여 노동위원회가 조정 종료 결정을 한 경우(노동조합법 제60조제2항), 노동위원회가 부득이한 사정으로 조정안을 제시하지 않기로 한 경우(노동위원회규칙 제155조제6항)[33]에는 조정기간이 종료되지 않았다고 하더라도 조정이 종료된 것이므로 조정절차를 거친 것으로 본다.

한편, 조정기간 내에 조정이 종료되지 않은 경우에는 쟁의행위를 할 수 있다(제45조제2항 단서). 이는 노동조합이 조정신청을 하였으나, 노동위원회의 과오 또는 다른 사정으로 조정이 종료되지 아니한 채[34] 조정기간이 만료된 경우 조정절차를 거친 것으로 보아 노동조합이 쟁의행위를 합법적으로 할 수 있다는 점을 명시한 것이고, 노동위원회의 조정절차가 쟁의행위에 걸림돌이 되어서는 안 된다는 취지도 담겨있다.

### 4) 행정지도와 쟁의행위

조정전치주의와 관련하여 문제가 되는 것은 노동위원회가 조정신청의 내용이 조정의 대상, 즉 노동조합법 제2조제5호의 노동쟁의[35]에 해당하지 않는다고 보아 조정을 하지 않고 행정지도를 한 경우이다.

행정지도는 원래 조정의 대상이 아닌 사안에 대해 조정신청을 한 것에 대하여 신청을 반려하는 취지의 조치를 한 것이므로 조정절차를 거친 것으로 보기 어렵다.[36]

그러나 조정의 대상, 즉 노동쟁의에 해당하는지 여부는 궁극적으로 법률적

---

33) 노동위원회는 부득이한 사유로 조정을 계속할 수 없다고 인정되는 경우 조정안을 제시하지 아니하고 그 사유를 당사자에게 서면으로 통지하여야 한다.

34) 노동위원회가 조정기간 종료일 이후에 제2차 또는 제3차 조정회의를 개최하고자 한 경우, 노동조합은 조정회의 참석 여부와 관계없이 조정기간 만료일 이후에는 쟁의행위를 할 수 있는 것이다.

35) "노동쟁의"라 함은 노동조합과 사용자 또는 사용자단체간에 임금·근로시간·복지·해고 기타 대우 등 근로조건의 결정에 관한 주장의 불일치로 인하여 발생한 분쟁상태를 말한다. 이 경우 주장의 불일치라 함은 당사자 간에 합의를 위한 노력을 계속하여도 더 이상 자주적 교섭에 의한 합의의 여지가 없는 경우를 말한다(노동조합법 제2조제5호).

36) '행정지도'에 대해서는 <제7장의 공적조정절차로서 조정(調停)> 부분을 참조.

판단이 필요하고 노동위원회가 판단을 잘못한 경우에는 노동조합이 단체행동 권을 행사하지 못하는 결과가 초래된다. 특히 교섭미진을 이유로 행정지도를 한 경우 자칫 사용자의 부당한 단체교섭 거부를 조장하는 원인으로 작용할 수 도 있다.

법원은 노동조합이 노동위원회에 노동쟁의 조정신청을 하여 조정절차가 마쳐지거나 조정이 종료되지 아니한 채 조정기간이 끝나면 조정절차를 거친 것으로 보아야 한다고 판시하면서(대법원 2008.9.11. 2004도746), 노동위원회의 행정지도 이후 행해진 쟁의행위에 대해 노동조합법상 조정절차 위반으로 처벌할 수 없다고 보았다.

### (3) 쟁의행위 찬반투표

#### 1) 의의

노동조합의 쟁의행위는 그 조합원의 직접·비밀·무기명투표에 의한 조합원 과반수의 찬성으로 결정하지 아니하면 이를 행할 수 없고, 이 경우 조합원 수 산정은 종사 근로자인 조합원을 기준으로 한다(노동조합법 제41조제1항).

투표의 시기와 관련하여 투표는 쟁의행위 시작 전에 하여야 할 것이고, 사용자의 승낙이나 단체협약상의 허용 규정이 없으면 원칙적으로 근무시간 외에 실시하여야 한다.

쟁의행위 찬반투표와 관련해서는 투표 참여 조합원의 범위와 조합원수 산정, 파업 찬반투표를 거치지 않은 쟁의행위의 정당성이 쟁점이 된다.

#### 2) 쟁의행위 찬반투표에 참여해야 하는 조합원의 범위

노동조합이 적법한 쟁의행위를 위해서는 재적 조합원 과반수의 찬성을 얻어야 한다. 그러므로 산업별·지역별 노동조합 등 초기업단위 노동조합의 기업별 지부·분회 등 개별 기업에 조직된 내부 조직이 쟁의행위를 하는 경우 쟁의행위 찬반투표의 단위가 문제가 된다.

이 경우 판례는 쟁의행위를 예정하고 있는 당해 지부나 분회 소속 조합원의 과반수의 찬성이 있으면 쟁의행위는 절차적으로 적법하다고 보아야 할 것이고, 쟁의행위와 무관한 지부나 분회의 조합원을 포함한 전체 조합원의 과반수 이상의 찬성을 요하는 것은 아니라고 보고 있다(대법원 2004.9.24. 2004도4641).

한편, ILO 핵심협약 비준을 위해 2021년 개정된 노동조합법은 노동조합의 조직형태에 관계없이 실업자의 노동조합 가입을 허용하고, 종사근로자의 개념을 도입하여(제5조), 실업자의 경우에도 규약이 허용하는 한 기업별 노동조합에 가입할 수 있게 되었다.

이와 같이 비종사근로자가 기업별 노조에 가입할 수 있게 됨에 따라 다른 노조나 사용자에게 영향을 미치는 법적 의사결정에 대해서는 조합원들의 진정한 의사에 왜곡이 없도록 예방할 필요성이 있고, 찬반투표는 쟁의행위 기간 중 임금상실 등 책임을 함께 부담하는 의사결정이므로 종사근로자인 조합원들을 기준으로 가부를 결정하는 것이 타당하다.[37]

이러한 점을 감안하여 개정 노동조합법은 쟁의행위를 결정하기 위한 찬반투표를 할 경우 그 조합원수 산정은 종사근로자인 조합원수로 산정하도록 명확히 규정하였다(제41조제1항).

### 3) 찬반투표를 거치지 않은 쟁의행위의 정당성

종래 대법원은 "조합원의 민주적 의사결정이 실질적으로 확보된 경우에는 조합원의 직접·비밀·무기명투표절차를 거치지 아니하였다는 사정만으로 쟁의행위가 정당성을 상실한다고 볼 수 없다."라고 하여 쟁의행위 찬반투표를 거치지 않아도 곧바로 쟁의행위가 정당성을 상실하지 않는다는 입장을 취하고 있었다(대법원 2000.5.26. 99도4836).

그러나 대법원은 2001년 전원합의체 판결에서 쟁의행위 찬반투표를 할 수 없는 객관적 사정이 인정되지 않는 한 쟁의행위 찬반투표를 거치지 아니한 쟁의행위는 정당성을 상실하는 것으로 그 입장을 변경하였다(대법원 2001.10.25. 99도4837).

---

37) 고용노동부, 개정 노동조합 및 노동관계조정법 설명자료, 2021.3., pp.32~33.

**핵심 판례** 쟁의행위 찬반투표와 쟁의행위의 정당성

쟁의행위를 함에 있어 조합원의 직접·비밀·무기명투표에 의한 찬성결정이라는 절차를 거쳐야 한다는 노동조합법 제41조제1항의 규정은 노동조합의 자주적이고 민주적인 운영을 도모함과 아울러 쟁의행위에 참가한 근로자들이 사후에 그 쟁의행위의 정당성 유무와 관련하여 어떠한 불이익을 당하지 않도록 그 개시에 관한 조합의사의 결정에 보다 신중을 기하기 위하여 마련된 규정이므로 위의 절차를 위반한 쟁의행위는 그 절차를 따를 수 없는 객관적인 사정이 인정되지 아니하는 한 정당성이 상실된다(대법원 2001.10.25. 99도 4837 전원합의체).

### 4) 쟁의행위 개시 후 별도 찬반투표 의무

근로자들이 정당한 쟁의행위를 개시한 후 이와 밀접하게 관련된 새로운 쟁의사항이 부가된 경우, 새로이 부가된 사항에 대하여 쟁의행위를 위한 별도의 조정절차 및 찬반투표절차를 거쳐야 할 의무가 있는지 여부가 문제가 된다.

이 경우 새로이 부가된 사항이 기존의 쟁의사항과 밀접하게 관련된 사항이라면 근로자들이 새로이 부가된 사항에 대하여 쟁의행위를 위한 별도의 조정절차 및 찬반투표절차를 거쳐야 할 의무가 있다고 할 수 없다(대법원 2012.1.27. 2009도8917).

## 5. 쟁의행위의 수단과 방법

### (1) 의의

쟁의행위가 그 방법에 있어서 정당성을 갖기 위해서는 소극적으로 근로의 제공을 전면적 또는 부분적으로 정지하여 사용자에게 타격을 주는 것이어야 하며 노사관계의 신의성실의 원칙에 비추어 공정성의 원칙에 따라야 하고, 사용자의 기업시설에 대한 소유권 기타의 재산권과 조화를 이루어야 함은 물론 폭력이나 파괴행위를 수반하여서는 아니 된다(대법원 1994.9.30. 94다4042).

아래에서는 쟁의행위 방법에 대한 정당성 판단에 있어 태업, 준법투쟁, 직장점거, 불매운동 및 피케팅 등 쟁의행위 유형을 중심으로 주요 쟁점을 살펴본다.[38)]

---

38) 고용노동부, 집단적 노사관계 업무 매뉴얼, pp.341~312; 하갑래, 집단적 노동관계법, pp.463~476 등을 참조하여 작성.

## (2) 태업

### 1) 태업의 의의

태업(soldiering)은 업무에 종사하는 근로자들이 단결해서 고의적으로 작업능률을 저하시키거나 근로를 불완전하게 제공하는 것을 의미한다. 태업은 노무제공을 부분적으로 불이행하거나 불완전하게 이행한다는 점에서 노무제공을 전면적으로 불이행하는 파업과 구분되며, 소극적 태업과 적극적 태업으로 구분할 수 있다.

소극적 태업은 업무에 대해 소극적 부작위에 머무는 것으로 단순히 작업속도를 늦추는 감속근무와 평소 계속 수행하던 업무 중에 특정 업무만 거부하는 직무거부로 나눌 수 있다.

한편, 적극적 태업은 적극적으로 원료, 기계나 제품을 손괴하거나 고의적으로 불량품을 생산하는 행위로써 사용자의 재산권을 침해하는 폭력·파괴행위이므로 정당성을 인정받을 수 없다.

### 2) 태업의 정당성 판단기준

노동조합이 감속근무나 직무거부 등 소극적 태업을 하는 경우에도 주체, 목적이 정당해야 하고, 조정절차, 찬반투표 등 절차를 거쳐야 한다.

태업은 소극적으로 노무를 거부하는 선에 머물러야 정당성을 인정받을 수 있다. 그러나 적극적·의도적으로 기업의 경영을 방해하거나 원료·기계·제품 등의 손괴, 은닉, 임의처분 등으로 사용자에게 경제적 손실을 주는 경우에는 정당성이 부정된다.

근로자가 태업을 하는 경우 파업과는 달리 사업장에 체류하면서 사용자의 명령에 부분적으로 거부하게 되므로 원칙적으로 사용자의 노무지휘권에 따라야 한다. 노동조합은 사용자의 점유를 배제하여 조업을 방해하는 형태로 쟁의행위를 해서는 안 되므로 태업의 대상이 아닌 업무를 거부할 경우 징계책임을 질 수 있다.

### 3) 태업시 임금삭감과 직장폐쇄

근로자가 태업을 할 경우 무노동무임금 원칙이 적용되므로 사용자는 임금을 삭감할 수 있다. 근로자들이 불완전한 근로를 제공하였을 경우 불완전한 근로 제공에 상당한 부분만큼 임금을 감액할 수 있으므로 '노무를 제공하지 않은 비율'에 맞춰 임금을 삭감할 수 있다.

한편, 근로자가 태업을 할 경우 사용자는 직장폐쇄를 통해 노무수령을 거부하고 임금 지급 의무를 면할 수 있다. 그러나 직장폐쇄는 수동적·방어적 수단으로 사용되어야 하므로 태업에 대한 직장폐쇄의 정당성은 노사간의 교섭태도와 경과, 태업의 양태와 기간, 태업으로 인한 사용자 측 피해의 정도 등 구체적 상황에 따라 형평의 차원에서 판단해야 한다.

## (3) 준법투쟁

### 1) 의의

준법투쟁(work to rule)은 노동조합이 주장 관철을 위해 법령, 단체협약, 취업규칙 등을 엄격히 준수하거나, 법률에 정한 근로자의 권리를 동시에 집단적으로 행사함으로써 업무의 정상적인 운영을 저해하는 집단행동을 의미한다. 작업능률을 저하한다는 면에서 태업과 유사한 성격을 갖는다.

이러한 준법투쟁은 외형적으로는 법규 등 규범의 준수 및 근로자의 정당한 권리 행사라는 성격이 있는 반면, 사용자 업무의 정상적인 운영을 저해한다는 측면이 있으므로 이와 같은 행위를 쟁의행위로 볼 수 있는지 여부가 쟁점이 된다.

### 2) 준법투쟁의 쟁의행위 해당 여부

준법투쟁이 쟁의행위에 해당하는지는 업무의 정상적 운영을 저해하는지에 따라 판단되는데, 여기서 정상적 운영의 의미에 대하여 사실정상설과 법규정상설로 견해가 나뉜다.[39]

① 사실정상설은 준법투쟁 대상행위가 적법인지 위법인지 따지지 않고 통상

---

39) 김형배 · 박지순, 노동법강의, p.613.

적·관행적으로 해 온 업무를 집단적으로 거부하면 쟁의행위로 본다.

② 법규정상설은 관행적으로 해오던 위법행위를 거부하는 준법투쟁은 잘못을 바로잡는 의미를 가지므로 쟁의행위가 성립하지 않는다는 견해이다.

노동조합법 제2조제6호는 쟁의행위를 '파업·태업·직장폐쇄 기타 노동관계 당사자가 그 주장을 관철할 목적으로 행하는 행위와 이에 대항하는 행위로서 업무의 정상적인 운영을 저해하는 행위'로 규정하고 있다. 그러므로 사실정상설에 따라 준법투쟁이 노동조합의 주장을 관철할 목적으로 '업무의 정상적인 운영'을 저해하면서 행하여졌다면 쟁의행위로 보는 것이 타당하다.

준법투쟁이 쟁의행위에 해당하는 이상 그 정당성은 일반적인 쟁의행위의 정당성 판단기준에 따라 판단하여야 한다.[40]

### 3) 준법투쟁의 유형

판례에 나타난 준법투쟁의 유형에는 ① 집단 월차휴가 실시, ② 집단적 연차휴가 사용, ③ 통상적으로 해 오던 연장근로의 집단적 거부, ④ 택시회사에서 관행화되어 있던 과속, 부당요금징수, 합승행위 등 불법적 운행을 중지하는 준법운행, ⑤ 단체협약에 규정된 출·퇴근시간을 필요 이상으로 엄격히 준수하는 행위 등이 있다.[41]

### (4) 직장점거

#### 1) 의의

직장점거는 노동조합이 그 주장의 관철을 위한 압력수단으로 사업장 시설을 점거하는 보조적인 쟁의행위이다.

노동조합법에서는 사용자의 조업의 자유와 시설관리권을 보호하기 위해 사용자의 점유를 배제하여 조업을 방해하는 형태의 쟁의행위 금지(제37조제3항), 생산 기타 주요업무에 관련되는 시설과 이에 준하는 시설(대통령령에 규정)의 점거 금지(제42조제1항)에 대해 규정하고 있다.

---

40) 고용노동부, 집단적 노사관계 업무 매뉴얼, p.345.
41) ① 대법원 1994.6.14. 93다29167, ② 대법원 1996.7.30. 96누587, ③ 대법원 1996.2.27. 95도2970,
   ④ 대법원 1991.12.10. 91누636, ⑤ 대법원 1996.5.10. 96도419.

## 2) 직장점거의 정당성 판단기준

대법원은 직장점거가 일부 시설로 한정되고 사용자의 출입·관리를 배제·방해하지 않는 부분적·병존적 점거는 정당하지만, 사업장 시설의 전체를 점거하여 출입을 저지하거나, 사용자의 관리지배를 배제하여 업무 중단 또는 혼란을 야기하는 전면적·배타적 점거는 정당하지 않다는 일관된 태도를 보이고 있다(대법원 1991.6.11. 91도383; 대법원 2007.12.28. 2007도5204; 대법원 2021.9.16. 2015도12632 등).

2021.7.6.부터 시행된 개정 노동조합법에서 "노동조합은 사용자의 점유를 배제하여 조업을 방해하는 형태로 쟁의행위를 해서는 아니 된다."라는 규정을 신설하였는데(제37조제3항), 이는 위와 같은 대법원 판례의 입장을 법에 명시한 것이다.[42]

## 3) 점거가 금지되는 생산 기타 주요업무에 관련되는 시설

노동조합법 제42조제1항에서는 '생산 기타 주요업무에 관련되는 시설'과 '이에 준하는 시설로서 대통령령에 정하는 시설'을 점거하는 형태의 쟁의행위를 금지하고 있으므로 이러한 시설의 경우 일체의 점거가 금지되어 부분적·병존적 점거도 정당성을 인정받기 어렵다.

일체의 점거가 금지되는 '생산 기타 주요업무에 관련되는 시설'은 개별 사업장의 업무종류, 쟁의행위 당시의 생산 또는 업무형태에 따라 판단하여야 하나, 일반적으로는 노동조합에 의해 점거될 경우 사용자 또는 다른 근로자의 조업의 중단 또는 방해를 가져올 수 있는 시설을 의미한다.[43]

제조업은 생산시설, 창고업은 해당 창고, 병원은 진료실·수술실·입원실 등 의료업무가 이루어지는 시설, 서비스업은 사무실, 호텔은 서비스 및 숙박시설, 백화점은 종합소매업시설, 자동차판매업은 자동차 판매·정비시설이 이에 해당한다.[44]

---

42) 고용노동부, 개정 노동조합 및 노동관계조정법 설명자료, 2021.3, p.46.
43) 고용노동부, 집단적 노사관계 업무 매뉴얼, p.332.
44) 하갑래, 집단적 노동관계법, p.469.

그리고 '이에 준하는 시설로서 대통령령에 정하는 시설'은 아래와 같다.

---

**노동조합법 시행령** 점거가 금지되는 시설

제21조(점거가 금지되는 시설) 법 제42조제1항에서 "대통령령이 정하는 시설"이란 다음 각 호의 시설을 말한다.
1. 전기·전산 또는 통신시설
2. 철도(도시철도를 포함한다)의 차량 또는 선로
3. 건조·수리 또는 정박중인 선박. 다만, 「선원법」에 의한 선원이 당해 선박에 승선하는 경우를 제외한다.
4. 항공기·항행안전시설 또는 항공기의 이·착륙이나 여객·화물의 운송을 위한 시설
5. 화약·폭약 등 폭발위험이 있는 물질 또는 「화학물질관리법」 제2조제2호에 따른 유독물질을 보관·저장하는 장소
6. 기타 점거될 경우 생산 기타 주요업무의 정지 또는 폐지를 가져오거나 공익상 중대한 위해를 초래할 우려가 있는 시설로서 고용노동부장관이 관계중앙행정기관의 장과 협의하여 정하는 시설

---

결국 '생산 기타 주요업무에 관련되는 시설'과 '이에 준하는 시설로서 대통령령에 정하는 시설'의 경우 일체의 점거가 금지되나, 이에 해당하지 않은 다른 시설은 부분적·병존적 점거만 가능하고, 전면적·배타적 점거는 금지된다고 정리할 수 있다.

한편, 사용자인 수급인(하청기업)에 대한 정당성을 갖춘 사업장 일부 점거행위가 도급인(원청기업)의 사업장에서 이루어진 경우, 그것이 항상 위법하다고 볼 것은 아니고, 법질서 전체의 정신이나 그 배후에 놓여있는 사회윤리 내지 사회통념에 비추어 용인될 수 있는 행위에 해당하는 경우에는 형법 제20조의 '사회상규에 위배되지 아니하는 행위'로서 위법성이 조각되어 정당한 쟁의행위에 해당한다(대법원 2020.9.3. 2015도1927).

### (5) 피케팅

노동조합법에서는 피케팅(picketing)을 하는 경우 상대방의 신체행동 내지 의

사결정의 자유를 보호하는 규정을 두고 있다.[45]

즉, 쟁의행위는 그 쟁의행위와 관계없는 자 또는 근로를 제공하고자 하는 자의 출입·조업 기타 정상적인 업무를 방해하는 방법으로 행하여져서는 아니 되며 쟁의행위의 참가를 호소하거나 설득하는 행위로서 폭행·협박을 사용하여서는 아니 된다(노동조합법 제38조제1항).

파업의 보조적 쟁의수단인 피케팅은 파업에 가담하지 않고 조업을 계속하려는 자에 대하여 평화적 설득, 구두와 문서에 의한 언어적 설득의 범위 내에서 정당성이 인정되는 것이고, 폭행, 협박 또는 위력에 의한 실력저지나 물리적 강제는 정당화 될 수 없다(대법원 1990.10.12. 90도1431).

위 조항을 위반한 자는 3년 이하의 징역 또는 3천만원 이하의 벌금에 처해진다(노동조합법 제89조제1호).

## (6) 불매운동

특정 기업의 제품을 팔거나 사지말자고 호소하는 불매운동(boycott)은 단체교섭의 상대방인 사용자의 제품을 대상으로 하는 1차 불매운동과 1차 불매운동에 협조하지 않는 거래처를 대상으로 하는 2차 불매운동으로 구분된다.

1차 불매운동은 피케팅이나 직장점거처럼 파업·태업을 유지·강화하기 위한 보조수단으로 사용되고, 허위선전을 하거나 상품거래의 자유를 침해하지 않는 이상 정당성을 갖는다.

그러나 2차 불매운동은 사용자가 아니라 제3자에 대하여 상품거래의 자유를 제약한다는 점에서 원칙적으로 정당성이 인정되지 않는다.[46]

---

45) 임종률, 노동법, p.231.
46) 임종률, 노동법, p.257.

제 4 절 **위법한 쟁의행위에 대한 책임**

쟁의행위가 정당성이 없으면 민사·형사책임 및 징계책임을 지게 되는데, 아래에서는 이에 대해 상세히 살펴보기로 한다.

## 1. 민사상 손해배상 책임

### (1) 의의

노동조합법 제3조에서 "사용자는 이 법에 의한 쟁의행위로 인하여 손해를 입은 경우에 노동조합 또는 근로자에 대하여 그 배상을 청구할 수 없다."라고 규정하여 쟁의행위가 정당한 경우 사용자의 손해배상 청구를 제한하고 있다.

여기서 민사상 배상책임이 면제되는 손해는 정당한 쟁의행위로 인한 손해에 국한되고, 정당성이 없는 쟁의행위는 불법행위를 구성하여 이로 말미암아 손해를 입은 사용자는 노동조합이나 근로자에 대하여 그 손해배상을 청구할 수 있다(대법원 1994.3.25. 93다32828, 32835).

### (2) 책임의 귀속 주체

#### 1) 노동조합

노동조합이 총회나 대의원회의 의결을 거쳐 실시한 쟁의행위가 정당성이 없으면 노동조합 자신의 불법행위로서 노동조합이 그 손해배상 책임을 진다.

그러나 비공인 파업(wildcat strike)과 같이 조합원 중의 일부가 노동조합의 승인을 받지 않거나 지시에 반하는 등 노동조합의 의사결정 없이 위법한 쟁의행위를 한 경우에는 원칙적으로 그 쟁의행위에 참가한 조합원들만이 손해배상 책임을 지게 된다.[47]

노조 간부들이 불법 쟁의행위를 기획·지시·지도하는 등으로 주도한 경우

---

47) 노동법실무연구회, 노동조합 및 노동관계조정법 주해 Ⅱ, 박영사, 2015, p.551.

간부들의 행위는 노조의 집행기관으로서의 행위라 할 것이므로 민법 제35조제1항(법인은 이사 기타 대표자가 그 직무에 관하여 타인에게 가한 손해를 배상할 책임이 있다.)의 유추 적용에 의하여 노동조합은 그 불법 쟁의행위로 인하여 사용자가 입은 손해를 배상할 책임이 있다(대법원 1994.3.25. 93다32828, 32835).

### 2) 노동조합의 임원

노동조합의 대표자 등 임원들이 위법한 쟁의행위를 주도한 경우 노동조합의 손해배상 책임 외에 임원들 개인도 불법행위로 인한 손해배상 책임을 지는 지 여부가 문제된다. 이에 대하여는 개인책임 전면부정설, 개인책임 전면긍정설, 개인책임 부분긍정설 등의 학설 대립이 있다.[48]

이와 관련하여 법원은 노동조합 간부들의 행위는 일면에 있어서는 노동조합의 행위라고 할 수 있는 외에 개인의 행위라는 측면도 아울러 지니고 있고, 일반적으로 쟁의행위가 개개 근로자의 노무정지를 조직하고 집단화하여 이루어지는 집단적 투쟁행위라는 그 본질적 특징을 고려하여 볼 때 노동조합의 책임 외에 불법 쟁의행위를 기획·지시·지도하는 등으로 주도한 조합의 간부들 개인에 대하여도 책임을 지우는 것이 상당하다(대법원 1994.3.25. 93다32828, 32835)라고 하여 개인책임 전면긍정설의 입장에 서 있다.

### 3) 조합원인 근로자

노동조합의 간부가 아닌 일반 조합원이 불법 쟁의행위에 참가한 경우 노동조합의 지시에 따라 단순히 노무를 정지한 것만으로는 불법행위 책임을 진다고 할 수 없다.

그러나 근로자의 근로내용 및 공정의 특수성이 있어서 노무정지 시 준수하여야 할 사항이 정하여진 경우 이를 준수하지 않고 노무를 정지하여 손해가 발생한 경우라면 그와 상당 인과관계가 있는 손해에 대하여 배상할 책임이 있다.

---

48) 사법연수원, 노동조합 및 노동관계조정법, p.277.

**핵심 판례** 조합원인 근로자의 불법 쟁의행위로 인한 손해배상 책임

일반조합원의 경우, 쟁의행위는 언제나 단체원의 구체적인 집단적 행동을 통하여서만 현실화되는 집단적 성격과 근로자의 단결권은 헌법상 권리로서 최대한 보장되어야 하는데, 일반조합원에게 쟁의행위의 정당성 여부를 일일이 판단할 것을 요구하는 것은 근로자의 단결권을 해칠 수도 있는 점, 쟁의행위의 정당성에 관하여 의심이 있다 하여도 일반조합원이 노동조합 및 노동조합 간부들의 지시에 불응하여 근로제공을 계속하기를 기대하기는 어려운 점 등에 비추어 보면, 일반조합원이 불법쟁의행위 시 노동조합 등의 지시에 따라 단순히 노무를 정지한 것만으로는 노동조합 또는 조합 간부들과 함께 공동불법행위책임을 진다고 할 수 없을 것이다.

다만, 근로자의 근로내용 및 공정의 특수성과 관련하여 그 노무를 정지할 때에 발생할 수 있는 위험 또는 손해 등을 예방하기 위하여 그가 노무를 정지할 때에 준수하여야 할 사항 등이 정하여져 있고, 당해 근로자가 이를 준수함이 없이 노무를 정지함으로써 그로 인하여 손해가 발생하였거나 확대되었다면, 그 근로자가 일반조합원이라고 할지라도 그와 상당인과관계에 있는 손해에 대하여는 이를 배상할 책임이 있다고 할 것이다(대법원 2006.9.22. 2005다30610).

### (3) 책임의 범위

위법한 쟁의행위로 인하여 노동조합이나 그 임원 등이 손해배상 책임을 지는 배상액의 범위는 위법한 쟁의행위와 상당 인과관계가 있는 모든 손해이다(대법원 2006.9.22. 2005다30610). 여기서 상당 인과관계가 있는 손해는 쟁의행위의 구체적 태양에 따라 개별적으로 파악되어야 한다.

#### 1) 소극적 손해

정당성이 없는 쟁의행위로 인해 사용자가 입은 일실이익(逸失利益)의 소극적 손해는 조업 중단으로 인하여 제품을 생산하지 못함으로써 생산할 수 있었던 제품의 판매로 얻을 수 있는 매출이익을 얻지 못한 손해를 말한다.

조업정지와 상당인과관계에 있는 일실이익의 산정방법은 그 업체의 업종에 따라 다르다.

의료업에 있어서 불법 쟁의행위로 인한 일실이익의 산정방법은 불법 쟁의행위가 없었던 전년도의 같은 기간에 대응하는 진료수입과 대비한 감소분이나 불법 쟁의행위가 없었던 전월의 같은 기간에 대응하는 진료수입과 대비한 감소분을 산출한 다음 그 수입을 얻기 위하여 소요되는 제 비용을 공제하는 방법으로도 산정할 수 있다(대법원 1994.3.25. 93다32828, 32835).

---

**핵심 판례**  제조업의 조업정지 관련 일실이익 산정방법

제조업체가 불법휴무로 인하여 조업을 하지 못함으로써 입는 손해로는, 조업 중단으로 제품을 생산하지 못함으로써 생산할 수 있었던 제품의 판매로 얻을 수 있는 매출이익을 얻지 못한 손해와 조업중단의 여부와 관계없이 고정적으로 지출되는 비용(차임, 제세공과금, 감가상각비, 보험료 등)을 무용하게 지출함으로써 입은 손해를 들 수 있다.

이러한 손해의 배상을 구하는 측에서는 불법휴무로 인하여 일정량의 제품을 생산하지 못하였다는 점뿐만 아니라, 생산되었을 제품이 판매될 수 있다는 점까지 증명하여야 할 것이지만, 판매가격이 생산원가에 미달하는 소위 적자제품이라거나 조업 중단 당시 불황 등과 같은 특별한 사정이 있어서 장기간에 걸쳐 당해 제품이 판매될 가능성이 없다거나, 당해 제품에 결함이 있어서 판매가 제대로 이루어지지 않는다는 등의 특별한 사정에 대한 간접반증이 없는 한, 당해 제품이 생산되었다면 그 후 판매되어 당해 업체가 이로 인한 매출이익을 얻고 또 그 생산에 지출된 고정비용을 매출원가의 일부로 회수할 수 있다고 추정함이 타당하다(대법원 2018.11.29. 2016다12748).

### 2) 적극적 손해

원료의 구입비 등 유동적 비용은 조업이 중단되면 그 비용의 지출로 인한 손해가 발생할 여지가 없으나, 영업을 위해 고정적으로 지출해야 하는 비용은 쟁의행위에도 불구하고 사용자가 그 지출을 계속할 수밖에 없으므로 손해배상책임의 범위에 포함된다. 이러한 고정적 비용은 생산설비의 감가상각비, 건물·대지·설비의 임차료 또는 리스료, 세금 및 공과금, 퇴직금적립금, 복리후생비, 보험료 등을 들 수 있다.

또한 쟁의행위에 수반하여 발생한 재물손괴 등으로 인한 손해, 객관적으로 위법한 쟁의행위를 대비하기 위해 적절하고 합리적인 범위 안에서 지출된 비용과 조업을 재개하기 위해 지출된 비용 등 쟁의행위 전후에 지출한 비용도

손해배상 책임의 범위에 포함된다.

### 3) 과실상계

위법한 쟁의행위로 인한 손해배상의 범위를 정함에 있어서도 위법한 쟁의행위에 이르게 된 경위, 사용자 측의 과실 및 노동조합의 귀책사유의 정도 등을 감안하여 사용자에게 위법한 쟁의행위로 인한 손해의 발생 또는 확대에 기여한 과실이 있다면 그 비율에 해당하는 만큼 과실상계가 이루어져야 한다(대법원 2011.3.24. 2009다29366).

## 2. 형사책임

### (1) 의의

쟁의행위는 그 방법·태양에 따라 형법상 폭행죄(제260조), 협박죄(제283조), 업무방해죄(제314조), 주거침입죄(제319조), 강요죄(제324조), 손괴죄(제366조)의 구성요건에 해당할 여지가 있다. 따라서 위법한 쟁의행위가 이들 형법상의 범죄를 성립시키는 경우 형사책임이 문제가 된다.

형사책임은 징역 등 형벌을 가하는 것이므로 위법한 쟁의행위에 대한 형사책임은 노동조합에게 물을 수 없고, 노동조합 간부 또는 일반 조합원 등 개인에 대해서만 물을 수 있다.[49]

쟁의행위에 수반되는 폭력·파괴행위 등의 행동을 한 자는 범죄의 정범으로서 책임을 지며, 노동조합 간부가 이러한 행동을 기획·지시·지도한 경우에는 공동정범 또는 교사·방조범으로서 책임을 진다.

그동안 위법한 쟁의행위에 대한 형사책임과 관련하여서는 업무방해죄 성립 여부가 주요 쟁점이었는데 아래에서는 이에 대해 살펴보기로 한다.

### (2) 업무방해죄 성립 여부

종전에는 근로자들이 집단적으로 근로의 제공을 거부하여 사용자의 정상적

---

[49] 이는 형법상의 범죄를 추궁함에 있어서 적용되는 것이며, 노동조합법의 쟁의행위 제한 규정을 위반한 경우에는 노동조합법 제94조의 양벌규정에 따라 노동조합 간부 등 개인 뿐만 아니라 노동조합도 벌칙적용의 대상이 될 수 있다.

인 업무운영을 저해하고 손해를 발생하게 한 행위가 당연히 위력에 해당하는 것을 전제로 노동관계 법령에 따른 정당한 쟁의행위로서 위법성이 조각되는 경우가 아닌 한 업무방해죄를 구성한다는 취지로 판시하는 것이 대법원의 일관된 입장이었다(대법원 1991.4.23. 90도2771; 대법원 2004.5.27. 2004도689; 대법원 2006.5.25. 2002도5577).

그러나 대법원은 2011년에 전원합의체 판결을 통해 '위력'의 의미를 보다 구체화하여 "쟁의행위가 전후 사정과 경위 등에 비추어 사용자가 예측할 수 없는 시기에 전격적으로 이루어져 사용자의 사업운영에 심대한 혼란 내지 막대한 손해를 초래하는 등으로 사용자의 사업계속에 관한 자유의사가 제압·혼란될 수 있다고 평가할 수 있는 경우에 비로소 집단적 노무제공의 거부가 위력에 해당하여 업무방해죄가 성립한다."라고 함으로써 쟁의행위의 업무방해죄의 해당 여부를 엄격히 판단하는 것으로 그 입장을 변경하였다(대법원 2011.3.17. 2007도482).

**핵심 판례** 파업이 업무방해죄의 위력에 해당하는지 여부에 대한 판단

업무방해죄는 위계 또는 위력으로써 사람의 업무를 방해한 경우에 성립하며(형법 제314조제1항), '위력'이란 사람의 자유의사를 제압·혼란케 할 만한 일체의 세력을 말한다. 쟁의행위로서 파업(노동조합 및 노동관계조정법 제2조제6호)도, 단순히 근로계약에 따른 노무의 제공을 거부하는 부작위에 그치지 아니하고 이를 넘어서 사용자에게 압력을 가하여 근로자의 주장을 관철하고자 집단적으로 노무제공을 중단하는 실력행사이므로, 업무방해죄에서 말하는 위력에 해당하는 요소를 포함하고 있다.

근로자는 원칙적으로 헌법상 보장된 기본권으로서 근로조건 향상을 위한 자주적인 단결권·단체교섭권 및 단체행동권을 가지므로(헌법 제33조제1항), 쟁의행위로서 파업이 언제나 업무방해죄에 해당하는 것으로 볼 것은 아니고, 전후 사정과 경위 등에 비추어 사용자가 예측할 수 없는 시기에 전격적으로 이루어져 사용자의 사업운영에 심대한 혼란 내지 막대한 손해를 초래하는 등으로 사용자의 사업계속에 관한 자유의사가 제압·혼란될 수 있다고 평가할 수 있는 경우에 비로소 집단적 노무제공의 거부가 위력에 해당하여 업무방해죄가 성립한다고 보는 것이 타당하다(대법원 2011.3.17. 2007도482 전원합의체).

이에 따라 법원은 ① 근로자 100명 중 2명이 파업에 참가한 경우, ② 노동조합의 요구와 정면으로 대립하는 성과급 실시로 파업의 돌입을 충분히 예상할 수 있는 사정이 있는 경우, ③ 근로자 182명 중 9명이 파업에 참가한 경우,

④ 일부 조합원의 특근과 잔업거부의 경우, ⑤ 필수공익사업에서 1일만 파업하면서 필수유지업무 대상자는 파업에 불참한 경우에 업무방해죄의 성립을 부정하였다.[50]

### (3) 징계책임

근로자가 위법한 쟁의행위를 한 경우 사용자는 직장 규율을 위반한 것을 이유로 징계처분을 할 수 있다. 위법한 쟁의행위에 대한 징계처분은 주로 그 행위를 기획·지시·지도한 노동조합의 임원 또는 간부에 대해 이루어지나, 노동조합 간부가 그 지위에 있다는 것만으로 당연히 징계책임을 지는 것은 아니다.

즉, 징계책임은 문제가 된 행동에 대하여 각 행위자의 구체적인 행위와 역할을 경영 질서 위반의 정도·태양에 따라 개별적·실질적으로 검토되어야 한다.

노동조합 간부가 위법한 쟁의행위를 기획·지시·지도하여 경영질서 위반에 관하여 실질적으로 중요한 역할을 한 경우에는 일반 조합원보다 무거운 제재를 받게 될 것이다. 개별 근로자가 노동조합 지도부의 지시를 위반하여 직장점거·폭력행사 등 경영 질서에 위반한 경우 그 근로자는 징계처분의 대상이 된다.

한편, 노동조합 간부가 개별 근로자의 위법한 탈선행위를 제지할 의무가 있는지, 즉 탈선행위에 대한 제지를 게을리 하였다는 이유로 징계처분을 물을 수 있는지가 문제가 된다.

노동조합은 쟁의행위가 적법하게 수행될 수 있도록 지도·관리·통제할 책임이 있으므로(노동조합법 제38조제3항) 노동조합의 임원이 개별 조합원의 탈선행위를 승인·지도 또는 조장한 것으로 볼 수 있는 경우에는 징계처분의 대상이 될 것이다. 다만, 노동조합의 임원이 일부 조합원의 위법한 탈선행위를 알았거나 알 수 있었다는 것만으로는 징계책임을 진다고 단정할 수는 없다.

---

50) ① 대법원 2011.10.27. 2009도3390, ② 대법원 2012.1.27. 2009도8917, ③ 대법원 2012.4.26. 2010도5392, ④ 대법원 2014.6.12. 2012도2701, ⑤ 대법원 2014.11.13. 2011도393.

**쟁의행위와 근로관계**

## 1. 쟁의행위 기간 중의 근로관계

쟁의행위 기간 중의 근로관계에 대하여 근로관계 파기설이 있었으나, 현재는 쟁의행위 기간 중 근로관계가 일시적으로 정지된다는 근로관계 정지설이 지배적인 견해이다.[51)]

근로관계 정지설에 따르면 쟁의행위 기간 중이라도 근로자는 근로자의 신분은 그대로 유지되지만 노사 쌍방은 근로계약상 부담하는 각자의 주된 의무, 즉 근로자는 근로제공 의무를 면하는 한편, 사용자의 경우 임금지급 의무를 면하게 된다고 한다.

---

**핵심 판례** **쟁의행위가 근로계약상 권리·의무관계에 미치는 효과**

근로자의 쟁의행위는 근로조건에 관한 노동관계 당사자간의 주장의 불일치로 인하여 생긴 분쟁상태를 유리하게 전개하기 위하여 사용자에 대하여 집단적·조직적으로 노무를 정지하는 투쟁행위로서, 쟁의행위 기간 동안 근로자는 사용자에 대한 주된 의무인 근로 제공 의무로부터 벗어나는 등 근로계약에 따른 근로자와 사용자의 주된 권리·의무가 정지됨으로 인하여 사용자는 근로자의 노무 제공에 대하여 노무지휘권을 행사할 수 없게 되는 데 반하여 평상시의 개별 근로자의 결근·지각·조퇴 등에 있어서는 이와는 달리 위와 같이 근로관계가 일시 정지되는 것이 아니고 경우에 따라 단순히 개별 근로자의 근로 제공 의무의 불이행만이 남게 되는 것으로서 사용자는 여전히 근로자의 노무 제공과 관련하여 노무지휘권을 행사할 수 있는 것이므로 쟁의행위의 경우와는 근본적으로 그 성질이 다르다 (대법원 1995.12.21. 94다26721 전원합의체).

## 2. 쟁의행위와 임금청구권

### 1) 의의

쟁의행위 기간 중 쟁의행위 참가자의 임금청구권의 유무 및 그 범위는 임금

---

51) 사법연수원, 노동조합 및 노동관계조정법, p.284.

의 법적 성질, 근로계약의 법적 성격을 어떻게 이해할 것인가와 긴밀하게 연관되어 있다. 이에 대해 쟁의행위 기간 중의 임금은 모두 지급받을 수 없다는 임금전액 공제설(무노동 무임금 원칙), 임금의 일부는 지급받을 수 있다는 임금일부 공제설(무노동 부분임금 원칙)로 구분할 수 있다.[52]

임금의 법적 성질을 노동대가설로 보고, 근로계약의 법적 성격을 채권계약으로 파악하는 입장에 따르면 현실적·구체적으로 노동이 제공되지 아니한 쟁의행위기간 중에 근로자에게는 어떠한 임금청구권이 발생하지 않는다는 결론에 이른다.

이와 달리 임금의 법적 성질에 대해 노동력대가설, 임금2분설, 의사해석설, 복합적·이중적 계약설의 입장을 취하게 되면 임금 중에서 현실적·구체적으로 제공된 노동에 대한 대가로서 지급하도록 정한 교환적 부분은 쟁의행위 기간 중에 임금청구권이 발생하지 않지만, 근로자의 지위에 터 잡아 지급하도록 정한 생활보장적 부분은 쟁의행위 기간 중이라도 임금청구권이 발생한다.

도표 6-2  쟁의행위와 임금청구권에 관한 학설

| 학설 | 주요 내용 | 임금청구권 발생 여부 |
|---|---|---|
| 노동대가설 | 임금은 현실적이고 구체적인 노동에 대한 대가로 지급되는 것 | 발생 안함 |
| 채권계약설 | 근로계약은 민법상 고용계약과 마찬가지로 채권계약의 성격을 가지므로 근로자는 사용자에게 현실적이고 구체적인 노동을 제공할 것을 의무로 하고 사용자는 그 대가로 임금을 지급할 것을 의무로 하는 계약 | 발생 안함 |
| 노동력대가설 | 임금은 근로자가 전인격적인 노동력의 사용 또는 처분 등에 관한 권한을 사용자에게 맡겨 놓은 것에 대한 대가 | 일부 발생 |
| 임금이분설 | 임금을 노동에 대한 대가로 지급되는 교환적 성격의 임금과 근로자의 지위에서 발생하는 생활보장적 성격의 임금으로 구분 | 일부 발생 |
| 의사해석설 | 임금2분설을 전제로 하되, 임금은 단체협약·취업규칙 등 노사간에 전체적으로 근로계약의 내용을 이루는 의사표시의 해석에 따라 구체적·개별적으로 판단 | 일부 발생 |
| 복합적·이중적 계약설 | 근로계약은 근로자가 사용자의 기업조직에 편입되어 근로자로서의 지위를 갖게 되는 1차적 의무와 근로자가 구체적인 근로를 제공해야 하는 2차적 의무를 부담하는 2중적 구조로 파악 | 일부 발생 |

자료: 사법연수원, 노동조합 및 노동관계조정법, pp.285~286.

---

52) 사법연수원, 노동조합 및 노동관계조정법, p.285.

2) 판례의 입장

법원은 노동대가설 및 채권계약설의 입장에 의거하여 쟁의행위 기간 중에는 원칙적으로 임금 전액에 대한 청구권이 발생하지 않고, 단체협약·취업규칙 등에서 쟁의행위시의 임금 지급에 관하여 규정하거나 임금 지급에 관한 당사자 사이의 약정 또는 관행이 있다고 인정되는 경우에 한하여 예외적으로 그 지급청구권이 있다고 판단하였다(대법원 1995.12.21. 94다26721).

**핵심 판례** | **쟁의행위와 임금청구권**

쟁의행위시의 임금 지급에 관하여 단체협약이나 취업규칙 등에서 이를 규정하거나 그 지급에 관한 당사자 사이의 약정이나 관행이 있다고 인정되지 아니하는 한, 근로자의 근로 제공 의무 등의 주된 권리·의무가 정지되어 근로자가 근로 제공을 하지 아니한 쟁의행위 기간 동안에는 근로 제공 의무와 대가관계에 있는 근로자의 주된 권리로서의 임금청구권은 발생하지 않는다고 하여야 하고, 그 지급청구권이 발생하지 아니하는 임금의 범위가 임금 중 이른바 교환적 부분에 국한된다고 할 수 없으며, 사용자가 근로자의 노무 제공에 대한 노무지휘권을 행사할 수 있는 평상적인 근로관계를 전제로 하여 단체협약이나 취업규칙 등에서 결근자 등에 관하여 어떤 임금을 지급하도록 규정하고 있거나 임금 삭감 등을 규정하고 있지 않고 있거나 혹은 어떤 임금을 지급하여 온 관행이 있다고 하여, 근로자의 근로 제공 의무가 정지됨으로써 사용자가 근로자의 노무 제공과 관련하여 아무런 노무지휘권을 행사할 수 없는 쟁의행위의 경우에 이를 유추하여 당사자 사이에 쟁의행위 기간 중 쟁의행위에 참가하여 근로를 제공하지 아니한 근로자에게 그 임금을 지급할 의사가 있다거나 임금을 지급하기로 하는 내용의 근로계약을 체결한 것이라고는 할 수 없다(대법원 1995.12.21. 94다26721 전원합의체).

한편, 쟁의행위 기간 중에 노조전임자에 대해 사용자가 급여를 지급하여야 하는지 여부에 대해서는 원칙적으로 당해 사업장의 단체협약 기타 노사합의의 내용 및 노사관행 등을 참작하여 개별적으로 판단하여야 한다(대법원 2011.2.10. 2010도10721).

이 경우 단체협약의 취지가 노조전임자를 일반 조합원보다 불리한 처우를 받지 않도록 하는 범위 안에서 노조전임자에게 일정한 급여를 지급하기로 한 것이라면 노조전임자를 일반 조합원보다 더욱 유리하게 처우하는 것은 노사 쌍방이 당초 의도한 바와 합치하지 아니한다.

따라서 일반 조합원들이 무노동 무임금의 원칙에 따라 사용자로부터 파업기간 중의 임금을 지급받지 못하는 경우에는 노조전임자도 일반조합원과 마찬가지로 사용자에게 급여를 청구할 수 없다(대법원 2003.9.2. 2003다4815, 4822, 4839).

또한 2021.7.6. 시행된 개정 노동조합법에 따르면 전임자의 법적 근거를 없애고 근로시간면제자로 통일하였고, 쟁의행위는 근로시간 면제대상 업무가 아니므로 사용자는 쟁의행위 기간 중 근로시간면제자를 유급처리할 의무가 없다.[53]

한편, 태업의 경우 일반 조합원들이 태업으로 인하여 그 태업시간에 상응하는 임금이 감액되는 이상 노동조합 전임자들 역시 그에 상응하는 비율에 따른 급여의 감액을 피할 수 없다고 할 것이고, 그 감액수준은 전체 조합원들의 평균 태업시간을 기준으로 산정함이 타당하다(대법원 2013.11.28. 2011다39946).

### 3) 현행 무노동 무임금 규정의 해석 문제

노동조합법 제44조제1항에서 "사용자는 쟁의행위에 참가하여 근로를 제공하지 아니한 근로자에 대하여는 그 기간 중의 임금을 지급할 의무가 없다."라고 규정하고 있다.

외견상으로는 쟁의행위 기간 중의 임금 지급 여부에 대해 입법적으로 정리된 것으로 보이고, 쟁의행위 기간 중의 임금청구권 유무 및 범위에 관한 논의가 아무런 실익이 없는 것처럼 여겨질 수 있다.

그러나 위 법 규정은 사용자의 법적 의무로서 강제할 수 없다는 것일 뿐 사용자가 임의로 지급하는 것까지 금지하는 것은 아니므로 위 규정 자체가 단체협약·취업규칙 등에 쟁의행위 기간 중의 임금 지급에 관한 조항을 무효화시키는 강행규정으로서의 성격을 갖는 것은 아니다.[54]

따라서 쟁의행위 기간 중의 임금 지급에 관하여 아무런 약정이 없는 경우 사용자는 임금지급 의무를 부담하지 아니하나, 만약 단체협약·취업규칙 등에 쟁의행위 기간 중에도 사용자가 임의로 임금을 지급하도록 규정하고 있거나 그 지급에 관하여 당사자 사이의 약정 또는 관행이 있다면 그에 따라야 할 것이다.

한편, 노동조합법 제44조제2항에서 "노동조합은 쟁의행위 기간에 대한 임금

---

53) 고용노동부, 집단적 노사관계 업무 매뉴얼, p.359.
54) 사법연수원, 노동조합 및 노동관계조정법, p.289.

의 지급을 요구하여 이를 관철할 목적으로 쟁의행위를 하여서는 아니 된다.”
라고 규정하여 쟁의행위를 통하여 임금 지급을 강제하지 못하도록 하고 있다.
이에 대해 쟁의행위 기간 중의 임금 지급 여부가 단체교섭의 대상이 되는지
여부가 문제된다.

　노동조합법 제44조제1항은 쟁의행위기간 중 사용자가 임금을 임의로 지급
하는 것까지 금지되는 것은 아니라고 해석되고, 제44조제2항의 경우 임금지급
요구 및 관철을 목적으로 하는 쟁의행위를 금지하고 있으므로 단체교섭을 요
구하는 것 자체까지 금지된다고 보기는 곤란하다.

　그러나 사용자가 단체교섭 의무를 부담하는 것은 아니므로 현실적으로 그러
한 교섭요구에 사용자가 응하지 않을 것으로 보이고, 사용자가 그러한 교섭요
구를 거부하더라도 부당노동행위에 해당하지 않는다고 판단된다.

## 3. 쟁의행위와 유급휴일 및 연차휴가청구권

### 1) 쟁의행위와 유급휴일

　쟁의행위에 참가한 근로자의 경우 휴직과 동일하게 근로자의 근로제공 의무
등의 주된 권리·의무가 정지되므로 근로자는 파업기간 중에 포함된 유급휴일
에 대한 임금의 지급을 요구할 수 없다(대법원 2009.12.24. 2007다73277).

　태업의 경우에도 사용자는 태업기간에 상응하는 유급휴일에 대한 임금 지급
의무를 지지 않는다(대법원 2013.11.28. 2011다39946).

### 2) 쟁의행위와 연차휴가청구권

　쟁의행위 참가자의 연차휴가 산정과 관련하여 연간 소정근로일수에서 쟁의
행위 등 기간이 차지하는 일수를 제외한 나머지 일수를 기준으로 근로자의 출
근율을 산정하여 연차유급휴가 취득 요건의 충족 여부를 판단한다.

　그리고 그 요건이 충족된 경우에는 본래 평상적인 근로관계에서 8할의 출근
율을 충족할 경우 산출되었을 연차 유급휴가 일수에 대하여 ‘연간 소정근로일
수에서 쟁의행위 등 기간이 차지하는 일수를 제외한 나머지 일수’를 ‘연간 소
정근로일수’로 나눈 비율을 곱하여 산출된 연차유급휴가일수를 근로자에게 부
여하는 것이 타당하다(대법원 2013.12.26. 2011다4629).

## 4. 쟁의행위 시 근로희망자의 근로관계

사업장에서 쟁의행위가 발생한 경우 파업에 참가하지 않고 근로를 제공한 자는 임금청구권을 행사하는데 아무런 영향이 없다. 그런데 쟁의행위로 인해 근로희망자가 근로를 제공할 수 없게 된 경우 임금청구권이 문제가 된다. 이는 채무자(근로희망자)의 이행불능의 문제이므로 이에 관한 민법의 법리에 따라 처리되어야 한다.

우선 근로희망자가 수행할 일이 있음에도 불구하고 사용자가 근로의 수령을 거부한 경우 채권자(사용자)의 책임 있는 사유로 채무를 이행할 수 없게 된 때(민법 제538조제1항)에 해당하므로 근로희망자는 임금청구권을 갖는다. 이 경우 사용자가 임금지급 의무를 면제받으려면 정당한 직장폐쇄로 대응할 수밖에 없다.[55]

그런데 근로희망자가 수행할 일이 없어서 근로의 수령을 거부한 경우, 사용자는 근로를 수령하려고 했으나, 노동조합의 피케팅으로 출입·조업이 저지되어 근로제공을 할 수 없는 경우에는 쌍방 당사자의 책임 없는 사유로 근로제공을 할 수 없게 된 때에 해당하므로 채무자 위험부담주의(민법 제537조)[56]에 따라 근로희망자의 임금청구권이 인정되지 않는다.[57]

---

55) 임종률, 노동법, p.272.
56) 민법 제537조(채무자위험부담주의) 쌍무계약의 당사자 일방의 채무가 당사자 쌍방의 책임 없는 사유로 이행할 수 없게 된 때에는 채무자는 상대방의 이행을 청구하지 못한다.
57) 임종률, 노동법, p 272.

## 제6절 사용자의 대항수단

노동조합의 쟁의행위에 대항하여 사용자는 직장폐쇄를 사용함으로써 임금 지급 의무를 면제 받을 수 있고, 대체근로를 제한적으로 활용하여 조업을 계속할 수 있다.[58]

### 1. 직장폐쇄

#### (1) 의의

직장폐쇄는 사용자가 노동조합의 쟁의행위에 대항하는 행위로서 업무의 정상적 운영을 저해하는 행위를 말한다.

즉, 노동조합의 쟁의행위에 대항하여 노무의 수령을 거부함으로써 근로제공의 반대급부인 임금을 지급하지 않고, 사업장의 점유를 배제시키는 효과를 발생하게 하여 노동조합과의 교섭력의 균형을 도모하려는 사용자 측의 쟁의행위를 의미한다.

직장폐쇄는 '노동조합의 쟁의행위에 대항하기 위한 것'이므로 그밖에 다른 이유에 의해 조업을 중단하는 폐업이나 휴업과 구별되고, 근로자들의 '노무수령을 집단적으로 거부'하는 것이므로 개별 근로자에 대한 대기명령, 출근정지처분, 정직처분 등과 구별된다.

직장폐쇄는 사전에 행정관청 및 노동위원회에 각각 신고해야 하지만(노동조합법 제46조제2항), 신고가 직장폐쇄의 성립요건은 아니다.

#### (2) 직장폐쇄의 유형과 법적 근거

##### 1) 직장폐쇄의 유형

직장폐쇄의 유형은 ① 직장폐쇄의 개시 시점에 따라 선제적 직장폐쇄와 대

---

58) 사용자의 대항수단으로 고용노동부(집단적 노사관계 업무 매뉴얼) 및 김형배·박지순(노동법강의) 교수, 하갑래(집단적 노동관계법) 교수는 직장폐쇄와 대체근로를 포함하고 있다. 반면 임종률(노동법) 교수는 사용자의 대항수단으로 직장폐쇄만을 설명하고 대체근로는 쟁의행위 보호 측면에서 다루고 있다.

항적 직장폐쇄로 구분할 수 있다. 또한 ② 직장폐쇄의 목적에 따라 공격적 직장폐쇄와 방어적 직장폐쇄로 구분할 수 있다. 선제적 직장폐쇄 및 공격적 직장폐쇄는 위법이다. 이에 대해서는 아래에서 구체적으로 설명한다.

### 2) 직장폐쇄의 법적 근거

직장폐쇄의 법적 근거에 대해 학설은 ① 헌법상 사용자의 재산권과 노동3권과의 조화와 균형에서 찾는 견해, ② 형평의 원칙에 비추어 노사 간의 세력균형을 회복하기 위한 대항 방어수단으로 보는 견해가 있다. 판례는 직장폐쇄의 법적 근거를 형평의 원칙에 비추어 노사 간의 세력균형을 회복하기 위한 대항 방어수단으로 보고 있다(대법원 2000.5.26. 98다34331).

### 3) 직장폐쇄의 성립요건

직장폐쇄가 성립하기 위해서 사용자의 의사표시만으로 충분한 것인지, 별도의 사실행위가 있어야 하는 것인지가 쟁점이 된다.

① 의사표시설에 따르면 직장폐쇄도 쟁의행위의 일종이므로 노무의 수령을 거부하거나 사업장 출입을 금지한다는 의사표시만으로 성립한다고 한다. ② 사실행위설에 의하면 직장폐쇄가 성립하기 위해서는 의사표시만으로 충분하지 않고 사업장 출입문 폐쇄, 전원차단 등 근로자의 근로제공을 곤란하게 하는 사실행위가 있어야 한다고 본다.59) 직장폐쇄는 대항적·방어적으로 이루어져야 하므로 사실행위설을 지지한다.

## (3) 직장폐쇄의 정당성 요건

### 1) 시기: 직장폐쇄의 대항성

사용자는 노동조합이 쟁의행위를 개시한 이후에만 직장폐쇄를 할 수 있다(제46조제1항). 이를 직장폐쇄의 대항성 요건이라고 하는데, 노동조합이 쟁의행위를 개시하기 이전에 하는 선제적 직장폐쇄는 어떠한 경우에도 허용되지 아니하고 방어수단으로서 상당성이 있어야만 사용자의 정당한 쟁의행위로 인정

---

59) 김형배, 노동법, p.1414; 임종률, 노동법, p.274.

될 수 있다.

직장폐쇄의 시기상 대항성 요건은 직장폐쇄를 개시하는 경우 필요한 요건일 뿐만 아니라 직장폐쇄를 계속하기 위한 요건으로 해석되므로 쟁의행위가 종료되었다면 원칙적으로 그 시점에서는 더 이상 직장폐쇄를 계속할 수 없다고 할 것이다.

다만, 일시적으로 쟁의행위를 종료한 것이거나 실질적으로 쟁의행위를 종료할 진정한 의사가 없는 등 특별한 사정이 있는 경우에는 예외적으로 직장폐쇄를 계속할 수 있다.

직장폐쇄의 대항성 요건은 노동조합의 쟁의행위가 개시된 것으로 충분하고 그 쟁의행위의 정당성 여부를 불문한다.

---

**핵심 판례** **직장폐쇄의 정당성 요건**

사용자의 직장폐쇄는 사용자와 근로자의 교섭태도와 교섭과정, 근로자의 쟁의행위의 목적과 방법 및 그로 인하여 사용자가 받는 타격의 정도 등 구체적인 사정에 비추어 근로자의 쟁의행위에 대한 방어수단으로서 상당성이 있어야만 사용자의 정당한 쟁의행위로 인정될 수 있다.

사용자의 직장폐쇄가 근로자의 쟁의행위에 대한 방어적인 목적을 벗어나 적극적으로 노동조합의 조직력을 약화시키기 위한 목적 등을 갖는 선제적, 공격적 직장폐쇄에 해당하는 경우, 정당한 쟁위행위로 인정될 수 없다(대법원 2003.6.13. 2003두1097).

---

### 2) 목적: 직장폐쇄의 방어성

직장폐쇄는 노동조합의 쟁의행위로 인하여 노사 간 교섭력의 균형이 깨지고 사용자에게 현저히 불리한 상황에서 사용자를 보호하기 위하여 수동적·방어적 수단으로서 상당성이 인정되는 범위 안에서 개시되어야 한다(대법원 2000. 5.26. 98다34331).

이를 직장폐쇄의 방어성 요건이라고 하며, 직장폐쇄가 대항성 요건을 갖추었다고 하더라도 방어적 목적을 벗어나 적극적으로 노동조합의 조직력을 약화시키기 위한 목적을 갖는 공격적 직장폐쇄는 위법으로 허용되지 않는다.

그리고 근로자가 쟁의행위를 중단하고 진정으로 업무에 복귀할 의사를 표시하였음에도 사용자가 직장폐쇄를 계속 유지하면서 적극적으로 노동조합의 조직력을 약화시키기 위한 공격적 직장폐쇄의 성격으로 변질된 경우에도 직장폐쇄의 정당성은 인정되지 않는다(대법원 2016.5.24. 2012다85335).

이와 관련하여 조합원들이 자필 근로의사 표명서를 수십 차례 발송한 사실, 노동부 지방관서의 행정지도, 조합원의 근로의사 표명의 진정성을 확인한 사실도 없었던 점을 종합적으로 고려할 때 근로의사 표명일 이후 지속된 직장폐쇄는 정당성을 상실하고, 지배·개입의 부당노동행위에 해당한다고 판단한 사례가 있다(대법원 2017.7.11. 2013도7896).

한편, 직장폐쇄가 공격적인지 방어적인지 일률적으로 구별하는 것은 쉽지 않다. 노사 간의 교섭태도·경과, 노동조합의 쟁의행위의 구체적 태양, 쟁의행위로 인하여 사용자가 받는 타격의 정도, 당해 직장폐쇄의 방법·태양 등 여러 가지 사정을 형평의 견지에서 종합하여 구체적·개별적으로 판단하여야 한다.[60]

법원은 노조의 파업 개시 4시간 만에 전격적으로 직장폐쇄를 단행한 사례(대법원 2007.12.28. 2007도5204), 택시노조가 준법투쟁으로 태업한 지 3일 만에 전격적으로 직장폐쇄를 한 사례(대법원 2000.5.26. 98다34331)에서 공격적 직장폐쇄는 위법이라고 판단하고 있다.

### (4) 위법한 쟁의행위와 직장폐쇄

노동조합의 적법한 쟁의행위에 대해서 사용자는 대항수단으로 직장폐쇄를 사용할 수 있지만 노동조합의 위법한 쟁의행위에 대하여 사용자가 직장폐쇄를 적법하게 할 수 있는 지가 쟁점이 된다.

① 긍정설에 따르면 직장폐쇄는 노사 당사자 간의 단체교섭이나 단체협약체결시 세력 균형을 위한 것뿐만 아니라 노동조합의 쟁의행위로부터 사용자의 기업시설 및 경영권 등을 보호하기 위한 목적도 있으므로 위법한 쟁의행위에 대해 직장폐쇄가 가능하다고 한다.

② 부정설에 의하면 단체협약 자치의 범위를 이탈하는 위법한 쟁의행위는 단체교섭으로 해결될 수 없고, 쟁의조정 대상도 아니므로 이에 대해서는 가처분신청, 징계처분, 해고 등 다른 사법적 구제수단으로 대응해야 하고 직장폐쇄

---

60) 사법연수원, 노동조합 및 노동관계조정법, p.298.

로 대항할 수 없다고 한다.

노동조합의 적법한 쟁의행위에 대해서만 사용자의 대항수단인 직장폐쇄가 허용되고 위법한 쟁의행위에 대해 직장폐쇄가 허용되지 않는다면 위법한 쟁의행위에 대해 오히려 사용자의 대항수단을 사용할 수 없어 위법한 쟁의행위가 더 보호받을 수 있는 모순이 발생하므로 긍정설이 타당하다고 본다.

## (5) 직장폐쇄의 범위

### 1) 부분파업과 전면적 직장폐쇄

노동조합이 부분파업을 하는 경우 사용자가 곧바로 전면적 직장폐쇄를 하는 것은 허용되지 않는다. 현실적으로 사용자에게 현저한 손해가 발생하였거나 그 정도에는 이르지 않더라도 파업의 장기화가 명백한 경우에만 전면적 직장폐쇄가 가능하다.

### 2) 쟁의행위 불참 조합원과 직장폐쇄

노동조합의 부분파업, 지명파업에 의해 일부 조합원만이 쟁의행위에 참가할 경우 이로 인해 기업의 조업이 중단될 수 있다. 이 경우에도 파업 불참 조합원에 대해 임금지급 의무가 발생하므로 이를 면하기 위해 직장폐쇄를 할 수 있다.

### 3) 비조합원 파업과 직장폐쇄

사용자는 쟁의행위 기간 중에도 비조합원에 대한 임금지급 의무가 있으므로 이러한 의무를 면하기 위한 직장폐쇄가 가능한 지 여부가 쟁점이 된다.

노동조합원의 파업에도 불구하고 비조합원으로 조업이 가능한 경우 노무제공 의사가 있는 근로자에게는 노무제공을 허용하여야 한다. 다만, 사용자는 비조합원인 근로자에게 임금지급 의무가 있으므로 사용자의 막중한 경제적 손실을 경감할 필요성이 있고, 직장폐쇄의 방어성 요건을 갖추는 경우 비조합원들을 대상으로 한 직장폐쇄의 정당성이 인정된다.

## (6) 직장폐쇄의 효과

첫째, 사용자가 적법하게 직장폐쇄를 한 경우 사용자는 직장폐쇄 기간 동안의 대상 근로자에 대한 임금지급 의무를 면한다.

둘째, 노동조합이 쟁의기간 중 직장을 점거하는 경우, 사용자가 직장폐쇄를 하면서 퇴거를 요구할 수 있는지 여부가 쟁점이 되는데 판례는 직장폐쇄의 정당성을 근거로 판단한다. 즉, 사용자의 직장폐쇄가 정당한 경우 근로자가 사용자의 퇴거 요구에 불응하는 경우에는 퇴거불응죄가 성립한다.

반면, 사용자의 직장폐쇄가 정당하지 않은 경우 적법한 쟁의행위로서 사업장을 점거 중인 근로자들이 사용자의 퇴거 요구에 불응하면서 직장점거를 계속하더라도 퇴거불응죄가 성립하지 아니한다. 사용자가 노동조합의 파업 시작 4시간 만에 직장폐쇄 조치를 취한 것은 정당성이 인정되지 않으므로 퇴거요구에 불응한 조합원에 퇴거불응죄가 성립하지 않는다(대법원 2007.12.28. 2007도5204).

셋째, 정당한 직장폐쇄라고 하더라도 정상적인 노동조합 활동을 위한 노조사무실 등에 대한 출입은 허용된다. 다만, 노조사무실을 노조활동과 무관한 쟁의장소로만 사용하는 경우, 노조사무실과 생산시설이 분리될 수 없어 노조사무실 점거가 곧 생산시설에 대한 점거로 될 가능성이 있는 경우에는 노조사무실에 대한 출입 제한이 가능하다(대법원 2010.6.10. 2009도12180).

## 2. 대체근로

### (1) 의의

사용자는 쟁의행위 기간 중 그 쟁의행위로 중단된 업무의 수행을 위하여 당해 사업과 관계없는 자를 채용 또는 대체할 수 없고, 쟁의행위기간 중 그 쟁의행위로 중단된 업무를 도급 또는 하도급 줄 수 없다(노동조합법 제43조제1항, 제2항).

이 규정은 쟁의행위의 압력효과를 저하시키고, 노동조합과의 지나친 대결을 야기할 우려가 있다는 점을 감안하여 쟁의행위를 보호하려는 목적에서 마련되었다.

한편, 사용자는 노동조합의 쟁의행위 기간 중에 쟁위행위로 중단된 업무를 수행하기 위해 당해 사업과 관련이 있는 비조합원이나 파업 불참 조합원을 대체하여 사용함으로써 조업을 계속할 수 있으므로 이 경우 대체근로는 사용자의 노동조합 쟁의행위에 대한 대항수단이 되기도 한다.

따라서 쟁의행위 기간 중의 대체근로는 노동조합의 쟁의권을 보호하는 측면뿐만 아니라 사용자의 조업의 자유 및 당해 사업 종사자의 근로권을 보호하는 측면도 함께 고려하여야 한다.[61]

## (2) 대체근로의 허용범위

사용자가 노동조합의 쟁의행위로 중단된 업무수행을 위해 대체가능한 근로자는 업종, 직종, 조합원 여부 등에 관계없이 당해 사업 내의 모든 근로자이다. 그러므로 당해 사업장의 비조합원, 파업불참 조합원 중에서 근로희망자, 당해 사업 내 다수의 사업장이 있는 경우에 본사 및 다른 사업장의 근로자를 사용하는 대체근로는 허용된다.

또한 단시간(파트타임) 근로자는 당해 사업 또는 사업장 내 근로자이므로 당초 계약된 근로시간을 연장해 연장근로를 하거나, 기존에 일하고 있는 일용근로자를 계속 사용하는 것은 가능하다.[62]

한편, 단체협약에 당해 사업 내의 대체근로를 제한하는 규정이 있는 경우 사용자가 이를 위반해 비조합원에게 대체근로를 수행하도록 했더라도 노동조합법 제43조 위반으로 보기는 어렵다(노동조합과-821, 2004.3.30.).

## (3) 대체근로 제한의 범위

### 1) 당해 사업과 관계 없는 자의 대체근로 제한

'당해 사업과 관계없는 자'만 채용 또는 대체가 금지될 뿐이므로 사용자는 같은 사업 내의 다른 사업장에 종사하거나 그가 수행하는 업무가 파업에 참여한 조합원의 업무와 전혀 다른 업무에 종사하는 자(비조합원, 관리직 직원 등)에게 파업 참가 조합원의 업무를 대체하여 근로하게 할 수 있다.

그러나 자회사·계열사·협력업체 근로자의 경우 다른 법인에 소속되어 있어서 '당해 사업과 관계없는 자'에 해당하므로 대체근로를 시킬 수 없다.

또한 가족, 주민 등과 같이 당해 사업과 관계가 없는 자를 자원봉사자 형식

---

61) 고용노동부, 집단적 노사관계 업무 매뉴얼, p.377.
62) 고용노동부, 집단적 노사관계 업무 매뉴얼, pp.381~382.

등을 활용하여 파업으로 중단된 업무를 수행하게 하는 것도 대체근로 금지 위반에 해당된다.[63]

### 2) 신규채용의 제한

근로자를 새로 고용하는 '채용'은 그 고용형태나 기간은 불문하므로 쟁의행위에 참가한 조합원의 업무를 수행하기 위하여 아르바이트 학생 등 임시직 근로자를 동원할 수 없다(대법원 1992.7.14. 91다43800).

쟁의행위 이전에 근로자를 채용하였다 하더라도 쟁의행위에 참가한 근로자들의 업무를 수행하기 위하여 그 채용이 이루어졌고 채용된 근로자들로 하여금 쟁의행위기간 중 쟁의행위에 참가한 근로자들의 업무를 수행케 하였다면 위법하다(대법원 2000.11.28. 99도317).

그러나 쟁의행위 기간 중이라고 하더라도 사용자의 정당한 인사권 행사까지 부인되는 것은 아니므로 사용자가 쟁의기간 중 쟁의행위로 중단된 업무를 수행하기 위해 대체한 근로자가 사직함에 따라 사용자가 신규채용을 한 것은 근로자 자연감소에 따른 인원충원으로 볼 수 있으므로 대체근로 금지 규정을 위반한 것이 아니다.

이 경우 쟁의행위 기간 중 결원충원을 위한 신규채용 등이 대체근로 금지 규정 위반인지 여부는 표면상의 이유만으로 판단할 것이 아니라 종래의 인력충원 과정·절차 및 시기, 인력부족 규모, 결원 발생 시기 및 그 이후 조치내용, 쟁의행위 기간 중 채용의 필요성, 신규채용 인력의 투입시기 등을 종합적으로 고려하여 판단하여야 한다(대법원 2008.11.13. 2008도4831).

한편, 신규채용이 금지되는 것은 '쟁의행위로 중단된 업무를 수행하기 위한 것'에 한정되므로 쟁의행위 기간 중이라고 하더라도 쟁의행위와 무관하게 이루어지는 신규채용은 가능하다.

따라서 자연감소 인력충원, 근로계약기간 만료자를 대체하기 위한 신규채용, 사직한 근로자의 신규채용, 사업확장에 따른 신규채용, 수습근로자의 정식채용, 쟁의행위와 무관한 영역에 대한 신규채용, 쟁의행위 전부터 추진되어 오던 채용계획에 의한 인력충원 등은 법 위반이 아니다.[64]

---

63) 고용노동부, 집단적 노사관계 업무 매뉴얼, p.382.
64) 하갑래, 집단적 노동관계법, p.504.

### 3) 파견근로자 사용의 제한

파견근로자의 보호 등에 관한 법률 제16조제1항은 파견사업주가 쟁의행위 중인 사업장에 그 쟁의행위로 중단된 업무의 수행을 위하여 근로자를 파견하는 것을 금지하고 있으므로 파견근로자의 경우 평소 수행하던 업무를 계속 수행하기 위한 파견은 허용되지만, 파업으로 중단된 업무를 대체할 수는 없다.

### 4) 도급·하도급의 제한

쟁의행위 기간 중이라 하더라도 사용자의 조업의 자유는 보장되어야 하므로 쟁의행위 기간 중에 새로 계약된 업무 등 확장된 업무영역 또는 쟁의행위와 관련 없는 업무에 대한 도급과 하도급은 가능하다.

그리고 도급·하도급과 관련된 계약해지, 계약기간 만료 등의 경우에는 기존 계약내용의 한도 내에서 계약기간을 연장하거나 새로운 업체에 대해 도급·하도급을 주는 것은 허용된다.

그러나 도급·하도급 계약을 변경하여 쟁의행위로 중단된 업무 등과 같이 기존의 계약내용에 포함되어 있지 않은 업무로 확대하거나, 기존의 도급·하도급 업체가 수행하던 업무의 범위를 확장하여 파업으로 중단된 업무를 대체하는 것은 대체근로 금지 위반이 된다.[65]

## (4) 필수공익사업의 대체근로 허용

필수공익사업의 경우 쟁의행위 기간 중 채용·대체금지 규정이 적용되지 않고, 당해 사업 또는 사업장 파업참가자의 100분의 50을 초과하지 않는 범위 안에서 채용 또는 대체하거나 도급 또는 하도급 줄 수 있다(노동조합법 제43조 제3항 및 제4항).

이는 필수공익사업의 쟁의행위로 인하여 공중의 일상생활 또는 국민경제에 미치는 현저한 위해를 최소화하기 위하여 제한된 범위에서 대체근로를 할 수 있도록 허용한 것이다.

이 경우 파업참가자 수는 근로의무가 있는 근로시간 중 파업 참가를 이유로

---

65) 고용노동부, 집단적 노사관계 업무 매뉴얼, pp.383.

근로의 일부 또는 전부를 제공하지 아니한 자의 수를 1일 단위로 산정한다(노동조합법 시행령 제22조의4제1항).

## (5) 불법 쟁의행위와 대체근로

대체근로 금지와 관련하여 노동조합법은 쟁의행위의 정당성을 명문의 요건으로 규정하고 있지 아니하므로 정당성이 결여된 쟁의행위에도 대체근로 금지 규정이 적용되는지가 문제가 된다.

정당성이 없는 쟁의행위로 업무가 중단된 경우에도 대체근로를 금지하여 사용자에게 손실을 감수하게 하여야 할 이유는 없으므로 대체근로 금지 규정은 정당성을 갖춘 쟁의행위에만 적용된다고 보아야 할 것이다.66)

---

66) 사법연수원, 노동조합 및 노동관계조정법, p.294.

# 노동쟁의의 조정(調整)

**노동쟁의 조정의 의의와 기본원칙**

## 1. 조정(調整)의 개념

노동쟁의의 '조정(調整, adjustment)'은 노동관계 당사자가 단체교섭을 하던 중 노동쟁의가 발생하였을 때 이를 해결하기 위한 절차로서 노동관계 당사자 이외에 국가기관 또는 사인(私人)으로 하여금 당사자의 주장을 조정할 수 있도록 하는 분쟁해결 방식을 의미한다.[1]

단체교섭이 결렬되었을 경우 노동조합은 쟁의행위를 활용하여 주장을 관철할 수도 있으나, 쟁의행위로 인한 경제적 손실을 예방하기 위해 평화적·보조적인 분쟁해결 방식으로 노동쟁의를 해결하는 노동쟁의 조정제도가 필요하다.

집단적 노사관계는 단체교섭 및 단체협약에 의해 규율되는 것이 바람직하다는 점에서 조정은 단체협약의 체결을 촉진 또는 유도하기 위한 보조적 행위이고, 조정의 목적은 단체협약의 체결과 관련된 노동쟁의를 해결하는 데에 있다.

노동조합법에서 사적 조정 또는 중재가 이루어진 경우 그 내용(제52조제4항), 조정서의 내용(제61조제2항), 중재재정의 내용(제70조제1항)이 단체협약과 동일한 효력을 갖는다고 규정하고 있는 것도 동일한 맥락이다.

노동쟁의 조정(調整, adjustment)은 ① 조정안 수락 여부가 당사자의 의사에 달려있어서 서비스적 성격을 지닌 조정(調停, mediation), ② 당사자의 의사에 관계없이 중재 결정이 당사자를 구속하는 중재(仲裁, arbitration), ③ 쟁의행위가 국민경제 또는 국민의 일상생활을 위태롭게 할 위험이 현존할 때 극히 예외적으로 행하여지는 긴급조정(緊急調整, emergency adjustment)을 모두 포괄하는 개념이다.

## 2. 조정의 대상과 유형

조정의 대상은 '노동쟁의'이다. 노동조합법 제2조제5호는 노동쟁의를 "노동

---

[1] 노동법실무연구회, 노동조합 및 노동관계조정법 주해 Ⅱ, 박영사, 2015, pp.568~569.

조합과 사용자 또는 사용자단체(勞動關係 當事者)간에 임금·근로시간·복지·해고 기타 대우 등 근로조건의 결정에 관한 주장의 불일치로 인하여 발생한 분쟁상태를 말한다. 이 경우 주장의 불일치라 함은 당사자 간에 합의를 위한 노력을 계속하여도 더 이상 자주적 교섭에 의한 합의의 여지가 없는 경우를 말한다."라고 규정하고 있다.

현행 노동조합법상 조정의 대상은 집단적 이익분쟁에 한정되며, 집단적 권리분쟁과 고충은 각각 법원과 노사협의회(근로자 참여 및 협력증진에 관한 법률 제26조)에 정한 절차에 따라 해결되어야 한다는 점에서 노동쟁의의 조정 대상이 아니다.

조정의 유형으로는 제3자가 제시한 해결안의 성격을 기준으로 조정(調停)과 중재(仲裁)로 구분된다. 조정의 경우 조정안은 당사자 쌍방이 수락할 경우 비로소 구속력을 갖고, 중재는 당연히 중재결정이 당사자를 모두를 구속한다.

또한 조정의 유형은 법적 근거와 담당에 따라 사적 조정과 공적 조정으로 구분할 수 있다. 사적 조정은 당사자가 합의하여 선정한 민간의 제3자에게 분쟁의 조정을 의뢰하여 제3자가 조정을 하는 것이고, 공적 조정의 경우 국가기관이 조정을 담당하는 것이다.

노동조합법은 노동조합법에 따른 조정절차를 거치지 아니하면 쟁의행위를 할 수 없다고 규정하고 있으며(제45조제2항), 제5장제2절 내지 제4절에서 노동위원회에 의한 공적 조정절차를 규정하고 있다.

한편, 노동조합법 제52조는 노동관계 당사자가 쌍방의 합의 또는 단체협약이 정하는 바에 따라 사적 조정·중재절차를 활용할 경우 노동위원회의 공적 조정절차를 거치지 않을 수 있도록 허용하고 있다.

## 3. 조정의 기본원칙

### 1) 자주적 해결

노동조합법 제48조에서 "노동관계 당사자는 노동쟁의가 발생한 때에는 자주적으로 해결하도록 노력해야 한다."라고 규정하여 노동쟁의가 발생한 경우 자주적 해결의 원칙을 강조하고 있다.

또한 국가 및 지방자치단체는 노동관계 당사자 간에 노동관계에 관한 주장이 일치하지 아니할 경우 노동관계 당사자가 이를 자주적으로 조정할 수 있도록 조력함으로써 쟁의행위를 가능한 한 예방하고 노동쟁의의 신속·공정한 해결에 노력하여야 한다(노동조합법 제49조).

한편, 노동조합법 제47조에서 제5장(노동쟁의의 조정)은 "노동관계 당사자가 직접 노사협의 또는 단체교섭에 의하여 근로조건 기타 노동관계에 관한 사항을 정하거나 노동관계에 관한 주장의 불일치를 조정하고 이에 필요한 노력을 하는 것을 방해하지 아니한다."라고 규정하고 있다.

이는 노동위원회의 조정절차가 진행되고 있는 경우에도 당사자 간에 노동쟁의를 자주적으로 해결할 수 있다는 당연한 이치를 확인하기 위한 차원의 규정이다.

노동위원회는 노동관계 당사자 일방이 조정을 신청하기 이전이라도 원활한 조정을 위하여 교섭을 주선하는 등 관계 당사자의 자주적인 분쟁 해결을 지원할 수 있다(노동조합법 제53조제2항).

## 2) 신속·공정한 해결

국가나 지방자치단체는 노동쟁의의 신속·공정한 해결에 노력하여야 하며, 노동관계의 조정을 할 경우에는 노동관계 당사자와 노동위원회 기타 관계기관은 사건을 신속히 처리하도록 노력하여야 한다(노동조합법 제49조후단, 제50조).

한편, 국가·지방자치단체·국공영기업체·방위산업체 및 공익사업에 있어서의 노동쟁의의 조정은 우선적으로 취급하고 신속히 처리하여야 한다(노동조합법 제51조).

이는 노사분쟁이 이러한 사업들에 미치는 막대한 영향을 우려하여 마련된 규정이지만, 신속한 처리뿐만 아니라 공정하고 신중하게 처리해야 하기 때문에 공익사업의 조정기간을 일반사업의 10일보다 길게 15일로 설정하고 있다.

도표 7-1 노동쟁의 조정(調整, adjustment) 절차

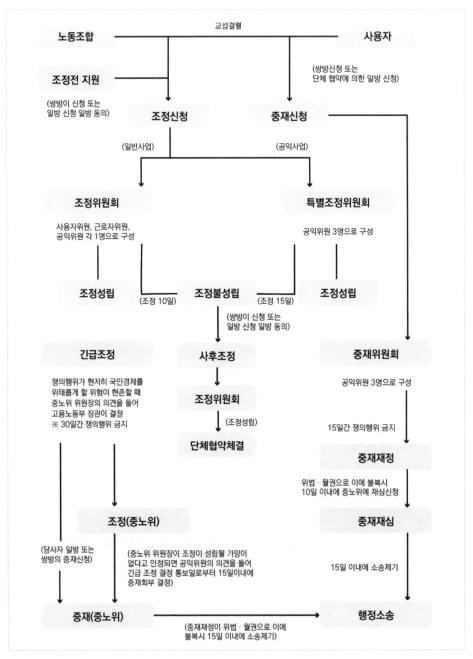

자료: 중앙노동위원회, 한국의 노동위원회, 2018, p.89.

**공적 조정절차**

## 1. 조정(調停)

### (1) 의의

조정(調停)은 노동위원회의 조정위원회가 조정안을 작성하고, 당사자에게 수락을 권고하는 절차이며, 노동조합법이 규정하고 있는 핵심적인 노동쟁의 조정절차이다. 노동위원회는 노동관계 당사자 일방이 노동쟁의 조정을 신청한 때에는 지체 없이 조정을 시작해야 한다(노동조합법 제53조제1항 전단).

조정을 신청하고자 하는 자는 노동쟁의조정신청서에 사업장 개요, 단체교섭 경위, 당사자 간 의견의 불일치 사항 및 이에 대한 당사자의 주장 내용, 기타 참고사항을 기재한 서류를 첨부하여 관할 노동위원회에 제출하여야 한다(노동조합법 시행령 제24조제1항, 시행규칙 제14조제1항).

법문상 노동관계 당사자 일방이 신청할 수 있으므로 사용자도 조정을 신청할 수 있지만, 쟁의행위는 조정절차를 거치지 아니하면 할 수 없으므로(노동조합법 제45조제2항) 통상 노동조합이 조정을 신청하는 것이 일반적이다. 노동쟁의가 발생한 때에는 노동관계 당사자 일방은 상대방에게 그 사실을 서면으로 통보해야 한다(노동조합법 제45조제1항).

노동조합법에 의해 설립된 노동조합이 아니면 조정신청을 할 수 없으므로(노동조합법 제7조제1항) 법외노동조합은 노동위원회에 의한 조정서비스를 받을 수 없다.

즉, 노동위원회에 노동쟁의의 조정 등을 신청할 수 있는 노동조합은 근로자가 주체가 되어 자주적으로 단결하여 근로조건의 유지·개선 기타 근로자의 경제적·사회적 지위의 향상을 도모함을 목적으로 조직하는 단체 또는 그 연합단체로서 노동조합법 제10조에 의하여 설립신고를 마친 노동조합만을 의미한다(대법원 2007.5.11. 2005도8005).

### (2) 조정사건의 관장

노동쟁의가 특정 지방노동위원회의 관할구역에서 발생하였다면 그 노동쟁의 조정사건은 당해 지방노동위원회가 관장하고, 둘 이상의 지방노동위원회의

관할구역에 걸친 노동쟁의 조정사건의 경우 중앙노동위원회가 관장한다(노동
위원회법 제3조제1항 및 제2항).

중앙노동위원회 위원장은 효율적인 노동쟁의의 조정을 위하여 필요하다고
인정하는 경우에는 지방노동위원회를 지정하여 해당 사건을 처리하게 할 수
있다(노동위원회법 제3조제4항).

중앙노동위원회는 민원 접근성 향상과 지역 노사관계를 고려하여 '노동쟁의
조정사건 관장지침(중앙노동위원회 조정과 2020.3.1.)'을 개정하였다.

이 지침에 따르면, ① 노동쟁의 조정사건의 해당 조합원이 2 이상의 지방노동
위원회의 관할구역에 걸쳐 존재하는 경우에도 근로자수 150인 미만 또는 조합원
수 100인 미만 조정사건은 주된 사업장의 소재지를 관할하는 지방노동위원회가
관장하도록 하고 있고, ② 조합원이 특정 지역에 70% 이상 분포되어 있는 조정
사건은 그 특정 지역을 관할하는 지방노동위원회가 관장하도록 하고 있다.

### (3) 조정의 담당자

#### 1) 일반사업

조정은 노동위원회에 구성되는 조정위원회에서 담당한다(노동조합법 제55조
제1항). 조정위원회는 상시적으로 구성되어 있는 것이 아니라, 조정신청이 제
기될 때마다 구성되고, 조정이 종료되면 당해 조정위원회는 해산된다.

노동위원회는 조정신청이 제기된 경우 조정위원 3인으로 구성되는 조정위
원회를 구성한다. 조정위원은 당해 노동위원회의 위원 중에서 사용자위원, 근
로자위원 및 조정담당 공익위원[2] 각 1인을 그 노동위원회의 위원장이 지명하
되, 근로자위원은 사용자가, 사용자위원은 노동조합이 각각 추천하는 노동위
원회의 위원 중에서 지명해야 한다(노동조합법 제55조).

다만, 조정위원회의 회의 3일전까지 관계 당사자가 추천하는 위원의 명단제
출이 없을 때에는 당해 위원을 위원장이 따로 지명할 수 있다(노동조합법 제55
조제2항, 제3항). 조정위원회 위원장은 공익위원이 된다(제56조제2항)

---

2) 노동조합법은 '공익위원'으로 규정하고 있으나, 노동위원회 공익위원은 심판담당, 차별시정담당,
조정담당으로 구분하여 위촉되므로(노동위원회법 제6조제6항), 노동쟁의 조정절차에 있어서 공익
위원은 조정담당 공익위원이다(이하 '공익위원'은 '조정담당 공익위원'을 의미한다).

한편, 노동위원회의 위원장은 근로자위원 또는 사용자위원의 불참 등으로 인하여 조정위원회의 구성이 어려운 경우 공익위원 중에서 3인을 조정위원으로 지명할 수 있다. 다만, 관계 당사자 쌍방의 합의로 선정한 노동위원회의 위원이 있는 경우에는 그 위원을 조정위원으로 지명한다(노동조합법 제55조제4항). 이 경우 조정위원회 위원장은 조정위원 중에서 호선한다(제56조제2항 단서).

노동위원회는 관계 당사자 쌍방의 신청이 있거나 관계 당사자 쌍방의 동의를 얻은 경우에는 조정위원회에 갈음하여 단독조정인에게 조정을 행하게 할 수 있다(노동조합법 제57조제1항).

단독조정인은 당해 노동위원회의 위원중에서 관계 당사자의 쌍방의 합의로 선정된 자를 그 노동위원회의 위원장이 지명한다(제57조제2항). 이는 3명으로 구성되는 조정위원회가 신속하지 못하고 공식적이라는 단점을 보완하기 위한 것이다.[3]

### 2) 공익사업

공익사업의 노동쟁의의 조정은 특별조정위원회에서 담당한다(제72조제1항).

| 노동조합법 | 공익사업의 범위 |
| --- | --- |

제71조(공익사업의 범위등) ① 이 법에서 "공익사업"이라 함은 공중의 일상생활과 밀접한 관련이 있거나 국민경제에 미치는 영향이 큰 사업으로서 다음 각호의 사업을 말한다.
1. 정기노선 여객운수사업 및 항공운수사업
2. 수도사업, 전기사업, 가스사업, 석유정제사업 및 석유공급사업
3. 공중위생사업, 의료사업 및 혈액공급사업
4. 은행 및 조폐사업
5. 방송 및 통신사업

특별조정위원회는 특별조정위원 3인으로 구성하는데, 공익위원 중에서 노동조합과 사용자가 순차적으로 배제하고 남은 4인 내지 6인 중에서 노동위원회의 위원장이 지명한다. 다만, 관계 당사자가 합의로 당해 노동위원회의 위원이 아닌 자

---

3) 임종률, 노동법(제20판), 박영사, 2022, p.205.

를 추천하는 경우에는 그 추천된 자를 지명한다(노동조합법 제72조제2항, 제3항).

특별조정위원회 위원장은 공익을 대표하는 노동위원회의 위원인 특별조정위원 중에서 호선하고, 당해 노동위원회의 위원이 아닌 자만으로 구성된 경우에는 그중에서 호선하며, 다만 공익을 대표하는 위원인 특별조정위원이 1인인 경우에는 당해 위원이 위원장이 된다(노동조합법 제73조).

이와 같이 일반사업과 공익사업의 노동쟁의 조정을 위한 기구의 구성을 별도로 하고 있다. 그 이유는 일반사업에 있어서의 조정은 관계 당사자 쌍방의 양보의사나 이익이 가장 중요한 요소가 되지만, 공익사업의 경우에는 공익, 특히 공중의 일상생활이나 국민경제에 대한 영향도 고려해야 하기 때문이다. 따라서 공익위원만으로 특별조정위원회를 구성하거나 노동위원회 위원이 아닌 외부의 인사도 관계 당사자의 합의가 있는 경우 특별조정위원으로 참여할 수 있도록 한 것이다.[4]

한편, 공익사업과 일반사업의 조정에 있어서 차이점 중의 하나가 바로 조정의 담당자에 관한 것이다. 일반사업의 조정은 조정위원회 대신 단독조정인에 의한 조정이 가능하고, 조정위원회는 근로자위원, 사용자위원, 공익위원으로 구성된다. 반면, 공익사업의 조정은 단독조정인에 의해 수행이 불가능하고, 특별조정위원회는 공익위원만으로 구성된다.

도표 7-2 **일반사업과 공익사업의 조정기구 비교**

| 구 분 | 일반사업 | 공익사업 |
|---|---|---|
| 담당 기구 | 조정위원회 | 특별조정위원회 |
| 구성 | 근로자·사용자·공익위원 각 1인 | 공익위원 3인 |
| 단독조정 가능 여부 | 가능 | 불가능 |

### (4) 조정의 방법

조정위원회 또는 단독조정인은 기일을 정하여 관계 당사자 쌍방을 출석하게

---

4) 임종률, 노동법, p.205.

하여 주장의 요점을 확인하여야 한다. 이 경우 조정위원회의 위원장 또는 단독조정인은 관계 당사자와 참고인외의 자의 출석을 금할 수 있다(노동조합법 제58조, 제59조).

조정위원회 또는 단독조정인은 관계당사자의 주장을 충분히 청취하고 확인한 후 조정안을 작성하여 이를 관계 당사자에게 제시하고 그 수락을 권고하는 동시에 그 조정안에 이유를 붙여 공표할 수 있으며, 필요한 때에는 신문 또는 방송에 보도 등 협조를 요청할 수 있다(노동조합법 제60조제1항). 관계 당사자는 조정에 성실히 임해야 하지만(제53조), 조정안 수락이 강제되는 것은 아니다.

조정은 신청일로부터 일반사업은 10일, 공익사업의 경우 15일 이내에 종료해야 한다(노동조합법 제54조제1항). 이는 노동쟁의가 신속히 해결되어야 한다는 원칙에 따른 것이고, 조정기간 동안 쟁의행위가 제한된다는 점을 고려한 것이다. 조정기간은 관계 당사자 간의 합의에 의해 일반사업은 10일, 공익사업의 경우 15일 이내의 범위에서 연장할 수 있다(제54조제2항).

조정기간의 기산일 및 만료일에 대해서는 노동조합법에서 별도로 규정하고 있지 아니하므로 민법의 규정의 적용된다. 즉 민법 제157조의 규정에 따라 조정신청일의 다음날부터 조정기간을 기산하고, 조정기간의 말일이 토요일 또는 공휴일인 경우 민법 제161조에 따라 그 익일에 조정기간이 만료된다.

## (5) 조정안 제시 및 조정의 종료

### 1) 조정안 제시 및 조정서 작성

노사 쌍방의 의견이 어느 정도 접근하여 조정안을 제시하면 양측이 이를 수락할 가능성이 높은 경우이거나 조정안 제시가 장차 당사자간의 자율적 타결에 도움이 된다고 조정위원들이 판단하는 경우 조정안을 제시한다. 그리고 조정안에 대한 견해의 제시를 요청받은 때에는 조정기간 내에 견해를 제시하여야 한다.[5]

조정위원회 또는 단독조정인이 제시한 조정안이 관계 당사자에 의하여 수락된 때에는 조정위원 전원 또는 단독조정인은 조정서를 작성하고 관계 당사자와 함께 서명 또는 날인하여야 한다(노동조합법 제61조제1항). 조정서의 내용은

---

5) 중앙노동위원회, 조정 및 필수유지업무 매뉴얼, 2018, pp.50~52.

단체협약과 동일한 효력을 가지며(제61조제2항), 조정서의 내용을 준수하지 않은 자는 1천만원 이하의 벌금에 처해진다(제92조제3호).

한편, 조정위원회 또는 단독조정인은 관계 당사자가 조정안의 수락을 거부하여 더 이상 조정이 이루어질 여지가 없다고 판단되는 경우에는 조정의 종료를 결정하고 이를 관계 당사자 쌍방에 통보하여야 한다(노동조합법 제60조제2항). 이는 조정의 성립여부와 종료 시기를 명확히 하기 위한 것이다.

### 2) 조정중지 결정

법률에는 조정위원회 또는 단독조정인이 조정안을 제시하도록 규정되어 있으나, 조정위원회에서는 부득이한 사유로 조정을 계속할 수 없다고 인정되는 경우 조정안을 제시하지 않고 조정을 종료하는데(노동위원회규칙 제155조제6항), 이를 '조정중지'라고 한다.

이러한 조정중지는 ① 당사자가 조정안 제시를 원하지 않는 경우, ② 당사자 간의 주장이 너무 현격한 차이가 있고 그 차이가 좁혀지지 아니하여 그 상황에서는 조정안을 제시하기가 불가능하거나 조정안을 제시하는 것이 앞으로 노사관계에 나쁜 영향을 미치게 될 것이 우려되는 경우에 한하여 예외적으로 행해진다.

조정위원회가 조정중지 결정을 통보할 때에는 조정중지의 결정 및 그 결정을 하게된 사유, 향후 노사가 사후조정이나 자율교섭을 통해 합의를 이루도록 당부하는 사항 등을 언급하고, 그 결정서를 당사자에게 송달한다.[6]

### 3) 행정지도 결정

노동위원회는 조정신청의 내용이 조정이나 중재의 대상이 아니라고 인정하는 경우에는 그 사유와 다른 해결방법을 알려주어야 한다(노동조합법 시행령 제24조제2항). 이는 노동쟁의에 해당하지 않은 조정신청 사건의 경우 노동위원회는 조정을 하지 않는다는 것이며, 실무에서는 '행정지도'로 통용되고 있다(노동위원회규칙 제153조).

노동위원회가 행정지도를 하는 경우는 ① 조정을 신청한 자 또는 그 상대방이 노동조합법 제2조제5호의 노동관계당사자가 아닌 경우(당사자 부적격), ②

---

6) 중앙노동위원회, 조정 및 필수유지업무 매뉴얼, p.58.

근로조건의 결정에 관한 사항이 아닌 사항만을 대상으로 조정 신청한 경우,
③ 조정신청 당시 교섭미진이나 당사자 일방이 교섭안을 제시하지 않은 경우
④ 교섭창구 단일화 절차를 미이행한 경우 등이 있다.[7]

노동위원회는 위와 같은 사유가 있다고 하더라도 바로 행정지도를 하는 것
이 아니라 가급적 조정절차를 진행하기 위해 노력하고 있다.

즉, 조정 신청한 사항 중 주된 내용이 근로조건의 결정에 관한 사항이고 일
부 조정대상이 아닌 사항이 포함되어 있는 경우 조정대상을 중심으로 조정을
진행하고 있으며, 교섭미진의 경우에도 당사자에게 조정기간 내에 교섭안을
제시하도록 하여 조정을 하거나 당사자 간 자율교섭을 진행하도록 안내한 후
조정기간을 연장하도록 권고하고 있다.[8]

또한 교섭창구 단일화 절차를 이행하지 않은 경우에도 조정기간 중(조정기간
연장 포함) 절차상 흠결을 치유하면서 조정절차를 진행하고 있으며 교섭창구
단일화 관련 쟁점 판단요령은 아래와 같다.[9]

**참 고**   교섭창구 단일화 관련 쟁점 판단요령

---

- 노사 당사자가 1사1노조라고 주장하며 교섭창구 단일화 절차 없이 조정 신청한 경우
  - 조정기간 중 교섭요구노동조합 확정절차까지 완료 후 단일노조임이 확인되
    면 조정절차 진행
- 교섭창구 단일화 절차 없이 사실상 개별교섭에 동의 후 교섭을 진행하다 조정
  신청한 경우
  - 조정기간 중 개별교섭 동의절차 완료시 조정절차 진행
- 조정기간 중 교섭대표노동조합의 지위 유지기간이 만료되는 경우
  - 노사가 1사1노조라고 주장하는 경우: 조정기간 중 교섭요구노동조합 확정절
    차를 진행하여 단일노조임이 확인되는 경우에 한해 조정절차 진행
  - 복수노조 사업장의 경우: 조정사건을 취하 후 교섭창구 단일화 절차를 진행
    하도록 안내하되, 노사가 개별 교섭의사가 있고 조정기간 중 개별교섭 동의
    절차를 완료한 경우 조정절차 진행 가능
- 교섭대표노동조합의 지위유지기간 중 교섭창구 단일화 절차 미참여 노동조합
  이 사용자와 교섭 후 조정신청 한 경우: 행정지도

---

7) 중앙노동위원회, 한국의 노동위원회, pp.97~98.
8) 중앙노동위원회, 조정 및 필수유지업무 매뉴얼, pp.59~60.
9) 중앙노동위원회, 조정 및 필수유지업무 매뉴얼, pp.60~61.

- 사용자가 교섭창구 단일화 절차 상의 공고의 방식 및 절차 등을 위반한 경우
  - 사용자가 전체 사업(장)의 노동조합 및 근로자가 알 수 있는 방식으로 공고
    하고, 노동조합의 이의제기 없이 교섭창구 단일화 절차가 확정된 경우: 조정
    절차 진행
  - 사용자가 전체 사업(장)의 노동조합 및 근로자가 알 수 없는 방식으로 공고
    한 경우: 행정지도가 원칙이나, 조정기간 중(조정기간 연장 포함) 교섭창구
    단일화 절차를 새로이 거쳐 교섭대표노동조합 확정 또는 개별교섭 동의 등
    이 가능하면 조정절차 진행

### 4) 조정회의 종료 통보

위와 같은 과정을 요약하면, 조정위원회가 조정안을 제시할 경우 노사 당사
자는 조정안을 수락(조정 성립)하거나 거부(조정 불성립)할 수 있다. 또한 조정
위원회는 노사 주장의 현격한 차이 등으로 조정안을 제시하지 않고 '조정중지'
결정을 할 수 있으며, 노사당사자의 조정신청이 조정대상이 아닌 경우 '행정지
도' 결정을 할 수 있다<도표 7-3>.

한편, 노동위원회는 조정을 종료한 경우에는 노사 당사자 및 행정관청에게
조정결과를 통보한다. 이 때 조정안(수락 또는 거부), 결정서(조정중지 또는 행정
지도)를 첨부하여 통보한다.[10]

도표 7-3  조정 결과

| 구 분 | | 주요 내용 |
|---|---|---|
| 조정안 제시 | 조정안 수락 | 노사 양측이 모두 조정안을 수락하여 조정 성립. 조정서 작성 |
| | 조정안 거부 | 노사 양측 또는 일방이 조정안을 거부하여 조정 불성립. 조정 종료 결정·통보 |
| 조정안 미제시 (결정서 작성) | 조정중지 결정 | 노사 주장의 현격한 차이 등으로 조정안을 제시하지 않고 조정 종료 |
| | 행정지도 결정 | 노사 당사자의 조정신청이 조정대상이 아닌 경우 조정위원회 의결 |

---

10) 중앙노동위원회, 조정 및 필수유지업무 매뉴얼, p.72.

5) 조정서의 해석

조정안이 관계 당사자의 쌍방에 의하여 수락된 후 그 해석 또는 이행방법에 관하여 관계 당사자 간에 의견의 불일치가 있는 때에는 관계 당사자는 당해 조정위원회 또는 단독조정인에게 그 해석 또는 이행방법에 관한 명확한 견해의 제시를 요청하여야 한다. 조정위원회 또는 단독조정인은 견해의 제시 요청을 받은 때에는 그 요청을 받은 날부터 7일 이내에 명확한 견해를 제시하여야 한다(노동조합법 제60조제3항, 제4항).

조정위원회 또는 단독조정인이 제시한 견해는 중재재정과 동일한 효력을 가진다(노동조합법 제61조제3항). 조정서의 해석 또는 이행방법에 관한 견해가 제시될 때까지는 관계 당사자는 당해 조정안의 해석 또는 이행에 관하여 쟁의행위를 할 수 없다(제60조제5항).

(6) 조정전 지원 및 사후조정

노동위원회는 조정신청이 제기되기 이전이라도 원활한 조정을 위하여 교섭을 주선하는 등 관계 당사자의 자주적인 분쟁 해결을 지원할 수 있다(노동조합법 제53조제2항). 또한 노동위원회는 조정의 종료가 결정된 후에도 노동쟁의의 해결을 위하여 조정을 할 수 있으며, 이 경우 조정절차에 관한 규정을 준용한다(제61조의2).

조정전(調停前) 지원과 사후조정 관련 규정은 노동위원회가 단순히 조정기간에 한해 소극적 의미의 조정을 하는 것이 아니라, 조정기간에 구애받지 않고 실질적인 의미에서 조정서비스를 제공할 수 있도록 하자는 취지에서 2006년 노동조합법 개정 시 신설되었다.

따라서 조정전 지원과 사후조정은 그 시작 요건에 제한이 없으며, 그 절차에도 기간의 제한이 없으므로 다소 긴 기간에 걸쳐서 할 수도 있다.

다만, 노동위원회규칙 제171조 및 제175조는 ① 당사자 쌍방이 요청한 경우, ② 당사자 일방이 요청하고 상대방이 이에 동의한 경우, ③ 노동위원회위원장이 당사자의 동의를 얻은 경우를 조정전 지원과 사후조정의 요건으로 규정하고 있는데, 이는 조정전 지원과 사후조정이 실질적으로 작동하기 위해서는 당사자의 요청 또는 동의가 필수적이라는 점을 감안한 규정이다.

사후조정의 경우 그 담당자, 절차, 조정 성립시 효력 등에 관하여 조정에 관한 규정이 준용되므로(노동조합법 제61조의2제2항) 조정위원회 또는 단독조정인이 제시한 조정안을 당사자가 수락한 경우 그 조정안에 따른 조정서는 단체협약과 동일한 효력을 갖는다.

도표 7-4  조정(調停, mediation) 절차

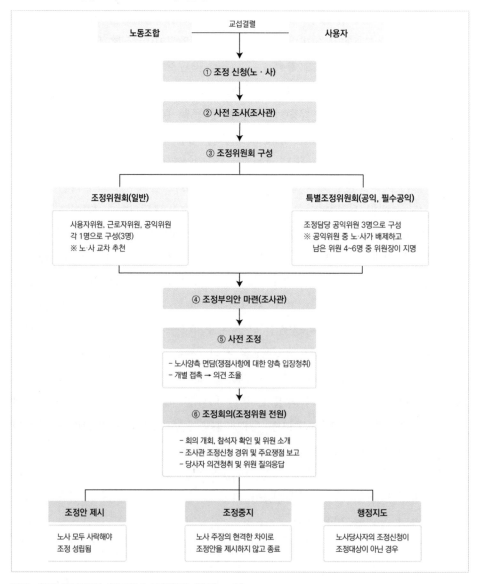

자료: 중앙노동위원회, 한국의 노동위원회, 2018, p.91.

## 2. 중재(仲裁)

### (1) 의의

중재는 노동쟁의가 발생한 경우 관계 당사자 쌍방이 함께 또는 일방이 단체협약에 의하여 노동위원회에 신청하여 노동위원회의 중재재정에 따라 노동쟁의를 해결하는 것을 의미한다(노동조합법 제62조). 노동쟁의가 중재에 회부된 때에는 그 날부터 15일간 쟁의행위를 할 수 없다(제63조).

2006년 노동조합법이 개정되기 이전에는 공익사업(1997년 노동조합법 제정 이전) 또는 필수공익사업(1997년 노동조합법 제정 이후)에 대하여 당사자가 원하지 않더라도 노동위원회 위원장이 직권으로 중재에 회부한다는 결정을 하게 되면 중재를 할 수 있었다.

이 경우 15일간 쟁의행위가 금지되며, 중재재정의 내용에 불만이 있어도 반드시 따라야 하므로 중재재정을 엄격하게 제한하여야 한다는 비판이 제기되었다.

그러한 상황에서 노동위원회의 직권에 의한 중재제도에 대해 위헌여부가 다투어졌으나, 헌법재판소는 직권중재 규정이 공익과 국민경제를 유지·보전하기 위한 최소한의 필요한 조치라는 이유로 합헌으로 결정한 사례가 있었다(헌법재판소 2003.5.15. 2001헌가31).

이후 2006년 노동조합법 개정 시 그간 논란이 되었던 직권에 의한 중재제도를 폐지하여 중재제도는 현재와 같이 당사자 쌍방이 함께 중재를 신청하거나 당사자 어느 일방이 단체협약에 의해 중재를 신청한 경우로 한정되게 되었다.

### (2) 중재의 개시

노동위원회는 관계 당사자의 쌍방이 함께 중재를 신청하거나 관계 당사자의 일방이 단체협약에 의하여 중재를 신청한 때 중재를 개시한다(노동조합법 제62조). 이 경우 단체협약은 일정한 요건하에서 중재를 신청하여야 한다거나 일방이 중재를 신청할 수 있다는 취지의 단체협약 조항을 말한다.

중재는 조정이 실패한 경우 신청할 수도 있지만 조정을 거치지 않고 바로 신청할 수도 있다. 노동위원회는 중재신청의 내용이 중재의 대상이 아니라고 인정하는 때에는 그 사유와 다른 해결방법을 알려주어야 한다(노동조합법 시행령 제24조제2항). 이는 당사자의 신청 내용이 노동쟁의가 아닌 경우 중재를 하지 않는다는 것을 의미한다.

### (3) 중재의 담당자와 중재의 방법

#### 1) 중재의 담당자

노동쟁의의 중재 또는 중재재정에 대한 재심을 위하여 노동위원회에 중재위원회를 둔다(노동조합법 제64조제1항).

즉, 지방노동위원회의 중재위원회는 당해 노동위원회의 관할에 속하는 중재신청사건에 대한 중재재정을 담당하고, 중앙노동위원회에 두는 중재위원회는 2 이상의 지방노동위원회의 관할에 걸친 노동쟁의에 대한 중재를 담당하거나 지방노동위원회의 중재재정에 대한 재심신청사건을 담당한다(노동위원회법 제3조제1항 및 제2항).

중재위원회는 중재위원 3인으로 구성하는데, 중재위원은 노동위원회의 조정담당 공익위원 중에서 관계 당사자의 합의로 선정한 자에 대하여 그 노동위원회의 위원장이 지명한다. 다만, 관계 당사자 간에 합의가 성립되지 아니한 경우에는 노동위원회의 조정담당 공익위원 중에서 지명한다(노동조합법 제64조제2항, 제3항). 중재위원회 위원장은 중재위원 중에서 호선한다(제65조).

일반사업의 조정과 달리 중재의 경우 단독중재인은 허용되지 않으며, 공익사업의 노동쟁의라고 하여 별도의 중재위원회를 구성하지도 않는다.

#### 2) 중재의 방법

중재위원회는 기일을 정하여 관계 당사자 쌍방 또는 일방을 중재위원회에 출석하게 하여 주장의 요점을 확인하여야 한다. 관계 당사자가 지명한 노동위원회의 사용자를 대표하는 위원 또는 근로자를 대표하는 위원은 중재위원회의 동의를 얻어 그 회의에 출석하여 의견을 진술할 수 있다(노동조합법 제66조제1항, 제2항).

중재위원회의 중재회의는 중재위원회 위원 전원의 출석으로 개의하고, 출석위원 과반수 찬성으로 의결한다(노동위원회법 제17조제2항). 중재위원회의 위원장은 관계 당사자와 참고인을 제외한 다른 사람들의 회의 출석을 금할 수 있다(노동조합법 제67조).

중재기간에 대하여는 명문의 규정이 없으나, 노동쟁의가 중재에 회부된 경우 15일 동안은 쟁의행위를 할 수 없는 점 등을 감안하면 당사자가 중재기간의 연장을 원하는 등의 예외적인 경우를 제외하고는 중재신청일로부터 15일 이내에 중재를 마무리하는 것이 타당하다고 할 것이다.

### (4) 중재의 종료와 중재재정의 해석

#### 1) 중재의 종료

중재재정은 서면으로 작성하여 이를 행하며 그 서면에는 효력발생 기일을 명시하여야 한다. 중재재정의 내용은 단체협약과 동일한 효력을 가진다(노동조합법 제68조제1항, 제70조제1항).

조정의 경우 조정서 작성시 조정위원 전원이 서명 또는 날인을 하도록 규정하고 있으나, 중재의 경우 이러한 규정을 두고 있지 않다. 입법적 불비이므로 조정의 경우와 마찬가지로 중재재정서에는 중재위원 전원의 서명 또는 날인이 있도록 입법적 개선이 필요하다고 본다.

중재재정은 노동쟁의의 대상이 된 사항에 대하여 행하여지는 것이고, 근로조건 이외의 사항에 관한 노동관계 당사자 사이의 주장의 불일치로 인한 분쟁상태는 근로조건의 결정에 관한 분쟁이 아니어서 노동쟁의라 할 수 없어서 특별한 사정이 없는 한 중재재정이 대상이 되지 않는 것이 원칙이다(대법원 1996.2.23. 94누9177).

다만, 중재절차는 노동쟁의의 자주적 해결과 신속한 처리를 위한 광의의 노동쟁의 조정절차의 일부분이므로 노사관계 당사자 쌍방이 합의하여 단체협약의 대상이 될 수 있는 사항에 대하여 중재를 해 줄 것을 신청한 경우이거나 이와 동일시할 수 있는 사정이 있는 경우에는 근로조건 이외의 사항에 대하여도 중재재정을 할 수 있다(대법원 2003.7.25. 2001두4818).

#### 2) 중재재정의 해석

중재재정의 해석 또는 이행방법에 관하여 관계 당사자 간에 의견의 불일치가 있는 때에는 당해 중재위원회의 해석에 따르며 그 해석은 중재재정과 동일한 효력을 가진다(노동조합법 제68조제2항).

중재재정의 해석 또는 이행방법에 관하여는 단체협약의 해석 또는 조정서의 해석 관련 조항과 달리 절차적인 규정을 두고 있지 아니한데, 입법적 보완이 필요하다.

다만, 현행법 하에서도 당사자 어느 일방이 중재재정의 해석 또는 이행방법에 관하여 견해의 제시를 요청할 수는 있을 것이며, 중재위원회는 가능한 한 빠른 시간내에 견해를 제시하는 것이 당사자 간의 갈등을 최소화하는데 도움이 될 것이다.

### (5) 중재재정에 대한 불복

중재는 관계 당사자의 의사에 관계없이 당사자 쌍방을 구속하므로 불복절차가 필요하다. 관계 당사자는 지방노동위원회 또는 특별노동위원회의 중재재정이 위법이거나 월권에 의한 것이라고 인정하는 경우에는 그 중재재정서의 송달을 받은 날부터 10일 이내에 중앙노동위원회에 그 재심을 신청할 수 있다(노동조합법 제69조제1항).

또한 관계 당사자는 중앙노동위원회의 중재재정이나 중앙노동위원회의 재심결정이 위법이거나 월권에 의한 것이라고 인정하는 경우에는 그 중재재정서 또는 재심결정서의 송달을 받은 날부터 15일 이내에 행정소송을 제기할 수 있다(노동조합법 제69조제2항).

위 기간 내에 재심을 신청하지 아니하거나 행정소송을 제기하지 아니한 때에는 그 중재재정 또는 재심결정은 확정되며, 이 경우 관계 당사자는 이에 따라야 한다(노동조합법 제69조제3항, 제4항).

여기서 유의해야 할 점은 중재재정이 '위법이나 월권에 의한 것인 경우에만 불복할 수 있다'는 점이다. 즉 중재재정의 내용이 불만스럽거나 어느 일방에게 불리하여 부당하거나 불합리하다는 이유로는 불복이 허용되지 않는다.

여기서 '위법'은 중재재정 또는 재심결정이 근로기준법에 위반하는 등 단체협약의 내용이 될 수 없는 것을 포함하거나 절차에 관하여 노동조합법의 규정을 위반하는 경우를 말하고, '월권'은 노동쟁의의 대상이 아닌 사항이나 정당한 이유 없이 관계 당사자의 분쟁범위를 벗어나는 부분에 대하여 중재가 이루어진 것을 의미한다.

**핵심 판례** 중재재정의 불복사유인 위법 또는 월권의 의미

> 노동조합 및 노동관계조정법 제69조제1항. 제2항은 지방노동위원회의 중재재정이 위법하거나 월권에 의한 것이라고 인정하는 경우 관계당사자가 중앙노동위원회에 그 재심을 신청할 수 있고, 중앙노동위원회의 재심결정이 위법하거나 월권에 의한 것이라고 인정하는 경우 행정소송을 제기할 수 있도록 정하고 있는바, 여기에서 '위법' 또는 '월권'이라 함은 중재재정의 절차가 위법하거나 그 내용이 근로기준법 위반 등으로 위법한 경우 또는 당사자 사이에 분쟁의 대상이 되어 있지 않는 사항이나 정당한 이유 없이 당사자 간의 분쟁범위를 벗어나는 부분에 대하여 월권으로 중재재정을 한 경우를 말하고, 중재재정이 단순히 어느 일방에 불리하거나 불합리한 내용이라는 사유만으로는 불복이 허용되지 않는다(대법원 2007.4.26. 2005두12992).

노동위원회의 중재재정 또는 재심결정은 중앙노동위원회에의 재심신청 또는 행정소송의 제기에 의하여 그 효력이 정지되지 아니하므로(노동조합법 제70조제2항) 중재재정에 불복이 있었다 하더라도 관계 당사자는 중재재정 또는 재심결정을 준수하여야 한다. 중재재정서의 내용을 준수하지 아니한 자에게는 1천만원 이하의 벌금이 부과된다(제92조제3호).

## 3. 긴급조정

### 1) 의의

긴급조정은 진행 중인 쟁의행위로 인해 국민경제나 국민의 일상생활이 위태롭게 되는 경우에 그 쟁의행위를 일시 중단시키고, 그 원인이 된 노동쟁의를 중앙노동위원회의 직권조정 또는 강제중재를 통해 해결하는 비상한 조정절차이다.

이러한 긴급조정 결정은 현대자동차 노조의 쟁의행위(1993), 아시아나항공 조종사노조의 쟁의행위(2005.8.10.)와 대한항공 조종사노조의 쟁의행위(2005.12.11.)에 대하여 내려진 바 있으며, 긴급조정이 결정되는 것은 매우 예외적인 경우이다.

고용노동부장관은 쟁의행위가 공익사업에 관한 것이거나 그 규모가 크거나 그 성질이 특별한 것으로서 현저히 국민경제를 해하거나 국민의 일상생활을 위태롭게 할 위험이 현존하는 때에는 긴급조정의 결정을 할 수 있다(노동조합법 제76조제1항).

즉, 긴급조정의 결정은 공익사업에 있어서의 쟁의행위 또는 일반사업의 쟁의행위가 그 규모가 크거나 성질이 특별한 것으로 현저히 국민경제나 국민의 일상생활을 위태롭게 할 위험이 현존하는 것이어야 한다.

따라서 긴급조정의 결정은 쟁의행위가 발생한 이후에 국민경제 또는 국민의 일상생활의 관점에서 위험이 현존할 것이 요구되므로 경제적 위험 또는 국민의 일상생활을 위태롭게 할 우려가 있는 쟁의행위의 발생이 예상된다고 하여 긴급조정이 발동될 수는 없는 것이다.

## 2) 긴급조정시의 조정 및 중재절차

고용노동부장관은 긴급조정의 결정을 하고자 할 때에는 미리 중앙노동위원회 위원장의 의견을 들어야 하며, 긴급조정을 결정한 때에는 지체 없이 그 이유를 붙여 이를 공표함과 동시에 중앙노동위원회와 관계 당사자에게 각각 통고하여야 한다(노동조합법 제76조제2항, 제3항).

중앙노동위원회는 고용노동부장관으로부터 긴급조정의 통고를 받은 때에는 지체 없이 조정을 개시하여야 한다(노동조합법 제78조). 긴급조정 시의 조정절차에 대해서는 노동조합법에서 명문의 규정을 두고 있지 아니하나, 조정에 관한 규정(제55조 내지 제61조, 제72조, 제73조)이 준용된다고 보아야 할 것이다.

중앙노동위원회의 위원장은 조정이 성립될 가망이 없다고 인정한 경우에는 공익위원의 의견을 들어 그 사건을 중재에 회부할 것인가의 여부를 결정하여야 하는데(노동조합법 제79조제1항), 그 결정은 긴급조정 결정의 통고를 받은 날부터 15일 이내에 하여야 한다. 결국 긴급조정시의 조정기간은 최대 15일 되는 것이다.

중앙노동위원회는 당해 관계 당사자의 일방 또는 쌍방으로부터 중재신청이 있거나 중앙노동위원회 위원장이 중재회부의 결정을 한 때에는 지체 없이 중재를 행하여야 한다(노동조합법 제80조). 따라서 긴급조정 시의 중재는 일반적인 상황에서의 중재와 달리 당사자 일방이 신청할 수도 있는 것이다.

긴급조정 시의 중재의 방법 등에 관해서도 조정의 경우와 마찬가지로 명문의 규정이 없으나, 중재에 관한 규정(노동조합법 제64조 내지 제70조)이 준용된다고 해석된다.

중재기간에 대해서도 노동조합법에 특별한 규정이 없으나, 긴급조정의 취지가 쟁의행위로 인한 국민경제 또는 국민의 일상생활을 위태롭게 할 위험을 제거하여 강제적으로나마 노동쟁의를 해결하려는 것이라는 점을 감안할 때 30일의 쟁의행위 중지 기간 내에 조정과 중재를 모두 종료하는 것이 타당하다는 점에서 30일의 쟁의행위 중지 기간에서 조정기간을 뺀 기간이 중재기간이라고 보아야 할 것이다.

관계 당사자는 긴급조정의 결정이 공표된 때에는 즉시 쟁의행위를 중지하여야 하며, 공표일부터 30일이 경과하지 아니하면 쟁의행위를 재개할 수 없다(노동조합법 제77조). 이 규정을 위반한 자에게는 2년 이하의 징역 또는 2천만 원 이하의 벌금이 부과된다(제90조).

<br>

## 제3절　사적 조정과 중재

### 1. 사적 조정의 의의

노동쟁의는 노동위원회의 공적 조정절차를 통해 해결하는 것이 원칙이나, 노동조합법은 노동관계 당사자가 쌍방의 합의 또는 단체협약이 정하는 바에 따라 민간인에 의한 조정 또는 중재를 통해 노동쟁의를 해결하는 것을 허용하고 있다(노동조합법 제52조제1항).

사적 조정·중재제도는 1987년 노동쟁의조정법 개정 시 임의조정이라는 명칭으로 최초로 도입되었다. 1997년 노동조합법 제정 시에는 노동위원회의 조정절차가 쟁의행위를 제약한다는 비판을 극복하고 유연하고 다양한 방식에 의한 노동쟁의 조정이 필요하다는 취지를 감안하는 한편 제도를 활성화시키기 위해 그 명칭을 사적 조정·중재로 바꾸고, 사적 조정·중재인의 자격기준, 조정·중재 활동에 대한 수수료 등의 지급 근거를 마련하였다.

사적 조정·중재절차에 의해 조정 또는 중재가 이루어진 경우 그 내용은 단체협약과 동일한 효력을 가진다(노동조합법 제52조제4항).

## 2. 사적 조정절차

당사자가 사적 조정·중재 절차에 의해 노동쟁의를 해결하기로 한 경우 아래와 같은 절차를 이행해야 한다(노동조합법 제52조).

① 당사자가 사적 조정절차에 의해 노동쟁의를 해결하기로 한 때에는 이를 노동위원회에 신고하여야 한다.

② 사적 조정절차에 있어서도 당사자는 노동조합법의 조정전치 및 조정기간에 관한 규정을 준수하여야 한다. 따라서 노동조합은 사적 조정을 거친 후에 쟁의행위를 할 수 있으며, 조정기간은 조정을 시작한 날부터 계산한다.

③ 사적 중재의 경우 중재 시의 쟁의행위 금지기간에 관한 규정을 준수하여야 하는데, 이 경우 중재 기간은 중재를 시작한 날부터 계산한다.

④ 사적조정인 또는 중재인은 노동위원회법 제8조제2항제2호의 규정에 의한 지방노동위원회 조정담당 공익위원의 자격을 가져야 한다. 사적 조정·중재를 수행하는 자는 당사자로부터 수수료·수당·여비 등을 받을 수 있다.

# 제 8 장

# 부당노동행위

제8장은 <이수영·임무송 외, 노동법실무(개정판), 중앙경제, 2019>의 부당노동행위 부분 내용을
일부 수정한 것이다.

**부당노동행위 제도의 의의**

## 1. 부당노동행위 제도의 개념과 유형

### 1) 부당노동행위 구제제도

헌법은 제33조제1항에서 "근로자는 근로조건의 향상을 위하여 자주적인 단결권·단체교섭권 및 단체행동권을 가진다."라고 규정하여 근로자에게 노동3권을 보장하고 있다. 이에 따라 헌법이 규정하고 있는 노동3권 보장 질서에 대한 사용자의 침해를 막기 위한 제도가 필요하다.

노동조합법 제81조제1항에서는 부당노동행위를 헌법상 노동3권을 근로자 또는 노동조합이 자주적으로 행사하지 못하도록 방해하거나 개입하는 사용자의 행위로 개념화하여 금지하고 있다.[1] 그리고 사용자의 부당노동행위 금지규범 위반에 대하여 노동조합법 제82조 내지 제86조에서는 노동위원회에 의한 부당노동행위 구제절차에 대해 규정하고 있고, 제90조에서는 처벌규정을 두고 있다.

따라서 부당노동행위 제도는 노동조합법이 설정한 부당노동행위 금지 규범 및 그 위반에 대한 행정적 구제제도와 처벌제도를 총칭하는 것이다. 다만, 이 제도의 실질적 중요성은 사용자가 금지 규범을 위반한 경우 노동위원회를 통한 행정적 구제에 있고, 이를 특히 부당노동행위 구제제도라고 한다.[2]

### 2) 부당노동행위 제도의 목적과 유형

부당노동행위 제도의 목적에 대해서는 크게 두 가지 견해로 나뉜다. ① '기본권 구체화설'은 부당노동행위 제도는 헌법상 노동3권의 보장을 구체화하려는데 그 목적이 있다고 본다. ② '공공질서 확보설'은 부당노동행위 제도를 공정한 노사관계 질서의 확보 내지 원활한 단체교섭관계의 실현을 목적으로 하

---

1) 일반인들은 '부당노동행위'라는 용어를 통상적인 표현으로 이해하여 노동관계에서 사용자 또는 근로자가 행하는 부당한 행위를 법률에 의해 규율하는 것으로 오해하는 경우가 있으나, 부당노동행위는 헌법 제33조제1항의 노동기본권에 바탕을 두고 사용자가 준수하여야 할 부작위 의무를 의미하는 법률적 용어라는 점에 유의하여야 한다.

2) 임종률, 노동법(제20판), 박영사, 2022, p.282.

는 것으로 파악한다.[3]

판례는 헌법이 규정하는 노동3권을 구체적으로 확보하고 집단적 노사관계의 질서를 파괴하는 사용자의 행위를 예방·제거함으로써 ① 근로자의 단결권·단체교섭권 및 단체행동권을 확보하여 ② 노사관계의 질서를 신속하게 정상화하기 위한 것으로 판시하여(대법원 2010.3.25. 2007두8881) 두 견해를 모두 포괄하는 입장을 취하고 있다.

한편, 노동조합법 제81조제1항에서는 부당노동행위를 불이익 취급(제1호), 불공정 고용계약(제2호), 단체교섭 거부·해태(제3호), 지배·개입(제4호), 보복적 불이익 취급(제5호) 등 5가지 유형으로 구분하고 있다.

## 2. 부당노동행위 제도의 유래와 국제 비교

미국은 루즈벨트 대통령 재임 시기인 1935년 전국노동관계법(National Labor Relations Act, NLRA, Wagner Act)을 제정하여, 근로자의 단결과 단체교섭권을 보호하고 노사간 교섭력의 불평등을 시정함은 물론 노사대등원리의 실현을 위하여 각 주(州)간 상업의 자유경제 유통을 촉진시킬 목적으로 부당노동행위 제도를 최초로 도입하였다.

이후 1947년 태프트 하틀리법(Taft-Hartley Act)에 의해 노동조합의 부당노동행위가 도입됨으로써 부당노동행위 제도의 목적이 노동3권과 재산권의 조화와 균형을 통한 노사간 대등한 지위를 확보하는 것으로 제도의 본질이 전환되었다.

제2차 세계대전 종전 이후 일본에서는 1945년에 노동조합법을 제정하면서 불이익 취급과 불공정 고용계약을 부당노동행위로 금지하였고, 1949년에 노동조합법을 개정하면서 단체교섭 거부, 지배·개입을 부당노동행위의 유형으로 추가하고 노동위원회에 의한 구제절차를 마련하였다.

우리나라는 1953년에 구 노동조합법[4]과 구 노동쟁의조정법을 제정하면서,

---

3) 임종률, 노동법, p.284.

4) 1997.3.13. '노동조합 및 노동관계조정법'이 제정되기 이전에는 집단적 노사관계를 규율하는 법률은 노동조합의 설립·운영, 단체교섭, 부당노동행위 등을 규율하는 노동조합법과 쟁의행위·노동쟁의 조정 등에 대해 규정한 노동쟁의조정법으로 나누어져 있었다. 이 책에서 '노동조합 및 노동관계조정법'을 노동조합법으로 약칭함에 따라 노동조합법 제정 이전의 노동조합법은 구 노동조합법으로, 노동쟁의조정법은 구 노동쟁의조정법으로 표기한다.

불이익 취급과 보복적 불이익 취급을 각각의 법에 규정하였다.

그러나 1963년에 구 노동조합법을 전면 개정하면서 구 노동조합법과 구 노동쟁의조정법에 산재해있던 부당노동행위 관련 규정들을 모아 구 노동조합법 제39조에 부당노동행위 금지 규정을 두고 제40조 내지 44조에는 노동위원회에 의한 구제제도를 규정한 이래 현재까지 그 틀을 유지하고 있다.[5]

국제노동기구(ILO) 제98호 '단결권 및 단체교섭권 원칙의 적용에 관한 협약' 제1조에서는 노조활동을 이유로 한 불이익 취급, 불공정 고용계약 등 반노조적 차별행위로부터 근로자 보호에 대해, 제2조에서는 노동조합의 설립·운영에 대한 지배·간섭 등을 금지하는 등 부당노동행위 제도에 대해 규정하고 있다.

**참 고** 미국, 일본과 한국의 부당노동행위 제도 비교

우리나라의 부당노동행위 제도는 미국의 전국노동관계법(Wagner Act)에 그 뿌리를 두고 있고 일본의 부당노동행위 제도를 받아들인 것이나, 다음과 같은 점에서 두 나라와 다른 특색이 있다.[6]

첫째, 미국의 부당노동행위 제도는 노사의 세력균형을 유지하기 위해서 노동정책적 차원에서 인정된 것인데 반하여, 우리나라와 일본의 부당노동행위제도는 헌법상 노동3권 보장 질서를 유지하고, 노동기본권의 실현을 위해 사용자의 행위를 규제하는 것이다.

둘째, 부당노동행위 제도의 본질에 따른 차이로서 미국은 사용자뿐만 아니라 노동조합의 부당노동행위 제도를 두고 있지만, 우리나라와 일본은 사용자의 부당노동행위 제도만을 두고 있다.

셋째, 미국과 일본의 경우와 달리, 우리나라는 노동위원회의 구제명령을 통한 원상회복주의에 부가하여 부당노동행위에 대한 형사처벌 조항도 두고 있다.

넷째, 우리나라의 경우 우리나라의 특수한 노동관행을 변화시키기 위하여 근로시간 면제 한도를 초과하는 급여지급 행위를 부당노동행위의 한 유형으로 명문화하고 있다.

5) 노동법실무연구회, 노동조합 및 노동관계조정법 주해 Ⅲ, 박영사, 2015, pp.5~6.
6) 강희원, "Wagner Act 체제와 미국의 노동조합", 노동법학 제9호, 「한국노동법학회」, 1999; 하갑래, 집단적 노동관계법(제7판), 중앙경제, 2021; 노동법실무연구회, 노동조합 및 노동관계조정법 주해 Ⅲ를 참조하여 작성하였다.

**부당노동행위에서의 사용자**

## 1. 사용자의 의의

부당노동행위 제도의 본질은 노동3권 보장 질서에 대한 사용자의 침해행위를 예방 또는 제거하는 것에 있고, 노동조합법 제81조제1항에서는 부당노동행위를 하여서는 아니 되는 자를 사용자로 명확히 규정하고 있으므로 부당노동행위를 하지 말아야 할 주체는 사용자이다.

이러한 사용자의 범위에는 노동조합법 제2조제2호의 사용자, 즉 사업주, 사업의 경영담당자, 그 사업의 근로자에 관한 사항에 관하여 사업주를 위하여 행동하는 자 모두가 포함된다. 여기서 부당노동행위 금지의무를 부담하는 사용자의 범위는 부당노동행위 구제제도의 유형에 따라 달라진다.

> **참 고** 부당노동행위 구제제도의 유형
>
> 부당노동행위 구제제도는 크게 원상회복주의와 처벌주의로 나누어진다. 원상회복주의는 노동위원회의 구제명령을 통해 부당노동행위가 없었던 상태로의 원상회복을 목표로 하는 반면, 처벌주의는 사용자의 부당노동행위에 대해 형사처벌을 함으로써 간접적으로 사용자의 부당노동행위를 억제하는 것이다. 우리나라는 원상회복주의와 처벌주의를 병행하고 있다.[7]

## 2. 원상회복주의하에서 사용자의 범위

원상회복주의하에서 노동위원회의 구제명령을 이행하여야 할 사용자는 원칙적으로 근로자와 근로계약관계에 있는 사업주인 사용자, 즉 개인 사업주인 경우 사업주 개인, 법인 사업주의 경우 법인 그 자체에 한정된다.

그 이유로는 ① 현실적인 행위자와 법률상 권리의무의 주체인 법적 당사자

---

7) 상세한 내용은 이 장의 '7. 부당노동행위 구제제도'에서 설명하기로 한다.

가 구분되고, ② 집단적 노사관계에서 정상적인 노사관계 확보의 최종 책임은 사업주가 부담하고 그 내부기관이나 업무담당자의 행위는 사업주의 행위로 평가되어 부당노동행위를 구성하며, ③ 노동위원회의 구제명령이 발하여진 경우 그 명령에 따라 이를 시정할 주체는 사업주인 사용자가 될 수밖에 없다는 점 등을 들 수 있다.[8]

판례도 노동위원회 구제명령의 수규자(이행 의무자)로서의 사용자를 근로자와 명시적 또는 묵시적 근로계약 관계에 있는 자, 즉 사업주인 사용자로 한정하는 태도를 보여 왔다(대법원 1986.12.23. 85누856; 대법원 1995.12.22. 95누3565 등). 또한 구제명령이 사업주인 사용자의 일부 조직이나 업무집행기관 또는 업무담당자에 대하여 행하여진 경우에는 사업주인 사용자에 대하여 행하여진 것으로 보아야 한다는 입장을 취하고 있었다(대법원 2006.2.24. 2005두5673).[9]

그러나 대법원은 2010년에 근로자의 기본적인 근로조건 등에 관하여 그 근로자를 고용한 사업주로서의 권한과 책임을 일정 부분 담당하고 있다고 볼 정도로 실질적이고 구체적으로 지배·결정할 수 있는 자가 노동조합을 조직 또는 운영하는 것에 지배하거나 개입하였다면 당해 근로자와 직접 근로관계에 있는 사업주가 아니어도 구제명령의 수규자로서의 사용자에 해당한다고 판시하였다(대법원 2010.3.25. 2007두8881).

이 판결에서 대법원은 원청회사가 개별도급계약을 통하여 사내 하청업체 근로자들의 기본적인 근로조건 등에 관하여 고용사업주인 사내 하청업체의 권한과 책임을 일정 부분 담당하고 있다고 볼 만큼 실질적·구체적으로 지배·결정할 수 있는 지위에 있고, 사내 하청업체의 사업폐지를 유도하는 행위와 사내 하청업체 노동조합의 활동을 위축·침해하는 지배·개입 행위를 하였으므로 그

---

8) 노동법실무연구회, 노동조합 및 노동관계조정법 Ⅲ, p.121.

9) 최근 대법원은 부당노동행위 구제신청과 구제명령의 상대방인 사용자에는 사업주뿐만 아니라 사업의 경영담당자 또는 그 사업의 근로자에 관한 사항에 관하여 사업주를 위하여 행동하는 사람도 포함된다고 보았다(대법원 2022.5.12. 2017두54005). 그 이유로는 ① 구제신청 및 구제명령에 관해 규정하고 있는 노동조합법 제82조 및 제84조의 조문의 체계 및 규정의 문언 등에 비추어 사용자의 범위는 노동조합법 제81조에서 정한 '사용자'의 범위와 같다고 해석하는 것이 논리적으로 일관된 점, ② 노동조합법이 법 준수의무자로서 사용자를 사업의 경영담당자 및 사업주를 위하여 행동하는 자로 확대한 이유는 각 조항에 대한 실효성 확보를 위한 정책적 배려에 있는 점, ③ 부당노동행위의 유형이 다양하고 노사관계의 변화에 따라 그 영향도 다각적이어서 유연하고 탄력적인 구제명령의 방법과 내용이 필요하고, 이에 구제명령 상대방도 사업주인 사용자에 한정된다고 볼 수 없는 점 등을 제시하였다.

원청회사를 부당노동행위의 시정을 명하는 구제명령을 이행할 주체로서의 사용자에 해당한다고 본 것이다.

**핵심 판례** 원청회사를 구제명령의 이행 주체로 판단한 사례

원청회사가 개별도급계약을 통하여 사내 하청업체 근로자들의 기본적인 노동조건 등에 관하여 고용사업주인 사내 하청업체의 권한과 책임을 일정 부분 담당하고 있다고 볼 정도로 실질적이면서 구체적으로 지배·결정할 수 있는 지위에 있고 사내 하청업체의 사업폐지를 유도하는 행위와 그로 인하여 사내 하청업체 노동조합의 활동을 위축시키거나 침해하는 지배·개입 행위를 하였다면, 원청회사는 노동조합 및 노동관계조정법 제81조제4호에서 정한 부당노동행위의 시정을 명하는 구제명령을 이행할 주체로서의 사용자에 해당한다(대법원 2010.3.25. 2007두8881).

한편, 이러한 대법원 판결은 부당노동행위 유형 중 지배·개입에 관한 것이고, 단체교섭의 당사자로서의 사용자는 '근로자와의 사이에 사용종속관계가 있는 자, 즉 근로자와의 사이에 그를 지휘·감독하면서 그로부터 근로를 제공받고 그 대가로서 임금을 지급하는 것을 목적으로 하는 명시적이거나 묵시적인 근로계약관계를 맺고 있는 자'라고 보는 것이 일반적이었다(대법원 2008.9.11. 2006다40935; 대법원 1997.9.5. 97누3644 등). 즉 단체교섭 거부사건의 경우 사업주인 사용자만 구제명령의 상대방으로 판단하였던 것이다.

그러나 중앙노동위원회는 전국택배노동조합이 씨제이대한통운주식회사를 상대로 제기한 단체교섭거부 구제신청 사건에서 '원청 사용자가 하청 근로자의 노동조건에 실질적인 권한을 행사하는 일정 부분에 대해서는 원청 사용자의 단체교섭 당사자로서의 지위를 인정'하여 씨제이대한통운에 대하여 단체교섭 의무가 있다고 판단하였다.[10]

이에 따라 부당노동행위 유형 중 지배·개입 뿐만 아니라 단체교섭 거부의 경우에 있어서도 당해 사업주가 아닌 원청이 단체교섭 당사자가 되는지, 나아가 원청이 단체교섭을 거부한 경우 노동위원회의 구제명령의 상대방이 되는지 여부가 법률적 이슈로 부각되고 있다.

---

10) 중앙노동위원회, '중노위, 씨제이대한통운이 전국택배노조의 단체교섭 요구를 거부한 것은 부당노동행위에 해당', 2021. 6. 21. 보도자료 참고.

## 3. 처벌주의하에서 사용자의 범위

처벌주의를 적용함에 있어서는 노동조합법상 부당노동행위 규정을 위반한 사용자 모두가 처벌대상이 된다. 즉, 노동조합법 제2조제2호 규정에 의한 사용자인 사업주, 사업의 경영담당자 또는 그 사업의 근로자에 관한 사항에 대하여 사업주를 위하여 행동하는 자가 부당노동행위에 관여하였다면 처벌대상이 되는 것이다.

이 경우 산업현장에서는 사업주가 법인인 경우가 일반적이므로, 부당노동행위를 실제로 행한 대표이사, 인사노무담당부서장 등이 행위자로서 처벌(노동조합법 제90조)을 받고, 사업주인 법인은 양벌규정(노동조합법 제94조)에 따라 벌칙 적용의 대상이 된다.

다만, 법인에 대한 양벌규정을 적용하는 경우 행위자의 위반행위가 있어도 법인이 해당 업무에 관하여 상당한 주의·감독을 한 경우에는 양벌규정을 적용하여 법인을 처벌할 수 없다(노동조합법 제94조 단서).

### 참고  양벌규정 개정 경위

법인·단체의 대표자, 종업원 등이 노동조합법 위반행위에 대해 법인도 처벌하는 양벌규정에 대해 책임주의 위반이라는 이유로 위헌법률심판제청이 제기되었고, 헌법재판소(2020.4.23. 2019헌가25)는 "심판대상조항은 종업원 등의 범죄행위에 관하여 비난할 근거가 되는 법인의 의사결정 및 행위구조, 즉 종업원 등이 저지른 행위의 결과에 대한 법인의 독자적인 책임에 관하여 전혀 규정하지 않은 채, 단순히 법인이 고용한 종업원 등이 업무에 관하여 범죄행위를 하였다는 이유만으로 법인에 대하여 형벌을 부과하도록 정하고 있는바, 이는 다른 사람의 범죄에 대하여 그 책임 유무를 묻지 않고 형사처벌하는 것이므로 헌법상 법치국가원리로부터 도출되는 책임주의원칙에 위배"되나, "법인 대표자의 법규위반행위에 대한 법인의 책임은 법인 자신의 법규위반행위로 평가될 수 있는 행위에 대한 법인의 직접책임이므로" 책임주의원칙에 위배되지 않는다고 판단하였다.

즉 심판대상조항 중 법인의 종업원 관련 부분은 헌법에 위반되고, 법인의 대표자 관련 부분은 헌법에 위반되지 아니한다는 것이다. 또한 헌법재판소 2019.4.11. 2017헌가30 결정도 법인의 종업원 등의 행위에 대해 법인을 처벌하는 것은 위헌이라고 판단하였다. 이러한 헌법재판소 결정취지를 반영하여 2020.6.9. 노동조합법 제94조에 단서가 추가되는 법 개정이 있었다.

# 불이익 취급

## 1. 불이익 취급의 의의

불이익 취급의 부당노동행위는 근로자가 노동조합에 가입 또는 가입하려고 하였거나 노동조합을 조직하려고 하였거나 기타 노동조합의 업무를 위한 정당한 행위를 한 것을 이유로 그 근로자를 해고하거나 그 근로자에게 불이익을 주는 행위를 말한다(노동조합법 제81조제1항제1호).

또한 근로자가 정당한 단체행위에 참가한 것을 이유 등으로 근로자에게 불이익을 주는 행위(노동조합법 제81조제1항제5호)도 보복적 불이익 취급으로서 이에 포함된다.

불이익 취급의 부당노동행위는 부당해고 구제신청과 병합되어 구제신청이 제기되는 경우가 통상적이며, 노동위원회에 제기되는 부당노동행위 구제신청 사건의 대다수를 차지하고 있다.[11]

불이익 취급이 성립하려면 ① 노동조합 가입이나 조직 등 근로자의 정당한 노동조합 활동(노동3권의 행사)이 있어야 하고, ② 이에 대한 사용자의 불이익 처분이 존재해야 하며, ③ 사용자의 불이익 처분과 근로자의 정당한 노동조합 활동간에 인과관계가 있어야 한다.

## 2. 정당한 노동조합 활동

불이익 취급의 부당노동행위는 노동조합에 가입하거나 노동조합을 조직하는 과정에서 발생하는 경우도 있지만 노동조합 활동과 관련하여 발생하는 경우가 많다.

노동조합의 활동과 관련된 불이익 취급의 부당노동행위가 성립하기 위해서

---

11) 2020년도 부당노동행위 유형별 접수현황을 살펴보면 불이익 취급(1호)이 1,163건(79.9%), 지배·개입(4호) 212건(14.6%), 단체교섭 거부·해태(3호) 72건(5.0%), 불공정고용계약(2호) 6건(0.4%), 보복적 불이익 대우(5호) 3건(0.2%) 순으로 나타나고 있다[고용노동부, 2021년판 고용노동백서, 2021, p.616].

는 사용자가 불이익 취급의 사유로 삼은 근로자의 행위가 정당한 노동조합 활동에 해당하여야 한다.

근로자의 정당한 노동조합 활동에는 ① 노동조합에의 가입 또는 조직, ② 기타 노동조합의 업무를 위한 정당한 행위, ③ 정당한 단체행위의 참가, ④ 노동위원회에 사용자의 부당노동행위에 대해 신고·증언하거나 기타 행정관청에 증거를 제출하는 행위가 포함된다(노동조합법 제81조제1항제1호, 제5호).

근로자의 행위가 정당한 노동조합 활동에 해당하는 것으로 볼 수 없다면 비록 사용자가 근로자의 노동조합 활동과 관련하여 해고 등 불이익 처분을 하였다 하더라도 부당노동행위에 해당하지 않는다(대법원 1999.3.26. 98두4672).

결국, 정당한 노동조합 활동에 대한 판단기준이 매우 중요한 의미를 갖는다. 법원은 조합원이 조합의 결의나 구체적인 지시에 따라서 한 노동조합의 조직적인 활동 그 자체가 아닐지라도 그 행위의 성질상 노동조합의 활동으로 볼 수 있거나 노동조합의 묵시적인 수권 혹은 승인을 받았다고 볼 수 있을 때에는 그 조합원의 행위를 노동조합의 업무를 위한 행위로 보아야 할 것이다라고 판시하고 있다(대법원 1999.11.9. 99두4273).

이를 좀 더 구체적으로 살펴보면 ① 노조의 결의나 지시가 있었는지, ② 묵시적 수권이나 승인을 받았다고 할 수 있는지, ③ 단체협약이나 취업규칙 등에 위반되지는 않은지, ④ 사용자의 시설관리권을 침해하지는 않은지, ⑤ 법령이나 사회상규에 위반하지는 않은지 여부 등이며, 어느 한두 가지 요소를 갖추지 못하였다 하여 그것만으로 그 활동이 정당성을 잃게 되는 것은 아니고, 이러한 요소들을 종합적으로 감안하여 그 정당성을 판단하여야 한다.12)

또한 노동조합의 정당한 활동으로 평가받기 위해서는 단체협약·취업규칙 등 사업장 내부 규정 또는 관행에 위배되지 않아야 하고, 사용자의 승낙이 있는 경우 외에는 근로시간 외에 행해져야 한다.

아래에서는 정당한 노동조합 활동으로 인정된 경우와 인정되지 않은 사례를 소개한다.

---

12) 사법연수원, 노동조합 및 노동관계조정법, 2015, p.361.

도표 8-1 정당한 노동조합 활동관련 판례[13]

| 정당한 노동조합 활동 | 정당하지 않은 노동조합 활동 |
|---|---|
| ① 노조위원장으로 출마하는 행위 | ⑤ 평조합원이 인사 및 배치문제 등과 관련하여 대표이사를 단체협약 위반혐의로 진정한 행위 |
| ② 수당지급에 관하여 노동부에 진정한 행위 | ⑥ 노조의 결의를 거치지 않은 농성주도 행위 |
| ③ 상무의 비행 폭로 및 대기기사의 수당 인상을 요구하는 글을 휴게실에 게시한 행위 | ⑦ 단체협약 체결을 비난하는 유인물을 노조 의사에 반하여 임의로 게시한 행위 |
| ④ 출퇴근시간이나 휴식시간 또는 야간을 이용하여 노조 설립 등에 대한 안내장을 배부하면서 노조 가입을 권유한 행위 | ⑧ 노동조합 조합원이 조합원 전체가 아닌 소속 부서 조합원만의 작업거부 결의에 따라 다른 근로자의 작업거부를 선동하여 회사의 업무를 방해한 행위 |

## 3. 사용자의 불이익 취급

사용자의 불이익 취급은 ① 신분상 불이익(해고, 전보, 휴직 등) ② 경제적 불이익(차별적 승급, 연장근로의 차별적 거부 등) ③ 정신적 또는 생활상의 불이익(시말서의 요구, 복리후생시설 이용상의 차별대우) ④ 조합활동상의 불이익(조합활동에 부적합한 부서로의 이동, 승진 등) 등 다양한 유형으로 나타난다.

그러나 불이익 취급을 하겠다는 의사표시를 한 것만으로는 지배·개입에 해당할 여지는 있을지라도 그 자체가 불이익 취급의 부당노동행위에 해당한다고는 볼 수는 없다.

**핵심 판례** 부당노동행위에서 불이익을 주는 행위의 의미

노동조합 및 노동관계조정법 제81조제1호에서… '근로자에게 불이익을 주는 행위'란 해고 이외에 그 근로자에게 휴직·전직·배치전환·감봉 등 법률적·경제적으로 불이익한 대우를 하는 것을 의미하는 것으로서 어느 것이나 현실적인 행위나 조치로 나타날 것을 요한다고 할 것이므로, 단순히 그 근로자에게 향후 불이익한 대우를 하겠다는 의사를 말로써 표시하는 것만으로는, 위 법 제81조제4호에 규정된 노동조합의 조직 또는 운영을 지배하거나 이에 개입하는 행위에 해당한다고 할 수 있음은 별론으로 하고 위 법 제81조제1호 소정의 불이익을 주는 행위에 해당한다고는 볼 수 없다(대법원 2004.8.30. 2004도3891).

---

13) 판례번호: ① 대법원 1991.11.12. 91누4164 ② 대법원 1990.8.10. 89누8217 ③ 대법원 1999.11.9. 99두4273 ④ 대법원 1990.10.23. 88누7729 ⑤ 대법원 1994.12.23. 94누3001 ⑥ 대법원 1991.9.24. 91누124 ⑦ 대법원 1991.5.28. 90누6927 ⑧ 대법원 1999.9.17. 99두5740.

판례에서 불이익 취급의 유형으로 판단한 사례를 살펴보면 다음과 같다.

① 특정 근로자가 파업에 참가하였거나 노조 활동에 적극적이라는 이유로 연장근로 등을 거부하는 행위(대법원 2006.9.8. 2006도388),

② 노조 활동을 곤란하게 할 목적으로 노조전임자에게 행한 원직복직 명령(대법원 1991.5.28. 90누6392),

③ 어용노조에 가입하여 실질적인 노조를 만들려는 근로자들에 대해 가입 시도 직후에 노조 활동이 어려운 부서로 전보한 것과 그 전보명령에 불응한 것을 이유로 한 해고(대법원 1992.11.13. 92누9425),

④ 노사분규 도중 승진과 함께 다른 근무 장소로 전보한 행위(대법원 1992. 1.21. 91누5204)

## 4. 부당노동행위 의사와 처분 사유의 경합

### 1) 부당노동행위 의사

부당노동행위가 성립되기 위해서는 사용자가 근로자의 정당한 노동조합 활동을 이유로 불이익 처분을 하여야 한다. 즉 인과관계가 존재해야 한다. 그리고 사용자의 부당노동행위가 인정되기 위해서는 불이익 처분에 부당노동행위 의사를 필요로 하는지가 쟁점이 된다.

이와 관련하여 ① 주관적 인과관계설은 사용자의 반조합적 의사가 필요하다고 주장한다. 반면, ② 객관적 인과관계설은 사용자의 반조합적 의사는 필요하지 않고 노동조합의 활동과 사용자의 불이익 처분 사이에 객관적인 인과관계가 인정되면 부당노동행위가 성립한다고 주장한다.

판례는 근로자의 노동조합 업무를 위한 정당한 행위를 실질적인 해고 이유로 한 것인지의 여부는 사용자측이 내세우는 해고사유와 근로자가 한 노동조합의 업무를 위한 정당한 행위의 내용, 징계해고를 한 시기, 사용자와 노동조합과의 관계, 기타 부당노동행위 의사의 존재를 추정할 수 있는 제반 사정을 비교 검토하여 종합적으로 판단하여야 한다(대법원 1991.4.23. 90누7685)고 하여 주관적 인과관계설을 취하고 있는 것으로 보인다.

사용자의 불이익 처분이 객관적으로 정당하지 않아 부당노동행위가 성립하려면 부당해고등과는 별도로 부당노동행위 의사가 추가적으로 필요로 하므로 주관적 인과관계설이 타당하다고 본다. 그러나 주관적 인과관계설을 택한 경우에도 주관적 의사 확인의 어려움으로 인해 제반 사정을 비교 검토하여 부당노동행위 의사의 존재를 추정한다고 하므로 구별의 실익은 크지 않다.

  2) 처분 사유의 경합

  사용자가 불이익 처분을 할 만한 정당한 사유가 있으면서도 다른 한편으로는 그 처분에 부당노동행위 의사를 추정할 만한 사유가 동시에 존재하는 경우에 부당노동행위가 성립되는지가 쟁점이 된다.

  학계는 이러한 경우를 처분이유의 경합 또는 인과관계의 경합이라는 용어로 설명하며,[14] 부당노동행위 성립부정설(정당사유설), 부당노동행위 성립긍정설, 결정적이유설, 상당인과관계설 등이 대립한다.[15]

  ① 부당노동행위 성립부정설(정당사유설)은 처분의 정당한 이유가 있는 한 사용자에게 부당노동행위 의사가 있다고 하더라도 부당노동행위는 성립하지 않는다는 견해이다.

  ② 부당노동행위 성립긍정설은 사용자의 부당노동행위 의사가 있으면 설사 사용자의 처분에 정당한 이유가 있었다고 하더라도 부당노동행위가 성립한다는 입장이다.

  ③ 결정적 이유설은 정당한 노동조합 활동과 사용자의 처분 이유 중 어느 것이 결정적 이유가 되었는가에 따라서 부당노동행위 여부를 판단한다.

  ④ 상당인과관계설은 정당한 노동조합 활동이 없었더라면 불이익 처분이 없었을 것이라는 관계가 인정되면 부당노동행위가 성립한다는 입장이다.

  대법원이 사용자의 불이익 처분에 정당한 사유가 인정되는 경우에 부당노동행위를 긍정한 사례는 찾기 어렵다. 반면, 대법원이 부당노동행위를 인정한 사례로는 정당한 해고사유 없이 근로자를 해고한 것이 거의 대부분으로 주류적인 판례의 태도가 정당사유설(부당노동행위 성립부정설)의 입장에 서 있는 것으로 해석된다.[16] 이와 관련한 판례를 보면 다음과 같다.

---

  14) 김홍영, "부당노동행위 인정요건과 판단",「노동법학」제57호, 2016, p.111.
  15) 노동법실무연구회, 노동조합 및 노동관계조정법 주해 Ⅲ, pp.45~46.
  16) 사법연수원, 노동조합 및 노동관계조정법, p.387.

① 징계해고 요건 사실이 명백히 인정되어 더 이상 고용관계를 계속할 수 없다고 보아 해고한 이상 반노동조합의 의사가 추정된다는 것만으로 해고처분이 위법하다고 할 수 없다(대법원 1989.3.14. 87다카3196).

② 적법한 징계해고 사유가 있어 징계해고한 이상 사용자가 근로자의 노동조합 활동을 못마땅하게 여긴 흔적이 있다 하여 그 사유만으로 부당노동행위에 해당한다고 단정할 것이 아니다(대법원 1994.12.23. 94누3001).

③ 부당노동행위가 성립하기 위하여는 사용자의 반조합적 의도 내지 동기라고 하는 이른바 부당노동행위 의사가 있어야 하고, 한편 근로자에 대한 징계처분에 정당한 이유가 있는 것으로 인정되는 경우에는 비록 사용자가 근로자의 조합활동을 못마땅하게 여긴 흔적이 있다거나 사용자에게 반노동조합의사가 추정된다고 하더라도 당해 불이익처분의 사유가 단순히 표면상의 구실에 불과하다고 할 수는 없어 그와 같은 불이익 처분은 부당노동행위에 해당하지 않는다(대법원 2004.6.10. 2004두2882).

즉, 해고에 정당한 사유가 있는 이상 사용자가 노동조합 활동에 대해 부정적이거나 노조 활동을 못마땅하게 여긴 흔적이 있다고 하더라도 부당노동행위로 판단하기는 쉽지 않은 것이다.

## 5. 정당한 단체행위 참가, 신고, 증언 등을 이유로 한 불이익 취급

노동조합법 제81조제1항제5호에서는 '근로자가 정당한 단체행위에 참가한 것을 이유로 하거나 또는 노동위원회에 대하여 사용자가 이 조의 규정에 위반한 것을 신고하거나 그에 관한 증언을 하거나 기타 행정관청에 증거를 제출한 것을 이유로 그 근로자를 해고하거나 그 근로자에게 불이익을 주는 행위'를 부당노동행위의 한 유형으로 금지하고 있다.

여기서 정당한 단체행위 참가, 노동위원회에 부당노동행위 신고·증언, 기타 행정관청에 증거 제출 등은 사용자에 의해 침해된 노동3권을 노동위원회나 행정관청을 통해 다시 회복하려는 행위이므로 넓은 의미의 정당한 조합 활동에 해당한다.

따라서 이 조항은 노조 활동과 직접적인 이해관계가 없는 일반 근로자들도 사용자의 보복 등에 대한 불안감에서 벗어나 자유롭게 증언 등을 할 수 있게

함으로써 부당노동행위 구제제도가 원활하게 작동할 수 있도록 하는데 그 부차적인 목적이 있다.[17)

## 6. 사용자의 부당노동행위 관련 쟁점사항

### (1) 유인물 배포행위의 정당성

#### 1) 판단기준

단체협약 또는 취업규칙에 노동조합의 유인물 배포는 사용자의 허가를 필요로 한다는 취지의 규정을 두고 있는 경우가 있다. 또한 이러한 취지의 규정을 두고 있지 않아도 유인물 배포행위로 인해 사용자가 징계를 한 경우 유인물 배포행위가 정당한 조합 활동인지 여부가 문제가 되면서 불이익 취급의 부당노동행위에 해당하는지 여부가 논란이 되기도 한다.

이러한 유인물 배포행위가 정당한 노동조합 활동에 해당하는지 여부를 판단함에 있어서는 단체협약·취업규칙 등에 사용자의 허가를 받도록 되어 있더라도 단순히 허가 여부가 아니라 유인물의 내용, 매수, 대상, 배포방법, 배포시기, 기업이나 업무에의 영향 등을 종합적으로 고려하여 판단하여야 한다(대법원 2000.6.23. 98다54960).

#### 2) 유인물 배포행위가 정당하다고 본 판례

① 단체협약에 유인물 배포 허가제를 채택하고 있다고 할지라도 노동조합의 업무를 위한 정당한 행위까지 금지시킬 수는 없는 것이므로 허가 여부 만이 아니라, 그 유인물의 내용이나 배포방법 등 제반 사정을 고려하여 그 정당성이 판단되어져야 할 것이다.

따라서 휴게시간 중의 배포는 다른 근로자의 취업에 나쁜 영향을 미치거나 휴게시간의 자유로운 이용을 방해하거나 구체적으로 직장질서를 문란하게 하는 것이 아닌 한 허가를 얻지 아니하였다는 이유만으로 정당성을 잃는다고 할 수 없다(대법원 1991.11.12. 91누4164).

---

17) 노동법실무연구회, 노동조합 및 노동관계조정법 주해 Ⅲ, p.36.

② 노동조합이 배포한 문서가 타인의 인격·신용·명예 등이 훼손 또는 실추되거나 그렇게 될 염려가 있고, 또 그 문서에 기재되어 있는 사실 관계의 일부가 허위이거나 그 표현에 다소 과장되거나 왜곡된 점이 있다고 하더라도, 그 문서를 배포한 목적이 노동조합원들의 단결이나 근로조건의 유지 개선과 근로자의 복지증진 기타 경제적·사회적 지위의 향상을 도모하기 위한 것이고, 또 그 문서의 내용이 전체적으로 보아 진실한 것이라면, 이는 노동조합의 정당한 활동이라고 보아야 한다.

따라서 그와 같은 행위를 한 것을 이유로 그 문서를 작성·배포한 근로자를 해고하거나 근로자에게 불이익을 주는 행위는 허용되지 않는다(대법원 2011.2.24. 2008다29123).

### 3) 유인물 배포행위가 정당하지 않다고 본 판례

배포된 유인물은 사용자의 허가를 받지 아니하였을 뿐 아니라 허위사실을 적시하여 회사를 비방하는 내용을 담고 있는 것이어서 근로자들로 하여금 사용자에 대하여 적개감을 유발시킬 염려가 있는 것이고, 유인물을 사용자의 공장에 은밀히 뿌린 것은 사용자의 시설관리권을 침해하고 직장질서를 문란시킬 구체적인 위험성이 있는 것으로서, 비록 배포시기가 노동조합의 대의원 선거운동 기간이었다 할지라도 위 유인물 배포행위는 정당화될 수 없다(대법원 1992.6.23. 92누4253).

### (2) 승진과 부당노동행위

실무적으로 승진도 불이익 취급의 부당노동행위에 해당하는지 여부가 종종 문제가 된다.

### 1) 판단기준

법원은 근로자의 승진이 노동조합 활동을 혐오하거나 조합활동을 방해하려는 사용자의 의사에 이루어진 경우 부당노동행위가 성립한다는 점을 인정하면서, 승진이 부당노동행위에 해당하는지 여부는 승진의 시기와 조합활동과의 관련성, 업무상 필요성, 능력의 적격성과 인선의 합리성 등의 유무와 당해 근로자의 승진이 조합활동에 미치는 영향 등 제반 사정을 고려하여 판단하여야 한다는 입장을 취하고 있다(대법원 1992.10.27. 92누9418).

### 2) 부당노동행위에 해당하지 않는다고 본 판례

노동조합 간부에 대해서도 인사고과점수를 기초로 승진을 시켜 온 관행이 있는 회사에서 평조합원이 장래의 조합 활동을 위하여 승진을 원하지 않았다 하더라도 인사고과점수가 승진대상자 12명 중 3위라는 점과 회사의 인사질서를 문란하게 할 수 없다는 점을 감안하여 그 조합원을 승진시킨 것은 부당노동행위가 될 수 없다(대법원 1992.10.27. 92누9418).

### 3) 부당노동행위에 해당한다고 본 판례

과거에 노동조합 위원장으로 재직했던 근로자가 노조위원장 선거에서 낙선하고, 선거 무효확인소송을 제기한 상태에서 사용자가 업무상 필요성을 이유로 근로자를 조합활동을 할 수 없는 과장으로 승진시키고 타 지역으로 배치전환한 것은 실질적으로는 노동조합 활동을 방해하려는 의사로 행한 것으로서 업무상 필요성은 표면적으로 내세운 사유에 불과한 것이라고 보아야 할 것이므로 이 사건 승진 및 배치전환은 부당노동행위에 해당한다(대법원 1998.12.23. 97누18035).

## (3) 승진 누락과 부당노동행위

### 1) 판단기준

판례는 노동조합 전임자를 승진에서 배제시킨 것이 부당노동행위에 해당하는지 여부에 대하여 사용자와 노동조합과의 관계, 노조전임자와 비전임자 사이에 승진기준에 차별이 존재하는지 여부, 종래의 승진 관행 등 여러 가지 사정을 종합적으로 판단하여야 한다는 입장을 취하고 있다.

**핵심 판례** 승진배제가 부당노동행위에 해당하는지 여부의 판단기준

사용자가 노조전임자의 노동조합활동을 혐오하거나 노동조합활동을 방해하려는 의사로 노조전임자를 승진에서 배제시켰다면 이러한 행위는 노동조합활동을 하는 근로자에게 불이익을 주는 것이어서 부당노동행위에 해당할 것이나, 사용자의 노조전임자에 대한 승진배제 행위가 위와 같이 부당노동행위 의사에 의하여 이루어진 부당노동행위에 해당하는지 여부는 사용자와 노동조합의 관계, 노조전임자와 비전임자 사이에 승진기준의 실질적인 차별이 존재하는지, 종래의 승진 관행에 부합하는지 등과 같이 부당노동행위 의사의 존재 여부를 추정할 수 있는 여러 객관적 사정을 종합하여 판단하여야 할 것이다(대법원 2011. 7.28. 2009두9574).

2) 부당노동행위에 해당하지 않는다고 본 판례

① 이른바 능력주의 승진제도하에서 조합원이 비조합원과 비교하여 승진에 있어서 불이익한 취급을 받았다고 하기 위해서는 당해 조합원이 비교 대상으로 된 비조합원과의 사이에 업무능력, 근무성적, 상위직에 대한 적격성 등에 있어 차이가 없어야 하므로 노조원과 비노조원을 비교하여 볼 때 결과적으로 승진에 있어 격차가 발생하였다고 하더라도 이를 곧바로 부당노동행위가 있었다고 단정할 수 없다(대법원 1998.2.10. 96누10188).

② 승진기준에 따른 근무실적이 비조합원들과 비교하여 같거나 낮은 조합원들이 승진대상에 포함되지 않은 사안에서 조합원들이 회사의 업무분할 및 전적을 거부하고 회사와 대립하여 온 핵심적인 조합원들이라고 하더라도, 회사가 조합원에게 불이익을 주려는 의사로 유독 조합원들을 승진대상에서 제외시켰다고 단정할 수 없다(대법원 2011.7.28. 2009두9574).

3) 부당노동행위에 해당한다고 본 판례

사용자에 대한 근로제공 의무가 면제된 노조전임자들에 대한 승진기준을 별도로 정하지 아니한 채 다른 영업사원과 동일하게 판매실적에 따른 승진기준만을 적용한 것은 노조전임자로 활동하였다는 이유만으로 승진 가능성을 사실상 차단한 것이므로 이러한 승진기준에 의해 이루어진 노조전임자들에 대한 승진배제는 부당노동행위에 해당한다(대법원 2011.7.28. 2009두9574).

### (4) 인사고과와 부당노동행위

사용자가 근로자에 대하여 조합원이라는 이유로 비조합원에 비해 불리하게 인사고과를 한 경우에도 불이익 취급의 부당노동행위가 성립할 수 있다.

인사고과가 부당노동행위에 해당하는지 여부에 대한 판단기준과 관련하여 인사고과에서 노동조합의 조합원과 비조합원 집단 사이에 통계적으로 유의미한 격차가 있었는지, 그러한 격차가 조합원임을 이유로 불이익취급을 하려는 사용자의 반조합적 의사에 기인하는 것인지, 인사고과에서의 차별이 없었더라면 해고 대상자 선정기준에 의할 때 해고대상자로 선정되지 않았을 것인지 등을 고려하여야 한다(대법원 2009.3.26. 2007두25695).

---

## 제4절　불공정 고용계약

### 1. 불공정 고용계약의 의의

불공정 고용계약은 ① 근로자가 어느 노동조합에 가입하지 아니할 것 또는 탈퇴할 것을 고용조건으로 하거나, ② 특정한 노동조합의 조합원이 될 것을 고용조건으로 하는 행위를 말한다.

불공정 고용계약은 근로자의 단결권을 직접적으로 침해하는 것이기 때문에 금지하는 것이다. 종전에는 주로 황견계약(yellow dog contract)[18]으로 지칭되었고, 비열계약, 반조합계약이라고도 한다.

불공정 고용계약은 조합활동에 대해 불이익을 주는 것으로 위에서 설명한 불이익 취급과 유사한 측면이 있다. 그러나 불이익 취급은 기존의 조합활동에

---

[18] 영국에서는 비굴하거나 비열한 사람을 황견(yellow dog)이라고 하는데, 고용관계에서는 노조에의 불가입·탈퇴, 어용노조에의 가입을 사용자가 시키는 대로 응낙하는 자를 말하고 그러한 계약을 황견계약(yellow dog contract)이라고 부르게 되었다[김동원 외, 고용관계론(제3판), 박영사, 2021, p.156].

대한 행위인 반면, 불공정 고용계약은 미래의 조합활동을 채용이나 계속고용의 조건으로 하는 행위라는 점에서 차이가 있다.

| 노동조합법 | 불공정 고용계약의 체결 금지 조항 |
| --- | --- |

제81조(부당노동행위) ① 사용자는 다음 각 호의 어느 하나에 해당하는 행위(이하 "부당노동행위"라 한다)를 할 수 없다

2. 근로자가 어느 노동조합에 가입하지 아니할 것 또는 탈퇴할 것을 고용조건으로 하거나 특정한 노동조합의 조합원이 될 것을 고용조건으로 하는 행위. 다만, 노동조합이 당해 사업장에 종사하는 근로자의 3분의 2 이상을 대표하고 있을 때에는 근로자가 그 노동조합의 조합원이 될 것을 고용조건으로 하는 단체협약의 체결은 예외로 하며, 이 경우 사용자는 근로자가 그 노동조합에서 제명된 것 또는 그 노동조합을 탈퇴하여 새로 노동조합을 조직하거나 다른 노동조합에 가입한 것을 이유로 근로자에게 신분상 불이익한 행위를 할 수 없다.

이러한 불공정 고용계약은 노동조합이 발달하지 않는 곳에서 체결되는 것으로 우리나라에서 발생한 사례는 많지 않고, 실무상 불공정 고용계약을 정면으로 주장하는 경우도 찾아보기 어려웠다.[19]

다만, 복수노조의 전면 허용 이후 특정 노조를 혐오하거나 탄압하기 위한 목적에서 지배·개입행위와 더불어 불공정 고용계약 체결행위가 노사관계의 이슈로 등장한 바 있다(대전지방법원 천안지원 2016.7.15. 2015고단2056 판결 참조).

## 2. 불공정 고용계약의 효력

불공정 고용계약은 헌법 제33조제1항과 노동조합법 제81조 위반으로 사법상 당연히 무효이다

즉, 노동조합법의 부당노동행위 금지규정은 헌법이 규정하는 근로3권을 구체적으로 확보하기 위한 것으로 이에 위반하는 행위에 대하여 처벌규정을 두고 있는 한편 부당노동행위에 대하여 신속한 권리구제를 받을 수 있도록 행정

---

19) 2020년 전국의 노동위원회에 제기된 부당노동행위 구제신청 중 불공정 고용계약 관련 사건은 6건으로 전체 1,456건 중 0.4%에 불과하다[고용노동부, 2021판 고용노동백서, p.616].

상의 구제절차까지 규정하고 있는 점에 비추어 이는 효력규정인 강행법규라고 풀이되므로 위 규정에 위반된 법률행위는 사법상으로도 그 효력이 없다(대법원 1993.12.21. 93다11463). 그러나 이러한 경우에도 고용계약 중 불공정 고용계약 조항을 제외한 다른 내용은 여전히 효력을 가진다.

## 3. 유니온 숍 협정

### (1) 불공정 고용계약과 유니온 숍 협정

헌법 제33조제1항에는 단결권의 주체가 개인인 것처럼 규정되어 있으나, 단결권에는 개인의 단결권과 단결체(노조) 자체의 단결권이 포함되어 있다.[20]

노조가 집단적 단결권을 적절하게 행사할 수 있기 위해서는 어느 정도의 단결 강제가 용인 될 수밖에 없는데, 단결 강제는 불공정 고용계약의 예외적인 것이며, 우리나라에서 주로 문제되는 것이 바로 유니온 숍(union shop) 협정이다.

유니온 숍 협정은 사용자에 의해 고용된 근로자는 일정 기간 내에 노조에 가입해야 할 것을 정한 단체협약상의 조항을 말하며, 노동조합법 제81조제1항 제2호 단서에 허용 근거를 두고 있다.

유니온 숍이 성립되려면 노동조합이 당해 사업장에 종사하는 근로자 3분의 2 이상을 대표하는 노동조합이어야 한다. 이 때 당해 사업장은 노동조합의 조직대상을 의미하는 것으로 해석된다. 그리고 유니온 숍 조항은 일정한 조건 아래 단체협약을 체결한 경우에만 허용되고 취업규칙이나 근로계약 등에 의해 허용되지 않는다.

이러한 유니온 숍 조항의 적용에 대해 살펴보면, 유니온 숍 조항은 소급 적용할 수 없으므로 유니온 숍 조항 체결 이전에 취업한 근로자에 대해 노동조합의 가입을 강제할 수 없다. 그리고 유니온 숍 조항이 체결되었더라도 입사와 동시에 노동조합에 자동 가입되지 않으므로 별도의 노조가입 절차를 거쳐야 한다.

한편, 노동조합 가입의 계기가 된 유니온 숍 협정이 부당노동행위에 해당하여 무효라고 하더라도, 스스로 노동조합에 가입하려는 의사를 가지고 급여에

---

20) 김형배, 노동법(제27판), 박영사, 2021, p.139.

서 노동조합비를 공제하는 것에 동의하는 방식으로 청약의 의사표시를 하고 노동조합이 조합비를 수령함으로써 이를 승낙하였다는 특별한 사정이 인정된 다면, 근로자와 노동조합 사이에 노동조합의 가입계약이 성립하고 이로써 조 합원의 자격을 적법하게 취득하였다고 보아야 한다(대법원 2004.11.12. 2003다 264).

## (2) 복수노조와 유니온 숍 협정

### 1) 복수노조 금지 시기와 유니온 숍 협정의 유효성

헌법 제33조제1항의 단결권에는 단결선택권도 포함되어 있고, 근로자에게는 단결하지 않을 자유도 있기 때문에 원칙적으로는 근로자에게 특정 노동조합에 의 가입을 강제하여서는 아니 된다.

특정 노동조합에의 가입을 강제하는 것은 근로자의 단결하지 않을 자유와 단결선택권을 침해하는 결과를 초래한다. 이러한 점을 감안하여 노동조합법 제81조제1항제2호에서는 불공정 고용계약의 체결을 원칙적으로 금지하고 있 는 것이다.

그러나 불공정 고용계약을 금지하면서도 노동조합법 제81조제1항제2호 단 서에서는 당해 사업장 근로자의 3분의 2 이상을 대표하는 노동조합이 당해 노 동조합의 조합원이 될 것을 고용조건으로 하는 단체협약을 사용자와 체결하는 것이 사용자의 부당노동행위에 해당하지 않음을 확인함과 아울러 노동조합이 조직 강제수단인 유니온 숍 협정을 적법·유효하게 체결할 수 있는 실정법적 근거를 부여하고 있다.

사업장 단위에 복수노조가 허용되기 이전에는 유니온 숍 협정을 체결한 노 동조합의 조합원은 그 노조를 탈퇴하여 다른 노조에 가입할 수 없었기 때문에 유니온 숍 협정은 근로자의 단결하지 않을 자유를 침해하는 대신, 해고의 위 협을 통하여 노조의 조직 강제를 도모함으로써 노조의 단결권을 확보하는 기 능을 하였다.[21]

---

21) 이수영·임무송 외, 노동법 실무(개정판), 2019, p.721.

복수노조 금지 시기에도 유니온 숍 협정 허용 조항에 대한 문제제기가 있었으나, 대법원은 유니온 숍 협정의 유효성을 인정하였고(대법원 2001.10.25. 2000다23815), 헌법재판소도 유니온 숍 협정의 근거 조항을 합헌으로 판단한 바 있다[헌법재판소 2005.11.24. 2002헌바95·96, 2003헌바9(병합)].

**헌법재판소 결정** 유니온 숍 협정 허용 조항

(1) 노동조합의 적극적 단결권은 근로자 개인의 단결하지 않을 자유보다 중시된다고 할 것이고, 또 노동조합에게 위와 같은 조직강제권을 부여한다고 하여 이를 근로자의 단결하지 아니할 자유의 본질적인 내용을 침해하는 것으로 단정할 수는 없다.

(2) 이 사건 법률조항은… 조직강제를 적법·유효하게 할 수 있는 노동조합의 범위를 엄격하게 제한하고 지배적 노동조합의 권한남용으로부터 개별근로자를 보호하기 위한 규정을 두고 있는 등 전체적으로 상충되는 두 기본권 사이에 합리적인 조화를 이루고 있고 그 제한에 있어서도 적정한 비례관계를 유지하고 있으며, 또 근로자의 단결선택권의 본질적인 내용을 침해하는 것으로도 볼 수 없으므로, 근로자의 단결권을 보장한 헌법 제33조제1항에 위반되지 않는다[헌법재판소 2005.11.24. 2002헌바95·96, 2003헌바9(병합)].

### 2) 복수노조 허용과 유니온 숍 협정

노동조합법을 2006년 12월 개정하면서 사업장 단위에 복수노조 전면 허용에 대비하여 유니온 숍 협정 허용조항인 노동조합법 제81조제1항제2호 단서에 "유니온 숍 협정을 체결한 노조를 탈퇴하여 새로 노조를 조직하거나 다른 노조에 가입한 것을 이유로 근로자에게 신분상 불이익한 행위를 할 수 없다."는 내용이 추가되었다.

이는 유니온 숍 협정 허용 조항으로 인해 복수노조 시대에 있어서 단결선택권이 침해되는 문제를 해소하기 위한 조치였다.

또한 대법원은 유니온 숍 협정의 효력은 어느 노동조합에도 가입하지 아니한 근로자에만 미친다는 점을 분명히 하였다(대법원 2019.11.28. 2019두47377).

**핵심 판례** 유니온 숍 협정의 인적 효력 범위

근로자의 노동조합 선택의 자유 및 지배적 노동조합이 아닌 노동조합의 단결권이 침해되는 경우에까지 지배적 노동조합이 사용자와 체결한 유니온 숍 협정의 효력을 그대로 인정할 수는 없고, 유니온 숍 협정의 효력은 근로자의 노동조합 선택의 자유 및 지배적 노동조합이 아닌 노동조합의 단결권이 영향을 받지 아니하는 근로자, 즉 어느 노동조합에도 가입하지 아니한 근로자에게만 미친다.

따라서 신규로 입사한 근로자가 노동조합 선택의 자유를 행사하여 지배적 노동조합이 아닌 노동조합에 이미 가입한 경우에는 유니온 숍 협정의 효력이 해당 근로자에게까지 미친다고 볼 수 없고, 비록 지배적 노동조합에 대한 가입 및 탈퇴 절차를 별도로 경유하지 아니하였더라도 사용자가 유니온 숍 협정을 들어 신규 입사 근로자를 해고하는 것은 정당한 이유가 없는 해고로서 무효로 보아야 한다(대법원 2019.11.28. 2019두47377).

이로써 유니온 숍 협정 허용 근거 조항이 근로자의 단결선택권을 침해하는 문제는 해소되었고, 노동조합의 적극적 단결권(조직 강제권)과 근로자의 단결하지 않을 자유가 충돌하는 문제만 남게 되었다.

위 헌법재판소의 결정과 대법원 판결에서 본 바와 같이 유니온 숍 허용 조항이 노동조합에게 위와 같은 조직 강제권을 부여한다고 하여 근로자의 단결하지 아니할 자유의 본질적인 내용을 침해하지는 않으므로 유니온 숍 허용 조항은 복수노조 시대에 걸맞게 단결선택권을 보장하면서도 단결하지 않을 자유를 제약하는 대신 대표성을 갖춘 노동조합의 적극적 단결권을 강화하는 기능을 수행하게 될 것이다.[22]

### (3) 유니온 숍과 해고

단체협약에 유니온 숍 협정에 따라 근로자는 노동조합의 조합원이어야만 된다는 규정이 있는 경우에는 다른 명문의 규정이 없더라도 사용자는 노동조합에서 탈퇴한 근로자를 해고할 의무가 있다.

그러나 단체협약상의 유니온 숍 협정에 의하여 사용자가 노동조합을 탈퇴한 근로자를 해고할 의무는 단체협약상의 채무일 뿐이고, 이러한 채무의 불이행 자

---

[22] 양성필, "단결선택권과 단결하지 아니할 자유를 고려한 단결강제 제도의 모색", 「노동법학」 제73호, 2020.3., p.149.

체가 바로 노동조합에 대한 부당노동행위가 되는 것은 아니다(대법원 1998.3.24. 96누16070).

유니온 숍 조항에도 불구하고 사용자는 근로자가 당해 노동조합에서 제명된 것을 이유로 신분상 불이익한 행위를 할 수 없다(노동조합법 제81조제1항제2호 단서). 제명은 근로자의 의사에 기한 것이 아니므로 제명 권한을 가진 노동조합에 의한 사실상 해고처분을 방지하기 위한 것이다.

한편, 유니온 숍 협정 상황에서 노동조합을 탈퇴했던 근로자가 재가입 신청을 했을 때 노동조합이 이를 거부할 수 있는지 쟁점이 된다. 유니온숍 협정이 있는 경우 노동조합 측에서 근로자의 조합 가입을 거부하게 되면 이는 곧바로 해고로 직결될 수 있으므로 노조 가입 신청인에게 제명에 해당하는 사유가 있다는 등의 특단의 사정이 없는 한 그 가입에 대하여 승인을 거부할 수 없다(대법원 1996.10.29. 96다28899).

## 제5절 단체교섭 거부

### 1. 단체교섭 거부의 의의

사용자의 단체교섭 거부는 노동조합의 대표자 또는 노동조합으로부터 위임을 받은 자와 단체협약의 체결 기타 단체교섭을 정당한 이유 없이 거부하거나 해태하는 행위를 말한다(노동조합법 제81조제1항제3호).

단체교섭은 노동조합의 핵심적 기능이자 노동3권 중에서도 가장 중핵적 권리이므로(대법원 1990.5.15. 90도357), 이를 사용자가 거부하는 것은 노조의 존재 의의를 부정하는 것과 다름이 없기 때문에 이를 금지하고 있는 것이다. 다만, 사용자의 단체교섭 의무는 단체교섭에 성의를 가지고 임할 의무를 의미하는 것이지, 단체협약을 체결할 의무까지 포함하는 것은 아니다.

## 2. 단체교섭 거부의 정당성

### 1) 판단기준

단체교섭 거부의 부당노동행위는 사용자가 아무런 이유 없이 단체교섭을 거부 또는 해태하는 경우는 물론이고, 사용자가 단체교섭을 거부할 정당한 이유가 있다거나 단체교섭에 성실히 응하였다고 믿었더라도 객관적으로 정당한 이유가 없고 불성실한 단체교섭으로 인정되는 경우에도 성립한다.

정당한 이유인지 여부는 노조의 교섭권자, 노조가 요구하는 교섭시간, 교섭장소, 교섭사항 및 교섭태도 등을 종합하여 사회통념상 단체교섭 의무의 이행을 기대하는 것이 어렵다고 인정되는지 여부에 따라 판단하여야 한다(대법원 2006.2.24. 2005도8606).

헌법에서 노동3권의 하나로 단체교섭권을 보장하고 있고, 이를 구체화하기 위해 정당한 이유 없는 단체교섭의 거부를 부당노동행위의 한 유형으로 규정하고 있는 이상 사용자는 노동조합의 단체교섭 요구에 원칙적으로 응해야 한다.

더욱이 위 판단기준에서 본 것과 같이 사용자가 단체교섭에 성실히 응한다고 믿었더라도 객관적으로 정당한 이유가 없고 불성실한 교섭으로 인정되는 경우에도 부당노동행위가 성립한다는 점이 대법원의 명확한 입장으로 정립된 이상 사용자는 교섭에 성실히 응해야 할 것이다.

아래에서는 단체교섭 거부가 정당한 이유가 있는 것으로 인정된 경우와 그렇지 않은 사례를 살펴본다.

### 2) 정당한 이유가 있는 단체교섭 거부로 본 판례

① 노동조합은 근로자가 회사에 채용된 지 7일 만에 회사와 사전협의 없이 일방적으로 단체교섭 요구서를 보냈고, 교섭요구서에 구체적인 단체교섭 사항을 기재하지도 않았으며, 교섭일시를 문서전송일로부터 2일 후로, 교섭장소도 노조 사무실로 정하였던바, 이러한 교섭요구서의 내용, 전달방식 등에 비추어 보면, 사회통념상 합리적이고 정상적인 교섭요구라고 보기 어려워 사용자가 교섭요구서에 정해진 일시·장소에 출석하지 않았다는 것만으로 정당한 이유 없이 단체교섭을 거부하거나 해태한 것이라고 단정하기는 어렵다(대법원 2009.12.10. 2009도8239).

② 기업의 구조조정의 실시 여부는 경영주체에 의한 고도의 경영상 결단에 속하는 사항으로서 원칙적으로 단체교섭의 대상이 될 수 없고, 그것이 긴박한 경영상의 필요나 합리적인 이유 없이 불순한 의도로 추진되는 등의 특별한 사정이 없는 한, 노동조합이 실질적으로 그 실시 자체를 반대하기 위하여 단체교섭을 요청한다면 비록 그 실시로 인하여 근로자들의 지위나 근로조건의 변경이 필연적으로 수반된다 하더라도 기업이 단체교섭의 요청을 거부하거나 해태하였다고 하여 정당한 이유가 없다고 할 수 없다(대법원 2010.11.11. 2009도4558).

3) 정당한 이유가 없는 단체교섭 거부로 본 판례

① 쟁의행위는 단체교섭을 촉진하는 수단으로서의 성질을 가지므로 쟁의행위 기간이라는 사정은 사용자가 단체교섭을 거부할 정당한 이유가 될 수 없다. 또한 당사자가 성의 있는 교섭을 계속하였음에도 단체교섭이 교착상태에 빠져 교섭의 진전이 더 이상 기대될 수 없는 상황이라면 사용자가 단체교섭을 거부하더라도 그 거부에 정당한 이유가 있다고 할 것이지만, 위와 같은 경우에도 노조로부터 새로운 타협안이 제시되는 등 교섭재개가 의미 있을 것으로 기대할 만한 사정변경이 생긴 경우에는 사용자로서는 다시 단체교섭에 응하여야 하므로, 위와 같은 사정변경에도 불구하고 사용자가 단체교섭을 거부하는 경우에는 그 거부에 정당한 이유가 있다고 할 수 없다(대법원 2006.2.24. 2005도8606).

② 사용자가 노동조합과의 단체교섭을 정당한 이유 없이 거부하다가 법원으로부터 노동조합과의 단체교섭을 거부하여서는 아니된다는 취지의 집행력 있는 판결이나 가처분결정을 받고서도 이를 위반하여 노동조합과의 단체교섭을 거부하였다면, 그 단체교섭 거부행위는 건전한 사회통념이나 사회상규상 용인될 수 없는 정도에 이른 행위로서 헌법이 보장하고 있는 노동조합의 단체교섭권을 침해하는 위법한 행위라고 할 것이므로, 그 단체교섭 거부행위는 노동조합에 대하여 불법행위를 구성한다(대법원 2006.10.26. 2004다11070).

## 3. 노조의 단체교섭권 관련 쟁점사항

### (1) 노조 대표자의 단체협약 체결권 제한과 단체교섭 거부

노동조합법 제29조제1항에 따르면 노조의 대표자는 단체교섭 권한 뿐만아니라 단체협약 체결권한까지 가지므로 노조의 대표자 또는 수임자가 단체교섭 결과에 따라 사용자와 단체협약의 내용을 확인한 후 다시 협약안의 가부에 대하여 조합원 총회의 의결을 거친 후에만 단체협약을 체결할 것을 명백히 한 경우 그 정당성이 문제가 된다.

이러한 상황에서 사용자측으로서는 최종적인 결정권한이 없는 교섭대표와의 교섭을 회피하거나 설령 교섭에 임하더라도 성실한 자세로 교섭에 임하는 것을 꺼리게 될 것이고, 그와 같은 사용자측의 교섭회피 또는 해태를 정당한 이유가 없다고 비난하기 어려우므로 단체교섭 거부의 부당노동행위로 보기 어렵다는 판례(대법원 1998.1.20. 97도588)가 있다.

그러나 사용자의 단체교섭 거부가 부당노동행위에 해당하는지 여부에 대해 대법원은 노동조합측의 교섭권자, 노동조합 측이 요구하는 교섭시간, 교섭장소, 교섭사항 및 그의 교섭태도 등을 종합하여 사회통념상 사용자에게 단체교섭 의무의 이행을 기대하는 것이 어렵다고 인정되는지 여부에 따라 판단해야 한다는 일관된 입장을 유지하고 있다(대법원 1998.5.22. 97누8076; 대법원 2009.12.10. 2009도8239 등).

---

**참 고**  단체협약 체결권 관련 입법 연혁

구 노동조합법 제33조제1항은 노동조합의 대표자에게 교섭할 권한이 있다고만 규정하고 있어서, 교섭할 권한에 단체협약 체결권한이 포함되어 있는지 여부에 대해 논란이 있었다.

이와 관련하여 대법원은 교섭할 권한에 단체협약 체결권한이 포함되어 있다고 판시하였고(대법원 1993.4.27. 91누12257), 1997년 3월에 구 노동조합법과 구 노동쟁의조정법을 통합하여 노동조합법(법률 제5310호)을 제정하면서 이러한 판례의 입장을 입법으로 명확히 하였다.

---

노조 대표자의 단체협약 체결권이 규약 등에 의해 제한되고 있음에도 불구하고 노조 대표자는 법률에 의거 단체협약 체결권을 가진다는 점 등을 감안할 때 노조 대표자의 단체협약 체결권 제한만을 이유로 사용자가 교섭에 응하지 않은 경우 부당노동행위에 해당하지 않는다고 단정하기는 어렵다.

한편, 노조 대표자의 단체교섭권 제한의 문제는 그간 다수의 판례들이 축적되어 오면서 그 법률적 쟁점이 노조 대표자의 단체협약 체결권 보유 여부 및 단체협약 체결권 제한의 효력 문제에서 단체협약 체결권에 대한 절차적 제한이 가능한지 여부 및 단체협약 체결권에 대한 절차적 제한에도 불구하고 노조 대표자가 노동조합의 내부절차를 이행하지 않고 직권으로 단체협약을 체결한 경우의 법률문제로 이동하여 왔다.[23]

현재까지 축적된 판례를 토대로 노조 대표자의 단체협약 체결권 관련 법적 쟁점을 종합하면 아래와 같이 요약될 수 있다.[24]

---

**참 고**  노조 대표자의 단체협약 체결권 관련 법적 쟁점

첫째, 노동조합 대표자는 단체협약 체결권을 보유한다(노동조합법 제29조제1항, 대법원 1993.4.27. 91누12257 전원합의체; 헌법재판소 1998.2.27. 94헌바13·26, 95헌바44).

둘째, 노동조합이 조합원들의 의사를 반영하고 대표자의 단체교섭 및 단체협약 체결 업무 수행에 대한 적절한 통제를 위하여 규약 등에서 내부 절차를 거치도록 하는 등 노동조합 대표자의 단체협약 체결권은 절차적으로 제한이 가능하다(대법원 2013.9.27. 2011두15404; 대법원 2018.7.26. 2016다205908).

셋째, 노동조합의 규약 등에 의한 노동조합 대표자의 단체협약 체결권에 대한 제한이 노동조합 대표자의 단체협약 체결권한을 전면적·포괄적으로 제한하는 정도에 이르게 되면 노동조합 대표자의 단체협약 체결권을 형해화하는 것으로서 노동조합법에 위배된다(대법원 1993.4.27. 91누12257 전원합의체; 헌법재판소 1998.2.27. 94헌바13·26, 95헌바44).

넷째, 노동조합의 대표자가 단체협약 체결과 관련한 절차를 이행하지 않고 단체협약을 체결한 경우 당해 단체협약을 무효로 보아야 한다는 견해가 있으나, 당해 단체협약을 당연히 무효라고 단정할 수 없다(서울중앙지방법원 2015.5.15. 2014가합35452).

---

23) 양성필, "노동조합 대표자의 단체협약 체결권 관련 법적 쟁점", 「노동법 포럼」(제29호), 노동법이론실무학회, 2020.2, p.166.

24) 양성필, "노동조합 대표자의 단체협약 체결권 관련 법적 쟁점", pp.186~187.

다섯째, 노동조합의 대표자가 단체협약 체결과 관련한 노동조합의 내부절차를 이행하지 않고 단체협약을 체결하게 되면 조합원의 노동조합의 의사형성에 참여할 수 있는 절차적 권리를 침해한 불법행위에 해당하여 위자료 지급 책임을 지게 된다(대법원 2018.7.26. 2016다205908).

## (2) 교섭권 위임과 단체교섭 거부

노동조합과 사용자는 노동조합법 제29조제3항에 따라 단체교섭권한을 위임할 수 있으므로, 노조가 교섭권한을 위임한 경우 그 위임 이후 이를 해지하는 등의 별개의 의사표시가 없더라도 그 노조의 교섭권한은 여전히 수임자의 교섭권한과 중복하여 경합적으로 남아 있다(대법원 1998.11.13. 98다20790).

따라서 단체교섭 위임 이후에도 노조의 교섭요구를 사용자가 정당한 이유 없이 거부할 경우 부당노동행위가 성립할 수 있을 것이나, 사용자는 노조의 교섭요구와 수임자의 교섭요구가 중첩되지 않도록 명확히 해 줄 것을 요청하면서 일시적으로 교섭요구에 응하지 않더라도 부당노동행위에 해당한다고 단정할 수는 없다.

---

## 제6절  지배·개입 및 경비원조

## 1. 지배·개입 및 경비원조의 의의

### (1) 의의 및 연혁

노동조합법(제81조제1항제4호)은 사용자가 ① 노동조합을 조직·운영하는 것을 지배하거나 이에 개입하는 행위와 ② 근로시간 면제 한도를 초과하여 급여를 지급하거나 노동조합의 운영비를 원조하는 행위를 금지하고 있다.

사용자의 지배·개입을 금지하는 것은 단결권을 침해하는 행위를 배제·시정함으로써 정상적인 노사관계를 회복하려는 데에 그 취지가 있다(대법원 2019.4.25.

2017두33510). 운영비 원조 금지의 경우 노동조합이 사용자에 의해 어용화되는 것을 방지하고 노동조합의 자주성을 확보하기 위한 취지에서 마련된 조항이다.

2010년에 복수노조 허용 및 근로시간 면제제도 도입을 위한 노동조합법 개정시 노동조합의 자주성 확보를 위해 노조 전임자에 대한 급여 지원을 금지하고, 전임자에 대한 급여 지원을 부당노동행위로 금지하였다.

그러나 2018년에 헌법재판소는 운영비 원조 조항이 입법목적은 정당하나 침해의 최소성 및 법익의 균형성에 위배되어 헌법에 위반된다고 보면서 법적 안정성 측면에서 2019년 말까지만 효력을 유지한다는 헌법불합치 결정을 하였다(헌법재판소 2018.5.31. 2012헌바90).

이러한 헌법재판소 결정의 취지를 반영하여 2020년 6월 노동조합법을 개정하면서 제81조제1항제4호 단서에 "그 밖에 이에 준하여 노동조합의 자주적인 운영 또는 활동을 침해할 위험이 없는 범위에서의 운영비 원조행위는 예외로 한다."라는 법문을 추가하고, 제81조제2항을 신설하여 노동조합의 자주적 운영 또는 활동을 침해할 위험 여부에 대한 판단기준을 규정하였다.

한편, 2021년 ILO 핵심협약 비준을 위해 개정된 노동조합법은 노조전임자에 대한 급여지급을 금지하는 조항과 전임자 급여지급 요구 관철 목적의 쟁의행위를 금지하는 규정을 삭제하였다. 또한 노조전임자 급여지원을 부당노동행위로 보는 규정을 개정하여 근로시간 면제 한도를 초과하는 급여지급 행위를 부당노동행위로 규정하였다.

### (2) 지배·개입의 의사

지배·개입의 부당노동행위가 성립하는데 사용자의 지배개입 의사가 필요한지에 대해 ① 부당노동행위 의사가 필요하다는 의사필요설과 ② 객관적으로 지배·개입에 해당하는 사실이 인정된다면 사용자의 의사를 따로 물을 필요가 없이 부당노동행위가 성립한다는 의사불요설이 대립한다.[25]

법원은 부당노동행위가 성립하기 위해서는 사용자의 부당노동행위 의사의 존재 여부를 추정할 수 있는 모든 사정을 전체적으로 심리 검토하여 종합적으로 판단하여야 한다고 하고 있어 사용자의 지배·개입 의사를 필요로 한다는

---

25) 노동법실무연구회, 노동조합 및 노동관계조정법 주해 Ⅲ, pp.79~80; 하갑래, 집단적 노동관계법. pp.570~571.

의사필요설의 입장을 취하고 있다(대법원 2007.11.15. 2005두4120).

한편, 사용자의 지배 · 개입 행위 자체만으로도 부당노동행위가 성립하고, 노동조합 조직의 약화 등 구체적인 단결권 침해라는 결과가 발생하지 않았더라도 부당노동행위에 해당된다(대법원 1997.5.7. 96누2057; 대법원 2019.4.25. 2017두33510).

**노동조합법** 지배 · 개입 및 경비 원조의 부당노동행위

제81조(부당노동행위) ① 사용자는 다음 각 호의 어느 하나에 해당하는 행위(이하 "부당노동행위"라 한다)를 할 수 없다

4. 근로자가 노동조합을 조직 또는 운영하는 것을 지배하거나 이에 개입하는 행위와 근로시간 면제한도를 초과하여 급여를 지급하거나 노동조합의 운영비를 원조하는 행위. 다만, 근로자가 근로시간중에 제24조제2항에 따른 활동을 하는 것을 사용자가 허용함은 무방하며, 또한 근로자의 후생자금 또는 경제상의 불행 기타 재액의 방지와 구제등을 위한 기금의 기부와 최소한의 규모의 노동조합사무소의 제공 및 그 밖에 이에 준하여 노동조합의 자주적인 운영 또는 활동을 침해할 위험이 없는 범위에서의 운영비 원조행위는 예외로 한다.

② 제1항제4호단서에 따른 "노동조합의 자주적 운영 또는 활동을 침해할 위험" 여부를 판단할 때에는 다음 각 호의 사항을 고려하여야 한다.

1. 운영비 원조의 목적과 경위
2. 원조된 운영비 횟수와 기간
3. 원조된 운영비 금액과 원조방법
4. 원조된 운영비가 노동조합의 총수입에서 차지하는 비율
5. 원조된 운영비의 관리방법 및 사용처 등

## 2. 지배 · 개입 유형별 구체적 사례

사용자의 노동조합에 대한 '지배'는 사용자가 노동조합의 조직 · 운영에 대해 주도권을 갖고 의사결정을 좌우하는 경우를 의미하고, '개입'은 지배의 정도에 이르지 않지만 사용자가 노동조합의 조직 · 운영에 간섭하여 의사결정에 영향력을 미치는 행위를 말한다.

그러나 지배와 개입은 정도의 차이에 불과하고, 약한 정도의 간섭인 개입이

부당노동행위로 규율되는 이상 지배와 개입의 경계를 명확히 구분할 실익은 없다. 따라서 지배·개입은 노동조합 활동에 대한 사용자의 간섭이나 방해 행위 전반을 의미한다고 할 수 있다.[26]

이러한 지배·개입은 노조의 의사결정 및 활동을 제약하거나 이에 지장을 초래할 위험이 있는 사용자의 모든 행위를 포괄하는 개념으로서의 성격을 갖고 있으며, 그 구체적인 행위 양상은 아래와 같이 다양하게 나타난다.

### (1) 노동조합의 조직에 대한 개입

노동조합의 결성에 대한 비난, 탈퇴 권고, 탈퇴 요구와 관련한 사용자의 개입·억제는 가장 기본적인 지배·개입의 양상이라고 할 수 있는데, 아래에서는 이에 대한 사례를 살펴본다.

① 전쟁기념사업회 회장이 종무식에서 전직원을 상대로 사업회 조직의 성질상 태어나지 말아야 할 노동조합이 생겼으며, 자신을 포함한 우리 모두가(감독관청인 국방부에 대하여) 노동자인 것이고, 사업회 조직의 성격상 노조활동에는 한계가 있다고 보며, 계속하여 분쟁이 야기되어 전 직원으로부터 사표를 받고 공개채용으로 다시 충원해야 하는 일이 없기 바란다는 취지로 발언한 것은 노동조합을 부인하는 태도를 명백히 함과 동시에 조합활동이 계속되는 경우 직원의 신분이 박탈될 수도 있다는 신분상의 불안감을 느끼게 하여 조합활동을 위축시킴으로써 조합의 조직과 활동에 영향을 미치고자 하는 의도임이 충분히 인정되므로 지배·개입의 부당노동행위에 해당한다(대법원 1998.5.22. 97누8076).

② 법인의 대표이사가 약 3시간 가까이 신앙심에 호소하여 노동조합이 필요 없음을 역설하고, 노조 없이도 자신이 근로자들의 어려움을 해결해 줄 수 있다는 취지의 말을 한 결과 근로자 17명이 불과 30분만에 똑같은 내용의 탈퇴원서를 작성하였고, 조합원 48명 중 33명이 나흘만에 거의 동일한 내용의 탈퇴원서를 작성하여 제출하게 되었다면, 대표이사의 행위는 노동조합에 대한 비판적 의견을 표현하는 범위를 넘어서 근로자들에게 신분상 불안감을 느끼게 하여 노조활동을 위축시킴으로써 노조의 조직과 활동에 영향을 미치는 간섭행위이므로 부당노동행위에 해당한다(서울행정법원 2002.7.11. 2001구52243).

---

26) 임종률, 노동법, p.301; 노동법실무연구회, 노동조합 및 노동관계조정법 주해 Ⅲ, p.75.

③ 조합원을 부당하게 승진인사에서 탈락시키는 등 불이익 취급을 하고, 간부급 직원을 통해 승진 등을 빌미로 노조 탈퇴를 종용하였으며, 관행에 반하여 노조전임자에게 출근시간을 준수할 것을 강요하고, 또 노조활동을 노골적으로 비난하는 유인물을 작성·배포·낭독하게 한 것은 노조활동에 대한 지배·개입의 부당노동행위에 해당한다(서울행정법원 2002.4.11. 2001구25456).

## (2) 조합원 자격에 대한 문제제기와 지배·개입의 문제

실무적으로 사용자가 특정 직급·보직의 근로자들을 노동조합의 조합원에서 배제할 것을 요구함으로써 노동조합이 자율적으로 정하는 조합원의 범위 설정에 개입하는 행위가 부당노동행위에 해당하는지 여부가 쟁점이 된다.

이러한 행위 자체를 곧바로 지배·개입의 부당노동행위로 볼 여지도 있으나[27], 조합 가입자격 유무에 대한 문제제기를 한 사정만으로 부당노동행위의 사를 단정하여서는 안 되고 그 밖에 부당노동행위 의사의 존재를 추정할 수 있는 사정이 있는지에 관하여 종합적으로 살펴서 부당노동행위 해당 여부를 판단하여야 한다.

이와 관련한 구체적인 사례를 소개하면 원심인 서울고등법원은 사업주를 위하여 행동하는 자와 직무상 항상 사용자의 이익을 대표하여 행동하는 자는 조합원 자격이 없으므로 사용자가 이러한 자들을 조합원의 범위에서 제외할 것을 요구한 행위는 지배·개입의 부당노동행위에 해당하지 않는다고 판단하였다(서울고등법원 2008.7.23. 2007누32794).

그러나 상고심인 대법원 판결은 조합원 가입 자격 유무에 관한 사정만으로 부당노동행위 의사의 유무를 단정할 것이 아니라 그 밖에 부당노동행위 의사의 존재를 추정할 수 있는 사정이 있는지에 관하여 더 심리한 후 부당노동행위 해당 여부를 판단하였어야 한다고 하면서 원심판결을 파기·환송하였다(대법원 2011.9.8. 2008두13873).

파기환송심에서는 사용자의 조합원 탈퇴 종용에 정당한 사유가 있다고 볼 사정이 존재한다면 지배·개입의 의사를 인정할 수 없다고 하면서, 사용자 내지 항상 사용자 이익을 대표하여 행동하는 자에 해당 여부는 실질적 직무내용

---

27) 노동법실무연구회, 노동조합 및 노동관계조정법 주해 Ⅲ, p.84.

등 구체적 사안에 따라 법적 판단을 요하는 사항인 점 등 다양한 요소를 고려하여 사용자의 부당노동행위 의사를 인정하지 않았다(서울고등법원 2012.6.29. 2011누31767).

**조합원 자격에 대한 문제제기와 지배·개입의 부당노동행위**

지배·개입으로 인한 부당노동행위가 성립하려면 사용자에게 노동조합의 조직·운영을 지배하거나 이에 개입할 의사가 있어야 하는바, 사용자의 행위가 부당노동행위에 해당한다는 점은 이를 주장하는 근로자나 노동조합이 증명해야 한다는 점을 고려하면 사용자의 탈퇴 종용에 정당한 사유가 있다고 볼 사정이 존재한다면 그 지배·개입의 의사를 인정할 수 없다고 할 것이다.

노동조합 가입이 제한되는 근로자에 대한 사항에 대하여 사업주를 위하여 행동하는 자내지 항상 사용자의 이익을 대표하여 행동하는 자에 해당하는지의 여부는 일정한 직급, 직책 등에 의해 형식적·일률적으로 결정될 수 있는 것이 아니라 그 실질적인 직무내용 등에 비추어 구체적 사안에 따라 법적인 판단을 요하는 사항인 점, 근로자들이 노동조합에 가입할 수 없는 자에 해당하는지 여부는 객관적으로 볼 때 명확하였다고 할 수 없었던 점 및 사용자가 노동부의 행정해석에 따라 이 사건 행위를 한 것으로 보이는 점, 직원 대다수가 노조에 가입한 상황에서 사용자측 교섭위원 내지 간사로 지정된 조합원이 단체교섭과정에서 사용자측에 불리하게 행동할 우려를 배제할 수 없었던 점, 이 사건 이후 체결된 단체협약에 조합원 자격을 다투었던 해당 직위의 직원들 대부분이 조합원 범위에서 제외되어 사용자측의 주장이 노동조합에 수용된 점 등을 종합적으로 감안하면 사용자에게 부당노동행위 의사가 있었다고 보기 어렵다(서울고등법원 2012.6.29. 2011누31767 파기환송심).

### (3) 노동조합의 내부 운영에 대한 개입

사용자의 노동조합 내부 운영에 대한 개입 행위로는 노동조합의 회의에 대한 방해·감시, 임원 선거 등에 대한 간섭이나 방해 등을 들 수 있다. 이와 관련하여 부당노동행위로 인정된 사례는 다음과 같다.

① 해고를 다투는 노조위원장 대신 다른 조합원 명의로 조합비 등의 일괄공제 요구를 할 것을 사용자가 요청한 행위는 부당노동행위이다(대법원 1997.5.7. 96누2057).

② 노동조합대의원 입후보등록용으로 재직증명서의 발급을 신청하였음에도 대표이사가 직인을 소지한 채 부재중이라는 이유로 입후보등록 마감시한까지

재직증명서를 발급하지 않은 행위는 부당노동행위에 해당된다(대법원 1992.6.23. 92누3496).

③ 회사로부터 조합비의 가압류를 당한 노조가 경제적 어려움을 극복하기 위해 채권을 발행하기로 하자, 사용자 측이 2회에 걸쳐 지회의 채권발행을 중단할 것을 촉구하고, 엄중 조치하겠다는 내용의 공문을 발송한 행위는 부당노동행위이다(대법원 2006.9.8. 2006도388).

### (4) 노동조합의 활동에 대한 개입

사용자가 노동조합이 행하는 단체교섭이나 쟁의행위에 관여하여 노동조합의 의도를 좌절시키거나 사용자의 의도에 맞게 조종하려는 행위가 이에 해당하며, 노동조합과 사용자 사이가 아니라 노동조합의 대외 활동을 문제 삼아 조합 활동에 간섭·방해하는 것도 포함될 수 있다.

노동조합의 활동에 대한 개입을 이유로 부당노동행위에 해당한다고 인정된 사례들은 다음과 같다.

① 노조전임자의 쟁의행위 등 정당한 조합활동을 혐오한 나머지 조합활동을 곤란하게 할 목적으로 행한 원직복귀명령은 부당노동행위이다(대법원 1991.5.28. 90누6392).

② 사용자가 노동조합의 일부 조합원들을 개별적으로 만나거나 모아서, 준법운행 대신 종전과 같은 방식으로 근무할 것을 종용하는 등의 행위를 하여 조합원들 중의 일부가 준법운행을 반대하고 종전과 같은 방식으로 근무할 것을 결의하게 한 행위는 부당노동행위에 해당한다(대법원 1991.12.10. 91누636).

### (5) 복수의 노동조합간 차별

노동조합법 제29조의4제1항은 "교섭대표노동조합과 사용자는 교섭창구 단일화 절차에 참여한 노동조합 또는 그 조합원 간에 합리적 이유 없이 차별을 하여서는 아니 된다."라고 규정하고 있으므로 복수노조가 단체교섭 창구를 단일화하여 교섭을 하는 경우 복수노조간 차별은 주로 공정대표의무 위반이 문제가 된다.

그러나 교섭대표노동조합과의 교섭 또는 합의를 이유로 소수 노동조합을 지배·개입하려는 사용자의 의사가 인정된다면 그러한 행위는 공정대표의무 위반에 더하여 부당노동행위에 해당할 수 있다(서울고등법원 2017.5.12. 2016누 68191).

한편, 복수노조가 병존하는 경우 사용자가 개별 교섭을 선택할 수도 있는데, 이 경우 사용자는 교섭을 요구한 모든 노동조합과 성실히 교섭하여야 하고, 차별적으로 대우해서는 아니된다(노동조합법 제29조의2제2항).[28] 사용자는 개별 교섭 과정에서 각 노동조합에 대해 중립적 태도를 유지하면서 각 노동조합의 단체교섭권 및 단체협약 체결권을 평등하게 존중하여야 하는 중립유지의무를 부담한다.

중립유지의무는 복수노조를 절대적으로 평등하게 대우할 의무를 의미하는 것은 아니므로 사용자가 복수노조에 동일한 내용의 단체교섭안을 제시하였다면 일단 각 노동조합을 평등하게 취급하여 사용자의 중립유지의무를 이행한 것으로 추정되고, 개별 교섭의 결과 노동조합 사이에 근로조건의 차이가 발생하더라도 그 자체만으로는 중립유지의무 위반이나 부당노동행위에 해당한다고 보기 어렵다.[29]

산업현장에서는 개별교섭 절차가 진행되던 중 사용자가 특정 노동조합과 체결한 단체협약의 내용에 따라 해당 노동조합의 조합원에게만 금품을 지급하는 것이 부당노동행위에 해당하는지가 논란이 되는 경우가 있다. 사용자의 이러한 금품 지급 행위가 다른 노동조합의 조직이나 운영을 지배하거나 이에 개입하는 의사에 따른 것이라면 부당노동행위에 해당할 수 있다.

이 경우 사용자의 행위가 부당노동행위에 해당하는지 여부는, 금품을 지급하게 된 배경과 명목, 금품 지급에 부가된 조건, 지급된 금품의 액수, 금품 지급의 시기나 방법, 다른 노동조합과의 교섭 경위와 내용, 다른 노동조합의 조직이나 운영에 미치거나 미칠 수 있는 영향 등을 종합적으로 고려하여 판단하여야 한다(대법원 2019.4.25. 2017두33510).[30]

---

28) 노동조합법이 원칙적으로 교섭창구 단일화제도를 도입하면서도 예외적으로 개별교섭제도를 둔 취지는 복수노조 체계하에서 원활한 교섭과 소수노조의 교섭권 보장을 동시에 달성하기 위한 것이다. 그러나 개별교섭 동의 방식이 사용자가 임의로 교섭 상대방을 선택하여 노사관계 불안정 요인이 된다는 문제가 제기 됨에 따라 2021년 ILO 핵심협약 비준을 위한 법 개정시 신설된 조항이다(고용노동부, 개정 노동조합 및 노동관계조정법 설명자료, 2021.3., p.41)

29) 하갑래, 집단적 노동관계법, pp.277~278; 울산지방법원 2020.6.26. 2019노1258.

30) 복수노조 출현이 기존 노조의 약체화 도모의 수단이 되기도 하는 현실을 부정할 수 없으므로 무한정 개별교섭을 존중할 수 없는 측면이 있다는 점에서 회사는 순수한 의미의 개별교섭이 아니라,

---

**핵심 판례** | **사용자의 중립유지의무와 부당노동행위**

사용자의 어떤 행위가 중립유지의무를 위반하여 부당노동행위에 해당하는지 여부는 사용자가 복수노조에 대하여 해당 교섭안을 제시하게 된 경위 및 배경, 사용자가 개별 노동조합에 대하여 교섭안을 제시한 후 실제 교섭하는 과정에서 특정 노동조합을 부당하게 차별대우하거나 전제조건을 불합리하게 고집하지 않는 등 중립적이고 성실한 태도로 단체교섭에 임하였는지 여부, 제시한 교섭안 내용 자체가 비합리적이거나 특정 노동조합에 대해 차별적이거나 불리한 내용을 담고 있지 않는지 여부, 제시된 교섭안에 대한 개별 노동조합의 요구사항이나 조건 등에 대하여 적절한 수정안을 제시하는 등 사용자가 노동조합의 요구에 합목적적이고 진지하게 대응하였는지 여부, 교섭절차 진행 중에 사용자가 특정 노동조합의 교섭력을 부당하게 감소시키거나 노동3권을 부당하게 제한하려는 등 특정 노동조합의 조직이나 운영을 지배하거나 이에 개입하는 의사 내지 혐오 의사가 있었는지 여부 등 사용자의 협상태도, 교섭방법과 경위, 사용자의 노동조합에 대한 지배·개입 의사의 유무, 단체교섭안의 내용, 그밖에 단체교섭을 통해 실제 발생한 개별 노동조합의 조합원 간의 근로조건 또는 각 조합 간 처우의 차이 정도 등을 종합적으로 고려하여 판단한 결과 사용자의 반노동조합적인 의도가 결정적 동기가 되었다는 점이 인정되는지 여부에 달려있다고 하겠다(울산지방법원 2020.6.26. 2019노1258).

---

아래에서는 복수의 노동조합간 차별이 문제된 사례를 소개한다.

① 회사는 A노동조합으로부터 복리후생에 대한 사항을 양보받는 것에 대한 대가로 격려금을 지급하는 것을 넘어 A노동조합이 격려금 지급 사실을 조합원 가입 유치 수단으로 홍보하게 함으로써 개별교섭 중인 B노동조합의 단체교섭에 간접적으로나마 영향을 미칠 의도가 있었던 것으로 보이므로 지배·개입의 부당노동행위에 해당한다(대법원 2019.4.25. 2017두33510).

② 사용자가 교섭대표노동조합인 C기업 노조와의 임금협약에서 무쟁의 장려금 지급조건을 통상임금 부제소 격려금 지급조건과 결부시킴에 따라 통상임금소송을 유지하는 D지회 조합원들 중 상당수가 통상임금 소송을 취하하고 지회를 탈퇴함으로써 지회의 단결력도 약화되었다고 할 것이므로 이는 불이익취급 및 지배·개입의 부당노동행위에 해당한다(대법원 2021.8.19. 2019다200386).

---

어느 노조와의 합의가 다른 노조와의 관계에서 어떻게 될 것인가 하는 것까지 고려하여야 할 의무를 갖는다는 견해가 있다[송강직, "개별교섭과 지배·개입", 노동판례백선(제2판), 한국노동법학회, 박영사, 2021, p.417].

③ 단체협약 체결을 전후로 체육대회 지원금 지급 등에 있어 노동조합간에 차별을 하지 말 것을 수차례 요청하였음에도 회사가 이를 무시하고 E노동조합에 대해서만 체육대회 지원금을 지급하는 것으로 2013년도 단체협약을 체결한 점에 비추어 보면, 회사는 다른 소수 노동조합 활동의 자주성, 독립성을 저해하거나 거기에 영향을 미치려는 의도로 체육대회 지원금의 대상을 E노동조합으로 한정한 것으로 봄이 타당하므로, 지배·개입의 부당노동행위 의사가 인정된다(서울행정법원 2016.8.25. 2015구합61535).

## 3. 사용자의 언론의 자유와 부당노동행위

헌법 제21조제1항에 따라 모든 국민은 언론·출판의 자유와 집회·결사의 자유를 가지므로 사용자도 헌법상 기본권인 언론의 자유를 갖고 있다. 따라서, 사용자의 노사관계에 대한 의견 표명이나 대응이 부당노동행위에 해당하는지 여부가 종종 문제가 된다.

대법원은 1998년 전쟁기념사업회 사건에서 사용자의 언론의 자유와 부당노동행위와의 관계에 관한 판단기준을 최초로 정립하였다. 즉, 대법원은 사용자가 연설, 사내방송, 게시문, 서한 등을 통하여 의견을 표명할 수 있는 언론의 자유를 가지고 있음은 당연하나, 그것이 행하여진 상황, 장소, 그 내용, 방법, 노동조합의 운영이나 활동에 미친 영향 등을 종합하여 노동조합의 조직이나 운영을 지배하거나 이에 개입하는 의사가 인정되는 경우에는 지배·개입의 부당노동행위가 성립한다고 판시하였다(대법원 1998.5.22. 97누8076).

이후 위와 같은 판례 기조가 이어져 왔으나 대법원은 2013년 철도공사 사건에서 기존의 판단기준을 변경하여 지배·개입의 부당노동행위의 성립에 대해 엄격히 판단하고 있다.

이 판결에서는 기존의 판단기준에 추가하여 사용자의 표현행위가 징계 등 불이익의 위협 또는 이익 제공의 약속 등이 포함되어 있거나 다른 지배·개입의 정황 등 노동조합의 자주성을 해칠 수 있는 요소가 연관되어 있는지 여부를 중시하면서, 이러한 점이 확인되지 않으면 비록 사용자가 노조활동에 대한 비판적 견해를 표명하거나 파업의 정당성, 회사 및 근로자에 미치는 영향 등을 설명하는 행위에 대해 지배·개입의 부당노동행위 의사가 있다고 가볍게 단정할 것은 아니라고 보았다(대법원 2013.1.10. 2011도15497).

---

**핵심 판례** **사용자의 언론의 자유와 부당노동행위**

사용자 또한 자신의 의견을 표명할 수 있는 자유를 가지고 있으므로, 사용자가 노동조합의 활동에 대하여 단순히 비판적 견해를 표명하거나 근로자를 상대로 집단적인 설명회 등을 개최하여 회사의 경영상황 및 정책방향 등 입장을 설명하고 이해를 구하는 행위 또는 비록 파업이 예정된 상황이라 하더라도 파업의 정당성과 적법성 여부 및 파업이 회사나 근로자에 미치는 영향 등을 설명하는 행위는 거기에 징계 등 불이익의 위협 또는 이익제공의 약속 등이 포함되어 있거나 다른 지배·개입의 정황 등 노동조합의 자주성을 해칠 수 있는 요소가 연관되어 있지 않는 한, 사용자에게 노동조합의 조직이나 운영 및 활동을 지배하거나 이에 개입하는 의사가 있다고 가볍게 단정할 것은 아니다(대법원 2013.1.10. 2011도15497).

## 4. 경비원조

### 1) 경비원조의 의의

노동조합법 제81조제1항제4호에 따르면 경비원조는 ① 근로시간 면제 한도를 초과하여 급여를 지급하거나 ② 노동조합의 운영비를 원조하는 행위를 말한다.

다만, 근로자가 근로시간 중에 근로시간 면제 한도 범위 내에서 임금손실 없이 사용자와 협의·교섭, 고충처리, 산업안전 활동 등의 업무와 건전한 노사관계 발전을 위한 노동조합의 유지·관리업무를 하는 것을 사용자가 허용함은 무방하다.

또한 근로자의 후생자금 또는 경제상의 불행 기타 재액의 방지와 구제 등을 위한 기금의 기부와 최소한의 규모의 노동조합사무소의 제공 및 그 밖에 이에 준하여 노동조합의 자주적인 운영 또는 활동을 침해할 위험이 없는 범위에서의 운영비 원조행위는 예외로 한다.

이러한 경비 원조에 해당되는 것으로는 노조 운영비의 지급, 노조 간부의 출장비 지급, 노조 대회의 경비 원조, 쟁의행위기간 중 임금 지급 등을 들 수 있다.[31]

---

31) 김동원 외, 고용관계론, p.144.

## 2) 2010년 노동조합법 개정 이전 판례의 입장

노조전임자에 대한 법적 규율이 없었고, 운영비 원조를 부당노동행위로만 규정하고 있었던 시기(1997.3.13. 노동조합법 제정 이전)에 대법원은 전임자에 대한 급여지급으로 인하여 조합의 자주성을 잃을 위험성이 현저하게 없는 한 부당노동행위가 성립되지 않는다고 보았다.

특히 그 급여지급이 조합의 적극적인 요구 내지는 투쟁결과로 얻어진 것이라면 그 급여지급으로 인하여 조합의 자주성이 저해될 위험은 거의 없다고 보아야 할 것이므로 부당노동행위에 해당하지 않는다는 입장에 서 있었다(대법원 1991.5.28. 90누6392).

즉, 사용자의 경비원조가 노조의 적극적인 요구나 투쟁의 결과 이루어졌고, 그로 인해 노조의 자주성이 침해되지 않는 한 부당노동행위에 해당하지 않는다고 보았던 것이다.

## 3) 2010년 노동조합법 개정 이후 판례의 동향

2010년 노동조합법 개정으로 노조전임자에 대한 급여 지급이 금지되고, 노조전임자에 대한 급여지원이 부당노동행위로 규정된 이후 판례는 경비원조의 문제를 엄격하게 판단하는 경향을 보여 왔다.

첫째, 노조전임자 급여지원과 관련하여 대법원은 노조전임자 급여 지원의 원칙적 금지, 예외적 근로시간 면제 한도 허용'이라는 개정 노동조합법의 취지[32]를 감안하여 노조전임자 급여 지원 행위는 별도로 노동조합의 자주성을 저해할 위험성이 있는지 가릴 필요 없이 그 자체로 부당노동행위를 구성한다고 판시하여(대법원 2016.1.28. 2012두12457) 전임자에 대한 급여지원은 노동조합의 적극적 요구, 투쟁의 결과, 자주성 침해 여부와 무관하게 부당노동행위에 해당한다고 판시함으로써 종전의 입장을 변경하였다.

둘째, 대법원은 근로시간면제자에게 지급하는 급여는 근로제공 의무가 면제

---

[32] 헌법재판소(2014.5.29. 2010헌마606)는 노동조합 전임자가 사용자로부터 급여를 받는 것을 금지하고 근로시간 면제 한도 내에서 노조 업무를 보장하는 근로시간 면제제도(타임오프제도)는 죄형법정주의 원칙, 과잉금지 원칙, 국제법 존중주의 원칙, 포괄위임 입법금지 원칙 등에 위반되지 아니하므로 합헌이라고 결정한 바 있다.

되는 근로시간에 상응하는 것이어야 하므로 과다 책정된 급여를 근로시간면제자에게 지급하는 사용자의 행위는 노동조합의 운영비 원조 행위에 해당하는 부당노동행위가 될 수 있으며, 여기서 근로시간면제자에 대한 급여 과다지급이 부당노동행위에 해당하는지 여부는 면제자가 받은 급여수준이 동일 또는 유사 직급·호봉에 해당하는 일반 근로자의 급여수준을 벗어나 사회통념상 합리적인 범위를 초과할 정도인지 등의 사정을 살펴서 판단하여야 한다고 판시하였다(대법원 2016.4.2. 2014두11137).

셋째, 운영비 원조 행위와 관련하여서도 대법원은 노동조합법 관련 규정의 입법 취지와 내용을 종합하여 볼 때 노동조합법 제81조제4호 단서에서 정한 행위를 벗어나서 주기적이나 고정적으로 이루어지는 운영비 원조 행위는 노조 전임자 급여 지원 행위와 마찬가지로 노동조합의 자주성을 잃게 할 위험성을 지닌 것으로서 비록 그 운영비 원조가 노동조합의 적극적인 요구 내지 투쟁으로 얻어진 결과라 하더라도 노동조합법 제81조제4호 본문에서 금지하는 부당노동행위에 해당한다고 보았다(대법원 2016.1.28. 2012두12457).

이러한 기조하에 법원은 ① 사무보조비 지급, ② 사무실 유지관리비, 차량과 그 관리비 및 유류비 지원, ③ 노동조합 활동에 필요한 시설 장비, 차량, 집기 등 비품 일체 제공, ④ 업무용 차량 및 차량 유지관리비 지원과 소비조합(매점) 운영 장소 시설 제공 등을 운영비 원조의 부당노동행위로 판단하였다.[33]

### 4) 헌법불합치 결정과 법 개정 이후의 해석론

운영비 원조가 부당노동행위에 해당한다는 제81조제1항제4호 중 '노동조합의 운영비를 원조하는 행위'에 관한 부분이 노동조합의 단체교섭권을 침해한다는 헌법재판소의 헌법불합치 결정(헌법재판소 2018.5.31. 2012헌바90)과 그 후속조치에 따른 법 개정, ILO 핵심협약 비준을 위한 법 개정이 이루어진 이상 기존의 대법원 입장은 그대로 유지되기 어려울 것으로 보인다.

그 이유를 보면 우선 노동조합법 제81조제1항제4호 단서에 '노동조합의 자주적인 운영 또는 활동을 침해할 위험이 없는 범위에서의 운영비 원조행위'는 부당노동행위로 보지 않도록 하는 예외 규정이 추가되었기 때문이다.

---

33) 판례번호: ① 대법원 2016.1.28. 2012두12457 ② 대법원 2016.3.10. 2013두3160 ③ 대법원 2017.1.12. 2011두13392 ④ 대법원 2016.4.15. 2013두11789.

또한 노조전임자 급여지원행위가 부당노동행위에서 제외됨에 따라 근로시간 면제 한도를 초과하는 급여지원 행위를 제외한 경비원조의 경우 제81조제2항에 신설된 '노동조합의 자주적 운영 또는 활동을 침해할 위험' 판단기준에 따라 노동조합의 자주성 침해 여부를 판단하여 부당노동행위 해당 여부를 살펴보아야 하기 때문이다.

제 7 절 **부당노동행위 구제제도**

## 1. 부당노동행위 구제제도의 의의

우리나라는 부당노동행위 구제와 관련하여 원상회복주의와 처벌주의를 병행하고 있다.

부당노동행위 구제제도의 연혁을 살펴보면, 1953년 구 노동조합법 제정시 사용자의 부당노동행위에 대해 형벌을 부과하는 처벌주의를 도입하였다가, 1963년 구 노동조합법 전면 개정시 일본의 영향을 받아 노동위원회의 구제명령을 통한 원상회복주의로 변경하였다.

이후 사용자가 노동위원회의 구제명령에 따르지 않는 경향이 나타남에 따라 1986년 구 노동조합법 개정시 원상회복주의에 처벌주의가 추가되었고, 이후 양자가 병행되고 있다.

우선, 근로자 또는 노동조합은 노동위원회에 구제신청을 하여 노동위원회의 구제명령을 통해 부당노동행위가 없었던 것과 같은 원상회복이 이루어지도록 할 수 있다.

또한 근로자 또는 노동조합은 고용노동부 지방관서에 진정 또는 고소·고발을 하여 부당노동행위를 행한 사용자가 스스로 시정토록 하거나 형사처벌을 받게 할 수도 있다.

노동조합법 제81조제1항의 부당노동행위 금지 규정을 위반한 자는 2년 이하의 징역 또는 2천만원 이하의 벌금에 처해지고(노동조합법 제90조), 확정된 노동위원회의 구제명령에 위반한 자는 3년 이하의 징역 또는 3천만원 이하의 벌금에 처해진다(제89조제2호).

다만, 두 가지 제도가 병행되는 데에 따르는 혼란을 방지하기 위하여 고용노동부는 지침을 통해 노동위원회에 의한 원상회복주의를 우선하도록 하고 있다.

---

**참 고** 부당노동행위 구제 관련 민원 처리 원칙

---

부당노동행위 관련 민원은 노사관계의 특수성에 비추어 형사처벌보다는 노동위원회의 구제절차를 중심으로 처리·운영하는 것이 바람직하며, 지방고용노동관서와 노동위원회에 동시에 사건이 계류 중인 경우 사건 진행상황을 상호 확인 하는 등 연계 처리하되, 신고사건은 노동위원회의 초심판정 결과를 존중하여 처리하도록 한다.

---

자료: 고용노동부. 집단적 노사관계 업무 매뉴얼. 2022. p.511.

한편, 부당노동행위를 당한 근로자 또는 노동조합은 노동위원회를 통한 행정적 구제와 고용노동부 지방관서를 통한 형사처벌에 의한 구제 이외에 법원에 소를 제기하여 부당노동행위 금지규정을 위반한 법률행위의 무효확인, 손해배상, 단체교섭 의무이행 등을 청구할 수 있고, 이와 관련한 피보전권리와 보전의 필요성이 있으면 가처분 신청도 가능하다.

## 2. 부당노동행위 구제신청권자

노동조합법 제82조제1항에 따르면 사용자의 부당노동행위로 인하여 그 권리를 침해당한 근로자 또는 노동조합은 노동위원회에 구제신청을 할 수 있으므로 근로자와 노동조합 모두 독자적인 구제신청권을 가진다.

여기서 노동조합의 구제신청권은 근로자의 구제신청권을 대위하거나 대리하는 것이 아니라 근로자 개인의 구제신청권과는 별개의 노동조합 자체의 독자적 권한이다(대법원 1979.2.13. 78다2275).

따라서 노동조합을 조직하려고 하였다는 것을 이유로 근로자에 대하여 한 부당노동행위에 대하여는 후에 설립된 노동조합도 독자적인 구제신청권을 가진다(대법원 1991.1.25. 90누4952).

그러나 부당노동행위 유형의 고유한 특성에 따라 구제신청권자가 한정되는 경우가 있다고 보아야 한다. 특히 단체교섭의 주체는 노동조합이므로 단체교섭 거부·해태와 관련한 부당노동행위 구제신청권은 노동조합에게만 있다고 보아야 할 것이다.

한편, 지배·개입의 부당노동행위에 대해 근로자에게도 구제신청권이 인정되는지 여부에 대해 논란이 있으나, 노동조합이 어용화되어 지배·개입에 대해 다툴 의사가 없는 경우도 있을 수 있으므로 근로자 개인도 독자적인 구제신청권을 갖고 있다고 보는 것이 타당할 것이다.

이와 달리 근로기준법에 의한 부당해고등의 노동위원회 구제제도는 근로자 개인의 법익보호에 초점이 있으므로 노동조합에게는 구제신청권이 인정되지 않는다(대법원 1992.11.13. 92누1114).

## 3. 노동위원회의 부당노동행위 구제절차

### 1) 구제신청과 심문회의 개최

사용자의 부당노동행위로 인하여 그 권리를 침해당한 근로자 또는 노동조합은 노동위원회에 구제를 신청할 수 있으며, 구제신청은 부당노동행위가 있은 날(계속하는 행위는 그 종료일)로부터 3월 이내에 해야 한다(노동조합법 제82조).

노동위원회는 부당노동행위 구제신청을 받은 때에는 지체없이 필요한 조사와 관계 당사자 심문을 하여야 하고, 심문을 할 때에는 관계 당사자의 신청에 의하거나 그 직권으로 증인을 출석하게 하여 필요한 사항을 질문할 수 있다(노동조합법 제83조제1항 및 제2항).

노동위원회의 조사와 심문에 관한 절차는 중앙노동위원회가 따로 정하는데(노동조합법 제83조제4항), 이에 근거하여 제정된 노동위원회규칙은 사건조사, 심문회의, 판정회의 등 조사와 심문에 관한 구체적인 절차에 대해 규정하고 있다.

노동위원회는 조사 및 심문 과정에서 언제든지 당사자에게 화해를 권고하거나 화해안을 제시할 수 있다. 화해가 성립한 경우 당해 사건은 종결되며 노동위원회는 화해조서를 작성한다. 그 화해조서는 재판상 화해의 효력을 갖는다(노동위원회법 제16조의3).

한편, 신청인은 판정서가 도달되기 전까지 서면으로 신청의 전부나 일부를 취하할 수 있으며, 노동위원회 위원장은 취하가 접수된 때에는 그 사건을 종결하고, 그 사실을 당사자 쌍방에게 서면으로 통지해야 한다(노동위원회규칙 제75조).

## 2) 구제명령

노동위원회가 심문을 종료하고 부당노동행위가 성립한다고 판정한 때에는 사용자에게 구제명령을 발하여야 하며, 부당노동행위가 성립되지 아니한다고 판정한 때에는 그 구제신청을 기각하는 결정을 하여야 한다.

노동위원회의 판정·명령 및 결정은 서면으로 하되, 이를 당해 사용자와 신청인에게 각각 교부하여야 한다. 관계 당사자는 노동위원회의 구제명령이 있을 때에는 이에 따라야 한다(노동조합법 제84조).

---

**참 고**  불이익 취급 부당노동행위에 대한 구제명령 주문(예시)

---

1. 이 사건 사용자가 2019. 0. 0. 이 사건 근로자에게 행한 (징계처분)은 불이익 취급의 부당노동행위임을 인정한다.
2. 이 사건 사용자는 이 판정서를 송달받은 날부터 30일이내에 이 사건 근로자에게 행한(징계처분)을 취소하고, 그 기간 동안 정상적으로 근로하였다면 받을 수 있는 임금상당액을 지급하라.
4. 이 사건 사용자는 이 판정서를 송달받은 날부터 10일 이내에 이 사건 근로자에 대한 (징계처분)은 불이익 취급의 부당노동행위라는 게시물을 사내게시판 및 내부전산망에 10일간 게시하라.

---

자료: 중앙노동위원회, 심판업무 매뉴얼, 2019, p.287.

## 3) 구제명령의 확정

관계 당사자가 지방노동위원회의 구제명령 또는 기각결정에 불복이 있는 경우 그 명령서 또는 결정서의 송달을 받은 날부터 10일 이내에 중앙노동위원회에 그 재심을 신청할 수 있다. 중앙노동위원회의 재심판정에 불복하는 경우 재심판정서를 송달 받은 날부터 15일 이내에 행정소송법이 정하는 바에 의하여 소를 제기할 수 있다(노동조합법 제85조제1항, 제2항).

관계 당사자가 위 기간내에 중앙노동위원회에 재심을 신청하지 아니하거 나 법원에 행정소송을 제기하지 아니한 때에는 구제명령·기각결정 또는 재 심판정은 확정되고, 관계 당사자는 이에 따라야 한다(노동조합법 제85조제3항, 제4항).

## 4. 부당노동행위의 입증책임

사용자의 어떠한 행위가 부당노동행위에 해당한다는 점에 대한 입증책임은 이를 주장하는 근로자 또는 노동조합에게 있다.

즉, 사용자의 행위가 부당노동행위에 해당한다는 점은 이를 주장하는 근로 자 또는 노동조합이 증명하여야 하므로, 필요한 심리를 다하였어도 사용자에 게 부당노동행위 의사가 존재하였는지가 분명하지 아니하여 존재 여부를 확정 할 수 없는 경우에는 그로 인한 위험이나 불이익은 이를 주장하는 근로자 또 는 노동조합이 부담할 수밖에 없다(대법원 2014.2.13. 2011다78804).

이러한 부당노동행위에 대한 입증책임은 사용자가 해고의 정당성에 대한 입 증책임이 있다는 점(대법원 1991.7.12. 90다9353)과 구별된다.

## 5. 노동위원회 구제명령 위반의 효력

노동위원회의 구제명령·기각결정 또는 재심판정은 중앙노동위원회에의 재 심신청이나 법원에의 행정소송의 제기에 의하여 그 효력이 정지되지 않는다 (노동조합법 제86조).

따라서 사용자는 구제명령에 불복하였는지 여부에 관계없이 노동위원회의 구제명령을 이행해야 할 공법상 의무를 부담한다. 그렇다고 하여 노동위원회 의 구제명령은 직접 노사간의 사법상 법률관계를 발생 또는 변경시키는 것은 아니다(대법원 1996.4.23. 95다53102).

구 노동조합법 제46조에서는 확정되지 아니한 구제명령을 위반한 경우에도 처벌하도록 규정하고 있었으나, 헌법재판소의 위헌 결정(헌법재판소 1995.3.23. 92헌가14)으로 현행 노동조합법 제89조제2호는 확정된 구제명령을 위반한 경우에만 처벌하도록 규정하고 있다. 확정된 구제명령을 위반한 경우에는 3년 이하의 징역 또는 3천만원 이하의 벌금에 처한다.

---

**참 고**  부당노동행위와 이행강제금 제도 관련 검토

사용자가 지방노동위원회의 부당해고 등의 구제명령을 이행하지 않은 경우에는 구제명령 이행의 실효성 확보 차원에서 재심신청 여부와 관계 없이 근로기준법 제33조제1항에 따라 3천만원이하의 이행강제금이 부과되나, 노동조합법에는 이행강제금 부과 근거 조항을 두고 있지 않으므로 사용자가 부당노동행위 구제명령을 이행하지 않아도 이행강제금을 부과할 수 없다.

근로기준법에 따른 부당해고 구제제도는 노동조합법에 의한 부당노동행위 구제 제도의 영향을 받아 입법된 것이고, 구제명령의 법적 성격이 동일함에도 불구하고 부당노동행위 구제명령 미이행에 대하여 이행강제금을 부과하지 않는 것은 제도간의 형평성에 문제가 있다는 점이 지적될 수 있다.

노동위원회법에 구제절차와 구제명령에 대한 통칙 규정을 두고 있다는 점을 감안하여 이행강제금 근거 규정도 노동위원회법에 마련함으로써 제도적 흠결을 치유하는 방안을 검토할 필요가 있다고 본다.

이 경우 부당노동행위 자체에 대한 형사처벌 규정을 삭제하고, 확정된 노동위원회의 구제명령 위반에 대한 형사처벌 조항은 존치함으로써 부당노동행위 구제제도를 노동위원회에 의한 원상회복주의로 단일화하는 방안도 병행하여 논의될 수 있을 것이다.[34]

---

## 6. 긴급이행명령제도

1997년 노동조합법 제정 당시 부당노동행위 구제명령의 실효성을 확보하기 위해 일본의 제도를 참고하여 긴급이행명령제도를 도입하였다.[35] 즉, 사용자

---

34) 이수영·임무송 외, 노동법 실무, p.744.
35) 일본 노동조합법 제27조의20은 "사용자가 노동위원회의 부당노동행위 구제명령에 대하여 법원에 소를 제기한 경우, 수소(受訴)법원은 구제명령 등을 한 노동위원회의 신청에 따라 결정으로 사용자에 대하여 판결의 확정에 이르기까지 구제명령 등의 전부 또는 일부에 따라야 하는 취지를 명하거나 당사자의 신청에 따라 또는 직권으로 이 결정을 취소하거나 변경할 수 있다."라고 규정하고 있다.

가 노동위원회의 구제명령에 대해 행정소송을 제기한 경우 중앙노동위원회의 신청에 의하여 관할 법원은 노동위원회 구제명령의 전부 또는 일부에 대한 이행 명령을 내릴 수 있도록 하고(노동조합법 제85조제5항), 사용자가 긴급이행명령을 따르지 않을 경우 500만원 이하의 과태료를 부과(제95조)할 수 있도록 하였다.

이러한 긴급이행명령은 노동조합의 존립 및 활동에 회복하기 어려운 손해가 발생할 우려가 있고, 이를 예방하기 위한 긴급한 필요가 있다고 인정되는 경우에 내려지는 것이므로(서울행정법원 2016.7.22. 2016비합1) 그 사례가 드물다.

**핵심 판례** 긴급이행명령의 필요성

노조 간부들에 대한 징계해고로 인하여 간부없이 일반 조합원만으로 운영됨으로써 사업계획조차 수립하지 못하는 등 그 활동에 어려움을 겪고 있고, 단체협약의 유효기간이 만료되어 새로운 단체협약을 체결해야 하는 상황에서 남아있는 일반 조합원 6명만으로는 단체협약 체결과정에서 충분한 교섭력을 발휘하기 어려울 것이며, 단체협약 체결이 좌절될 경우 조합의 존립에도 상당한 영향이 있을 것으로 보이므로, 이 사건 노동조합의 손해를 방지하기 위해서는 사용자인 피신청인에게 이 사건 재심판정중 부당노동행위 구제명령의 이행을 명할 필요성이 인정된다고 할 것이다(서울행정법원 2016.7.22. 2016비합1).

# 제 9 장

# 공공부문의 노동관계

**공공부문 노동관계의 의의**

## 1. 공공부문 노동관계의 특징

### 1) 공공부문의 의의

공공부문은 일반적으로 국가, 지방자치단체 및 정부의 투자·출자 또는 재정 지원 등으로 설립·운영되는 기관을 말한다.[1]

협의로는 정부조직만 포함되고, 광의로는 공공기관까지 포함되는데, ① 정부조직인 중앙정부와 지방자치단체에 국가공무원과 지방공무원이 종사하고 있고, ② 중앙정부와 지방자치단체의 공공기관에 소속된 근로자가 있다. 공공부문과 민간부문의 조직을 구분하면 <도표 9-1>과 같다.

도표 9-1 **공공부문과 민간부문의 구분**

| 공공성 | 공공성(공익성) ← | | | | 기업성(사익성) → |
|---|---|---|---|---|---|
| 부문 | 공공부문 | | | 민간부문 | |
| | 협의 | | 광의 | 비영리 | 영리 |
| 조직 | 정부조직 | | 공공기관 | 비영리기관 법인 | 영리기업 |
| | 중앙 정부 | 지방 자치 단체 | 중앙정부 공기업, 준정부기관, 기타공공기관 | 비영리단체 (NPO), 비정부조직 (NGO) | 기업 |
| | | | 지방자치단체 지방공기업, 지방출자· 출연기관 | | |

한편, 학교는 공공부문인 국공립학교와 민간부문인 사립학교를 모두 포함하고 있으므로 일반적인 공공부문 정의와는 차이가 있지만 교육의 공익성으로 인해 공립학교와 사립학교 모두 공공부문에 준하는 특성을 지니고 있다.[2]

---

1) 공공부문 정의는 그 목적, 기관 및 학자에 따라서 다양하다. UN은 공공부문을 정부단위와 정부단위가 소유하거나 지배하는 공공비영리기관(준정부기관)과 공기업으로 정의한다.

2) 김동원 외, 고용관계론(제3판), 박영사, 2021, p.291.

그러므로 노동법적 측면에서는 공공부문의 노동관계를 적용 법률에 따라 공무원, 교원, 공공기관, 공무직으로 구분하여 설명하기로 한다.

이들 공공부문이 갖고 있는 일반적 특징을 보면 다음과 같다. ① 자금 조달 측면에서 조직의 운영비 전부 또는 일부를 중앙정부나 지방자치단체에서 조달한다. ② 서비스 성격 측면에서 서비스가 필수적이거나 대체가 곤란한 것으로 서비스가 중단될 경우 파급력과 영향력이 크게 나타난다. ③ 책임 주체 측면에서 보면 실질적 책임은 국가나 지방자치단체에서 부담한다.

### 2) 공공부문 노사관계의 특성

이러한 공공부문의 노사관계는 민간부문에 비해 아래와 같은 특성을 갖고 있다.

① 노사 당사자의 특수성이다. 민간기업은 사익을 목표로 추구하고 있으나 공공부문은 공공의 이익, 즉 공익을 추구한다. 공무원과 교원은 근로자인 동시에 국민 전체에 대한 봉사자이므로 법률에 따라 노동기본권이 보장되지만 일정 부분 제한이 따른다.

공공기관도 국민에 대한 공공 서비스를 제공하므로 공익사업이나 필수공익 사업에 해당하는 경우 노동기본권이 일부 제한을 받는다. 또한 공공부문은 민간부문에 비해 노사 당사자간에 대립적 요소가 약하고, 노사담합의 소지가 발생할 수 있으므로 국민에 대한 책임이 약화될 수도 있다.

② 업무의 특수성이다. 공공부문 업무가 독점적 성격을 띠고 있으므로 파업 등으로 인해 서비스가 중단될 경우 적정한 대응수단을 찾기가 어렵다. 그리고 파업 등으로 인해 업무 중단이 발생할 경우 그 분쟁비용을 국민이 부담하게 되므로 파업권 제한의 근거가 되기도 한다.

③ 근로조건 결정의 특수성이다. 공공부문 종사자의 근로조건은 법령이나 예산 등에 의해 규율되므로 사용자의 근로조건에 대한 결정권이 제한을 받는다. 공공부문 종사자의 임금 등 근로조건을 향상시키려면 국민의 조세 부담이 증가할 수 있으므로 실질적인 사용자인 국민을 대표하는 국회의 통제를 받거나 국민 여론을 수렴할 필요가 있다.

한편, 공공부문은 노동조합 결성이 허용된 경우 민간부문에 비해 노동조합 조직이 용이하고, 조직률도 높게 유지되는 경향을 보이는데 그 이유를 보면 다음과 같다.

① 공공부문은 직종의 성격이 민간부문에 비해 통일적이므로 구성원간에 결속력이 높고 조직화가 어렵지 않다. ② 공공부문 종사자들은 상대적으로 신분이 안정되어 있어 노동조합 운동을 비교적 자유롭게 할 수 있다. ③ 공공부문의 사용자들은 일반적으로 정부에 의해 임명되므로 민간부문의 사용자들보다 노동조합에 적극적으로 반대할 유인이 적고, 노사 모두 정부나 납세자에 대해 피고용인이 되므로 이해관계가 일치할 수 있는 부분이 있다.[3]

## 2. 공공부문 노동관계의 법적 규율체계

헌법은 모든 근로자에게 근로조건의 향상을 위해 자주적인 단결권, 단체교섭권 및 단체행동권 등 노동3권을 부여하고 있다(제33조제1항).

따라서 공공기관 근로자에 대해서는 원칙적으로 일반 근로자와 같이 노동조합법을 적용하지만, 공무원과 교원에 대해서는 별도의 법적 규율 체계를 적용한다.

특히, 공무원에 대해서는 법률이 정하는 자에 한하여 노동3권을 부여하고 있다(헌법 제33조제2항). 공무원과 교원에 대하여는 공무원노조법, 교원노조법에서 제한적으로 노동3권을 인정하고 있고, 공무원법, 정당법 등에서 집단행위와 정치운동을 제한하고 있다.

즉, 헌법에 따라 원칙적으로 모든 근로자는 노동3권을 갖고, 근로자는 노동조합법을 토대로 노동3권을 행사한다. 그러나 공무원과 교원은 국가공무원법, 지방공무원법, 교육공무원법, 사립학교법에 따라 특별한 지위를 가지므로 공무원과 교원의 특수성을 반영하여 노사관계에서는 공무원노조법과 교원노조법 등에 따라 규율을 받는다<도표 9-2>.

공무원과 공무원 신분인 교원은 공무원노조법과 교원노조법에 따라 법률이 정하는 자에 한하여 노동기본권이 인정된다. 한편, 공무원이 아닌 사립학교 교원과 관련하여 교원의 지위에 관한 기본사항은 헌법(제31조제6항)에 의거하여

---

3) 김동원 외, 고용관계론, p.75; 2020년 말 기준 공공부문의 노동조합 조직률은 69.3%로서 민간부문의 11.3%에 비해 6.1배 이상 높게 나타난다.[고용노동부, '2020년 전국 노동조합 조직현황' 자료 발표, 2021.12.30.]

법률로 정하도록 하고 있고, 복무는 국가공무원복무규정을 준용(사립학교법 제55조)하도록 하고 있다.

도표 9-2  공무원과 교원 노사관계의 법적 규율체계

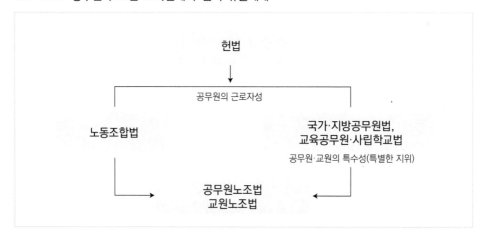

## 1. 의의

헌법(제32조제2항)에서 공무원인 근로자는 법률이 정하는 자에 한하여 단결권·단체교섭권 및 단체행동권을 가진다고 규정하고 있다.

이는 공무원의 국민 전체에 대한 봉사자로서의 지위와 그 직무상의 공공성을 고려하여 합리적인 공무원 제도를 보장하고 이와 관련된 주권자의 권익을 공공복리의 목적 아래 통합 조정하려는 것이다[헌법재판소 2008.12.26. 2005헌마971, 1193, 2006헌마198(병합)].

한편, '사실상 노무에 종사하는 공무원'에게는 근로3권(노동3권)이 주어지고, 이들에게는 원칙적으로 노동조합법이 적용되고 있다. 국가공무원법 제66조제1항이 근로3권이 보장되는 공무원의 범위를 사실상의 노무에 종사하는 공무원에 한정하고 있는 것은, 근로3권의 향유주체가 되는 공무원의 범위를 정함에 있어서 공무원이 일반적으로 담당하는 직무의 성질에 따른 공공성의 정도와 현실의 국가·사회적 사정 등을 아울러 고려하여 사실상의 노무에 종사하는 자와 그렇지 아니한 자를 기준으로 삼아 그 범위를 정한 것으로 보인다(헌법재판소 2005.10.27. 2003헌바50, 2003헌바62).

2005년에 '공무원의 노동조합 설립 및 운영 등에 관한 법률'(공무원노조법)이 제정되어 2006년부터 6급 이하의 일반 공무원과 별정직 공무원에게 단결권 및 제한적인 단체교섭권이 인정되었다.

이에 따라 공무원인 근로자들은 ① 노동조합법, 국가공무원법 및 지방공무원법에 의하여 노동3권을 가지는 공무원(집단적 노사관계법상 일반 근로자와 같은 지위)과 ② 공무원노조법에 의해 단결권과 단체교섭권을 가지는 공무원(제한된 범위에서의 집단적 노사관계 성립)으로 양분되었다.

한편, 국제노동기구(ILO) 핵심협약인 결사의 자유 관련 협약 비준(2021년 4월)을 위해 집단 노동관계법 개정을 추진하여 2021.7.6.부터 공무원노동조합 가입에 대한 직급 제한이 폐지되고, 소방·교육공무원과 퇴직공무원의 노동조합 가입이 허용되었다.

## 2. 일반 공무원의 노동관계

공무원노조법은 특정 범위의 공무원에 대해 단결권과 제한적 단체교섭권을 인정하고 있다. 공무원노조법상 공무원은 국가공무원법과 지방공무원법에서 규정하는 공무원을 말하며, 사실상 노무에 종사하는 공무원과 교원노조법의 적용을 받는 교원인 공무원은 제외된다.

또한 실제로 공무를 수행한다 하더라도 그 노무 제공자가 국가공무원 또는 지방공무원법상의 공무원 지위를 갖지 않는 경우에는 공무원노조법의 적용대상이 될 수 없다.

## (1) 노동조합의 설립과 운영

### 1) 노동조합의 설립

공무원이 노동조합을 설립하려는 경우에는 국회·법원·헌법재판소·선거관리위원회·행정부·특별시·광역시·특별자치시·도·특별자치도·시·군·구(자치구를 말함) 및 특별시·광역시·특별자치시·도·특별자치도의 교육청을 최소 단위로 한다(공무원노조법 제5조제1항). 전국단위의 노동조합 또는 연합단체 설립도 가능하다.

공무원노동조합의 최소 설립 단위는 공무원의 보수와 근무조건 등이 법령과 예산 등에 의해 결정된다는 점을 고려하여 근무조건이 공통적으로 결정되는 기관 단위로 규정하였다. 그러므로 독립적인 근무조건 결정권이 없는 행정부의 각 부·처·청 및 행정부에 소속된 위원회, 지방자치단체의 소속기관 또는 읍·면·동 단위로는 공무원노동조합을 설립할 수 없다.4)

노동조합을 설립하려는 자는 노동조합 설립신고서를 고용노동부 본부 또는 지방고용노동관서에 제출하여야 한다(공무원노조법 제5조제2항, 제10조제1항). 연합단체인 노동조합, 국회·법원·헌법재판소·선거관리위원회와 행정부의 노동조합, 그밖의 전국 규모의 단위노동조합은 고용노동부 본부에 제출한다. 다만, 전국 규모의 단위노동조합으로 볼 수 없는 경우에는 노동조합의 주된 사무소의 소재지를 관할하는 지방고용노동관서에 제출하여야 한다(공무원노조법 시행령 제14조제1항).

공무원노동조합의 지부, 분회 등 산하조직은 설립신고를 할 수 없다. 다만, 노동조합이 지부, 분회 등 산하조직을 설치한 경우에 노동조합 대표자는 소관기관(고용노동부 본부 또는 지방고용노동관서)에게 통보하여야 한다(공무원노조법 시행령 제2조). 노동조합은 규약에 따라 지부, 분회를 자유롭게 설치할 수 있으나 설립신고 자체를 할 수 없으므로 독자적인 교섭능력을 갖지는 못한다.

노동조합의 설립신고가 있는 경우 행정관청은 제출된 설립신고서와 규약을 기초로 심사하는 것을 원칙으로 한다. 행정관청은 공무원노동조합이 노동조합법 제2조제4호에 따른 설립신고 반려사유에 해당하거나 보완요구 기간 내에

---

4) 고용노동부, 공무원노사관계 업무 매뉴얼, 2021, p.12.

보완하지 않는 경우 설립신고서를 반려하여야 한다. 노동조합이 신고증을 교부받은 경우에는 설립신고서가 접수된 때에 설립된 것으로 본다(노동조합법 제12조).

노동조합 설립신고 반려사유를 보면 ① 기관의 장 또는 공무원에 관한 사항에 대하여 기관의 장을 위하여 행동하는 사람 또는 항상 그의 이익을 대표하여 행동하는 자의 참가를 허용하는 경우, ② 경비의 주된 부분을 사용자로부터 원조받는 경우, ③ 공제·수양 기타 복리사업만을 목적으로 하는 경우, ④ 주로 정치운동을 목적으로 하는 경우로서 공무원노동조합으로 보지 아니한다(노동조합법 제2조제4호 및 공무원노조법 제17조).

### 2) 노동조합 가입 범위

노동조합에 가입할 수 있는 공무원은 ① 일반직공무원, ② 특정직공무원 중 외무영사직렬·외교정보기술직렬 외무공무원, 소방공무원 및 교육공무원(단, 교원은 제외), ③ 별정직공무원, ④ 위의 어느 하나에 해당하는 공무원이었던 사람으로서 노동조합 규약으로 정하는 사람이다(공무원노조법 제6조제1항).

2021년 7월부터 시행된 개정 공무원노조법에 따라 공무원노조 가입범위에서 직급 제한이 폐지되고, 소방공무원, 교육공무원(국공립대 조교 및 교육전문직원) 및 퇴직공무원이 노동조합에 가입할 수 있게 되었다.

공무원노동조합 가입이 제한되는 공무원의 범위를 보면 아래와 같다.

첫째, 업무의 특성에 따라 노동조합 가입이 제한된다. 즉, ① 업무의 주된 내용이 다른 공무원에 대하여 지휘·감독권을 행사하거나 다른 공무원의 업무를 총괄하는 업무에 종사하는 공무원, ② 업무의 주된 내용이 인사·보수 또는 노동관계의 조정·감독 등 노동조합의 조합원 지위를 가지고 수행하기에 적절하지 아니한 업무에 종사하는 공무원, ③ 교정·수사 등 공공의 안녕과 국가안전보장에 관한 업무에 종사하는 공무원은 노동조합에 가입할 수 없다(공무원노조법 제6조제2항).

공무원노조법 제6조제2항에 따라 노동조합에 가입할 수 없는 공무원의 구체적인 범위는 다음과 같다(공무원노조법 시행령 제3조).

## 공무원노조법 시행령 제3조 | 노동조합 가입이 금지되는 공무원의 범위

1. 업무의 주된 내용이 다른 공무원에 대하여 지휘·감독권을 행사하거나 다른 공무원의 업무를 총괄하는 업무에 종사하는 공무원으로서 다음 각 목의 어느 하나에 해당하는 공무원

   가. 법령·조례 또는 규칙에 따라 다른 공무원을 지휘·감독하며 그 복무를 관리할 권한과 책임을 부여받은 공무원(직무 대리자를 포함한다)

   나. 훈령 또는 사무 분장 등에 따라 부서장을 보조하여 부서 내 다른 공무원의 업무 수행을 지휘·감독하거나 총괄하는 업무에 주로 종사하는 공무원

2. 인사·보수에 관한 업무를 수행하는 공무원 등 노동조합과의 관계에서 행정기관의 입장에서 업무를 수행하는 공무원으로서 다음 각 목의 어느 하나에 해당하는 업무에 주로 종사하는 공무원(자료 정리 등 단순히 업무를 보조하는 사람은 제외한다)

   가. 공무원의 임용·복무·징계·소청심사·보수·연금 또는 그 밖에 후생복지에 관한 업무

   나. 노동조합 및 「공무원직장협의회의 설립·운영에 관한 법률」에 따른 직장협의회에 관한 업무

   다. 예산·기금의 편성 및 집행(단순 집행은 제외한다)에 관한 업무

   라. 행정기관의 조직과 정원의 관리에 관한 업무

   마. 감사에 관한 업무

   바. 보안업무, 질서유지업무, 청사시설의 관리 및 방호(防護)에 관한 업무, 비서·운전 업무

3. 업무의 주된 내용이 노동관계의 조정·감독 등 노동조합의 조합원 지위를 가지고 수행하기에 적절하지 아니하다고 인정되는 업무에 종사하는 공무원으로서 다음 각 목의 어느 하나에 해당하는 공무원

   가. 「노동위원회법」에 따른 노동위원회의 사무국에서 조정사건이나 심판사건의 업무를 담당하는 공무원

   나. 「근로기준법」에 따라 고용노동부 및 그 소속 기관에서 「근로기준법」, 「산업안전보건법」, 그밖의 노동관계 법령 위반의 죄에 관하여 사법경찰관의 직무를 수행하는 근로감독관

   다. 「선원법」에 따라 「선원법」, 「근로기준법」, 그밖의 선원근로관계 법령 위반의 죄에 관하여 사법경찰관의 직무를 수행하는 선원근로감독관

   라. 지방자치단체에서 「노동조합 및 노동관계조정법」에 따른 노동조합 설립 신고, 단체협약 및 쟁의행위 등에 관한 업무에 주로 종사하는 공무원

4. 교정·수사 등 공공의 안녕과 국가안전보장에 관한 업무에 종사하는 공무원으로서 다음 각 목의 어느 하나에 해당하는 공무원
   가. 「공무원임용령」 별표 1의 공무원 중 교정·보호·검찰사무·마약수사·출입국관리 및 철도경찰 직렬의 공무원
   나. 조세범 처벌절차 법령에 따라 검찰총장 또는 검사장의 지명을 받아 조세에 관한 범칙사건(犯則事件)의 조사를 전담하는 공무원
   다. 수사업무에 주로 종사하는 공무원
   라. 국가정보원에 근무하는 공무원

둘째, 다른 법률이 적용되는 공무원은 공무원노조법 적용이 제외된다. 즉, 사실상 노무에 종사하는 공무원은 민간부문 근로자와 마찬가지로 노동조합법이 적용되고, 공무원 신분인 국·공립학교 교원은 사립학교 교원과 동일하게 교원노조법이 적용된다.

셋째, 특정직 공무원도 원칙적으로 노동조합 가입이 제한된다. 국가 안전보장 및 국민의 생명·안전과 건강 및 국가기능의 유지에 핵심적인 업무로 공공성이 특히 강조되는 직무를 주로 담당하는 공무원으로서 다른 법률에서 특정직공무원으로 지정하는 공무원은 노조 가입이 제한된다.

즉, 법관, 검사, 외무공무원, 경찰공무원, 군인, 군무원, 헌법재판소 헌법연구관, 국가정보원의 직원과 특수 분야의 업무를 담당하는 공무원은 노동조합에 가입할 수 없다. 다만, 특정직공무원 중 외무영사직렬·외교정보기술직렬 외무공무원, 소방공무원 및 교육공무원은 공무원노조에 가입할 수 있다(공무원노조법 제6조제1항제2호).

넷째, 정무직 공무원도 노동조합 가입이 제한된다. 선거로 취임하거나 임명할 때 국회의 동의가 필요한 공무원 및 고도의 정책 결정 업무를 담당하거나 이러한 업무를 보조하는 공무원으로서 법률이나 대통령령에서 정무직으로 지정하는 공무원은 노동조합에 가입할 수 없다.

공무원노조법(제6조제2항)은 노동조합 가입이 금지되는 공무원의 범위를 구체적으로 정하고 있으므로 이 규정을 위반하여 공무원의 노동조합 가입을 허용하면 노동조합 결격 요건에 해당하고, 단체협약의 내용이 사실상 노조 가입 금지 대상인 공무원의 가입을 허용하는 것으로 해석된다면 위법으로 판단한다.

### 3) 노동조합 전임자의 지위

공무원노동조합의 전임자는 임용권자의 동의를 받아 직무수행 의무를 면제받고 노동조합의 업무에만 종사하는 자를 말한다.

전임자에 대하여는 그 기간 중 국가공무원법 제71조 또는 지방공무원법 제63조에 따라 휴직명령을 하여야 하며, 국가와 지방자치단체는 전임자에게 전임기간 중에 보수를 지급하여서는 아니 된다(공무원노조법 제7조제2항, 제3항).

그러므로 노사가 단체협약으로 임용권자의 동의를 얻지 않고서 조합활동에 전념하는 사실상의 전임자에 대해 휴직명령 없이 보수를 지급할 수 있도록 한 경우 위법하다(서울행정법원 2010.10.29. 2009구합42090).

단체협약에 전임자에 관한 내용을 규정하고 있더라도 임용권자와 단체협약 체결권자(정부교섭대표)가 다를 수 있으므로 별도로 임용권자의 동의를 받아야 전임자로 인정될 수 있다.

그리고 휴직명령을 받은 노조 전임자는 직무에 종사하지 아니하더라도 공무원의 신분은 계속 유지되므로 국가공무원법과 지방공무원법상 품위유지의무, 영리업무와 겸직 금지, 정치운동 금지, 집단행위 금지 등 신분상 의무를 준수하여야 한다.[5]

한편, 국가와 지방자치단체는 공무원이 전임자임을 이유로 승급이나 그 밖에 신분과 관련하여 불리한 처우를 하여서는 아니 된다(공무원노조법 제7조).

그리고 노조 전임자의 정당한 조합활동에 대해 불이익 취급을 하거나 노동조합 활동을 방해하는 경우, 승진·전보·승급 등에서 불합리하게 차별하는 경우, 노조 전임자에게 보수를 지급하는 경우 부당노동행위가 될 수 있다.[6]

### 4) 공무원 근무시간 면제제도의 도입

2022년 6월 10일 개정된 공무원노조법에서는 공무원에 대해서도 근무시간 면제제도를 도입하였다. 노조전임자의 지위에 대해 '임용권자의 동의를 받아 노동조합으로부터 급여를 지급받으면서 노동조합의 업무에만 종사하는 자'로 수정하였고, 국가와 지방자치단체가 전임기간 중 전임자에게 보수를 지급하여

---

5) 고용노동부, 공무원노사관계 업무 매뉴얼, p.95.
6) 고용노동부, 공무원노사관계 업무 매뉴얼, p.96.

서는 아니 된다는 규정을 삭제하였으며, 근무시간 면제 한도를 초과하지 않는 한도 내에서 보수의 손실 없이 노동조합 업무에 종사할 수 있도록 하는 근무시간 면제자 관련 규정을 신설하였다. 그리고 근무시간 면제 시간 및 사용인원의 한도(근무시간 면제 한도)를 정하기 위하여 '공무원근무시간면제심의위원회'를 경제사회노동위원회에 두도록 하고 있다. 이 제도는 1년 6개월의 유예기간을 거쳐 2023년 12월 11일부터 시행될 예정이다(개정 공무원노조법 제7조, 제7조의2).

---

**핵심 판례** **공무원노동조합 전임자에 대한 공무원법상 복종의무**

국가공무원법 제57조 및 지방공무원법 제49조에 의하면 공무원은 직무를 수행할 때 소속 상급공무원의 직무상 명령에 복종하여야 하고, 한편 공무원이 공무원노조법 제7조에서 정한 노동조합 전임자가 되어 근로제공의무가 면제된다고 하더라도 이는 노조 전임자로서 정당한 노동조합 활동에 전념하는 것을 보장하기 위한 것에 그 의미가 있으므로, 노조 전임자의 지위에 있다고 하여 위와 같은 복종의무가 전적으로 면제된다고 할 수는 없다.

그러나 공무원노조법에 의하여 공무원노조의 정당한 활동은 보장되므로, 노조 전임자에 대한 직무상 명령이 노동조합의 정당한 활동 범위 내에 속하는 사항을 대상으로 하는 경우에는, 그 소속 기관의 원활한 공무 수행이나 근무기강의 확립, 직무집행의 공정성 또는 정치적 중립성 확보 등을 위하여 그 직무상 명령을 발령할 필요가 있다는 등의 특별한 사정이 있을 때에 한하여 그 명령은 복종의무를 발생시키는 유효한 직무상 명령에 해당한다(대법원 2013.9.12. 2011두20079).

---

## (2) 단체교섭과 단체협약

### 1) 단체교섭의 의의

공무원노동조합은 공무원의 근무조건을 유지·개선하고, 경제적·사회적 지위를 향상시키기 위해 조직된 단체이므로 단체교섭을 통해 노동조합의 목적을 달성할 수 있다. 단체교섭은 노동조합의 가장 기본적인 활동이라고 할 수 있으며, 노동조합의 기능은 단체교섭을 통해 강화될 수 있다.

단체교섭은 공무원노조가 정부교섭대표와 보수·복지, 그밖의 근무조건에 관하여 교섭하는 것으로서, 단체교섭을 위한 정당한 행위는 민·형사상으로 면책된다(노동조합법 제3조 및 제4조).

그리고 정부교섭대표가 단체협약의 체결 기타의 단체교섭을 정당한 이유 없이 거부하거나 해태하는 행위는 부당노동행위에 해당된다(노동조합법 제81조제1항제3호). 교섭위원으로 공무원이 근무시간 중에 단체교섭에 참석하는 것을 공가로 허가하여 단체교섭 행위를 보호한다(국가공무원 복무규정 제19조제11호).

### 2) 단체교섭의 당사자와 교섭사항

단체교섭의 당사자는 단체교섭을 체결할 수 있고, 단체협약의 권리와 의무 부담 등 법적인 효과가 귀속되는 주체이다.

노동조합 측의 교섭 당사자는 공무원노조법과 노동조합법의 규정에 따라 설립된 적법한 노동조합이어야 한다. 그러므로 공무원노조법에 따라 설립된 노동조합의 산하조직인 지부나 분회 등은 당사자가 될 수 없으나, 산하조직인 경우에도 교섭권한을 위임받아 위임범위 내에서 교섭을 하는 것은 가능하다.

연합단체인 노동조합(공무원노조)은 연합단체로서 노동조합에 관한 사항 또는 그 구성원인 단위노조 일반의 공통적인 사항에 관하여는 단위노조로부터 위임이 없더라도 고유의 단체교섭권이 있다(대법원 2014.12.11. 2010두5097). 그러나 연합단체라고 하더라도 소속 단위노조에 고유한 교섭사항에 대하여는 단위노조의 위임이 있어야 교섭이 가능하다.[7]

단체교섭권은 노동조합이 갖고 있는 고유권한이므로 공무원직장협의회나 노동조합법상 노동조합이 아닌 단체는 법적인 보호를 받을 수 없다.

노동조합의 대표자는 그 노동조합에 관한 사항 또는 조합원의 보수·복지, 그밖의 근무조건에 관하여 사용자 측(정부교섭대표)과 교섭하고 단체협약을 체결하게 된다.

단체교섭의 사용자 측 당사자는 노동조합의 교섭요구에 응하여야 할 의무를 가진 사용자로서 ① 국회사무총장·법원행정처장·헌법재판소사무처장·중앙선거관리위원회사무총장·인사혁신처장(행정부를 대표) ② 특별시장·광역시장·특별자치시장·도지사·특별자치도지사·시장·군수·구청장(자치구의 구청장을 말함) 또는 ③ 특별시·광역시·특별자치시·도·특별자치도의 교육감 중 어느 하나에

---

7) 고용노동부, 공무원노사관계 업무 매뉴얼, p.142.

해당하는 사람이 정부교섭대표가 된다(공무원노조법 제8조제1항).

단체교섭의 담당자는 단체교섭을 실제로 담당하는 권한을 가진 자로서 교섭에 참여한다. 노동조합 측은 노조 대표자와 규약 등에 따라 선정된 교섭위원을 말하며, 사용자 측은 공무원에 관한 사항에 대하여 기관의 장을 위해 행동하는 자와 실제로 교섭에 참여하는 자이다.[8]

다만, 법령 등에 따라 국가나 지방자치단체가 그 권한으로 행하는 정책결정에 관한 사항, 임용권의 행사 등 그 기관의 관리·운영에 관한 사항으로서 근무조건과 직접 관련되지 아니하는 사항은 교섭의 대상이 될 수 없다(공무원노조법 제8조제1항).

이와 관련하여 법원은 법령 등에 따라 국가나 지방자치단체가 권한으로 행하는 정책결정에 관한 사항, 임용권의 행사 등 기관의 관리·운영에 관한 사항이 단체교섭의 대상이 되려면 그 자체가 공무원이 공무를 제공하는 조건이 될 정도로 근무조건과 직접 관련된 것이어야 하며, 이 경우에도 기관의 본질적·근본적 권한을 침해하거나 제한하는 내용은 허용되지 아니한다고 판시하고 있다.

따라서 노동조합의 선출직 임원과 사무국장의 전보인사를 할 때 노동조합과 사전 협의하도록 단체협약으로 정한 것은 노동조합의 임원 등에 대한 인사가 조합원의 근무조건과 직접 관련이 있다고 하기는 어려운데다가, 사전협의라는 필수적인 절차에 의하여 인사권 행사가 본질적으로 제한될 가능성도 있으므로 원칙적으로 단체교섭의 대상이 될 수 없다(대법원 2017.1.12. 2011두13392).

그러나 광역자치단체 소속 도, 시·군간 지방공무원 인사교류에 관한 사항은 인사교류의 일반적인 기준이나 절차를 정하는 것으로 단위노동조합 소속 공무원의 근무조건과 직접 관련되어 있어 교섭대상에 해당한다(대법원 2014.12.11. 2010두5097).

### 3) 단체교섭 당사자와 권한위임

#### ① 사용자 측 교섭 당사자와 권한위임

사용자 측 교섭 당사자로서 정부교섭대표는 법령 등에 따라 스스로 관리하거

---

8) 고용노동부, 공무원노사관계 업무 매뉴얼, p.144.

나 결정할 수 있는 권한을 가진 사항에 대하여 노동조합이 교섭을 요구할 때에는 정당한 사유가 없으면 이에 응하여야 한다(공무원노조법 제8조제2항).

그리고 정부교섭대표는 효율적인 교섭을 위하여 필요한 경우 다른 정부교섭대표와 공동으로 교섭하거나, 다른 정부교섭대표에게 교섭 및 단체협약 체결 권한을 위임할 수 있다(공무원노조법 제8조제3항).

정부교섭대표는 효율적인 교섭을 위하여 필요한 경우 정부교섭대표가 아닌 관계 기관의 장으로 하여금 교섭에 참여하게 할 수 있고, 다른 기관의 장이 관리하거나 결정할 권한을 가진 사항에 대하여는 해당 기관의 장에게 교섭 및 단체협약 체결 권한을 위임할 수 있다(공무원노조법 제8조제4항).

이러한 공무원노조법 규정의 내용과 체제 등을 고려하면, 정부교섭대표로 열거된 자는 교섭을 요구하는 노동조합이 해당 기관에 소속된 공무원으로 구성되는 노동조합이 아니라 하더라도 법령 등에 따라 스스로 관리하거나 결정할 수 있는 권한을 가진 사항에 대하여 교섭의무를 부담한다(대법원 2014.12.11. 2010두5097).

한편, 정부교섭대표 또는 다른 기관의 장이 단체교섭을 하는 경우 소속 공무원으로 하여금 교섭 및 단체협약 체결을 하게 할 수 있다(공무원노조법 제8조제5항).

② 노동조합 측 교섭 당사자와 권한위임

공무원노조법 제9조제1항에서 노동조합은 단체교섭을 위해 노동조합 대표자와 조합원으로 교섭위원을 구성하여야 한다고 하고 있으므로, 공무원노조법에 의해 설립된 노동조합의 대표자 또는 조합원에게만 교섭권을 위임할 수 있다(공공노사관계팀-148, 2008.1.22.).

따라서 원칙적으로 제3자에 대한 교섭권 위임은 제한된다. 다만, 노동조합의 하부조직인 지부나 분회 등의 경우에도 독자적인 사항에 대해서는 본조 대표자로부터 위임이 있는 경우 교섭이 가능하다.[9]

4) 단체교섭의 구체적 절차

① 단체교섭의 요구

노동조합은 단체교섭을 위하여 노동조합의 대표자와 조합원으로 교섭위원

---

9) 고용노동부, 공무원노사관계 업무 매뉴얼, p.146.

을 구성하여야 하며, 노동조합의 대표자가 정부교섭대표와 교섭하려는 경우에는 교섭하려는 사항에 대하여 권한을 가진 정부교섭대표에게 서면으로 교섭을 요구하여야 한다(공무원노조법 제9조제1항, 제2항).

노동조합 대표자가 정부교섭대표에게 교섭을 요구하기 위하여는 단체협약의 유효기간 만료일 3개월 전부터 교섭개시 예정일 30일 전까지, 최초의 단체협약의 체결을 요구하고자 하는 경우에는 교섭개시 예정일 30일 전까지 정부교섭대표에게 교섭요구서를 제출하여야 한다(공무원노조법 제9조제2항, 시행령 제6조).

단체교섭을 요구하고자 하는 노동조합은 단체교섭요구서에 노동조합 설립신고증 사본과 교섭 요구사항을 첨부하여 정부교섭대표에게 제출하여야 한다(공무원노조법 시행규칙 제3조).

## ② 교섭요구 사실의 공고와 교섭 참여

정부교섭대표가 노동조합으로부터 교섭을 요구받았을 때에는 교섭을 요구받은 사실을 공고하여 관련된 노동조합이 교섭에 참여할 수 있도록 하여야 한다(공무원노조법 제9조제3항). 이 때 교섭요구 사실의 공고는 교섭을 요구받은 후 지체 없이 하여야 한다(공무원노조법 시행령 제7조제1항).

공고방법은 교섭단위 내 복수의 노동조합이 동시에 모두 알 수 있도록 홈페이지, 게시판 게시, 내부 전자통신망, 문서 시달 등 적절한 방법으로 하여야 한다. 공고는 기관단위로 조직된 복수의 단위노조 뿐만 아니라 교섭단위 내에 조합원이 있는 전국 규모의 단위노조도 알 수 있도록 하여야 한다.[10]

한편, 교섭에 참여하려는 노동조합은 제1항에 따른 공고일부터 7일 이내에 고용노동부령으로 정하는 바에 따라 정부교섭대표에게 교섭을 요구하여야 한다. 정부교섭대표는 교섭요구 기간이 끝난 후 지체 없이 교섭요구를 한 노동조합(교섭노동조합)을 공고하고, 교섭노동조합에 알려야 한다(공무원노조법 시행령 제7조제2항, 제3항).

정부교섭대표는 교섭요구 기간 안에 교섭요구를 하지 아니한 노동조합의 교섭요구를 거부할 수 있다(공무원노조법 시행령 제7조제4항). 교섭요구 기간 안에 신설된 노동조합의 교섭요구에 대하여도 동일하게 적용된다.

---

10) 고용노동부, 공무원노사관계 업무 매뉴얼, p.154.

### ③ 교섭창구 단일화

정부교섭대표는 교섭을 요구하는 노동조합이 둘 이상인 경우에는 해당 노동조합에 교섭창구를 단일화하도록 요청할 수 있으며, 교섭창구가 단일화된 때에는 교섭에 응하여야 한다(공무원노조법 제9조제4항).

이 경우 정부교섭대표가 교섭창구가 단일화될 때까지 교섭을 거부하더라도 노동조합의 단체교섭권을 침해하는 것으로 보지 않는다(헌법재판소 2008.12.26. 2005헌마971).

---

**헌법재판소 결정** 교섭창구의 단일화 이전의 교섭 거부

단체교섭을 요구하는 노동조합이 2 이상인 경우 정부교섭대표에게 당해 노동조합에 대하여 교섭창구를 단일화하도록 요청할 수 있고, 교섭창구가 단일화될 때까지 교섭을 거부할 수 있도록 한 공무원노조법 제9조제4항은, 복수노조 허용에 따라 예상되는 단체교섭의 혼란 및 단체협약 적용상의 어려움, 과다한 교섭비용을 줄이기 위하여, 단체교섭에 있어 관련된 노동조합에게 원칙적으로 단체교섭권의 행사를 보장하면서 노동조합 간의 자율적인 교섭창구 단일화를 규정한 것으로 합리적인 근거가 있으므로, 위 조항이 입법재량권의 범위를 일탈하여 청구인들의 단체교섭권을 침해하는 것으로는 보이지 아니한다(헌법재판소 2008.12.26. 2005헌마971).

---

정부교섭대표는 노동조합과 단체협약을 체결한 경우 그 유효기간 중에는 그 단체협약의 체결에 참여하지 아니한 노동조합이 교섭을 요구하더라도 이를 거부할 수 있다(공무원노조법 제9조제5항).

교섭위원의 선임 절차를 보면 우선 교섭노동조합은 공고일부터 20일 이내에 교섭위원을 자율적 합의로 10명 이내로 선임하여 교섭노동조합의 대표자가 각각 서명 또는 날인한 서면으로 정부교섭대표에게 알려야 한다(공무원노조법 시행령 제8조제1항, 제2항).

교섭노동조합이 둘 이상인 경우에는 교섭노동조합 간의 합의에 따라 교섭위원을 선임하되, 공고일로부터 20일 이내에 합의하지 못하였을 때에는 교섭노동조합의 조합원 수에 비례하여 교섭위원을 선임하여야 한다(공무원노조법 시행령 제8조제2항).

교섭노동조합은 교섭위원을 선임하는 때에는 해당 교섭노동조합의 조합원 수를 확인하는 데 필요한 기준과 방법 등에 대해 성실히 협의하고, 그에 필요한 자료를 제공하는 등 적극 협조해야 한다(공무원노조법 시행령 제8조제3항).

교섭노동조합이 교섭노동조합의 조합원 수 산정과 관련하여 이견이 있는 경우 그 조합원의 수는 교섭노동조합의 공고일 이전 1개월 동안 전자금융거래법 제2조제11호에 따른 전자지급수단의 방법으로 조합비를 납부한 조합원을 기준으로 산정한다.

다만, 둘 이상의 노동조합에 가입하여 조합비를 납부한 조합원에 대하여 조합원의 수를 산정하는 경우에는 숫자 1을 조합비를 납부한 노동조합의 수로 나눈 후에 그 산출된 숫자를 조합비를 납부한 노동조합의 조합원 수에 각각 더한다(공무원노조법 시행령 제8조제4항).

그리고 정부 측의 교섭위원은 정부교섭대표와 정부교섭대표가 지명하는 자로 구성된다. 교섭위원의 수는 통상 노사 동수로 구성한다. 노동관계 당사자는 교섭위원의 선임이 통보되면 지체 없이 교섭 내용, 교섭 일시, 교섭 장소, 그 밖에 교섭에 필요한 사항을 협의하고 교섭을 시작하여야 한다(공무원노조법 시행령 제9조).

한편, 공무원노동조합의 경우 조직대상이나 조직형태의 중복과 관계없이 관련된 복수의 노동조합이 교섭에 참가하는 경우에 교섭창구의 단일화를 요구하고 있다. 여기서 '관련된 노동조합'에 해당하기 위해서는 최초 교섭을 요구한 노동조합과 교섭창구를 단일화할 수 있을 정도로 교섭대상이 동일할 것이 요구된다(대법원 2014.12.11. 2010두5097).

**핵심 판례** 교섭창구 단일화 절차와 교섭대상

공무원노조법 제9조제3항, 제4항, 같은 법 시행령 제7조는, 정부교섭대표가 노동조합으로부터 교섭을 요구받았을 때에는 교섭을 요구받은 사실을 공고하여 관련된 노동조합이 교섭에 참여할 수 있도록 하여야 하고, 교섭요구기간 안에 교섭요구를 하지 아니한 노동조합의 교섭요구에 대해서는 이를 거부할 수 있다고 규정함으로써 공무원노동조합의 경우 조직대상이나 조직형태의 중복과 관계없이 관련된 복수의 노동조합이 교섭에 참가하는 경우에 교섭창구의 단일화를 요구하고 있다.
위 각 규정의 취지가 교섭의 효율화를 도모하기 위하여 교섭요구 사항이 동일한 경우에는 교섭창구를 단일화하려는 데 있다는 점에 비추어 보면, 여기서 '관련된 노동조합'에 해당하기 위해서는 최초 교섭을 요구한 노동조합과 교섭창구를 단일화할 수 있을 정도로 교섭대상이 동일할 것이 요구된다고 할 것이다(대법원 2014.12.11. 2010두5097).

## 5) 단체교섭의 대상

### ① 단체교섭 대상의 판단기준

단체교섭의 대상은 공무원노조법 등 관계 법령이 정하는 범위 안에서 노사 당사자간의 합의에 따라 단체교섭의 주제나 목적으로 부의되는 사항을 말한다. 공무원노조법에서는 노동조합법과 다르게 법령에 단체교섭 사항과 비교섭 사항을 명시하고 있다.

공무원노조법 제8조제1항에서는 단체교섭 사항에 대해 '노동조합에 관한 사항 또는 조합원의 보수·복지, 그밖의 근무조건'으로 규정하고 있다. 비교섭 사항에 대해서는 '법령 등에 따라 국가나 지방자치단체가 그 권한으로 행하는 정책결정에 관한 사항, 임용권의 행사 등 그 기관의 관리·운영에 관한 사항으로서 근무조건과 직접 관련되지 아니하는 사항'으로 규정하고 교섭대상에서 제외하고 있다.

단체교섭의 대상이 되는지에 대한 일반적인 판단기준을 보면, ① 정부교섭 대표가 처리하거나 처분할 수 있는 사항이어야 하고, ② 집단적 성격을 가져야 하며, ③ 공무원의 근무조건 등과 관련이 있어야 하고, ④ 공무원노조법상 비교섭 사항(근무조건과 직접 관련이 없는 정책결정 또는 기관의 관리·운영에 관한 사항)에 해당되지 않아야 한다.[11]

---

**헌법재판소 결정** 단체교섭 대상 제외 이유

정책결정에 관한 사항이나 기관의 관리·운영 사항이 근무조건과 직접 관련되지 않을 때 이를 교섭대상에서 제외하도록 한 이유는, 이 사항들은 모두 국가 또는 지방자치단체가 행정책임주의 및 법치주의 원칙에 따라 자신의 권한과 책임 하에 전권을 행사하여야 할 사항으로서 이를 교섭대상으로 한다면 행정책임주의 및 법치주의원칙에 반하게 되고, 설령 교섭대상으로 삼아 단체협약을 체결한다 하더라도 무효가 되어 교섭대상으로서의 의미를 가지지 못하기 때문이다. 이러한 상황이 발생하는 것을 방지하기 위해서는 위 사항들을 교섭대상에서 제외하는 것이 부득이하므로 이 사건 규정이 과잉금지원칙에 위반된다고 볼 수 없다(헌법재판소 2013.6.27. 2012헌바169).

---

11) 고용노동부, 공무원노사관계 업무 매뉴얼, p.169.

② 단체교섭 사항

첫째, 단체교섭의 대상이 되는 사항은 해당 노동조합 등 집단적 노동관계의 운영에 관한 사항으로 노조 전임자, 조합비 일괄공제, 노조활동을 위한 편의제공, 조합사무실과 게시판 등 시설 편의 제공, 단체교섭의 절차와 방법, 노동쟁의의 조정과 중재 등에 관한 사항을 포함한다(대법원 2003.7.25. 2001두4818).

둘째, 노동조합원의 보수, 복지 그밖의 근무조건에 관련된 사항으로 공무원 보수의 결정과 지급, 수당의 종류와 지급조건, 교육과 훈련, 근로시간·휴일·휴가, 안전보건관리와 재해보상, 복지후생제도, 표창과 제재, 정년제도 등에 관한 사항이 단체교섭 대상이 된다(헌법재판소 2013.6.27. 2012헌바169 참조).

셋째, 근무조건과 '직접' 관련되어 있는 정책결정에 관한 사항과 임용권의 행사 등 기관의 관리나 운영에 관한 사항이더라도 근로조건에 영향을 주는 경우 단체교섭 대상이 된다. 즉, 근무체제 변경에 의한 근무시간표의 작성, 공무원 연금제도, 정원축소에 따른 시간외근무, 인사이동에 의한 직원 주택 또는 통근버스의 제공, 근무장소 변경이 수반되는 전보의 일반적 기준 등에 관한 사항이 이에 포함된다.12)

③ 비교섭 사항

단체교섭의 대상이 되지 않아 교섭을 금지하는 비교섭 사항에는 법령 등에 따라 국가나 지방자치단체가 그 권한으로 행하는 정책결정에 관한 사항, 임용권의 행사 등 그 기관의 관리·운영에 관한 사항으로서 근무조건과 직접 관련되지 아니하는 사항이 포함된다(공무원노조법 제8조제1항 단서).

공무원노조법상 비교섭 사항은 교섭대상이 되지 않는 교섭금지 사항이므로 교섭 당사자가 비교섭 사항에 대해 체결한 단체협약은 위법하고 시정명령 대상이 된다.

공무원노조법(제8조제1항)에 따라 시행령 제4조에 구체적으로 규정하고 있는 비교섭 사항은 다음 각 호와 같다.

---

12) 고용노동부, 공무원노사관계 업무 매뉴얼, p.171.

**공무원노조법 시행령** 단체교섭에서의 비교섭 사항

제4조(비교섭 사항) 법 제8조제1항 단서에 따른 법령 등에 따라 국가나 지방자치단체가 그 권한으로 행하는 정책결정에 관한 사항, 임용권의 행사 등 그 기관의 관리·운영에 관한 사항은 다음 각 호와 같다.
1. 정책의 기획 또는 계획의 입안 등 정책결정에 관한 사항
2. 공무원의 채용·승진 및 전보 등 임용권의 행사에 관한 사항
3. 기관의 조직 및 정원에 관한 사항
4. 예산·기금의 편성 및 집행에 관한 사항
5. 행정기관이 당사자인 쟁송(불복신청을 포함한다)에 관한 사항
6. 기관의 관리·운영에 관한 그밖의 사항

첫째, 정책의 기획·입안, 예산의 편성과 집행, 법령 및 조례의 기획·입안·제안 등 정책결정에 관한 사항은 행정기관이 국가 또는 지방자치단체가 자신의 권한과 책임으로 해야 할 사항이므로 원칙적으로 비교섭 사항이 된다(헌법재판소 2013.6.27. 2012헌바169).

또한 단체협약이 시·구가 정한 규칙, 규정에 우선한다는 규정은 공무원노조법과 지방자치법령 등 관계법령에 반하여 위법하므로 그 효력이 인정되지 않는다(서울고등법원 2011.5.19. 2010누14192).

다만, 정책결정에 관한 사항이라고 하더라도 근무조건과 직접적으로 관련이 있는 경우에는 예외적으로 교섭 대상이 될 수 있다. 예를 들어 청사 이전 여부 판단은 정책결정 사항으로 비교섭 대상이지만 청사이전에 수반되는 직원주택, 정착비용 지급, 통근버스 제공 등은 교섭 대상이 될 수 있다(대법원 2017.1.12. 2011두13392).

둘째, 기관의 관리·운영에 관한 사항은 법령 등에 근거하여 설치 조직된 기관이 그 목적 달성을 위하여 해당 기관의 판단과 책임에 따라 업무를 처리하도록 정해져 있는 사항으로서 공무원의 채용, 승진 및 전보 등 임용권의 행사에 관한 사항이나 기관의 조직 및 정원에 관한 사항 등은 비교섭 사항이다(헌법재판소 2013.6.27. 2012헌바169).

그러나 광역자치단체 소속 도, 시·군 간 지방공무원 인사교류에 관한 사항은 인사교류의 일반적인 기준이나 절차를 정하는 것으로 단위노동조합 소속

공무원들의 근무조건과 직접 관련되어 있어 교섭 대상에 해당한다(대법원 2014.12.11. 2010두5097).

셋째, 위의 사항 이외에 위법이 되는 단체협약의 내용으로서 노동관계법 위반 유형을 보면 노조 전임자에 대해 보수를 지급하기로 합의하는 것, 노동조합 가입이 금지된 공무원의 가입을 허용하는 것, 노동조합 대표자의 단체협약 체결권을 전면적, 포괄적으로 제한하는 것, 직장협의회에서 합의한 사항에 대해 단체협약으로 효력을 인정하는 것 등이다.[13]

넷째, 노동관계법 위반 이외에 국가공무원법이나 지방공무원법 등 다른 법률 위반 유형을 살펴보면 아래와 같다.[14]

공무원의 신분상·복무상 의무를 위반하는 경우이다. 공무원은 국가공무원법과 지방공무원법에 따라 성실한 직무수행 의무와 품위유지 의무를 부담한다. 따라서 국가 공무원 또는 지방공무원 복무규정에 공무원은 근무 중에 품위를 유지할 수 있는 단정한 복장을 착용하여야 하고, 직무 수행시 근무기강을 해치는 정치적 주장을 표시 또는 상징하는 복장을 하거나 관련 물품을 착용해서는 안 된다고 정하고 있으므로 근무시간 중에 노조활동과 관련하여 단체복을 착용할 수 있도록 하는 단체협약은 위법하다(서울행정법원 2010.10.29. 2009구합42090).

그리고 노사가 단체협약에 의해 복직자 등에 대한 재징계를 하지 않기로 한 경우에는 위법이 된다. 공무원에 대한 파면·해임 등 징계처분이 소청심사위원회나 법원에서 징계처분등의 무효 또는 취소(취소명령 포함)의 결정이나 판결을 받은 경우에는 징계위원회에 재징계 의결을 요구하여야 한다고 규정하고 있기 때문이다(국가공무원법 제78조의3, 지방공무원법 제69조의3).

또한 단체협약으로 조합원의 시간외 근무, 휴일근무, 비상근무, 인원동원·차출 등의 경우 반드시 노동조합과 협의하도록 한 규정은 위법하다. 국가공무원법(제57조, 제67조)와 지방공무원법(제49조, 제59조)에 의해 기관장은 공무수행상 필요하다고 인정하는 때에는 소속 공무원에게 근무시간 외의 근무를 명하거나 토요일·공휴일의 근무를 명할 수 있기 때문이다.

따라서 비교섭 사항에 대해서는 노사가 단체교섭을 통해 임의로 결정할 수 없고, 단체협약을 체결하더라도 위법으로 효력이 없게 되며, 노동위원회의 의

---

13) 고용노동부, 공무원노사관계 업무 매뉴얼, pp.195~198.
14) 고용노동부, 공무원노사관계 업무 매뉴얼, pp.198~200.

결을 얻어 시정명령을 내릴 수 있다(헌법재판소 2013.6.27. 2012헌바169).

그러나 정책결정 및 관리운영사항 일체를 교섭대상에서 제외시킨 것이 아니고, 정부의 정책결정 및 관리운영사항 중에서도 근무조건과 직접 관련되는 사항에 대하여는 단체교섭을 허용하고 있다[헌법재판소 2008.12.26. 2005헌마971, 1193, 2006헌마198(병합)].

### 6) 단체협약

#### ① 단체협약의 체결

단체협약은 노동조합과 사용자 또는 사용자단체가 임금, 근로시간 등 근로조건 기타 근로자의 처우에 관한 사항과 노사관계의 권리와 의무에 관한 사항에 대해 단체교섭을 거쳐 합의한 후 서면으로 작성하여 체결한 협정을 말한다.[15]

단체협약은 서면으로 작성하여야 하고, 당사자 쌍방이 서명 또는 날인하여야 한다(노동조합법 제31조제1항). 단체협약을 체결한 당사자는 단체협약 체결일부터 15일 이내에 쌍방이 연명으로 고용노동부장관 또는 관할 지방고용노동관서장에게 신고하여야 한다(제31조제2항, 시행령 제15조).

#### ② 단체협약의 효력

단체협약은 근로자 개인과 사용자간의 관계, 즉 개별적 근로관계를 규율하는 규범적 부분과 노동조합과 사용자간의 관계, 즉 집단적 노동관계를 규율하는 채무적 부분으로 구성된다.

단체협약의 유효기간이 만료되어 실효된 경우에도 '근로조건 기타 근로자의 대우에 관한 사항'에 관한 규범적 부분은 그것을 변경하는 새로운 단체협약이 체결되거나 개별 근로자의 동의를 받지 않는 한 근로계약의 내용으로 남아 노사를 규율한다(대법원 2007.12.27. 2007다51758).

그러나 채무적 부분에 해당되는 평화조항, 단체교섭에 관한 사항, 조합원 범위와 조합활동, 노동쟁의조항 등은 단체협약의 유효기간이 만료되어 실효된

---

15) 하갑래, 집단적 노동관계법(제7판), 중앙경제, 2021, p.311; 고용노동부, 집단적 노사관계 업무 매뉴얼, 2022, p.229.

경우 원칙적으로 향후에 효력을 상실한다.[16)

한편, 공무원 노사가 체결한 단체협약의 내용 중 법령·조례 또는 예산에 의하여 규정되는 내용과 법령 또는 조례에 의하여 위임을 받아 규정되는 내용은 단체협약으로서의 효력을 가지지 아니한다. 다만, 정부교섭대표는 단체협약으로서의 효력을 가지지 아니하는 내용에 대하여는 그 내용이 이행될 수 있도록 성실하게 노력하여야 한다(공무원노조법 제10조). 그러나 정부교섭대표의 노력 의무를 법률상의 채무로 보기는 어렵다.[17)

---

**헌법재판소 결정**  공무원노조가 체결한 단체협약의 효력

공무원노조법 제10조제1항은 공무원노조에게 단체협약체결권을 인정하면서도 단체협약의 내용 중 법령·조례·예산 등에 위배되는 내용에 대하여는 단체협약의 효력을 부정하고 있는바, 공무원의 경우 민간부문과 달리 근무조건의 대부분은 헌법상 국민전체의 의사를 대표하는 국회에서 법률, 예산의 형태로 결정되는 것으로서, 그 범위 내에 속하는 한 정부와 공무원노동단체 간의 자유로운 단체교섭에 의하여 결정될 사항이라 할 수 없다.

따라서 노사 간 합의로 체결된 단체협약이라 하더라도 법률·예산 및 그의 위임에 따르거나 그 집행을 위한 명령·규칙에 규정되는 내용보다 우선하는 효력을 인정할 수는 없으며, 조례는 지방의회가 제정하는 것으로 해당 지방자치단체와 그 공무원을 기속하므로, 단체협약에 대하여 조례에 우선하는 효력을 부여할 수도 없다[헌법재판소 2008.12.26. 2005헌마971, 1193, 2006헌마198(병합)].

---

③ 단체협약의 효력 확장

단체협약의 규범적 효력은 원칙적으로 체결 당사자인 정부교섭대표와 노동조합원에 한정되지만, 일반적 구속력에 따라 하나의 교섭단위에 상시 사용되는 동종의 근로자 반수 이상이 하나의 단체협약의 적용을 받게 된 때에는 당해 교섭단위에 사용되는 다른 동종의 공무원에 대하여도 당해 단체협약이 적용된다(노동조합법 제35조).

동종의 공무원은 공무원노조에 가입할 수 있는 공무원을 말하므로 공무원노조법 제6조제2항에 따라 노조에 가입할 수 없는 공무원, 교원노조법의 적용을

---

16) 고용노동부, 공무원노사관계 업무 매뉴얼, pp.218~219.
17) 김형배, 노동법(제27판), 박영사, 2021, p.1565.

받는 교원과 일반 노동조합법의 적용을 받는 현업 공무원은 이에 포함되지 않으므로 일반적 구속력이 미치지 않는다.

하나의 교섭단위는 단체협약의 적용을 받는 과반수의 공무원을 산출하는 단위를 의미한다. 행정부 단위의 공무원노조가 인사혁신처장과 단체협약을 체결하면 교섭단위는 전체 행정부가 되므로 단체협약이 공무원노조에 가입 가능한 전체 행정부 공무원의 반수 이상에 적용되면 동종 공무원에 확장해서 적용된다.

한편, 행정부 단위의 공무원노조에서 교섭권을 위임받은 개별 부처의 지부가 단체협약을 체결하면 교섭단위는 개별 부처가 되므로 개별 부처의 공무원노조에 가입 가능한 공무원의 반수 이상에 적용되면 개별 부처 내의 동종 공무원에 확장해서 적용된다.

단체협약의 일반적 구속력은 위와 같이 해당 요건이 충족될 경우 자동적으로 비조합원인 공무원에게도 적용되는데, 단체협약의 내용 중에서 단체협약 당사자간의 권리와 의무를 규정한 채무적 부분은 제외하고 개별적 근로관계를 규율하는 규범적 부분만이 효력을 확장하여 적용된다.[18]

그러나 공무원노조법에서는 노동조합법(제36조)에서 인정되는 지역적 구속력의 적용을 배제하고 있다(공무원노조법 제17조제3항).

한편, 단체협약의 해석에는 노동조합법 제34조, 위법한 단체협약의 시정명령에는 노동조합법 제31조제3항, 단체협약 유효기간의 상한, 유효기간의 만료, 단체협약의 해지에는 노동조합법 제32조가 적용된다.

## (3) 노동쟁의 조정

### 1) 의의

일반 노동조합에 대하여는 쟁의행위를 보장하고 있으나, 공무원노동조합과 노동조합원에 대해서는 파업, 태업 또는 그 밖에 업무의 정상적인 운영을 방해하는 일체의 쟁의행위를 금지하고 있다(공무원노조법 제11조).

공무원의 노동쟁의에 대하여는 중앙노동위원회에 '공무원 노동관계 조정위원회'를 설치하여 조정과 중재를 하도록 하고 있다. 공무원 노동관계 조정위원

---

18) 단체효력의 효력 확장에 대하여는 <고용노동부, 공무원노사관계 업무 매뉴얼, 2014, pp.187~188> 참조.

회는 7명 이내의 공익위원(상근 1명, 비상근 6명)으로 구성되고, 이 위원회에는 전원회의와 소위원회를 둔다. 전원회의는 공익위원 전원으로 구성하며 전국에 걸친 노동쟁의의 조정사건, 중재 회부의 결정, 중재재정을 담당한다.

그리고 소위원회는 공무원 노동관계 조정위원회 위원장이 중앙노동위원회 위원장과 협의하여 지정하는 3명으로 구성하며, 전원회의에서 담당하지 아니하는 조정사건을 담당한다(공무원노조법 제14조, 제15조).

### 2) 조정신청

단체교섭이 결렬된 경우에는 당사자 어느 한쪽 또는 양쪽은 중앙노동위원회에 조정을 신청할 수 있으며, 중앙노동위원회는 지체 없이 조정을 시작하여야 한다. 이 경우 당사자 양쪽은 조정에 성실하게 임하여야 한다(공무원노조법 제12조제1항, 제2항).

중앙노동위원회는 조정안을 작성하여 관계 당사자에게 제시하고 수락을 권고하는 동시에 그 조정안에 이유를 붙여 공표할 수 있고, 이 경우 필요하면 신문 또는 방송에 보도 등 협조를 요청할 수 있다. 조정은 조정신청을 받은 날부터 30일 이내에 마쳐야 하나, 당사자들이 합의한 경우에는 30일 이내의 범위에서 조정기간을 연장할 수 있다(공무원노조법 제12조).

중앙노동위원회가 조정안을 작성하여 당사자에게 제시하고 수락을 권고하는 경우 당사자는 조정안을 거부할 수 있다. 당사자가 조정안을 수락하면 조정내용은 단체협약과 동일한 효력을 갖는다(노동조합법 제61조제2항, 공무원노조법 제17조제1항).

### 3) 노동쟁의의 중재

중앙노동위원회는 ① 단체교섭이 결렬되어 관계 당사자 양쪽이 함께 중재를 신청한 경우, ② 조정이 이루어지지 아니하여 공무원노동관계 조정위원회의 전원회의에서 중재 회부를 결정한 경우에는 지체 없이 중재를 한다(공무원노조법 제13조).

중재는 조정과는 다르게 당사자가 중재안의 수락 여부를 결정하는 것이 아니라 당연히 중재안을 수용하여야 한다. 다만, 관계 당사자는 중앙노동위원회의 중재재정이 위법하거나 월권이라고 인정하는 경우에는 중재재정서를 송달받은 날부터 15일 이내에 행정소송을 제기할 수 있다(공무원노조법 제16조제1항).

행정소송을 제기하지 아니하면 중재재정은 확정되고, 당사자는 이에 따라야 한다. 중재재정은 행정소송의 제기에 의해 효력이 정지되지 아니하고, 확정된 중재재정의 내용은 단체협약과 같은 효력을 가진다(공무원노조법 제16조제2항 내지 제5항).

### 4) 쟁의행위의 금지

공무원노동조합과 그 조합원은 파업, 태업 또는 그 밖에 업무의 정상적인 운영을 방해하는 일체의 행위를 하여서는 아니 된다(공무원노조법 제11조).

이를 위반하여 파업, 태업 또는 그 밖에 업무의 정상적인 운영을 방해하는 행위를 한 자는 5년 이하의 징역 또는 5천만원 이하의 벌금에 처한다(제18조). 쟁의행위에 참가한 자는 민형사상의 면책이 되지 않으므로 형사상 처벌, 공무원법상 징계나 손해배상의 대상이 된다.

공무원의 쟁의행위를 금지하는 이유는 ① 쟁의행위를 통하여 공무원 집단의 이익을 대변하는 것은 국민전체에 대한 봉사자로서의 공무원의 지위와 특성에 반하고 국민전체의 이익추구에 장애가 되며, ② 공무원의 보수 등 근무조건은 국회에서 결정되고 그 비용은 최종적으로 국민이 부담하며, ③ 공무원의 파업으로 행정서비스가 중단되면 국가기능이 마비될 우려가 크고 그 손해는 고스란히 국민이 부담하게 되고, ④ 공공업무의 속성상 공무원의 파업에 대한 정부의 대응수단을 찾기 어려워 노사 간 힘의 균형을 확보하기 어렵기 때문이다[헌법재판소 2008.12.26. 2005헌마971, 1193, 2006헌마198(병합)].

공무원노조의 쟁의행위에는 ① 근무시간 중 집회, ② 집단 연가와 집단 결근, ③ 청사 내의 농성과 시위, ④ 시간외 근무와 당직 거부, ⑤ 준법투쟁 등이 포함된다.19)

### (4) 부당노동행위

노동조합법(제81조)에서는 부당노동행위의 유형으로 ① 불이익 취급, ② 불공정 고용계약의 체결, ③ 단체교섭의 거부와 해태, ④ 지배·개입과 경비원

---

19) 쟁의행위의 유형과 구체적인 내용에 대하여는 <고용노동부, 공무원노사관계 업무 매뉴얼, 2021, pp.289~291> 참조.

조, ⑤ 보복적 불이익 취급 등 5가지를 규정하고 있다.

행정기관장 등의 부당노동행위로 인하여 권리를 침해당한 공무원 또는 노동조합은 노동위원회에 구제를 신청할 수 있다. 구제신청은 부당노동행위가 있은 날(계속하는 행위는 그 종료일)부터 3월 이내에 하여야 한다.

노동위원회는 노동조합법 제82조에 따라 공무원 또는 노동조합으로부터 구제신청을 받았을 때에는 지체 없이 그 사실을 상대방인 행정관청과 소관 소청심사위원회에 알려야 한다(공무원노조법 시행령 제13조).

노동조합법은 사용자의 부당노동행위에 대해 노동위원회의 구제제도(원상회복주의)와 함께 사용자에 대한 처벌제도(처벌주의)를 두고 있다. 그러나 공무원노조법은 부당노동행위에 대해 노동위원회를 통한 구제제도를 두고 있으나 사용자에 대한 처벌제도는 적용하지 않고 있다.

즉, 공무원노조법 제17조제3항에서는 '노동조합법의 적용이 배제되는 경우를 규정하면서, 사용자의 부당노동행위 및 그에 대한 구제명령을 이행하지 아니한 경우의 처벌규정인 '노동조합법 제89조제2호 내지 제90조'를 들고 있다. 따라서 공무원인 노동조합원의 쟁의행위를 처벌하는데 반하여 사용자 측인 정부교섭대표의 부당노동행위에 대하여는 처벌규정의 적용을 배제하고 있다.

공무원노조법이 공무원의 쟁의행위를 금지하고 이를 위반한 자를 형사처벌하는 것과 정부교섭대표 등 사용자의 부당노동행위와 구제명령 위반에 대한 형사처벌 규정의 적용을 배제하는 것은 그 입법목적이 서로 다르고, 공무원 노사관계의 특성을 고려한 합리적인 근거에 기한 것으로서, 노동조합원들의 평등권을 침해한 것으로 볼 수 없다[헌법재판소 2008.12.26. 2005헌마971, 1193, 2006헌마198(병합)].

**헌법재판소 결정** 사용자의 부당노동행위에 대한 형사상 처벌 배제

입법자가 사용자의 부당노동행위에 대한 구제방법으로 민사상의 원상회복주의를 채택하고 형사상의 처벌을 배제한 것은, 정부교섭대표를 형사처벌하지 않는다고 하여 부당노동행위가 남발할 우려는 현실적으로 크지 않음에 반하여, 형사처벌을 할 경우 부당노동행위를 둘러싼 형사고발 등으로 불필요한 행정력이 소모되고 공직사회가 갈등에 휩싸이게 되는 등의 부작용이 우려되기 때문이다[헌법재판소 2008.12.26. 2005헌마971, 1193, 2006헌마198(병합)].

### (5) 정당한 노동조합 활동의 범위

#### 1) 정당한 노동조합 활동의 보장과 한계

공무원노조법에 따른 공무원의 노동조합의 조직, 가입 및 노동조합과 관련된 정당한 활동에 대하여는 국가공무원법 제66조제1항 본문 및 지방공무원법 제58조제1항 본문을 적용하지 아니한다. 다만, 공무원은 노동조합 활동을 할 때 다른 법령(공무원노조법 이외)에서 규정하는 공무원의 의무에 반하는 행위를 하여서는 아니 된다(공무원노조법 제3조).

따라서 ① 공무원노동조합과 공무원의 정치활동은 금지되고(공무원노조법 제4조), ② 공무원노동조합과 공무원에 대해서는 파업, 태업 그 밖에 업무의 정상적인 운영을 저해하는 쟁의행위가 금지된다(공무원노조법 제11조).

공무원노조와 공무원의 쟁의행위 금지에 대해서는 위의 '노동쟁의의 조정과 쟁의행위' 부문에서 별도로 설명하였다.

#### 2) 정당한 노동조합 활동에 대한 판단기준

공무원노조법에서는 정당한 노동조합 활동과 위법한 집단행동을 구분하고 있으므로 노동조합이 합법적인 범위 내에서 활동하도록 '정당한 노동조합 활동'에 대해 판단기준이 필요하다.[20]

##### ① 일반적 판단기준

노동조합법은 정당한 노동조합 활동의 범위에 대해 명시적 규정을 두고 있지 않으므로 부당노동행위 관련 판례 등을 통해 일반적인 판단기준을 알 수 있다. 즉, 노조 활동이 근로자의 근로의무나 사용자의 노무지휘권·시설관리권과 충돌하는 경우 아래 기준에 따라 정당한 노조 활동 여부를 판단한다.[21]

첫째, 근무시간 중의 노동조합 활동은 원칙적으로 단체협약·취업규칙 등에서 이를 허용하거나 사용자의 승낙이 있어야 가능하다.

둘째, 사업장 내의 노동조합 활동에 대하여는 사용자의 시설관리권에 바탕을 둔 합리적인 규율이나 제약에 따라야 한다.

---

20) 고용노동부, 공무원노사관계 업무 매뉴얼, pp.274~296을 참조하여 작성함.
21) 고용노동부, 공무원노사관계 업무 매뉴얼, p.274.

셋째, 노동조합 활동이 근무시간 외에 사업장 밖에서 이루어진 경우 원칙적으로 자유롭게 할 수 있으나, 근로계약상 성실의무에 위반되지 않아야 한다.

### ② 공무원 신분의 특수성에 따른 판단기준

우선 공무원은 헌법에 따라 국민 전체에 대한 봉사자로 규정되어 있고, 공공 이익을 위한 각종 의무를 규정하고 있는 국가공무원법, 지방공무원법을 따라야 한다.

복무상 의무로서 신분상 의무에는 품위유지, 영리업무·겸직금지, 정치운동금지, 집단행위 금지 의무 등이 있고, 직무상 의무에는 성실의무, 복종의무, 직장이탈금지, 비밀엄수의무, 청렴의무 등이 있다.

한편, 공무원은 청사 관리상의 의무가 있다. 청사 관리자는 청사의 출입과 이용을 관리·규제하고 청사 내의 질서 유지 권한과 책임을 보유하고 있으므로 공무원은 이러한 규율에 따라야 한다.

### 3) 유형별 정당성 판단기준

### ① 근무시간 중 노동조합 활동

노동조합 활동은 공무수행에 지장을 주지 않아야 하므로 원칙적으로 근무시간 외에 하여야 한다. 따라서 근무시간 중에 노조 대표 선출, 회의 개최, 교육 활동 등 노동조합 활동을 하려면 단체협약에 관련 규정이 있거나 기관장의 허가를 받아야 한다. 그러하지 않을 경우 정당한 노동조합 활동으로 볼 수 없다.

또한 공무원은 근무시간 중에 성실하게 업무를 수행하고 품위를 유지해야 하는 공무원법상 의무가 있으므로 근무시간 중에 투쟁복을 착용하거나 리본을 채용하는 행위, 집단적으로 조끼를 착용하고 부서를 방문하면서 유인물 배포 등 노동조합 활동을 하는 행위는 공무원의 성실한 직무수행과 품위유지 의무 위반이 될 수 있다.[22]

---

22) 고용노동부, 공무원노사관계 업무 매뉴얼, p.279.

### ② 청사 내 노동조합 활동

공무원노동조합이 활동하는 청사는 국유재산법 등에 의해 취득 유지 보존 및 운용 등 관리권이 관리청에 있고 정당한 사유 없이 사용할 수 없는 등 법률에 의한 제한이 따른다(국유재산법 제7조제1항).

그러므로 노동조합은 노조 사무실 설치, 청사 내 조합원 총회 등 회의 개최, 게시판 설치, 유인물 게시와 현수막 설치, 청사 내 유인물 배포 등을 하려고 할 경우 청사 관리자의 허가를 받아야 한다. 직무와 관계없는 위법·부당한 내용의 유인물에 대해서는 배포금지 요구가 가능하고, 근무시간 중에 유인물을 배포하는 행위는 성실의무에 위반된다.

또한 다수의 외부 조합원이 청사에 출입할 경우 시위 등으로 인해 청사 내의 질서가 훼손될 가능성이 있으므로 청사 관리자는 출입자의 수, 시간, 장소 등을 제한하거나 금지할 수 있다.

### ③ 옥외 노동조합 활동

첫째, 주체면에서 공무원노조법에 따라 설립신고를 한 합법적인 노동조합만이 옥외집회를 할 수 있다.

둘째, 옥외 집회를 할 경우에도 집회 목적이 근무조건과 직접적으로 관련이 있어야 한다. 그러므로 공무원의 정치적 중립성을 침해할 만한 정치적 편향성이나 당파성을 드러내는 행위, 노조의 활동 목적과 무관한 정치적 요구를 하는 경우, 민간 노조의 파업을 지원하거나 시민단체 등과 연대 집회를 하는 경우, 근무조건과 무관한 정책결정사항에 대해 지지나 반대를 목적으로 하는 집회나 시위를 하는 경우는 목적상 정당한 노조활동으로 볼 수 없다.[23]

셋째, 노동조합 활동은 근무시간 외(휴일 포함)에 하는 것이 원칙이다. 다만, 단체협약 또는 기관장의 허가가 있는 경우 근무시간 중에 할 수 있다. 근무시간 외에 노조 활동을 하는 경우에도 공무원의 본분에 부합하도록 성실의무를 지켜야 한다.

---

23) 고용노동부, 공무원노사관계 업무 매뉴얼, p.284.

### 4) 공무원노동조합과 공무원의 정치활동 금지

헌법(제7조)에서 규정한 공무원의 정치적 중립 의무에 따라 공무원노조법(제4조)에서는 노동조합과 그 조합원(공무원)의 정치활동을 금지하고 있다.

정치활동에는 정치운동(정당과 선거 관련 행위)이나 선거운동 이외에 '특정 정당 또는 정치세력과 연계하여 정부를 압박하면서 정부정책 결정과정에 영향력을 행사하기 위한 정치적 의사를 표현하는 행위'도 포함한다(대법원 2013.12.26. 2012도8004).

공무원은 국민 전체에 대해 봉사하는 지위에 있으므로 일부 국민이나 특정 정파나 정당의 이익을 위해 봉사하는 것이 아니다. 공무원노동조합의 정치활동을 금지한 이유는 정치세력의 영향과 간섭으로 부터 보호하고 행정의 일관성과 계속성을 유지하여 공익을 증진하며 국민의 신뢰를 확보하기 위한 것이다(헌법재판소 2012.7.26. 2009헌바298). 공무원노동조합의 정치활동은 금지되어 있으므로 정당한 노동조합 활동으로 보호받지 못한다.

국가공무원법, 지방공무원법, 공직선거법, 정당법 및 정치자금법 등에서는 공무원의 정치운동과 선거운동을 금지하고 있다.

---

**참 고**  공무원노동조합에 대한 정치활동 금지 관련 규정

---

헌법 제7조 ① 공무원은 국민전체에 대한 봉사자이며, 국민에 대하여 책임을 진다.
② 공무원의 신분과 정치적 중립성은 법률이 정하는 바에 의하여 보장된다.

국가공무원법 제65조(정치 운동의 금지) ① 공무원은 정당이나 그밖의 정치단체의 결성에 관여하거나 이에 가입할 수 없다.
② 공무원은 선거에서 특정 정당 또는 특정인을 지지 또는 반대하기 위한 다음의 행위를 하여서는 아니 된다.
1. 투표를 하거나 하지 아니하도록 권유 운동을 하는 것
2. 서명 운동을 기도(企圖)·주재(主宰)하거나 권유하는 것
3. 문서나 도서를 공공시설 등에 게시하거나 게시하게 하는 것
4. 기부금을 모집 또는 모집하게 하거나, 공공자금을 이용 또는 이용하게 하는 것
5. 타인에게 정당이나 그밖의 정치단체에 가입하게 하거나 가입하지 아니하도록 권유 운동을 하는 것

③ 공무원은 다른 공무원에게 제1항과 제2항에 위배되는 행위를 하도록 요구하거나, 정치적 행위에 대한 보상 또는 보복으로서 이익 또는 불이익을 약속하여서는 아니 된다.
④ 제3항 외에 정치적 행위의 금지에 관한 한계는 대통령령등으로 정한다.
공무원노조법 제4조(정치활동의 금지) 노동조합과 그 조합원은 정치활동을 하여서는 아니 된다.

즉, ① 정당이나 그밖의 정치단체 결성에 관여 및 가입하는 행위, ② 선거에서 특정 정당 또는 특정인의 지지나 반대를 위한 행위, ③ 선거에 대한 부당한 영향력의 행사 기타 선거결과에 영향을 미치는 행위, ④ 공직선거에 입후보를 하거나 공무원의 지위를 이용하여 선거운동을 하는 행위, ⑤ 정당의 발기인·당원 또는 후원회의 회원으로 활동하는 행위 등을 금지하고 있다.

다만, 공무원 중에서 정무직 공무원, 선출직 공무원, 의원 보좌관 등은 정치활동이 허용된다.

### (6) 노동조합법 규정 중 적용제외

공무원노조법에 의한 공무원노동조합에 대하여는 노동조합법상의 일부 규정이 적용되지 않는다. 대표적으로 ① 근로시간 면제에 관한 규정, ② 단체협약의 효력 확장과 관련된 지역적 구속력에 관한 규정, ③ 쟁의행위에 관한 규정, ④ 노동쟁의 조정에 관한 규정, ⑤ 유니온 숍에 관한 규정 등이 있다(공무원노조법 제17조 참조).

## 3. 사실상 노무에 종사하는 공무원의 노동관계

### (1) 의의

공무원은 노동운동이나 그 밖에 공무 외의 일을 위한 집단 행위를 하여서는 아니 된다. 다만, 사실상 노무에 종사하는 공무원은 예외로 한다(국가공무원법 제66조제1항; 지방공무원법 제58조제1항).

여기서 말하는 '사실상 노무에 종사하는 공무원'의 개념은 공무원의 주된 직무를 정신활동으로 보고 이에 대비되는 신체활동에 종사하는 공무원으로 해석된다.

또한 '공무원의 공무 이외의 일을 위한 집단행위를 금지하고 있는 것'은 공무원의 집단행동이 공무원 집단의 이익을 대변함으로써 국민 전체의 이익을 추구하는데 장애가 될 수 있는 소지가 있기 때문이고, 그것은 공무원이라는 특수한 신분에서 나오는 의무의 하나를 규정한 것으로 보인다.

## (2) 적용범위

노동3권을 행사할 수 있는 사실상 노무에 종사하는 공무원의 범위는 국가공무원법 제66조제2항과 지방공무원법 제58조제2항에서 규정하고 있다.

### 1) 국가공무원법상 적용범위

사실상 노무에 종사하는 공무원의 범위는 국회규칙, 대법원규칙, 헌법재판소규칙, 중앙선거관리위원회규칙 또는 대통령령으로 정한다. 대통령령에 따르면 사실상 노무에 종사하는 공무원의 범위는 과학기술정보통신부 소속 현업기관의 작업 현장에서 노무에 종사하는 우정직공무원(우정직공무원의 정원을 대체하여 임용된 일반임기제공무원 및 시간선택제일반임기제공무원을 포함)을 말한다.

다만, 우정직공무원 가운데 서무·인사 및 기밀업무, 경리 및 물품출납 사무, 노무자 감독 사무, '보안업무규정'에 따른 보안목표시설의 경비업무, 승용자동차 및 구급차의 운전업무에 종사하는 공무원은 제외한다.

### 2) 지방공무원법상 적용범위

사실상 노무에 종사하는 공무원의 범위는 조례로 정한다. 헌법 제117조제1항은 "지방자치단체는 주민의 복리에 관한 사무를 처리하고 재산을 관리하며, 법령의 범위 안에서 자치에 관한 규정을 제정할 수 있다."라고 규정하여 법률의 위임이 있는 경우에는 조례에 의하여 소속 공무원에 대한 인사와 처우를 스스로 결정하는 권한이 있다.

그러므로 지방공무원법 제58조제2항이 노동운동을 하더라도 형사처벌에서 제외되는 공무원의 범위에 관하여 당해 지방자치단체에 조례제정권을 부여하고 있다고 하여 헌법에 위반된다고 할 수 없다(헌법재판소 2005.10.27. 2003헌바

50, 2003헌바62).

### (3) 집단적 노사관계의 주요 내용

사실상 노무에 종사하는 공무원은 노동3권을 가지므로 노동조합을 결성하고, 이에 가입할 수 있을 뿐만 아니라 노동조합은 단체교섭권과 단체행동권을 행사할 수 있다.

즉, 사실상 노무에 종사하는 공무원의 집단적 노사관계는 일반 근로자의 그것과 크게 다르지 않다. 예를 들어 국가나 지방자치단체는 사실상 노무에 종사하는 공무원이나 그 노동조합에 부당노동행위를 해서는 아니되며, 부당노동행위가 있는 경우 공무원 또는 노동조합은 노동위원회에 구제신청을 할 수 있다.

그러나 공무원의 보수와 근로조건은 법령이나 예산에 의해 결정되므로 실질적으로 단체교섭의 대상과 단체협약의 체결 내용에는 한계가 있다.[24)

## 4. 공무원직장협의회

### (1) 의의

'공무원직장협의회의 설립 및 운영에 관한 법률'(공무원직협법)은 공무원노조법이 제정(2005년)되기 이전인 1998년에 제정되어 운영되고 있다.

공무원노조법(제17조제1항)에서는 공무원노조법이 공무원직협법에 의해 직장협의회를 설립·운영하는 것을 방해하지 않는다고 규정함으로써 직장협의회는 공무원노동조합과 병존할 수 있다. 공무원직협법은 헌법상 공무원의 노동기본권을 보장하기 위한 제도라기보다는 공무원들의 근무환경 개선과 고충처리 등을 위한 참가제도라고 볼 수 있다.

공무원직협법은 공무원의 근무환경 개선, 업무능률 향상 및 고충처리 등을 위한 직장협의회의 설립과 운영에 관한 기본적인 사항을 규정하고 있으므로 (제1조) 공무원을 대상으로 한 노사협의회라고 할 수 있다.

공무원직장협의회는 근로자참여법에 의한 노사협의회와 비교하여 ① 설치가 의무화되어 있지 않고, ② 가입과 탈퇴가 자유로우며, ③ 기관 구성원 모두

---

24) 김형배, 노동법, p.1560.

를 대표하는 기구가 아니고, ④ 노사간에 합의한 문서에 대해 법적 구속력을 인정하지 않는다는 점에서 차이가 있다.[25]

## (2) 공무원직장협의회의 설립과 구성

### 1) 공무원직장협의회의 설립과 가입범위

국가기관, 지방자치단체 및 그 하부기관에 근무하는 공무원은 직장협의회(이하 협의회)를 설립할 수 있다. 협의회는 기관 단위로 설립하되, 하나의 기관에는 하나의 협의회만을 설립할 수 있다. 협의회를 설립한 경우 그 대표자는 소속 기관의 장(이하 기관장)에게 설립 사실을 통보하여야 한다(공무원직협법 제2조).

공무원직장협의회에 가입할 수 있는 공무원의 범위는 ① 6급 이하의 일반직 공무원 및 이에 준하는 일반직공무원, 일반직 공무원에 상당하는 별정직 공무원 ② 특정직공무원 중 재직 경력 10년 미만의 외무영사직렬·외교정보기술직렬 외무공무원, 경감 이하의 경찰공무원, 소방경 이하의 소방공무원이다.

그러나 ① 노동운동이 허용되는 현업 공무원 ② 지휘·감독의 직책에 있는 공무원 ③ 인사, 예산, 경리, 물품출납, 비서, 기밀, 보안, 경비 및 그 밖에 이와 유사한 업무에 종사하는 공무원은 직장협의회에 가입할 수 없다(공무원직협법 시행령 제3조). 이를 구체적으로 보면 아래와 같다.

**공무원직장협의회법 시행령** 공무원직장협의회에 가입이 금지되는 공무원

제3조(협의회에의 가입이 금지되는 공무원) ① 법 제3조제2항의 규정에 의하여 협의회에의 가입이 금지되는 공무원의 범위는 다음 각호와 같다.
1. 노동운동이 허용되는 공무원: 국가공무원법 제66조제1항 단서 및 국가공무원 복무규정 제28조의 규정에 의하여 사실상 노무에 종사하는 공무원
2. 지휘·감독의 직책에 종사하는 공무원: 법령·훈령 또는 사무분장에 의하여 다른 공무원에 대하여 지휘·감독권을 행사하는 모든 직책에 종사하는 공무원(직무대리자를 포함한다)
3. 인사업무에 종사하는 공무원: 공무원임용령 제2조제1호의 임용업무를 주된 업무로 수행하는 공무원(자료정리·타자 등 단순업무를 보조하는 자를 제외한다)

25) 최영우, 집단 노동법 실무(개정3판), 중앙경제, 2018, p.841.

4. 예산·경리·물품출납업무에 종사하는 공무원: 「국가재정법」 및 물품관리법에 규정된 업무를 주된 업무로 수행하는 공무원(자료정리·타자 등 단순업무를 보조하는 자를 제외한다)
5. 비서업무에 종사하는 공무원: 비서업무를 실제 수행하는 공무원
6. 기밀업무에 종사하는 공무원: 외교·군사·감사·조사·수사·검찰사무·출입국관리·유선교환업무 등 기밀업무를 수행하는 공무원
7. 보안·경비업무에 종사하는 공무원: 청사관리기관 또는 부서, 교정시설, 보호시설 등에서 공공안전의 목적상 특정인 또는 특정시설에 대한 보안·경비업무를 수행하는 공무원
8. 삭제 <2020. 5. 19.>
9. 기타 이와 유사한 업무에 종사하는 공무원: 협의회에 관한 업무를 수행하는 공무원
② 기관장(제2조제1항의 규정에 의하여 협의회가 설립되는 기관의 장을 말한다.)은 해당 기관(제2조제1항 단서의 경우에는 그 소속기관을 포함한다.)의 직책 또는 업무중 협의회에의 가입이 금지되는 직책 또는 업무를 협의회와 협의하여 지정하고 이를 공고하여야 한다. 이 경우 지정 및 공고의 방법은 기관장이 정한다.

### 2) 가입과 탈퇴

공무원은 자유로이 협의회에 가입하거나 협의회를 탈퇴할 수 있다(공무원직협법 제4조). 협의회에 가입하거나 협의회를 탈퇴하고자 하는 공무원은 가입(탈퇴)원서를 협의회의 대표자에게 제출하여야 한다. 협의회에 가입한 공무원이 승진·전보·사무분장의 변경 등으로 협의회에 가입이 금지되는 공무원이 된 때에는 당해 인사명령일 또는 사무분장의 변경일에 협의회에서 탈퇴한 것으로 본다. 그리고 인사명령의 발령부서 또는 사무분장의 변경부서는 그 변동사실을 협의회에 통보하여야 한다(공무원직협법 시행령 제6조).

### 3) 공무원직장협의회의 조직과 임기

① 협의회의 대표자와 협의위원은 당해 기관의 협의회에 가입한 공무원 중에서 선임하되, 협의위원은 9인 이내로 한다. ② 협의회는 협의회 구성원의 직종별·직급별·성별 비율 등을 고려하여 협의위원을 선임하여야 한다. ③ 협의회의 대표자와 협의위원의 임기는 협의회의 규정으로 정하되, 2년을 초과할 수 없으

며 연임할 수 있다. ④ 가입자격의 상실 등으로 인하여 협의회의 대표자 또는 협의위원이 교체된 경우에 후임자의 임기는 전임자의 잔여임기로 한다. 다만, 잔여임기가 3월이내인 경우에는 그러하지 아니하다(공무원직협법 시행령 제7조).

## (3) 공무원직장협의회의 기능과 운영

### 1) 협의회의 기능

공무원직장협의회는 기관장과 ① 해당 기관 고유의 근무환경 개선에 관한 사항, ② 업무능률 향상에 관한 사항, ③ 소속 공무원의 공무와 관련된 일반적 고충에 관한 사항, ④ 그 밖에 기관의 발전에 관한 사항에 대해 협의한다(공무원직협법 제5조제1항). 협의회는 협의회 구성원의 직급 등을 고려하여 협의회 구성원의 의사를 고루 대변할 수 있는 협의위원을 선임(選任)하여야 한다(제5조제2항).

### 2) 기관장의 의무

기관장은 협의회가 문서로 명시하여 협의를 요구하면 성실히 협의하여야 하고, 협의회와 문서로 합의한 사항에 대하여는 최대한 이를 이행하도록 노력하여야 한다. 그리고 기관장은 협의회의 조직 및 운영과 관련하여 소속 공무원에게 불리한 조치를 하여서는 아니 된다(공무원직협법 제6조).

### 3) 협의회의 운영과 합의사항의 이행

협의회와 기관장은 상호 신의를 바탕으로 성실하게 협의에 임하여야 한다. 협의회와 기관장은 매년 2회 정기적으로 협의하여야 한다. 다만, 필요한 경우에는 수시로 협의할 수 있다. 협의회의 대표자는 기관장과 협의하고자 하는 경우에는 협의일 7일전까지 협의하고자 하는 사항을 기재한 문서로 기관장에게 요구하여야 한다(공무원직협법 시행령 제8조제1항 내지 제3항).

기관장은 협의회와 직접 협의하여야 한다. 다만, 공무수행상 부득이한 경우에는 대리자를 지정하여 협의할 수 있는 권한을 위임할 수 있다. 협의회와 기관장의 협의는 원칙적으로 공개한다. 다만, 협의회와 기관장의 합의에 의하여 이를 공개하지 아니할 수 있다. 협의회와 기관장이 협의한 때에는 회의록을 작성하여 이를 3년간 보존하여야 한다(공무원직협법 시행령 제8조제4항 내지 제7항).

그리고 협의회와 기관장의 합의는 문서에 의하여야 하며, 합의한 사항은 소속공무원에게 알려야 한다. 협의회와 기관장은 합의한 사항에 대하여는 최대한 이의 이행에 노력하여야 한다(공무원직협법 시행령 제9조).

또한 협의회의 의무를 보면 ① 협의회는 협의회규정, 협의위원명부, 회원명부 및 회의록을 관리하여야 한다. ② 협의회는 대표자·협의위원 또는 협의회규정의 변경이 있는 경우에 지체없이 이를 기관장에게 통보하여야 하고, 회원의 변경이 있는 경우에는 반기별로 이를 기관장에게 통보하여야 한다. ③ 협의회가 해산한 때에는 그 대표자는 해산한 날부터 15일 이내에 기관장에게 통보하여야 한다(공무원직협법 시행령 제10조).

한편, 협의회의 운영에 필요한 업무는 근무시간외에 수행함을 원칙으로 한다. 다만, 협의회와 기관장의 협의는 협의회와 기관장의 합의에 의하여 근무시간중에 이를 할 수 있다. 협의회에는 협의회의 업무를 전담하는 공무원은 둘 수 없다. 기관장은 협의회가 요구하는 경우에 협의회의 활동을 위하여 당해 기관의 회의장소·사무장비 등을 사용하게 할 수 있다(공무원직협법 시행령 제11조, 제12조, 제13조).

## 제3절 교원의 노동관계

### 1. 의의

#### 1) 교원노조법의 성격

헌법 제33조에 따르면 근로자는 근로조건의 향상을 위하여 자주적인 단결권·단체교섭권 및 단체행동권을 행사할 수 있으나, 공무원인 근로자는 법률로 정하는 자에 한하여 노동3권을 가진다. 또한 헌법 제31조제6항에서 교원의 지위에 관한 기본적인 사항은 법률로 정하도록 하고 있다. 따라서 공무원과 교원의 노동기본권에 대해서는 별도의 법률로 규정하고 있다.

'교원의 노동조합 설립 및 운영 등에 관한 법률'(교원노조법)은 교원의 노동기본권을 보장함으로써 보편화된 국제노동기준을 준수할 수 있도록 하고, 노사정위원회에서 합의한 교원의 노동기본권 보장방안을 존중하여 그 보장범위와 단체교섭의 구조 등을 정하기 위한 목적으로 1999년에 제정되었다.

이 법은 국가공무원법 제66조제1항 및 사립학교법 제55조에도 불구하고 노동조합법 제5조제1항 단서에 따라 교원의 노동조합 설립에 관한 사항을 정하고 교원에 적용할 노동조합법에 대한 특례를 규정함을 목적으로 하고 있다(교원노조법 제1조).

종래 교원노조법에서는 교원의 범위를 초중등교육법에 따른 교원으로 한정하였으나, 2018년 헌법 불합치 결정(헌법재판소 2018.8.30. 2015헌가38)에 의거해 개정된 교원노조법(2020.6.9.)에 따라 고등교육법에 따른 교원까지 확대되었고, 유아교육법 상 교원에 대해 적용대상임을 명확히 하였다.

또한 교원노조법(제4조의2) 개정(2021.1.5.)에 따라 교원으로 임용되어 근무하였던 사람으로서 노동조합 규약으로 정하는 사람도 교원노조 가입 자격이 인정된다.

교원노조법에 따르면 단체교섭과 단체협약의 체결은 제한된 범위 내에서 인정되고, 쟁의행위는 금지된다.

## 2) 다른 법률과의 관계

교원노조법은 일반법인 노동조합법에 대해 특별법이다. 교원노조법에 규정되지 않는 사항에 대해 노동조합법에 정하는 바에 따르고, 교원노조법에서 별도로 정한 내용이나 교원 노사관계에 적용하기에 적절하지 않은 사항에 대해 노동조합법의 적용을 배제한다(교원노조법 제14조).

노동조합의 설립요건 및 운영관리, 단체협약 작성, 유효기간 등은 노동조합법을 준용하고, 교섭창구 단일화 절차, 근로시간 면제제도, 쟁의행위 등은 노동조합법의 적용을 받지 않고 교원노조법의 적용을 받는다.[26]

또한 교원노조법과 다른 교원 관련 법과의 관계를 보면 교원노조법은 교육공무원법과 사립학교법에 대해 특별법에 해당한다. 그러므로 교원의 노동조합

---

26) 고용노동부, 교원노사관계 업무 매뉴얼, 2021, p.5.

설립과 그 활동에 관해 교원노조법이 우선적으로 적용되고 교원노조법에 관련 규정이 없는 사항에 대해서 노동조합법이 적용된다.

한편, 교원노조법과 근로기준법 등 개별적 노사관계법과의 관계를 국·공립 교원과 사립 교원을 구분하여 살펴보면 아래와 같다.

① 국·공립 교원에 대하여는 교육공무원법, 교원의 지위 향상 및 교육활동 보호를 위한 특별법(교원지위법), 초·중등교육법, 국가교원복무 규정, 교원보수 규정 등은 특별법으로서 개별 노동관계법령(근로기준법 등)보다 우선 적용된다.

그러므로 국·공립 교원의 신분, 복무, 보수, 휴가 등 근로조건에 관하여 교육관계법령이 우선 적용된다. 다만, 교육관계법령에 특별한 규정이 없고 근로기준법 등 노동관계법령에 관련 규정이 있는 경우에는 개별 노동관계법령이 적용된다.

② 사립 교원에 대하여는 사립학교법과 동 법에 의해 준용되는 교육공무원법, 교원지위법, 초·중등교육법 등이 개별 노동관계법령에 우선하여 적용된다.

### 3) 교원 노사관계의 특징

교원 노사관계는 일반 사업장의 노사관계와 달리 다음과 같은 특징을 갖는다.

첫째, 교원노조법은 노동조합법에 대해 특별법적인 성격을 가진다. 따라서 교원에게는 교원노조법을 우선 적용하되, 특례 조항이 없는 경우에는 노동조합법에 따른다.

둘째, 학생들의 학습권을 보호하고 교육현장이 정치화되는 것을 방지하기 위하여 교원노조에 대해 일체의 정치활동을 금지하고 있다(교원노조법 제3조).

셋째, 교원에 대해서는 노동3권 중 단결권과 단체교섭권을 인정하나 교원의 특수성으로 인해 단체행동권을 허용하지 않는다. 또한 당사자가 체결한 단체협약의 내용 중 법령·조례 및 예산에 의하여 규정되는 내용은 단체협약으로서 효력을 가지지 아니한다(교원노조법 제7조).

## 2. 노동조합의 설립과 운영

### (1) 노동조합의 설립

고등교육법에 따른 대학교원은 개별학교 단위, 시·도 단위 또는 전국 단위로 노동조합을 설립할 수 있다(교원노조법 제4조제2항). 대학교원은 그 임용권이 대학의 장이나 학교 법인 등에 있고, 사립학교는 학교단위로 근무조건이 결정되므로, 대학교원에 대해서는 시·도 또는 전국단위 외에 개별학교 단위로도 노동조합을 설립할 수 있도록 한 것이다.[27]

그러나 유아교육법과 초·중등교육법에 따른 교원은 특별시·광역시·특별자치시·도·특별자치도(이하 시·도) 단위 또는 전국단위로만 노동조합을 설립할 수 있고(교원노조법 제4조제1항), 학교단위의 노동조합 설립을 할 수 없다.

학교단위별로 노동조합을 설립하는 경우 발생할 수 있는 학습권 침해를 방지하는 한편, 학교 교원의 근무조건 결정단위를 고려하여 설립단위를 제한한 것이다. 특히 교원의 임금·근무조건 등은 법정화되어 통일된 기준이 전국적으로 적용되며, 교원에 대한 임용권은 시·도 교육감에게 있다.[28]

다만, 노동조합 자체 내부조직인 지부·분회의 설립신고는 가능하다. 그러나 둘 이상의 광역단위 시·도 또는 특별자치도에 걸치는 단위노조로서 시·도 단위 지부·분회 등에 한정된다.

노동조합을 설립하려는 사람은 고용노동부장관에게 설립신고서를 제출하여야 하고(교원노조법 제4조), 노동조합 설립신고증을 교부받은 경우에는 설립신고서가 접수된 때에 설립된 것으로 본다(노동조합법 제12조제4항). 설립신고서가 반려된 경우 노동조합법상 노동조합이 설립된 것으로 볼 수 없으므로 적법한 설립신고서가 재접수되어 설립신고증이 교부된 경우에는 재접수된 때에 설립된 것으로 본다.[29]

## (2) 노동조합 가입 범위

교원노조법에서 노동조합 가입대상은 유아교육법(제20조제1항), 초·중등교육법(제19조제1항), 고등교육법(제14조제2항, 제4항)에서 규정하고 있는 교원 및 교원이었던 사람이다(교원노조법 제2조, 제4조의2). 따라서 원칙적으로 유치원·초등학교·중학교·대학 등에서 근무하고 있거나 근무하였던 교원이 가입대상이 된다.

---

27) 고용노동부, 교원노사관계 업무 매뉴얼, p.11.

28) 고용노동부, 교원노사관계 업무 매뉴얼, p.10.

29) 고용노동부, 교원노사관계 업무 매뉴얼, p.31.

초·중등교육법(제19조제1항)에서는 교원 범위를 정규직 교원으로만 한정하고 있지 아니하므로 교육공무원법 제32조와 사립학교법 제54조의4에 따라 임용계약을 체결한 기간제 교원도 교원노조법상 가입대상에 해당된다(공무원노사관계과-3340, 2020.1.30.).

한편, 대학의 교원은 교원노조법의 적용대상이나 강사는 고등교육법에 따른 교원에서 제외된다. 그리고 조교도 교원노조법 적용대상이 되지 않는다. 국·공립대학교 조교에게는 공무원노조법이 적용되고, 사립대학교 조교에게는 노동조합법이 적용된다.[30]

### (3) 노조 가입이 제한되는 교원의 범위

노동조합 가입이 제한되는 교원의 범위를 살펴보면 사용자 또는 사용자 지위에 있는자, 전문상담교사와 산학겸임교사, 평생교육사 등이 있다.[31]

#### 1) 사용자 또는 사용자 지위에 있는 자

사용자 또는 사용자 지위에 있는 자는 교원노조 가입이 제한된다. 교원노조법 제14조제1항에서 사용자를 '교육부장관, 시·도 교육감, 사립학교의 설립·경영자 또는 교원에 관한 사항에 대하여 교육부장관, 시·도 교육감, 사립학교의 설립·경영자를 위하여 행동하는 사람'으로 규정하고 있다.

한편, 사용자로부터 학교운영이나 학사관리의 기획·집행에 대한 권한을 부여받아 지휘·감독자로서 교원과 관련해 학교운영 전반에 대하여 일정한 권한을 행사하는 자도 사용자의 지위로 보아 노조 가입이 제한된다.

일반적으로 교장과 교감은 당해 학교교원에 대한 지휘·감독자로서 학사관리 등 학교운영 전반에 대하여 일정한 권한을 행사하고 있고, 교원의 인사·급여·후생·노무관리 등 근로조건 결정의 담당자이므로 사용자에 해당된다고 본다. 아울러 학교 행정실장의 경우에도 그 구체적인 담당업무의 성격을 고려하여 위의 기준에 해당된다면 교원의 노동관계에 있어서는 사용자에 해당된다고 보아야 한다(노조-3474, 2004.12.16.).

---

30) 하갑래, 집단적 노동관계법, p.718.
31) 고용노동부, 교원노사관계 업무 매뉴얼, pp.33~34.

### 2) 전문상담교사와 산학겸임교사

교사 중에서 특정 분야의 교육을 담당하는 교사로서 초·중등교육법 제19조의 2(전문상담교사)와 제22조(산학겸임교사)에서 별도로 규정하고 있으므로 노동조합 가입이 제한된다. 그러나 전문상담교사와 산학겸임교사가 초·중등교육법 제19조에 따라 정규직 교원으로 임용될 경우에는 교원노동조합에 가입할 수 있다.

### 3) 평생교육사

평생교육사는 학교가 아니라 학력 인정 평생교육시설에서 교육의 기획·진행·분석·평가 또는 교수업무를 담당하는 자(평생교육법 제22조)로서 사적인 근로계약을 체결하고 있는 근로자이므로 교원노조법의 적용대상으로 보기 어렵다.[32]

### (4) 교원의 정치활동 금지

교원의 노동조합은 어떠한 정치활동도 하여서는 아니 된다(교원노조법 제3조). 교원노동조합은 특정정당이나 정치세력에 대해 지지 또는 반대하는 행위, 정부정책 결정과정에 영향력 행사를 위해 정치적 의사를 표현하는 행위 등 일체의 정치활동이 금지된다. 교원노조의 정치활동은 금지되어 있으므로 정당한 노동조합 활동으로 보호받지 못한다.

교원노동조합의 정치활동을 금지한 이유는 공무원 노동조합과 마찬가지로 정치세력의 영향과 간섭으로 부터 보호하고 교육현장의 정치화를 방지하기 위한 것이다. 또한 교원의 활동은 감수성이 왕성한 초·중등학교 학생들의 인격과 기본생활습관 형성 등에 중요한 영향을 미치며, 교원의 정치활동은 학습의 수업권을 침해할 수 있기 때문이다(헌법재판소 2004.3.25. 2001헌마710).

초·중등학교 교원은 정당에 가입을 할 수 없으나 대학 교원은 정당법(제22조)에 따라 정당의 발기인 및 당원이 될 수 있다. 이 때 대학 교원에는 교수, 부교수, 조교수 및 강사가 포함된다(고등교육법 제14조제2항).

---

32) 고용노동부, 교원노사관계 업무 매뉴얼, p.34.

헌법재판소 결정   **교원노동조합의 정치활동 금지**

교원의 행위는 교육을 통해 건전한 인격체로 성장해 가는 과정에 있는 미성숙한 학생들의 인격형성에 지대한 영향을 미칠 수 있는 점, 교원의 정치적 표현행위가 교원노조와 같은 단체의 이름으로 교원의 지위를 전면에 드러낸 채 대규모로 행해지는 경우 다양한 가치관을 조화롭게 소화하여 건전한 세계관·인생관을 형성할 능력이 미숙한 학생들에게 편향된 가치관을 갖게 할 우려가 있는 점, 교원노조에게 일반적인 정치활동을 허용할 경우 교육을 통해 책임감 있고 건전한 인격체로 성장해가야 할 학생들의 교육을 받을 권리는 중대한 침해를 받을 수 있는 점 등에 비추어 보면, 교원노조라는 집단성을 이용하여 행하는 정치활동을 금지하는 것이 과잉금지원칙에 위반된다고 볼 수 없다.

교원노조는 교육의 정치적 중립성 요청으로 인해 그 업무와 활동에 있어서 강하게 정치적 중립을 요구받을 수밖에 없다는 점, 교원노조법은 공무원노조법과 달리 '일체의' 정치활동을 금지하는 것으로 되어 있지만, 교원노조에게도 교원의 근로조건 향상을 위한 활동 등은 허용된다는 점, 정치활동이 자유로운 대학교원단체의 경우 그 교육대상이 교원의 정치적 경향성에 별다른 영향을 받지 아니하는 대학생이라는 점에서 교원노조를 일반노조나 공무원노조, 대학교원단체와 달리 취급하는 것이 평등원칙 위반이라고 볼 수 없다[헌법재판소 2014.8.28. 2011헌바32, 2011헌가18, 2012헌바185(병합)].

### (5) 노동조합 전임자의 지위

교원노조법상 전임자는 임용권자의 허가를 받아 직무수행의무를 면제받고 노동조합의 업무에만 종사하는 사람을 말한다. 전임자는 그 기간 중에 교육공무원법 제44조 및 사립학교법 제59조에 따른 휴직명령을 받은 것으로 본다.

전임자는 그 전임기간 중 봉급을 받지 못하고, 전임기간 중 전임자임을 이유로 승급 또는 그밖의 신분상의 불이익을 받지 아니한다(교원노조법 제5조).

교육공무원승진규정, 교육공무원보수규정 등에서는 교원노조 전임자의 휴직기간을 재직기간에 포함하고 있다. 이에 따라 연금에서 불이익이 발생하지 않는다. 그러나 이는 승급 또는 그밖의 신분상 불이익을 받지 않게 하는 규정이므로 교육위원 후보자의 교원노조 전임자로서 휴직기간은 실제 교원으로서 직무에 종사한 기간이 아니므로 '교육경력' 산정에 포함되지 않는다(대법원 2009. 2.26. 2008우26).

교원노조의 전임자는 임용권자의 허가를 받은 경우 휴직명령(무급)을 받은 것으로 보는데 비해(교원노조법 제5조제2항), 공무원노조의 전임자는 임용권자의 동의를 받고 별도의 휴직명령(무급)이 있어야 활동이 가능하다(공무원노조법 제7조제2항).

### (6) 교원 근무시간 면제제도의 도입

2022년 6월 10일 개정된 교원노조법에서는 교원에 대해서도 근무시간 면제 제도를 도입하였다. 노조전임자의 지위에 대해 '임용권자의 동의를 받아 노동조합으로부터 급여를 지급받으면서 노동조합의 업무에만 종사하는 자'로 수정하였고, 전임자가 전임기간 중 봉급을 받지 못한다는 규정을 삭제하였으며, 근무시간 면제 한도를 초과하지 않는 한도 내에서 보수의 손실 없이 노동조합 업무에 종사할 수 있도록 하는 근무시간 면제자 관련 규정을 신설하였다. 그리고 근무시간 면제 시간 및 사용인원의 한도(근무시간 면제 한도)를 정하기 위하여 '교원근무시간면제심의위원회'를 경제사회노동위원회에 두도록 하고 있다. 이 제도는 1년 6개월의 유예기간을 거쳐 2023년 12월 11일부터 시행될 예정이다(개정 교원노조법 제5조, 제5조의2).

## 3. 단체교섭과 단체협약

### (1) 단체교섭의 당사자

#### 1) 교섭 당사자의 의의

단체교섭의 당사자는 단체교섭을 수행하고, 단체협약을 체결할 수 있으며, 단체협약상의 권리와 의무를 부담하는 자를 말한다. 노동조합의 대표자는 그 노동조합 또는 조합원의 임금, 근무 조건, 후생복지 등 경제적·사회적 지위 향상에 관하여 사용자 측과 교섭하고 단체협약을 체결할 권한을 가진다(교원노조법 제6조제1항).

단체교섭시 근로자 측은 노동조합의 대표자와 교섭위원이 되고, 사용자측은 근로자측의 단체교섭 요구에 응하여야 할 의무를 갖는 교육부장관, 시·도지사, 시·도 교육감, 국·공립학교의 장 또는 사립학교를 설립·경영하는 자 또는 이들로 구성된 단체가 된다.

### 2) 노동조합 측 교섭 당사자

노동조합 측 당사자는 노동조합법에 따른 적법한 노동조합이어야 한다. 노동조합의 지부·분회 등도 설립신고증을 교부받은 경우 교섭 당사자가 될 수 있다(교원노조법 시행령 제2조).

교원노조법에 따라 설립된 노동조합의 산하조직인 지부·분회 등은 단체교섭의 당사자가 될 수 없으나, 산하조직도 단체교섭 권한을 위임받은 경우 위임 범위 내에서 단체교섭을 할 수 있다.

그러나 노동조합법상 노동조합 요건을 충족하지 못한 단체나 개별 근로자 등은 단체교섭을 요구할 법적 권한이 없으므로 사용자가 이를 거부하더라도 부당노동행위가 되지 않는다. 연합단체인 노동조합은 연합단체로서의 노동조합 관련 사항이나 그 구성원인 단위노조 일반의 공통 사항에 관하여는 단위노조로부터 위임을 받지 않더라도 교섭이 가능하다.[33]

### 3) 사용자 측 교섭 당사자

사용자 측의 교섭 당사자는 노동조합의 단체교섭 요구에 응하여야 하는 사용자를 의미한다. 교원 노사관계에서 사용자 측 교섭 당사자를 보면 <도표 9-3>과 같다.

도표 9-3  교원노사관계에서 사용자 측 교섭 당사자

| 구분 | 교섭 당사자 | 법적 근거 |
|---|---|---|
| 유·초·중등 국공립학교 교원 | 교육부장관, 시·도 교육감 | 교원노조법 제6조제1항제1호 |
| 유·초·중등 사립학교 교원 | 사립학교 설립·경영자(시·도 또는 전국단위로 연합하여 교섭에 응하여야 함) | 교원노조법 제6조제1항제1호 교원노조법 시행령 제3조 제2항 |
| 대학교원 | 교육부장관, 시·도지사, 국·공립학교의 장 또는 사립학교 설립·경영자 | 교원노조법 제6조제1항제2호 |

---

33) 고용노동부, 교원노사관계 업무 매뉴얼, pp.116~117.

사립학교의 경우 개별 학교 단위의 단체교섭을 금지하고 있다. 그 이유는
① 교원의 근로조건이 각 학교법인별로 크게 다르지 않고, ② 교원의 지위를
통일적으로 보장할 필요가 있으며, ③ 교원의 노사관계가 일반 노사관계와는
다른 특수성을 지니고 있으므로 개별 학교 차원의 교섭으로 인한 혼란을 방지
하고자 하는 것이다(헌법재판소 2006.12.28. 2004헌바67).

한편, 고등교육법에 따른 대학교원은 개별학교 단위, 시·도 단위 또는 전국
단위로 노동조합을 설립할 수 있다(교원노조법 제4조제2항). 개별학교 단위로
근로조건 등이 다르게 결정될 수 있기 때문이다.

이 때 노동조합의 교섭 상대방은 대학교의 성격에 따라 달라진다. 즉, ① 국
립대학교는 교육부장관이나 국립학교의 장이 되고, ② 공립대학교는 시·도지사
나 공립학교의 장이 되며, ③ 사립대학교는 사립학교의 설립·경영자가 된다.

노동조합의 대표자는 교섭을 하려는 사항에 대하여 권한을 가진 자에게 서
면으로 교섭을 요구하여야 한다(교원노조법 제6조제4항).

### 4) 단체교섭의 담당자와 교섭의 위임

단체교섭의 담당자는 노동조합과 사용자를 대표하여 교섭을 직접 담당하는
자를 말한다.

교원노동조합의 교섭위원은 해당 노동조합의 대표자와 그 조합원으로 구성
하여야 한다(교원노조법 제6조제2항). 노동조합법(제29조제3항)에서는 단체교섭
또는 단체협약의 체결에 관한 권한을 위임할 수 있도록 하고 있으나, 교원노
조법(제14조제2항)에서는 단체교섭의 위임에 관한 규정이 적용되지 않는다.

그러므로 교섭위원은 조합원만으로 구성되며, 해당 노동조합의 대표자와 그
조합원 이외의 자에게는 단체교섭권의 위임은 허용되지 않는다. 그러나 단체
교섭과 단체협약 체결에 관한 권한을 조합원인 시·도 지부장에게 위임할 수
있다(노조 68107-1155, 2001.10.17.; 노동조합과-2124, 2005.8.1.).

한편, 사용자 측의 경우에는 교섭위원에 대해 명시적인 제한 규정을 두고
있지 않지만, 교원 노동관계의 특수성을 고려하여 노동조합의 교섭위원을 조
합원으로만 한정한 점, 교원노조법 시행령에서 소속원 중에 지명한 사람으로
하여금 교섭에 필요한 사항을 협의하도록 한 점 등을 고려할 때 노사간 형평
성 차원에서 그 소속원 중에서 교섭위원을 선정하는 것이 바람직하다(공무원노

사관계과-21390, 2020.9.8.).

학교법인 설립·경영자는 소속원 중 교섭위원을 선임할 수 있고, 대학 보직 교직원은 소속원이므로 교섭위원으로 선임할 수 있다(공무원노사관계과-757, 2021. 4.6.)

또한 사립학교 총장은 학교 교원에 대한 지휘·감독자로서 학사 관리 등 학교 운영 전반에 대하여 일정한 권한을 행사하고 있으므로 사립대학교의 설립·경영자는 대학교의 총장에게 교섭권을 위임할 수 있다(공무원노사관계과-2329, 2020. 10.6.).

노사간의 교섭위원은 보통 각각 3~10명 정도의 노사 동수로 구성한다.

## (2) 단체교섭 사항

### 1) 단체교섭 대상

교원노조법에서는 단체교섭 대상을 '노동조합 또는 조합원의 임금, 근무 조건, 후생복지 등 경제적·사회적 지위 향상에 관한 사항'으로 규정(제6조제1항)하고 있다.

그러나 교원노조법 제6조제1항의 규정에 의하여 체결된 단체협약의 내용 중 법령·조례 및 예산에 의하여 규정되는 내용과 법령 또는 조례에 의한 위임을 받아 규정되는 내용은 단체협약으로서의 효력을 가지지 아니 하므로(제7조제1항) 단체협약은 법령 및 조례, 예산의 범위 내에서만 효력을 가질 수 있도록 하고 있다.

다만, 사용자 측은 단체협약으로서 효력을 가지지 아니하는 내용에 대하여 그 내용이 이행될 수 있도록 성실히 노력하여야 한다(교원노조법 제7조제2항). 또한 이 경우에 사용자는 단체협약으로서 효력을 가지지 아니하는 단체협약 내용에 대한 이행결과를 다음 교섭 시까지 상대방에게 서면으로 알려야 한다(교원노조법 시행령 제5조).

공무원노조법에서는 정책결정에 관한 사항, 임용권 행사 등 기관 관리와 운영에 관한 사항에 대해서 직접적으로 교섭대상이 될 수 없다고 규정하고 있으나, 교원노조법에서는 비교섭 대상에 대해 명문으로 별도 규정을 두고 있지 않다.

## 2) 정책과 기관의 관리·운영에 관한 사항

정책 및 기관의 관리나 운영에 관한 사항은 원칙적으로 반드시 교섭에 응해야 하는 사항은 아니다.[34]

첫째, 노동관계법, 사학법 등 법령의 제·개정 사항은 정책수립과 집행의 주체인 행정기관이 그 권한과 책임에 따라 행하여야 할 사항으로 원칙적으로 반드시 교섭을 해야 하는 사항은 아니다.

그리고 법령·조례·규칙의 제·개정 여부, 제·개정 절차 및 방법 등에 관한 사항은 입법 정책에 관한 사항으로 반드시 교섭을 해야 하는 사항은 아니나, 법령·조례·규칙 내용 중 근무조건과 직접 관련이 있는 경우는 교섭사항이 될 수 있다.

둘째, 기관의 관리·운영에 관한 사항은 법령 등에 근거하여 설치 조직된 기관이 그 목적 달성을 위하여 해당 기관의 판단과 책임에 따라 업무를 처리하도록 정해져 있는 사항으로서 반드시 교섭해야 하는 사항은 아니다. 이에는 채용, 승진 및 전보 등 임용권의 행사에 관한 사항이나 기관의 조직 및 정원에 관한 사항 등이 있다.

셋째, 교육정책은 법률에서 규정된 바에 따라 행정기관이 결정·집행할 사항이고, 학생의 학습권과 학부모의 교육권 등 국민의 이익과 직접 관계되므로 원칙적으로 교섭대상이 아니다. 다만, 교육정책에 관한 사항이라도 근로자의 임금, 근무조건, 후생복지 등 근무조건과 직접 관련되는 사항은 그 범위 내에서 단체교섭의 대상이 될 수 있다.

## 3) 법률 위반 사항

노사가 단체교섭을 할 경우 그 의제가 교원노조법, 노동조합법 등 노동관계법을 위반하거나, 국가공무원법, 교육공무원법 등 다른 법률을 위반할 수 없으며 법률 위반시 그 부분은 효력이 없다.[35]

---

34) 고용노동부, 교원노사관계 업무 매뉴얼, pp.142~151.
35) 고용노동부, 교원노사관계 업무 매뉴얼, pp.152~156.

### ① 노동관계법 위반

첫째, 단체협약의 내용 중 법령·조례 또는 예산에 의하여 규정되는 내용과 법령 또는 조례에 의한 위임을 받아 규정되는 내용은 단체협약으로서의 효력을 가지지 아니한다(교원노조법 제7조제1항).

그러므로 법령·조례 또는 예산에 규정되는 내용에 대해 노사가 단체협약을 체결하면서 규범적·우선적 효력을 인정하기로 하더라도 그 부분은 효력이 없으며, 교원노조법 제7조제1항에 위반된다. 또한 법령 또는 조례의 위임을 받아 제정된 자치단체 규칙이나 규정은 단체협약보다 그 효력이 우선하므로, 단체협약이 법령이나 조례의 위임을 받은 규정보다 우선한다고 정하는 것은 관계 법령 위반이 된다(서울고등법원 2017.5.12. 2012누11999).

둘째, 노동조합 전임자에 대해서는 국가공무원법 및 사립학교법에 따라 휴직명령을 하여야 하고, 전임기간 중 보수를 지급할 수 없다(교원노조법 제5조). 그러므로 노사가 전임자에 대해 휴직명령 없이 보수를 지급받을 수 있도록 하여 사실상 유급 전임자를 인정하기로 합의를 한 경우에는 교원노조법 위반이 된다.

셋째, 사용자가 노동조합의 운영비를 원조하는 행위를 부당노동행위로 규정하여 원칙적으로 금지하고 있다. 다만, 노동조합의 자주적인 운영 또는 활동을 침해할 위험이 없는 범위에서의 운영비 원조행위는 예외로 인정하고 있다(노동조합법 제81조제1항제4호).

그러므로 운영비 원조 행위로 인하여 노동조합의 자주성이 저해되거나 저해될 현저한 위험이 있는지 여부는, 그 목적과 경위, 원조된 운영비의 내용, 금액, 원조 방법, 원조된 운영비가 노동조합의 총수입에서 차지하는 비율, 원조된 운영비의 관리 방법 및 사용처 등에 따라 판단한다(헌법재판소 2018.5.31. 2012헌바90).

넷째, 노동조합 대표자는 단체교섭권과 단체협약 체결권을 가지고 있으므로(교원노조법 제6조제1항), 노동조합 대표자의 단체협약 체결 권한을 전면적·포괄적으로 제한하는 경우에는 법 위반이 된다.

### ② 국가공무원법·지방공무원법 등 다른 법률 위반

교원 중에서 공무원 신분을 가진 교원은 국가공무원법과 지방공무원법에 따른 공무원의 성실한 직무수행의무, 품위유지의무 등을 준수해야 한다.

그러므로 공무원의 근무시간 중 노동조합 활동과 관련하여 단체복을 착용할 수 있도록 한 협약 규정은 법률 규정상 금지되는 공무원의 단체행동에 해당할 여지가 있으며, 공무원 집단의 이익을 대변하기 위한 행동으로서 공무원의 성실한 직무수행의무, 품위유지의무 등에 반하여 위법하다(서울고등법원 2017.5.12. 2012누11999).

한편, 조합원인 공무원이 조합비 공제를 원할 경우 1년 이내의 기간을 정한 원천징수 동의서를 직접 지출관에게 제출하여야 보수에서 조합비 공제가 가능하고, 인사이동으로 소속기관이 바뀌는 경우 새로운 지출관에게 원천징수 동의서를 제출해야 한다(국가공무원법 제47조 및 공무원 보수규정 제19조의2제1항). 그러므로 단체협약에서 인사이동 시에 별도 조합비 공제동의서를 받지 않기로 합의한 경우에는 관련 법·규정 위반이 된다.

### (3) 단체교섭 절차

#### 1) 단체교섭의 절차와 방법

##### ① 단체교섭의 요구

노동조합의 대표자는 교섭 상대방(교육부장관, 시·도지사, 시·도 교육감, 국·공립 학교의 장, 사립학교를 설립·경영하는 자)과 단체교섭을 하려는 경우에는 교섭 시작 예정일까지 상대방에게 서면으로 알려야 한다(교원노조법 시행령 제3조제1항).

유·초·중등교원의 경우 사립학교를 설립·경영하는 자는 교섭 통보를 받았을 때에는 전국 또는 시·도 단위로 교섭단을 구성하여야 한다(교원노조법 시행령 제3조제2항).

노동조합의 교섭 통보가 있는 경우 노동관계 당사자는 그 소속원 중에서 지명한 사람으로 하여금 교섭 시작 예정일 전까지 교섭 내용, 교섭 위원 수, 교섭 일시 및 장소, 그 밖에 교섭에 필요한 사항에 관하여 협의를 하도록 한다. 노동관계 당사자는 교섭 시작 예정일 전까지 교섭 위원을 선임하여야 한다(교원노조법 시행령 제3조).

중앙교섭과 시·도 단위 교섭이 이뤄지는 상호모순 등 교섭상 문제가 발생할 수 있으므로 전국 단위의 단체협약을 체결한 이후에 중복되지 않는 사항에

관해 시·도 단위의 단체교섭을 실시하는 것이 바람직하다.36)

교원 노동조합의 경우 교원 지위의 특수성과 교원 직무의 전문성, 공공성 등을 고려하여 노조법의 적용대상인 일반 조합과는 달리 단체교섭 및 단체협약 체결에 있어 교섭 당사자가 아닌 제3자의 관여를 배제하고 있다(대법원 2010.4.29. 2007두11542).

② 교섭참여 공고

단체교섭의 상대방인 사용자 측은 노동조합으로부터 단체교섭의 요구가 있는 경우, 지체 없이 교섭단위 내 복수의 노동조합이 모두 알 수 있도록 자신의 인터넷 홈페이지 또는 게시판에 교섭요구 사실을 공고하여야 한다(교원노조법 제6조제5항, 시행령 제3조제3항). 공고내용에는 교섭요구 노동조합 개요, 교섭요구서 제출 기한·방법, 제출부서, 담당자 연락처, 주의사항 등이 포함될 수 있다.

이때 공고는 시·도 또는 개별학교 단위로 조직된 복수의 단위노조 뿐만 아니라 교섭단위 내에서 조합원이 있는 전국 규모의 단위노조(지부 등 설치 여부 불문)도 알 수 있도록 해야 한다.37)

③ 교섭 참여

단체교섭에 참여하고자 하는 노동조합은 공고일부터 7일 이내에 교섭요구서를 교육부장관, 시·도지사, 시·도교육감, 국·공립학교의 장 또는 사립학교 설립·경영자에게 제출하여야 한다(교원노조법 시행령 제3조제4항).

④ 교섭노동조합 확정 공고

교육부장관, 시·도지사, 시·도교육감, 국·공립학교의 장 또는 사립학교 설립·경영자는 교섭요구 기한(7일)이 지나면 교섭요구를 한 노동조합을 지체 없이 자신의 인터넷 홈페이지 또는 게시판에 공고하고 교섭노동조합에 공고한 사항을 알려야 한다(교원노조법 시행령 제3조제5항).

---

36) 고용노동부, 교원노사관계 업무 매뉴얼, p.129.
37) 고용노동부, 교원노사관계 업무 매뉴얼, p.130.

### 2) 교섭창구의 단일화 절차

교육부장관, 시도지사, 시도교육감, 국공립학교의 장 또는 사립학교 설립·경영자가 교섭을 요구하는 노동조합이 둘 이상인 경우에는 해당 노동조합에 교섭창구를 단일화하도록 요청할 수 있다(교원노조법 제6조제6항).

따라서 반드시 교섭창구 단일화를 요청하여야 하는 것은 아니므로 교육부 장관, 시도지사, 시도교육감, 국공립학교의 장 또는 사립학교 설립경영자는 각각의 노동조합과 개별적으로 교섭을 할 수 있다(공무원노사관계과-2147, 2020.9.9.).

또한 교원노조법에 의한 교섭창구 단일화 대상은 교원노조법에 따른 노동조합에 한정된다. 그러므로 사용자 측은 노동조합법 또는 공무원노조법에 따른 노동조합과 교섭창구 단일화를 요청할 수 없다. 학교 내에서 직원노조는 노동조합법에 따른 노동조합이고, 학교 내 공무원인 행정직원 노조는 공무원노조법에 따른 노동조합이므로 교섭창구 단일화 대상이 아니다.

노동조합의 교섭창구 단일화 절차를 살펴보면 ① 우선 '교섭노동조합'은 공고일로부터 20일 이내에 자율적인 합의로 교섭위원(10명 이내)을 선임하고, ② 자율적으로 합의하지 못했을 때에는 교섭노동조합의 조합원 수에 비례하여 교섭위원을 선임하며 교섭노동조합의 대표가 서명 또는 날인한 서면으로 교섭의 상대방에게 통보한다(교원노조법 시행령 제3조의2).

조합원 수에 대하여 이견이 계속되거나 기한 내 교섭위원을 선임하지 못한 경우 고용노동부장관 또는 노동조합의 주된 사무소 소재지를 관할하는 지방 고용노동관서의 장에게 조합원 수 확인을 신청할 수 있다(교원노조법 시행령 제3조의2). 조합원 수의 산정과 관련하여 이견이 있는 경우 다음과 같은 절차에 따른다.

**교원노조법 시행령** | 조합원 수의 확인 방법

제3조의2(교섭대표의 위임) ⑤ 교섭노동조합이 제3항에 따른 조합원 수의 산정과 관련하여 이견이 있는 경우 그 조합원의 수는 제3조제5항에 따른 공고일 이전 1개월 동안 「전자금융거래법」 제2조제11호에 따른 전자지급수단의 방법으로 조합비를 납부한 조합원의 수로 하되, 둘 이상의 노동조합에 가입한 조합원에 대해서는 다음 각 호의 구분에 따른 방법으로 해당 조합원 1명에 대한 조합원 수를 산

정한다. 이 경우 교섭노동조합은 임금에서 조합비를 공제한 명단을 상대방에게 요청할 수 있고, 상대방은 지체 없이 해당 교섭노동조합에 이를 제공해야 한다.

1. 조합비를 납부하는 노동조합이 1개인 경우: 조합비를 납부하는 노동조합의 조합원 수에 숫자 1을 더한다.
2. 조합비를 납부하는 노동조합이 둘 이상인 경우: 숫자 1을 조합비를 납부하는 노동조합의 수로 나눈 후에 그 산출된 숫자를 그 조합비를 납부하는 노동조합의 조합원 수에 각각 더한다.

사용자 측은 교섭창구 단일화 절차를 마친 교섭노동조합으로부터 교섭위원 선임 완료를 통보받으면 교섭 의제 등에 대해 예비교섭을 한 다음 본교섭을 진행한다.

사용자 측은 교섭창구 단일화 절차를 거쳐 노동조합과 단체협약을 체결한 경우 그 유효기간 중에는 그 단체협약에 참여하지 아니한 노동조합이 교섭을 요구하더라도 이를 거부할 수 있다(교원노조법 제6조제7항). 따라서 사용자 측은 단체협약 유효기간 내에는 교섭을 요구하지 않은 노조 이외에 신설된 노동조합의 교섭요구를 거부할 수 있다.

### 3) 국민여론과 학부모의 의견 수렴

관계 당사자는 단체교섭을 하거나 단체협약을 체결하는 경우에 국민여론과 학부모의 의견을 수렴하여 성실하게 교섭하고 단체협약을 체결하여야 하며, 그 권한을 남용하여서는 아니 된다(교원노조법 제6조제8항).

## (4) 단체협약의 효력

### 1) 단체협약의 내용에 따른 효력

단체협약의 내용 중에서 임금, 근로시간 등 근로조건 기타 근로자의 대우에 관한 기준은 일반적으로 규범적 효력이 인정된다(노동조합법 제33조). 한편, 단체협약의 내용 중에서 단체교섭 조항, 조합활동 조항 등 협약 당사자 간의 권리나 의무를 규율하는 사항은 채무적 효력을 가진다.

그러나 노사 당사자가 체결한 단체협약의 내용 중 법령·조례 및 예산에 의하여 규정되는 내용과 법령 또는 조례에 의하여 위임을 받아 규정되는 내용은 단체협약으로서의 효력을 가지지 아니한다. 다만, 교육부장관, 시·도 교육감 및 사립학교 설립·경영자는 단체협약으로서의 효력을 가지지 아니하는 내용에 대하여는 그 내용이 이행될 수 있도록 성실하게 노력하여야 한다(교원노조법 제7조).

이때 성실 노력 의무를 법률상의 채무로 보기는 어렵지만, 사용자 측은 단체협약으로서 효력을 가지지 않는 단체협약 내용에 대한 이행 결과를 다음 교섭 시까지 교섭노동조합에 서면으로 알려야 한다(교원노조법 시행령 제5조).

한편, 단체협약은 체결 당시의 당사자에게만 적용되는 것이 원칙이므로 단체협약의 유효기간 중에 신설된 노동조합에게 채무적 부분은 적용되지 않는다(공공노사관계팀-1136, 2007.5.30. 참조).

### 2) 단체협약의 효력 확장

#### ① 일반적 구속력

단체협약의 규범적 효력은 원칙적으로 그 당사자인 사용자와 노동조합 조합원에 한정된다. 그러나 사용자 측이 비조합원을 선호하여 노동조합을 약화시키는 것을 예방하기 위해 일정 조건 하에서 단체협약의 효력 범위를 비조합원까지 확장하고 있다.

그러므로 하나의 사업 또는 사업장에 상시 사용되는 동종의 교원 반수 이상이 하나의 단체협약의 적용을 받게 된 때에는 당해 사업 또는 사업장에 사용되는 다른 동종의 교원에 대하여도 당해 단체협약이 적용된다(노동조합법 제35조).

교원은 동일 직종에 해당하기 때문에 원칙적으로 당해 학교나 학교법인에 근무하는 교원은 동종의 교원에 해당되고, 계약직이라 하더라도 단기계약이 반복적으로 갱신되어 실질적으로 상시 사용하고 있다면 상시교원에 해당한다.[38]

단체협약의 일반적 구속력과 관련된 구체적인 쟁점 판단 사례를 보면 다음과 같다.

첫째, 단체협약의 효력은 그 당사자인 사용자와 노동조합의 조합원에 한정되어 효력이 미치는 것이 원칙이므로, 단체협약을 체결한 노동조합의 조합원이 없는 학교에서는 단체협약의 효력이 발생하지 않는다. 다만, 노조법 제35조에

---

38) 고용노동부, 교원노사관계 업무 매뉴얼, p.169.

따라 동일 시·도에 상시 사용되는 동종 교원의 반수 이상이 하나의 단체협약의 적용을 받게 된 경우에는 당해 시·도에 사용되는 다른 동종의 교원에 대하여도 당해 단체협약의 효력이 미치게 된다(공무원노사관계과-164, 2012.1.27.).

둘째, 교원노조법이 국·공립학교와 사립학교를 구분하여 교섭 당사자를 정하고 있고, 노동조합법 제36조 지역단위의 일반적 구속력 규정의 적용을 배제하고 있는 입법 취지에 비춰볼 때, 시·도 교육감과 교원노동조합간에 체결된 단체협약이 사립학교를 설립·경영하는 자와 사립학교 교원인 조합원에게까지 당연히 확장 적용될 수 없다(노조68107-42, 2001.1.10.).

그러나 교육감이 학교정책 차원에서 국·공립학교에 적용되는 단체협약의 내용을 근거로 하여 사립학교에도 적용되는 학교운영지침에 적용하는 것은 가능하나 일반적 구속력에 의한 단체협약의 확장은 아니다. 따라서 단체협약 상의 불이행 문제는 발생하지 않는다(노조 68107-43, 2000.1.10.).

셋째, 일반적 구속력에 따른 효력 확장은 규범적 부분에만 한정되는 것이므로 '노조 사무실 제공' 등과 같이 단체협약 내용 중 협약 당사자 상호간의 권리·의무를 규율하는 소위 '채무적 부분'은 단체협약의 효력 확장이 적용되지 않는다(공무원노사관계과-2203, 2018.9.12.).

### ② 지역적 구속력

교원노동조합에 대해서는 일반 노동조합과 달리 하나의 지역에 종업하는 동종의 근로자 3분의 2 이상이 하나의 단체협약을 적용받게 된 때에 당해 지역에 종업하는 다른 동종의 근로자에게 단체협약의 효력을 확장하는 지역적 구속력이 적용되지 않는다(교원노조법 제14조제2항).

## 4. 노동쟁의 조정과 쟁의행위 금지

### (1) 노동쟁의 조정

교원노동조합과 사용자간에 단체교섭이 결렬된 경우에는 당사자 어느 한쪽 또는 양쪽은 중앙노동위원회에 조정을 신청할 수 있다. 이와 같이 당사자 어느 한쪽 또는 양쪽이 조정을 신청하면 중앙노동위원회는 지체 없이 조정을 시작하여야 하며 당사자 양쪽은 조정에 성실하게 임하여야 한다(교원노조법 제9조).

중앙노동위원회에는 교원의 노동쟁의를 조정·중재하기 위해 '교원 노동관계 조정위원회'를 둔다. 위원회는 중앙노동위원회 위원장이 지명하는 조정담당 공익위원 3명으로 구성한다. 다만, 관계 당사자가 합의하여 중앙노동위원회의 조정담당 공익위원이 아닌 사람을 추천하는 경우에는 그 사람을 지명하여야 한다(교원노조법 제11조).

공무원의 노동쟁의 조정·중재는 별도로 구성된 '공무원 노동관계 조정위원회'의 공익위원 중에서 중노위 위원장이 지명하는 3명이 한다. 그러나 교원의 노동쟁의 조정·중재는 별도로 상설 위원회가 구성되어 있지 않고, 중노위 위원장이 지명하는 '조정담당 공익위원' 3명이 수행한다.

조정은 조정신청을 받은 날부터 30일 이내에 마쳐야 하고(교원노조법 제9조제3항), 조정기간 내에 조정안을 제시하여야 한다. 노동조합법에서는 조정기간을 일반사업에서는 10일, 공익사업에서는 15일을 부여하고 있으나 교원노동조합은 쟁의행위가 금지되어 있으므로 충분한 조정이 이루어지도록 조정기간을 보다 길게 부여하고 있는 것이다. 노동조합법이나 공무원노조법에서는 조정기간 연장 규정을 두고 있으나 교원노조법에서는 별도의 연장 규정을 두고 있지 않다.

조정 신청을 받은 중앙노동위원회는 그 신청 내용이 조정 또는 중재 대상이 아니라고 인정되는 경우에는 신청인에게 그 사유와 조정 또는 중재 이외에 다른 해결방법을 알려주어야 한다(교원노조법 시행령 제6조제2항).

중앙노동위원회는 노사 당사자의 의견을 확인한 후 조정안을 만들어 당사자에게 권고할 수 있으며, 조정안 수락 여부는 당사자가 자율적으로 결정할 수 있으므로 조정안을 거부할 수도 있다.

당해 조정위원회가 제시한 조정안을 관계 당사자가 수락한 경우 당해 조정위원회 위원 전원(3인)이 관계 당사자와 함께 서명 날인하면 단체협약과 동일한 효력이 발생함으로써 노동쟁의가 종결된다.

한편, 중앙노동위원회는 조정기간 내에 당사자의 일방이나 쌍방이 조정안에 대해 수락을 거부하거나 당해 조정위원회가 조정기간 내에서 지정한 특정일까지 수락 의사표시가 없는 경우 조정을 종료하고 중재에 회부한다. 이 경우 중노위는 지체 없이 그 사실에 대해 관계 당사자에게 통보한다.[39]

---

39) 중앙노동위원회, 조정 및 필수유지 업무 매뉴얼, 2018, p.155.

### (2) 중재의 개시

중앙노동위원회는 ① 단체교섭이 결렬되어 관계 당사자 양쪽이 함께 중재를 신청한 경우, ② 중앙노동위원회가 제시한 조정안을 당사자의 어느 한쪽이라도 거부한 경우, ③ 중앙노동위원회 위원장이 직권으로 또는 고용노동부장관의 요청에 따라 중재에 회부한다는 결정을 한 경우에는 중재를 한다(교원노조법 제10조).

중재재정은 위원 전원(3명)의 출석과 과반수의 찬성으로 의결하고, 관계 당사자에게 송달한다. 중재의 처리기간에 대해서는 특별히 정해지지 않았으나, 노동조합법 제63조(중재시의 쟁의행위 금지)를 준용하여 가급적 중재를 신청하거나 회부한 날로부터 15일 이내에 처리한다.

관계 당사자가 행정소송을 제기하지 않아 확정된 중재재정의 내용은 단체협약과 동일한 효력을 가진다(교원노조법 제12조).

관계 당사자가 중노위의 중재재정이 위법하거나 월권에 의한 것이라고 인정하는 경우에는 중재재정서를 송달 받은날부터 15일 이내에 행정소송을 제기할 수 있고, 이 기간 내에 소송을 제기하지 않을 경우 중재재정이 확정되므로 관계 당사자는 이에 따라야 한다. 이때 행정소송을 제기한다 하더라도 중재재정의 효력은 정지되지 않고, 확정된 중재재정의 내용은 단체협약과 동일한 효력을 갖는다(교원노조법 제12조).

확정된 중재재정을 따르지 아니한 자는 2년 이하의 징역 또는 2천만원 이하의 벌금에 처한다(교원노조법 제15조제2항)

### (3) 쟁의행위 금지

노동조합법에 의해 일반 노동조합에 대해서는 쟁의행위가 보장되어 있지만 교원노조에 대하여는 파업·태업 기타 업무의 정상적 운영을 방해하는 어떠한 쟁의행위도 금지하고 있다(교원노조법 제8조).

교원의 수업거부행위나 파업은 학생의 학습권을 침해하므로 교원노조법에서는 일체의 쟁의행위를 금지하고 있는 것이다.

학교교육에서 교원의 수업권은 학생의 학습권 실현을 위하여 인정되는 것이므로 학생의 학습권은 교원의 수업권에 대하여 우월한 지위에 있으므로 교원이 수업을 거부할 자유는 인정되지 않는다(대법원 2007.9.20. 2005다25298).

교원노조법을 위반하여 쟁의행위에 참가한 자에 대해서는 민형사상의 면책이 이루어지지 않으므로 5년 이하의 징역 또는 5천만원 이하의 벌금에 처해질 수 있으며(교원노조법 제15조제1항), 징계 또는 손해배상의 대상이 된다.

교원노조법 제8조는 교원의 쟁의행위를 금지하고 있는바, 부장회의 및 직원조회 불참, 교장실 무단침입과 폭언, 교원노조 조끼착용 등을 한 교사를 징계파면한 것은 정당하다(서울행정법원 2006.5.18. 2005구합15250).

---

**핵심 판례** **교원의 수업거부행위 금지**

학교교육에 있어서 교원의 가르치는 권리를 수업권이라고 한다면, 이것은 교원의 지위에서 생기는 학생에 대한 일차적인 교육상의 직무권한이지만 어디까지나 학생의 학습권 실현을 위하여 인정되는 것이므로, 학생의 학습권은 교원의 수업권에 대하여 우월한 지위에 있다. 따라서 학생의 학습권이 왜곡되지 않고 올바로 행사될 수 있도록 하기 위해서라면 교원의 수업권은 일정한 범위 내에서 제약을 받을 수밖에 없고, 학생의 학습권은 개개 교원들의 정상을 벗어난 행동으로부터 보호되어야 한다.

특히, 교원의 수업거부행위는 학생의 학습권과 정면으로 상충하는 것인바, 교육의 계속성 유지의 중요성과 교육의 공공성에 비추어 보거나 학생·학부모 등 다른 교육당사자들의 이익과 교량해 볼 때 교원이 고의로 수업을 거부할 자유는 어떠한 경우에도 인정되지 아니하며, 교원은 계획된 수업을 지속적으로 성실히 이행할 의무가 있다(대법원 2007.9.20. 2005다25298).

---

## 5. 부당노동행위 및 교원소청심사 청구와의 관계

교원에 대한 사용자의 부당노동행위에 대해서는 교원노조법에 별도의 규정을 두고 있지 않아 노동조합법의 관련 규정이 적용되고, 노동위원회에 구제신청을 할 수 있다.

공무원노조법에서는 사용자의 부당노동행위에 대해 형사처벌 규정을 적용하고 있지 않으나 교원노조법에서는 형사처벌 규정을 적용한다(노동조합법 제81조제1항, 제90조).[40]

---

40) 단, 교원노조법에서 노동조합법 제81조제1항제2호(불공정 고용계약)의 단서는 적용하지 아니한다(교원노조법 제14조제2항).

한편, 교원이 사용자의 부당노동행위(노동조합법 제81조)로 해고나 그밖의 불이익을 받은 것을 이유로 해당 교원 또는 노동조합이 노동위원회에 구제를 신청한 경우(노동조합법 제82조제1항)에는 '교원의 지위 향상 및 교육활동 보호를 위한 특별법' 제9조에도 불구하고 교원소청심사위원회에 소청심사를 청구할 수 없다(교원노조법 제13조).

노동위원회가 구제신청서를 접수한 때에는 그 사실을 지체 없이 교원소청심사위원회에 통보하여야 한다(교원노조법 시행령 제8조).

## 6. 노동조합법 규정 중 적용제외

교원노동조합에 대하여는 노동조합법상의 일부 규정이 적용되지 않는다. 대표적으로 ① 노동조합 전임자에 관한 규정, ② 지역적 구속력에 관한 규정, ③ 쟁의행위에 관한 규정, ④ 노동쟁의 조정에 관한 규정, ⑤ 유니온 숍에 관한 규정 등이 있다(교원노조법 제14조 참조).

## 제4절 공무직 노동관계

### 1. 의의

비정규직 근로자는 일반적으로 고용이 불안하고 근로조건이 정규직에 비해 상대적으로 열악한 문제가 지속적으로 제기되어 왔다. 이에 정부는 모범적 사용자로서 공공부문이 민간부문을 선도할 수 있도록 비정규직 근로자의 정규직 전환과 처우개선을 적극적으로 추진하였다.

정부는 공공부문 비정규직 실태에 대한 특별조사를 바탕으로 상시·지속적 업무에 종사하는 비정규직 근로자를 정규직으로 전환을 추진하였다. 2017년 7월, 2018년 5월, 2019년 12월 총 3차례의 정규직 전환 가이드라인 마련을 통해 1단계로 중앙행정기관, 자치단체, 교육기관, 공공기관, 지방공기업 852개소, 2단계로 자치단체 출연·출자기관, 공공기관 및 지방공기업 자회사 600개소, 3단계는 민간위탁기관을 대상으로 하였다.

이와 함께 정규직으로 전환한 근로자의 사기진작 등을 위해 처우개선을 함께 추진하였다.

그러나 정규직으로 전환과 처우개선에도 불구하고 정규직으로 전환한 이후 동종·유사 업무를 수행하는 근로자 간에 임금 및 처우 격차, 체계적인 인사관리기준 및 관리체계가 없어서 현장에 혼선과 갈등이 발생하였다.

따라서 관계부처 합동으로 공무직위원회를 설치(2020.3.27.)하고 공무직에 대한 체계적인 인사관리 기준 마련과 공정한 보상·처우 기준 정립을 추진하게 되었다.

## 2. 공공부문 비정규직 근로자의 정규직 전환

### 1) 전환대상

정규직 전환 기준은 원칙적으로 연중 9개월 이상 계속되는 업무로서 향후 2년 이상 지속될 것으로 예상되는 업무에 종사하는 기간제근로자, 파견근로자, 용역근로자를 전환대상으로 설정하였다.

국민의 생명·안전에 밀접한 관련이 있는 업무도 비정규직을 사용할 경우 업무 집중도, 책임의식 저하로 사고 발생의 우려가 있어서 직접 고용을 원칙으로 하였다.

다만, 예외적으로 ① 60세 이상 고령자, ② 운동선수 등 통상 한정된 기간에만 특기 등을 활용하는 경우, ③ 휴직대체 등 보충적으로 근로하는 경우, ④ 실업·복지대책 차원에서 제공하는 경과적 일자리의 경우, ⑤ 의사, 치과의사, 변호사, 공인회계사, 변리사, 관세사, 엔지니어 등 고도의 전문적인 직무인 경우, ⑥ 다른 법령에서 기간을 달리 정하는 등 교사·강사 중 특성상 전환이 어려운 경우, ⑦ 이에 준하는 사유로서 전환심의위원회 등을 통해 정한 경우에는 전환대상에서 제외하였다.

### 2) 정규직 전환 결정기구

정규직 전환은 각 기관별로 기간제 근로자에 대해서는 정규직전환심의위원회, 파견·용역 근로자에 대해서는 정규직전환협의기구를 두고 실태조사 결과,

이해관계자 의견수렴 결과 등에 대한 협의를 거쳐 정규직 전환범위, 전환방식, 채용방법 등을 결정하였다.

전환방식에는 해당 기관의 기간제 근로자는 직접고용 정규직화를 원칙으로 하고, 파견·용역 근로자는 ① 정규직으로 직접 고용, ② 자회사를 설립·활용하여 정규직으로 고용, ③ 기타 사회적기업·협동조합 등의 방식을 활용하도록 하였다.

### 3) 차별해소 및 처우개선

공공부문 비정규직 근로자가 정규직으로 전환한 이후 조직융화 및 사기진작를 통해 생산성 향상으로 연결될 수 있도록 처우개선 및 인사관리 체계화를 함께 추진하였다.

조례·훈령·규정 등을 통한 공무직 등 적합한 명칭으로 변경, 정원관리, 신분증 발급, 교육훈련·승급체계 마련 등 인사관리를 강화하고, 용역업체의 이윤·관리운영비 등을 전환자 처우개선에 활용, 복지포인트·명절상여금·식비 등 복리후생적 금품의 차별 없는 지급, 휴게공간 확충 및 비품 제공 등 처우개선을 지속적으로 추진하였다.

## 3. 공무직위원회를 통한 처우 및 인사관리기준 마련

공공부문 정규직화 정책에 의해 정규직(무기계약직)으로 전환된 근로자들에 대한 체계적인 인사·노무관리 기준 및 임금·처우기준 마련 등을 위해 관계부처 합동으로 공무직위원회를 설치하였다.

공무직위원회는 고용노동부장관을 위원장으로 하고, 기획재정부, 행정안전부 등 관계부처 차관급(5명)과 위원장이 위촉하는 전문가 등 15명 이내로 구성된다.

공무직위원회 산하에는 공무직 문제 분석 및 정책방향을 마련을 위한 협의체로 관계부처, 노동계, 전문가 각각 6명씩 참여하는 '공무직발전협의회'을 두고, 그 산하에 임금·수당기준에 관한 전문적 논의를 위한 '임금의제협의회'와 교육기관분야에 대한 세부적·구체적 기준 마련을 위한 '교육기관분야 실무협의회'를 구성·운영하고 있다.

그리고 공무직위원회의 운영에 관한 사무처리 지원을 위해 고용노동부에

'공무직기획단'(단장 고위공무원)을 설치·운영하고 있다.

공무직발전협의회는 그간의 다양한 공무직 문제를 종합하여 우선 공무직의 인사관리와 보상·처우에 관한 16개 논의과제를 확정하고 합의가 용이한 과제부터 순차적으로 논의하고 있다<도표 9-4>.

1단계 논의과제에 대해서는 2021년 8월에 '공무직 근로자에 대한 인사관리 가이드라인'을 마련하여 실비보전적 금품지급, 비금전적 처우, 휴가·휴직, 교육훈련, 복무의무 등 인사관리 전반에서 기존의 일반근로자에 비해 공무직이 차별받지 않도록 하였다.

2단계 논의과제는 공무직에 대한 직종분류체계 마련과 공무직에 적합한 임금체계 마련에 관한 과제로서 2021년 8월에 '공무직 임금 및 수당 기준 마련 계획'을 확정하고 이 계획에 따라 임금·직무실태조사와 임금·수당기준 마련을 위한 논의를 진행하고 있다.

3단계 논의과제는 공무직에 대한 체계적인 관리체계를 마련하고 공무직의 법적 지위를 명확히 하는 등 관련 법제도 개선에 관한 논의과제로서 2021년 하반기부터 공무직발전협의회에서 집중적으로 논의하고 있다.

도표 9-4  공무직발전협의회 단계별 논의과제

| 구분 | 보상 및 처우분야 | 인사관리분야 |
|---|---|---|
| 1단계 과제 | ① 복리후생 3종 수당 차별해소<br>② 실비·법상의무 수당 차별해소<br>③ 비금전적 처우 차별해소 | ① 인식·문화 차별해소<br>② 교육훈련 기회 차별해소<br>③ 공무직 채용·휴가·휴직·경력인정 등 관리기준 마련<br>④ 성과평가체계 마련<br>⑤ 산업안전 보호 |
| 2단계 | ④ 직무·직급체계 마련<br>⑤ 임금체계 마련<br>⑥ 임금 및 수당 격차 해소<br>⑦ 성과급 차별 해소<br>⑧ 인건비 제도 개선 | |
| 3단계 | | ⑥ 정원·직제제도 개선<br>⑦ 법제도 개선<br>⑧ 관리체계 정비 |

<table>
<tr><td>제 5 절</td><td>공공기관 노동관계</td></tr>
</table>

## 1. 공공기관의 의의와 유형

공공기관은 국가의 감독 아래 공적인 이익 추구를 목적으로 공공서비스를 제공하지만 정부 부처 조직 밖에 있으면서 일정한 자율성을 갖고 정부정책을 수행하는 조직이다. 정부에서는 정부가 공무원에 대해 직접 노동관계의 당사자가 된다. 그러나 공공기관에서는 정부가 법적인 사용자는 아니지만 상당한 영향력을 갖는다.[41]

공공기관에는 중앙정부의 공공기관 및 지방자치단체의 공공기관이 모두 포함된다.

'공공기관의 운영에 관한 법률'(공공기관운영법)에 의하면 공공기관은 국가·지방자치단체가 아닌 법인·단체 또는 기관(이하 기관)으로서 일정 요건에 해당하는 기관 중에서 기획재정부장관이 지정한 기관이다. 중앙정부의 공공기관은 공기업(시장형, 준시장형), 준정부기관(기금관리형, 위탁집행형), 기타공공기관으로 구분된다(제4조, 제5조).

도표 9-5 **중앙정부 공공기관의 유형**

| 구분 | 세부 구분 | 개수 |
|---|---|---|
| 공기업 | 시장형 공기업 | 16 |
| | 준시장형 공기업 | 20 |
| 준정부기관 | 기금관리형 준정부기관 | 13 |
| | 위탁집행형 준정부기관 | 83 |
| 기타공공기관 | 공기업·준정부기관이 아닌 공공기관 | 218 |

자료: 공공기관운영법 제5조; 기획재정부, 2021년 공공기관 지정, 2021.1.29.

---

41) 김동원 외, 고용관계론, p.288.

한편, 지방자치단체 공공기관은 지방자치단체가 설립한 공공기관으로서 지방공기업(직영기업, 지방공사, 지방공단), 지방 출자·출연기관으로 구분된다(지방공기업법, 지방자치단체 출자·출연 기관의 운영에 관한 법률).

## 2. 공공기관 노사관계의 특성

공공기관의 노사관계는 다음과 같은 특성을 지닌다.

첫째, 공무원과 교원이 별도의 노동조합 설립과 운영에 관한 특별법으로 노사관계가 규율되는 반면, 공공기관은 민간의 노사관계를 규율하는 노동조합법 등 노동관계법을 기본 토대로 한다. 그러므로 공공기관은 노동3권도 전반적으로 보장되고 기본적으로 노사자치주의 원칙에 의해 운영된다.

둘째, 형식적으로는 민간기업의 노사관계에서 보장되는 노동기본권이 동일하게 적용된다고 하더라도 실제에 있어서는 정부의 정책과 예산제약 등의 통제를 받기 때문에 민간의 노사관계에 비해 노동3권에 일정한 제약을 받는다.

셋째, 공무원과 교원은 기본적으로 관련 법령에서 근무조건 등이 통일적으로 규율되고 있다. 반면, 공공기관은 정부의 예산지침 등을 통해 일정한 범위 내에서 통제는 되고 있으나 기본적으로 기관별 차이를 보이고 있어 공공기관마다 근무조건이 상이하여 이로 인한 갈등이 발생할 수 있다.

넷째, 공공기관은 공무원과 민간부문의 중간에 위치해 있는 특성으로 인해 공공기관에서의 각종 인사제도, 노사관계는 민간기업에 미치는 영향이 크며, 공공기관에서의 변화를 통해 민간영역의 변화를 견인할 수 있다.

다섯째, 일반적으로 노사협상은 노동조합의 요구에 의해 진행되는 경향이 강하다. 반면, 공공기관 노사관계는 정부정책 방향에 따라 영향을 많이 받게 되므로 사용자의 요구에 의해 논의되는 주제도 많으며, 정부의 정책방향에 따라 그러한 논의 주제들이 달라질 수 있다.

이러한 특성으로 인해 공공기관의 노사관계는 우리나라 전반의 노사관계에서 매우 중요한 지위를 가지고 있으며, 노사관계 당사자들은 공공기관의 특성을 잘 반영한 전략적 적합성을 유지해 나갈 필요가 있다.

공공기관 경영평가에서도 노사관계의 영역은 매우 중요하며, 정부는 구조화된 평가지표를 활용하여 공공기관 노사관계의 발전을 도모하고 있다.

## 3. 공공기관 근로자의 노동기본권

중앙정부나 지방자치단체의 공공기관에 종사하는 근로자에 대해서는 원칙적으로 민간부문 근로자와 같이 노동3권이 보장된다. 그러나 수도, 전기, 가스 등 시민에 대한 공공서비스를 제공하고 있으므로 공익사업이나 필수공익사업에 해당하는 경우 단체행동권에서 제약을 받는다.

### 1) 단결권과 단체교섭권

공공기관 근로자에 대해서는 일반 근로자와 같이 단결권, 단체교섭권과 단체협약 체결권이 보장된다. 그러므로 노동조합을 조직하거나 가입할 수 있고, 노동조합은 근로조건의 유지·개선 등을 위해 사용자와 단체교섭을 하고 단체협약을 체결할 권리를 가진다.

그러나 정부 예산의 제약을 받으므로 임금 인상이나 근로조건의 개선 등에 한계가 있다. 따라서 공공기관 노동조합에서 정부가 참여하는 노정교섭을 요구하는 경우가 있으나, 정부에서는 정부가 법률적인 사용자가 아니고 공공기관의 자율성을 보장하고 있다는 이유로 노정교섭을 수용하지 않고 있다.[42]

### 2) 단체행동권

공공기관 근로자는 원칙적으로 일반 근로자와 같이 단체행동권을 갖는다. 그러나 공공기관 노동조합의 단체행동권은 시민의 서비스 이용권과 충돌 가능성이 있으므로 해당 사업장이 ① 공중의 일상생활과 밀접한 관련이 있거나 국민경제에 미치는 영향이 큰 공익사업 또는 ② 공익사업으로서 그 업무의 정지·폐지가 공중의 일상생활을 현저히 위태롭게 하거나 국민경제를 현저히 저해하고 그 업무의 대체가 용이하지 아니한 필수공익사업인 경우에는 일부 쟁의행위가 제한되고 일반 쟁의행위와 다른 조정절차를 거친다.

즉, 공익사업의 조정기간은 일반사업(10일)보다 5일이 더 긴 15일이고, 15일 이내에서 연장할 수 있다. 또한 공익사업에서 노동쟁의 조정을 위하여 노동위원회에 특별조정위원회를 두고 있고, 긴급조정의 대상이 될 수 있다. 한편, 필

---

42) 김동원 외, 고용관계론, p.289.

수공익사업에 대해서는 대체근로 제한제도의 적용을 완화하고 있으며, 필수유지업무 제도 적용에 의해 쟁의행위가 제한되기도 한다.[43]

## 4. 공공기관 노동관계의 단체협약 체결 관련 쟁점

공공기관의 설립근거가 된 법령에 '인사·보수에 관한 규정 및 예산안의 확정·변경은 이사회의 의결을 거쳐 주무장관의 승인을 받아야 한다'는 취지의 규정이 존재하는 경우 그 공공기관이 체결한 단체협약의 내용은 이사회 의결과 주무장관의 승인을 얻지 않으면 공공기관이나 소속 근로자에게 효력을 미치지 않는다(대법원 2016.1.14. 2012다96885; 대법원 2011.4.28. 2010다86235).

즉 공공기관 노동조합은 헌법 및 노동조합법에 따라 단체협약을 체결할 수 있으나, 관련 법령 및 정관 등이 정한 이사회 의결과 주무부처의 승인 등의 절차를 거치지 않은 사항에 대해 단체협약을 체결하였더라도 사후적으로 법원에 의해 그 부분에 한해 효력이 부인된다.

## 5. 공공기관 노동이사제

노동이사제는 근로자가 이사회의 이사로서 경영상 주요 의사결정 과정에 참여하는 제도이다. 노동이사제는 유럽 국가에서 발달된 제도인데 우리나라에서는 개정된 '공공기관의 운영에 관한 법률'(공공기관운영법)에 따라 공공기관 중 공기업과 준정부기관에 노동이사제 도입이 의무화되었다(2022.8.4. 시행). 다만, 공공기관 중에서 기타 공공기관은 의무 적용 대상에 포함되지 않는다.

공기업의 비상임이사는 임원추천위원회가 복수로 추천하는 사람 중에서 운영위원회의 심의·의결을 거쳐 기획재정부장관이 임명하고, 준정부기관의 비상임이사는 주무기관의 장이 임명하는데 이 경우 노동이사 1명을 포함하여야 한다. 즉, 해당 기관에 3년 이상 재직한 소속 근로자 중에서 근로자대표(근로자의 과반수로 조직된 노동조합이 있는 경우 그 노동조합의 대표자)의 추천이나 근로자 과반수의 동의를 받은 사람 1명을 비상임이사로 임명하여야 한다(공공기

---

43) 하갑래, 집단적 노동관계법, pp.397~398.

관운영법 제25조제3항, 제26조제3항).

노동이사로 선임된 근로자는 비상임이사로 이사회에 참여하여 해당 기관장으로부터 주요 업무에 대해 보고받거나, 주요 결정사항에 대해 심의·의결한다(공공기관운영법 제17조 참조).

'노동이사의 임명과 운영'에 대하여는 '공기업·준정부기관의 경영에 관한 지침' 제4절에서 별도로 규정하고 있다(2022.6.3. 신설). 노동이사는 공기업·준정부기관의 이사회 정원 내에서 새로 선임하거나 기존 이사를 대체하여 임명하여야 한다. 노동이사로 임명되는 경우 노동조합법상 노동조합에서 탈퇴하거나 근로자참여법상 근로자위원, 고충처리위원 등 근로자의 이익을 대표하는 직을 사임하여야 한다. 이사의 임기는 2년이며, 1년 단위로 연임될 수 있다. 노동이사는 근로계약의 종료 등 근로자의 지위를 상실하는 경우 노동이사의 잔여 임기와 관계없이 노동이사의 지위를 상실한다(제47조의3 내지 제47조의14 참조).

제 10 장

# 노동위원회

**노동위원회 제도의 의의**

## 1. 노동위원회의 설립 목적

노사관계 문제는 노사자치주의 원칙에 의해 관계 당사자들이 자율적으로 해결하는 것이 바람직하지만 노사문제를 양 당사자에게만 일임할 경우 대립과 갈등으로 인해 협의나 합의가 이루어지지 않는 경우가 발생한다. 이와 같이 노사간에 다툼이 있는 경우 전문성을 가진 국가기관에 의한 조정이나 판정에 의해 분쟁해결이 필요하게 된다.

노동위원회는 근로자의 권리를 구제하고 개별·집단 노동분쟁을 해결하는 기구로서 공익위원, 근로자위원, 사용자위원의 3자로 구성된 준사법적 행정기관이다. 노동위원회는 노동쟁의, 복수노조, 부당노동행위 등 집단 노동분쟁 및 부당해고·징계, 차별시정 등 개별 노동분쟁에 대해 조정과 판정 기능을 수행한다.

노동위원회에 대해 규율하고 있는 노동위원회법은 노동관계에 있어서 판정 및 조정업무의 신속·공정한 수행을 위하여 노동위원회를 설치하고 그 운영에 관한 사항을 규정함으로써 노동관계의 안정과 발전에 이바지함을 목적으로 하고 있다(제1조).

## 2. 특성

첫째, 노동위원회는 독립성을 갖는 행정위원회이다. 노동위원회는 그 권한에 속하는 사항을 독립적으로 수행하며, 노동위원회의 구성, 기능, 예산 및 인사의 독립성을 보장받으며, 독자적인 규칙제정권을 인정받는다.

둘째, 노동위원회는 공정성을 갖는 독립적인 합의제 행정기관이다. 노동위원회의 공익위원은 업무수행에 있어서 중립성의 유지를 자격요건으로 하며, 노동위원회의 위원은 자기와 직접 이해관계가 있는 사항에 관하여는 심의, 의결 또는 조정에 관여할 수 없다.

셋째, 노동위원회는 전문성을 갖춘 위원들로 구성된다. 공익위원을 심판담

당 공익위원과 조정담당 공익위원, 그리고 차별시정담당 공익위원으로 구분하
여 위촉하고, 업무에 따라 자격기준을 달리 정하고 있다.

## 제2절 노동위원회의 조직과 구성

### 1. 노동위원회의 조직과 업무 관장

#### (1) 노동위원회의 조직

노동위원회에는 중앙노동위원회·지방노동위원회 및 특별노동위원회가 있다.
중앙노동위원회 및 지방노동위원회는 고용노동부 소속이며, 지방노동위원회는
서울특별시·광역시와 도에 각각 설치된다(노동위원회법 제2조제1항, 제2항).

특별노동위원회는 특정한 사항을 관장하기 위하여 필요한 경우에 당해 특정
사항을 관장하는 중앙행정기관의 장 소속하에 둔다(노동위원회법 제2조제3항).

중앙노동위원회에는 사무처를 두고, 지방노동위원회에는 사무국을 둔다(노
동위원회법 제14조제1항). 중앙노동위원회의 사무처에는 사무처장 1명을 두며,
중앙노동위원회 상임위원 중 1명이 겸직한다. 사무처장은 중앙노동위원회 위
원장의 명을 받아 사무처의 사무를 처리하며 소속 직원을 지휘·감독한다(노동
위원회법 제14조의2).

중앙노동위원회의 사무처와 지방노동위원회의 사무국에는 심판사건, 차별시
정사건, 조정사건 등의 업무를 담당하는 조사관을 두며, 노동위원회 소속 공무
원 중에서 중앙노동위원회 위원장이 임명한다(노동위원회법 제14조의3제1항, 제
2항).

#### (2) 각급 위원회의 업무 관장

##### 1) 중앙노동위원회

중앙노동위원회는 ① 지방노동위원회 및 특별노동위원회의 처분에 대한 재

심사건, ② 2 이상의 지방노동위원회의 관할구역에 걸친 노동쟁의의 조정사건, ③ 다른 법률에 의하여 그 권한에 속하는 것으로 규정된 사건을 관장한다(노동위원회법 제3조제1항).

다만, 중앙노동위원회 위원장은 효율적인 노동쟁의의 조정을 위하여 필요하다고 인정하는 경우에는 2이상의 지방노동위원회의 관할구역에 걸친 노동쟁의의 조정사건에 대하여 지방노동위원회를 지정하여 당해 사건을 처리하게 할 수 있다(노동위원회법 제3조제4항).

### 2) 지방노동위원회

지방노동위원회는 당해 관할구역에서 발생하는 사건을 관장하되, 2 이상의 관할구역에 걸친 사건은 주된 사업장의 소재지를 관할하는 지방노동위원회에서 관장한다(노동위원회법 제3조제2항).

그리고 중앙노동위원회 위원장은 주된 사업장을 정하기 어렵거나 주된 사업장의 소재지를 관할하는 지방노동위원회에서 처리하기 곤란한 사정이 있는 경우에는, 직권으로 또는 관계 당사자나 지방노동위원회 위원장의 신청에 따라 지방노동위원회를 지정하여 해당 사건을 처리하게 할 수 있다(노동위원회법 제3조제5항).

### 3) 특별노동위원회

특별노동위원회는 관계 법률이 정하는 바에 따라 그 설치목적으로 규정된 특정사항에 관한 사건을 관장한다(노동위원회법 제3조제3항). 특별노동위원회로서 선원노동위원회가 있다.

---

**핵심 판례** **특별노동위원회로서 선원노동위원회**

선원법의 적용을 받는 선원은 원칙적으로 특별노동위원회인 선원노동위원회에 부당해고 구제신청을 하여야 하고 근로기준법의 적용을 받는 근로자들에 대한 부당해고 구제신청 사건을 담당하는 지방노동위원회에 부당해고 구제신청을 할 수 없다. 지방노동위원회가 선원법의 적용을 받는 선원의 부당해고 구제신청을 접수한 경우에는 근로기준법에 따른 부당해고 구제신청의 적격이 없다는 이유로 신청을 각하할 것이 아니라 이송에 관한 규정에 따라 관할 선원노동위원회에 사건을 이송하여야 한다(대법원 2012.10.11. 2010두18215).

## 2. 노동위원회의 구성

### (1) 3자 구성의 원칙

노동위원회는 근로자를 대표하는 위원(근로자위원)과 사용자를 대표하는 위원(사용자위원) 및 공익을 대표하는 위원(공익위원)으로 구성한다(노동위원회법 제6조제1항).

노동위원회 위원의 수는 근로자위원·사용자위원 각 10인 이상 30인 이하, 공익위원은 10인 이상 50인 이하의 범위 안에서 각 노동위원회의 업무량을 감안하여 대통령령으로 정한다. 이 경우 근로자위원과 사용자위원은 동수로 한다(노동위원회법 제6조제2항).

### (2) 위원의 위촉과 임기

노동위원회는 행정위원회로서 하나의 행정기관이지만, 이 위원회가 담당하는 기능을 효과적으로 수행하기 위해서는 특히 독립성이 요청된다. 즉, 노동위원회법은 노동위원회가 담당하는 판정 기능과 조정 기능을 행사함에 있어서 그 독립성을 인정하고 있다.

#### 1) 노사위원의 위촉

노사위원은 각각 노동조합 또는 사용자단체의 추천에 의하여 중앙노동위원회 위원은 고용노동부장관의 제청으로 대통령이, 지방노동위원회 위원은 지방노동위원회 위원장의 제청으로 중앙노동위원회 위원장이 각각 위촉한다(노동위원회법 제6조제3항, 시행령 제5조).

#### 2) 공익위원의 위촉

공익위원의 위촉권자도 노사위원의 경우와 같으나, 위촉절차에 있어서는 공정성의 확보를 위하여 노사위원과 달리 규정하고 있다. 즉 공익위원은 법 소정의 자격요건(노동위원회법 제8조)을 충족하는 자를 대상으로 하여 당해 노동위원회 위원장·노동조합 및 사용자단체가 각각 추천한 자 중에서 선출하도록 하고 있다(노동위원회법 제6조).

위원 위촉시에는 심판담당 공익위원과 차별시정담당 공익위원 그리고 조정

담당 공익위원으로 구분하여 위촉하도록 하였다. 노동위원회 위원의 추천절차, 공익위원의 순차배제의 방법, 그 밖에 위원의 위촉에 필요한 사항은 시행령에서 규정하고 있다(노동위원회법 제6조).

### 3) 위원의 임기

노동위원회 위원의 임기는 3년이며 연임할 수 있다. 보궐위원의 임기는 전임자의 잔여임기로 한다. 다만, 노동위원회 위원장 또는 상임위원이 궐위되어 후임자를 임명한 경우 후임자의 임기는 새로 시작된다. 그리고 임기가 만료된 위원은 후임자가 위촉될 때까지는 계속 그 직무를 집행한다(노동위원회법 제7조).

### (3) 위원장, 상임위원 및 조사관

#### 1) 위원장

노동위원회에는 위원장 1인을 둔다. 중앙노동위원회의 위원장은 중앙노동위원회의 공익위원 자격을 가진 자 중에서 고용노동부장관의 제청으로, 지방노동위원회의 위원장은 당해 노동위원회의 상임위원 중에서 중앙노동위원회 위원장의 추천과 고용노동부장관의 제청으로 대통령이 각각 임명한다(노동위원회법 제9조제1항, 제2항).

중앙노동위원회의 위원장은 장관급 정무직으로서(노동위원회법 제9조제3항), 중앙노동위원회 및 지방노동위원회의 예산·인사·교육훈련 기타 행정사무를 총괄하며, 소속 공무원을 지휘·감독한다(노동위원회법 제4조제2항).

노동위원회의 위원장은 해당 노동위원회를 대표하며 노동위원회 사무를 총괄하고(노동위원회법 제10조제1항), 공익위원으로서 심판사건과 차별적 처우 시정사건(차별시정사건), 조정사건을 담당할 수 있다(제9조제4항).

위원장이 부득이한 사유로 직무를 수행할 수 없는 경우에는 상임위원이(상임위원이 2인 이상인 경우에는 위원장이 정하는 자), 상임위원이 없는 경우에는 공익위원 중에서 연장자순으로 그 직무를 대행한다(노동위원회법 제10조제2항, 시행령 제9조).

### 2) 상임위원

노동위원회에 상임위원을 두며 상임위원은 당해 노동위원회의 공익위원 자격을 가진 자 중에서 중앙노동위원회 위원장의 추천과 고용노동부장관의 제청으로 대통령이 임명한다(노동위원회법 제11조). 상임위원은 공익위원이 되며, 심판사건, 차별시정사건과 조정사건을 담당할 수 있다. 각 노동위원회가 두는 상임위원의 수 및 직급은 대통령령으로 정한다.

### 3) 조사관

노동위원회는 사무처 및 사무국에 조사관을 둔다. 중앙노동위원회 위원장은 노동위원회 사무처 또는 사무국 소속 공무원 중에서 조사관을 임명한다. 조사관은 위원장, 부문별 위원회의 위원장 또는 주심위원의 지휘를 받아 노동위원회의 소관 사무에 필요한 조사를 하고, 부문별 위원회에 출석하여 의견을 진술할 수 있다(노동위원회법 제14조의3).

## 제3절 노동위원회의 회의

## 1. 노동위원회 회의의 구성

중앙노동위원회와 지방노동위원회에는 공통으로 전원회의 외에 그 권한에 속하는 업무를 부문별로 처리하기 위해 부문별 위원회인 심판위원회, 차별시정위원회, 조정위원회, 특별조정위원회, 중재위원회를 둔다. 중앙노동위원회에는 그 외에 부문별 위원회로서 교원 노동관계 조정위원회 및 공무원 노동관계 조정위원회를 둔다(노동위원회법 제15조제1항 참조).

### (1) 전원회의와 부문별 위원회의 구성

전원회의는 당해 노동위원회 소속 위원 전원으로 구성하며, ① 노동위원회의 운영 등 일반적인 사항의 결정, ② 노동위원회법 제22조제2항에 따른 근로조건의 개선에 관한 권고, ③ 노동위원회법 제24조 및 제25조의 규정에 의한 지시 및 규칙의 제정(중앙노동위원회만 해당)의 사항을 처리한다(노동위원회법 제15조제2항).

위원장은 부문별 위원회를 구성할 때 위원장 또는 상임위원의 업무가 과도하여 정상적인 업무수행이 곤란하게 되는 등 중앙노동위원회가 제정하는 규칙으로 정하는 부득이한 사유가 있는 경우 외에는 위원장 또는 상임위원 1명이 포함되도록 위원을 지명하여야 한다(노동위원회법 제15조제6항).

또한 위원장은 부문별 위원회를 구성할 때 특정 부문별 위원회에 사건이 집중되거나 다른 분야의 전문지식이 필요하다고 인정하는 경우에는 심판담당 공익위원, 차별시정담당 공익위원 또는 조정담당 공익위원을 담당 분야와 관계없이 다른 부문별 위원회의 위원으로 지명할 수 있다(노동위원회법 제15조제7항).

## (2) 부문별 위원회의 업무

### 1) 심판위원회

심판위원회는 심판담당 공익위원 중 위원장이 지명하는 3인으로 구성하며, 노동조합 및 노동관계조정법, 근로기준법, 근로자참여 및 협력증진에 관한 법률, 그밖의 법령에 따른 노동위원회의 판정·의결·승인·인정 등과 관련된 사항을 처리한다(노동위원회법 제15조제3항).

그 밖에 심판위원회는 공정대표의무 위반 시정·부당노동행위 구제·부당해고 구제신청 사건에 대한 화해 권고·화해안 제시·화해조서의 작성 등 화해업무도 담당한다(노동위원회법 제16조의3).

심판위원회의 처리사항은 <도표 10-1>과 같다(노동위원회규칙 제16조).

도표 10-1 **심판위원회의 처리사항**

| 관계 법률 | 심판위원회 처리사항 |
|---|---|
| 노동조합법 | • 노동조합 회의 소집권자의 지명 의결(지방노동위원회에 한함)<br>• 노동조합 규약의 시정명령 의결(지방노동위원회에 한함)<br>• 노동조합 결의·처분의 시정명령 의결(지방노동위원회에 한함)<br>• 노동조합의 해산 의결(지방노동위원회에 한함)<br>• 교섭창구 단일화 절차 중 다음 각 목의 사항에 대한 결정<br>   - 교섭요구 사실의 공고에 대한 시정 신청<br>   - 교섭요구 노동조합 확정공고 이의신청 사실의 공고에 대한 시정 신청<br>   - 과반수 노동조합에 대한 이의 신청<br>   - 공동교섭대표단 구성 결정 신청<br>   - 공동교섭대표단 구성 결정에 대한 이의 신청<br>• 교섭단위를 분리하거나 분리된 교섭단위를 통합하는 결정<br>• 공정대표의무 위반 시정 신청에 대한 판정<br>• 단체협약의 시정명령 의결(지방노동위원회에 한함)<br>• 단체협약의 해석이나 이행방법에 관한 견해의 제시<br>• 단체협약의 지역적 구속력·결정에 대한 의결(지방노동위원회에 한함)<br>• 안전보호시설의 정상적 유지·운영을 정지·폐지 또는 방해하는 쟁의행위의 중지 통보에 대한 사전의결 또는 사후승인(지방노동위원회에 한함)<br>• 부당노동행위 구제<br>• 구제명령의 이행 신청(중앙노동위원회에 한함) |
| 근로기준법 | • 부당해고 등의 구제<br>• 근로조건 위반에 대한 손해배상<br>• 이행강제금 결정<br>• 기준미달의 휴업수당 지급에 대한 승인<br>• 휴업이나 장해보상의 예외 인정<br>• 재해인정 등의 이의에 관한 심사나 중재(지방노동위원회에 한함)<br>• 확정된 구제명령 등을 이행하지 아니한 자에 대한 고발 |
| 근로자 참여법 | • 노사협의회 의결사항에 대한 임의 중재 |

### 2) 차별시정위원회

차별시정위원회는 차별시정담당 공익위원 중 위원장이 지명하는 3명으로 구성하며, 기간제 및 단시간근로자 보호 등에 관한 법률, 파견근로자 보호 등에 관한 법률, 산업현장 일학습병행 지원에 관한 법률 또는 남녀고용평등과 일·가정 양립 지원에 관한 법률에 따른 차별적 처우의 시정 등과 관련된 사항을 처리한다(노동위원회법 제15조제4항).[1]

---

1) 남녀고용평등법에 따른 고용상 성차별 시정제도는 2022.5.19.부터 시행되었다.

### 3) 조정위원회 및 중재위원회

조정위원회·특별조정위원회 및 중재위원회는 노동조합 및 노동관계조정법이 정하는 바에 따라 구성하며, 같은 법에 따른 조정·중재, 그 밖에 이와 관련된 사항을 각각 처리한다. 이 경우 공익위원은 조정담당 공익위원 중에서 지명한다(노동위원회법 제15조제5항).

조정위원회는 근로자위원, 사용자위원 및 공익위원의 3인으로 구성되고, 일반사업의 노동쟁의 조정 및 조정안의 해석 또는 이행방법에 관한 견해의 제시에 관한 업무를 처리한다.

특별조정위원회는 공익위원 3인으로 구성되고, ① 공익사업의 노동쟁의 조정, ② 공익사업에 대한 조정안의 해석 또는 이행방법에 관한 견해의 제시, ③ 필수유지업무의 필요 최소한의 유지·운영수준, 대상직무 및 필요인원 등 결정 등과 관련된 사항을 처리한다.

한편, 중재위원회는 공익위원 3인으로 구성되고, 노동쟁의의 중재 또는 재심(노동조합법 제64조제1항), 중재 및 중재재정의 해석 또는 이행방법에 대한 해석에 관한 업무를 처리한다.

### 4) 공무원 노동관계 조정위원회

공무원의 노동쟁의를 조정·중재하기 위하여 중앙노동위원회에 공무원 노동관계 조정위원회를 둔다. 위원회는 공무원 노동관계의 조정·중재를 전담하는 7인 이내의 공익위원으로 구성한다(공무원노조법 제14조).

### 5) 교원 노동관계 조정위원회

교원의 노동쟁의를 조정·중재하기 위하여 중앙노동위원회에 교원 노동관계 조정위원회를 둔다. 위원회는 중앙노동위원회 위원장이 지명하는 조정담당 공익위원 3인으로 구성한다. 다만, 관계 당사자가 합의하여 중앙노동위원회의 조정담당 공익위원이 아닌 자를 추천한 경우에는 그 사람을 지명하여야 한다. 위원회의 위원장은 위원 중에서 호선한다(교원노조법 제11조).

이상 노동위원회의 전원회의와 부문별 위원회를 정리하면 <도표 10-2>와 같다.

도표 10-2  전원회의와 부문별 위원회

| 위원회 | | 구성 | 업무 |
|---|---|---|---|
| 전원회의 | | 노·사·공익위원 전원 | 노동위원회에 운영에 관한 일반정 사항의 결정, 근로조건의 개선에 관한 권고, 지시 및 규칙의 제정 |
| 부문별 위원회 | 심판위원회 | 심판 담당 공익위원 3인 | 부당노동행위·부당해고 등의 판정 및 구제 명령, 복수노조 창구 단일과 관련 시정, 공정대표의무위반 시정 등 |
| | 차별시정위원회 | 차별시정 담당 공익위원 3인 | 비정규직 기간제·단시간·파견근로자 등 차별시정 명령 |
| | 조정위원회 | 노·사·공익위원(조정 담당) 각 1인 | 일반사업의 노동쟁의 조정 |
| | 특별조정위원회 | 조정 담당 공익위원 3인 | 공익 사업의 노동쟁의 조정 및 필수유지업무 유지·운영 수준의 결정 |
| | 중재위원회 | 조정 담당 공익위원 3인 | 당사자 쌍방 또는 단체협약에 의한 당사자 일방의 신청에 의한 중재 등 |
| | 공무원노동관계 조정위원회 | 공무원노동관계 조정 담당 공익위원 7인 이내 | 공무원 노동관계 조정·중재 |
| | 교원노동관계 조정위원회 | 조정 담당 공익위원 3인 | 교원 노동관계 조정·중재 |

자료: 중앙노동위원회, 노동분쟁 노동위원회가 해결합니다, 2019, p.6.

## 2. 회의 절차와 운영

### 1) 회의의 소집과 주심위원의 지명

위원장은 전원회의의 의장이 되며, 부문별 위원회 위원장은 다른 법률에 특별한 규정이 있는 경우를 제외하고는 부문별 위원회 위원 중에서 호선하여 당해 부문별 위원회의 의장이 되도록 한다.

노동위원회의 회의는 위원장 또는 부문별 위원회 위원장이 각각 소집한다. 위원장 또는 부문별 위원회 위원장은 전원회의 또는 부문별 위원회를 구성하는 위원 과반수가 회의의 소집을 요구한 때에는 이에 따라야 한다.

위원장 또는 부문별 위원회 위원장은 업무수행과 관련된 조사 등 노동위원회의 원활한 운영을 위하여 필요한 경우 노동위원회가 설치된 위치 외의 장소에서 부문별 위원회를 소집하게 하거나 단독심판을 하게 할 수 있다(노동위원회법 제16조).

부문별 위원회 위원장은 부문별 위원회의 원활한 운영을 위하여 필요하다고 인정하는 경우에는 주심위원을 지명하여 사건의 처리를 주관하게 할 수 있다(노동위원회법 제16조의2).

### 2) 화해의 권고

노동위원회는 판정·명령 또는 결정이 있기 전까지 관계 당사자의 신청을 받아 또는 직권으로 화해를 권고하거나 화해안을 제시할 수 있다. 노동위원회는 화해안을 제시할 때 관계 당사자의 의견을 충분히 들어야 하고, 관계 당사자가 화해안을 수락하였을 때에는 화해조서를 작성하여야 한다. 화해조서는 민사소송법에 따른 재판상 화해의 효력을 갖는다(노동위원회법 제16조의3).

### 3) 회의의 의결과 의결 결과의 송달

전원회의는 재적위원 과반수의 출석으로 개의하고, 출석위원 과반수의 찬성으로 의결한다. 부문별 위원회의 회의는 구성위원 전원의 출석으로 개의하고 출석위원 과반수의 찬성으로 의결한다(노동위원회법 제17조).

노동위원회는 부문별 위원회의 의결 결과를 지체 없이 당사자에게 서면으로 송달하여야 한다. 노동위원회는 처분 결과를 당사자에게 서면으로 송달하여야 하며, 처분의 효력은 판정서·명령서·결정서 또는 재심판정서를 송달받은 날부터 발생한다(노동위원회법 제17조의2).

### 4) 보고, 의견청취와 회의 공개

위원장 또는 부문별위원회 위원장은 소관 회의에 부쳐진 사항에 관하여 구성위원 또는 조사관 등으로 하여금 회의에 보고하게 할 수 있다(노동위원회법 제18조제1항). 고용노동부장관은 노동위원회로부터 요청을 받거나 필요하다고 인정하는 경우 관계 공무원으로 하여금 노동위원회의 회의에 출석하여 의견을 진술하게 할 수 있다(노동위원회법 시행령 제10조).

특히 심판위원회 및 차별시정위원회는 의결하기 전에 해당 노동위원회의 근로자위원 및 사용자위원 각 1명 이상의 의견을 들어야 한다. 다만, 근로자위원 또는 사용자위원이 출석요구를 받고 정당한 이유 없이 출석하지 아니하는 경우에는 그러하지 아니하다(노동위원회법 제18조제2항).

노동위원회의 회의는 공개한다. 다만, 해당 회의에서 공개하지 아니하기로 의결하면 공개하지 아니할 수 있다(노동위원회법 제19조).

노동위원회 위원장 또는 부문별 위원회의 위원장은 소관 회의의 공정한 진행을 방해하거나 질서를 문란하게 하는 사람에 대하여 퇴장명령, 그 밖에 질서유지에 필요한 조치를 할 수 있다(노동위원회법 제20조).

### 5) 위원의 제척·기피 등

위원은 ① 위원 또는 위원의 배우자이거나 배우자였던 사람이 해당 사건의 당사자가 되거나 해당 사건의 당사자와 공동권리자 또는 공동의무자의 관계에 있는 경우, ② 위원이 해당 사건의 당사자와 친족이거나 친족이었던 경우, ③ 위원이 해당 사건에 관하여 진술이나 감정을 한 경우, ④ 위원이 당사자의 대리인으로서 업무에 관여하거나 관여하였던 경우, ⑤ 위원이 속한 법인, 단체 또는 법률사무소가 해당 사건에 관하여 당사자의 대리인으로서 관여하거나 관여하였던 경우, ⑥ 위원 또는 위원이 속한 법인, 단체 또는 법률사무소가 해당 사건의 원인이 된 처분 또는 부작위에 관여한 경우에 해당 사건에 관한 직무집행에서 제척(除斥)된다.

이 때 위원장은 제척 사유가 있는 경우에 관계 당사자의 신청을 받아 또는 직권으로 제척의 결정을 하여야 한다.

또한 관계 당사자는 공정한 심의·의결 또는 조정 등을 기대하기 어려운 위원이 있는 경우에 그 사유를 적어 위원장에게 기피신청을 할 수 있다. 위원장은 기피신청이 이유 있다고 인정되는 경우에 기피의 결정을 하여야 한다.

위원장은 사건이 접수되는 즉시 제척신청과 기피신청을 할 수 있음을 사건 당사자에게 알려야 한다.

한편, 위원에게 회피 사유가 있는 경우에는 스스로 그 사건에 관한 직무집행에서 회피할 수 있다. 이 경우 해당 위원은 위원장에게 그 사유를 소명하여야 한다(노동위원회법 제21조).

## 노동위원회의 권한과 의무

## 1. 노동위원회의 권한

### (1) 조정·중재 및 필수유지업무 결정

#### 1) 조정 및 중재

노동위원회는 노동조합과 사용자간에 노동쟁의가 발생한 경우 조정을 할 수 있다. 그리고 관계 당사자의 쌍방이 함께 중재를 신청한 때 등 중재개시 요건이 충족되면 중재를 할 수 있고, 중재재정은 단체협약과 동일한 효력을 갖는다.

한편, 중앙노동위원회는 긴급조정을 행할 권한이 있다. 고용노동부장관은 쟁의행위가 공익사업에 관한 것이거나 그 규모가 크거나 그 성질이 특별한 것으로서 현저히 국민경제를 해하거나 국민의 일상생활을 위태롭게 할 위험이 현존하는 때에는 긴급조정의 결정을 할 수 있다. 그리고 고용노동부장관은 긴급조정의 결정을 하고자 할 때에는 미리 중앙노동위원회 위원장의 의견을 들어야 한다(노동조합법 제76조).

#### 2) 필수유지업무 유지·운영 수준 등의 결정

필수유지업무는 필수공익사업의 업무 중 그 업무가 정지되거나 폐지되는 경우 공중의 생명·건강 또는 신체의 안전이나 공중의 일상 생활을 현저히 위태롭게 하는 업무로서 대통령령이 정하는 업무를 말한다(노동조합법 제42조의2).

필수공익사업에서 파업시에도 유지해야 할 필수유지업무에 대해 노사간 협정을 자율로 체결하되, 체결되지 않은 경우 당사자 쌍방 또는 일방이 노동위원회에 필수유지업무 결정 신청을 하면 노동위원회는 특별조정위원회(공익위원 3인)를 구성하여 필수유지업무의 유지·운영수준 등을 결정한다.[2]

---

2) 중앙노동위원회, 노동분쟁 노동위원회가 해결합니다, 2019, p.17.

## (2) 복수노조 업무 처리

복수노조 제도하에서 노사간에 교섭창구의 단일화 절차, 교섭단위의 분리·통합, 공정대표의무 위반 등과 관련하여 분쟁이 발생할 경우 노동위원회에 시정, 이의, 결정을 신청하면 노동위원회에서 이와 관련된 사건을 처리한다.

## (3) 판정 및 화해

### 1) 노동조합법상의 권한

#### ① 임시총회 및 임시대의원회 소집에 대한 의결

노동조합의 대표자가 임시총회 또는 임시대의원회의 소집을 고의로 기피하거나 이를 해태하는 경우에 그 당부를 판정할 수 있다. 이에 대한 노동위원회의 의결이 있는 때에는 고용노동부장관은 회의의 소집권자를 지명하여 회의를 소집하게 할 수 있다(노동조합법 제18조제3항).

#### ② 노동조합의 규약 위반 여부에 대한 판정

노동위원회는 노동조합의 규약이 노동관계법령에 위반하였는지 여부와 노동조합의 결의 또는 처분이 노동관계법령 또는 규약에 위반되었는지 여부를 판정할 수 있고, 고용노동부장관은 노동위원회의 의결을 얻어 그 시정을 명할 수 있다(노동조합법 제21조).

#### ③ 휴면노조에 대한 의결

노동위원회는 노동조합의 해산 사유의 하나인 휴면노조 상태의 존부를 판정할 수 있다. 즉, 노동조합의 임원이 없고 노동조합으로서의 활동을 1년 이상 하지 아니한 것으로 인정되는 경우 고용노동부장관의 요구로 노동위원회가 휴면노조의 의결을 한 때에는 당해 노동조합은 해산한 것으로 본다(노동조합법 제28조제1항, 시행령 제13조).

#### ④ 단체협약 관련 판단

노동위원회는 단체협약의 해석 또는 이행방법에 관하여 관계 당사자간에 의견의 불일치가 있는 때에는 당사자의 요청에 의하여 해석 또는 이행방법에 관한 견해를 제시할 수 있다. 노동위원회가 제시한 해석 또는 이행방법에 관한 견해는 중재재정과 동일한 효력을 가진다(노동조합법 제34조).

또한 하나의 지역에 있어서 종업하는 동종의 근로자 3분의 2 이상이 하나의 단체협약의 적용을 받게 된 때에는 행정관청은 당해 단체협약의 당사자의 쌍방 또는 일방의 신청에 의하거나 그 직권으로 노동위원회의 의결을 얻어 당해 지역에서 종업하는 다른 동종의 근로자와 그 사용자에 대하여도 당해 단체협약을 적용한다는 결정(지역적 구속력)을 할 수 있다(노동위원회법 제36조).

### ⑤ 안전보호시설 관련 쟁의행위 중지 의결

노동위원회는 노동조합의 쟁의행위가 사업장의 안전보호시설에 대하여 정상적인 유지·운영을 정지·폐지 또는 방해하는 행위인지의 여부를 판정할 수 있고, 행정관청은 노동위원회의 의결을 얻어 그 행위의 중지를 명할 수 있다(노동조합법 제42조).

### ⑥ 부당노동행위 판정

또한 노동위원회는 부당노동행위에 관한 판정 및 구제명령을 할 권한을 가진다(노동조합법 제81조 내지 제84조).

### 2) 근로기준법상의 권한

노동위원회는 ① 정당한 이유 없는 해고 등에 관한 판정과 구제명령, ② 사용자가 근로조건(근로계약 체결시에 정한 근로조건)을 위반한 경우 근로자의 손해배상청구에 대한 처리, ③ 사용자의 기준 미달의 휴업수당 지급 승인, ④ 사용자가 휴업보상과 장해보상책임을 면할 수 있는 근로자의 중대한 과실에 관한 인정, ⑤ 재해보상심사중재 이의신청에 관한 심사중재권에 대해서 판정 권한을 갖는다.

### 3) 차별시정 구제제도상 권한

노동위원회는 기간제근로자 및 단시간근로자와 파견근로자에 대한 차별적 처우의 시정을 위한 조사와 심문 그리고 조정과 중재 또는 시정명령을 내릴

수 있다. 또한 노동위원회는 학습근로자에 대한 차별적 처우의 시정과 남녀고
용평등법에 따른 차별시정 권한을 갖는다.

4) 화해 업무

노동위원회의 화해제도는 노사 당사자간 분쟁을 자율적으로 조기에 해결하
도록 지원하는 제도이다. 노동위원회는 노동조합법 제29조의4(공정대표의무
등) 및 제84조(부당노동행위 구제명령), 근로기준법 제30조(부당해고등 구제명령)
에 따른 판정·명령 또는 결정이 있기 전까지 관계 당사자의 신청을 받거나 직
권으로 화해를 권고하거나 화해안을 제시할 수 있다(노동위원회법 제16조의3).

### (4) 노동위원회의 특별권한 및 중앙노동위원회의 고유권한

1) 노동위원회의 특별권한

노동위원회는 그 사무집행을 위하여 필요하다고 인정하는 경우에 관계 행정
기관에 협조를 요청할 수 있으며, 협조를 요청받은 관계 행정기관은 특별한 사
유가 없으면 이에 따라야 한다. 또한 노동위원회는 관계 행정기관으로 하여금
근로조건의 개선에 필요한 조치를 하도록 권고할 수 있다(노동위원회법 제22조).

노동위원회는 사실 관계 확인 등 그 사무집행을 위하여 필요하다고 인정할
때에는 근로자, 노동조합, 사용자, 사용자단체, 그밖의 관계인에 대하여 출석·
보고·진술 또는 필요한 서류의 제출을 요구하거나 위원장 또는 부문별 위원회
의 위원장이 지명한 위원 또는 조사관으로 하여금 사업 또는 사업장의 업무상
황, 서류, 그밖의 물건을 조사하게 할 수 있다(노동위원회법 제23조제1항).

2) 중앙노동위원회의 고유권한

중앙노동위원회는 당사자의 신청이 있는 경우에 지방노동위원회 또는 특별
노동위원회의 처분을 재심하여 이를 인정·취소 또는 변경할 수 있는 재심권
을 갖는다(노동위원회법 제3조, 제26조).

중앙노동위원회는 둘 이상의 지방노동위원회의 관할구역에 걸친 노동쟁의
의 조정사건을 담당한다(노동위원회법 제3조). 또한 긴급조정 절차에 있어서 조
정 및 중재를 담당한다(노동조합법 제78조).

　중앙노동위원회는 지방노동위원회 또는 특별노동위원회에 대하여 노동위원회의 사무처리에 관한 기본방침 및 법령의 해석에 관하여 필요한 지시를 할 수 있다. 그리고 각급 노동위원회의 운영 기타 필요한 사항에 관한 규칙을 제정할 수 있다(노동위원회법 제24조, 제25조).

## 2. 노동위원회의 의무

### 1) 비밀엄수 의무

　노동위원회의 위원이나 직원 또는 그 위원이었거나 직원이었던 사람은 직무에 관하여 알게 된 비밀을 누설하면 아니 된다. 그리고 노동위원회의 사건 처리에 관여한 위원이나 직원 또는 그 위원이었거나 직원이었던 변호사·공인노무사 등은 영리를 목적으로 그 사건에 관한 직무를 하면 아니 된다. 이를 위반한 사람은 1년 이하의 징역 또는 1천만원 이하의 벌금에 처한다(노동위원회법 제28조, 제30조).

### 2) 노동위원회 위원의 지위

　노동위원회의 위원 중 공무원이 아닌 위원은 형법이나 그밖의 법률에 따른 벌칙을 적용할 때에는 공무원으로 본다(노동위원회법 제29조).

# 제 11 장

# 노사협의제도

제 1 절 ## 근로자 참여제도와 노사협의제도

## 1. 근로자 참여제도의 의의

노동조합의 단체교섭, 단체협약 및 쟁의행위 등에서 본 바와 같이 단체교섭은 평화적인 교섭으로서 성격을 갖고 있지만 쟁의행위를 통해 근로자의 요구를 관철할 수 있으므로 대립적인 노사관계의 산물이라 할 수 있다.

반면에 근로자 참여제도는 노사관계의 중심을 협조적 관계로 이전하여 근로자가 경영 의사결정, 자본 및 이윤분배에 참여하도록 하는 제도이다.[1]

근로자 참여는 '작업현장에서 실제 업무를 수행하는 근로자들이 노사협의회 등을 통해 경영의사결정, 인사관리 및 생산관리 과정에 직접·간접적으로 참여하고 노사간 의사소통을 통해 산업민주주의를 확대하고 근로자의 삶의질 향상, 기업의 생산성 증가를 도모하는 과정'이다.[2]

이러한 근로자 경영참여 관련 제도는 대립적, 투쟁적 노사관계를 기반으로 하는 단체교섭제도와는 다르며 '근로자참여 및 협력증진에 관한 법률'(근로자참여법)에 의해 규율되고 있다.

단체교섭제도가 노동조합의 단결 및 쟁위행위를 통하여 근로자들의 실질적 평등을 실현하기 위해 마련된 제도인데 비해, 경영참가제도는 노사가 사회적 동반자라는 이념 실현을 위해 생산과정에서 대립을 극복하고 협력과 공동책임을 추구하기 위한 것이다.[3]

## 2. 근로자 참여제도의 유형

근로자의 경영참여제도는 다양한 유형으로 구분할 수 있지만 여기에서는 참여 형태에 따라 성과참가, 자본참가, 의사결정참가로 나누어 설명한다.[4]

---

1) 김형배, 노동법(제27판), 박영사, 2021, pp.1577~1578.
2) 고용노동부, 노사협의회 운영 매뉴얼, 2011, p.9.
3) 김형배·박지순, 노동법강의(제11판), 신조사, 2022, p.1578.
4) 김동원 외, 고용관계론(제3판), 박영사, 2021, p.172.

1) 성과참가제도와 사내근로복지기금

성과참가제도는 기업이 경영성과를 달성하는데 직접·간접적으로 기여한 이해관계자 집단간에 성과의 배분이 이루어지는 제도이다. 이에는 ① 기업의 이익을 기초로 근로자에게 이익의 일부분을 배분하는 이익배분(profit-sharing) 제도 및 ② 생산성 향상, 생산원가의 절감 등에 의해 발생한 성과의 일부분을 배분해주는 성과배분(gain-sharing) 제도가 있다.[5]

우리나라에서 성과참가나 이윤참가 제도를 직접 규율하는 법규정은 없고, 일반적으로 근로계약, 취업규칙 또는 단체협약 등에 의해 정해진다. 다만, 근로복지기본법에서 이윤참가 또는 성과참가의 변형된 형태로서 사내근로복지기금제도에 대해 규정하고 있다.

사내복지기금제도는 기업의 자발적 근로자복지제도로서 근로자에 대한 성과배분제도의 일종이라고 할 수 있고, 기금의 재원은 기업을 대상으로 사업주가 출연하는 금액 또는 노사가 협의하여 결정하는 금액으로 조성된다(근로복지기본법 제61조).

이 기금은 노사협의회에서 합의로 그 설치를 결정할 수 있으므로 임의적 성격을 가지고 있다(근로자참여법 제21조제2항). 이와 같은 사내근로복지기금의 운영에 관한 근로복지기본법은 노사협의회가 기금설치를 의결한 사업장에 적용된다.

2) 자본참가와 우리사주제도

자본참가는 근로자가 자본의 출자자로서 기업경영에 참가하는 것을 말하며 재산참가 또는 소유참가라고도 한다. 자본참가의 주된 형태로서 우리사주제도가 있으며, 최근 벤처기업 등에서 스톡옵션(stock option) 제도를 활용하기도 한다. 우리사주제도(구 종업원지주제도)는 기업의 경영방침으로 근로자가 자사 주식을 보유하도록 지원하는 제도로서 근로복지기본법에 의해 규율되고 있다.[6]

3) 의사결정참가제도와 노사협의제도

경영 의사결정참가제도는 근로자 또는 노동조합이 경영 의사결정에 참여하

---

5) 김동원 외, 고용관계론, p.220.
6) 김동원 외, 고용관계론, pp.224~225.

거나 경영기능에 영향을 미치는 것을 말한다. 성과참가와 자본참가가 물질적·경제적인 참가라고 한다면, 의사결정 참가는 경영관리상의 의사결정 과정에 참여하는 형태이다.

독일, 영국, 미국 등 선진국에서 의사결정참가 방식은 역사적으로 정보교환, 자문, 공동협의, 공동결정 방식으로 발전해 왔다. 그리고 주요한 의사결정참가 제도에는 노사협의회, 품질관리분임조, 현장자율경영팀, 노사합동위원회, 노동이사제도 등이 있다.[7]

의사결정참가 형태 중에 대표적인 노사협의제도는 사업 또는 사업장 차원에서 사용자와 근로자 대표가 일정한 사항에 대하여 협의를 하거나 공동으로 결정을 하는 근로자 경영참가제도이다.[8]

근로자의 의사결정 참가는 ① 근로자가 기업의 경영 및 의사결정, 작업과정 등에 관해 직접 의견제시나 권한행사를 하는 직접참여(제안제도, 고충제기, 작업과정에서의 권한확대 등)와 ② 근로자가 노사협의회 등 근로자 대표기구를 통해 기업의 경영이나 의사결정 과정에 참여하는 간접참여로 구분할 수 있다.[9]

노사협의회는 근로자의 간접참여와 직접참여를 균형 있게 반영하여 협력적이고 생산적인 노사관계를 구축하게 하는 핵심적인 제도이다. 이러한 노사협의회는 근로자 참여를 통해 기업 경영에 관한 근로자들의 이해를 촉진시키고, 근로자들의 참여와 몰입이 확대되어 근로자의 직무만족과 기업의 생산성 향상에 기여하는 것으로 나타난다.[10]

## 3. 노사협의제도의 연혁과 특징

### 1) 노사협의제도의 의의

노사협의제도는 근로자가 경영, 자본 및 이윤분배 등에 참여할 수 있도록 하는 근로자 경영 의사결정참가제도 중의 하나로서 노사관계를 대립적 관계에서 협력적 관계로 전환하여 생산성을 향상시키고 성과분배를 촉진하기 위한

---

7) 김동원 외, 고용관계론, p.178.
8) 하갑래, 집단적 노동관계법(제7판), 중앙경제, 2021, p.647.
9) 고용노동부, 노사협의회 운영 매뉴얼, p.9.
10) 고용노동부, 노사협의회 운영 매뉴얼, p.10.

제도이다.

근로자참여법(제3조제1항)에서는 노사협의회를 '근로자와 사용자가 참여와 협력을 통하여 근로자의 복지증진과 기업의 건전한 발전을 도모하기 위하여 구성하는 협의기구'로 규정하고 있다.

노사협의회에서는 근로자참여법에 정한 사항에 대하여 협의·의결·설명 또는 보고 등을 하도록 하고 있는데, 의사결정 참가의 대표적인 형태로 볼 수 있다.

한편, 노사협의회를 통한 경영 의사결정 참가는 법률에 의하여 강제되는 성격을 가지는데 비해 성과참가나 이윤참가는 노사의 합의를 기초로 이루어지는 임의적 성격을 갖고 있다.

그러나 우리나라와 같이 시장경제체제와 사유재산제도를 기본으로 하는 자본주의 사회에서는 근로자들의 경영참가가 인정되더라도 사용자의 경영권과 재산권과 충돌될 수 있으므로 일정한 한계를 갖는다.

### 2) 노사협의제도의 연혁

우리나라의 노사협의제도는 경제발전 과정에서 기업과 국가의 경쟁력을 강화하기 위해 대립과 투쟁의 노사관계보다 참여와 협력의 노사관계가 중요시되면서 발전해 왔다.

노사협의제도는 최초로 1963년에 구 노동조합법 제6조에 신설된 노사협의회에 관한 규정에 법적 근거를 두었고, 1974년에 개정된 노동조합법에서 노사협의회에 관한 사항이 구체화되었다.

1980년에 '노사협의회법'을 제정하여 노사협의제도를 노동조합법으로부터 분리하였다. 노사협의회를 노동조합이 있는 사업장뿐만 아니라 노동조합이 없는 사업장에도 설치하도록 의무화하였고, 고충처리위원 제도를 신설하였다.

이후 1997년에 '근로자 참여 및 협력증진에 관한 법률'(근로자참여법)이 노사협의회법을 대체하여 새로 제정되었고, 노사협의회의 운영을 위한 사항에 대해 전반적으로 정비하였다. 한편, 2007년에 근로자참여법을 개정하여 노사협의회의 협의·의결사항 등을 확대하는 등 노사협의회의 기능을 보다 강화하였다.

이와 같이 법 제정과 개정을 통해 노사협의회 제도가 점진적으로 발전하여 왔으나 단체교섭과의 불명확한 구별 등 노사협의회 제도가 갖고 있는 문제점은 아직 해결과제로 남아있다.

즉 현재의 근로자참여법 제5조에서는 노동조합의 단체교섭이나 그밖의 모든 활동은 이 법에 의하여 영향을 받지 아니한다고 규정하여 주체나 활동 면에서 분리 원칙을 규정하고 있으나, 법적 지위 및 권한 등 노사협의회와 노동조합의 관계에 관한 명확한 규정은 존재하지 않는다.

### 3) 단체교섭과 비교한 노사협의회의 특징

노사협의제도는 사용자가 의사를 결정하는 과정에 근로자가 참여한다는 점에서 단체교섭과 형식상 유사하나 목적, 참여 주체, 수단, 대상 등에서 차이가 있다.[11]

첫째, 추구하는 목적 면에서 노사협의회는 노사가 사회적 동반자라는 이념을 실현하기 위하여 사용자의 배타적 지배를 지양하고 참여와 협력을 기반으로 노사공동의 이익을 증진하려는 것이다.

반면, 단체교섭은 노동조합의 단결, 단체교섭과 쟁의행위 등을 통해서 근로조건의 유지개선 및 지위향상 등 근로자들의 실질적 평등을 구현하기 위해서 마련된 제도이다.

둘째, 참여 주체 면에서 노사협의회는 노동조합원 여부와 관계없이 사업또는 사업장의 근로자 전체를 대표하는 근로자위원이 참여하나 단체교섭은 노동조합이 주체가 된다. 현실적으로 전체 근로자의 과반수로 조직된 노동조합이 있는 사업 또는 사업장은 노동조합의 대표와 간부가 참여한다.

셋째, 협의나 교섭에서 다루는 대상 면에서 보면 노사협의회는 경영과 생산 등 노사공동의 이익을 증진하는 사항에 대해 협의를 하지만, 단체교섭은 근로조건의 유지·개선 등 노사의 이해가 대립되는 사항에 대해 교섭을 한다.

셋째, 요구사항을 관철하는 수단 면에서 보면 노사협의회는 노사가 의결한 사항에 대해서 규범적 효력이 없고, 불이행시 처벌을 통해 이행력을 담보하지만, 단체교섭은 노사가 합의한 단체협약에 대해 규범적 효력이 부여되고 쟁의행위를 통해 요구를 관철시킬 수 있다.

노사협의회와 단체교섭을 차이를 비교하면 <도표 11-1>과 같다.

---

11) 고용노동부, 노사협의회 운영 매뉴얼, pp.14~15 참조.

도표 11-1 노사협의회와 단체교섭의 비교

| 구분 | 노사협의회 | 단체교섭 |
|---|---|---|
| 법적근거 | 근로자참여법 | 노동조합법 |
| 목적 | 생산성, 근로복지 등 노사 공동의 이익증진 | 근로조건의 유지개선 및 지위향상 |
| 대상 사업장 | 30인 이상의 사업 또는 사업장 (노동조합 미전제) | 노동조합이 있는 사업장 |
| 대표성 | 전체 근로자 | 노동조합원 |
| 당사자 | 근로자위원 및 사용자위원 | 노동조합 및 사용자(단체) |
| 대상 사항 | 기업의 경영, 생산성 향상 등 노사간 이해 공통 사항 | 임금, 근로시간, 기타 근로조건 등 노사간 이해 대립 사항 |
| 과정과 결과 | 사용자의 기업경영상황 보고, 노사가 안건 협의 의결 | 단체교섭과 단체협약 체결 |
| 쟁의행위 여부 | 불가 | 가능 |

자료: 고용노동부, 노사협의회 운영 매뉴얼, 2011, p.15 내용을 참조하여 작성.

제 2 절　노사협의회의 설치와 구성

## 1. 노사협의회 구성과 운영에 관한 기본 원칙

노사협의회는 아래과 같이 참여와 협력, 신의성실, 노동조합과 분립, 노사공동의 원칙 등 4가지 원칙 하에 설치된다.[12]

첫째, 참여와 협력의 원칙이다. 근로자참여법은 근로자와 사용자 쌍방이 참여와 협력을 통하여 노사 공동의 이익을 증진함으로써 산업평화를 도모하고 국민경제 발전에 이바지함을 목적으로 한다(근로자참여법 제1조).

둘째, 신의성실의 원칙이다. 노사협의회는 경영 또는 생산과정에서 근로자

---

12) 고용노동부, 노사협의회 운영 매뉴얼, pp.18~21.

참여가 기본이 되어야 하므로 노사간의 신의성실이 중요하다. 노사협의회에서 근로자와 사용자는 서로 신의를 바탕으로 성실하게 협의에 임하여야 한다(근로자참여법 제2조).

셋째, 노동조합과 분립 원칙이다. 근로자참여법에 의하여 노동조합의 단체교섭이나 그밖의 모든 활동이 영향을 받지 아니한다(근로자참여법 제5조). 노사협의회가 설치되어 있는 경우에도 노동조합의 역할과 기능에 제약을 주지 않으므로 사용자가 노사협의회 설치를 이유로 노동조합 설립을 방해하거나 운영에 지배·개입하는 것은 부당노동행위에 해당된다.

넷째, 노사공동의 원칙이다. 노사협의회는 기업단위의 이익 극대화를 주된 목적으로 함으로써 근로자들의 이익만이 아니라 노사공동의 이익을 추구한다. 따라서 노사협의회는 근로자와 사용자를 대표하는 같은 수의 3명 이상 10명 이하의 위원으로 구성하도록 하고, 근로자위원과 사용자위원 중 각 1명을 공동의장으로 할 수 있다(근로자참여법 제6조, 제7조).

## 2. 노사협의회의 설치

### 1) 노사협의회 설치 의무

노사협의회는 근로조건에 대한 결정권이 있는 사업이나 사업장 단위로 설치하여야 한다. 다만, 상시 30명 미만의 근로자를 사용하는 사업이나 사업장은 설치하지 않을 수 있다(근로자참여법 제4조제1항).

근로자수 상시 30명 미만인 사업이나 사업장에서도 근로자 참여나 정보공유를 위해 자율적으로 노사협의회를 설치하여 운영할 수 있다.

여기에서 근로조건의 결정이라 함은 당해 사업 또는 사업장의 고유한 경영조직과 방침에 의하여 관계 규정 또는 제도상으로 정당하게 부여되고 공신력을 인정할 수 있는 객관적인 권한을 의미한다(노조 1454-4034, 1982.2.11.).

또한 노사협의회는 근로조건 결정권이 있는 사업 또는 사업장 단위로 설치되어야 하므로 무기계약직 등 일부 고용형태의 근로자만으로 협의회를 구성하는 것은 인정되지 않는다(노사협력정책과-2329, 2012.7.19.).

근로자수를 산정할 때 일용근로자 등 명칭과 관계없이 근로기준법상 근로자(제2조)는 모두 포함되어야 하며, 대표이사나 임원 등 명백하게 사용자 지위를 갖지

않는 대상을 제외하고 상시적으로 요구되는 인력규모를 산출하여야 한다.[13]

한편, 하나의 사업에 종사하는 전체 근로자 수가 30명 이상이면 해당 근로자가 지역별로 분산되어 있더라도 그 주된 사무소에 노사협의회를 설치하여야 한다(근로자참여법 시행령 제2조).

하나의 사업에 지역을 달리하는 사업장이 있을 경우에는 경영상의 독립성을 전제로 하여 그 사업장에도 설치할 수 있다(근로자참여법 제4조제2항).

하나의 법인에 본사와 지사가 구분되어 있고 일부 근로조건 결정권이 지사에 있다고 하더라도 하나의 사업에 해당하는 경우 주된 사무소의 소재지에 전체 근로자를 대상으로 하는 노사협의회를 설치하어야 한디(노사관계법제과-220, 2016.1.29.)

한편, 2개 이상의 기업이 하나로 신설합병된 경우, 전체 근로자를 대표하는 협의기구로서 노사협의회를 새로이 설치하여야 한다(노사관계법제과-2427, 2017.10.11.). 그리고 하나의 법인이 3개의 법인으로 분할된 경우 각 법인에서 상시 30명 이상의 근로자를 사용한다면 각 법인별로 새로운 노사협의회를 설치하여 운영하여야 한다(노사관계법제과-1907, 2018.8.10.).

### 2) 노사협의회의 설치 절차

노사협의회를 설치할 경우 ① 노사협의회 설치 관련 공고, ② 노사협의회 설치 준비위원회 구성, ③ 노사협의회 위원의 위촉 또는 선출, ④ 노사협의회 규정 제정 및 신고 등의 절차를 거쳐야 한다.[14] 그리고 노사협의회 규정을 협의회를 설치한 날로부터 15일 이내에 고용노동부장관에게 신고해야 설치 절차가 종료된다(근로자참여법 제18조).

노사협의회 미설치에 대한 직접적인 처벌조항은 없으나, 노사협의회의 설치를 정당한 사유 없이 거부하거나 방해한 자에 대하여는 1천만원 이하의 벌금에 처한다(근로자참여법 제30조제1호).

또한 상시 30명 이상을 사용하는 사업장에서 노사협의회가 설치되지 않아 정기회의가 개최되지 않고 협의회규정이 제정·제출되지 않았을 경우 당해 사

---

13) 고용노동부, 노사협의회 운영 매뉴얼, p.26.

14) 노사협의회의 구체적인 설치 절차에 대하여는 <고용노동부, 노사협의회 운영 매뉴얼, 2011, pp.30~54> 참조.

업장의 사용자는 정기회의 개최 및 협의회 규정 제출 의무 위반으로 처벌될 수 있다.

다만, 사용자가 노사협의회 설치 및 정기회의 개최 등을 위하여 적극 노력하였음에도 불구하고 자신의 권한 및 책임범위 밖의 사유로 인해 미이행된 때에는 면책될 수 있다(노사협력정책과-3343, 2009.9.14.).

## 3. 노사협의회의 구성

### (1) 노사협의회의 위원 구성

#### 1) 노사대표 위원의 구성

노사 대등의 원칙에 따라 노사협의회는 근로자와 사용자를 대표하는 같은 수의 위원으로 구성하되, 각 3명 이상 10명 이하로 한다(근로자참여법 제6조제1항). 여기에서 근로자와 사용자는 근로기준법 제2조에 따른 근로자와 사용자를 말한다.

근로자참여법(제5조)에 의하여 노동조합의 단체교섭이나 그밖의 모든 활동이 영향을 받지 아니한다고 규정하고 있는 법 취지를 감안할 때, 협의회 위원의 수는 단체협약이 아니라 협의회규정에 정하고 그에 따라 협의회를 운영하는 것이 바람직하다(노사관계법제과-546, 2016.3.15.).

#### 2) 근로자위원의 선출 절차

근로자를 대표하는 '근로자위원'은 근로자 과반수가 참여하여 직접·비밀·무기명 투표로 선출한다. 다만, 사업 또는 사업장의 특수성으로 인하여 부득이한 경우에는 부서별로 근로자 수에 비례하여 근로자위원을 선출할 근로자(위원선거인)를 근로자 과반수가 참여한 직접·비밀·무기명 투표로 선출하고 위원선거인 과반수가 참여한 직접·비밀·무기명 투표로 근로자위원을 선출할 수 있다.

이 조항에도 불구하고 사업 또는 사업장에 근로자의 과반수로 조직된 노동조합이 있는 경우에는 근로자위원은 노동조합의 대표자와 그 노동조합이 위촉하는 자로 한다(근로자참여법 제6조제2항, 제3항, 2022.6.10. 법 개정, 2022.12.11. 시행).

투표 절차로서 '직접'투표는 대리인에 의한 투표를 금지하는 것이지 직선제를 요구하는 것은 아니다. 부득이한 경우에는 위원선거인에 의한 투표를 인정하고 있는데, 이에는 작업부서별 특성이 크게 차이가 있거나, 사무직, 기술직 등의 사업장이 별도로 있는 경우가 포함된다.[15]

근로자위원 선출에 입후보하려는 자는 해당 사업이나 사업장의 근로자여야 하며, 해당 사업 또는 사업장의 근로자 10명 이상의 추천을 받아야 한다(근로자참여법 시행령 제3조제2항).

근로자위원을 선출할 때 무투표 당선은 인정되지 않는다. 그리고 노사협의회는 전체 근로자를 대표하는 기구이므로 조합원 뿐만 아니라 비조합원을 근로자위원으로 위촉하는 것도 고려할 필요가 있다.[16]

한편, 근로자위원의 위촉·해촉은 총회, 대의원회 등 민주적인 절차를 거쳐 결정되어야 한다. 근로자위원은 특정 개인을 위촉하는 것이 원칙이나, 해당 노동조합의 수석부위원장·조직부장 등 특정 지위에 있는 자를 '직명위촉'할 수도 있다.[17]

### 3) 사용자위원의 구성 및 선출

사용자를 대표하는 사용자위원은 해당 사업이나 사업장의 대표자와 그 대표자가 위촉하는 자로 한다(근로자참여법 제6조제4항). 사용자위원으로는 인사·노무·조직관리에 경륜이 많은 간부, 소관 업무에 책임이 있는 간부, 노사간 균형 있는 대화를 하고 근로자들로부터 신망을 받는 간부를 위촉하는 것이 바람직하다.[18]

사용자 측이 사용자위원을 줄여 노사 동수 구성이 아닐 경우 노사협의회가 적정하게 구성되었다고 볼 수 없을 것이며, 위원 수를 협의회규정에 정하고 있는 경우 이를 줄이기 위해서는 협의회의 의결을 거쳐 동 규정을 변경하여야 한다(노사관계법제과-2630, 2018.11.15.).

---

15) 하갑래, 집단적 노동관계법, p.657.
16) 고용노동부, 노사협의회 운영 매뉴얼, p.43, p.50.
17) 하갑래, 집단적 노동관계법, p.655.
18) 고용노동부, 노사협의회 운영 매뉴얼, p.53.

### 4) 의장 및 간사

노사협의회를 대표하며 회의 업무를 총괄하는 의장을 두고, 의장은 위원 중에서 호선(互選)하도록 하며, 이 경우 근로자위원과 사용자위원 중 각 1명을 공동의장으로 할 수 있다(근로자참여법 제7조제1항).

공동의장을 둘 경우 노사협의회 회의마다 번갈아 가면서 회의를 주재할 수 있고, 회의 소집은 공동의장 2명의 명의로 통보하는 것이 바람직하다.[19]

의장은 협의회를 대표하여 회의 업무를 총괄하고, 노사 쌍방은 회의 결과의 기록 등 사무를 담당하는 간사 1명을 각각 둔다(근로자참여법 제7조제2항, 제3항).

### 5) 근로자위원의 구성과 선출절차에 관련된 쟁점 판단 사례

노사협의회의 구성과 관련하여 실무적으로 근로자를 대표하는 위원의 구성과 근로자위원 선출과정에서 쟁점이 많이 발생하므로 아래에서 별도로 설명한다.

첫째, 근로자를 대표하는 위원의 구성과 관련된 구체적인 쟁점 판단 사례를 살펴보면 다음과 같다.

① 근로자위원은 해당 사업 또는 사업장의 근로자이어야 하며, 여기서 근로자라 함은 근로기준법상 근로자를 의미하므로 해고의 효력을 다투고 있는 경우라 할지라도 사업주와의 근로계약관계가 종료되어 근로기준법상 근로자에 해당하지 않는다면 노사협의회의 근로자위원이 될 수 없다. 그리고 해고자가 복직하면 다시 근로기준법상의 근로자 신분이 되는 것이지, 근로자위원의 지위가 당연히 회복된다고 볼 수는 없다(노사관계법제과-618, 2019.3.4.).

② 징계 중인 근로자도 근로관계가 종료되지 않았다면 협의회 위원으로 참여 가능하다(노사 68107-29, 1999.1.23.).

③ 노사협의회 근로자위원이 정년이 도래된 이후 계약직 근로자로서 당해 사용자와 계속 근로관계가 유지되는 경우라면 근로자위원의 자격이 유지된다(노사관계법제과-1043, 2019.4.8.).

④ 사업장 소속 근로자가 아닌 상급단체의 노동조합 간부는 근로자위원이 될 수 없다(노사 68107-277, 1997.10.22.).

---

19) 고용노동부, 노사협의회 운영 매뉴얼, p.72.

⑤ 노동조합에서 자체 채용하여 회사와 직접적인 근로관계가 형성되어 있지 않은 근로자는 노사협의회 위원이 될 수 없다(노사 68120-306, 2000.5.20.).

둘째, 근로자위원 선출과정에서 발생하는 쟁점 판단 사례를 보면 다음과 같다.

① 근로자 과반수 미만으로 조직된 노조가 주도하여 구성한 선거관리위원회가 사용자와 협의 없이 일방적으로 근로자위원 수를 변경하는 행위는 그 정당성을 인정받기 어려우므로, 노사 간 협의를 통해 위원 수를 결정하고 적법한 절차에 따라 선출된 근로자위원과 사용자위원이 참여한 협의회에서 의결을 통해 협의회규정을 변경하여 운영하는 것이 바람직하다(노사관계법제과-1131, 2018.5.8.).

② 근로자참여법에 규정된 투표 절차를 거치지 않고 직원들의 추천을 받아 근로자위원을 선출하였다면 법을 위반한 것으로 효력이 없으며, 자격이 없는 근로자위원으로 구성된 노사협의회는 법에 따라 설치된 노사협의회로 볼 수 없다(노사관계법제과-544, 2016.3.15.).

③ 근로자위원 선출 과정에서 근로자위원 후보자 등록이 마감된 이후 선거관리위원회가 투표방식을 변경한 행위, 근로자 과반수로 조직된 노동조합이 아님에도 노동조합이 주도적으로 선거 절차를 진행한 행위, 근로자위원 후보자가 선거관리위원 모집공고 및 신청자 접수를 한 행위, 선거관리위원 모집기간을 과도하게 짧게 부여한 행위 등은 선거 절차상 적절하지 않다(노사관계법제과-221, 2016.1.29.).

④ 근로자위원 선출투표를 진행하는 과정에서 근로자 과반수 노조가 조직되는 경우 선거공고 등 선거절차가 진행되고 있다고 하더라도 근로자의 투표를 통해 근로자위원이 선출되기 이전에 과반수 노조가 존재한다는 것이 확인된다면 해당 과반수 노조가 위촉한 근로자위원의 자격은 유효하다(노사관계법제과-2584, 2019.10.1.).

⑤ 보궐위원 선출투표로 선출된 근로자위원이 퇴사하여 결원이 발생한 경우 근로자참여법 제4조의 규정상 '근로자위원 선출 투표'는 보궐위원 선출 투표를 포함하므로 협의회규정에 따라 차점자를 근로자위원으로 선출할 수 있다(노사관계법제과-478, 2017.2.17.).

## (2) 노사협의회 위원의 임기와 신분

### 1) 노사협의회 위원의 임기

위원의 임기는 3년으로 하되, 연임할 수 있고, 보궐위원의 임기는 전임자 임기의 남은 기간으로 하며, 위원은 임기가 끝난 경우라도 후임자가 선출될 때까지 계속 그 직무를 담당한다(근로자참여법 제8조).

위원의 임기 개시 시점은 별도로 정한 바가 없다면 근로자위원과 사용자위원의 위촉이 완료되어 협의회가 구성된 시점으로 보아야 한다(노사협력정책과-791, 2014.2.28.).

근로자위원은 협의회규정에서 따로 정한 바가 없다면 선출되거나 위촉된 날부터 임기가 시작되어야 한다. 그러므로 임기를 소급하여 위촉하는 것은 법을 위반한 것이며, 설령 기존 근로자 과반수로 조직된 노동조합에서 조합 간부의 임기에 맞추어 근로자위원 임기를 소급하여 정했다 하더라도 해당 근로자위원의 임기는 위촉한 날로부터 3년간 보장되어야 할 것이다(노사관계법제과-2015, 2015.9.17.).

노사협의회와 노동조합은 그 기능이 다르기 때문에 임기를 동일하게 일치시킬 필요는 없다.[20]

### 2) 근로자위원의 임기와 관련된 쟁점 판단 사례

위원의 임기와 관련하여 실무적으로는 근로자위원의 임기를 둘러싸고 분쟁이 많이 발생하는데 쟁점 판단 사례를 보면 아래와 같다.

① 근로자참여법 제6조제2항은 근로자위원 선출시점에서의 선출 방식에 관한 규정으로 근로자위원이 적법하게 선출(위촉)된 이상, 근로자위원 임기 중에 과반수 노조가 과반수 미달 노조로 되더라도 임기가 보장된다(노사관계법제과-617, 2015.3.23.).

② 근로자위원인 노동조합 위원장이 위원장직을 사퇴하였다면 근로자참여법 제6조제2항에 따른 당연직 근로자위원 자격을 유지할 수 없을 것으로 판단되며, 노동조합이 위촉한 근로자위원은 적법한 절차에 따라 위촉되었다면 위

---

20) 하갑래, 집단적 노동관계법, p.659.

원장이 사퇴하였다는 이유로 당연히 근로자위원 자격을 부인하기는 어려울 것이므로 다른 근로자위원의 임기는 보장된다(노사관계법제과-2870, 2017.11.21.).

③ 근로자위원을 위촉한 이후 결원 등으로 근로자위원을 새롭게 선출해야 할 사정이 발생하였다면 30일 이내에 보궐위원을 위촉하거나 선출하되, 그 시점에 근로자 과반수로 조직된 노동조합이 있는 경우에는 그 노동조합이 근로자위원을 위촉할 수 있으며, 근로자 과반수로 조직된 노동조합이 없는 경우에는 근로자의 직접·비밀·무기명투표에 의하여 선출하여야 하며, 그 근로자위원 임기는 전임자의 남은 기간이 될 것이다(노사관계법제과-2015, 2015.9.17.).

## 3) 위원의 신분

위원의 신분은 비상임·무보수로 하며, 사용자는 협의회 위원으로서의 직무 수행과 관련하여 근로자위원에게 불이익을 주는 처분을 하여서는 아니 된다(근로자참여법 제9조제1항, 제2항). 불이익 처분은 해고, 정직, 감봉 등 징계뿐만 아니라 전직·전보, 임금 등 인사명령이나 근로조건과 관련된 불이익을 말한다.

## 4) 노사협의회 출석 시간

위원의 협의회 출석 시간과 이와 직접 관련된 시간으로서 협의회규정으로 정한 시간은 근로한 시간으로 본다(근로자참여법 제9조제3항).

따라서 위원인 근로자가 협의회에 소정 근로시간을 초과하여 출석하였다면 연장근로 수당을 지급하고(노사협력정책과-1981, 2013.5.28.), 야간 또는 휴일에 협의회를 개최한 경우 야간·휴일근로 수당을 지급하여야 한다.

또한 달리 인정할 사정이 없는 한 노사협의회 참석 및 고충처리 업무 처리 등을 이유로 승무수당을 감액 지급하는 것은 근로자참여법 등에서 규정한 불이익을 주는 처분에 해당될 수 있다(노사관계법제과-16, 2016.1.6.).

그러나 노사협의회 근로자위원이 위원 선출을 위한 선거운동을 근무시간 내에 하는 경우 사용자가 이를 근로시간으로 인정하지 않았다고 하더라도 위법하지 않다(노사관계법제과-2529, 2019.9.24.).

**질의회시** 근무시간 내 근로자위원 선출 선거운동시 유급처리 문제

근로자참여법 제9조제3항에서 위원의 협의회 출석 시간과 이와 직접 관련된 시간으로서 협의회규정으로 정한 시간은 근로한 것으로 본다고 규정하고 있으며, 출석 시간과 직접 관련된 시간이란 회의안건과 관련된 준비 및 검토시간 등과 같이 효율적 회의진행과 원활한 근로자위원의 활동을 보장하기 위한 시간을 의미하는 것으로 근무시간 내 선거운동은 이에 해당한다고 보기 어려울 것이다.

따라서 근무시간 내 선거운동 등은 노사가 자율로 결정하여야 할 사항이고 비록 사용자가 근무시간 내 선거운동 등을 위한 시간을 근로한 것으로 인정하지 않았다고 하더라도 위법한 것으로 볼 수 없다(노사관계법제과-2529, 2019.9.24.).

### (3) 사용자의 의무와 시정명령

사용자는 근로자위원의 선출에 개입하거나 방해하여서는 아니 된다. 그리고 사용자는 근로자위원의 업무를 위하여 장소의 사용 등 기본적인 편의를 제공하여야 한다(근로자참여법 제10조).

회사 임원이 근로자위원 선출을 위한 선거관리위원회에 참여하여 선거기준을 정하고 선거결과를 무효화하는 등 근로자위원 선출에 직접 영향을 미쳤다면 근로자참여법 위반으로 판단된다(노사68120-556, 2000.9.19.).

한편, 고용노동부장관은 사용자가 근로자위원에게 불이익을 주는 처분을 하거나, 근로자위원의 선출에 개입하거나 방해하는 행위를 하는 경우에는 그 시정(是正)을 명할 수 있다(근로자참여법 제11조). 사용자가 정당한 사유 없이 시정명령을 이행하지 아니하면 500만원 이하의 벌금에 처한다(제31조).

## 4. 노사협의회규정

노사협의회는 그 조직과 운영에 관한 규정(협의회규정)을 제정하고 협의회를 설치한 날부터 15일 이내에 고용노동부 장관에게 제출하여야 한다. 이를 변경한 경우에도 또한 같다(근로자참여법 제18조제1항). 협의회규정을 제정하거나 변경할 경우에는 협의회의 의결을 거쳐야 한다(근로자참여법 시행령 제5조제2항).

노사협의회 설치는 협의회규정을 제정할 때 완료되므로 협의회를 설치한 날

은 협의회규정을 제정한 날로 보아야 한다(노사협력정책과-3298, 2012.10.24.)

노사협의회규정에는 ① 협의회의 위원의 수, ② 근로자위원의 선출 절차와 후보 등록에 관한 사항, ③ 사용자위원의 자격에 관한 사항, ④ 협의회 위원이 근로한 것으로 보는 시간에 관한 사항, ⑤ 협의회의 회의 소집, 회기(會期), 그 밖에 협의회의 운영에 관한 사항, ⑥ 임의 중재의 방법·절차 등에 관한 사항, ⑦ 고충처리위원의 수 및 고충처리에 관한 사항 등이 포함되어야 한다(근로자참여법 시행령 제5조제1항).

<br>

| 제3절 | **노사협의회의 운영** |
| --- | --- |

## 1. 회의

### 1) 회의 개최

노사협의회는 3개월마다 정기적으로 회의를 개최하여야 하며(근로자참여법 제12조제1항), 이를 위반할 경우 200만원 이하의 벌금에 처한다(제32조). 그리고 노사협의회는 필요에 따라 임시회의를 개최할 수도 있다.

그러나 근로자위원이 선출되지 못하는 등 사용자의 책임으로 볼 수 없는 사유로 회의가 개최되지 못하였다면 사용자의 회의 개최 의무 불이행으로 보기 어렵다(노사 68107-193, 2000.3.31.).

노사협의회를 3개월마다 정기적으로 개최한다는 의미는 분기 또는 다르게 정한 3개월의 기간 동안 1회 이상 회의를 개최하여야 한다는 의미이며, 회의 개최일(日) 이후 3개월 내 차기 회의를 반드시 개최하여야 한다고 볼 수 없다(노사관계법제과-1591, 2019.5.29.).

근로자참여법 제12조제1항에서 노사협의회의 정기적 개최의무 위반에 따른 처벌대상으로 규정한 것은 특별한 사정이 없는 한 원칙적으로 노사협의회의 대표이자 회의 소집의 주체인 의장이 회의를 개최하지 아니한 경우로서 그 의장이 사용자를 대표하는 사용자위원인 경우를 의미한다.

법원은 노사협의회의 정기적 개최의무(근로자참여법 제12조제1항)를 위반하여 노사협의회를 약 7개월 동안 개최하지 않았고, 근로자위원이 의장을 맡은 사건에서 노사협의회 의장이 아닌 소속 단체의 대표(사용자위원인 의장)를 노사협의회 개최의무 위반죄(구 근로자참여법 제32조)로 처벌할 수 없다고 판단하였다(대법원 2008.12.24. 2008도8280).

> **핵심 판례**  **노사협의회의 정기적 개최 의무 위반**
>
> 노사협의회 개최를 위한 회의의 소집절차를 통한 노사협의회 개최의 주체는 노사협의회의 대표이자 위 회의 소집의 주체인 의장이라고 보아야 할 것인데, 여기에다가 형벌에 관한 법률은 그 해석을 엄격하게 하여야 한다는 원칙 및 구 「근로자참여및협력증진에관한법률」의 제정 목적이 노사 쌍방의 참여와 협력을 통한 공동의 이익 증진 등에 있기는 하지만 법 제20조에서 사용자로 하여금 노사관계와 관련한 일정한 사항에 관하여 노사협의회 의결을 거치도록 의무화하는 한편, 법 제21조에서는 경영계획 전반 등에 대해서까지 사용자에게 보고·설명의무를 부과하는 반면, 근로자에게는 보고·설명의 권한을 부여하는 등 회사 경영 전반에 대해 근로자들에게 최소한의 접근 및 관여의 권한을 보장하면서 그 보장의 실효성을 확보하기 위한 조치의 일환으로 위 법 제32조의 처벌규정을 둔 것으로 보이는 점 등의 사정을 보태어 보면, 결국 법 제32조, 제12조제1항이 노사협의회의 정기적 개최 의무 위반에 따른 처벌대상으로 규정한 것은 특별한 사정이 없는 한 원칙적으로 노사협의회의 대표이자 회의 소집의 주체인 의장이 회의를 개최하지 아니한 경우로서 그 의장이 법 제6조에서 정한 사용자를 대표하는 사용자위원의 경우를 의미한다고 보아야 할 것이다(대법원 2008.12.24. 2008도8280).

### 2) 회의 소집 및 자료의 사전 제공

노사협의회의 의장은 협의회의 회의를 소집하며 그 의장이 된다. 의장은 노사 일방의 대표자가 회의의 목적을 문서로 밝혀 회의의 소집을 요구하면 그 요구에 따라야 한다. 의장은 회의 개최 7일 전에 회의 일시, 장소, 의제 등을 각 위원에게 통보하여야 한다(근로자참여법 제13조).

근로자위원은 통보된 의제 중 노사협의회의 협의사항 및 의결사항과 관련된 자료를 회의 개최 전에 사용자에게 요구할 수 있으며, 사용자는 이에 성실히 따르도록 함으로써 노사협의회가 보다 실질적으로 운영될 수 있도록 하고 있다. 다만, 그 요구 자료가 기업의 경영·영업상의 비밀이나 개인정보에 해당하는 경우에는 그러하지 아니하다(근로자참여법 제14조).

### 3) 회의 의결방식과 회의록 작성

회의는 근로자위원과 사용자위원 각 과반수의 출석으로 개최하고 출석위원 3분의 2 이상의 찬성으로 의결한다(근로자참여법 제15조).

노사협의회는 위원 본인의 출석과 의사결정을 전제로 하므로 위임이나 대리인 선임에 의한 노사협의회 참석과 의결은 허용되지 않는다(노사협력정책과-4031, 2012.12.20.).

회의는 원칙적으로 공개하나, 협의회의 의결로 공개하지 아니할 수 있다. 협의회의 위원은 협의회에서 알게 된 비밀을 누설하여서는 아니 된다(근로자참여법 제16조, 제17조).

한편, 노사협의회는 회의 개최 일시 및 장소, 출석 위원, 협의 내용 및 의결된 사항, 그밖의 토의사항을 기록한 회의록을 작성하여 갖추어 두어야 하며, 회의록은 작성한 날부터 3년간 보존하여야 한다(근로자참여법 제19조).

### 4) 사용자의 편의제공 의무

사용자는 근로자위원의 업무를 위하여 장소의 사용 등 기본적인 편의를 제공하여야 한다(근로자참여법 제10조제2항). 이때 사용자가 근로자위원에게 사무실을 배정할 필요는 없으며, 협의회를 운영하기 위하여 근로자의 의견을 청취하고 자료 정리를 할 수 있도록 회의실 등 기본적인 편의 공간을 제공하면 된다.[21]

## 2. 협의사항, 의결사항 및 보고사항

노사협의회의 임무는 협의사항, 의결사항과 보고사항 등으로 구분된다. ① 협의사항은 주로 생산·인사·노무관리에 관한 사항이고, ② 의결사항은 근로자의 교육훈련, 사내 복지 관련 시설 및 노사공동기구의 설치·관리에 관한 사항이다. 한편, ③ 보고사항 등은 경영계획, 인력계획 등 경영참가적 성격을 갖는 사항을 포함하고 있다.

---

21) 하갑래, 집단적 노동관계법, p.664.

## (1) 협의사항

기업의 노사는 공동으로 협의사항, 즉 기업 내 작업 시스템, 제도적 시스템, 인적 시스템을 유기적으로 결합하여 기업의 성과를 향상시키는 방안을 찾아 나갈 수 있다. 협의는 서로 의견을 교환하고, 상대방의 입장을 이해하고 설득해 나가는 과정이다.[22]

노사협의회의 협의사항은 생산성 향상과 성과배분, 근로자의 채용·배치 및 교육훈련, 근로자의 고충처리, 인사·노무관리의 제도 개선 등 아래와 같다.

---

**근로자참여법** | 노사협의회의 협의사항

제20조(협의 사항) ① 협의회가 협의하여야 할 사항은 다음 각 호와 같다.
1. 생산성 향상과 성과 배분
2. 근로자의 채용·배치 및 교육훈련
3. 근로자의 고충처리
4. 안전, 보건, 그밖의 작업환경 개선과 근로자의 건강증진
5. 인사·노무관리의 제도 개선
6. 경영상 또는 기술상의 사정으로 인한 인력의 배치전환·재훈련·해고 등 고용 조정의 일반원칙
7. 작업과 휴게 시간의 운용
8. 임금의 지불방법·체계·구조 등의 제도 개선
9. 신기계·기술의 도입 또는 작업 공정의 개선
10. 작업 수칙의 제정 또는 개정
11. 종업원지주제(從業員持株制)와 그 밖에 근로자의 재산형성에 관한 지원
12. 직무 발명 등과 관련하여 해당 근로자에 대한 보상에 관한 사항
13. 근로자의 복지증진
14. 사업장 내 근로자 감시 설비의 설치
15. 여성근로자의 모성보호 및 일과 가정생활의 양립을 지원하기 위한 사항
16. 「남녀고용평등과 일·가정 양립 지원에 관한 법률」 제2조제2호에 따른 직장 내 성희롱 및 고객 등에 의한 성희롱 예방에 관한 사항
17. 그밖의 노사협조에 관한 사항
② 협의회는 제1항 각 호의 사항에 대하여 제15조의 정족수에 따라 의결할 수 있다.

---

22) 고용노동부, 노사협의회 운영 매뉴얼, p.99.

협의사항에 관해서는 단순히 의견의 교환에 그치지 아니하고, 근로자참여법 제15조의 정족수에 따라 의결하면[23] 그 의결내용을 구체적으로 실현할 수 있다(근로자참여법 제20조).

근로자참여법 제20조 협의사항 중 제2호 '근로자의 채용·배치 및 교육훈련'의 경우 근로자가 어떠한 능력과 경력이 필요한지, 또한 특정 직무에 배치해야 할 근로자의 능력과 경력은 어떠해야 하는지 그리고 특정 직무를 효과적으로 임하려면 어떠한 교육훈련이 바람직한 것인지 등에 대하여 협의하도록 규정한 것이다.

또한 제5호 '인사·노무관리의 제도 개선'의 경우 작업현장 근로자들의 인사기준에 관한 제안이나 노무관리의 대상자로서 느끼는 점을 인사제도 개선에 반영할 경우 인사제도의 현실 적합성을 높일 수 있으며, 근로자들의 사기진작을 통하여 기업의 활력 증진에 도움이 될 수 있어 협의하도록 규정한 것이다. 다만, 이 경우에 어떤 특정 인물에 대한 '채용 또는 배치' 등 구체적인 인사 사항까지 노사협의회에서 협의해야 하는 것은 아니다(노사관계법제과-1449, 2015.7.29.).

근로자참여법상 협의는 합의를 전제로 하지 않으며, 합의되지 않음을 이유로 한 쟁의행위가 허용되지 않는다는 점에서 쟁의행위가 인정되는 노동조합의 임금협상과는 차이가 있다(협력 68210-303, 2003.8.2.).

## (2) 의결사항

사용자는 근로자의 교육훈련, 복지시설의 설치와 관리, 노사공동위원회 등에 대한 것으로 다음 어느 하나에 해당하는 사항에 대하여는 의결을 거쳐야 한다(근로자참여법 제21조).

노사협의회는 의결된 사항을 사내방송·사보게재·게시 그밖의 적절한 방법으로 전체 근로자에게 신속하게 알려야 한다(근로자참여법 시행규칙 제6조).

---

23) 근로자위원과 사용자위원 각 과반수의 출석으로 개최하고 출석위원 3분의 2 이상의 찬성으로 의결한다.

| 근로자참여법 | 노사협의회의 의결사항 |
|---|---|

제21조(의결 사항) 사용자는 다음 각 호의 어느 하나에 해당하는 사항에 대하여는 협의회의 의결을 거쳐야 한다.
1. 근로자의 교육훈련 및 능력개발 기본계획의 수립
2. 복지시설의 설치와 관리
3. 사내근로복지기금의 설치
4. 고충처리위원회에서 의결되지 아니한 사항
5. 각종 노사공동위원회의 설치

그리고 근로자와 사용자는 협의회에서 의결된 사항을 성실하게 이행하여야 하며(근로자참여법 제24조), 정당한 사유 없이 이행하지 아니한 자에게는 1천만 원 이하의 벌금이 부과된다(제30조제2호).

그러나 협의회에서 의결사항에 대해 의결을 하지 못하거나, 사용자가 협의회의 의결 절차를 거치지 않고 일방적으로 시행한 경우에 이에 대한 제재규정이나 벌칙규정은 마련되어 있지 않다(2001.6.23. 노사 68010-222).

또한 노사협의회에서 '임금인상'과 같이 의결사항이 아닌 사항에 대해 의결한 경우 근로자참여법상 노사협의회에 의한 의결로 볼 수 없으므로 사업주가 이를 미이행하더라도 의결사항 미이행(제30조제2호)으로 처벌할 수 없다.[24]

한편, 노사협의회는 ① 의결 사항에 관하여 의결하지 못한 경우 또는 ② 의결된 사항의 해석이나 이행 방법 등에 관하여 의견이 일치하지 아니하는 경우에는, 근로자위원과 사용자위원의 합의로 중재기구를 두어 해결하거나 노동위원회나 그 밖의 제삼자에 의한 중재를 받을 수 있다. 중재 결정이 있으면 협의회의 의결을 거친 것으로 보며 근로자와 사용자는 그 결정에 따라야 한다(근로자참여법 제25조).

(3) 보고사항 등

사용자는 정기회의에 경영계획 전반, 생산계획과 인력계획에 관한 사항 등 다음 어느 하나에 해당하는 사항에 관하여 성실하게 보고하거나 설명하여야 한다(근로자참여법 제22조제1항).

---

24) 고용노동부, 노사협의회 운영 매뉴얼, p.138.

이때 근로자위원은 근로자의 요구사항을 보고하거나 설명할 수 있다. 근로자의 요구사항은 의견수렴이나 현장조사 등을 통해 모아지므로 사용자가 현장에서 발생하는 근로자의 애로사항이나 고충사항을 파악할 수 있다.[25]

한편, 근로자위원은 사용자가 주요사항의 보고와 설명을 이행하지 아니하는 경우에는 그에 관한 자료를 제출하도록 요구할 수 있으며, 사용자는 이와 같은 요구에 성실히 따라야 한다(근로자참여법 제22조제2항). 정당한 사유 없이 이를 위반할 경우 500만원 이하의 벌금이 부과된다(제31조).

---

**근로자참여법 시행규칙**  노사협의회의 보고·설명사항

제5조(사용자의 보고·설명사항) 사용자는 법 제22조에 따라 다음 각 호의 사항을 협의회의 정기회의에 보고하거나 설명하여야 한다.
1. 경영계획 전반 및 실적에 관한 다음 각 목의 사항
   가. 단기 및 중·장기 경영계획
   나. 경영실적과 전망
   다. 기구 개편
   라. 사업확장, 합병, 공장이전 및 휴업·폐업 등 경영상 중요한 결정사항
2. 분기별 생산계획과 실적에 관한 다음 각 목의 사항
   가. 분기별 생산계획과 실적
   나. 사업부서별 목표와 실적
   다. 신제품개발과 기술·기법의 도입
3. 인력계획에 관한 다음 각 목의 사항
   가. 인사방침
   나. 증원이나 감원 등 인력수급계획
   다. 모집과 훈련
4. 기업의 경제적·재정적 상황에 관한 다음 각 목의 사항
   가. 재무구조에 관한 일반 현황
   나. 자산현황과 운용 상황
   다. 부채현황과 상환 상황
   라. 경영수지 현황
5. 그밖의 다음 각 목의 사항
   가. 사용자가 보고하도록 협의회에서 의결된 사항
   나. 근로자가 정당하게 보고를 요구한 사항

---

25) 하갑래, 집단적 노동관계법, p.665.

노사협의회의 임무와 관련하여 보고사항, 협의사항, 의결사항을 종합적으로 정리하면 <도표 11-2>와 같다.

도표 11-2 노사협의회의 보고사항, 협의사항과 의결사항

| 구분 | 보고사항 | 협의사항 | 의결사항 |
|---|---|---|---|
| 범주 | • 경영정보(사측)<br>• 근로자의 요구사항(노측) | • 생산성 향상<br>• 근무·인사제도<br>• 고충처리 및 복지증진 | • 교육훈련·능력개발 계획<br>• 복지시설·기금<br>• 노사 공동기구 |
| 의의 | • 노사신뢰의 기초 | • 참여적 작업조직<br>• 고성과 인사제도 구축 | • 지식근로자 육성<br>• 노사파트너십 실행 |
| 이행<br>의무 | • 사용자위원 보고의무<br>• 근로자위원 자료제출요구권 | • 신의성실의 원칙에 따른 협의 의무<br>• 노사합의 또는 협의회 규정에 따라 의결 가능 | • 협의회에서 의결할 의무 |
| 주요<br>내용 | • 경영계획 및 실적<br>• 생산계획 및 실적<br>• 인력계획<br>• 기업의 경제·재무 상황<br>• 근로자의 요구사항(노측) | • 제도적 시스템<br>  - 인사·노무제도<br>  - 임금체계·구조개선<br>  - 성과배분<br>  - 복지증진<br>  - 고용조정 일반원칙<br>• 작업시스템<br>  - 생산성 향상<br>  - 작업공정 개선<br>  - 작업, 휴게시간 운용<br>  - 작업수칙의 제정·변경<br>  - 작업환경 개선<br>• 인적 시스템<br>  - 채용·배치·교육훈련<br>  - 직무보상<br>  - 종업원지주제<br>  - 일·가정 양립 | • 복지시설 설치·관리<br>• 사내근로복지기금 설치<br>• 미해결 고충처리<br>• 노사공동위원회 설치 |
| 위반<br>효과 | • 근로자위원의 자료제출요구에 대해 미이행시 500만원 이하 벌금 | • 노사가 의결한 경우 미이행시 1,000만원 이하 벌금 | • 의결사항 미이행시 1,000만원 이하 벌금 |

자료: 고용노동부, 노사협의회 운영 매뉴얼, 2011, pp.91~92 참조하여 작성

(4) 협의사항 및 의결사항과 관련된 쟁점 판단사례

우선 노사협의회의 협의사항과 관련된 실무상 쟁점 판단 사례를 살펴보면 다음과 같다.

① 근로자참여법 제20조제13호에 따르면 노사협의회가 협의하여야 할 사항 중 하나로 '근로자의 복지증진'을 규정하고 있으며, '근로자의 복지증진'이란 전체 근로자의 복지증진을 위한 각종 지원방안에 관한 사항 등을 포함한다. '학자금 지급 변경 등'에 관한 사항은 근로자의 복지증진을 위한 지원방안에 관한 것으로서 법 소정의 협의사항에 해당한다고 보인다(노사관계법제과-961, 2015.5.13.).

② 근로자참여법 제5조에 노동조합의 단체교섭이나 그밖의 모든 활동은 이 법에 의하여 영향을 받지 않는다고 규정하고 있으므로, 노사협의회에서 임금 등 근로조건에 대해 합의를 한 경우 그 합의사항이 당연히 노동조합과 사용자 간에 체결한 단체협약의 효력을 갖는 것은 아니다(협력 68210-224, 2003.5.26.).

둘째, 노사협의회 의결사항과 관련한 실무상 쟁점사례는 아래와 같다.

① 근로자참여법은 노사협의회의 협의사항과 의결사항을 구분하여 규정하고 있으므로 원칙적으로 협의사항과 의결사항은 구분하여 운영하는 것이 바람직하다. 다만, 협의사항이라 할지라도 법 제15조의 정족수에 따라 의결할 수 있도록 규정하고 있는 제20조제2항의 취지를 감안하면, 협의회규정에 협의사항의 일부를 의결사항으로 정하였다면 그에 따라 노사협의회를 운영하는 것도 가능하다(노사관계법제과-1178, 2017.4.25.).

② 전체 과반수 이상의 근로자로 조직된 노동조합이 있는 사업 또는 사업장으로서 노사협의회가 운영 중일 때, 사용자와 소수노조 간 노사협력 기구의 설치는 근로자참여법 제21조제5호에 따른 협의회 의결대상에 포함되지 않는다. 다만, 과반수로 조직된 노동조합에서 근로자위원을 위촉하는 경우에도 노사협의회는 전체 근로자를 대표하는 협의기구로서 운영되어야 할 것이므로, 별도의 임의기구를 설치하는 것보다 노사협의회를 통해 전체 근로자의 의견이 민주적으로 반영될 수 있도록 노력하는 것이 바람직하다(노사관계법제과-3007, 2019.11.18.).

## (5) 근로자위원에 대한 취업규칙 불이익변경 동의권의 위임

노사협의회의 근로자위원은 근로자참여법(제20조, 제21조)에 따른 협의, 의결 등에서 권한을 갖는데, 실무적으로 노사협의회가 법으로 정해진 사항들 이외에 사업장 근로자의 근로조건의 결정이나 변경에 관한 권한을 가지는지 여부가 문제된다.

이와 관련하여 노사협의회의 근로자위원은 단체교섭과는 다르게 사용자와 대등한 교섭력을 확보하고 요구를 관철시킬 수 있는 유효한 수단을 갖지 있지 못하므로 노사협의회가 근로조건 형성권을 가지고 있다고 인정하는 것은 어렵다고 판단된다.

한편, 근로자가 근로자위원에게 자신들의 취업규칙 불이익변경 동의권까지 위임하는 것이 허용되는지 여부가 문제된다. 근로자들이 노사협의회를 구성하는 근로자위원들을 선출할 때 그들에게 근로조건을 불이익하게 변경할 경우 근로자들을 대신하여 동의를 할 권한까지 포괄적으로 위임한 것이라고 볼 수 없으므로, 근로자위원들의 동의를 얻은 것을 근로자들 과반수의 동의를 얻은 것과 동일시할 수 없다(대법원 1994.6.24. 92다28556).

이와 같이 근로자의 과반수로 조직된 노동조합이 없어 근로자 과반수가 동의권을 행사하는 경우에 '포괄적' 위임은 남용 가능성이 있어 부정되어야 하나, 근로자들이 근로자위원에게 '개별적'으로 동의권을 위임하는 것을 특별히 막을 이유는 없다고 판단된다.

**핵심 판례** **노사협의회 근로자위원에 대한 취업규칙 불이익변경 동의권의 위임**

노사협의회는 근로자와 사용자 쌍방이 이해와 협조를 통하여 노사공동의 이익을 증진함으로써 산업평화를 도모할 것을 목적으로 하는 제도로서 노동조합과 그 제도의 취지가 다르므로 비록 회사가 근로조건에 관한 사항을 그 협의사항으로 규정하고 있다 하더라도 근로자들이 노사협의회를 구성하는 근로자위원들을 선출함에 있어 그들에게 근로조건을 불이익하게 변경함에 있어서 근로자들을 대신하여 동의를 할 권한까지 포괄적으로 위임한 것이라고 볼 수 없으며, 그 근로자위원들이 퇴직금규정의 개정에 동의를 함에 있어서 사전에 그들이 대표하는 각 부서별로 근로자들의 의견을 집약 및 취합하여 그들의 의사표시를 대리하여 동의권을 행사하였다고 볼 만한 자료도 없다면, 근로자위원들의 동의를 얻은 것을 근로자들 과반수의 동의를 얻은 것과 동일시할 수 없다(대법원 1994.6.24. 92다28556).

**고충처리제도**

## 1. 의의

고충은 근로자의 근로환경 또는 근로조건에 관한 개별적인 불만이나 애로사항을 말하는 것으로서 집단적 성질을 가진 노동쟁의와는 구별된다. 근로자의 고충은 개인의 성격, 심리적 상태, 개인적 문제 등이 원인이 되어 발생하는데 그 원인을 내부적 요인과 외부적 요인으로 구분할 수 있다.

① 내부적 요인으로는 근로자 개인의 가정문제, 애정문제, 일과 성격의 부조화 등이 있고, ② 외부적 요인으로는 동료 근로자와의 임금 차이, 직장 내 상하급자와의 갈등, 직장 내 괴롭힘, 작업장의 분진·소음 등 작업환경 등이 포함된다. 사업장에서 고충의 발생빈도가 높을수록 생산성과 생산품질이 낮아지므로 사업의 생산성을 저해시킬 수 있다.[26]

고충처리제도는 근로자의 각종 불만·애로사항 등을 처리하여 사업장내에서 근로자가 창의와 열정을 가지고 직무에 전념할 수 있는 여건을 마련하기 위한 것을 말한다(노사68010-210, 2001.6.16.). 노사협의회와 고충처리위원회는 별개의 제도이며, 비조합원인 근로자도 고충사항의 처리를 요구할 수 있다(노사32281-11325, 1991.8.7.).

근로자의 고충 중에서 근로조건이나 근로환경 등에 관한 고충은 노사협의회(협의사항)을 통해 해결될 수도 있지만 안건화되기 전에 즉각 해결될 수 있으면 분쟁을 사전에 예방하는 효과가 있다. 그리고 내부적 요인으로 비롯되는 고충은 사적영역에 관한 사항이 많아 공개적인 노사협의회 보다는 고충처리시스템으로 처리하는 것이 바람직하다.[27]

고충처리제도는 사업장에서 근로자들의 개별적 불만이 축적되어 노사갈등이나 노동쟁의로 발전되는 것을 사전에 예방하고 노사합의로 고충을 해결하는 제도로서 노사간의 협력관계를 증진시킬 수 있다.[28]

---

26) 고용노동부, 노사협의회 운영 매뉴얼, p.161.
27) 고용노동부, 노사협의회 운영 매뉴얼, p.161.
28) 하갑래, 집단적 노동관계법, p.669.

## 2. 고충처리제도의 설치 대상과 구성

### 1) 설치 대상

근로자참여법에서는 고충처리제도를 노사협의제도와 독립된 제5장에서 규율하고 있다. 상시 30명 이상의 근로자를 사용하는 사업이나 사업장은 근로자의 고충을 청취하고 이를 처리하기 위하여 고충처리위원을 두어야 한다(제26조). 고충처리위원을 두지 아니한 경우에는 200만원 이하의 벌금이 부과된다(제32조).

전국적으로 산재해 있는 30인 미만 사업장에 소속된 근로자의 고충처리를 위해 사용자가 권역별로 고충처리위원을 위촉하여 고충처리를 하는 것도 가능하나, 근로자참여법 시행령 제5조제1항은 '고충처리위원의 수 및 고충처리에 관한 사항'을 협의회규정에 포함하여야 한다고 규정하고 있으므로 권역별 고충처리위원 위촉 등에 관한 사항은 노사협의회규정으로 정하고 그에 따라 운영하는 것이 바람직하다(노사관계법제과-1499, 2017.6.9.).

### 2) 구성과 운영

고충처리위원은 노사를 대표하는 3명 이내의 위원으로 구성하되, 노사협의회가 설치되어 있는 사업이나 사업장의 경우에는 협의회가 그 위원 중에서 선임하고, 협의회가 설치되어 있지 아니한 사업이나 사업장의 경우에는 사용자가 위촉하도록 한다(근로자참여법 제27조).

고충처리위원은 기업에서 근로자들이 갖고 있는 고충을 해결하는 상담자 또는 지원자 역할을 수행한다. 상담자로서 갖춰야 할 기본자세와 역량을 보면, ① 들어주기(경청), ② 공감하기, ③ 문제를 찾도록 도와주기, ④ 결과를 함께 공유하기, ⑤ 비밀지키기 등이 있다.[29]

기업에서는 여성에게 발생할 수 있는 고충처리를 위해 여성위원을 선임하거나 위촉하는 것이 필요하다.

고충처리위원의 임기에 관하여는 노사협의회 위원의 임기에 관한 규정(제8조)을 준용한다. 고충처리위원은 비상임·무보수로 하고, 직무수행과 관련하여

---

29) 고용노동부, 노사협의회 운영 매뉴얼, pp.165~166.

불리한 처분을 받지 아니하며, 고충처리 업무에 사용한 시간은 근로한 시간으로 본다(근로자참여법 시행령 제8조).

고충처리 업무에 사용한 시간은 근로자로부터 제기된 고충을 청취하고 이를 처리하기 위해 소요되는 시간과 이와 직접적으로 관련이 있는 시간이므로 고충처리위원이 근로자가 고충을 제기하지 않았음에도 불구하고 각 사업소의 전 직원을 개별적으로 면담하는 방식으로 고충을 청취한 경우는 이에 해당하지 않는다(노사관계법제과-249, 2016.2.3.).

고충처리위원이 원활하게 활동하고, 개인의 사생활을 보호하기 위해서는 별도의 상담공간을 확보하는 것이 바람직하다.

---

**질의회시**  고충처리위원의 유급 처리가 인정되는 시간의 범위

근로자참여법 시행령 제8조에 따라 고충처리위원의 유급 처리가 인정되는 범위는 근로자로부터 제기된 고충을 청취하고 이를 처리하기 위해 소요되는 시간과 이와 직접적으로 관련이 있는 시간이므로 고충처리위원이 근로자가 고충을 제기하지 않았음에도 불구하고 각 사업소의 전직원을 개별적으로 면담하는 방식으로 고충을 청취한 경우, 그에 소요되는 시간인 약 3개월을 유급으로 인정하는 것은 고충처리위원의 비상임·무보수를 규정한 근로자참여법 취지에 부합하지 않는다.

노동조합 대표자에게 근로시간 면제 한도가 부여되지 않자 임금 보전을 목적으로 고충처리위원 신분을 이용하여 근로자가 직접 제기하지 않은 고충처리 시간을 유급으로 인정해 줄 것을 요구하고 그에 대하여 사용자가 임금을 지급하는 것이 고충처리와 관계없이 노동조합 활동을 지원하는 것이라면, 노동조합법 제81조제4호에서 규정한 부당노동행위에 해당될 수 있다(노사관계법제과-249, 2016.2.3.).

---

## 3. 고충처리 절차

근로자는 고충사항이 있는 경우에는 고충처리위원에게 구두 또는 서면으로 신고할 수 있고, 이 경우 고충처리위원은 지체 없이 처리하여야 한다(근로자참여법 시행령 제7조).

고충처리위원은 근로자로부터 고충사항을 청취한 경우에는 10일 이내에 조치 사항과 그밖의 처리결과를 해당 근로자에게 통보하여야 한다. 노사협의회

의 협의사항에 '근로자의 고충처리'가 포함되어 있으므로(근로자참여법 제20조 제1항제3호) 고충처리위원이 처리하기 곤란한 사항은 노사협의회의 회의에 부쳐 협의 처리한다(근로자참여법 제28조).

고충처리위원회에서 의결되지 않은 사항은 노사협의회의 의결사항에 포함되므로 반드시 노사협의회의 의결을 거쳐 처리하여야 한다(근로자참여법 제21조).

한편, 고충처리위원은 고충사항의 접수 및 그 처리에 관한 대장을 작성하여 갖추어 두고 1년간 보존하여야 한다(근로자참여법 시행령 제9조).

# 주요 참고 서적

김동원·이규용·권순식·이수영 외, 고용관계론, 박영사 2021.

김형배, 노동법(제27판), 박영사, 2021.

김형배·박지순, 노동법강의(제11판), 신조사, 2022.

고용노동부, 개정 노동조합 및 노동관계조정법 설명자료, 2021.

고용노동부, 공무원노사관계 업무 매뉴얼, 2021.

고용노동부, 교원노사관계 업무 매뉴얼, 2021.

고용노동부, 근로시간 면제 한도 적용 매뉴얼, 2010.

고용노동부, 노사협의회 운영 매뉴얼, 2011.

고용노동부, 사업(사업장) 단위 복수노조 업무 매뉴얼, 2010.

고용노동부, 집단적 노사관계 업무 매뉴얼, 2022.

노동법실무연구회, 노동조합 및 노동관계조정법 주해 Ⅰ, Ⅱ, Ⅲ, 박영사, 2015.

부종식, 원스톱 노동법 서브, 필통북스, 2019.

부종식, 원스톱 노동법 1권, 2권, 필통북스, 2017.

사법연수원, 노동조합 및 노동관계조정법, 2016.

이수영·임무송 외, 노동법 실무(전면 개정판), 중앙경제, 2019.

임종률, 노동법(제20판), 박영사, 2022.

중앙노동위원회, 복수노조 업무 매뉴얼, 2018, 2019.

중앙노동위원회, 조정 및 필수유지 업무 매뉴얼, 2018.

중앙노동위원회, 주제별 판례 분석집: 집단적 노사관계, 2018.

중앙노동위원회, 판례 및 판정례로 본 복수노조 제도의 이해, 2017.

중앙노동위원회, 한국의 노동위원회, 2018.

하갑래, 집단적 노동관계법(제7판), 중앙경제, 2021.

한국노동법학회, 노동판례백선(제2판), 박영사, 2021.

한국노동연구원, 노동판례 리뷰, 2019, 2020, 2021.

# 판례색인

❙ 고등법원

❙ 지방법원

# 사항색인

## 저자 소개

### 이 수 영

**현 직** 한국폴리텍Ⅰ대학 학장

**학 력** 고려대학교 경영학과 졸업, 서울대학교 행정대학원 행정학석사, 코넬대학교 노사관계대학원 노사관계학석사, 고려대학교 대학원 경영학박사

**경 력** 중앙노동위원회 사무처장, 서울지방노동위원회 상임위원, 고용노동부 고령사회인력심의관, 대구지방고용노동청장, 대통령실 고용노사비서관실 선임행정관, 대통령비서실 삶의질향상기획단 행정관, 서울지방노동위원회 사무국장, 노동부 혁신성과관리단장, 노사협력복지팀장, 공인노무사 자격, 행정고등고시 합격(제33회)

**저 서** 노동법 실무: 인사관리와 분쟁해결(공저, 중앙경제, 2019), 고용관계론(공저, 박영사, 2021), 국가와 기업의 초고령사회 성공전략(공저, 박영사, 2021), 백세시대 생애설계(공저, 박영사, 2021) 등

### 임 무 송

**현 직** 서강대학교 경제대학원 대우교수

**학 력** 서강대학교 경영학과 졸업, 서울대학교 행정대학원 행정학석사, 런던정치경제대학 노사관계학석사, 서강대학교 대학원 법학박사

**경 력** 금강대학교 공공정책학부 교수, 한국산업기술대학교 석좌교수, 서울지방노동위원회 위원장, 고용노동부 고용정책실장, 노사협력정책관, 근로기준정책관, 서울지방고용노동청장, 일본정책연구대학원대학(GRIPS) 객원연구원, 인력수급정책관, 경제사회발전노사정위원회 운영국장, 공인노무사 자격, 행정고등고시 합격(제32회)

**저 서** 노동법 실무(공저, 중앙경제, 2019), 대한민국 판이 바뀐다(공저, 미래사, 2021), 초고령사회 일본의 노동시장과 노동정책(한국노동연구원, 2012), 영국의 노동정책 변천사(한국노동연구원, 1997)

### 양 성 필

**현 직** 고용노동부 노사협력정책관

**학 력** 한국외국어대학교 영어과 졸업, 영국 KEELE 대학교 인적자원관리학석사, 아주대학교 법학박사

**경 력** 고용노동부 공공노사정책관, 서울지방노동위원회 상임위원, 고용노동부 산재예방정책과장, 근로개선정책과장, 고용차별개선과장, 서울서부고용노동지청장, 부산고용센터소장, 공인노무사 자격, 행정고등고시 합격(제37회)

**저 서** 노동법 실무(공저, 중앙경제, 2019), 산업안전보건법 해설(중앙경제, 2019), 판례로 보는 산업안전보건법(중앙경제, 2016)

## 권 태 성

현 직　고용노동부 고용지원정책관

학 력　고려대학교 사회학과 졸업, 국방대학교 안전보장학석사, 한국기술교육대학교
　　　인력개발학박사

경 력　고용노동부 공무직기획단장, 부산지방고용노동청장, 경북지방노동위원회 위원장,
　　　근로개선정책과장, 고용정책총괄과장, 직업능력정책과장, 장애인고령자고용과장,
　　　중앙노동위원회 심판1과장, 교섭대표결정과장, 공인노무사 자격, 행정고등고시
　　　합격(제38회)


## 부 종 식

현 직　법무법인 라움 대표변호사

학 력　고려대학교 법학과 졸업, 고려대학교 법무대학원 법학석사, 고려대학교 대학원
　　　법학박사

경 력　서울지방노동위원회 공익위원, 고려대학교 노동대학원 강사, 서울중앙지방법원
　　　조정위원, 서울고등법원 조정위원, 대한변호사협회 의료인권소위원회 위원,
　　　서울지방변호사회 인사위원회 간사, 한국노동법이론실무학회 총무이사, 사법연수
　　　원 수료, 사법고시 합격(제47회)

저 서　노동법 실무(공저, 중앙경제, 2019), 원스톱 노동법 서브(필통북스, 2019), 원스톱
　　　노동법(필통북스, 2017), 원스톱 노동법 판례(필통북스, 2017), 원스톱 행정쟁
　　　송법 서브(필통북스, 2018)

노사관계법 실무 — 집단 노동관계법

| | |
|---|---|
| 초판발행 | 2022년 8월 31일 |
| 지은이 | 이수영·임무송·양성필·권태성·부종식 |
| 펴낸이 | 안종만·안상준 |
| 편 집 | 이승현 |
| 기획/마케팅 | 정연환 |
| 표지디자인 | Benstory |
| 제 작 | 고철민·조영환 |
| 펴낸곳 | (주) **박영사** |
| | 서울특별시 금천구 가산디지털2로 53, 210호(가산동, 한라시그마밸리) |
| | 등록 1959. 3. 11. 제300-1959-1호(倫) |
| 전 화 | 02)733-6771 |
| f a x | 02)736-4818 |
| e-mail | pys@pybook.co.kr |
| homepage | www.pybook.co.kr |
| ISBN | 979-11-303-4257-3    93360 |

정 가    38,000원